솔리드웍스 응용 기계설계제도

Solid Works
Application Mechanical Design System

구민사

황 성 일

수원과학대학교 자동차과 교수

솔리드웍스 응용 기계설계제도

초판 인쇄 2024년 2월 15일
초판 발행 2024년 2월 25일

저　　자 황성일
발 행 자 조규백
발 행 처 도서출판 구민사
(07293) 서울특별시 영등포구 문래북로 116, 604호(문래동 3가 46, 트리플렉스)
전　　화 (02) 701-7421
팩　　스 (02) 3273-9642
홈페이지 www.kuhminsa.co.kr
신고번호 제2012-000055호(1980년 2월 4일)

I S B N 979-11-6875-348-8 (93550)
정　　가 30,000원

솔리드웍스 응용 기계설계제도

Solid Works Application Mechanical Design System

PREFACE

산업이 고도로 발달함에 따라 기계, 자동차, 조선 등의 모든 분야에서 소비자들의 욕구에 맞는 신제품을 만들기 위해서는 전문화된 기술력이 요구되고 있다.

기계, 자동차 등의 산업 분야에는 컴퓨터 응용 관련 기술들이 급속하게 발전하는 실정으로 산업 현장에서 전문 설계 기술자로 역할을 충분히 수행하기 위해서는 제조 분야에 대한 컴퓨터 응용 설계, 가공 및 해석을 위한 소프트웨어 패키지 활용 기술이 더욱 요구되고 있다.

즉, 3D CAD 소프트웨어 패키지인 솔리드웍스는 기계, 자동차 부품 설계, 조립, 해석 등의 제품 개발을 위한 전 과정을 완전히 통합 처리할 수 있는 강력한 툴로서 교육기관뿐만 아니라 다양한 산업 분야의 전반에 걸쳐 사용되고 있다.

본 교재는 국가 기술 자격시험에서 작업형 실기 중 2D, 3D 모델링 과정이 요구되는 전산응용 기계제도 기능사, 기계설계 산업기사 등의 실기 시험뿐만 아니라 현업에 종사하는 신입 사원들에게 도움이 될 수 있도록 집필하였다.

특히 기계, 자동차 등의 요소 부품에 대한 단품 설계, 조립, 도면 작성 등을 자주 사용하는 명령어들과 기능을 바탕으로 동력전달 산업용 기계, 유공압 자동화 기계 등의 요소부품 설계, 조립, 제작도 설계에 대한 선행 학습을 통하여 3D 솔리드 모델링 활용 기술을 쉽게 이해할 수 있도록 하였다. 이 책의 주요 구성은 다음과 같다.

제1장 솔리드웍스 프로그램 용어 및 사용환경, 솔리드웍스 시작하기, 문서 탬플릿 작성하기 및 솔리드웍스 옵션 등을 기술하였다.

제2장 스케치 작업순서 및 스케치 상태, 스케치 구속하기, 스케치 연습하기 등을 기술하였다.

제3장 파트 모델링 개요, 생성 방법에 따른 피처 유형, 스케치 및 비스케치 등에 대한 피처 도구, 파트 모델링 기초 및 실무 등을 기술하였다.

제4장 어셈블리 설계 방식, 어셈블리 메뉴, 구속조건 및 종류, 요소 부품에 대한 편집, 상향식 설계와 하향식 설계의 차이점 이해, 어셈블리 연습하기 등을 기술하였다(부록에 제공된 단품 모델링 데이터는 구민사 홈페이지에 업데이트하였으니 참조하세요).

제5장 제도 표준, 도면 메뉴, 도면 작성 기본 원칙 및 작성 순서, 브라켓, 아이들러 암, 자동차 핸들에 대한 도면 연습하기 등을 기술하였다(부록에 제공된 단품 모델링 데이터는 구민사 홈페이지에 업데이트하였으니 참조하세요).

제6장 기계제도의 용어, 끼워맞춤 및 IT 기본 공차 등에 대한 치수공차, 최대 실체 공차방식 등에 대한 기하공차, 표면 거칠기 등을 기술하였다.

제7장 스퍼 기어를 이용한 동력전달장치, V-벨트 풀리를 이용한 동력전달장치, 기어박스, 동력변환전동장치, 설계 도면과 소요자재 명세서, 기계 시스템 설계 등을 기술하였다.

마지막으로, 이 책을 출간하는데 있어서 산업인력관리공단에서 집필한 NCS 학습모듈의 일부 자료를 활용하여 많은 도움이 되었으며, 부족한 내용이나 오타가 생기면 계속 수정, 보완하도록 하겠습니다.

아무쪼록 본 교재를 통하여 향후 기계, 자동차 시스템 설계 관련 분야에 종사하는 분들에게 조금이나마 도움이 되기를 희망합니다. 이 책의 출판을 위해 적극적으로 도움주신 도서출판 구민사 조규백 대표님과 직원 여러분께 깊은 감사를 드립니다.

CONTENTS

CHATPER 1 일반사항

01 솔리드웍스 프로그램 용어 및 사용환경 2

1. 일반 용어 3
2. 솔리드웍스 시스템의 사용환경 4

02 솔리드웍스 시작하기 5

1. 초기화면 및 새문서 열기 5
2. 화면구성 6
3. 솔리드웍스 기본 활용 및 마우스 사용법 16

03 문서 템플릿 작성하기 18

1. 기본 템플릿 폴더에 생성하는 방법 18
2. 임의 저장 장소에 있는 템플릿 폴더에 생성하는 방법 22

04 솔리드웍스 옵션 24

1. 시스템 옵션 24
2. 문서 속성 29

CHATPER 2 스케치

01 스케치 작업순서 및 스케치 상태 35

1. 스케치 작업순서 35
2. 스케치 상태 35

02 스케치에 사용되는 도구 모음 37

1. 스케치 요소 37
2. 스케치 도구 45

03 스케치 구속하기 50

1. 요소 및 위치 정보 50
2. 스케치 순서 및 구속조건 부여하기 51
3. 구속조건 52
4. 설계의도 53

04 스케치 연습하기 56
1. 휠 56
2. 커넥팅 로드 59
3. 베어링 커버 62
4. 브라켓-1 65
5. 브라켓-2 69
6. 브라켓-3 72

CHATPER 3 파트 모델링

01 파트 모델링의 개요 80

02 피처 81
1. 합집합, 차집합 및 교집합 81
2. 생성 방법에 따른 피처 유형 82

03 피처 도구 83
1. 스케치 피처 도구 83
2. 비 스케치 피처 도구 91
3. 패턴/대칭 피처 도구 101
4. 기타 피처 도구 111
5. 참조 피처 도구 117

04 파트 모델링 122
1. 파트 모델링 기초 122
2. 파트 모델링 실무 135

CONTENTS

CONTENTS

CHATPER 4 어셈블리 모델링

01 어셈블리 설계 방식 201
1. 상향식 설계 201
2. 하향식 설계 202

02 어셈블리 메뉴 202
1. 부품 편집 및 관리 202
2. 어셈블리 피처 및 참조 형상 204
3. 분해도 204

03 구속조건 및 종류 205
1. 구속조건 205
2. 구속조건의 종류 205
3. 메이트 207

04 요소 부품에 대한 편집 208
1. 파트 편집 208
2. 파트 작업창에서 파트 편집 209

05 상향식 설계와 하향식 설계의 차이점 이해 210
1. 상향식 설계 210
2. 하향식 설계 212

06 어셈블리 연습하기 218
1. 수직 왕복운동 기구 218
2. 수평 왕복운동 기구 232
3. 2축 왕복운동 기구 235
4. 동력전달장치 246
5. 피스톤-커넥팅로드 257
6. 벤딩 지그장치 261

CHATPER 5 도면 설계하기

01 제도 표준 289

1. 도면의 형식 289
2. 선의 종류, 굵기 및 용도 290
3. 도면의 작업순서 291
4. 도면 템플릿 만들기 291

02 도면 메뉴 302

1. 뷰 레이아웃 메뉴 302
2. 주석 메뉴 311

03 도면 연습하기 324

1. 도면작성 기본원칙 및 작성순서 324
2. 브라켓 330
3. 아이들러 암 338
4. 자동차 핸들 341
5. 하우징 346
6. 기어 박스 352

CHATPER 6 기계제도의 관련 지식

01 기계제도의 용어 359

1. 공업규격 359
2. 도면의 크기 및 양식 360
3. 도면의 척도 360
4. 투상법 361
5. 절단해서는 안되는 부품 362

02 수공차 363

1. 기초내용 363
2. 끼워맞춤 365
3. 기준 치수와 IT 기본 공차 366
4. 구멍과 축의 공차역 369
5. 끼워맞춤 계산 370

CONTENTS

CONTENTS

6. 상용하는 끼워맞춤 373
7. 구멍 기준 상용하는 끼워맞춤 적용 및 기능상 분류 375
8. 일반공차(보통 허용공차) 376

03 기하공차 380
1. 기하공차의 개요 380
2. 기하공차의 용어 381
3. 기하공차의 종류와 기호 382
4. 기하공차 영역 및 공차값 384
5. 최대 실체 공차방식 384

04 표면 거칠기 387
1. 표면 거칠기의 정의 및 종류 387
2. 표면 거칠기의 표시방법 및 가공 389

CHATPER 7 기계 시스템의 3D 부품 및 제작도 설계

01 스퍼 기어를 이용한 동력전달장치 392
1. 조립도 392
2. 분해도 395
3. 요소 부품설계 및 제작공정 396
4. 2D 제작도 403
5. 시제품 제작 405

02 V-벨트 풀리를 이용한 동력전달장치 406
1. 개요 406
2. 규격품 관련자료 406
3. 동력전달장치 설계 411
4. 시제품 제작 411

03 기어박스 421
1. 개요 421
2. 규격품 관련자료 421
3. 기어박스 설계 431
4. 시제품 제작 442

04 동력변환전동장치 443
1. 개요 443
2. 규격품 관련자료 443
3. 동력변환전동장치 설계 449
4. 시제품 제작 459

05 설계 도면과 소요자재 명세서(BOM) 460
1. 설계 도면과 파트 리스트 460
2. 소요 자재 명세서 462

06 기계 시스템 설계 464
1. 기계요소 464
2. 기계설계 465
3. 설계 프로세스 및 성능 사양서 465
4. 설계 표준화 467
5. 단위계 468
6. 일과 동력(일률) 470
7. 단위 환산 470

CONTENTS

제1장

일반사항

CHAPTER

1

일반사항

솔리드웍스는 마이크로소프트 윈도우의 그래픽 유저 인터페이스(GUI) 장점을 이용하여 파트, 조립 및 도면을 작성하는데 사용하는 3D 솔리드 모델링 패키지를 말한다. 사용자가 스케치 요소를 이용하여 2D 프로파일을 폐곡선으로 작업한 후 단품 파트, 조립품, 2D 도면 등의 설계 및 해석 작업 등을 지원할 뿐만 아니라 배우기가 용이하고 사용이 편리한 도구로서 활용되고 있다.

01 솔리드웍스 프로그램 용어 및 사용환경

솔리드웍스 모델들은 파트 또는 조립품 환경상에서 피처들로 구성되어 있다. 이때 파트 모델은 단일 피처 또는 멀티 피처들로 구성된 3차원 기하학적 형상이며, 조립품은 단일 또는 멀티파트 모델의 결합으로 구성된다.

- Parts(부품) : *. SLDPRT
- Assembles(조립품) : *. SLDASM
- Drawings(도면) : *. SLDDRW

1 일반 용어

Profile(프로파일)

스케치 평면에서 객체 즉, 스케치 요소를 이용하여 작도된 폐곡선을 말한다. 이때 단일 폐곡선 이외에 멀티 폐곡선으로 이루어진 경우에는 멀티 프로파일이라 한다.

Sketch elements(스케치 요소, entity)

피처 또는 파트를 생성하기 위하여 사용하는 2D 프로파일의 구성요소로서 Point, Line, Circle, Arc, chamfer, fillet, spline 등이 있다.

Feature(피처)

- Sketch feature : 스케치 요소(entity)로 구성된 프로파일을 이용하여 생성한 3D 형상을 말한다.
- Applied feature : Fillet, Chamfer, Shell 등과 같이 스케치 요소들로 구성된 프로파일을 이용하지 않고 기존의 3D 피처 또는 파트 상에서 생성한 3D 형상을 말한다.

Base feature(기준 피처)

3D 형상 모델링 시 첫 번째로 작성한 피처를 말하며, 파트를 생성할 때 베이스 역할을 한다.

Fully associativity(완전 연관)

파트, 조립품, 도면 등의 솔리드웍스 모델링 데이터들은 서로 연동되어 있다. 즉, 파트, 조립품, 도면 모델링 데이터 중에서 한 개의 모델링 데이터의 설계변경이 이루어지면 다른 모델들도 연동되어 영향을 준다.

Parameter(파라메타)

스케치 요소(엔티티)를 이용하여 프로파일을 생성하거나 생성된 3D 피처 상에서 치수 구속조건과 기하학적 형상 구속조건을 적용함으로써 스케치 요소 상호간의 관계를 일정하게 제어한다.

- 치수 구속조건
  - 프로파일, 피처에 다한 치수 제어
  - 매개변수를 사용한 수학적 관계식을 이용하여 프로파일 및 피처 치수 제어
- 기하학적 형상 구속조건 : 수직, 수평, 평행, 일치, 동심 등과 같은 스케치 요소들의 기하학적 연관성 제어

Design intent(설계 의도)

설계자가 모델링 작업을 시작하기 전에 설계하고자 하는 신규 제품을 제작하기 위하여 사전에 프로파일, 단품, 조립품 등 일련의 설계사항들을 계획하는 것을 말한다.

2 솔리드웍스 시스템의 사용환경

마이크로소프트 윈도우 상에서의 운영체제

- Windows 7 SP1, 64비트
- Windows 10, 64비트 이상

최소 시스템 요구사항

- 프로세서 : 3.3GHz 이상의 클럭 속도
- 메모리 : 32GB(최소 16GB)
- HDD : 솔리드 스테이트 드라이브(SSD), 최소 20GB 이상의 여유공간 유지
- 그래픽카드 : 엔비디아 쿼드로 P600(보급형), AMD radeon Pro WX3100(보급형), WX 4100(중급형) 이상
- 입력장치 : 마이크로소프트 마우스 호환 포인팅 장치

02 솔리드웍스 시작하기

① 초기화면 및 새문서 열기

① 윈도우의 시작 메뉴 또는 바탕화면에 있는 솔리드웍스 단축 아이콘을 클릭한다.

② 솔리드웍스 새문서의 대화상자에서 초보, 고급 환경을 선택한 후 파트, 어셈블리, 도면 등의 작업창으로 들어간다.

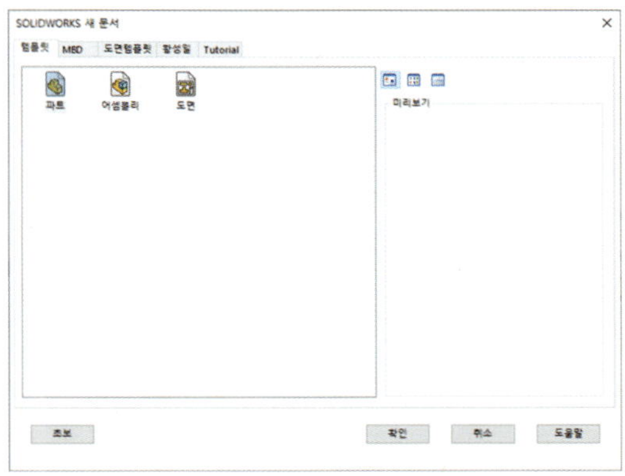

② 화면구성

1_주 메뉴 및 풀다운 메뉴

풀다운 메뉴의 항목표시 및 숨기기

① 주 메뉴바 〉 풀다운 메뉴 〉 원하는 항목 선택 후 맨 아래 있는 [메뉴 사용자 정의]를 클릭한다.

② 왼쪽 박스의 체크 유무에 따라 풀다운 메뉴의 항목을 표시하거나 숨긴다.

기본값으로 재설정하기

① 주 메뉴바 → [도구]에서 [사용자 정의] 클릭 또는 옵션 → [사용자 정의]를 클릭한다.

② 단축 아이콘 에서 사용자 정의를 클릭한 후 〈기본값으로 재설정〉을 클릭한다.

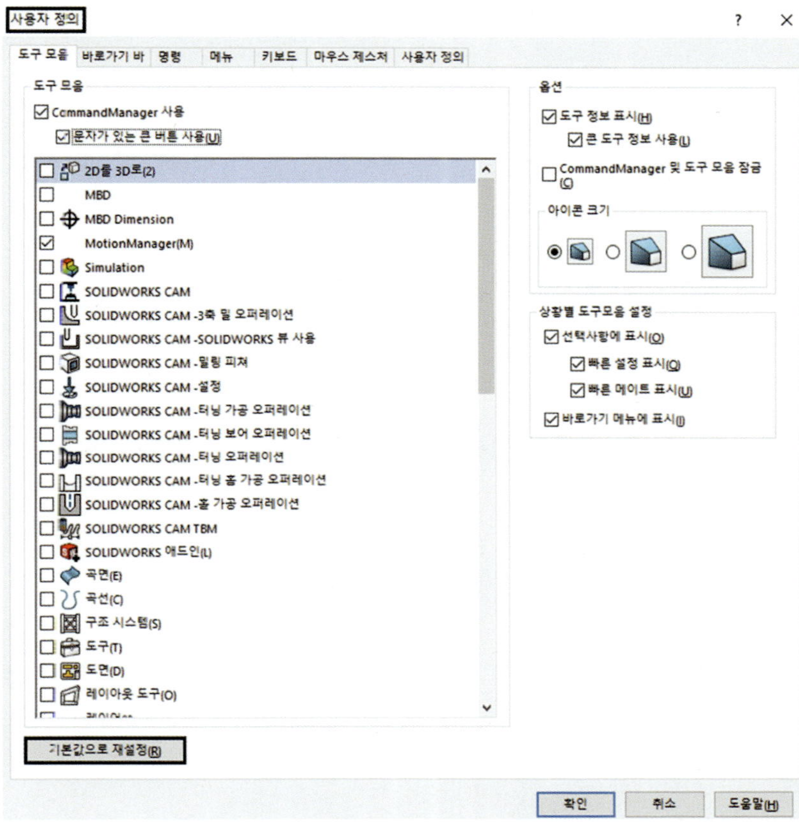

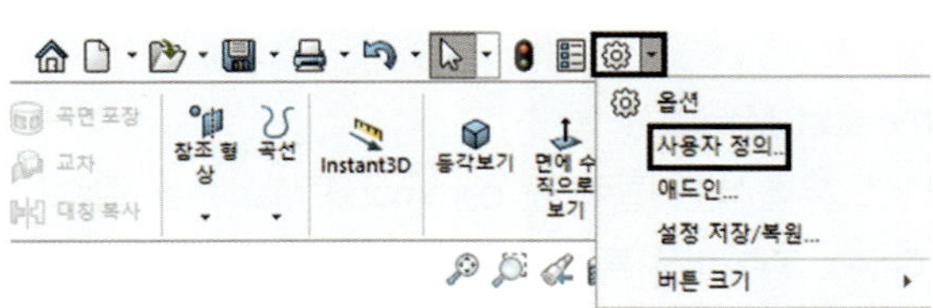

2_툴바

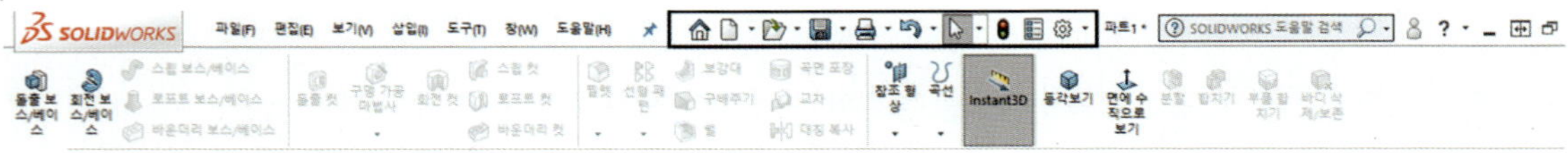

선택( )

파트, 어셈블리, 도면 작업 환경에서 생성된 모델을 다양하게 선택할 수 있도록 지원한다.

재생성( )

파트, 어셈블리, 도면 작업 환경에서 변경된 내용이 적용되도록 재생성하는 기능이다.

옵션( )

솔리드웍스 시스템에 공통사항으로 적용되는 [시스템 옵션], 현재 작업 중인 모델에만 적용되는 제도표준 사항인 [문서속성]을 설정하는 기능이다.

3_커맨드 매니저

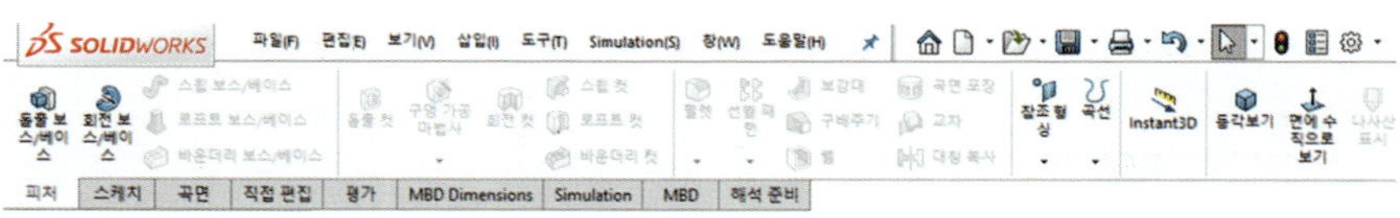

숨기기 및 불러오기

- 보기 → 도구모음 → command Manager 클릭
- 커맨드 매니저 상에서 마우스 우측 버튼 클릭 → command Manager 클릭
- 커맨드 매니저 탭 상에서 마우스 우측 버튼 클릭 → command Manager 사용자 정의 → command Manager 클릭
- 도구 → 사용자 정의 → command Manager 클릭

탭 숨기기 및 불러오기

- command Manager 탭에서 마우스 우측 버튼을 클릭하면 다음과 같은 화면이 나타난다.

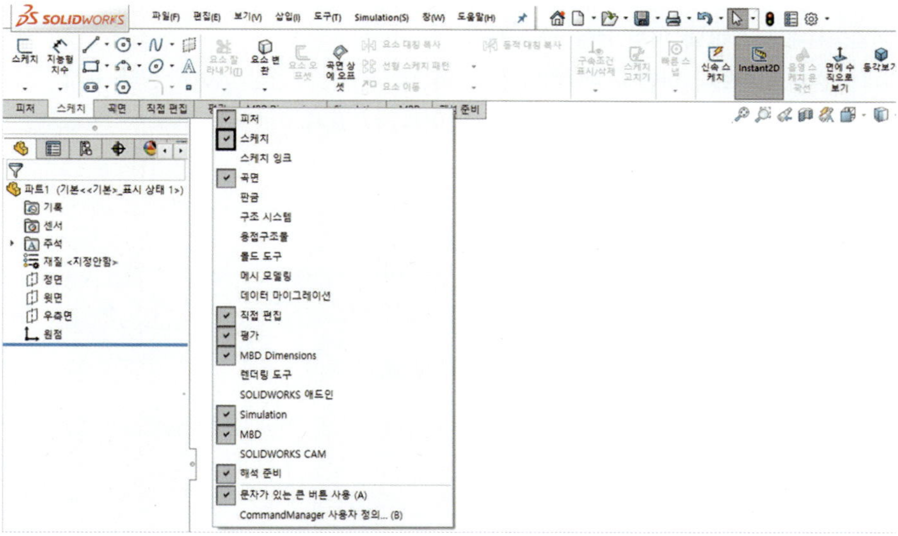

- command Manager 탭은 피처, 스케치, 곡면, 판금, 용접 구조물, 몰드 도구, 계산, DimXpert, Office 제품 등의 항목을 지원한다.
- 각 항목의 왼쪽 박스에서 체크 유무에 따라 탭을 숨기거나 불러올 수 있다.

command Manager 이동하기

- 커맨드 매니저의 탭에 마우스를 이동한 후 마우스 왼쪽 버튼으로 누른 채 드래그하여 작업영역 상부, 좌우 중간 부분에 표시되는 고정 아이콘 위로 이동시킨다.

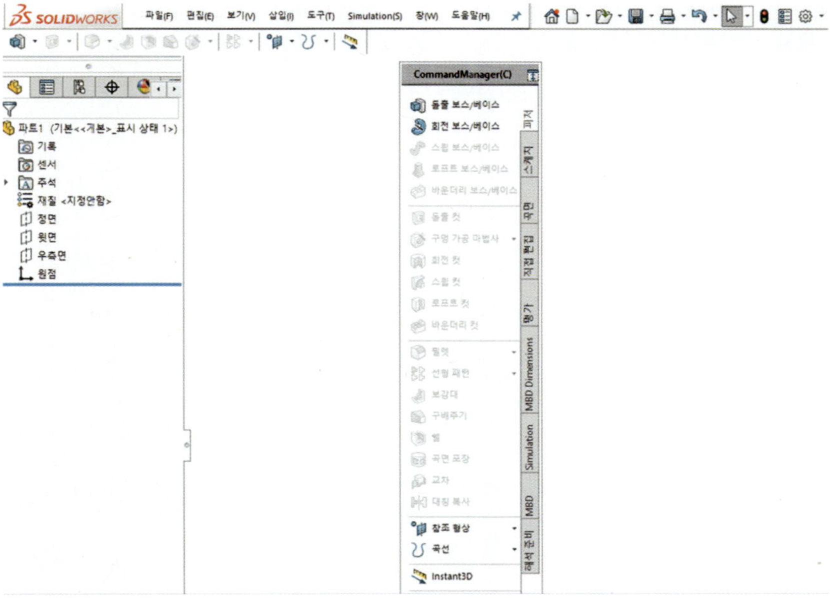

4_피처 매니저 디자인 트리

파트, 어셈블리, 도면의 종합적인 개요와 작업 순서에 맞추어 단계별 설계내용을 표시한다.

- 단품의 작업순서대로 스케치, 피처 생성 과정 표시
- 어셈블리의 구성부품(파트나 하위 어셈블리와 상위 어셈블리 등), 부품간 메이트 상태 표시
- 도면 시트, 시트 형식, 포함된 뷰 및 소속된 파트와 어셈블리 표시

파트 상의 피처 매니저 디자인 트리

어셈블리 상의 피처 매니저 디자인 트리

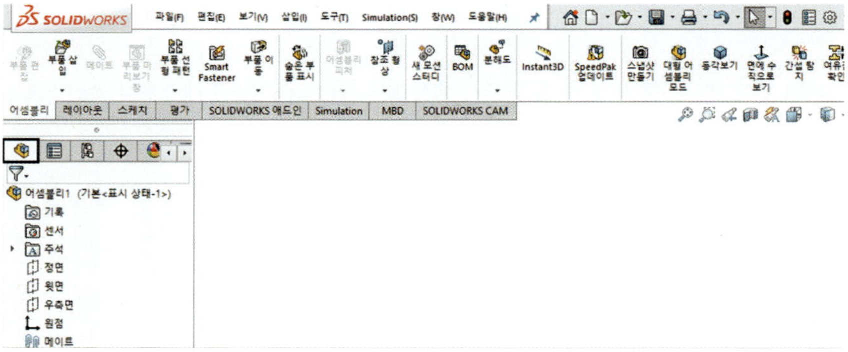

도면 상의 피처 매니저 디자인 트리

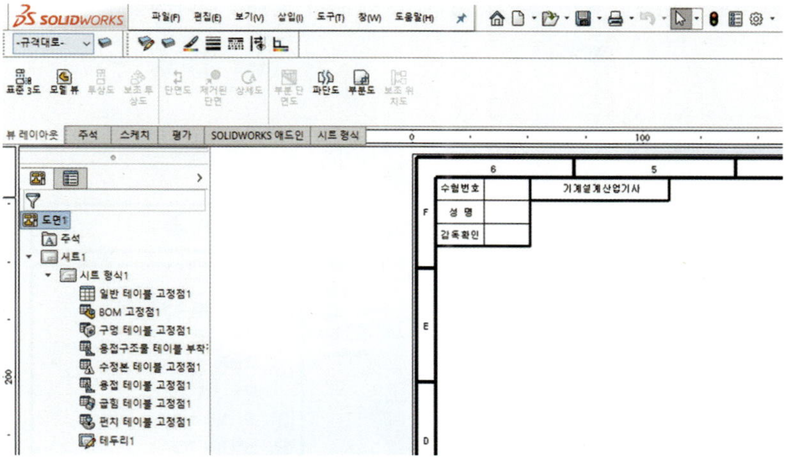

피처 매니저 디자인 트리의 구성요소 기능 이해

- 기준면 : Feature Manager design tree에서 기준면은 로컬 좌표계 원점, 정면, 평면(윗면), 우측면 등으로 구성된다.

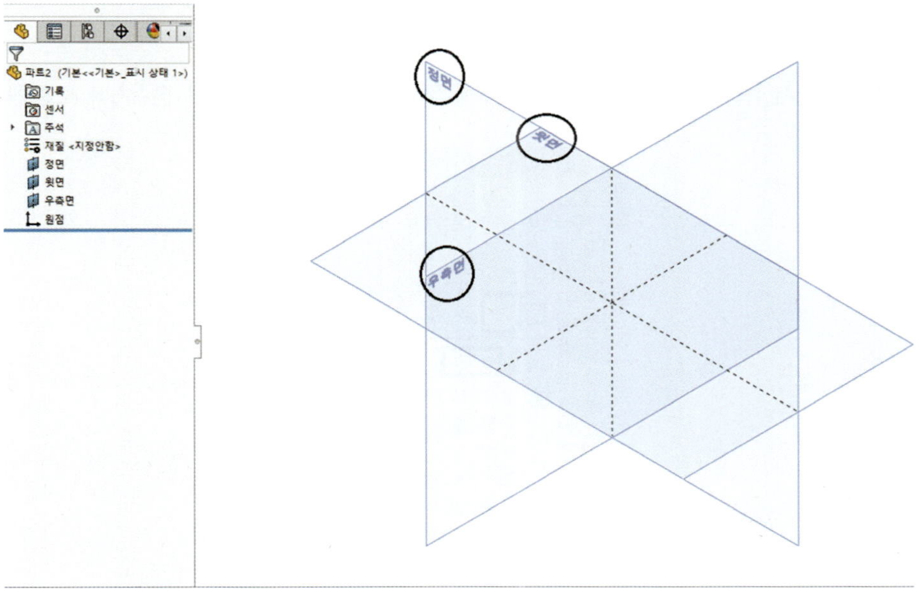

• 정면, 평면(윗면), 우측면에 마우스를 이동시킨 후 마우스 왼쪽 버튼을 클릭하면 [상황별 도구모음]만 나타나지만, 우측 버튼을 클릭하면 [상황별 도구모음]과 [풀 다운 메뉴]가 동시에 나타난다.

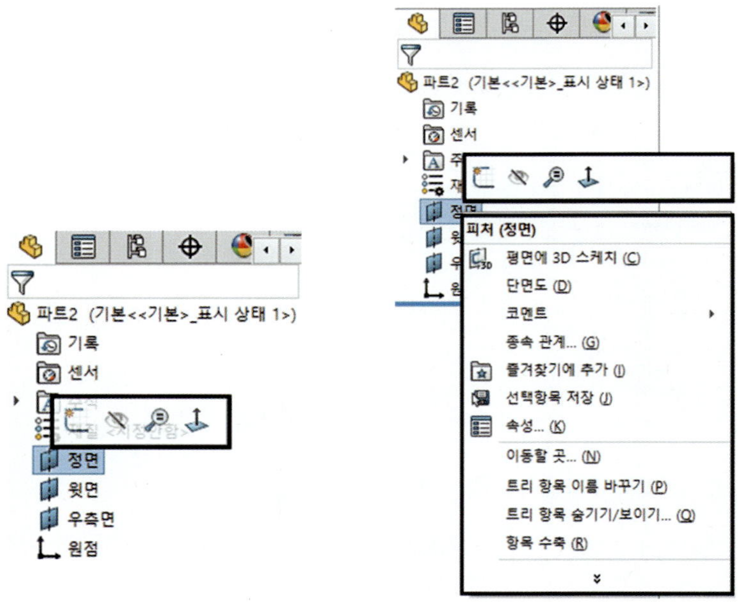

상황별 도구모음 및 풀다운 메뉴

• 상황별 도구모음에서 [숨기기] 아이콘의 클릭 여부에 따라 기준면들이 자동으로 숨기거나 보여준다.

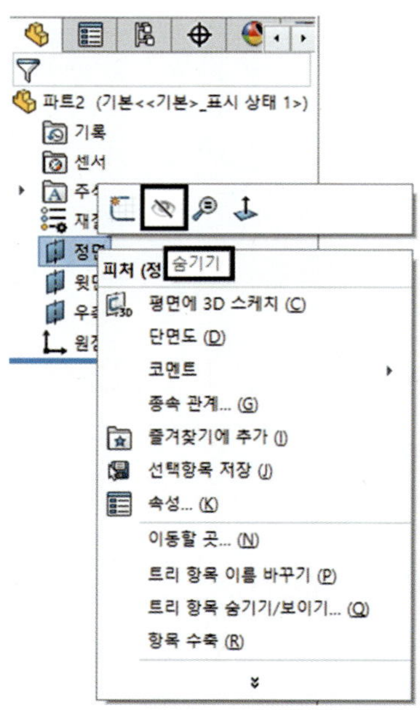

- 기준면 속성 변경하기 : Feature Manager design tree의 기준면에 마우스를 이동시키고 우측 버튼을 클릭한 후 [속성]으로 들어가 [피처 속성]의 [이름]을 변경할 수 있다.

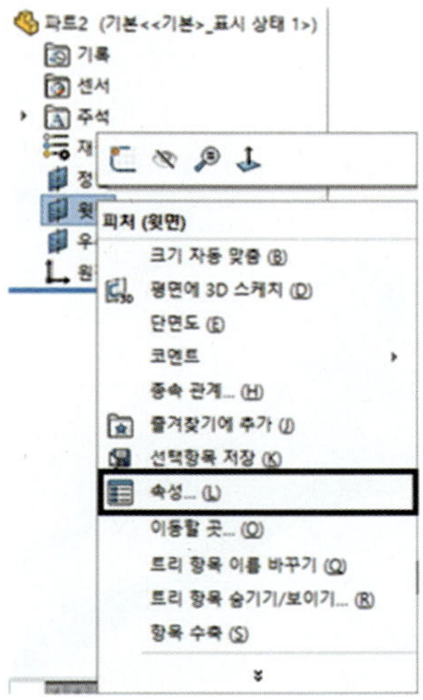

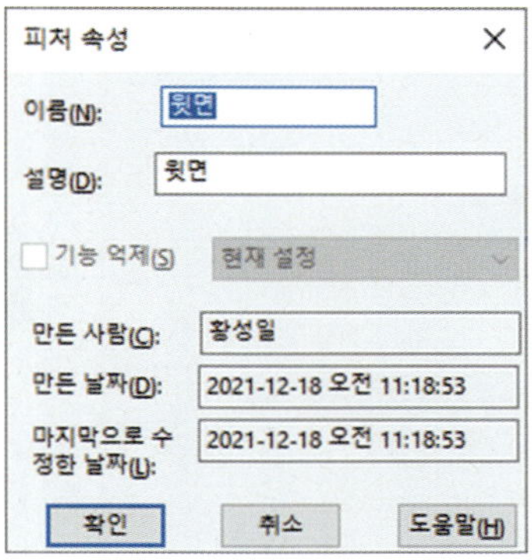

- Feature Manager design tree의 상단 오른쪽에 있는 [≫] 기호를 클릭한 후 파트, 어셈블리, 도면 문서의 표시설정을 제어할 수 있다.

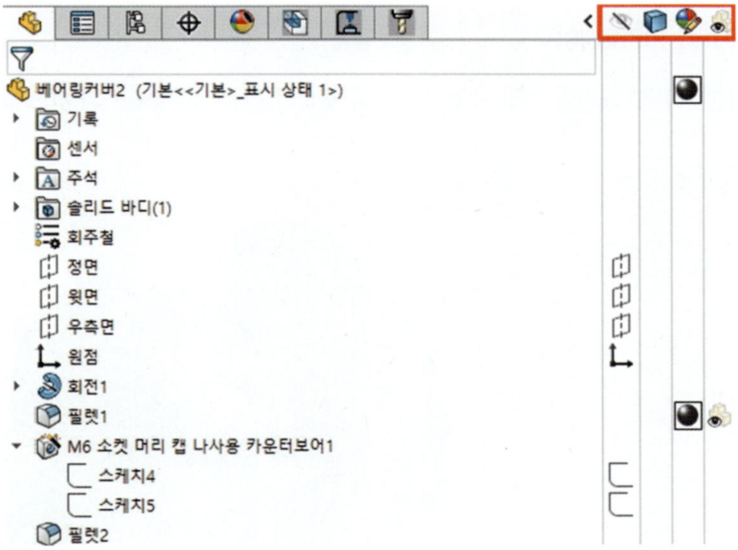

- 숨기기/보이기
- 표시모드
- 표현
- 투명도

5_Property Manager

설계자가 스케치, 피처, 어셈블, 도면 작성에 필요한 옵션 설정, 속성, 치수값 등을 입력하여 별도의 대화상자 없이 작업이 가능하도록 관리한다.

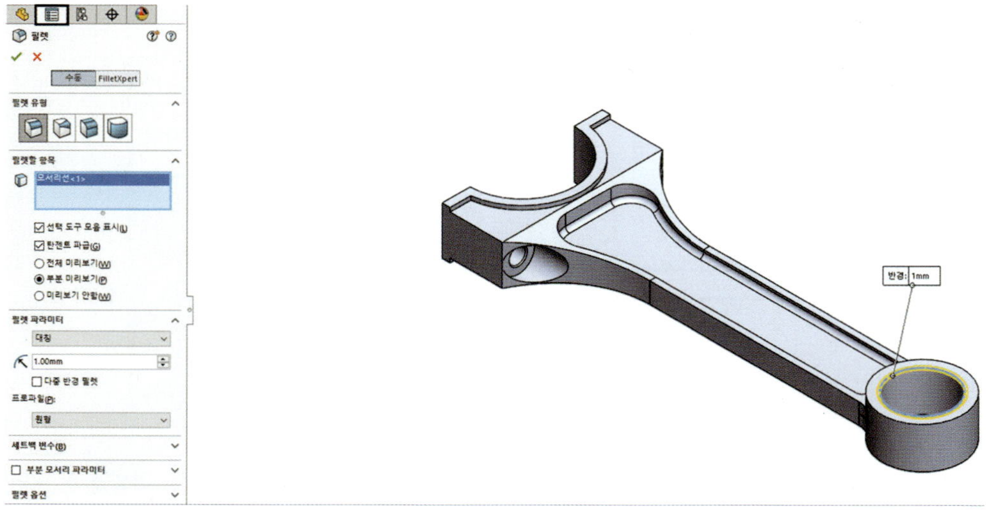

6_Configuration manager

문서에서 파트, 어셈블리 및 도면의 여러 개로 설정하여 필요시 선택 및 활용이 가능하도록 한다.

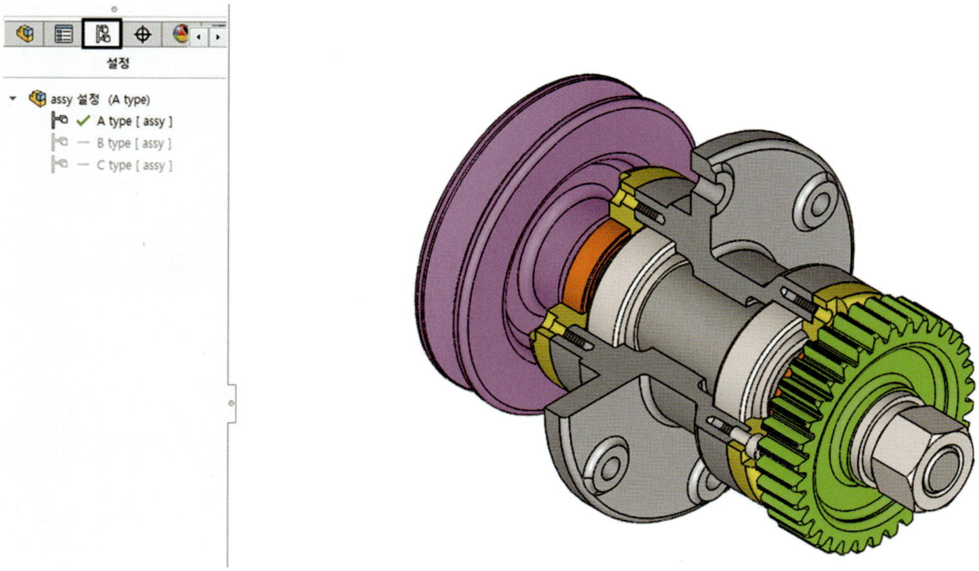

7_DimXpert Manager

공차 피처를 자동 인식하고 기능 공차를 지정하는 자동 치수 구조, DimXpert 기본위치 치수, 일반 프로파일 공차 등을 표시하도록 관리한다.

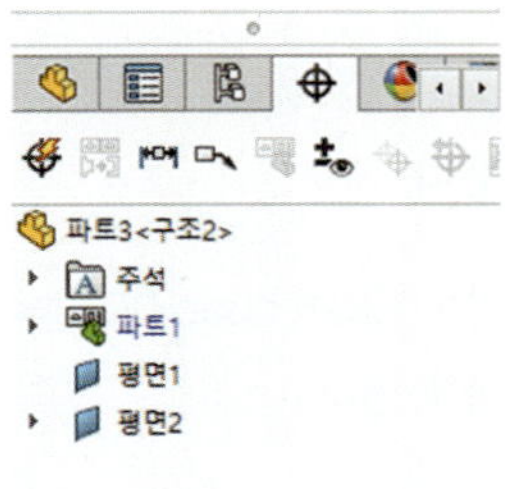

8_Display Manager

현재 모델에 적용된 표현, 데칼, 화면, 조명 및 카메라 보기 및 편집이 가능하도록 관리한다.

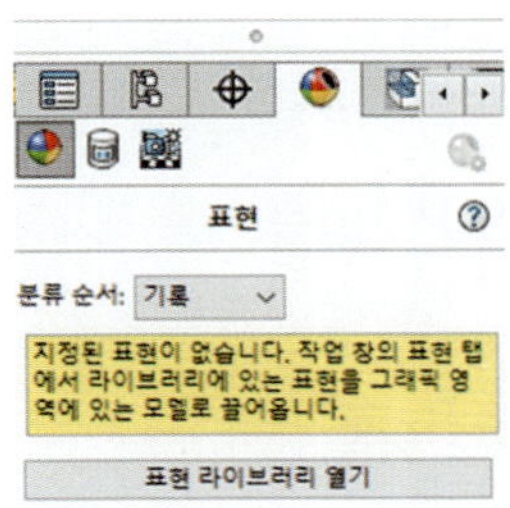

9_작업창

- 솔리드웍스 리소스
- 설계 라이브러리
- 파일 탐색기
- 뷰 팔레트
- 표현, 화면 및 데칼
- 사용자 정의 속성
- 솔리드웍스 포럼

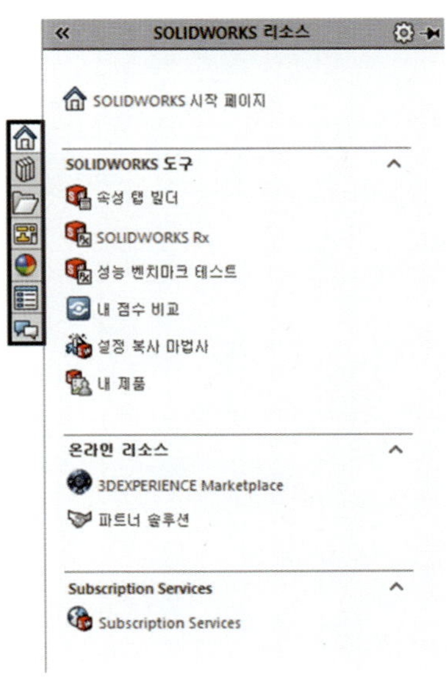

③ 솔리드웍스 기본 활용 및 마우스 사용법

1_기본 활용

① 옵션

- 시스템 옵션 : 모든 파일에 적용된다.
- 문서 속성 : 작성 중인 파일에만 적용된다.

② 캐드의 "OSNAP" 기능을 솔리드웍스에서는 "SketchBack" 기능이라 하며, 작업평면에 도면을 작성할 경우에는 반드시 원점을 중심으로 치수 작업을 해야 한다.

③ 스케치 작성 중 마칠 때는 esc 키를 누르거나 빈공간에서 마우스 오른쪽 버튼을 누른 후 선택 키를 클릭한다.

④ 선택모드 : window mode(왼쪽 상단부에서 오른쪽 하단부까지 드래그), crossing mode(오른쪽 하단부에서 왼쪽 상단부까지 드래그) 모두 지원하며, 스케치 요소들을 개별적으로 선택 시는 ctrl 키를 사용한다.

⑤ 이어진 선을 모두 선택하는 경우는 하나의 선에서 마우스 오른쪽 버튼을 누르고 체인을 클릭한다.

⑥ 선택한 스케치 요소들을 지울 때는 delete 키를 사용한다.

⑦ 스케치 작성 시 자동구속 표시 및 OSNAP 기능을 자동 해제하려면 ctrl 키를 누른채 작도한다.

⑧ 뷰 제어 단축키

- ctrl + 화살표 키 : 좌우/위아래 방향으로 이동
- alt + 좌우 화살표 키 : 왼쪽 키(시계방향), 오른쪽 키(반시계방향)로 15도씩 회전한다.
- shift + 화살표 키 : 해당 방향으로 90도씩 회전한다.

2_마우스 사용법

왼쪽 버튼

① 메뉴 및 도구를 호출한다.

② Feature Manager design tree에서 폴더, 스케치, 피처 등의 스케치 요소를 선택한다.

③ 작업영역에서 모델 스케치 요소를 선택한다.

가운데 버튼(휠 버튼)

① 회전( )

- 마우스 중간 버튼을 누른 상태에서 모델을 직접 회전시킨다.
- Feature Manager design tree에서 피처를 선택하고 마우스 가운데 버튼을 누른 상태에서 피처를 회전시킨다.
- 보기 〉 수정 〉 회전을 클릭한 후 왼쪽 버튼을 누른 상태에서 모델을 회전시킨다.

② 이동( )

- Ctrl 키와 마우스 중간 버튼을 동시에 누른 상태에서 모델을 회전시킨다.
- 보기 〉 수정 〉 이동을 클릭한 후 왼쪽 버튼을 누른 상태에서 모델을 회전시킨다.

③ 확대 또는 축소( )

- Shift 키와 마우스 중간 버튼을 동시에 누른 상태에서 마우스를 위아래로 움직이면서 모델을 확대, 축소할 수 있다.
- 보기 〉 수정 〉 확대/축소를 클릭한 후 중간 버튼을 위아래로 굴리면서 확대/축소한다.

오른쪽 버튼

① Feature Manager design tree 또는 작업영역 상에서 스케치, 피처 등을 선택하면 상황별 도구 모음과 풀다운 메뉴를 불러온다.

03 문서 템플릿 작성하기

솔리드웍스는 시스템에 내장된 템플릿 파일과 설계자가 커스터 마이징한 템플릿 파일을 활용할 수 있다. 문서 템플릿은 사용자 정의 변수를 포함하는 파트, 어셈블리, 도면 문서이며 새문서의 베이스가 된다. 즉, 모델을 위한 주석, 치수, 단위, 그리드 간격, 치수 보조선과 파단선 간격, 텍스트 장평과 표시 크기, 재질 밀도 등을 관리한다. 따라서 설계자는 시스템 템플릿을 사용할 수도 있으나 설계자가 원하는 설계환경으로 설정된 사용자 템플릿 파일을 생성하여 활용하면 더욱 효율적이며, 이에 대한 생성방법은 다음과 같다.

① 기본 템플릿 폴더에 생성하는 방법

① 문서 속성을 사용자 환경으로 변경하여 솔리드웍스 시스템 상의 템플릿 폴더에 저장하여 사용할 수 있다.

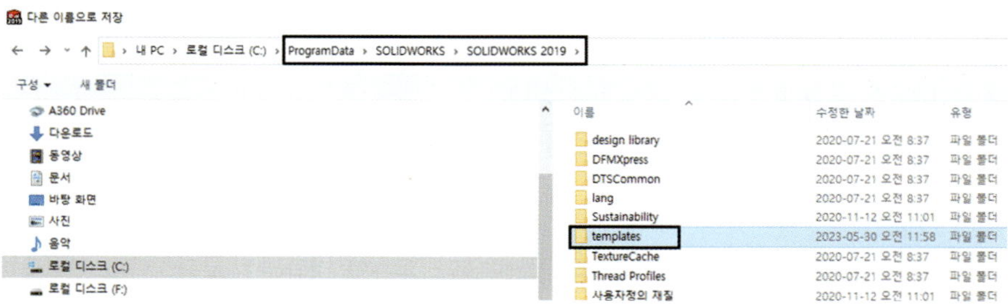

② 솔리드웍스 초기화면에서 파일 → 새문서 → 초보 → 파트, 어셈블리 또는 도면창으로 이동한다.

③ 도구 → 옵션 → 문서속성 → 설계자가 의도하는 설계 환경으로 옵션을 설정한다.

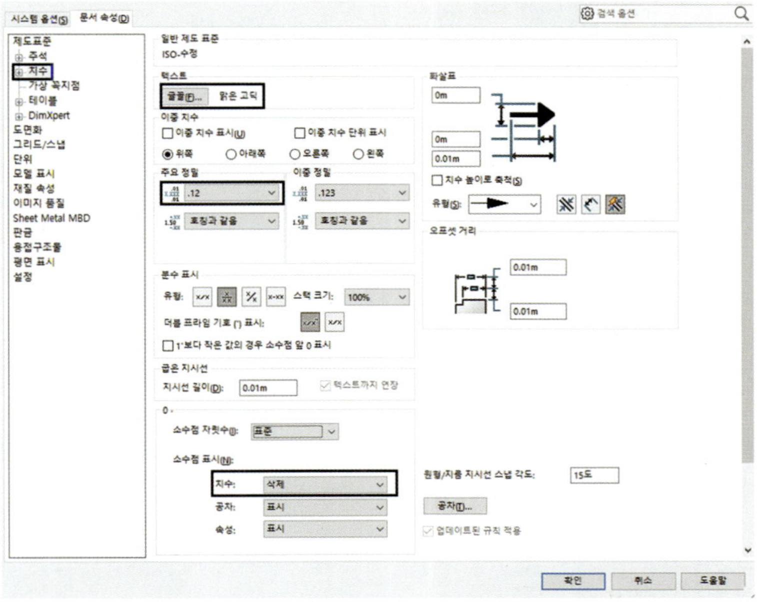

④ 파일 → 다른 이름으로 저장 → *.prtdot, *.asmdot, *.drwdot 등의 템플릿 파일을 솔리드웍스의 템플릿 탭 폴더 안에 저장한다.

⑤ 도구 → 옵션 → 시스템 옵션 → 파일위치 → 폴더 추가(바탕화면 상의 템플릿 탭 폴더 선택) → 폴더 선택 후 위치 위로 이동 → 확인

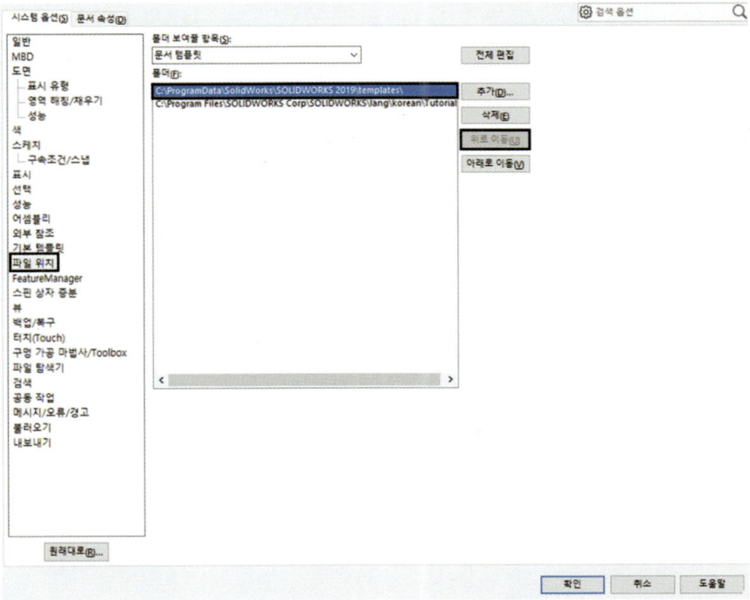

⑥ 파일 → 새문서 → 고급창에서 템플릿 폴더가 생성된 것을 확인한다.

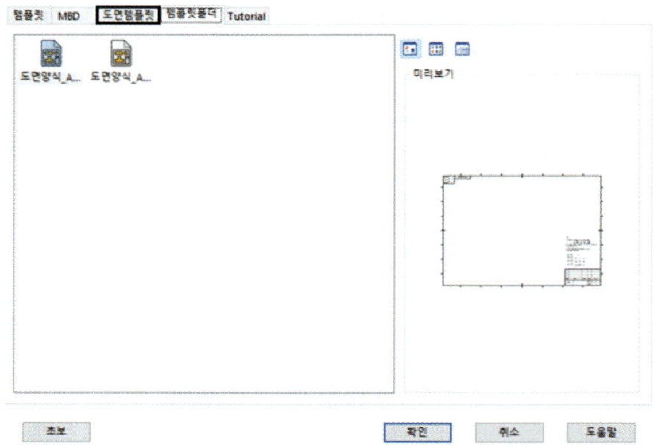

⑦ 템플릿 파일을 삭제하기 위하여 기본 템플릿 경로를 검색하는 과정에서 program data 폴더가 보이지 않으면 제어판의 파일 탐색기 옵션을 클릭한다.

⑧ 파일 탐색기 옵션에서 숨김파일, 폴더 및 드라이브 표시를 체크하면 program data 폴더를 확인할 수 있다.

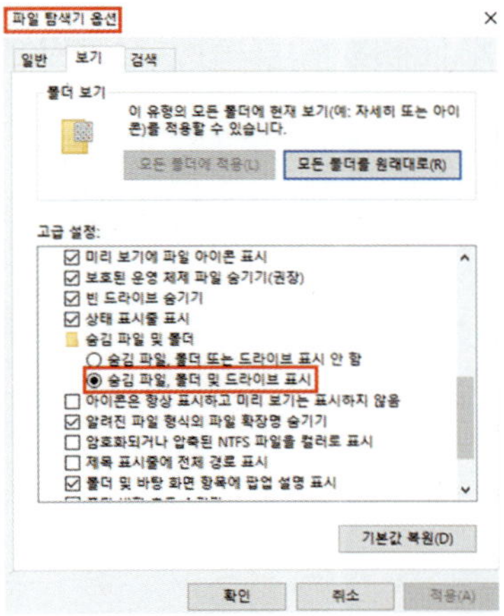

② 임의 저장 장소에 있는 템플릿 폴더에 생성하는 방법

① 템플릿 폴더를 저장하고자 하는 위치(바탕화면 또는 USB)에 임의의 이름으로 저장한다.

② 솔리드웍스 초기화면에서 파일 → 새문서 → 초보 → 파트, 어셈블리 또는 도면창으로 이동한다.

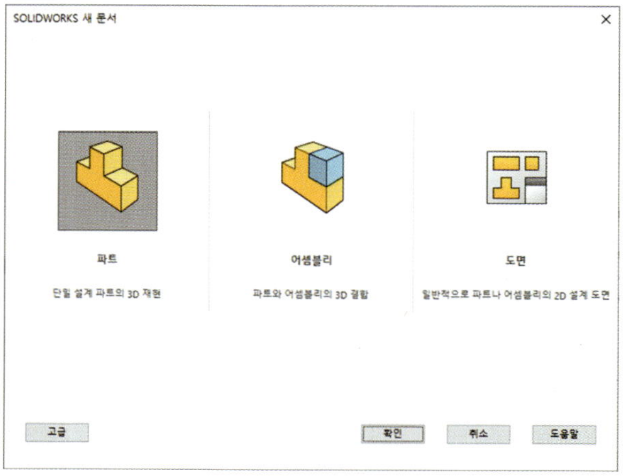

③ 도구 → 옵션 → 문서속성 → 설계자가 의도하는 설계 환경으로 옵션을 설정한다.

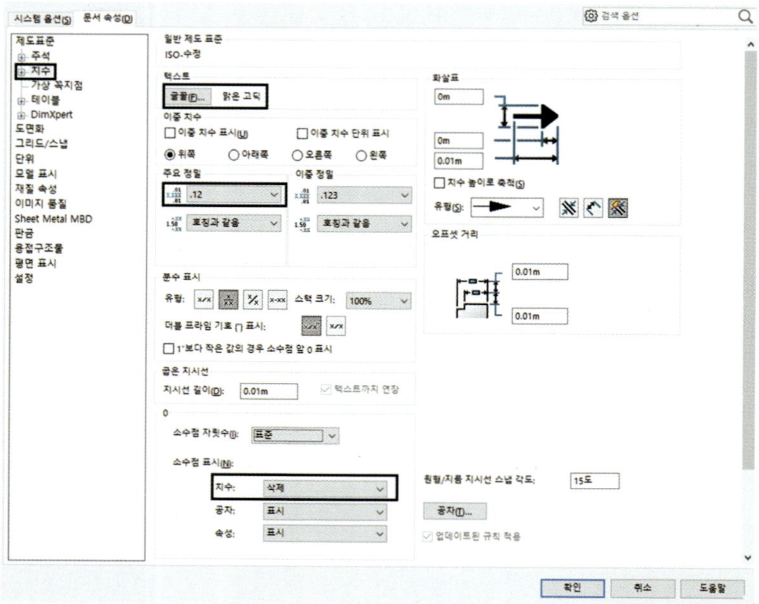

④ 파일 → 다른 이름으로 저장 → *.prtdot, *.asmdot, *.drwdot 등의 템플릿 파일을 임의의 저장 장소에 템플릿 탭 폴더 안에 저장한다.

⑤ 도구 → 옵션 → 시스템 옵션 → 파일위치 → 폴더 추가(바탕화면 상의 템플릿 탭 폴더 선택) → 폴더 선택 후 위치 위로 이동 → 확인

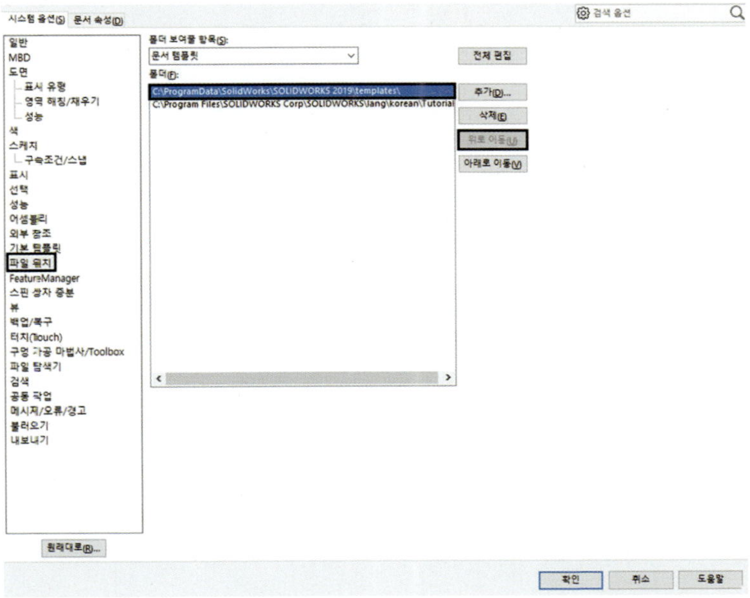

⑥ 파일 → 새문서 → 고급창에서 템플릿 폴더가 생성된 것을 확인한다.

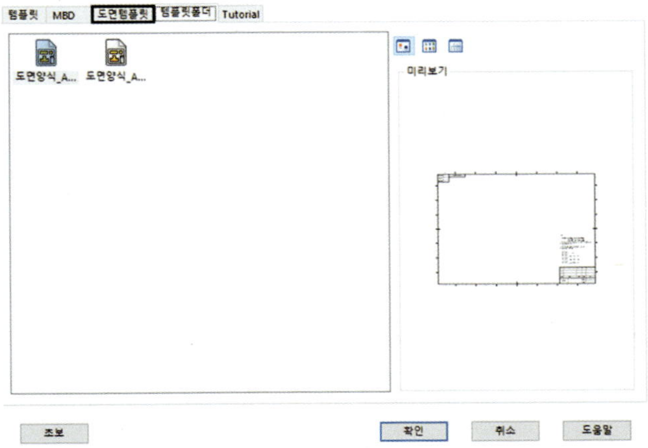

04 솔리드웍스 옵션

① 시스템 옵션

1_일반

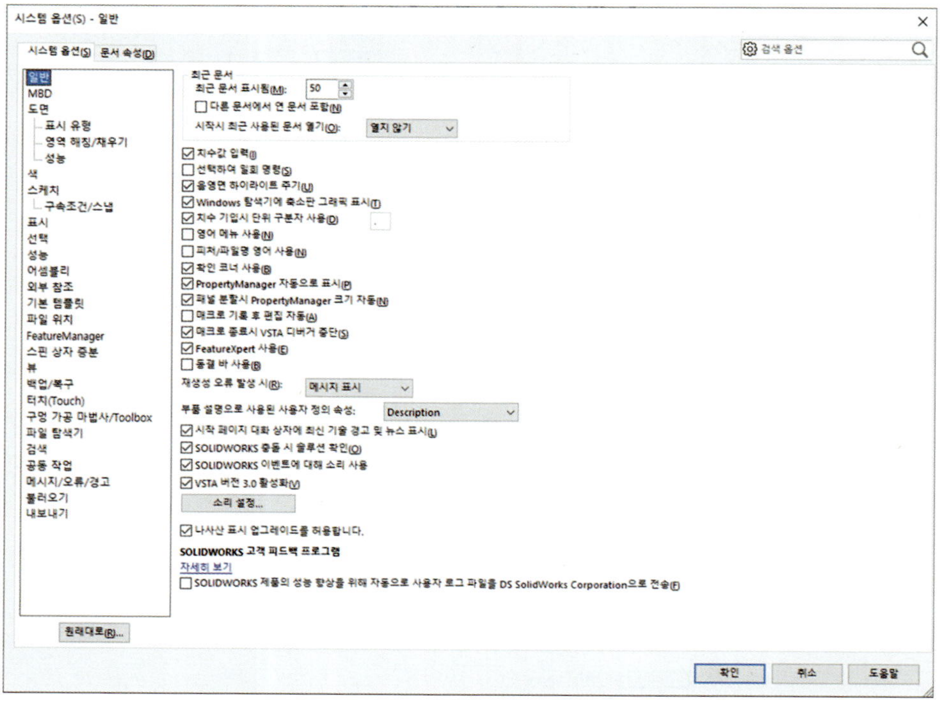

2_도면

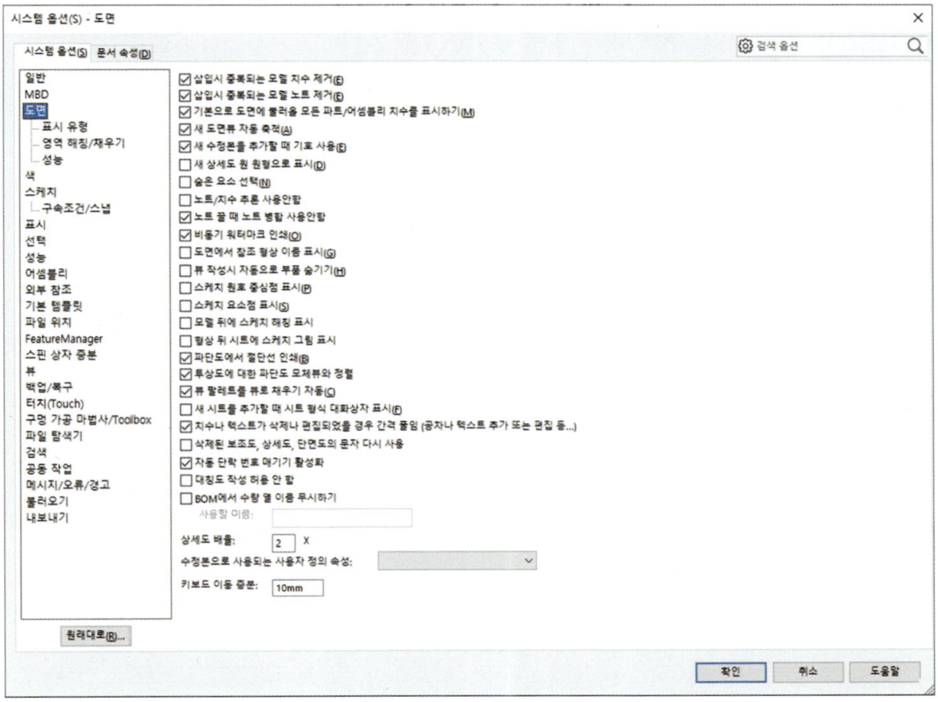

3_색

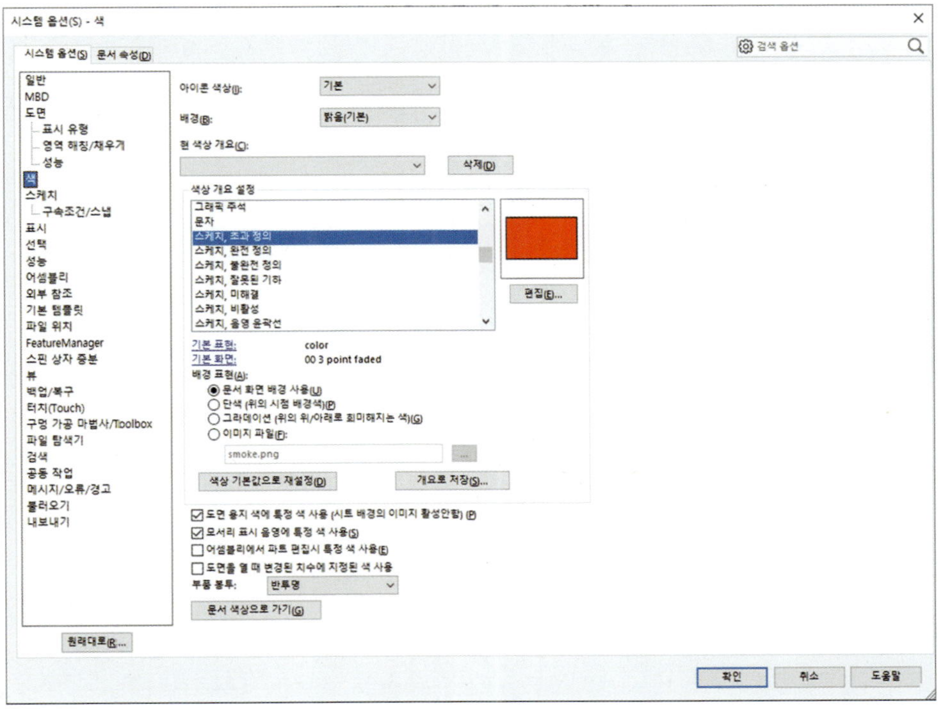

4_스케치

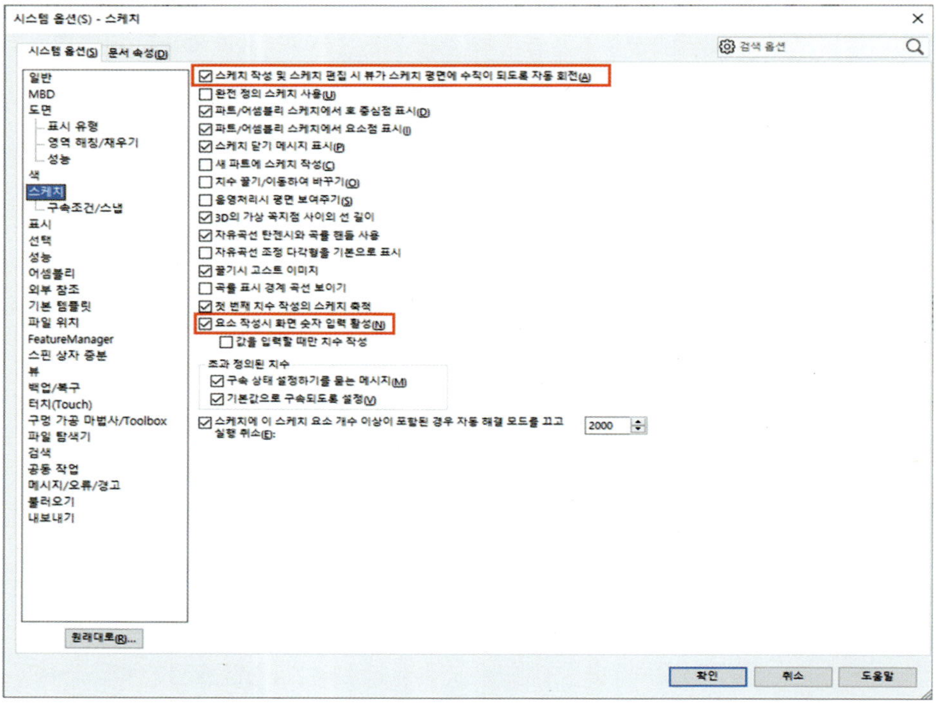

5_표시

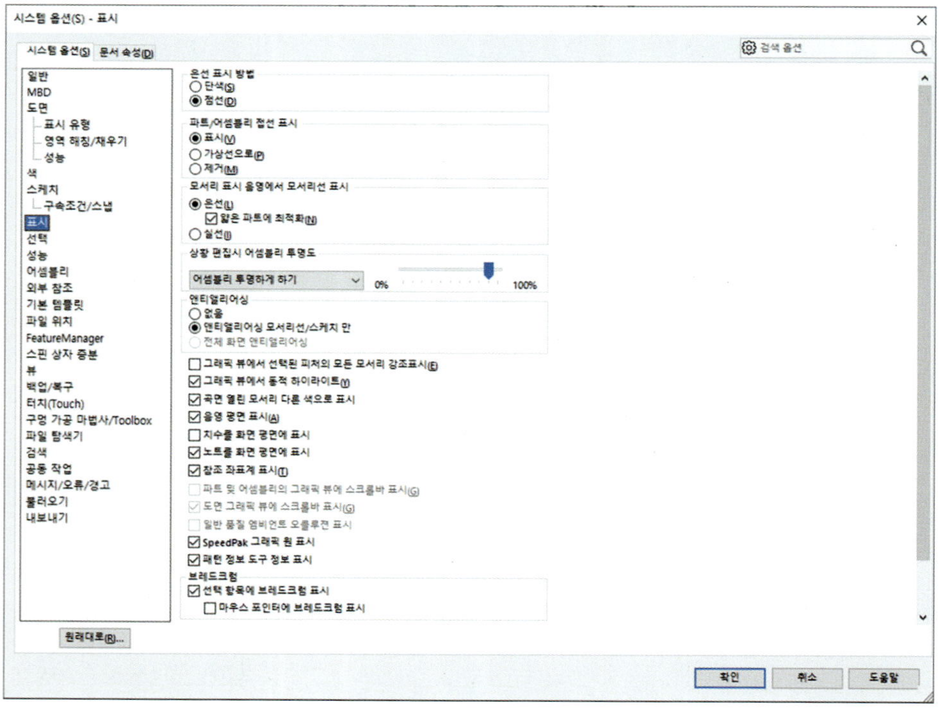

6_성능 옵션

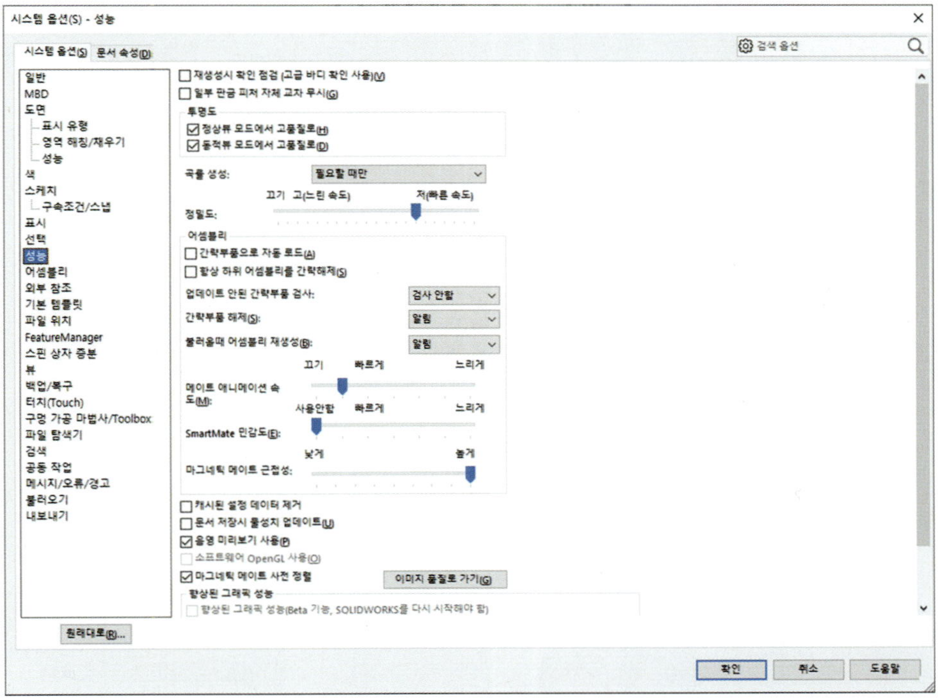

7_파일 위치

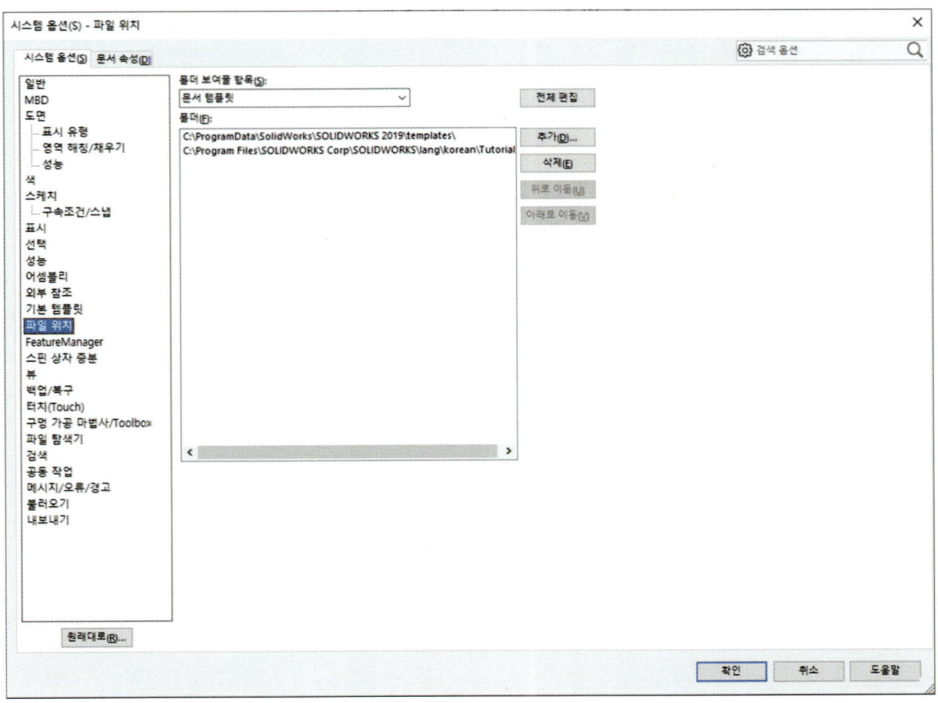

8_Feature Manager

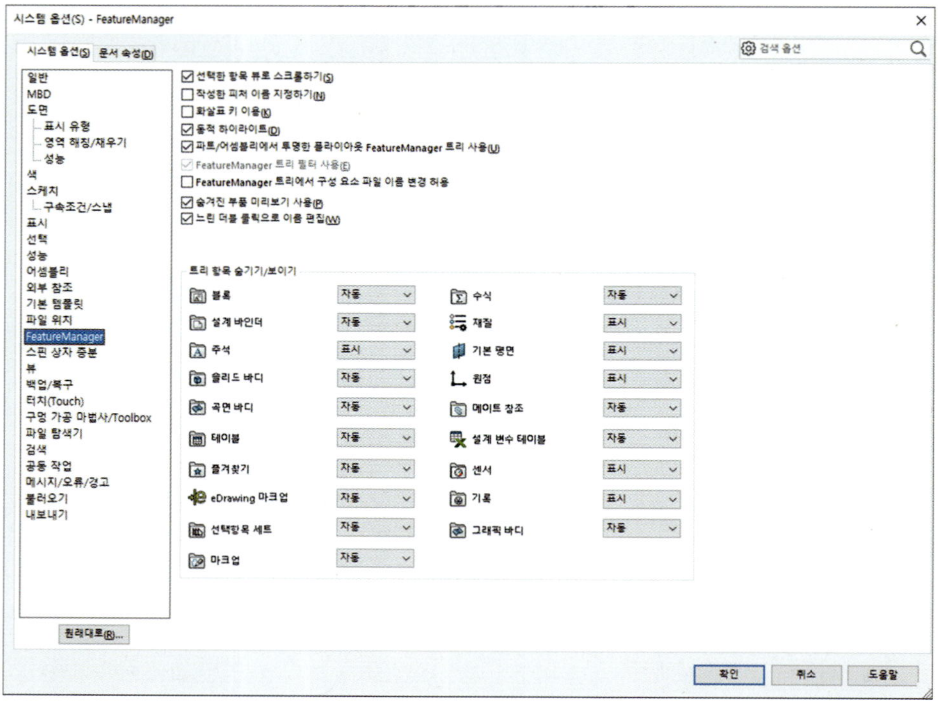

9_뷰

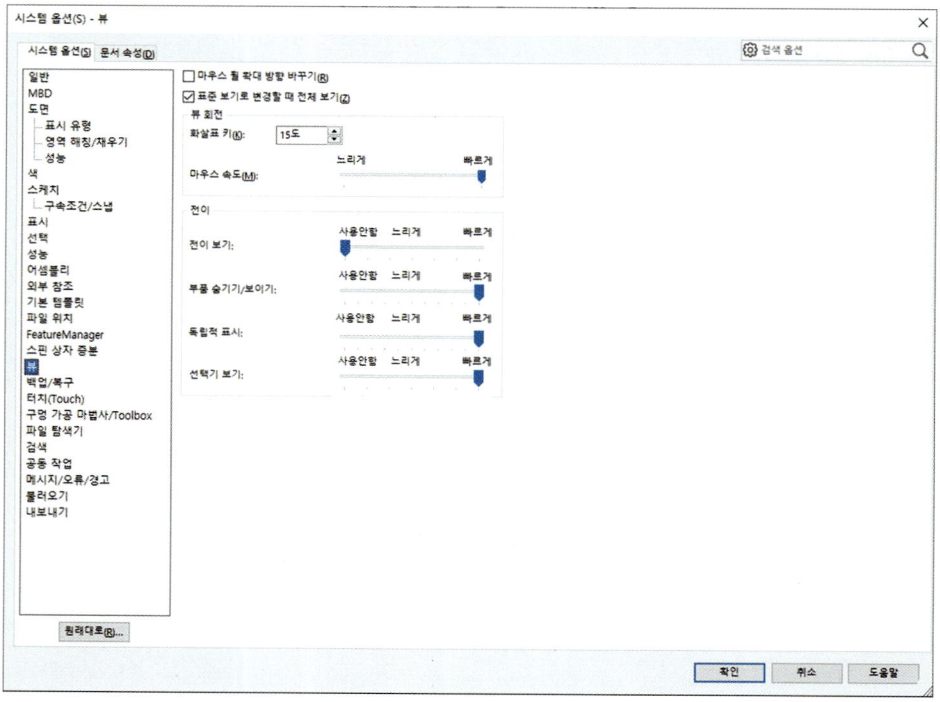

② 문서 속성

1_주석

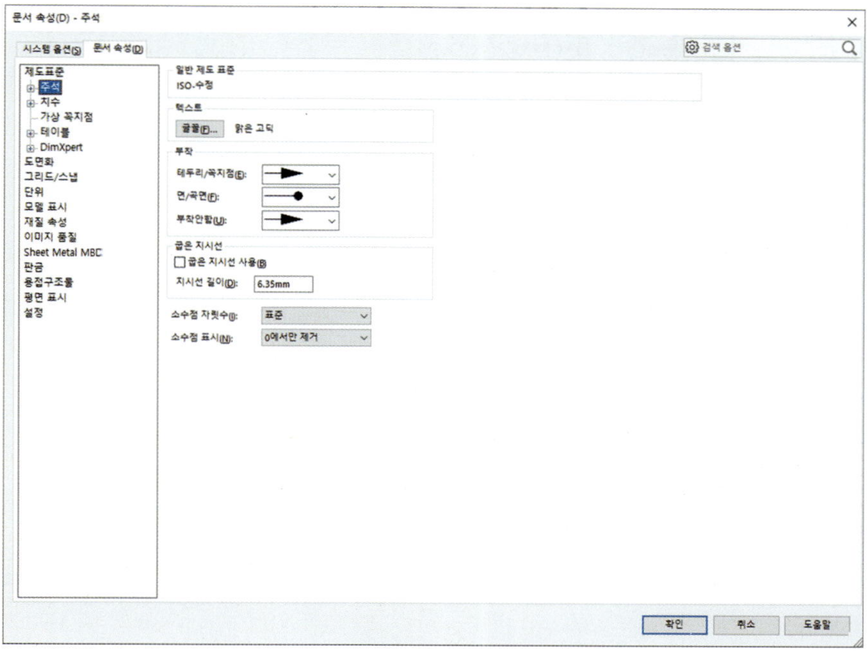

2_치수

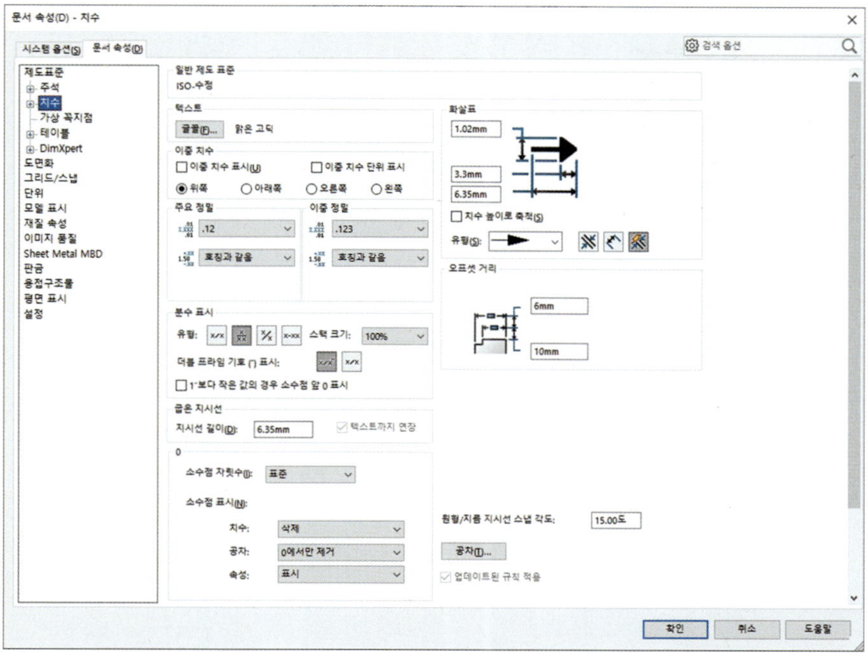

3_도면화

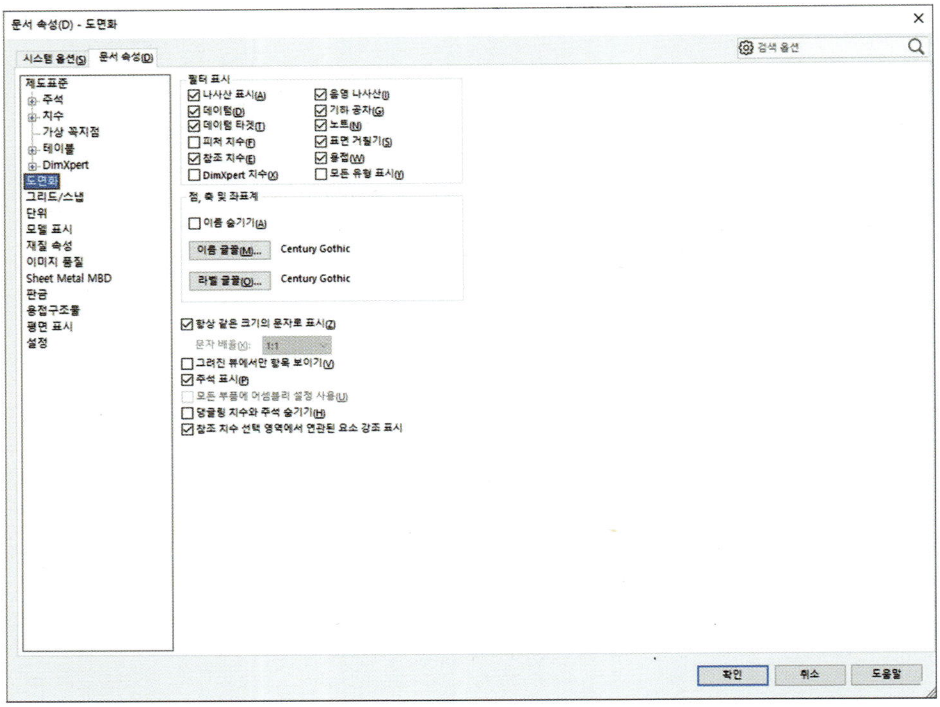
문서 속성(D) - 도면화
시스템 옵션(S)
문서 속성(D)
검색 옵션
제도표준
주석
치수
가상 꼭지점
테이블
DimXpert
도면화
그리드/스냅
단위
모델 표시
재질 속성
이미지 품질
Sheet Metal MBD
판금
용접구조물
평면 표시
설정
필터 표시
나사산 표시(A)
데이텀(D)
데이텀 타겟(T)
피처 치수(F)
참조 치수(E)
DimXpert 치수(X)
음영 나사산(I)
기하 공차(G)
노트(N)
표면 거칠기(S)
용접(W)
모든 유형 표시(Y)
점, 축 및 좌표계
이름 숨기기(A)
이름 글꼴(M)...
Century Gothic
라벨 글꼴(O)...
Century Gothic
항상 같은 크기의 문자로 표시(Z)
문자 배율(X):
1:1
그려진 뷰에서만 항목 보이기(V)
주석 표시(P)
모든 부품에 어셈블리 설정 사용(U)
댕글링 치수와 주석 숨기기(H)
참조 치수 선택 영역에서 연관된 요소 강조 표시
확인
취소
도움말

4_단위

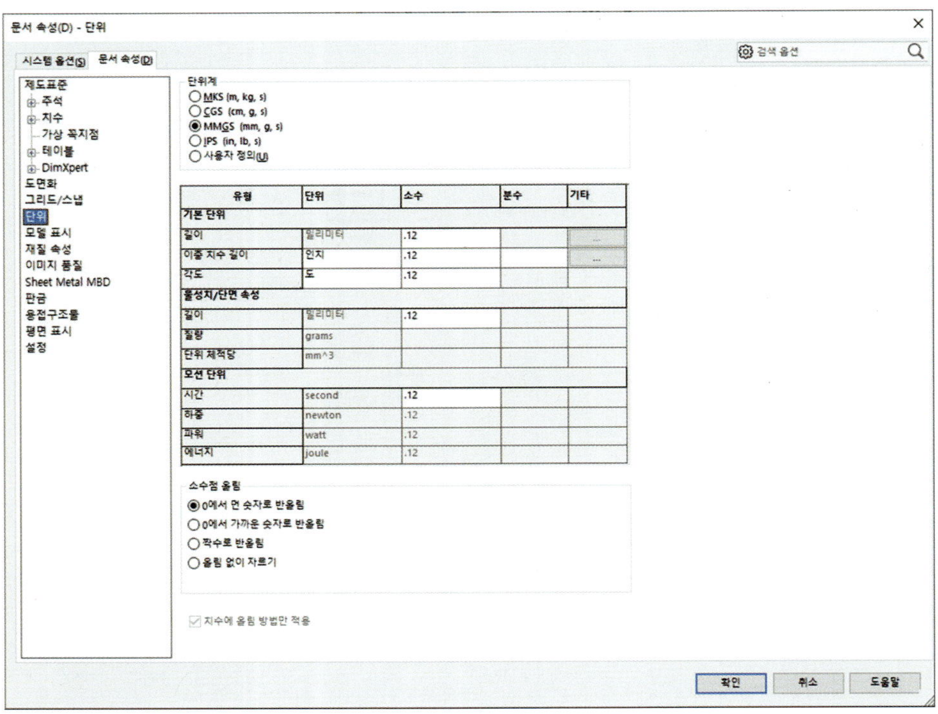
문서 속성(D) - 단위
시스템 옵션(S)
문서 속성(D)
검색 옵션
제도표준
주석
치수
가상 꼭지점
테이블
DimXpert
도면화
그리드/스냅
단위
모델 표시
재질 속성
이미지 품질
Sheet Metal MBD
판금
용접구조물
평면 표시
설정
단위계
MKS (m, kg, s)
CGS (cm, g, s)
MMGS (mm, g, s)
IPS (in, lb, s)
사용자 정의(U)
유형
단위
소수
분수
기타
기본 단위
길이
밀리미터
.12
이중 치수 길이
인치
.12
각도
도
.12
물성치/단면 속성
길이
밀리미터
.12
질량
grams
단위 체적당
mm^3
모션 단위
시간
second
.12
하중
newton
.12
파워
watt
.12
에너지
joule
.12
소수점 올림
0에서 먼 숫자로 반올림
0에서 가까운 숫자로 반올림
짝수로 반올림
올림 없이 자르기
치수에 올림 방법만 적용
확인
취소
도움말

5_재질 속성

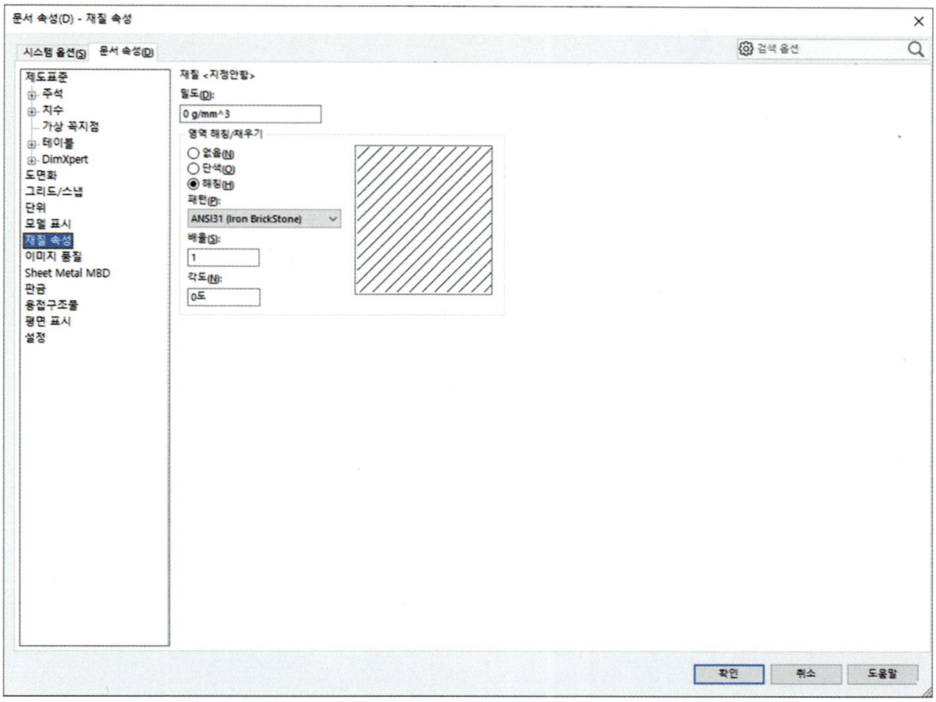

6_이미지 품질

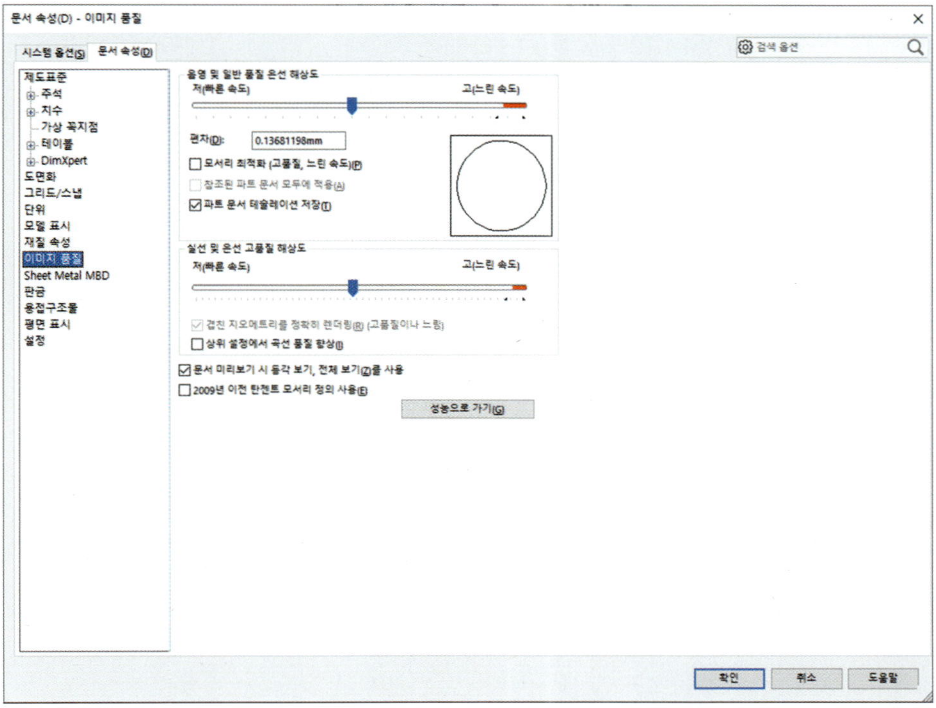

제2장

스케치

CHAPTER

2

스케치

스케치는 정면도, 평면도(윗면도), 측면도 중에서 기준면으로 선택한 후 점, 선, 곡선, 필렛, 면취 등의 스케치 요소를 이용하여 폐곡선의 2D 프로파일을 그리는 것을 말한다. 즉, 3D 형상의 솔리드 부품들을 구성하는 피처를 생성하기 위한 것으로서 베이스 피처뿐만 아니라 추가적인 피처를 생성하기 위하여 스케치를 사용한다.

일반적으로 2D 스케치 프로파일을 작도할 때 완전 정의가 되도록 하는 것은 3D 형상 모델링을 완전하게 설계하는데 척도가 된다.

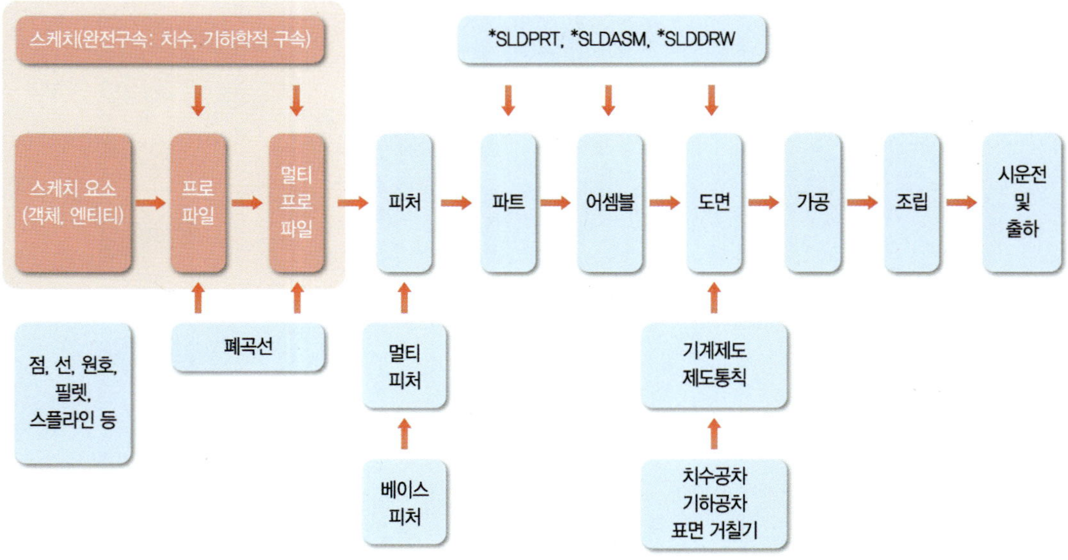

01 스케치 작업순서 및 스케치 상태

① 스케치 작업순서

① 스케치 요소를 이용한 프로파일 작성
② 치수 및 기하학적 형상 구속
③ 완전 정의 여부 확인 및 수정
④ 피처 생성
⑤ 파트 생성

② 스케치 상태

① 불완전 정의((-), 파란색) : 치수 및 형상 구속이 불완전한 경우

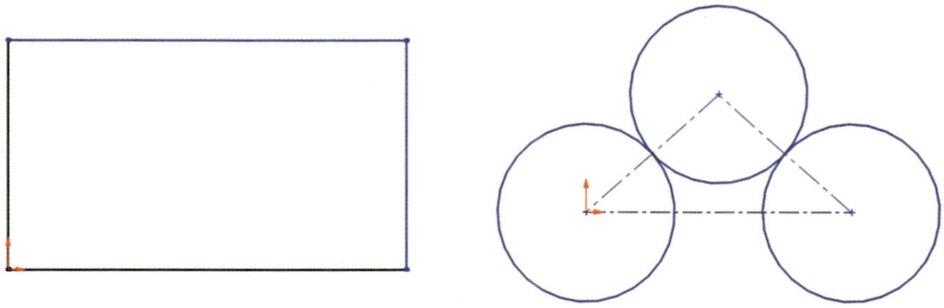

② 완전 정의(, 검정색) : 치수 및 형상 구속이 완전한 경우

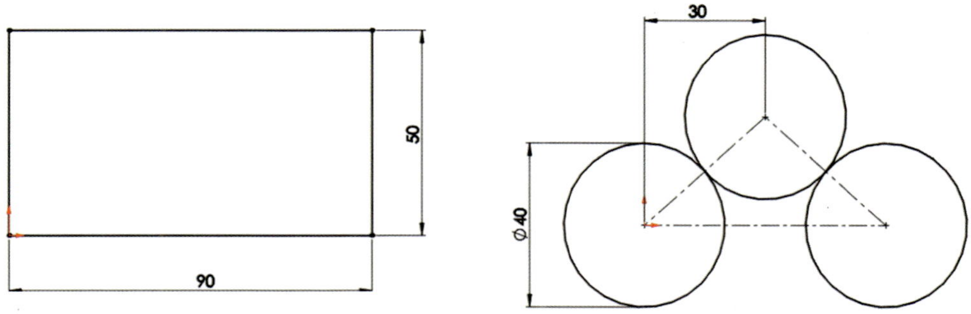

③ 초과 정의(⊏ ⚠ (+), 빨간색, 노랑색) : 치수 및 형상 구속이 중복되거나 충돌되는 경우

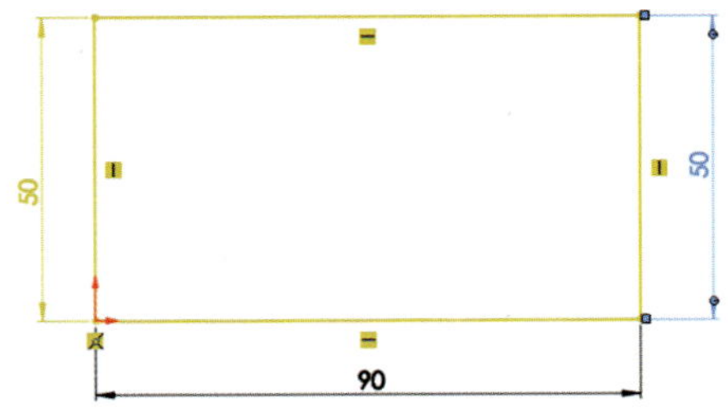

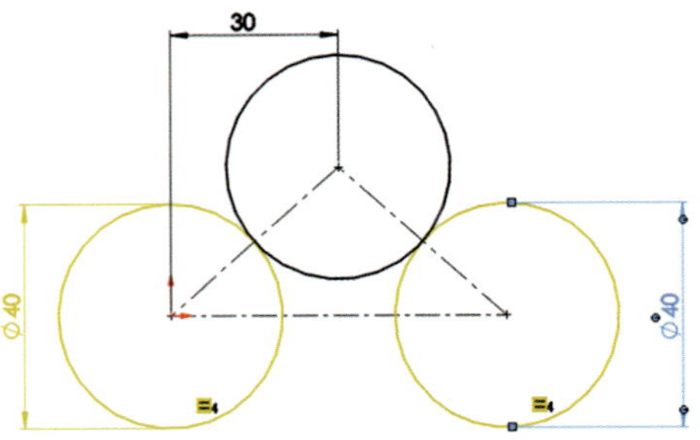

02 스케치에 사용되는 도구 모음

① 스케치 요소

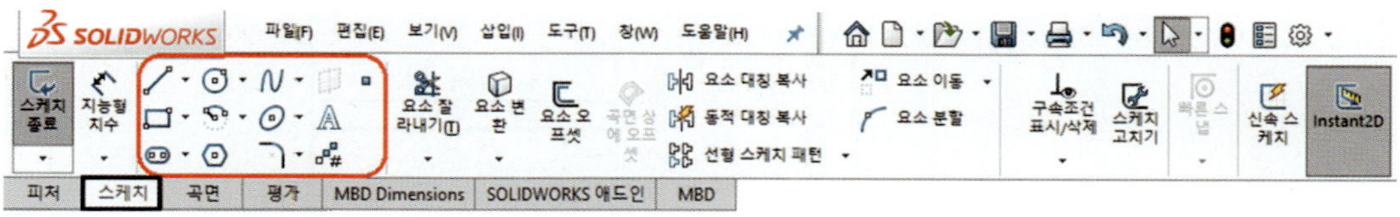

1_선 도구

프로파일 형상을 그리는데 가장 많이 사용하는 스케치 요소로서 선(⟋), 중심선(⋰), 중간점 선(⟍) 등이 있다.

직선을 작도하는 방법

① Point to Point 방식

마우스 왼쪽 버튼으로 임의의 위치마다 클릭하여 선을 연속적으로 연결하는 방식(단, 연속선 종료 시에는 오른쪽 버튼을 클릭 후 선택키를 누르면 된다.)

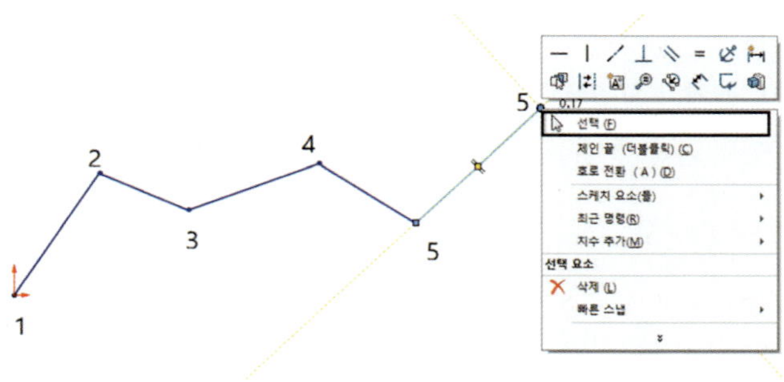

② Drag to Drop 방식

마우스 왼쪽 버튼을 누른 상태에서 드래그하여 원하는 위치에서 떼면 선이 자동으로 끝나게 되는 방식

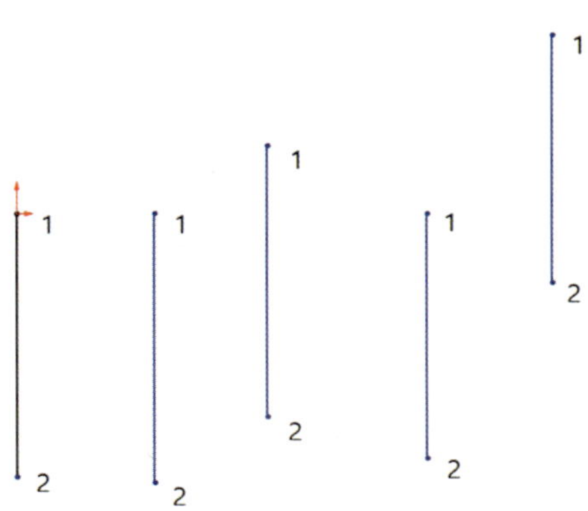

직선 종점에서 호(arc)를 생성하는 방법

① 바로가기 메뉴를 이용하는 방법

직선 종점에서 클릭한 후 빈공간 상에서 마우스 오른쪽 버튼을 누른 후 바로가기 메뉴에서 [호로 전환]을 클릭한다.

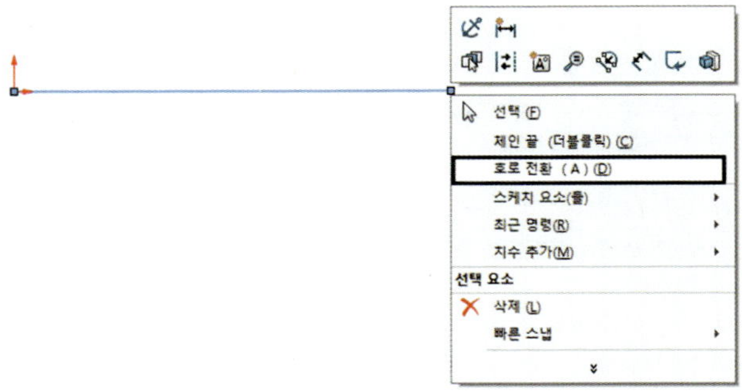

② 직선 종점에서 커서 포인터를 직선 반대 방향으로 움직인 후 호 형상으로 드래그하는 방법

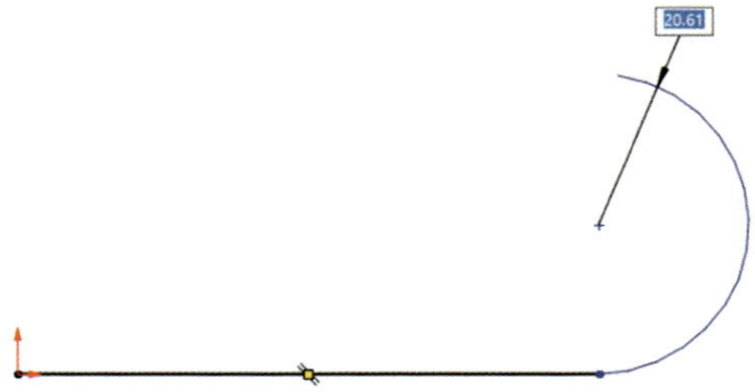

단, 상기 그림과 같이 스케치 요소 생성 시 치수 숫자가 표시되지 않도록 하려면 시스템 옵션 → 스케치 → [요소 작성시 화면 숫자 입력 활성]을 체크하지 않는다.

2_사각형 도구

사각형 프로파일을 그리는데 사용되는 도구는 코너 사각형, 중심 사각형, 세점 코너 사각형, 세점 중심 사각형 및 평행사변형 사각형 등으로 구성되나 주로 코너 사각형과 중심 사각형이 사용된다.

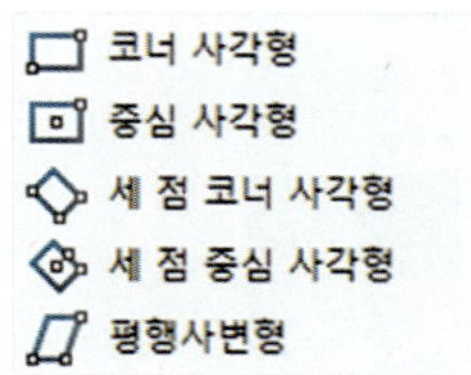

① 코너 사각형() 그리기

② 중심 사각형() 그리기

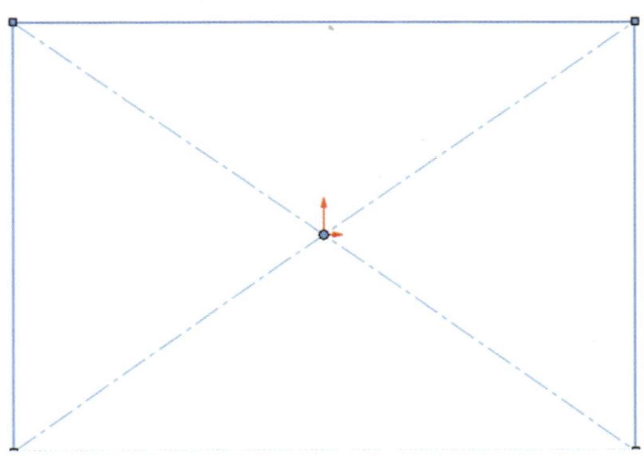

3_홈 도구

홈 프로파일을 그리는데 사용되는 도구는 직선 홈, 중심점 직선 홈, 3점호 홈 및 중심점 호 홈 등으로 구성되나 주로 직선 홈, 중심점 직선 홈이 사용된다.

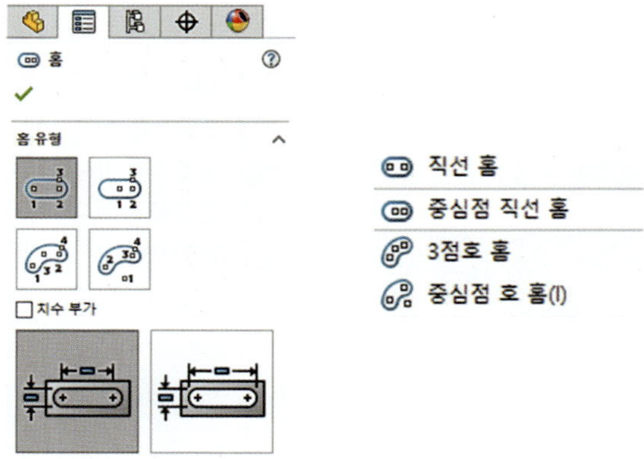

① 직선 홈( ) 그리기

② 중심점 직선홈( ) 그리기

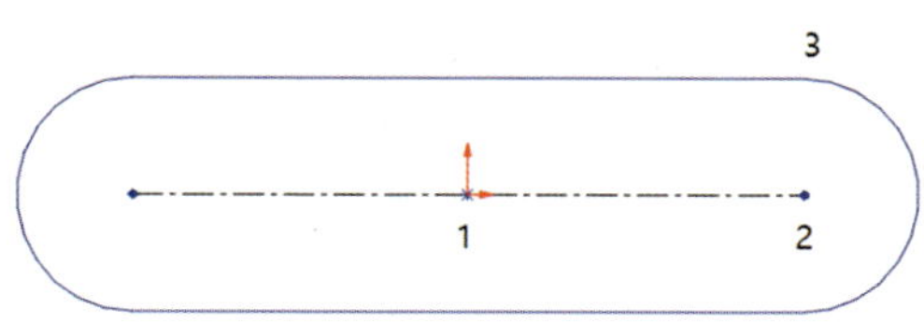

4_원 도구

원 프로파일을 그리는데 사용되는 도구는 원, 원주 원 등으로 구성되나 주로 원이 사용된다.

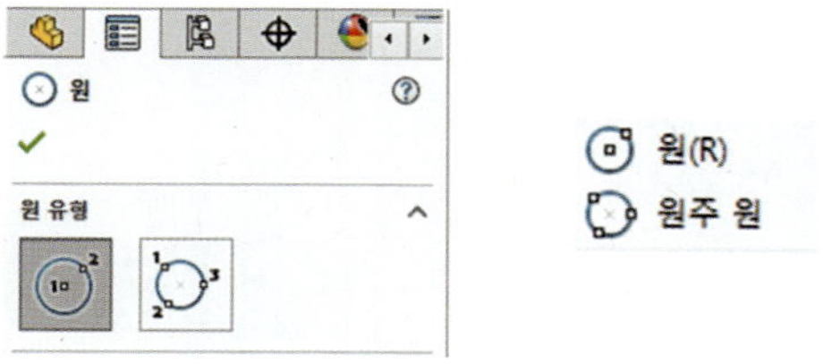

① 직선 홈( ) 그리기

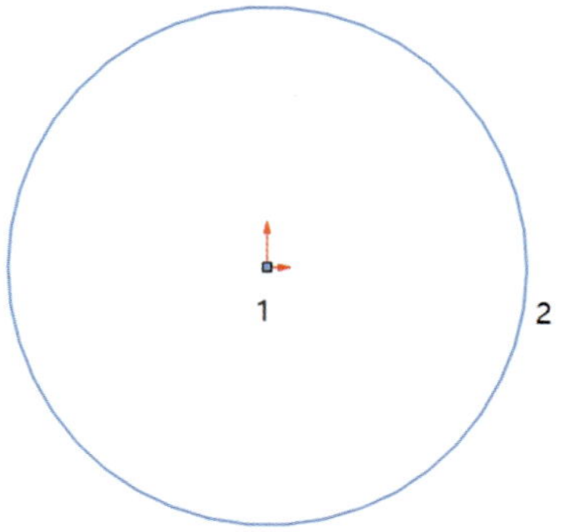

5_호 그리기

호 프로파일을 그리는데 사용되는 도구는 중심점 호, 접 원호, 3점 호 등으로 구성되나 주로 중심점 호, 3점 호가 사용된다.

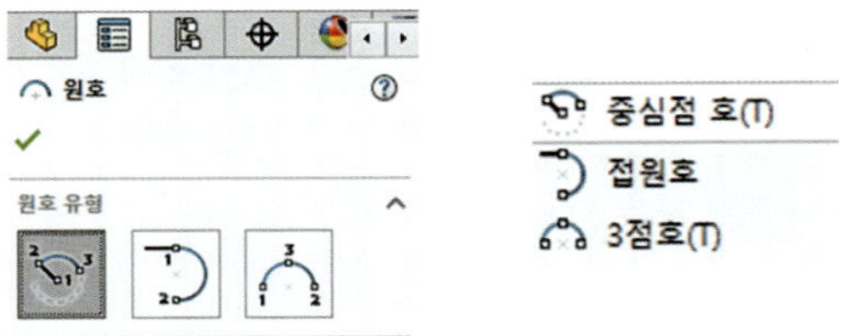

① 중심점 호( ) 그리기

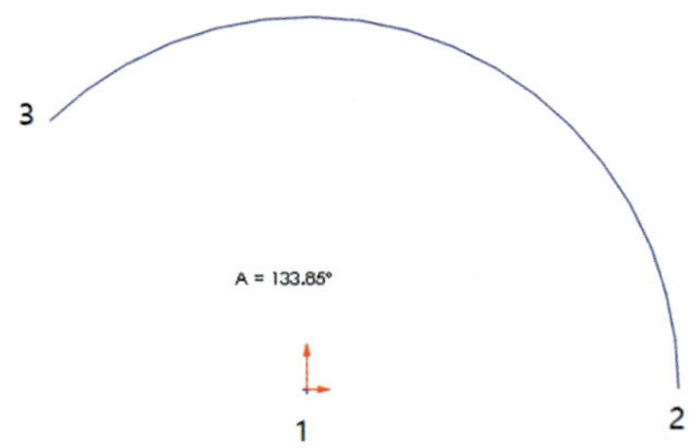

② 3점 호( ) 그리기

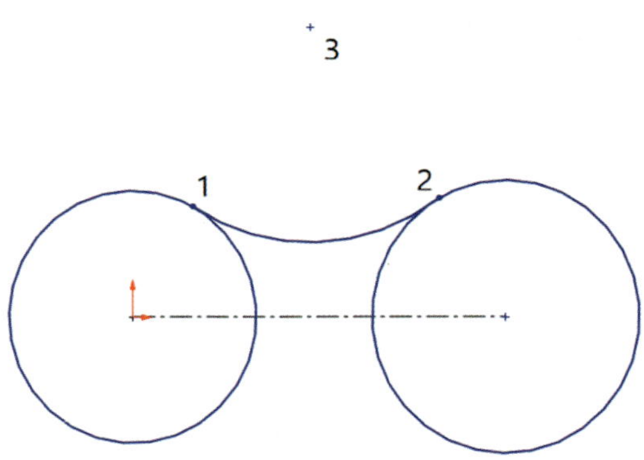

6_다각형 그리기

다각형 프로파일을 그리는데 사용되는 도구는 내접원 및 외접원 매개변수에 의한 다각형이 사용된다.

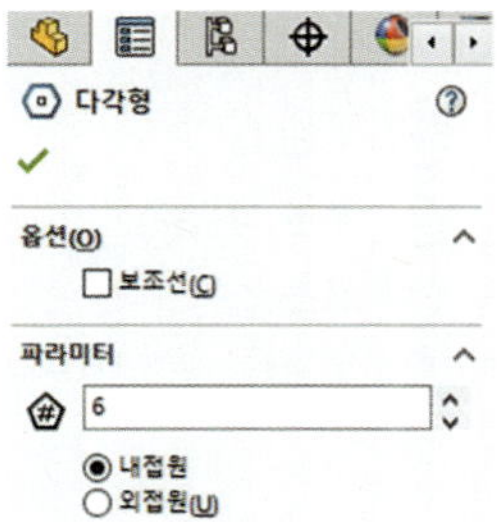

① 내접원 및 내접원(⊙) 다각형

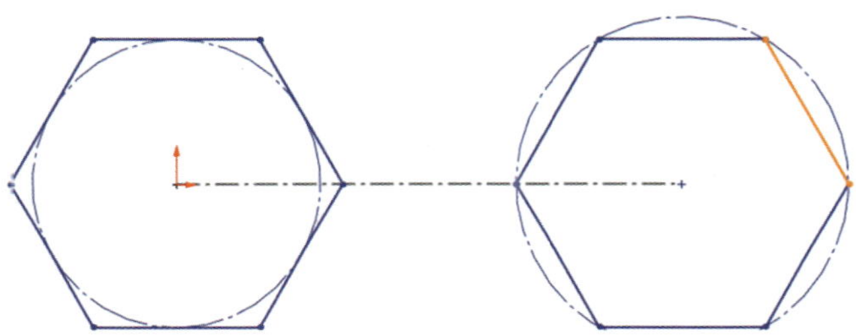

7_스플라인

주어진 복수의 제어점을 통과하는 부드러운 곡선으로, 인접한 두 점 사이에의 구간마다 별도의 다항식을 이용한 곡선을 말하며, 주로 유선형 곡면을 모델링할 때 사용한다.

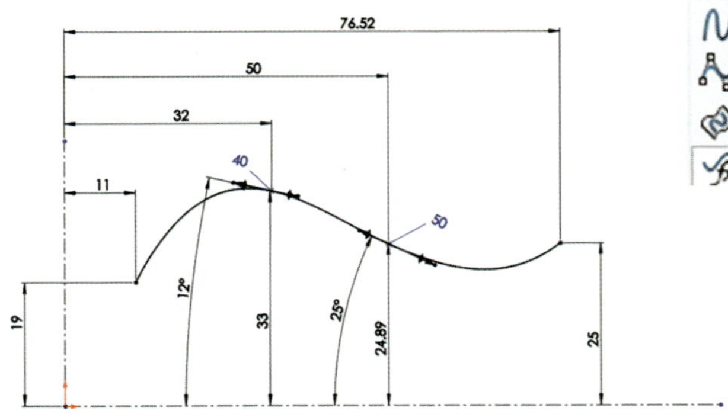

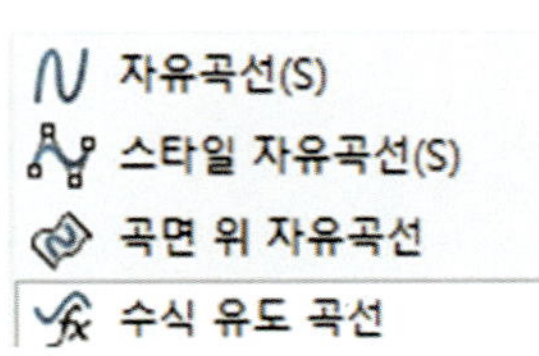

- 삼각형 : 접선 방향으로 길이 조정
- 마름모 : 접선 기준으로 각도 조정
- 원형 : 접선 방향과 접선 기준 각도를 동시에 조정

8_타원 그리기

호 프로파일을 그리는데 사용되는 도구는 타원, 부분타원, 포물선, 원추형 등으로 구성되어 있으나 주로 타원이 사용된다.

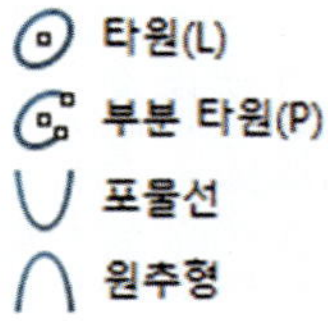

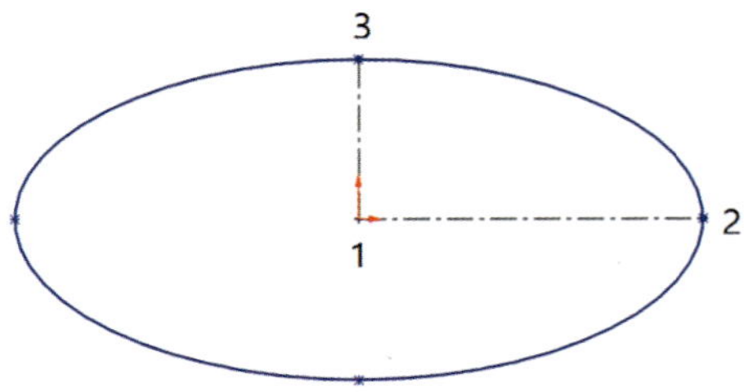

② 스케치 도구

스케치 요소들의 수정 및 편집, 형상의 투영, 참조 지오메트리의 작도, 스케치 패턴 정의 및 형상 이동, 복사, 회전 등의 기능을 지원한다.

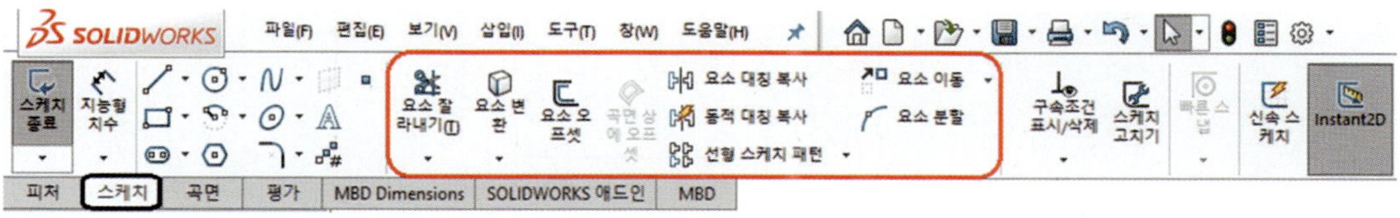

① 필렛( ), 모따기( )

개곡선이나 폐곡선 프로파일에 존재하는 두 개의 교차선을 선택하여 필렛 또는 모따기를 그린다.

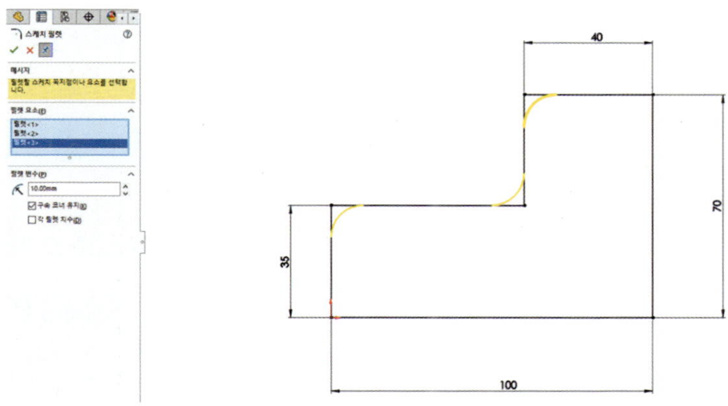

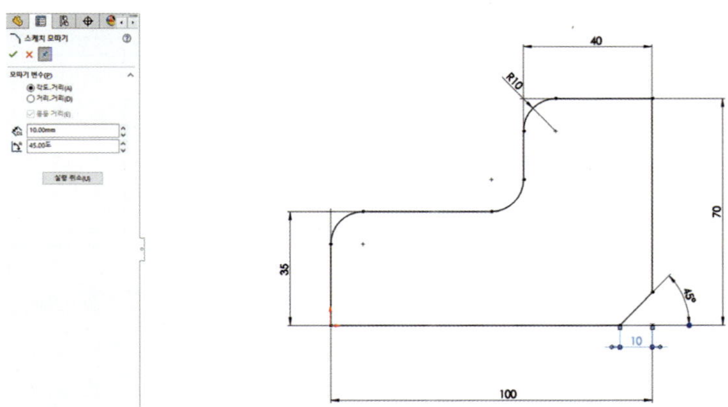

② 오프셋( )

오프셋 할 요소 또는 프로파일을 선택하고 치수 부가, 반대 방향, 체인 선택, 양쪽 방향 등을 선택하여 그린다.

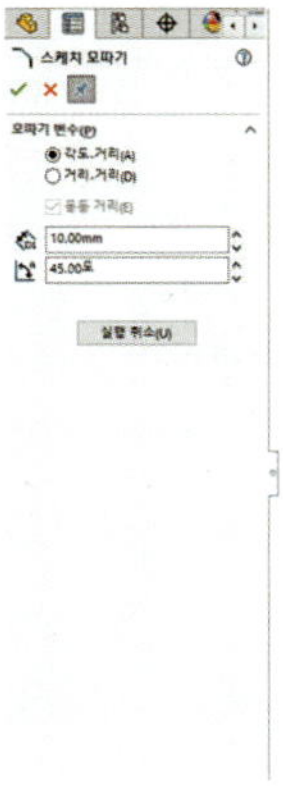

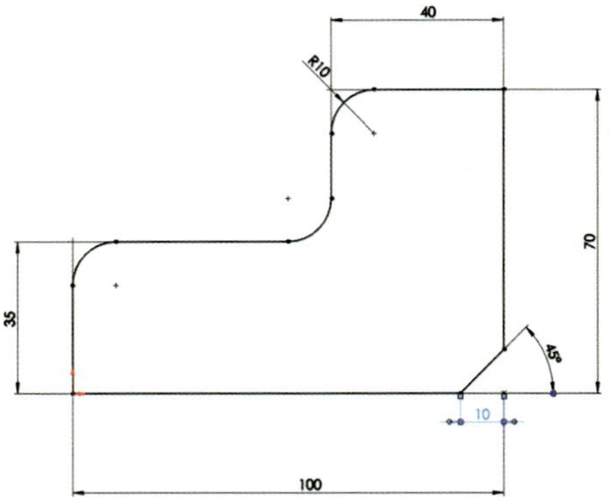

③ 요소 변환( )

요소 변환 스케치 도구는 요소 변환( ), 교선( )을 그리는데 사용된다.

요소변환을 이용하여 프로파일을 그리는 방법

- 작업평면 상의 모서리 선이나 스케치평면을 클릭하여 모서리 선을 프로파일로 그리는 방식

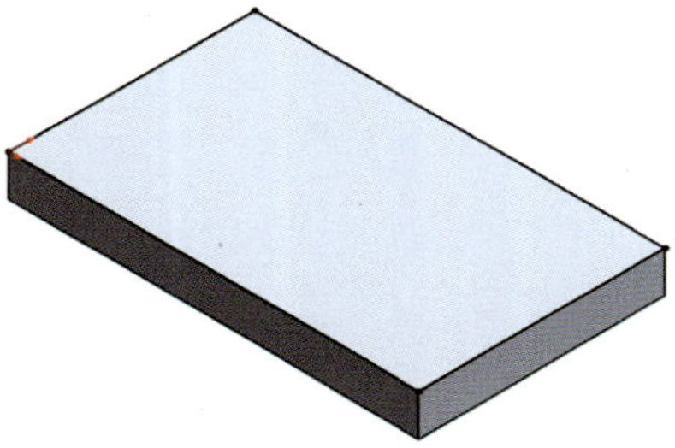

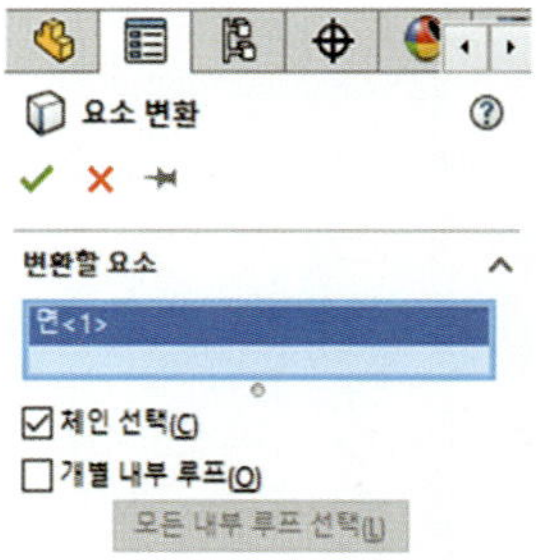

- 작업평면(밑면)을 지정한 후 반대편의 모서리 선을 클릭하여 작업평면에 투영하는 경우

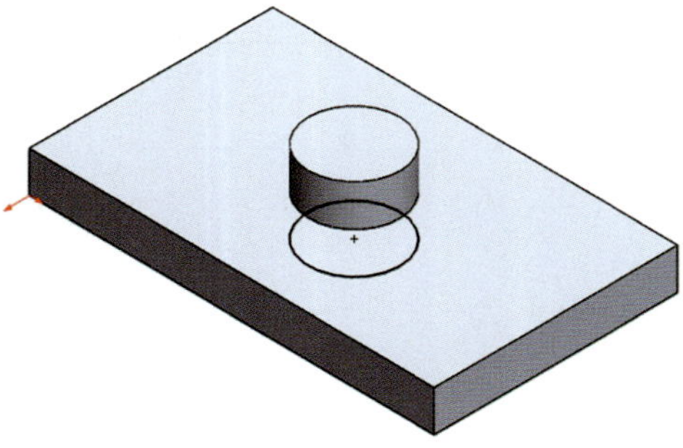

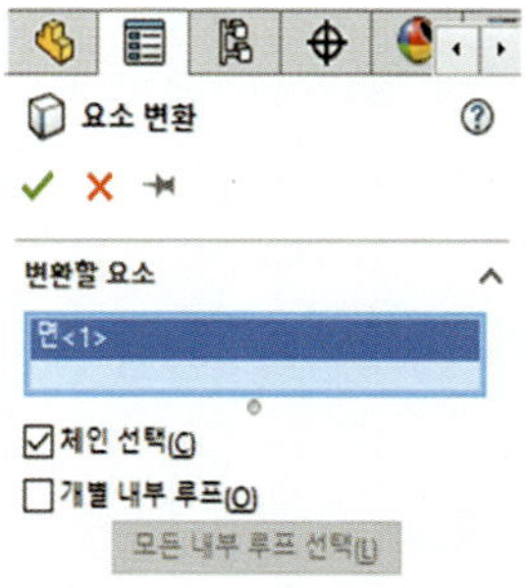

교선을 이용하여 프로파일을 그리는 방법

- 교선( )은 작업평면상에 교차하는 면과 면을 선택하여 작업평면과 교차되는 부분에 스케치 곡선을 만드는 경우에 사용한다.

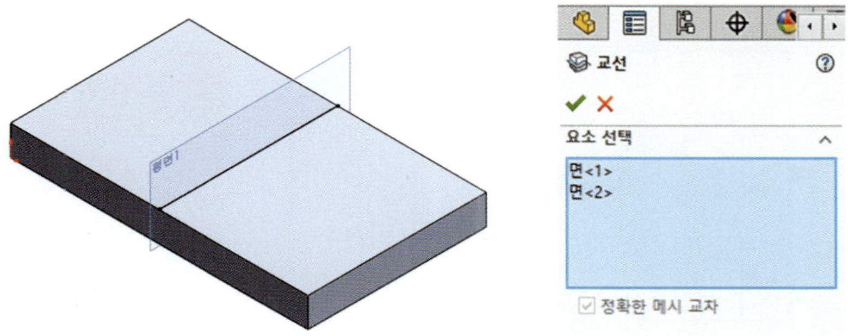

④ 잘라내기( ), 요소 늘리기( )

- 요소 잘라내기 : 지능형, 코너, 안쪽 잘라내기, 바깥쪽 잘라내기, 근접 잘라내기 등으로 구성되나 주로 지능형과 근접 잘라내기를 사용한다.
- 요소 늘리기

⑤ 대칭 복사( )

대칭 복사할 항목과 대칭 기준선으로 선택한 후 스케치 요소를 대칭 복사한다.

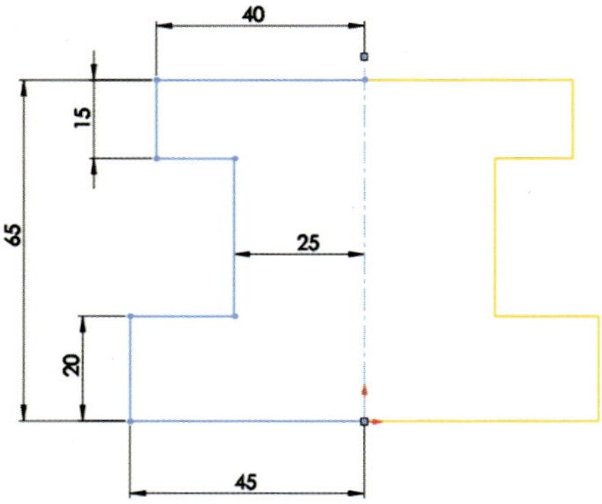

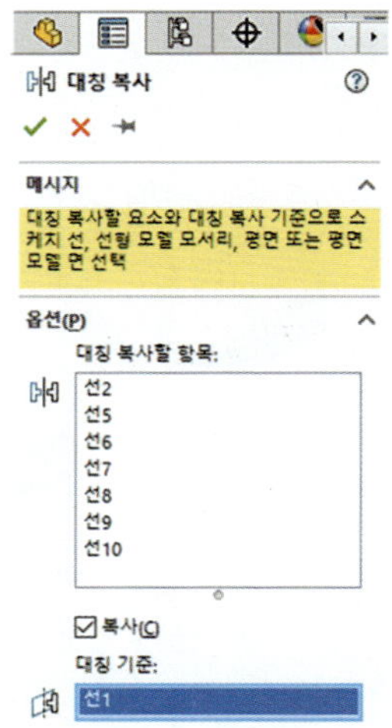

⑥ 동적 대칭 복사( )

동적 대칭 복사할 중심선을 선택한 후 대칭 복사할 스케치 요소를 그린다.

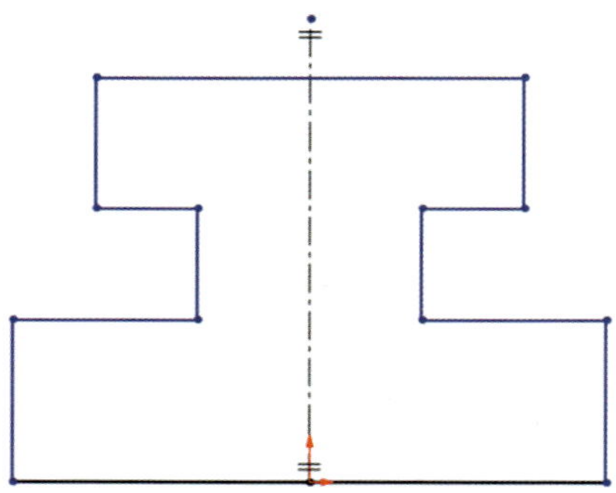

⑦ 선형 패턴( )

선택한 피처를 직선방향으로 일정 간격을 맞추어 인스턴스 수를 지정하여 배열하는 것

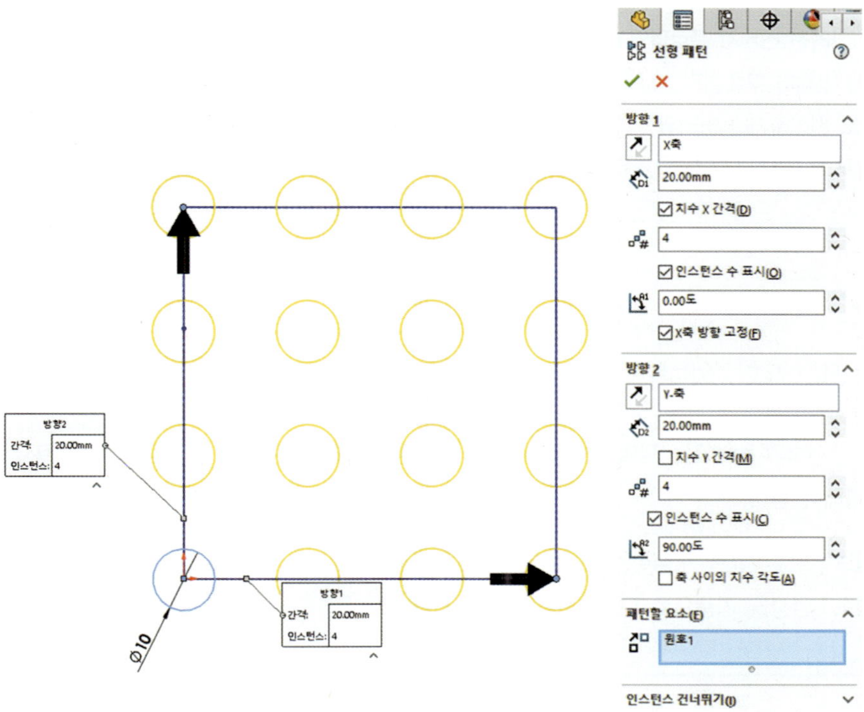

⑧ 원형 패턴( )

피처의 모서리 또는 중심축을 기준으로 일정 각도의 인스턴스 수 및 간격을 지정하여 배열하는 것

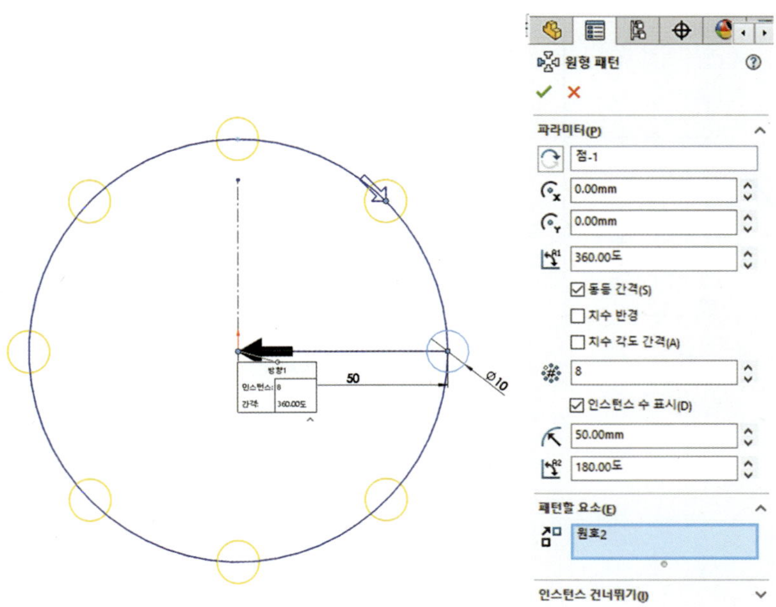

03 스케치 구속하기

작업평면에 그려진 스케치 프로파일에 대하여 기준 축 또는 기준이 되는 스케치 요소들 사이의 상호 관계를 설계자가 설계 의도에 맞추어 구속한다. 스케치 요소를 이용하여 프로파일을 완성한 뒤에 구속조건을 어떻게 하느냐에 따라 설계 변경 시 편리하거나 어려워질 수 있기 때문에 스케치 구속조건은 매우 중요하다. 따라서 3D 형상을 설계하려면 프로파일에서 반드시 스케치 요소들을 완전 구속을 한 후에 피처를 생성해야 하며, 그 절차를 설명하면 다음과 같다.

① 요소 및 위치 정보

3D 형상을 생성하기 전에 프로파일 상에서 스케치 요소들 사이에 완전 정의를 부여하기 위해서는 위치 및 요소 정보를 고려해야 한다.

① 요소 정보 : 프로파일을 구성하는 스케치 요소들 사이의 거리(예, 15mm, 15mm, 50mm, 70mm)
② 위치 정보 : 원점을 기준으로 요소와의 거리(예, 25mm)

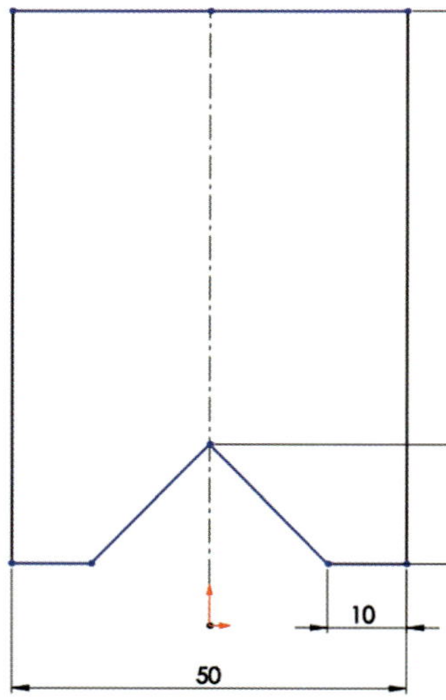

요소 정보

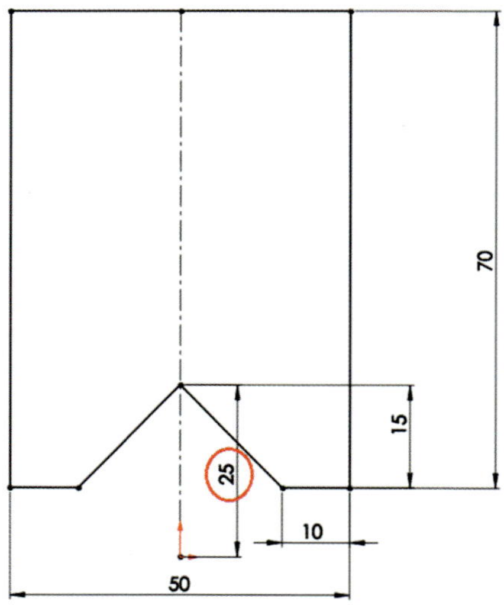

위치 정보

② 스케치 순서 및 구속조건 부여하기

1_형상 구속

설계자의 설계 의도에 맞추어 스케치 프로파일의 형상을 안정화시키기 위하여 구속하는 것이다.

① 대략적인 형상 스케치 작성

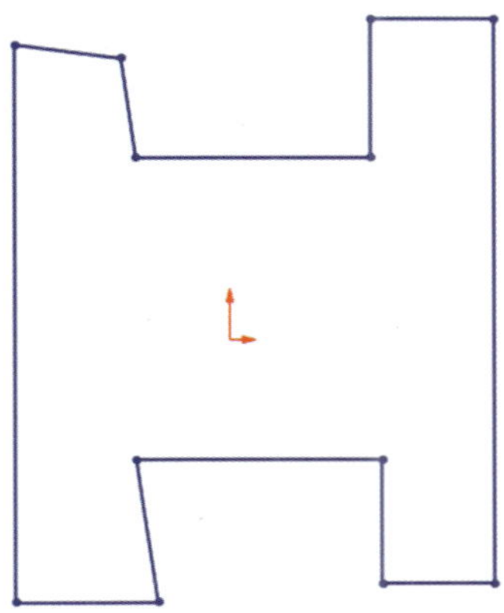

② 기하학적 형상 구속조건 부여

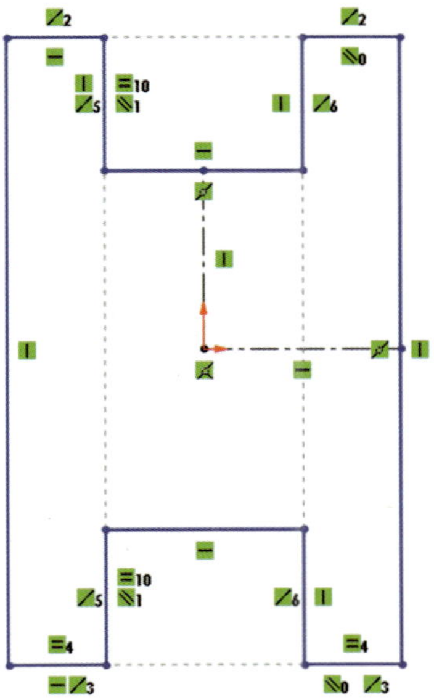

2_치수 구속

설계자의 설계 의도에 맞추어 스케치 프로파일을 구성하는 스케치 요소들의 크기를 구속하기 위한 것이다.

① 치수 구속조건을 부여하여 완전 구속이 되면 프로파일을 구성하는 선들이 모두 검은색으로 변하면서 화면 우측 하단부에 완전정의가 표시된다.

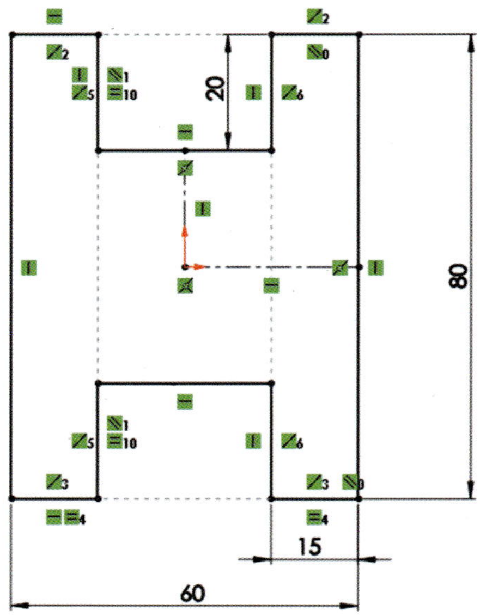

③ 구속조건

구속조건	방법
일치( )	기준 스케치 요소를 참조하여 다른 스케치 요소를 서로 일치하도록 구속한다.
동등(＝)	기준 스케치 요소와 다른 스케치 요소의 길이가 서로 같도록 구속한다.
동일선상( )	기준 스케치 요소와 다른 스케치 요소가 서로 동일선상에 위치하도록 구속한다.
접선( )	기준 스케치 요소와 다른 스케치 요소가 서로 접하도록 구속한다.
평행( )	기준 스케치 요소와 다른 스케치 요소가 서로 평행하게 위치하도록 구속한다.
대칭( )	기준 스케치 요소와 다른 스케치 요소가 서로 대칭하도록 구속한다.

④ 설계의도

1_설계의도 요소

① 형상 구속조건 : 프로파일을 구성하는 스케치 요소 사이의 수평, 수직, 평행, 동일선상, 직각, 일치 등의 기하학적 형상 구속

② 치수 구속조건 : 스케치 요소의 크기와 위치 구속

2_설계의도에 따른 스케치 순서

스케치 프로파일를 완전 정의하고 설계자가 원하는 설계의도를 구현하려면 형상 구속과 치수 구속의 조합이 적절하게 이루어져야 한다.

① 기준선 그리기

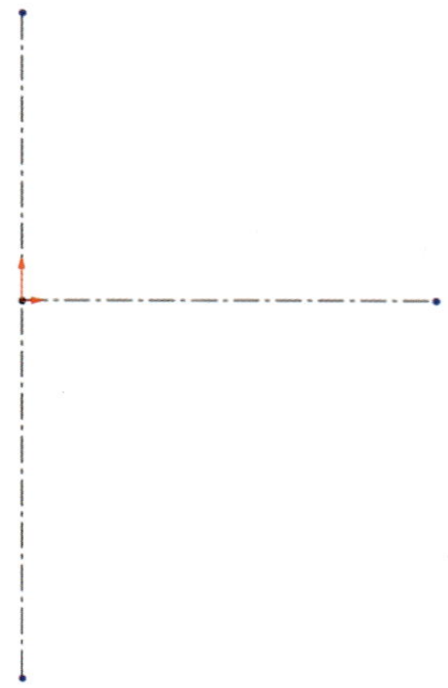

② 대략적인 형상 프로파일 그리기

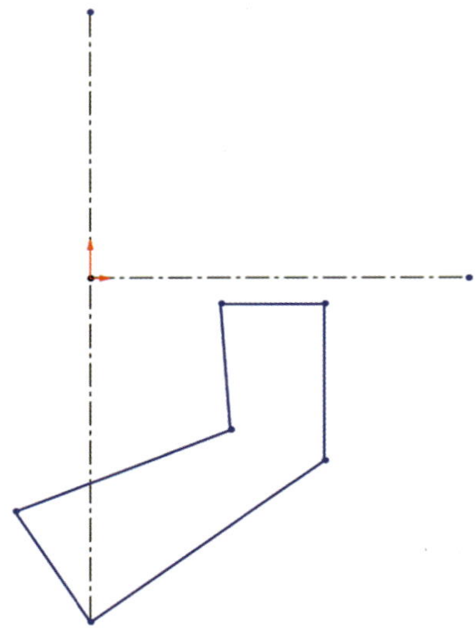

③ 형상 구속조건 부여하기

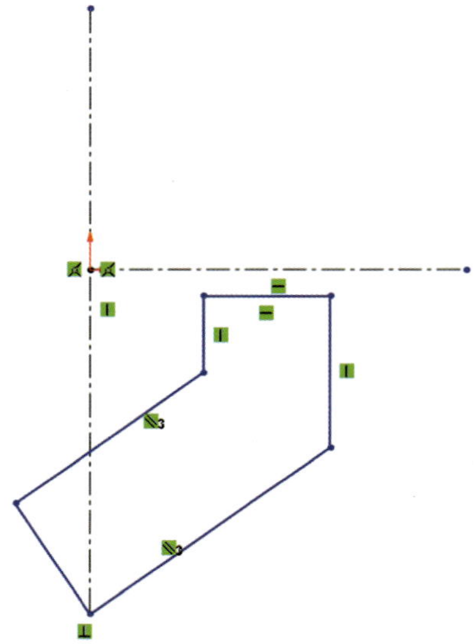

④ 치수 구속조건 부여하기

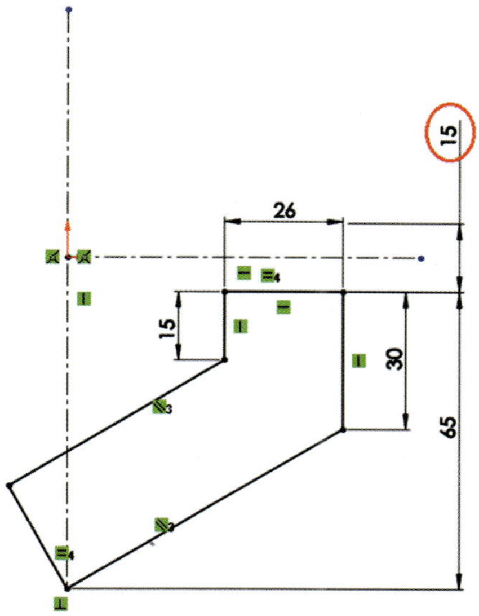

04 스케치 연습하기

① 휠

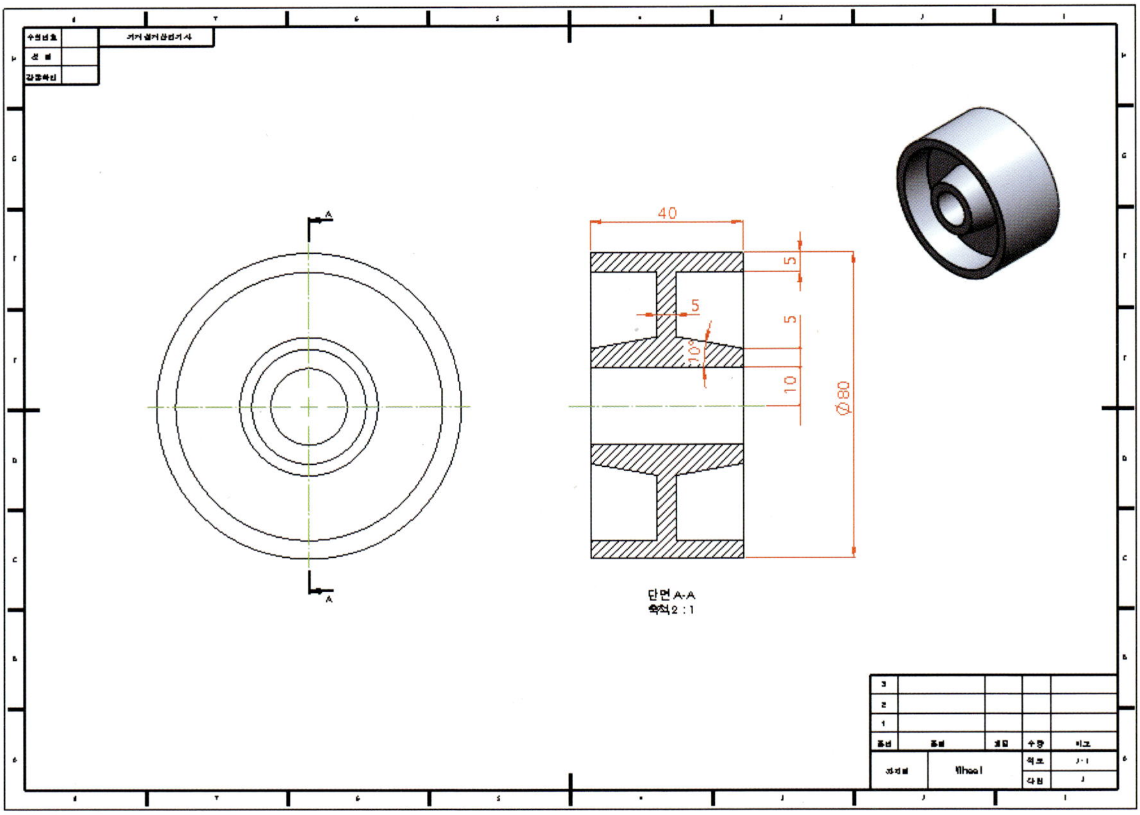

1_기준선 그리기

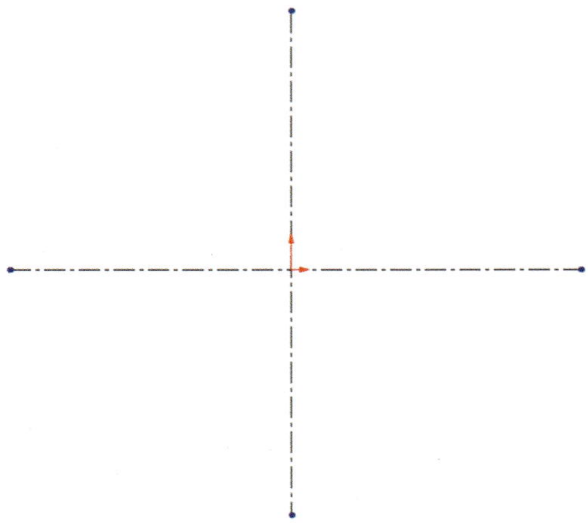

2_대략적인 형상 프로파일 그리기

① 좌우 대칭에 대하여 대략적인 프로파일을 그린 후 기하학적 구속조건을 부여한다.

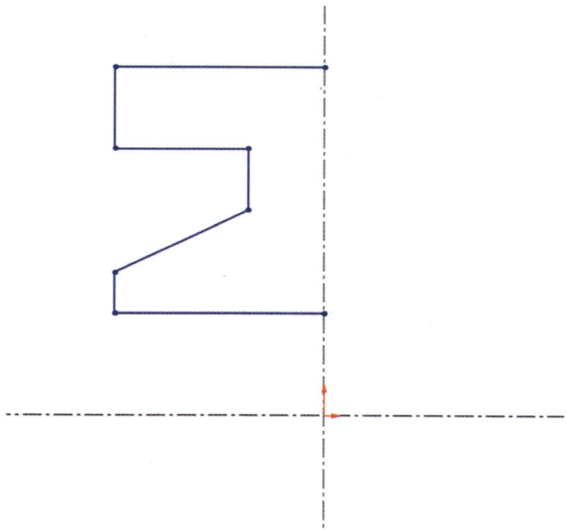

② 요소 대칭 복사(⧉)를 이용하여 Y축을 기준으로 대칭 복사한다.

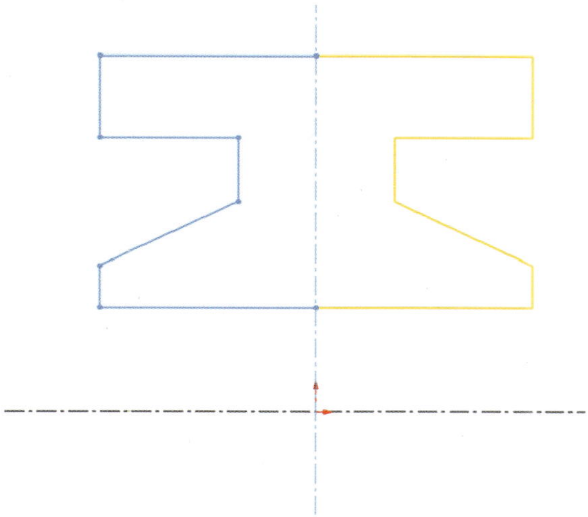

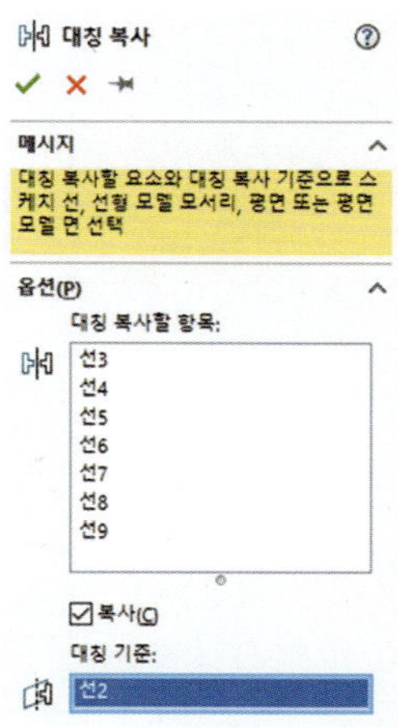

3_기하학적 구속조건 부여하기

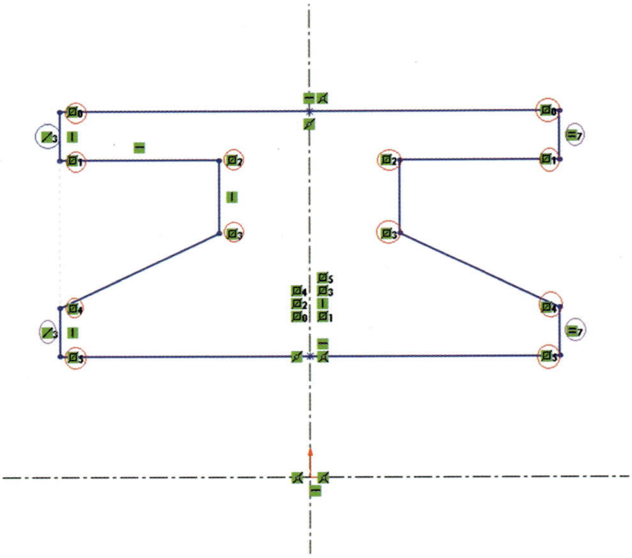

4_치수 구속조건 부여하기

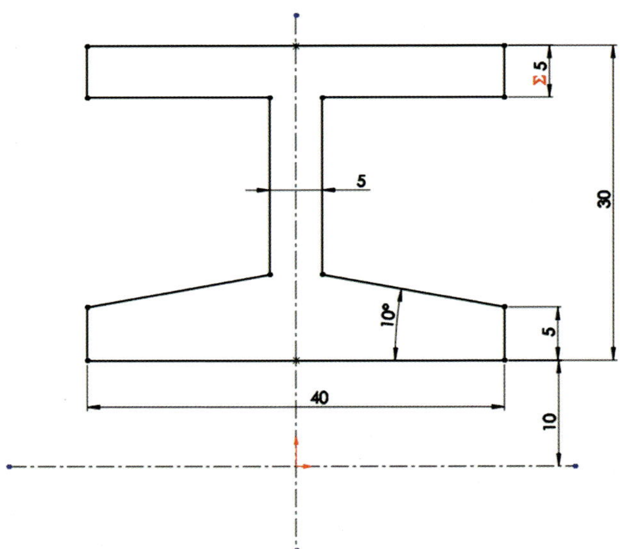

② 커넥팅 로드

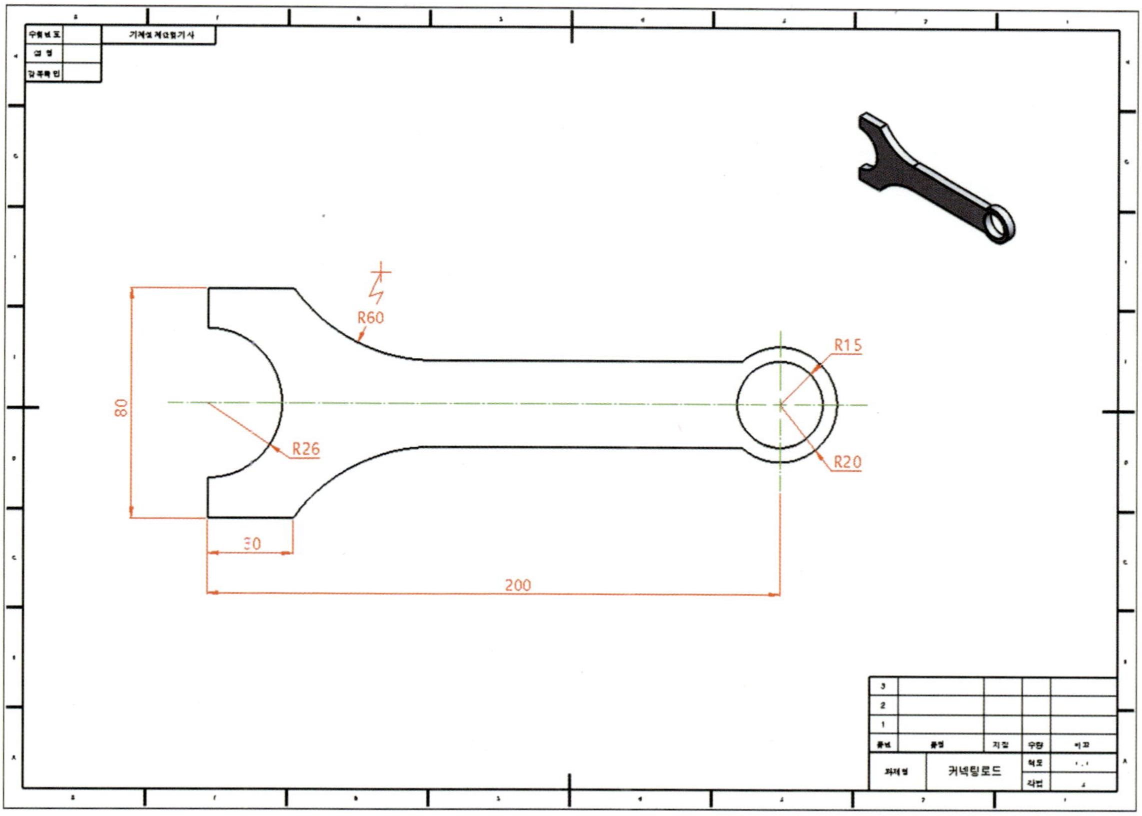

1_기준선 그리기

2_대략적인 형상 프로파일 그리기

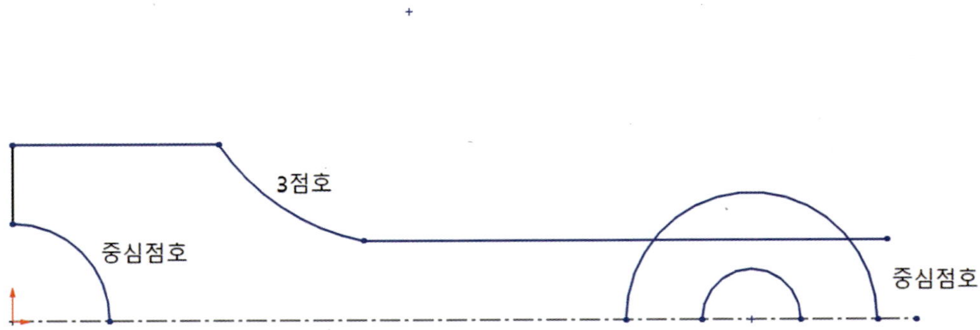

3_기하학적 구속조건 부여하기

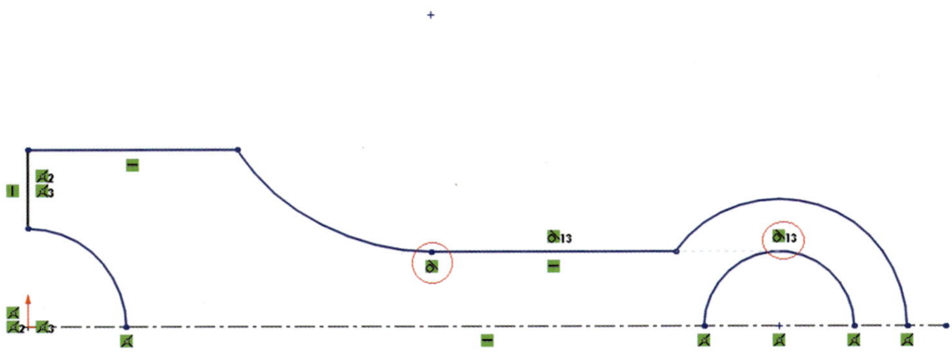

4_치수 구속조건 부여하기

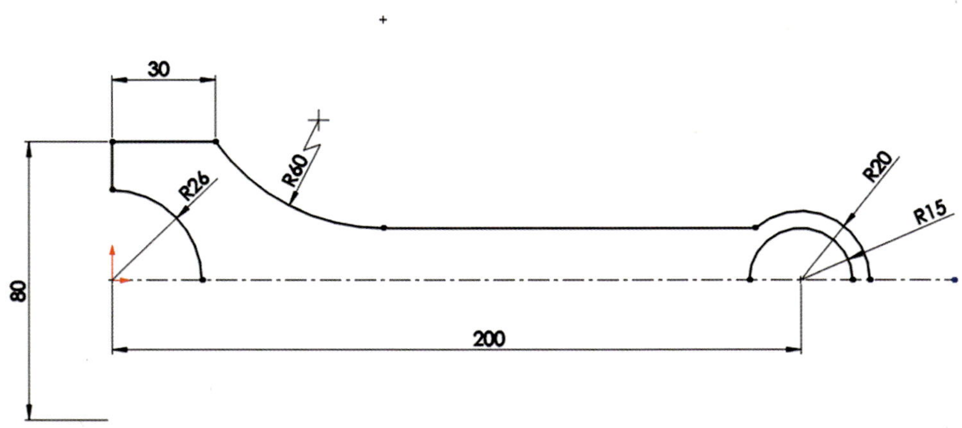

5_X축 기준 대칭복사

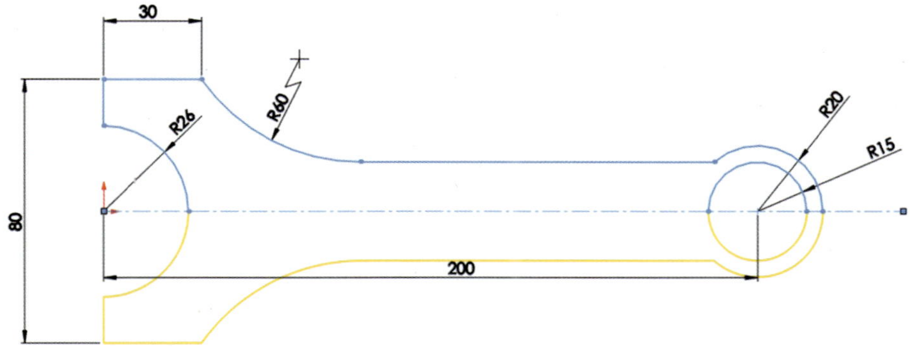

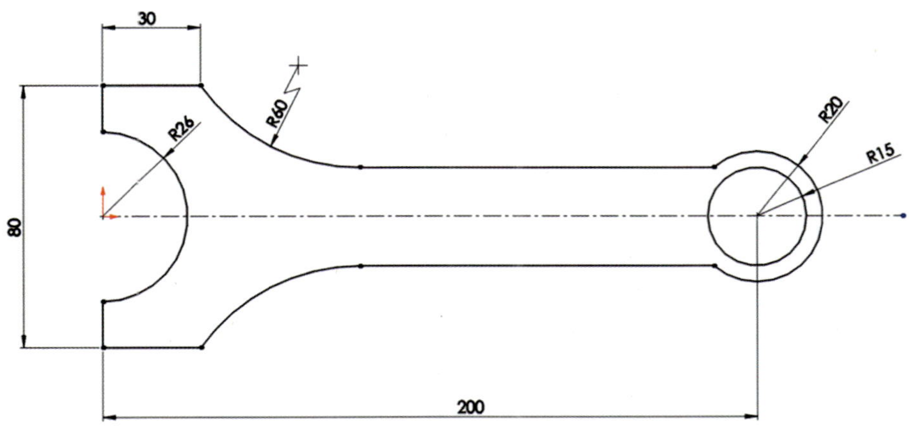

③ 베어링 커버

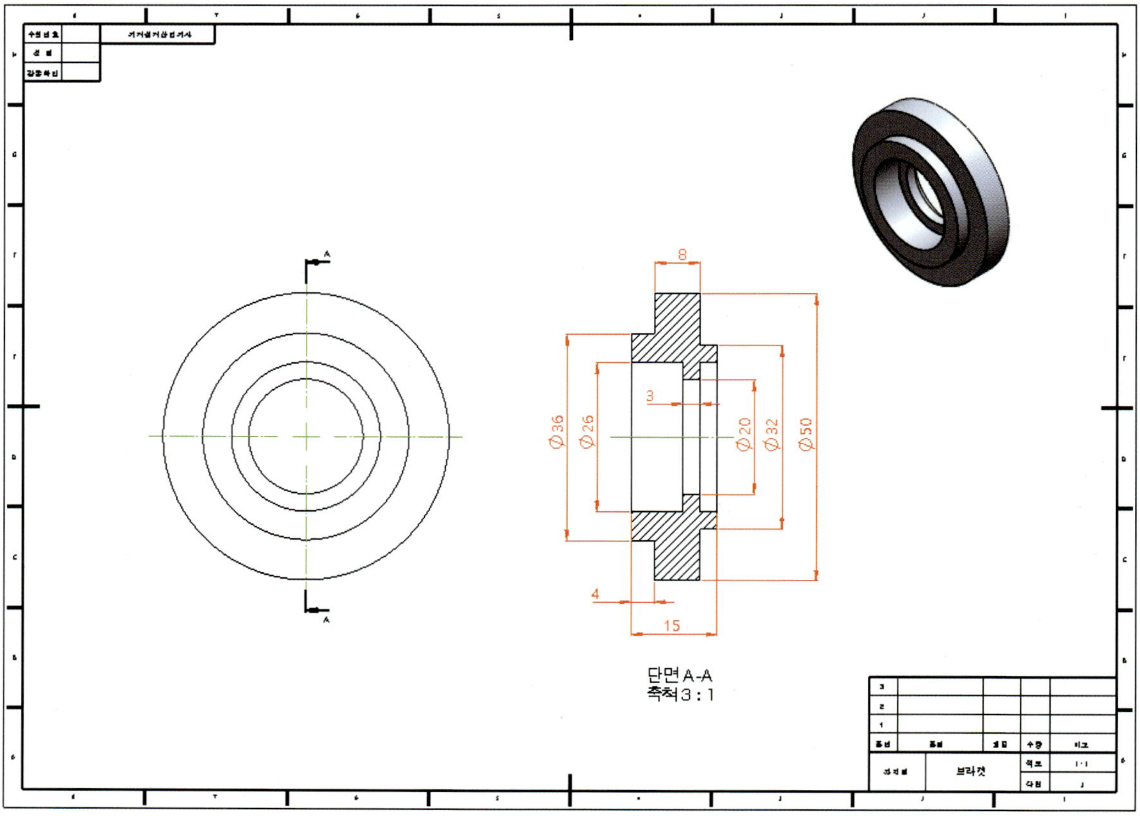

1_기준선 그리기

2_대략적인 형상 프로파일 그리기

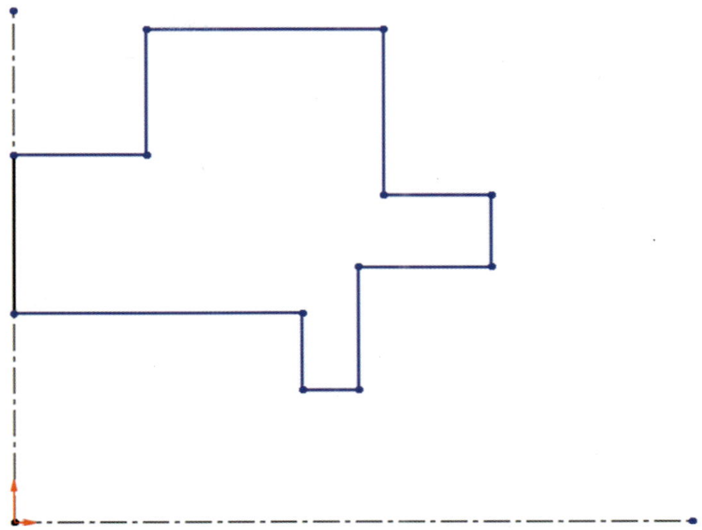

3_형상 구속조건 부여하기

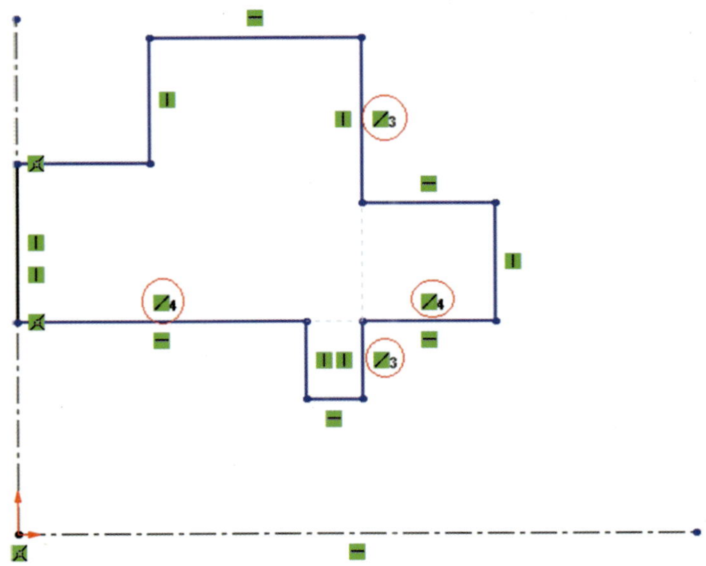

4_치수 구속조건 부여하기

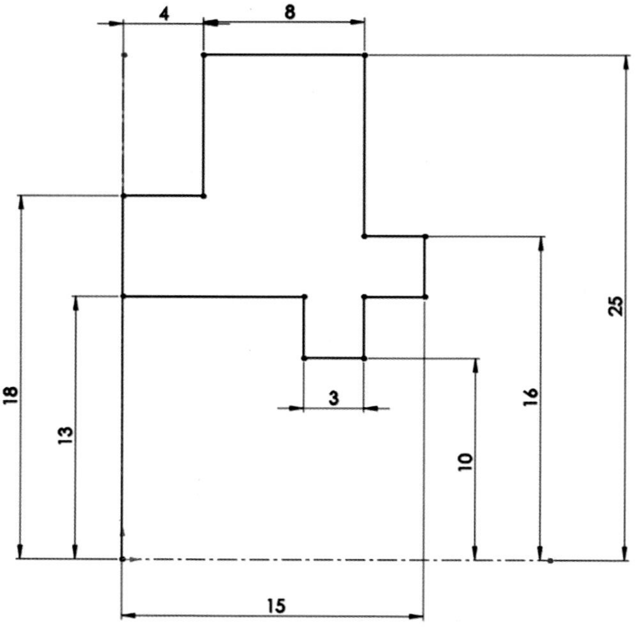

④ 브라켓-1

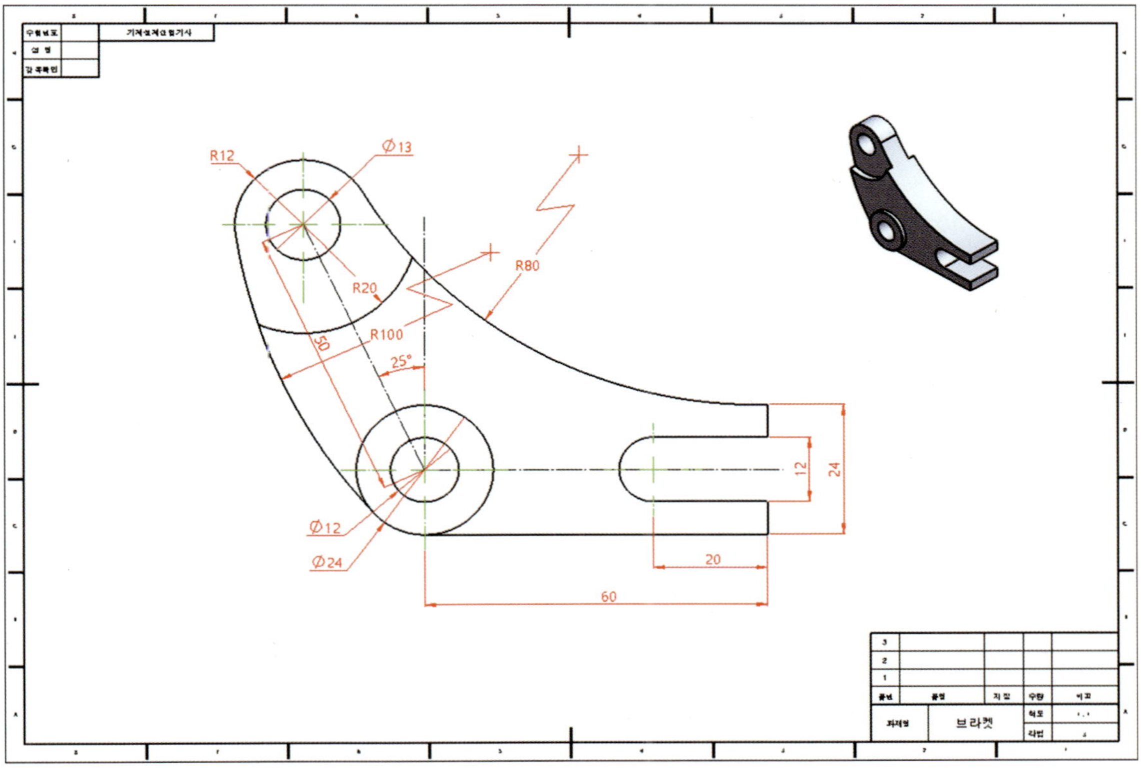

① 기준선 그리기

② 원을 그리고 치수를 기입한다. 이때 ϕ24mm 원은 기하학적 구속조건인 동등(=)을 적용한다.

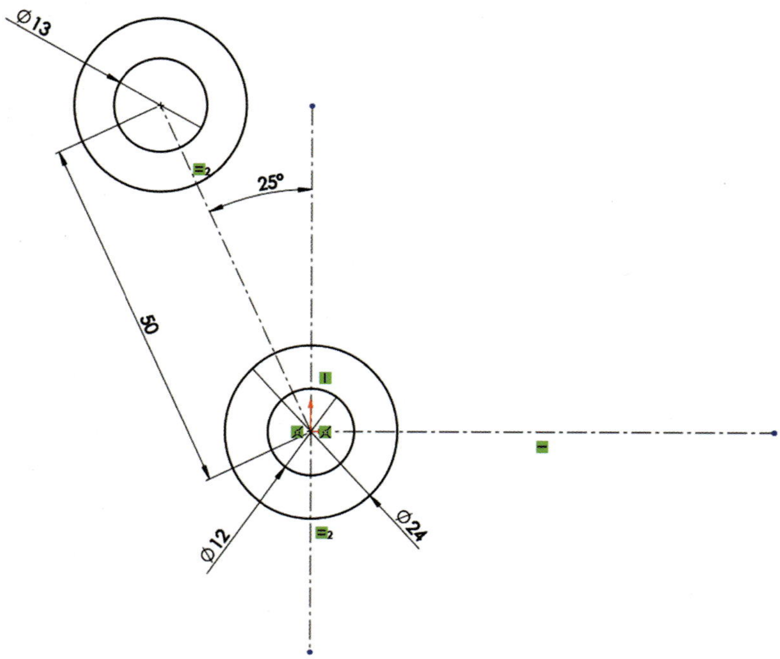

③ 선을 이용하여 수평선, 수직선을 그린 후 치수를 기입한다.

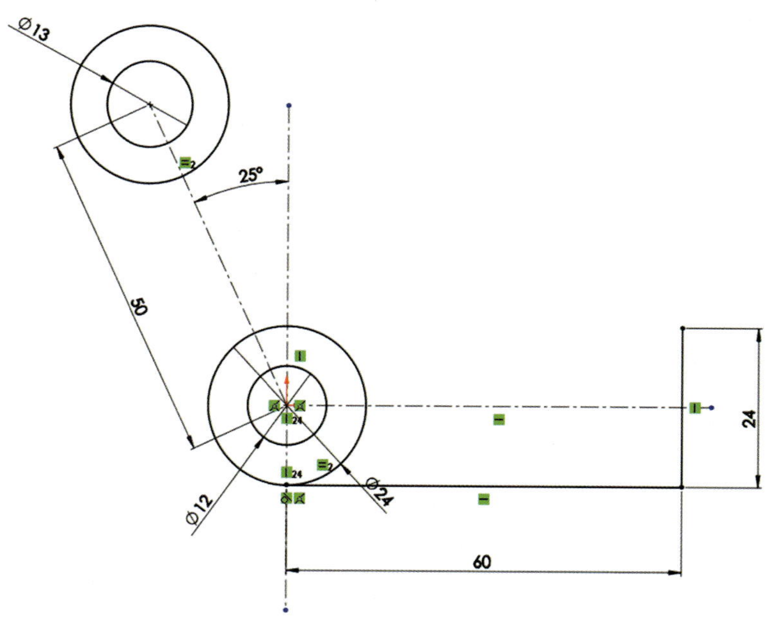

④ 3점호를 이용하여 두 개의 접선 원호를 그린다. 이때 원호와 원은 서로 접선(ò) 구속을 부여한 후 치수를 기입한다.

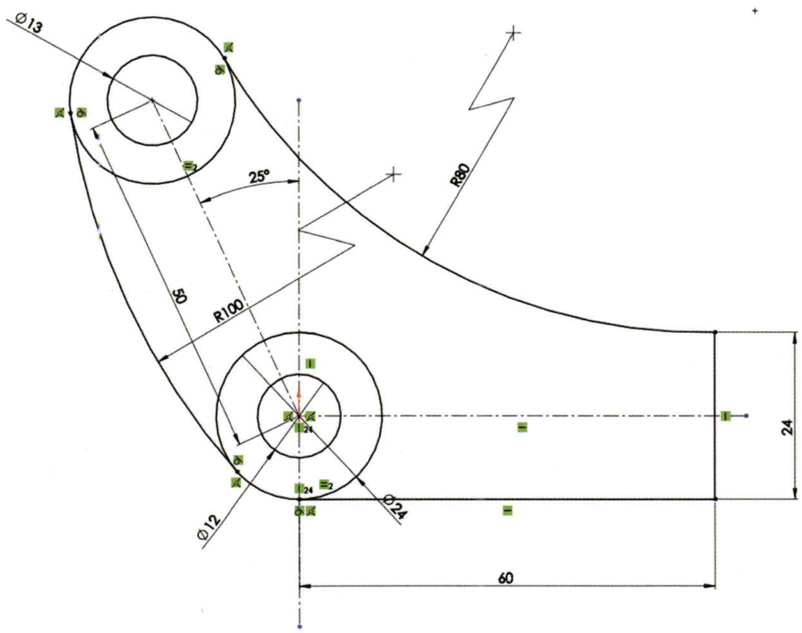

⑤ 직선 홈( )을 그리고 요소 잘라내기( )를 이용하여 불필요한 스케치 요소를 삭제한 후 치수를 기입한다.

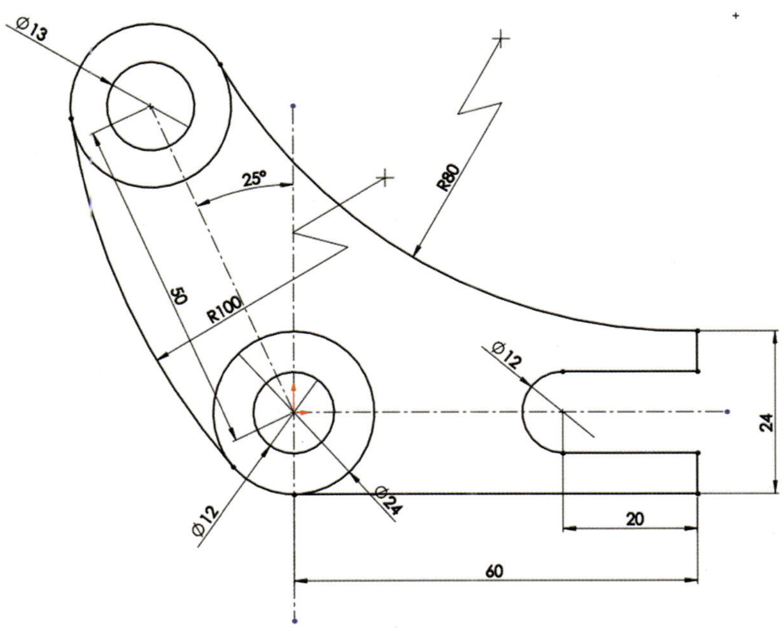

⑥ ϕ40mm 원을 그리고 요소 잘라내기( )를 이용하여 불필요한 스케치 요소를 지운 후 치수를 기입한다.

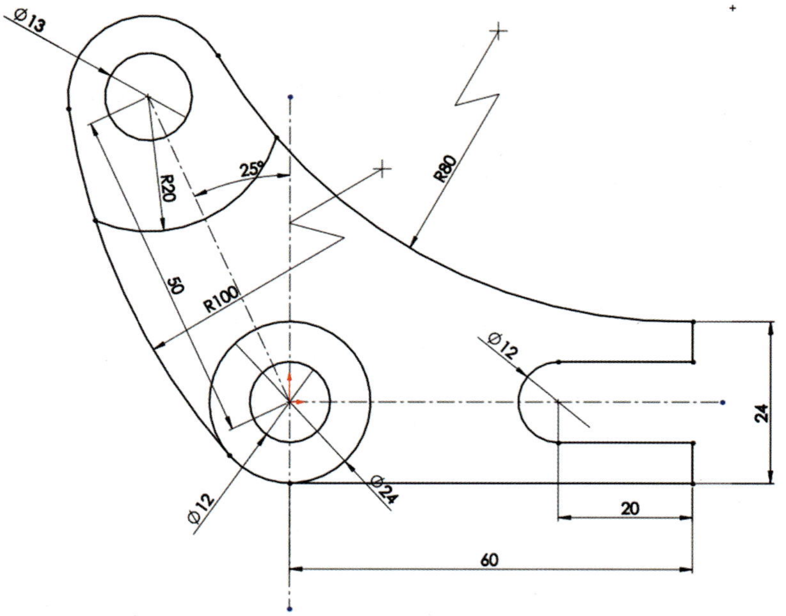

⑤ 브라켓-2

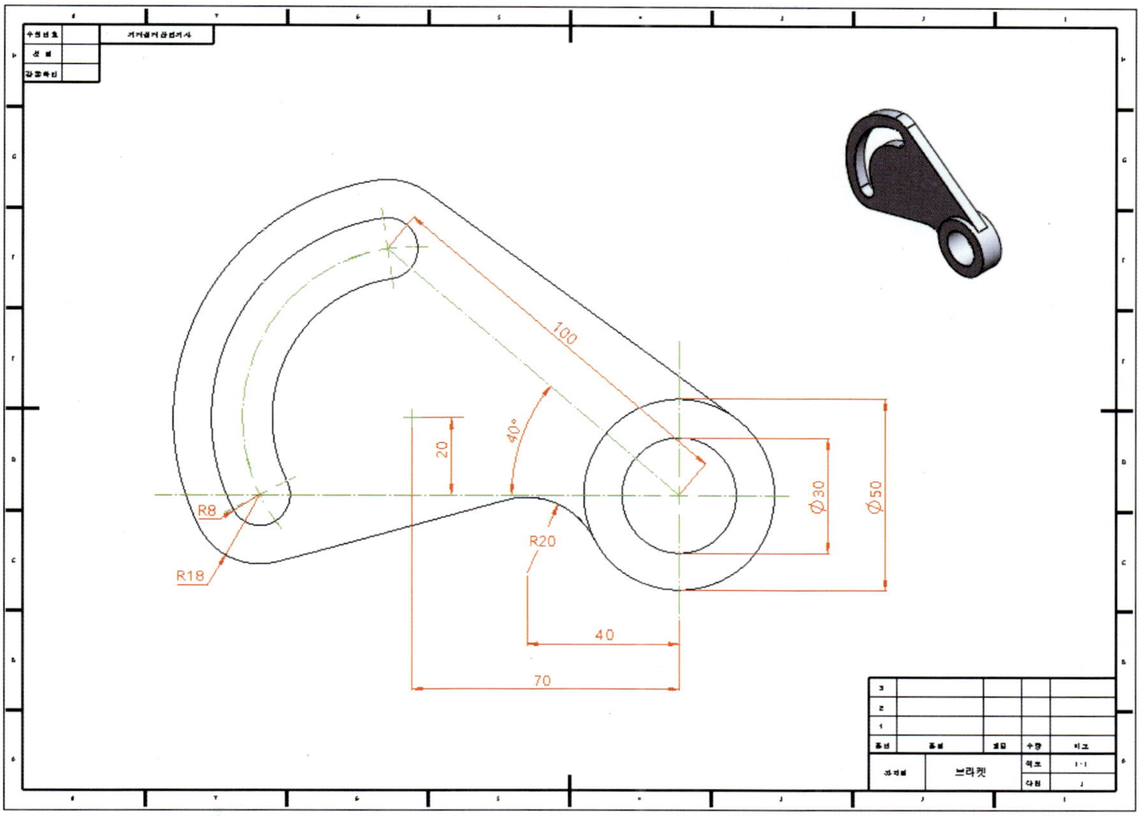

① 기준선 그리기

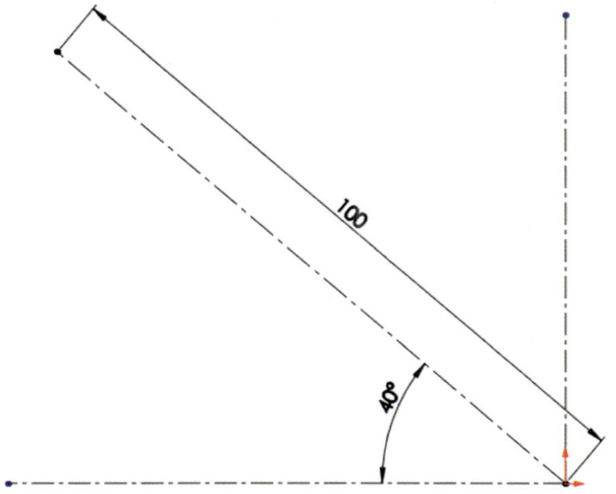

② 원점을 기준으로 두 개의 원을 그리고 임의의 a점을 중심으로 중심점 호 홈( )을 그린 후 치수를 기입한다.

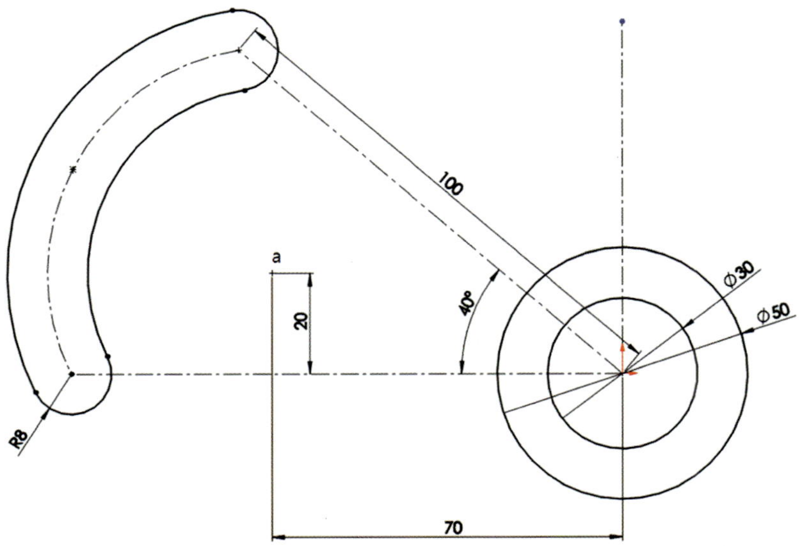

③ 옵셋( )기능을 이용하여 중심점 호홈( )을 10mm 옵셋을 한다. 그리고 ϕ50mm 원과 중심점 호홈을 접하는 접선을 그린다.

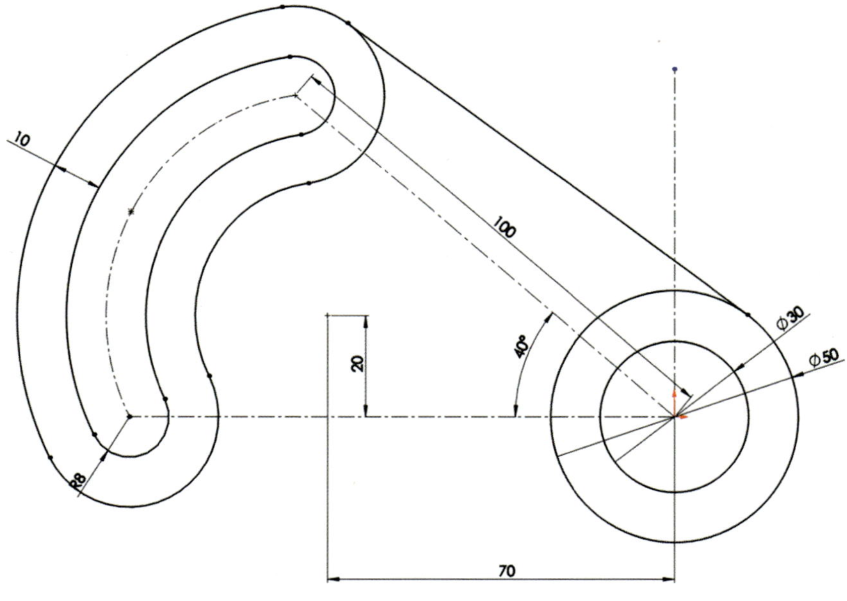

④ 옵셋()된 중심점 호 홈에 임의 경사진 접선을 그리고 접선과 ϕ50mm 원에 3점호()를 이용하여 원호를 그린 후 불필요한 스케치 요소들은 삭제하고 치수를 기입한다. 이때 a점과 b점은 각각 탄젠트 구속조건을 부여하여 완전 구속을 한다.

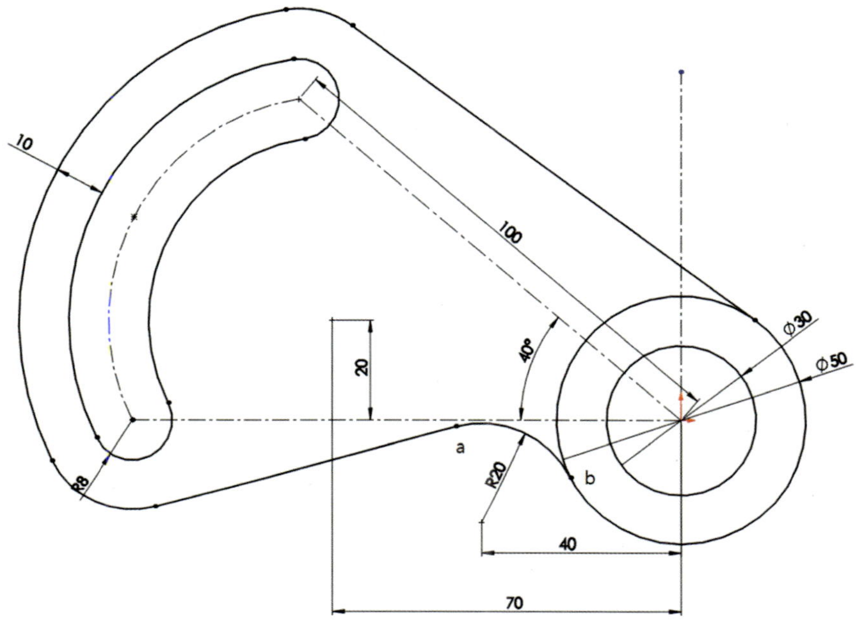

⑥ 브라켓-3

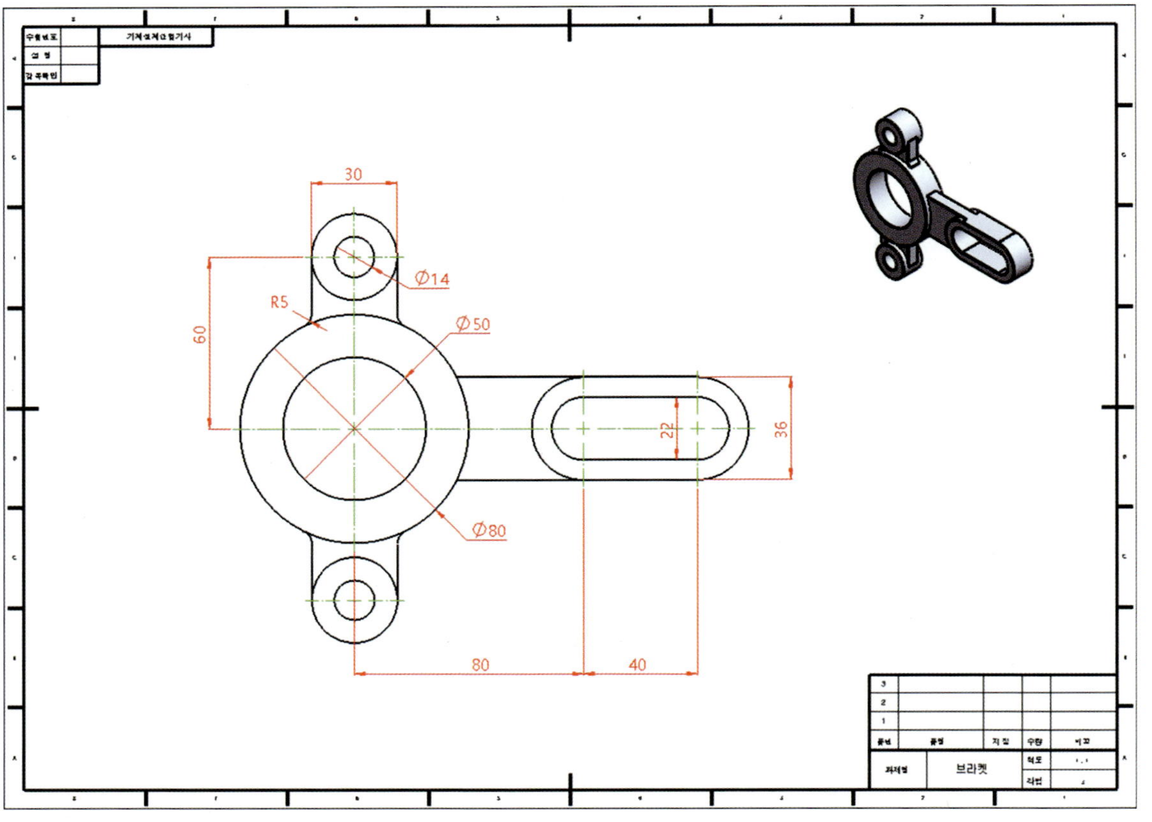

① 기준선 그리기

② 원점을 기준으로 두 개의 원과 Y축으로 60mm 위치에 두 개의 원을 그린 후 치수를 기입한다.

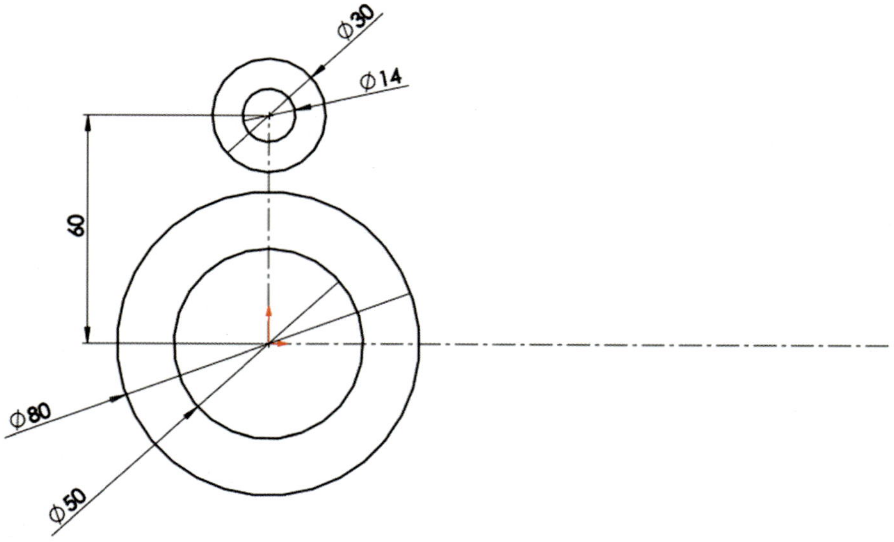

③ ϕ30mm 원의 1 사분점에 접선인 수직선과 ϕ80mm 원 사이에 3 점호()를 이용하여 R5인 원호를 그린다. 또한 요소 대칭 복사()를 이용하여 Y축을 기준으로 스케치 요소를 대칭 복사 후 치수를 기입한다.

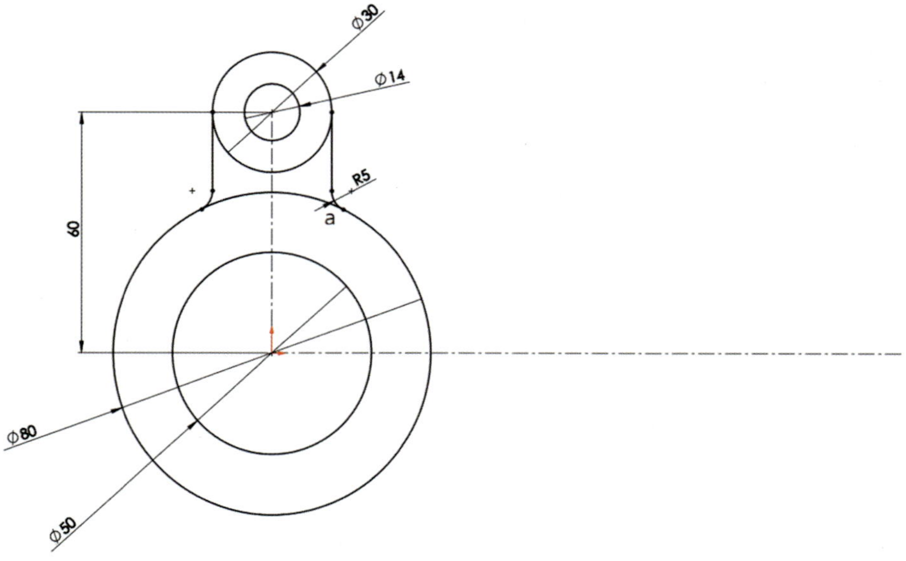

④ 대칭 복사할 스케치 요소를 선택 후 X축을 기준으로 요소 대칭 복사( )를 한다.

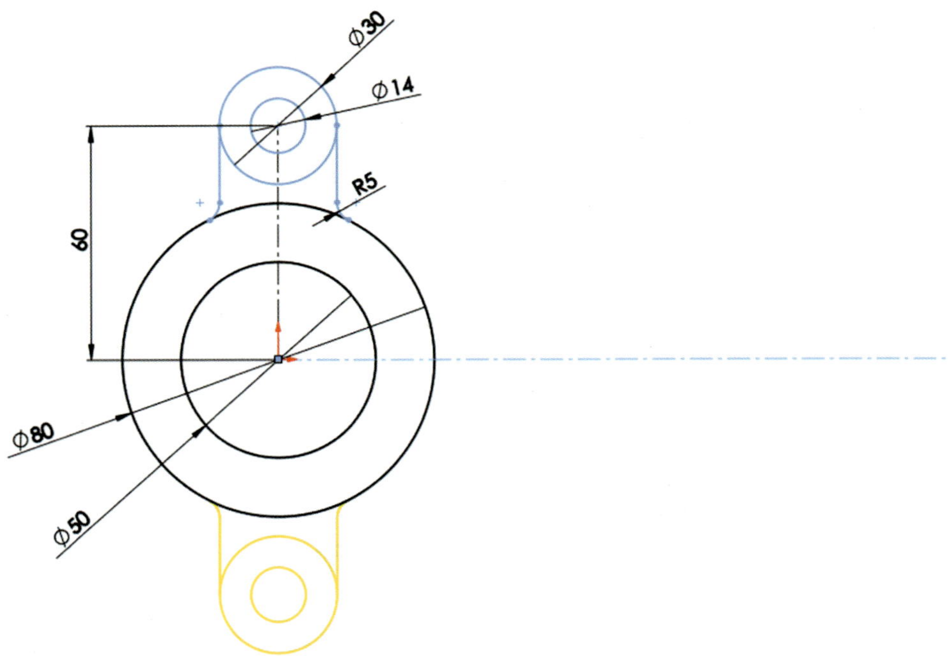

⑤ 직선 홈( )을 그리고 직선 홈을 기준으로 7mm 옵셋( )과 두 개의 수평선을 그린 후 치수를 기입한다.

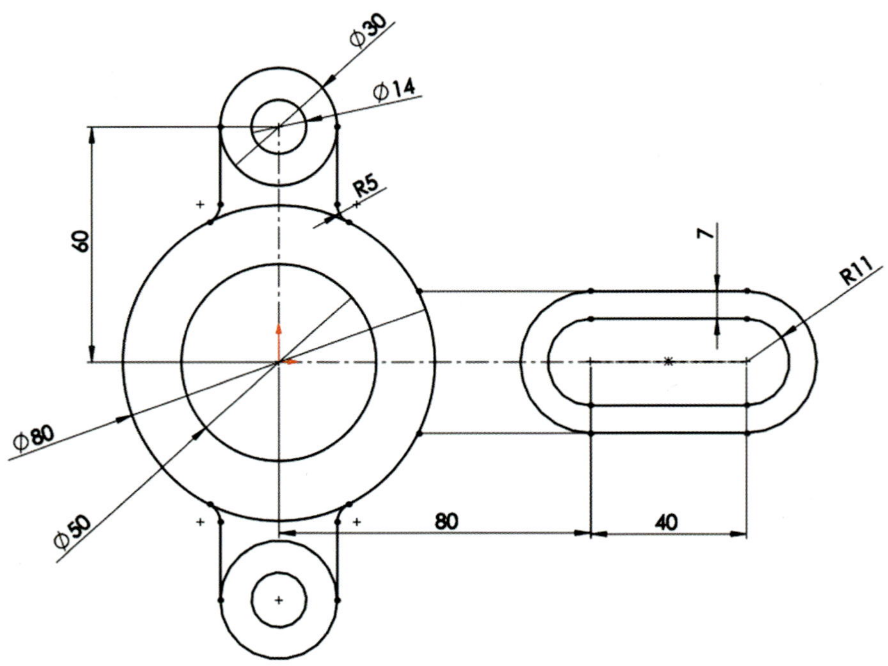

▎연습문제

1_프로파일-1

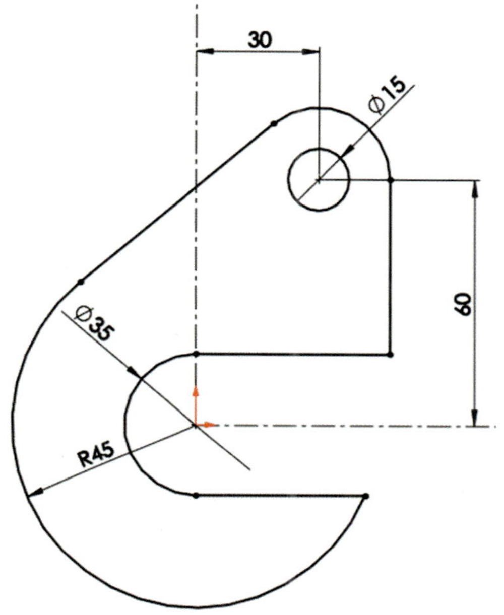

2_프로파일-2

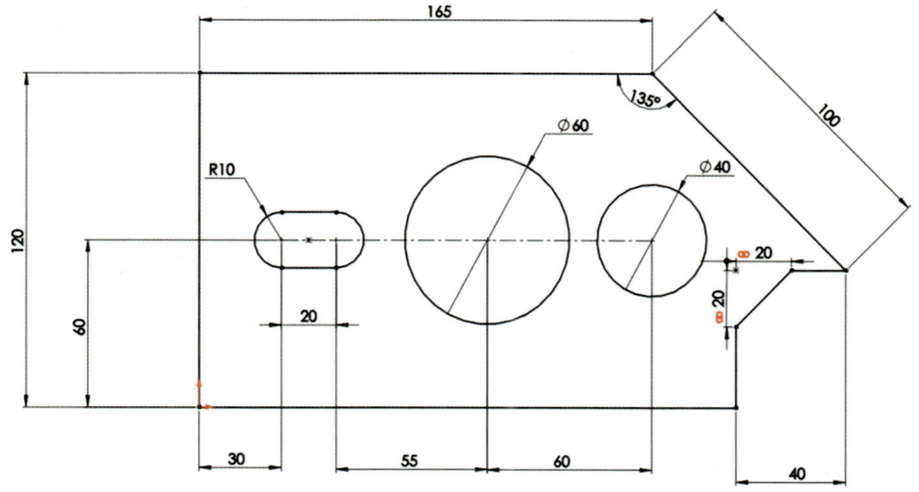

3_프로파일-3

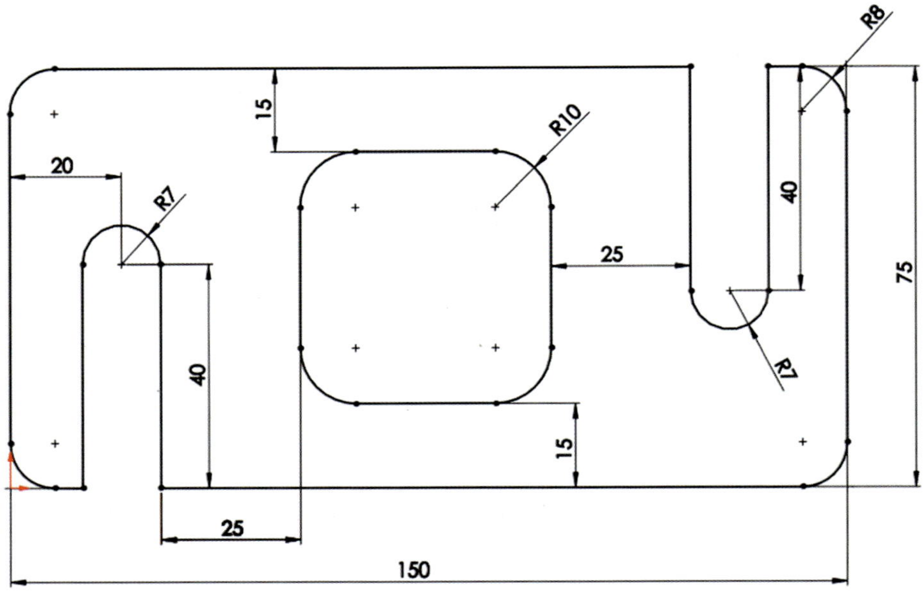

4_프로파일-4

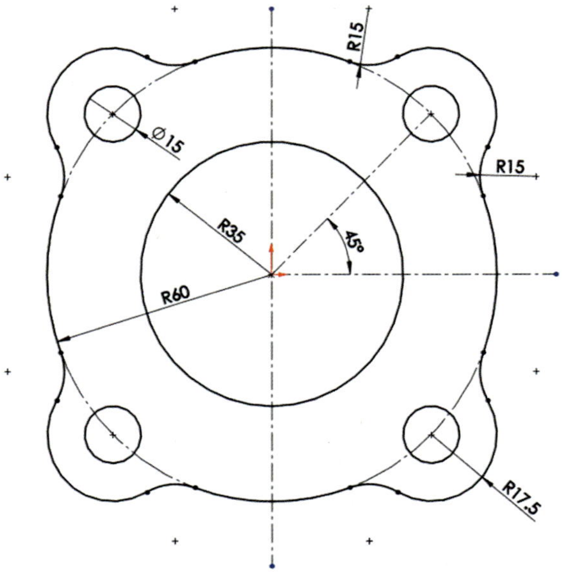

5_프로파일-5

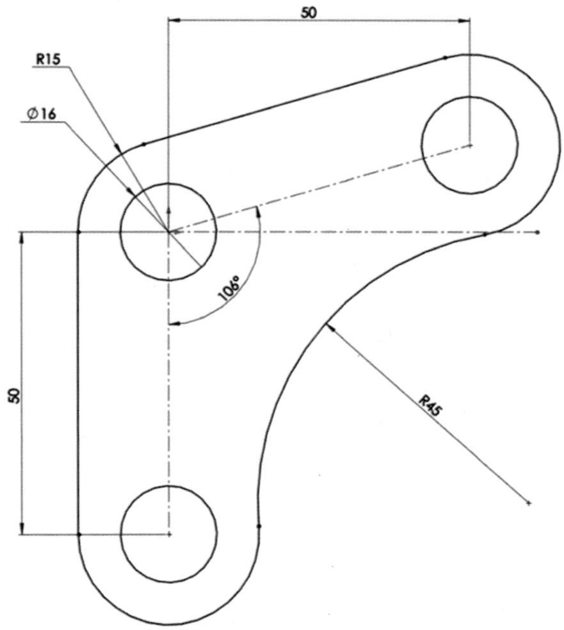

6_프로파일-6

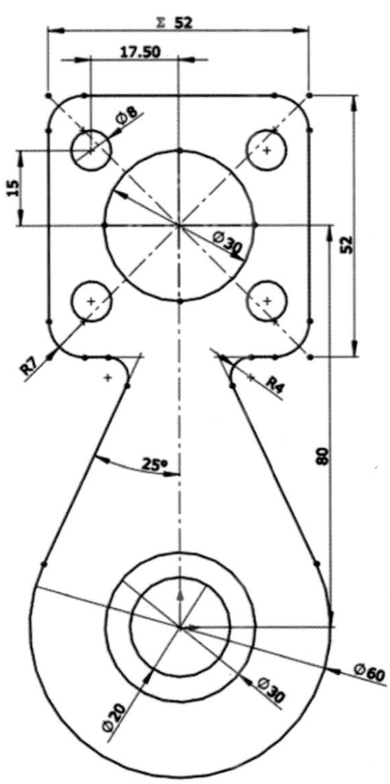

제3장

파트 모델링

CHAPTER 3

파트 모델링

01 파트 모델링의 개요

3D 파트 모델링은 2D 스케치 작업을 통하여 생성된 베이스 피처 뿐만 아니라 베이스 피처에 구멍, shell, fillet, chamfer, pattern, 대칭 복사 등의 applied 피처를 추가하여 파트를 완성하는 일련의 모델링 작업을 말한다.

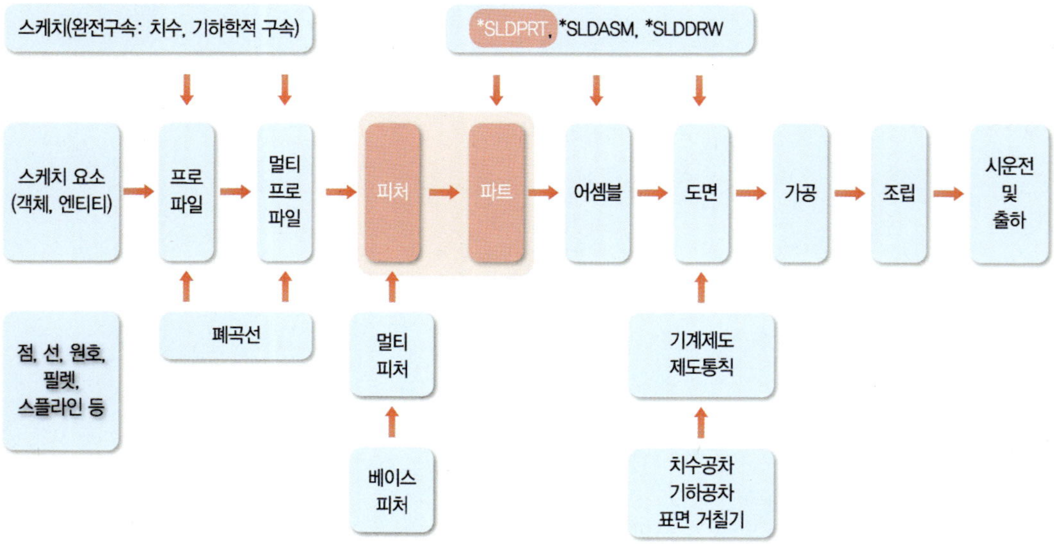

솔리드웍스를 이용한 3D 파라메트릭 솔리드 파트 모델링의 작업순서는 일반적으로 다음과 같다.

① 스케치할 작업평면을 선정한다.

② 대략적인 2D 스케치 프로파일을 그린다.

③ 기하학적 구속조건을 부여한다.

④ 치수 구속조건을 부여한다.
⑤ 완전구속 여부를 확인하고 불완전 구속상태이면 수정 작업을 한다.
⑥ 베이스 피처를 생성한다.
⑦ 베이스 피처에 applied 피처를 활용하여 파트를 생성한다.

02 피처

피처는 파트 생성 시 가장 기본이 되는 3D 형상으로서 스케치 요소를 이용하여 직접 모델링을 한다. 또한 합집합, 차집합 및 교집합을 이용한 결합, 교차 및 잘라내기 등의 작업으로 파트를 생성할 수 있다.

① 합집합, 차집합 및 교집합

1_합집합(∪)

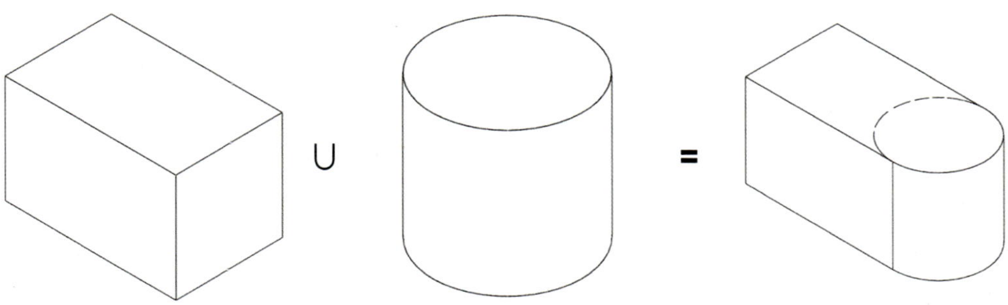

2_교집합(∩)

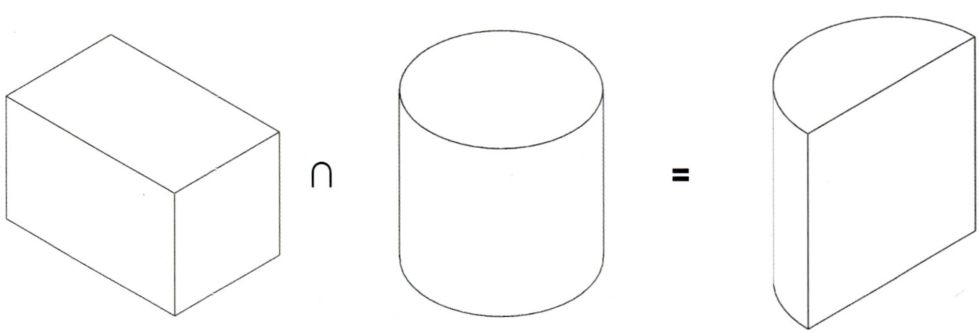

3_차집합(-)

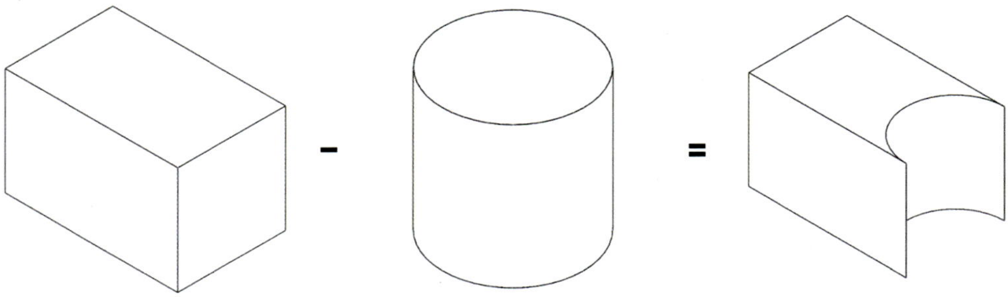

② 생성 방법에 따른 피처 유형

1_Sketch feature

① 스케치 피처 : 스케치 요소로 구성된 프로파일 즉, 폐곡선인 2D 스케치를 완전 구속한 후 3D 형상을 생성한다.

[예] 돌출 보스/베이스( ), 돌출컷( ), 회전 보스/베이스( ), 회전컷( ), 로프트 보스/베이스( ), 로프트컷( ), 스윕 보스/베이스( ), 스윕컷( )

2_Applied feature

① 비 스케치 피처 : 폐곡선인 2D 스케치를 이용하여 생성된 스케치 피처의 모서리나 평면에 치수를 부여하여 생성되는 피처

[예] 구멍 피처( ), 쉘 피처( ), 모따기 피처( ), 필렛 피처( )

② 패턴/대칭 피처 : 스케치 피처를 일정한 위치에 반복하여 배치하거나 대칭 복사로 생성되는 피처

[예] 선형패턴( ), 원형패턴( ), 대칭 복사( ), 곡선 이용 패턴( ), 스케치 이용 패턴( ), 테이블 이용 패턴( )

③ 참조 형상 : 3D 피처에서 임의의 평면, 기준축, 점 및 좌표계를 이용하여 피처를 생성한다.

[예] 기준면( ), 기준축( ), 점( ), 좌표계( ) 등

03 피처 도구

① 스케치 피처 도구

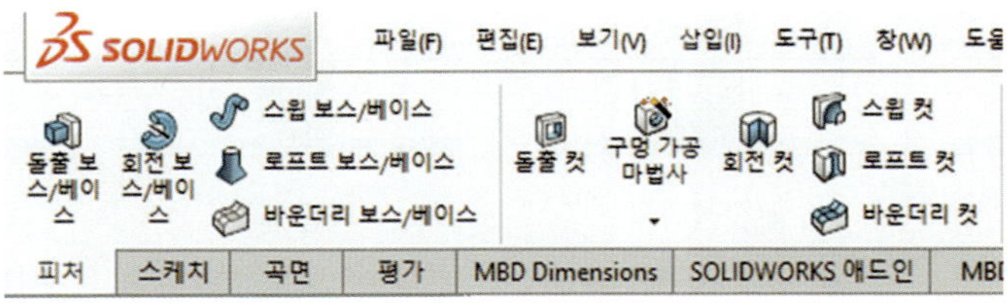

1_돌출 보스/베이스( ), 돌출컷( )

시작

- 스케치평면
- 면/평면
- 꼭짓점
- 오프셋

방향 1/방향 2

- 블라인드 형태
- 꼭짓점까지
- 곡면까지
- 곡면으로부터 오프셋
- 바디까지
- 중간평면

얇은 피처

- 한 방향으로
- 중간평면
- 두 방향으로

시작 및 방향

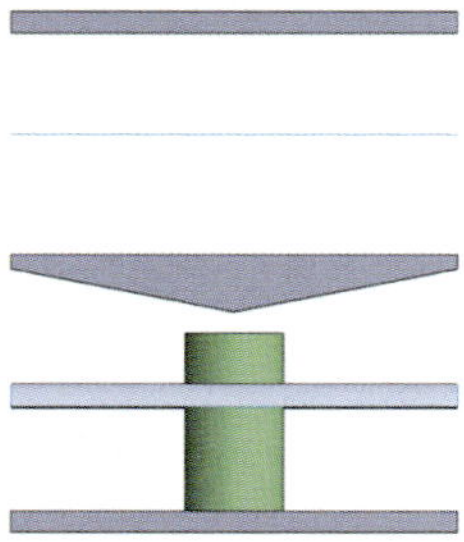

블라인드 형태

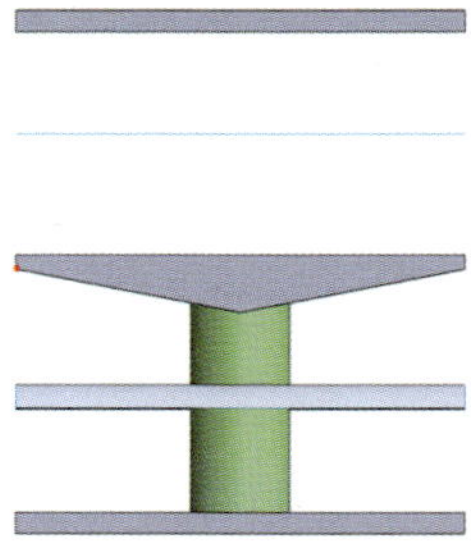

꼭짓점까지

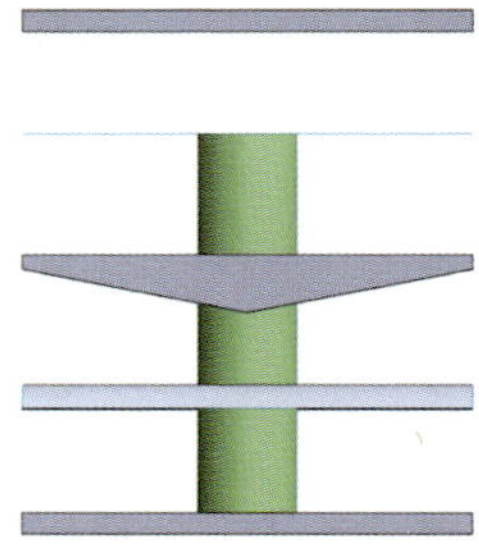

곡면까지

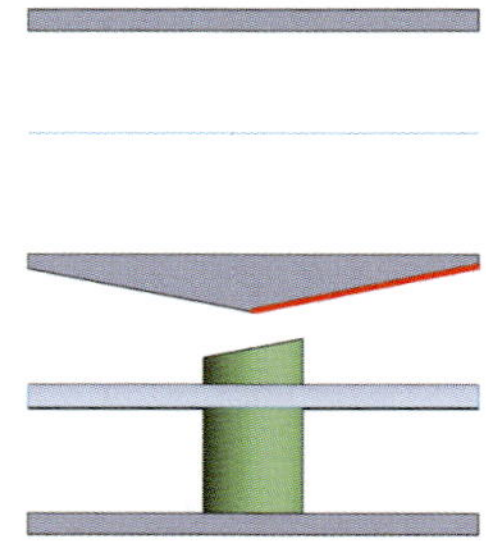

곡면으로부터 옵셋

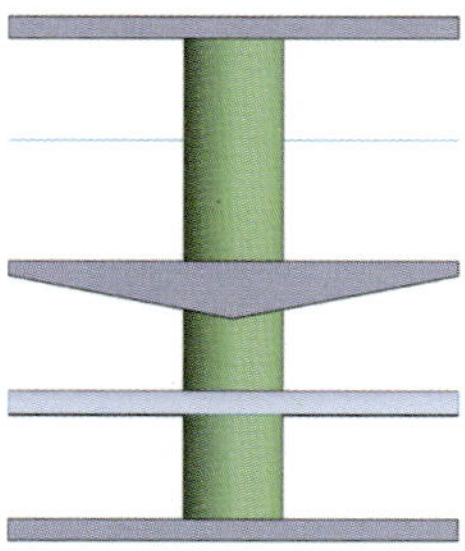

관통

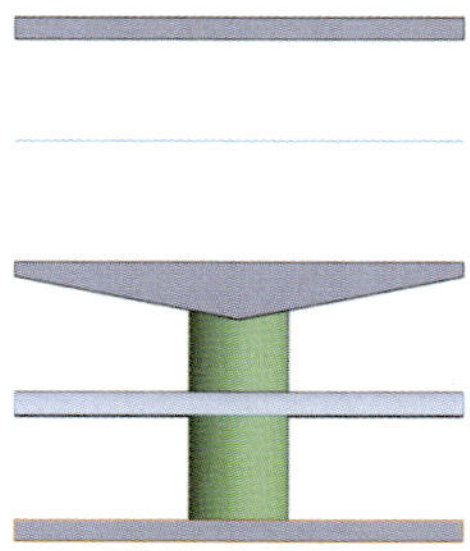

다음까지

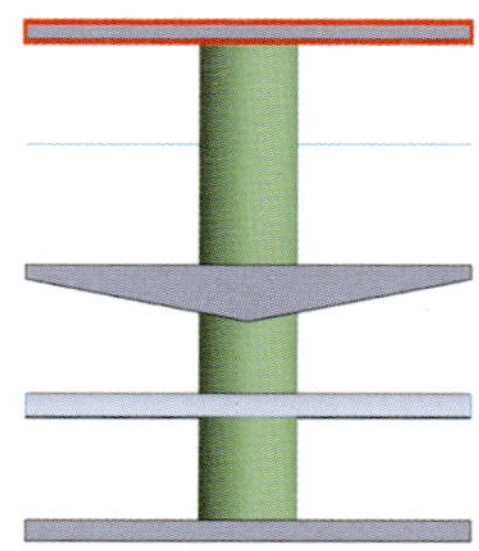

바디까지

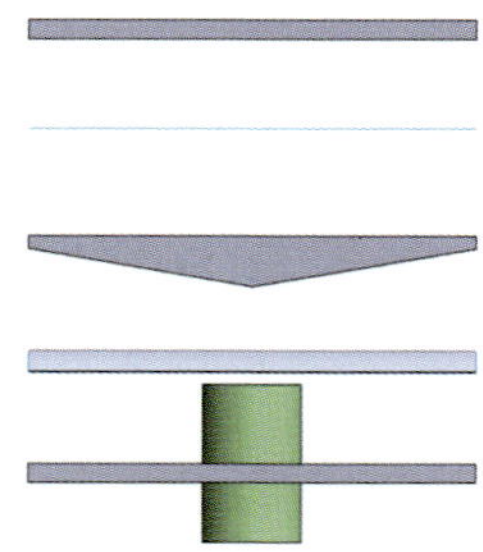

중간평면

곡면 이용 돌출

① 작업평면(평면) → 2D 스케치 → 보스 돌출

② 작업평면(정면) → 스플라인(곡선) → 보스 돌출 → 3D 스케치 → 요소변환 → 보스 돌출

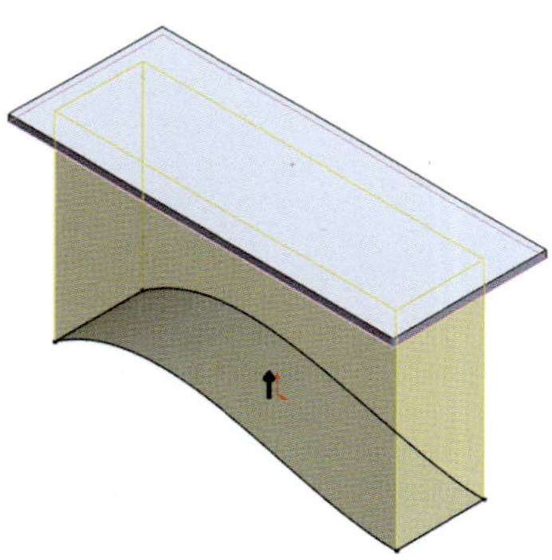

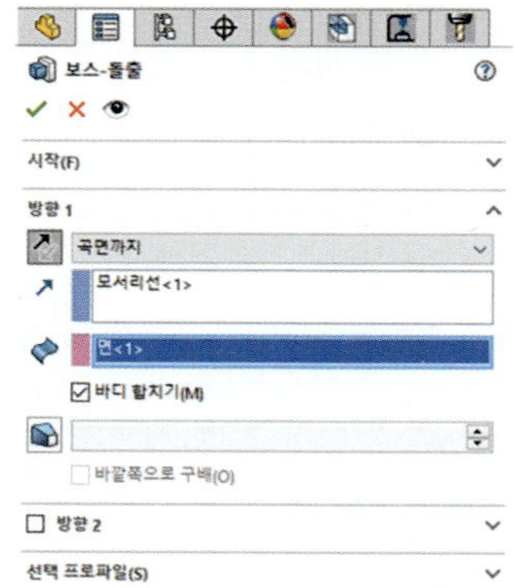

얇은 돌출 피처

sheet metal 설계 시 열린 스케치의 돌출 보스는 자동 코너 필렛 기능이 적용된다.

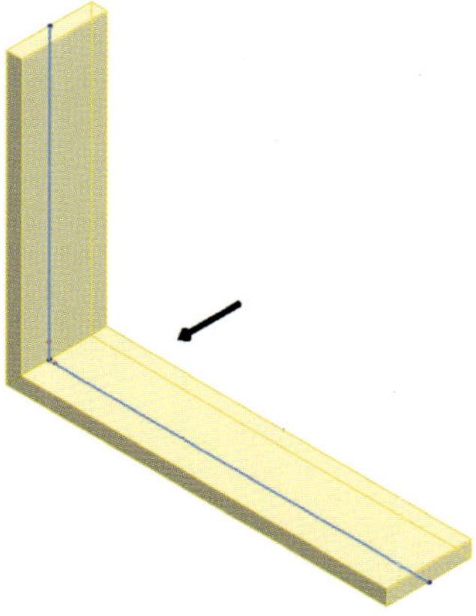

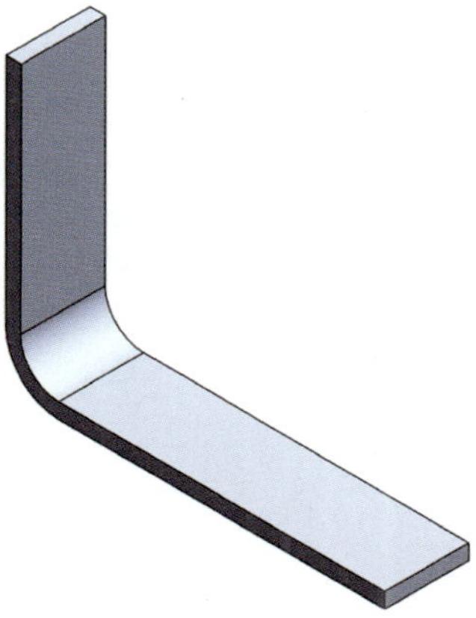

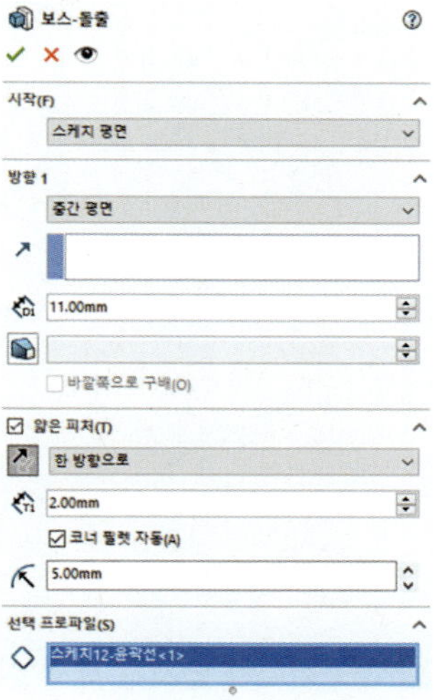

2_회전 보스/베이스( ), 회전컷( )

회전축

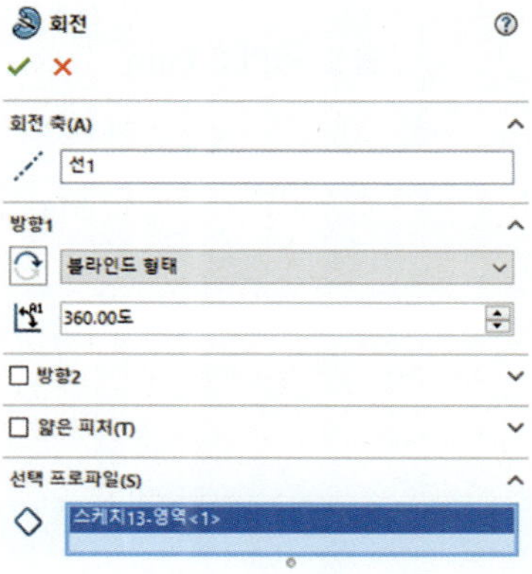

방향 1/방향 2

- 블라인드 형태
- 꼭짓점까지
- 곡면까지
- 곡면으로부터 오프셋
- 중간평면

얇은 피처

- 한 방향으로
- 중간평면
- 두 방향으로

회전체 방향

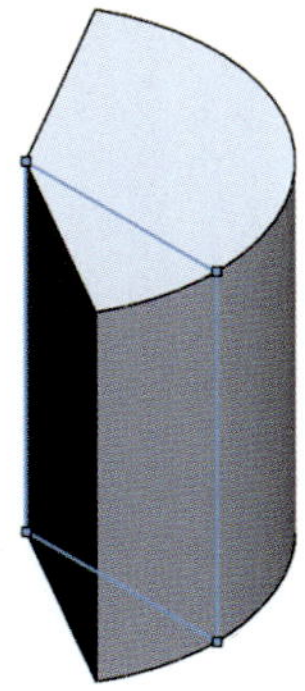

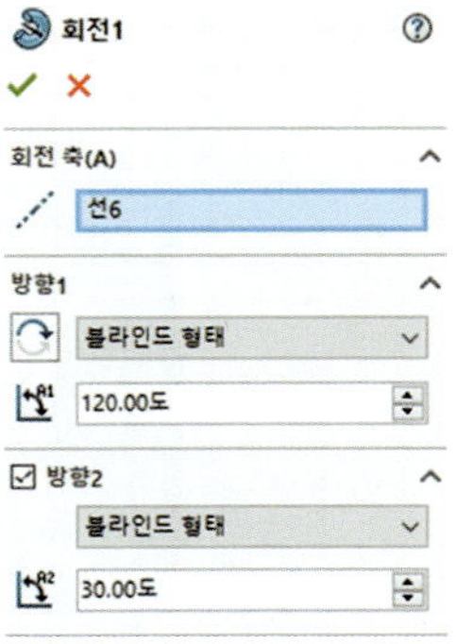

곡면으로 자르기

솔리드 바디의 합치기 해제 상태에서 곡면 기준으로 필요없는 부분을 자른다.

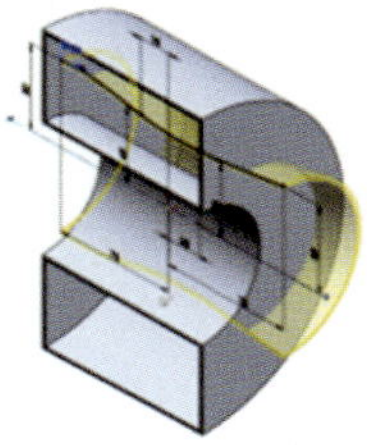

얇은 회전체 피처

→

옵셋 곡면 : 0mm

→

곡면으로 자르기

→

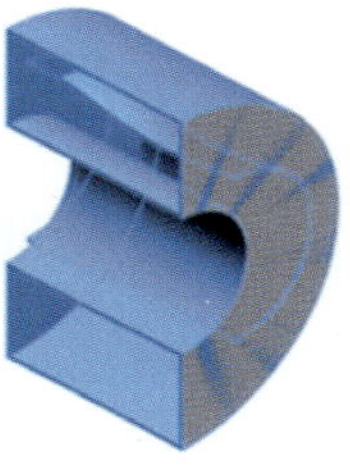

피처 합치기

3_스윕 보스/베이스( ), 스윕컷( )

프로파일 및 경로

- 스케치 프로파일
- 원형 프로파일
- 솔리드 프로파일

안내곡선

경로와 안내곡선 생성 후 단면 스케치할 것

옵션

- 프로파일 방향 : 경로 따라, 일정한 상수 유지
- 프로파일 꼬임 : 없음, 꼬임값 지정, 방향벡터 지정

시작 및 끝 탄젠 시

- 시작 탄젠 시 유형 : 없음, 경로 탄젠트
- 끝 탄젠 시 유형 : 없음, 경로 탄젠트

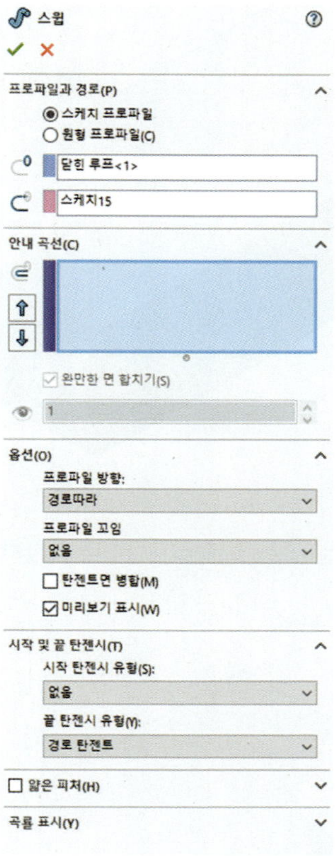

스케치 프로파일 스윕컷

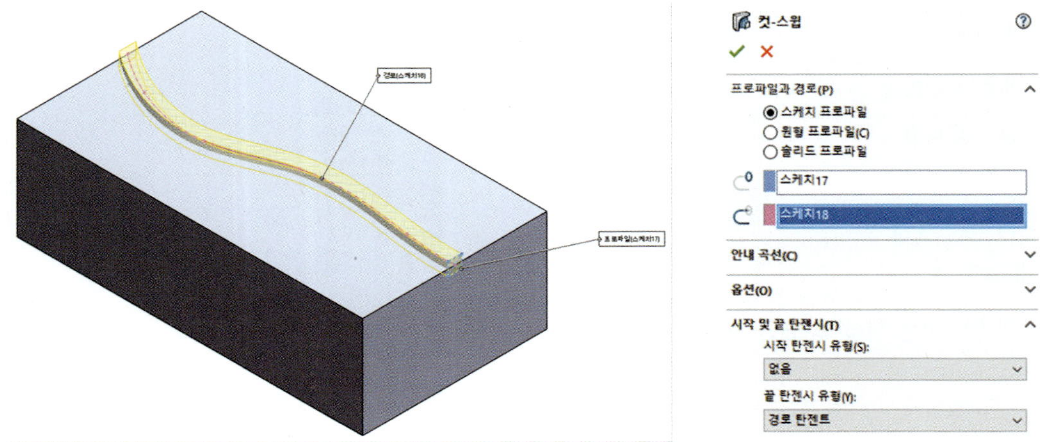

솔리드 프로파일 스윕컷(솔리드 바디는 합치기 해체 상태 적용)

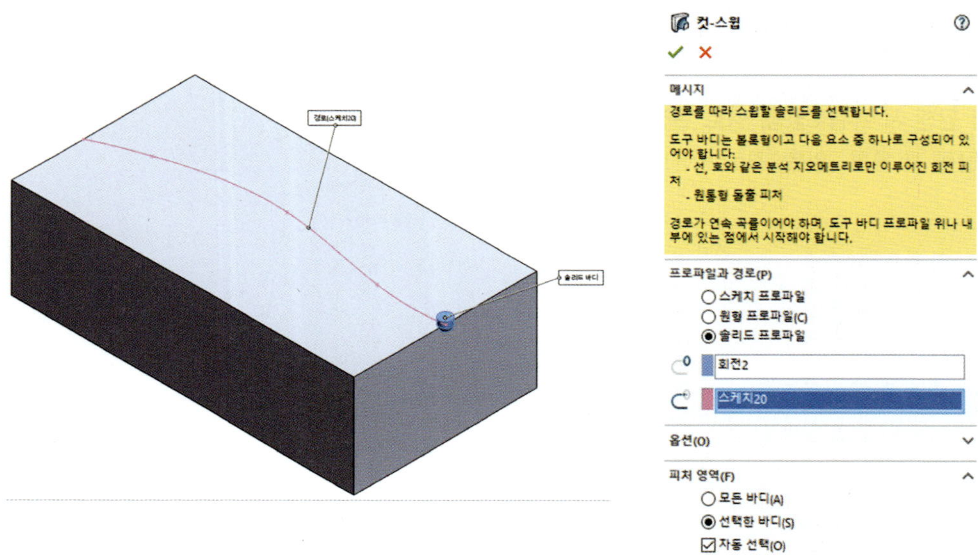

Selection manager

스윕 및 로프트 보스/베이스 기능에서 프로파일, 경로, 안내곡선 등의 스케치 요소를 선택할 때 사용한다. 즉, 그래픽 영역의 임의의 위치에서 오른쪽 버튼을 클릭한 후 [Selection manager]를 클릭한다.

닫힌 루프	열린 루프
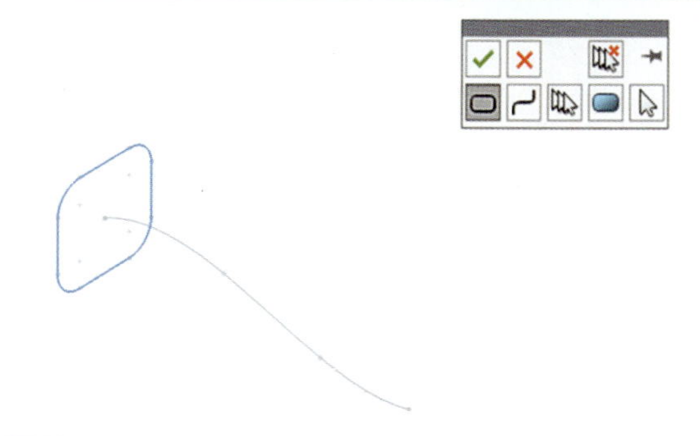	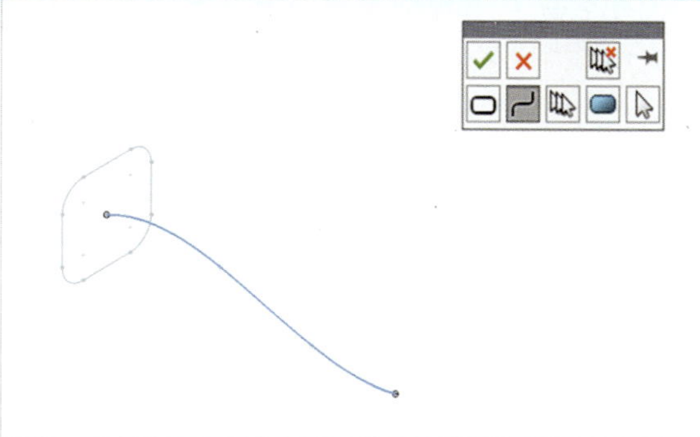

그룹 선택	영역 선택
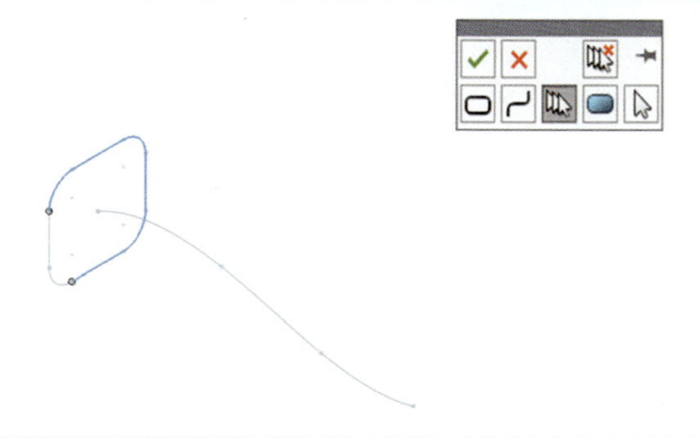	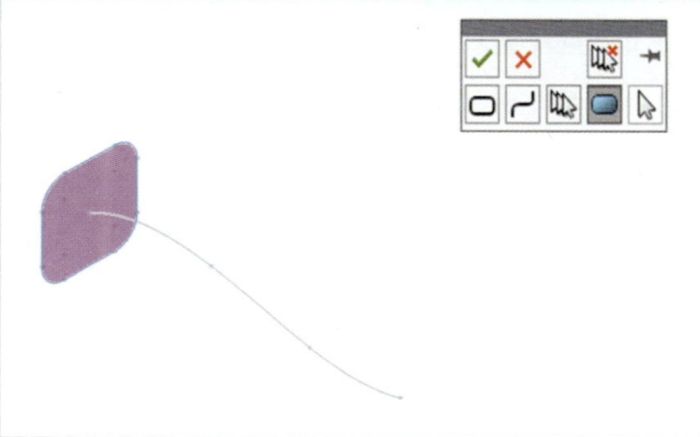

4_로프트 보스/베이스( ), 로프트컷( )

프로파일

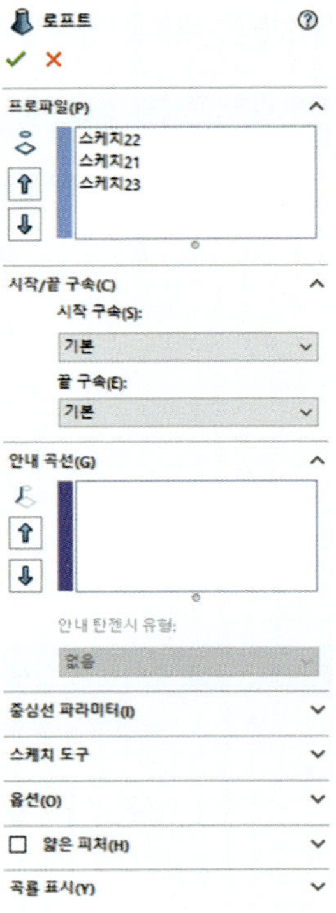

시작/끝 구속

시작과 끝 프로파일의 형상 조절 가능

- 기본
- 없음
- 방향벡터
- 프로파일에 수직

안내곡선

옵션

- 탄젠트면 병합
- 로프트 닫기
- 미리보기 표시
- 마이크로 공차

얇은 피처

- 한 방향으로
- 중간평면
- 두 방향으로

곡률 표시

- 메시 미리보기
- 얼룩 줄
- 곡률 표시

안내곡선을 이용하는 경우

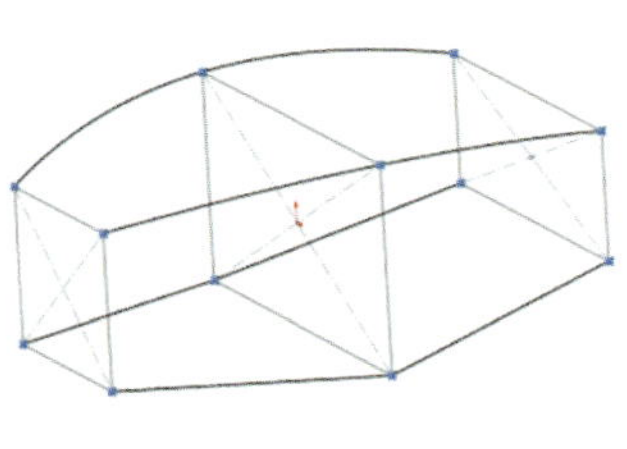

안내곡선 3D 스케치

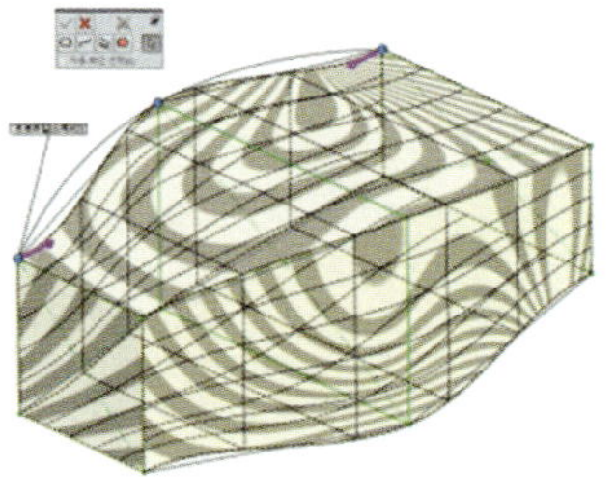

안내곡선을 이용하지 않은 경우

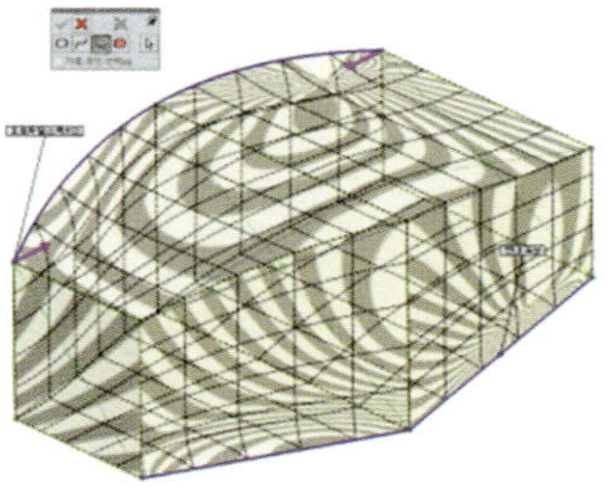

안내곡선을 이용한 경우

② 비 스케치 피처 도구

1_기본형 구멍

시작

- 스케치평면
- 면/평면 선택
- 꼭짓점
- 오프셋

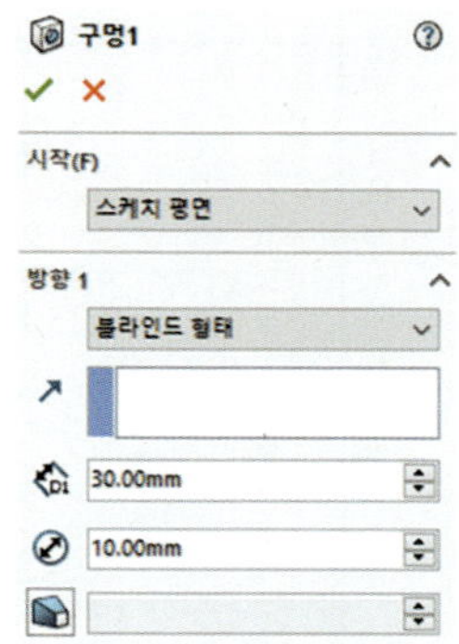

방향

- 블라인드 형태
- 관통
- 다음까지
- 꼭짓점까지
- 곡면까지
- 곡면으로부터 오프셋

2_구멍 가공 마법사

유형

- 구멍 유형 : 카운터 보어, 카운터 싱크, 구멍, 직선 탭 등
- 구멍 스펙
- 마침 조건
- 옵션

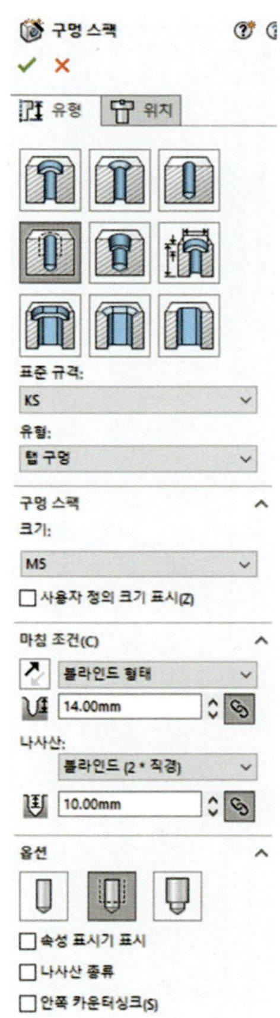

위치

- 구멍 또는 홈 위치를 사용할 면 선택

구멍가공 마법사를 이용한 구멍작업 순서 이해하기

① 프로파일을 스케치하고 피처를 생성한다.

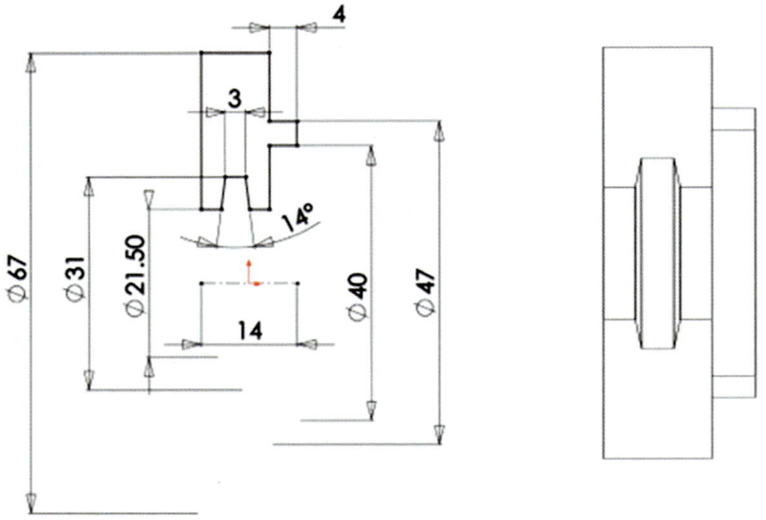

② 구멍가공 마법사에서 구멍유형(카운터 보어), 구멍스펙, 마침조건, 옵션 등의 유형을 선정한다.

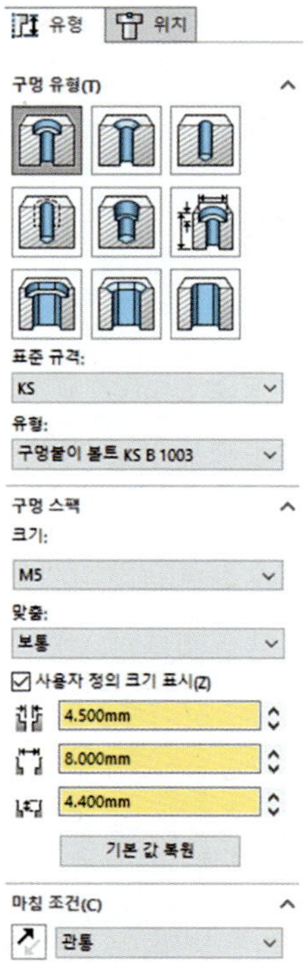

③ 구멍이 위치할 면을 선택하고 점(스케치 요소)을 비활성화시킨 후 구멍의 위치에 대한 스케치 및 구속조건을 부여한다.

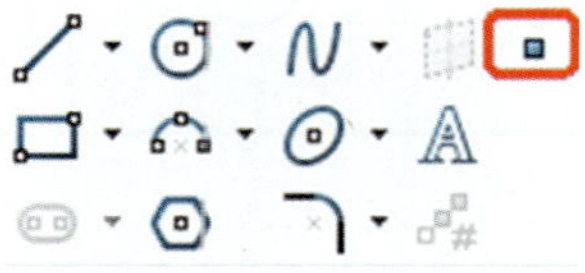

④ 점(스케치 요소)을 활성화한 후 구멍위치를 선택한다.

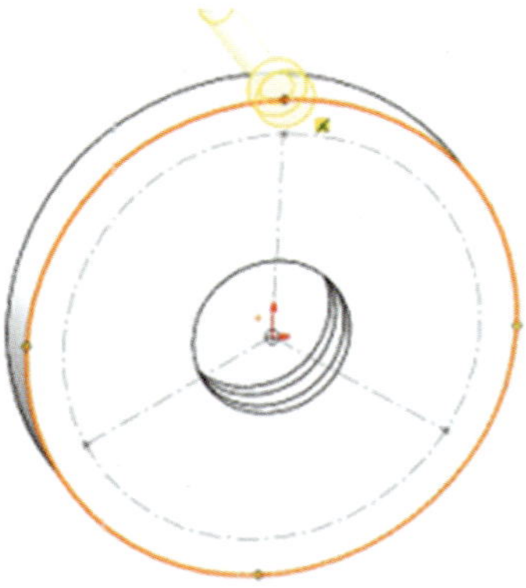

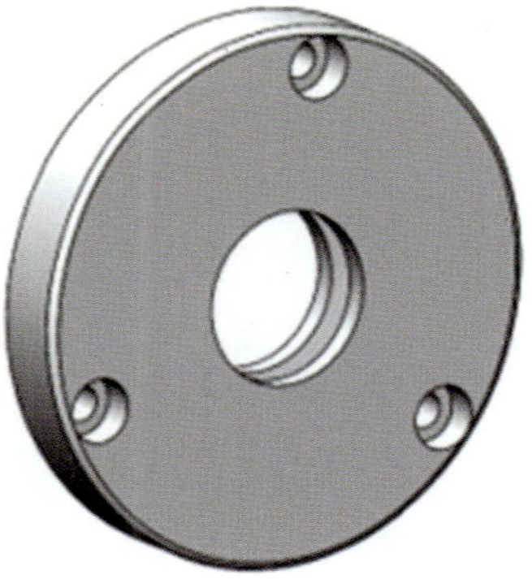

구멍가공 마법사 사용 예(M12 숫나사 체결용)

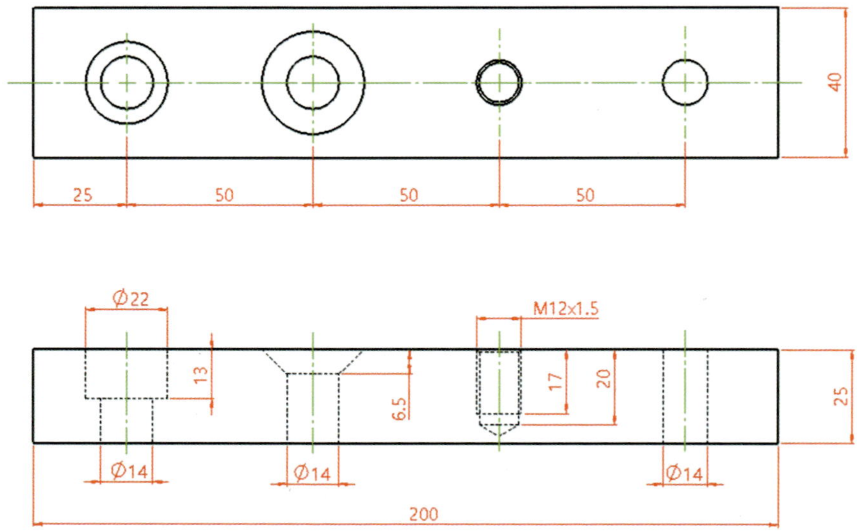

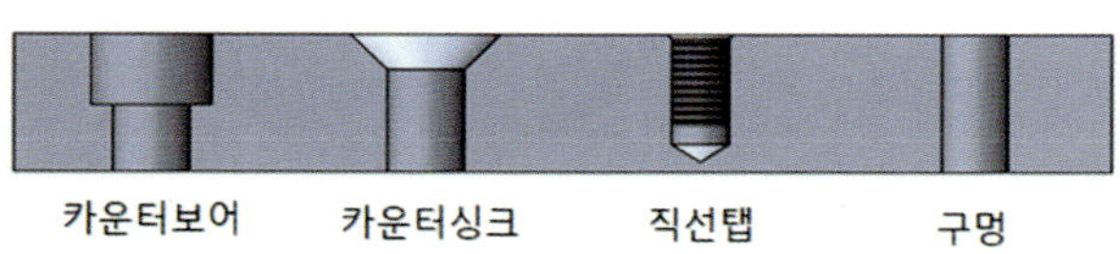

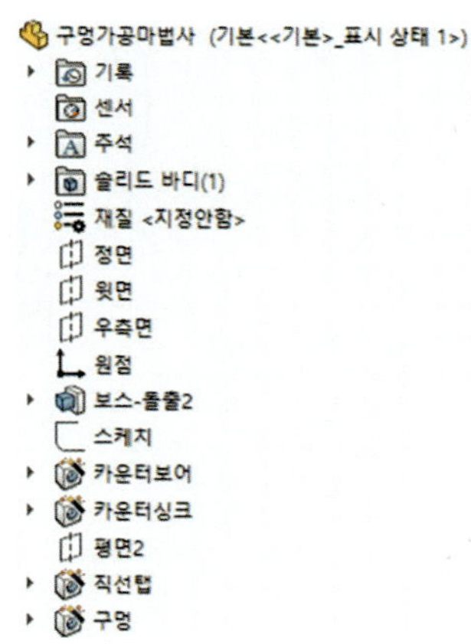

구멍시리즈 사용 예(M12 숫나사 체결용)

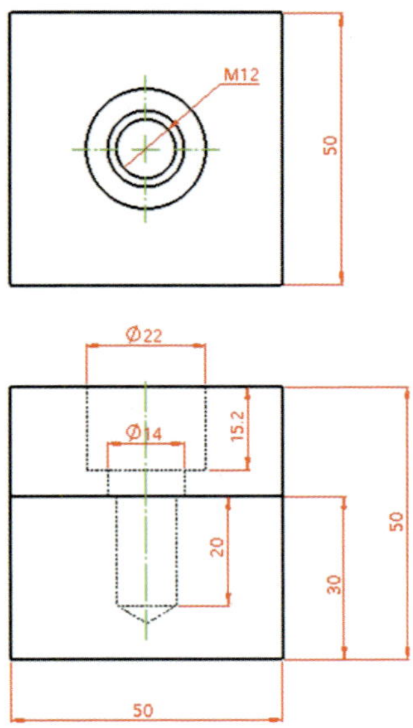

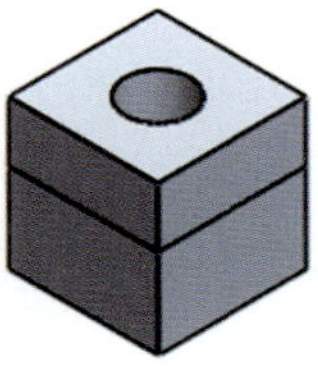

① 어셈블리 그래픽 영역에서 상부 블럭과 하부 블럭을 조립하고 메이트를 적용한 후 구멍 시리즈를 선택한다.

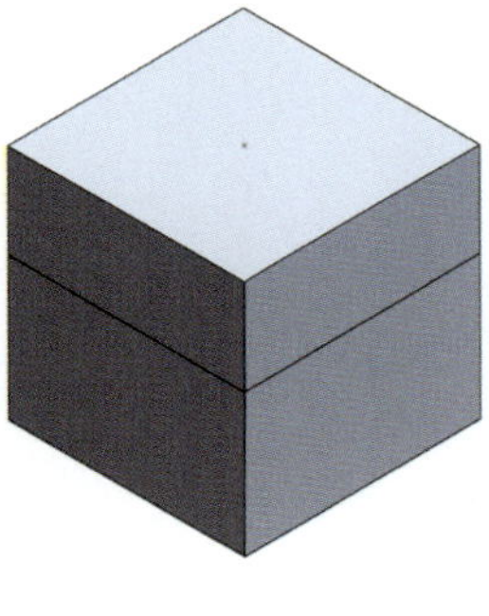

② 구멍위치를 선정한다.

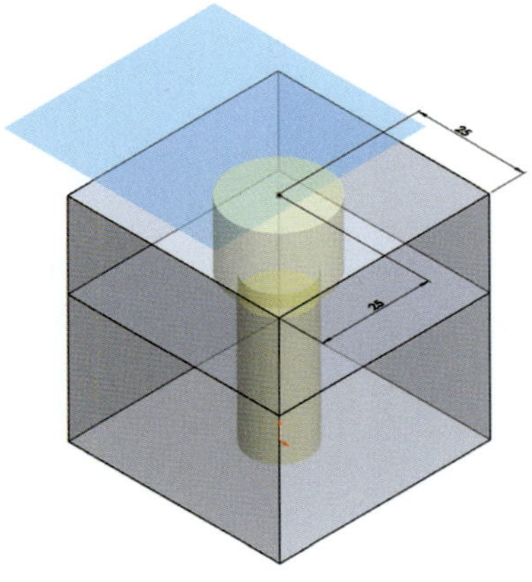

③ 구멍시리즈의 시작구멍 스펙을 선정한 후 표준규격, 유형, 크기 및 사용자 정의 크기 등을 설정한다.

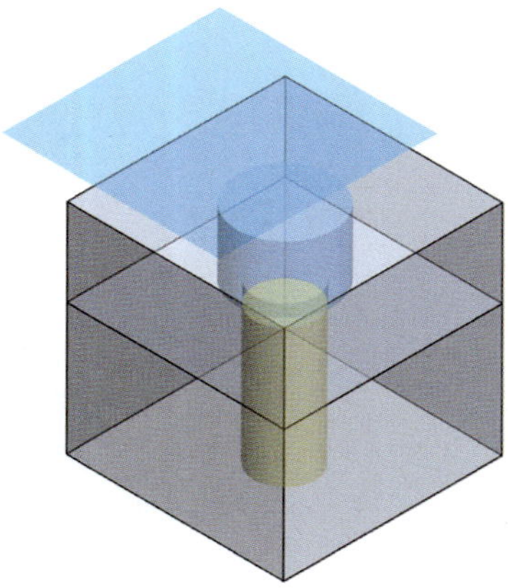

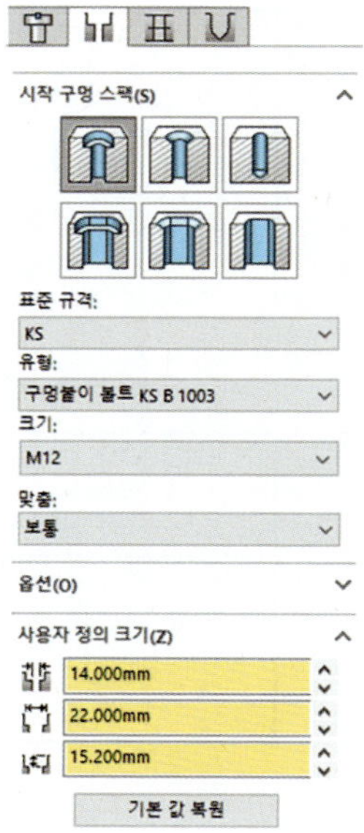

④ 중간구멍 스펙(없음)

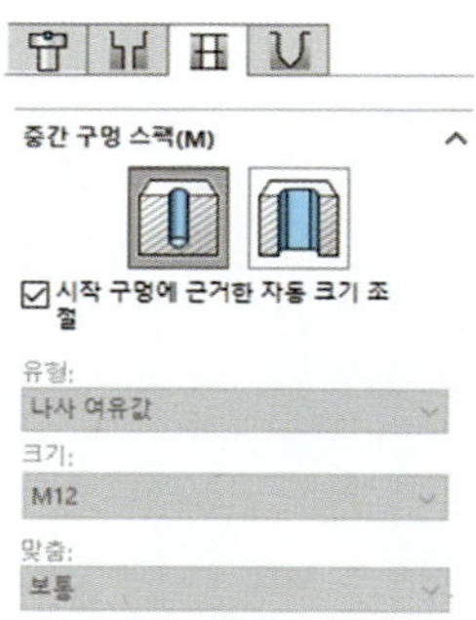

⑤ 끝구멍 스펙을 선정한 후 유형, 크기, 마침 부품, 마침 조건 등을 설정한다.

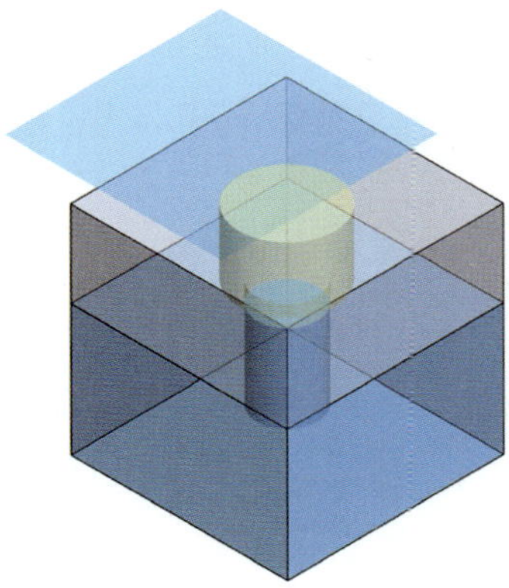

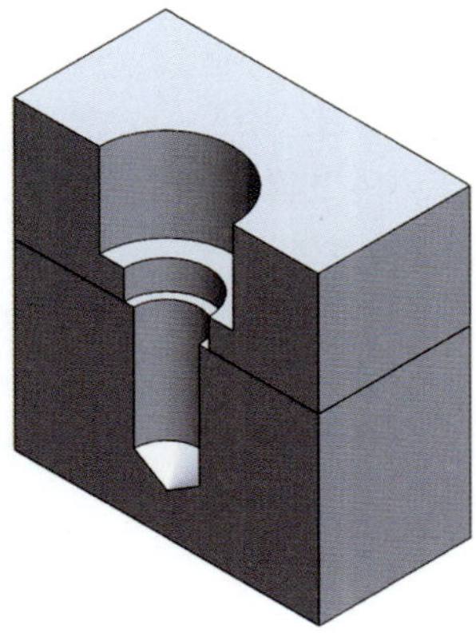

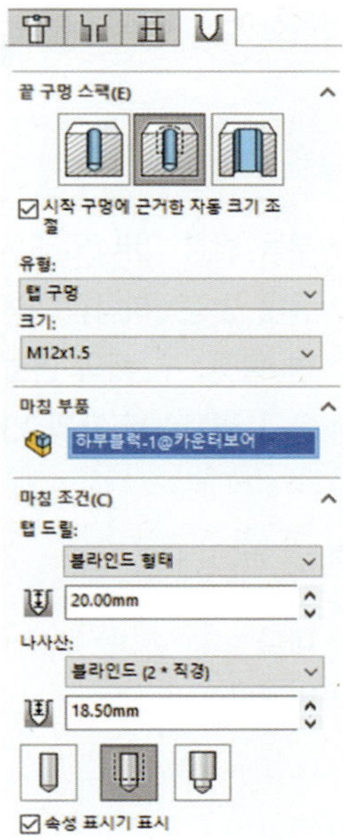

3_필렛

파트의 모든 면에 대한 모서리 또는 면, 모서리 루프 등에 모깍기 처리하는 것을 말한다.

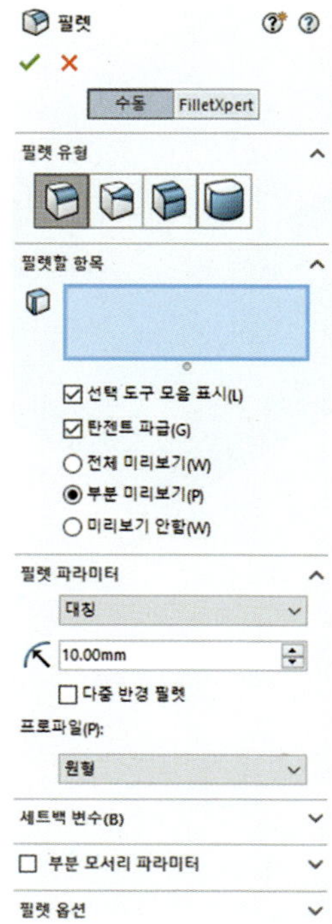

필렛 유형

- 부동 반경 : 하나의 모서리에 하나의 반경 지정
- 유동 반경 : 하나의 모서리에 여러 개의 반경 지정
- 면 필렛 : 두 개의 면을 선택하여 반경 지정
- 둥근 필렛 : 세 개의 면을 선택하여 세 면의 모서리에 반경 지정

필렛 파라메타

- 대칭
- 비대칭

프로파일

- 타원형
- conic Rho
- 곡률 연속

세트백 변수

필렛 옵션

필렛 파라메타

① 부동 반경 : 대칭 및 비대칭

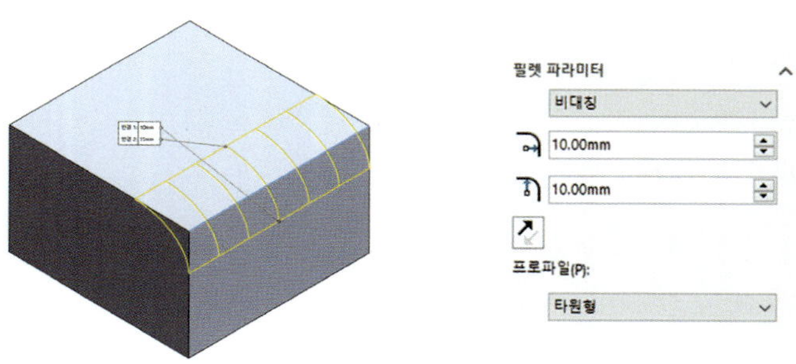

② 유동 반경 : 대칭 및 비대칭

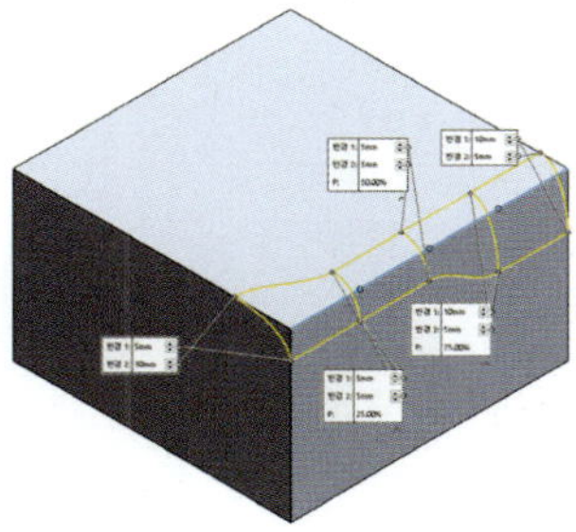

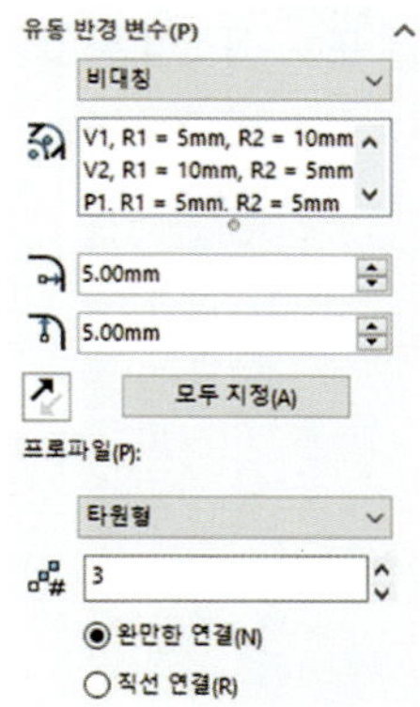

③ 면 필렛

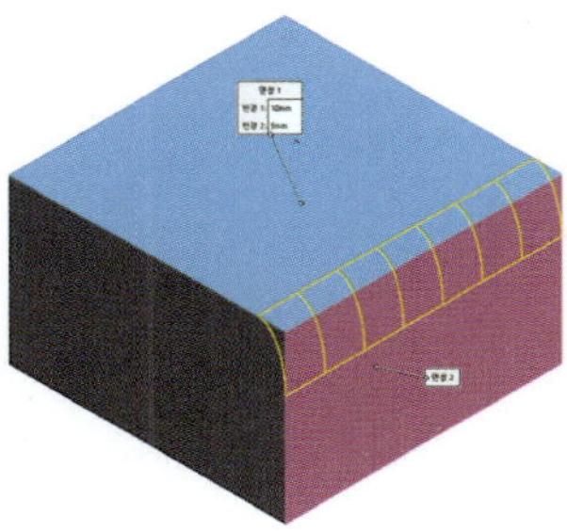

④ 둥근 필렛

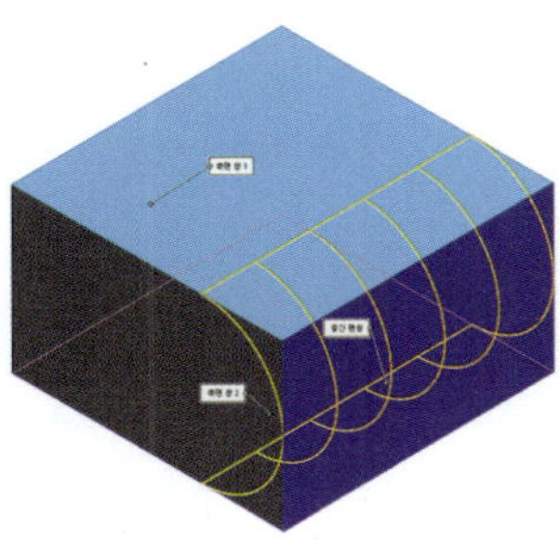

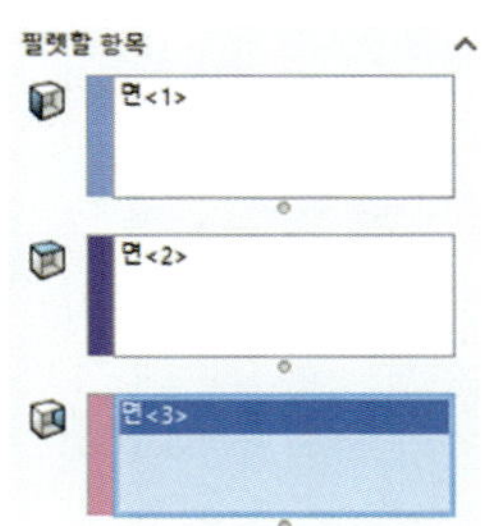

4_모따기

두 개의 교차 선이나 면 또는 꼭짓점을 일정한 길이로 잘라내는 것을 말한다.

모따기 유형

- 각도 거리
- 거리-거리
- 꼭짓점
- 오프셋면
- 면-면

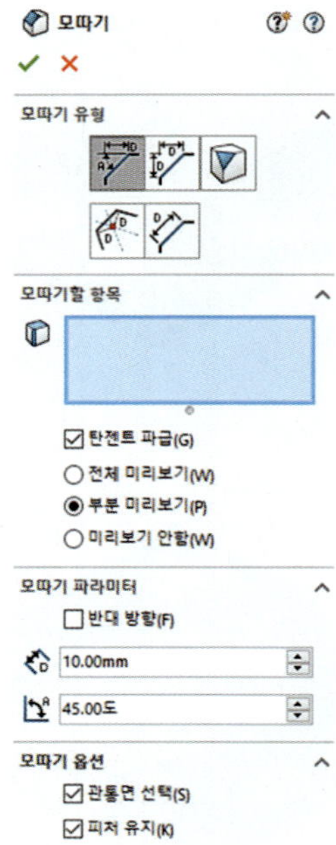

모따기 파라메타

- 대칭
- 비대칭

모따기 옵션

- 모따기 파라메타

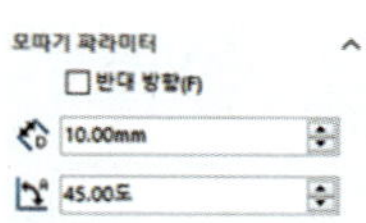

거리-각도

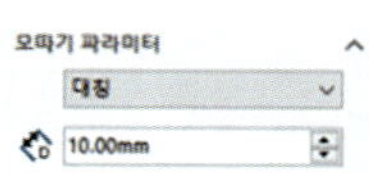

거리-거리

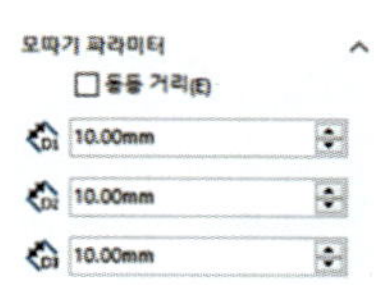

꼭짓점

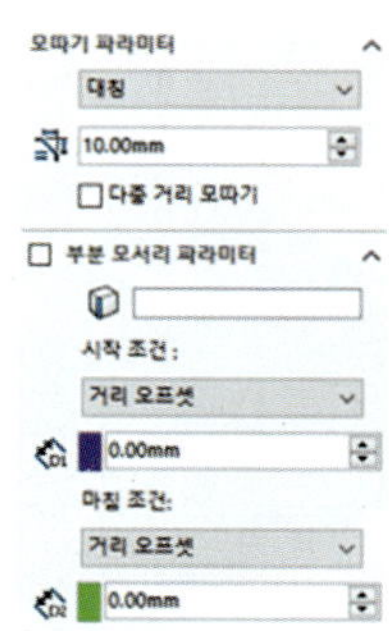

오프셋

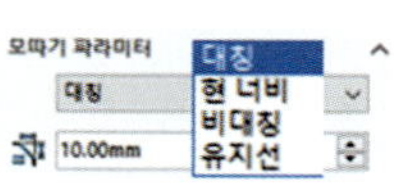

면-면

③ 패턴/대칭 피처 도구

1_선형패턴

선택한 피처를 직선 방향으로 일정 간격을 맞추어 인스턴스 수를 지정하여 배열하는 것

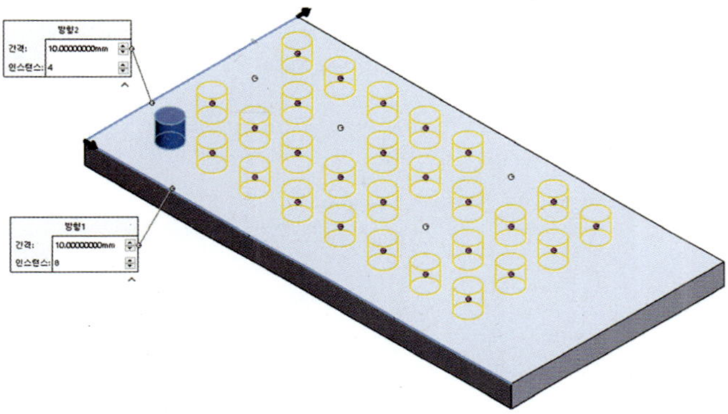

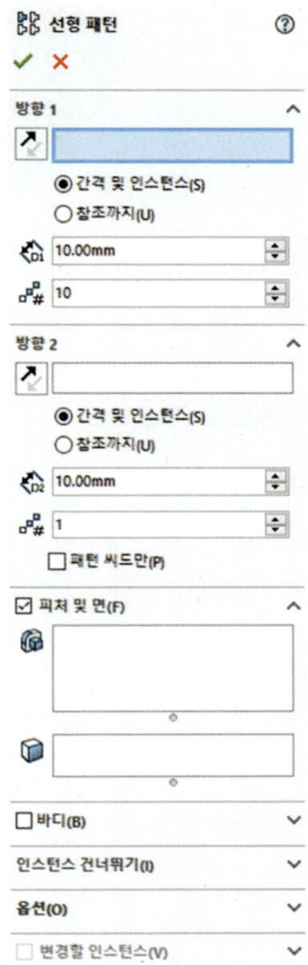

기하 패턴 사용 여부에 따른 형상 이해하기

① 돌출컷 기능을 이용하여 구멍을 생성한다. 이때, 방향1은 지정된 곡면으로부터 오프셋 기능을 적용한다.

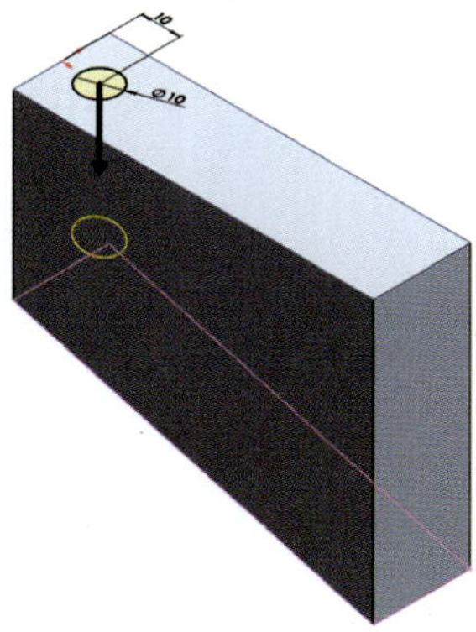

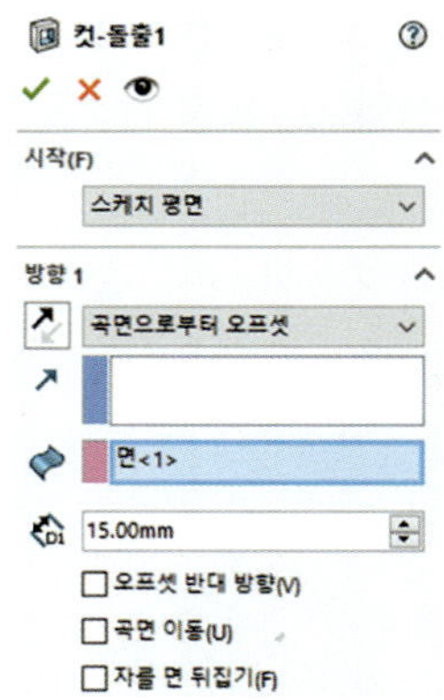

② 기하패턴을 적용하는 경우

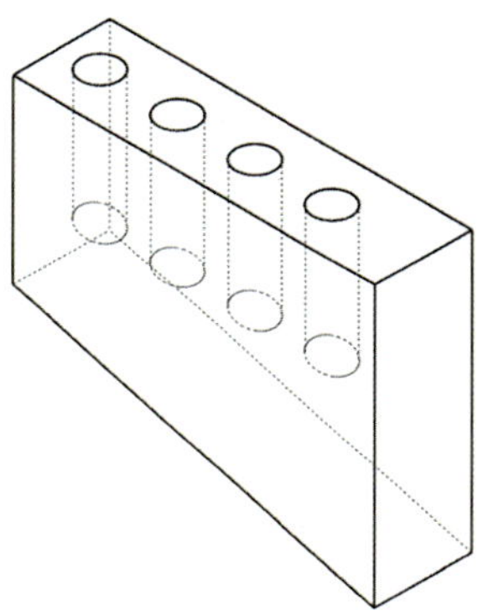

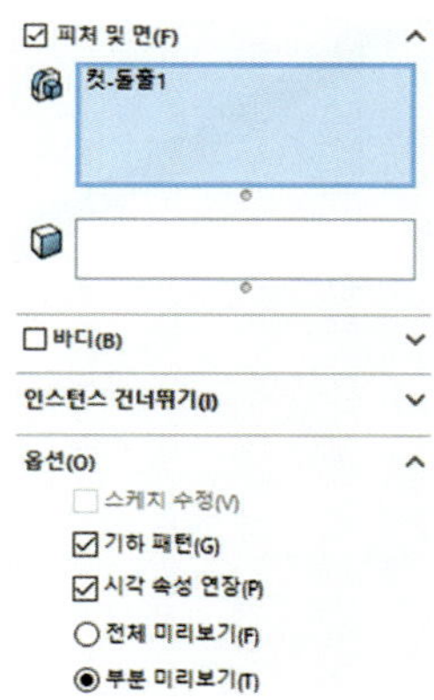

③ 기하패턴을 적용하지 않는 경우

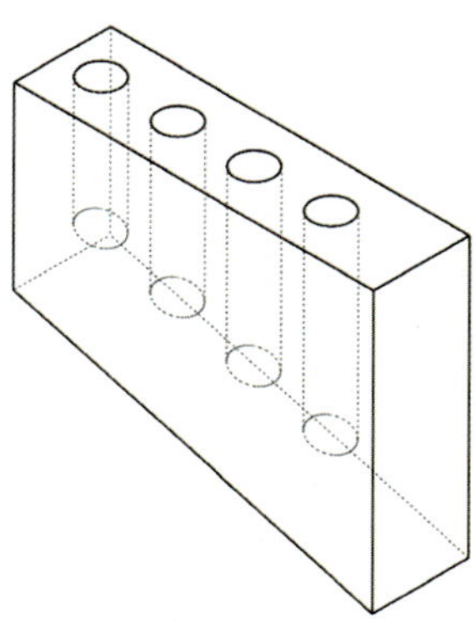

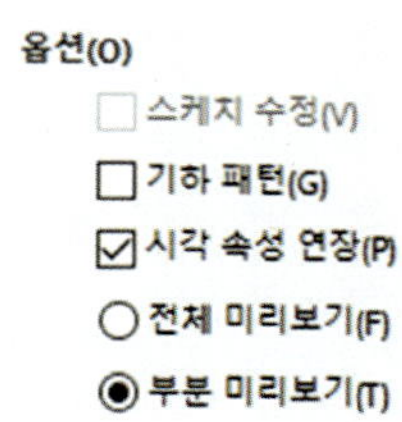

2_원형 패턴

피처의 모서리 또는 중심축을 중심으로 일정 각도의 인스턴스 수 및 간격을 지정하여 배열하는 것

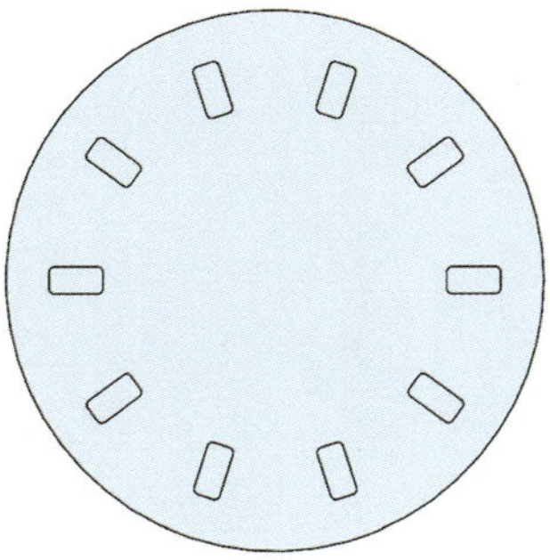

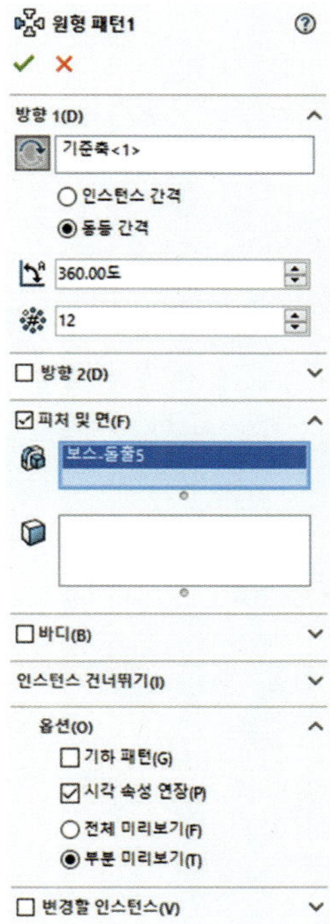

3_곡선이용 패턴

평면 상의 곡선이나 3D 형상의 모서리 선을 따라 일정한 거리 및 형상으로 배열하는 것

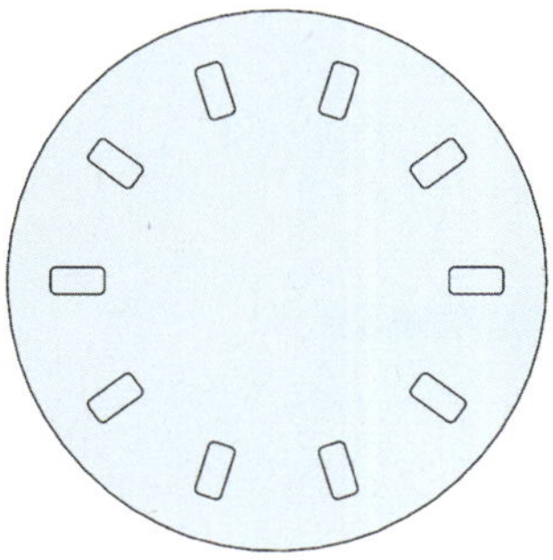

곡선에 접합

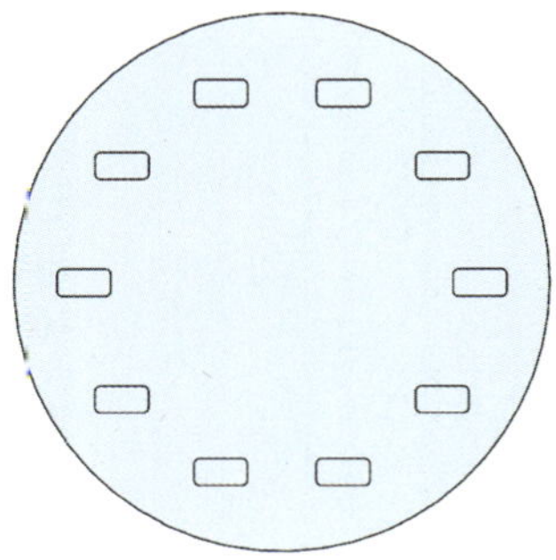

씨드에 정렬

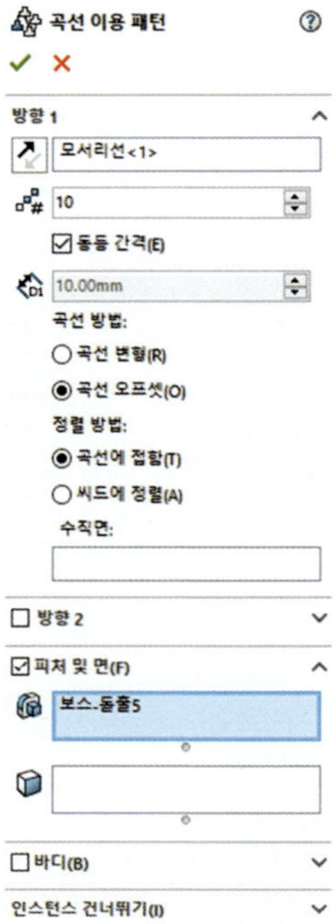

4_스케치 이용 패턴

작업평면에 스케치 요소를 이용하여 스케치를 생성한 후 이를 이용하여 피처를 생성하는 것

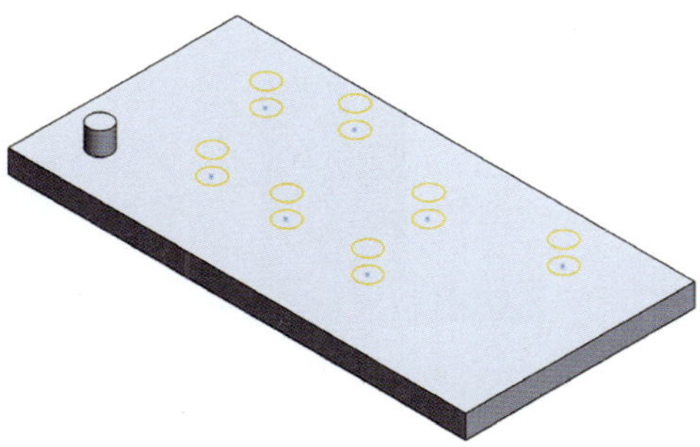

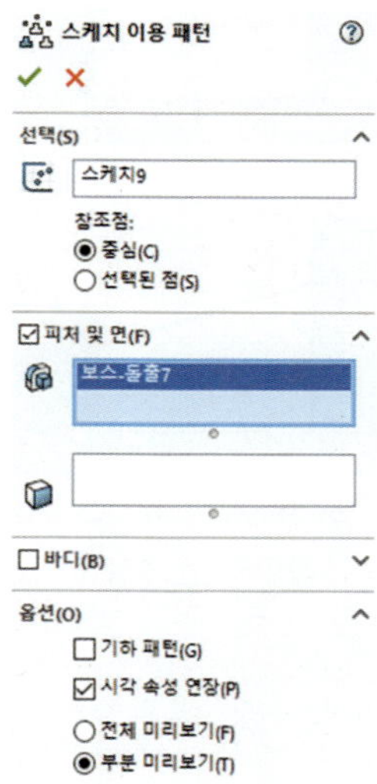

5_보강대

열린 곡선 스케치를 생성한 후 열린 곡선과 파트 사이에 두께, 돌출방향을 설정하여 피처를 생성하는 것

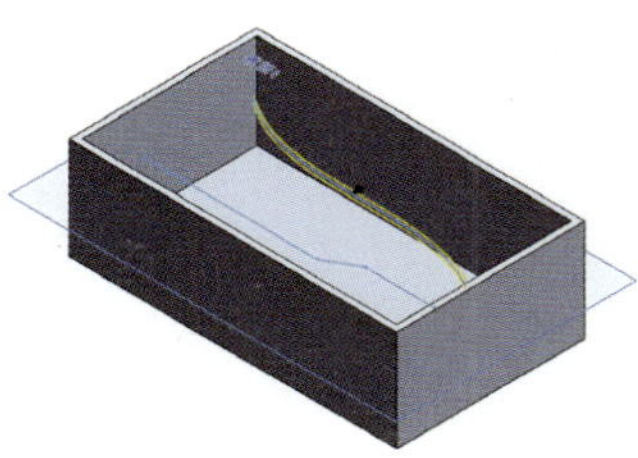

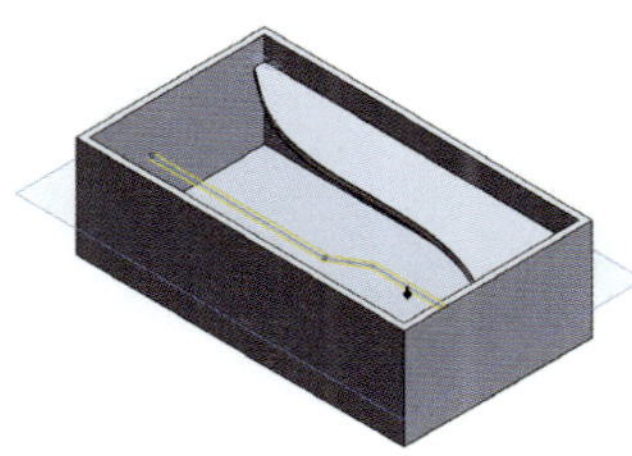

보강대 생성을 위한 스케치 방법

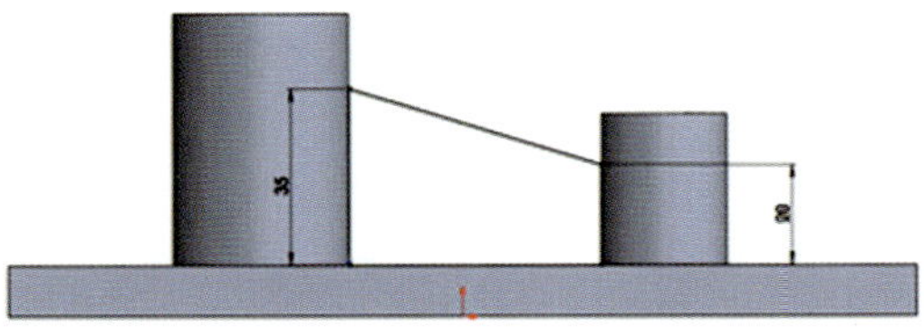

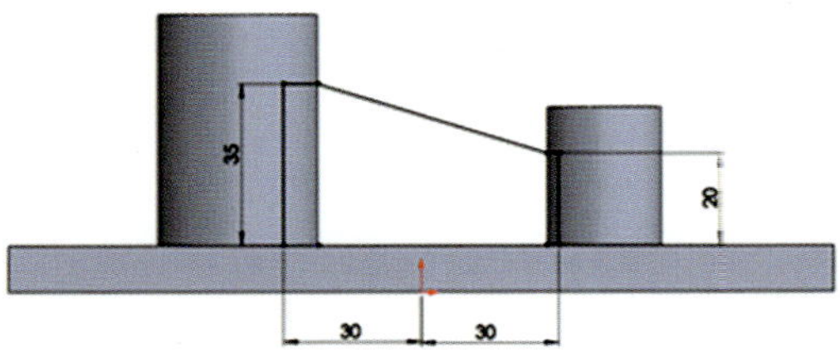

잘못된 스케치

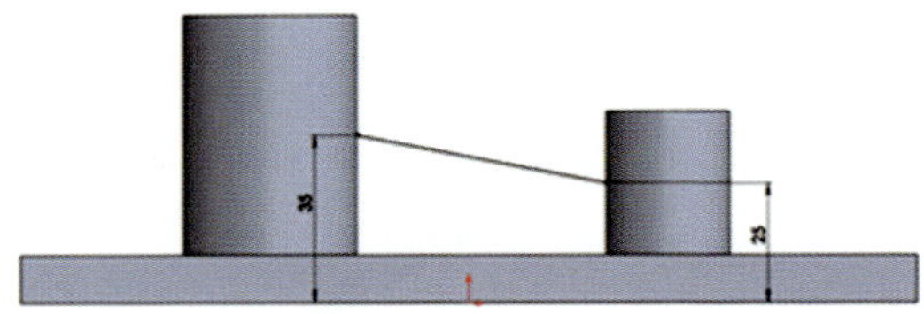

잘된 스케치

6_쉘

솔리드 형상의 피처 또는 파트의 내부를 제거하여 일정한 얇은 두께를 갖도록 하는 것

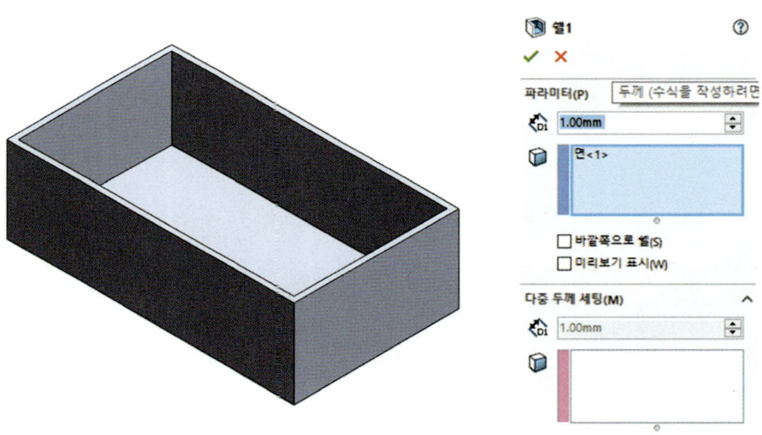

코너 필렛 전과 후의 쉘 작업 형상 비교하기 : 필렛 처리 후 쉘 생성을 하면 쉘 두께가 균일하지만 쉘 처리 후 필렛을 생성하면 두께가 균일하지 않음을 알 수 있다.

① 필렛 처리 후 쉘 생성

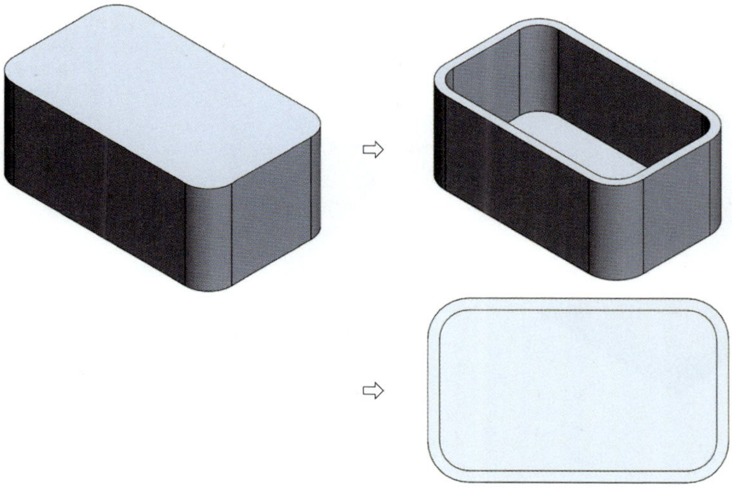

② 쉘 작업 후 필렛 생성

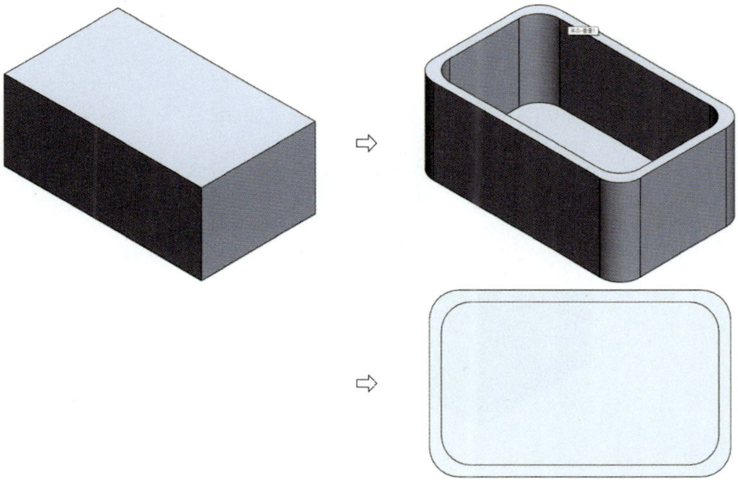

7_구배 주기

금형이 열리고 난 후 제품이 효과적으로 빠지도록 제품 표면에 일정한 구배를 부여하는 것

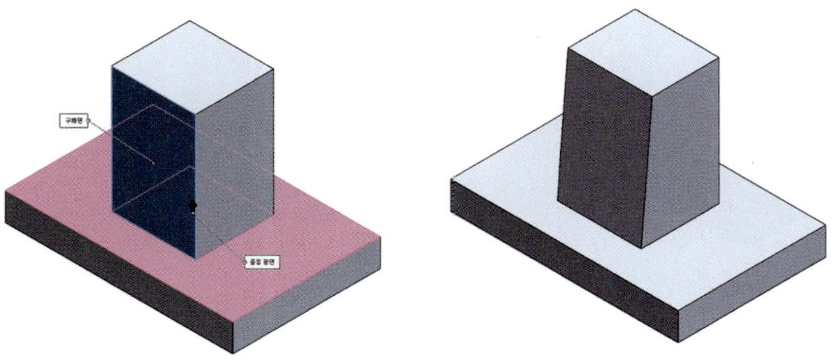

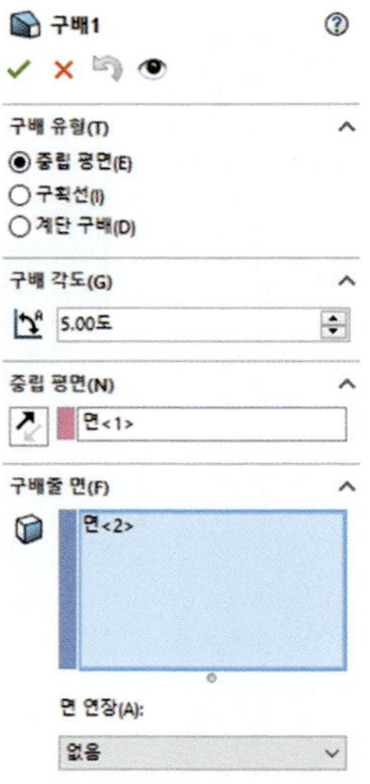

구획선 활용하기

① 기준면인 평면을 생성한 후 직선을 스케치한다.

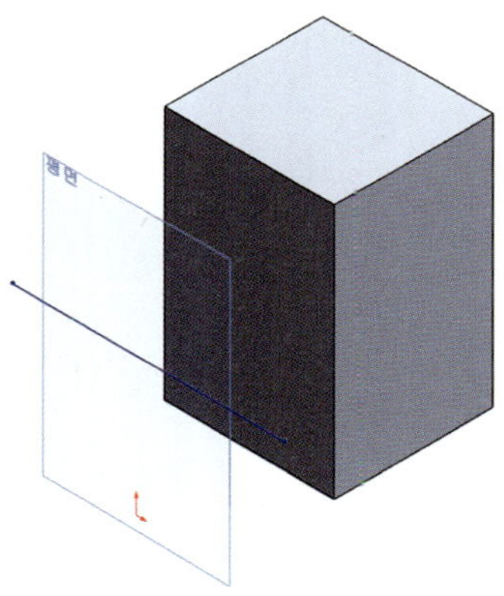

② 곡선을 이용하여 피처 표면에 분할선을 생성한다. 이때 분할 유형은 투영식을 적용하면 분할을 한다

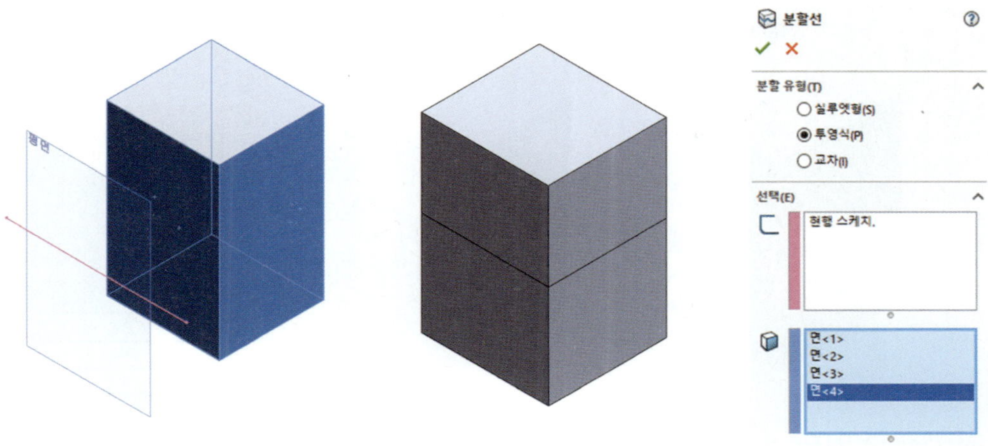

③ 구배 유형, 구배각도, 끌 방향 및 분할선을 선정한 후 구배를 부여한다.

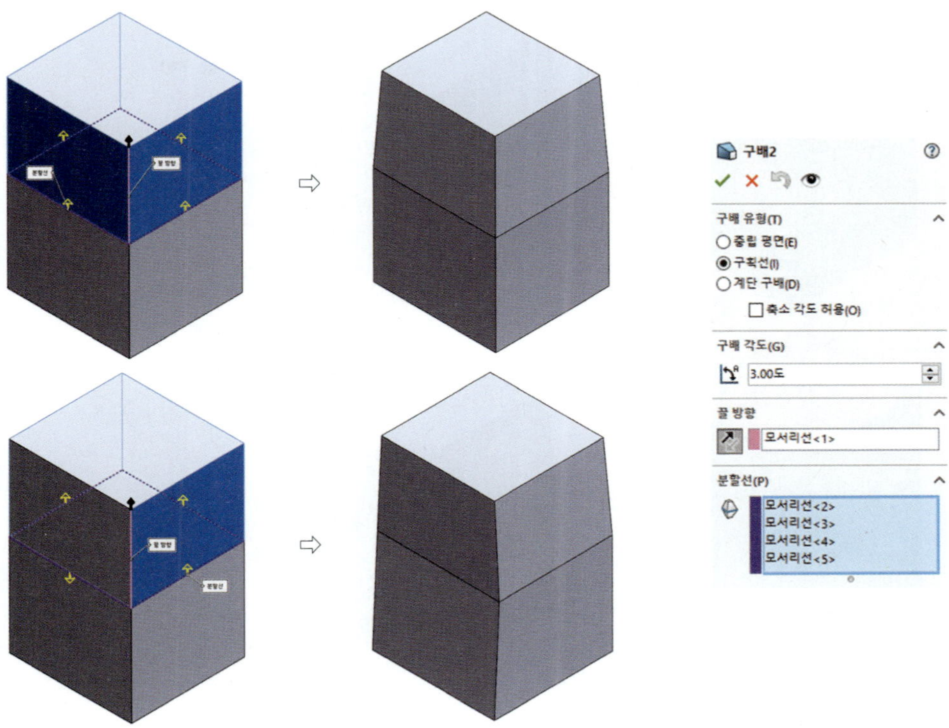

④ 평면상에 스케치된 직선으로 분할( ) 기능을 이용하여 피처를 두 개의 바디로 분할한다.

⑤ 구배 유형은 구획선으로 하고, 구배각도, 끌 방향 및 분할선을 선정한 후 구배를 부여한다.

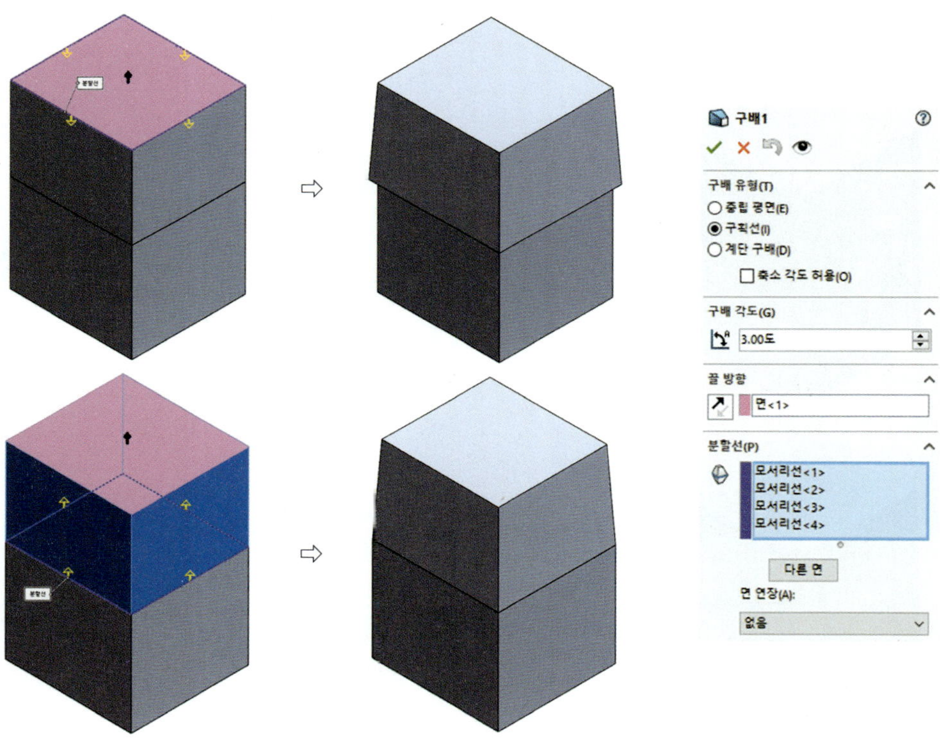

④ 기타 피처 도구

1_곡면 포장

스케치 요소를 주어진 평면이나 곡면에 볼록, 오목 및 스크라이브 형태로 포장하는 기능이다.

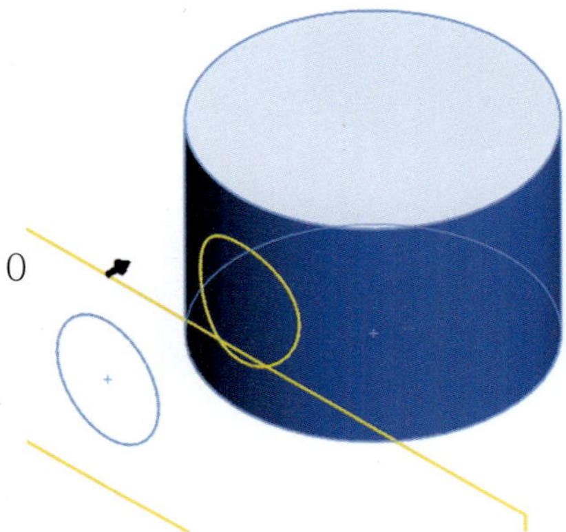

포장 유형에 따른 형상 이해하기

볼록

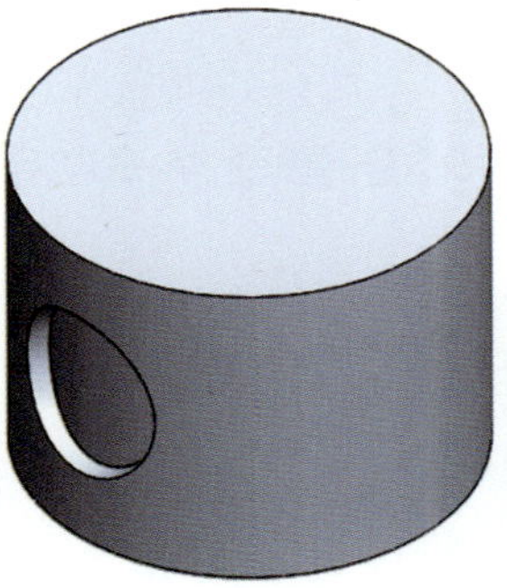

오목

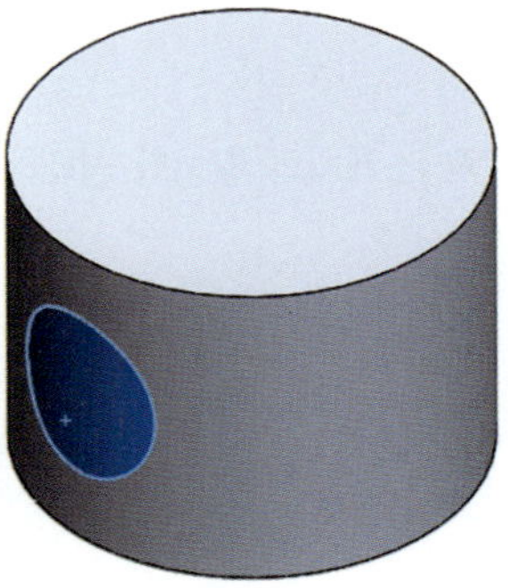

스크라이브

문자 포장하기

① 포장할 곡면을 기준으로 참조형상의 기준면을 생성한 후 [suwon science college] 문자를 스케치한다.

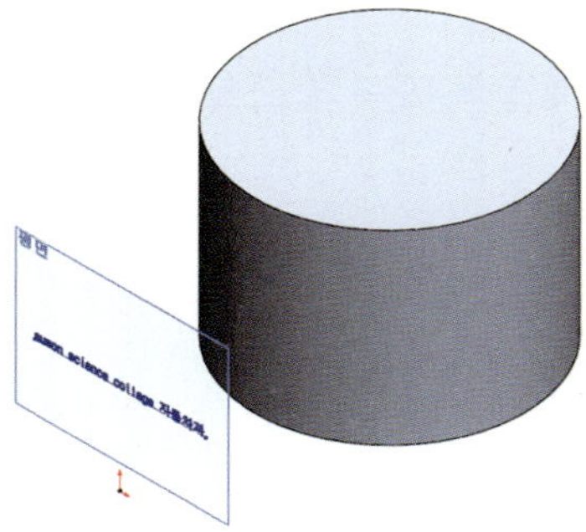

② 문자 스케치를 선택 후 마우스 오른쪽 버튼을 누른 후 [문자 스케치 분리]를 선택한다.

③ 문자 스케치의 활성화 상태에서 곡면 포장을 클릭한 후 포장 유형에서 [볼록]을 선택한다.

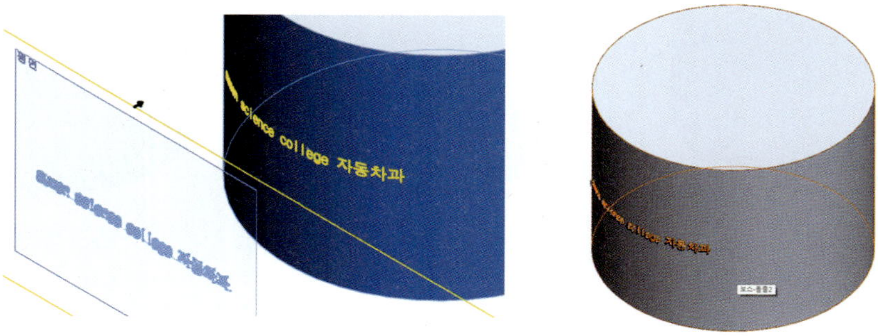

스크라이브 활용하기

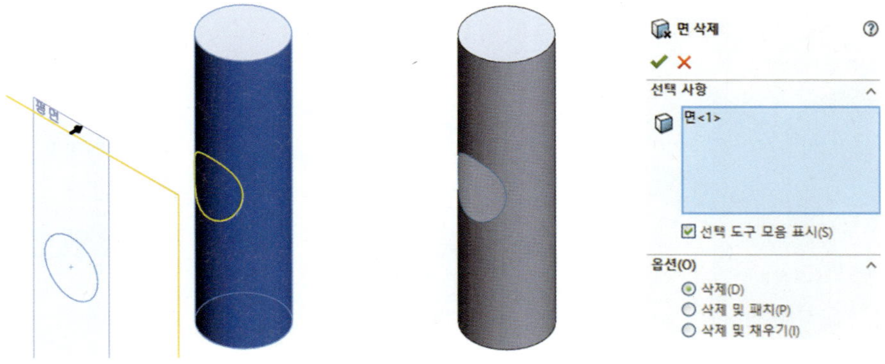

밴드 유형의 포장하기

① 포장할 곡면을 기준으로 참조형상의 기준면을 생성한 후 밴드 형태의 [직선 홈]을 스케치한다.

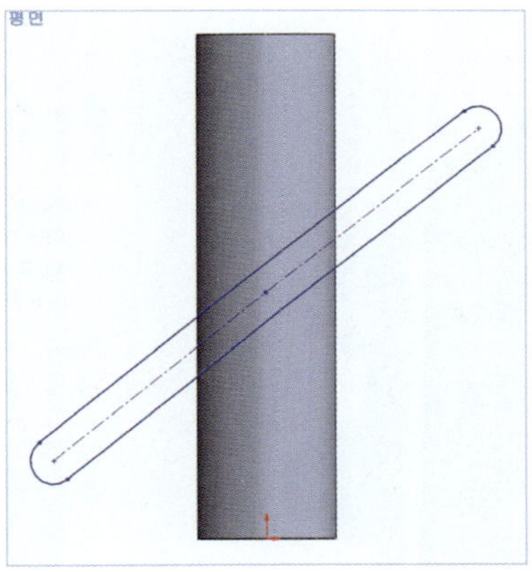

② 곡면포장을 클릭한 후 포장 유형, 포장 파라미터에서 직선 홈, 포장할 면을 선택한다.

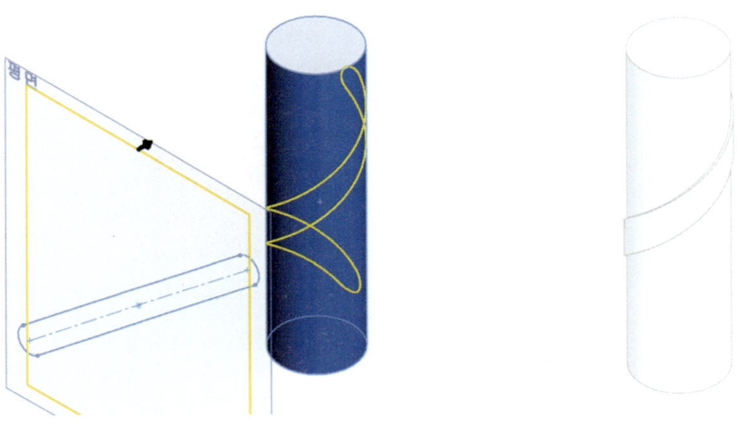

2_곡면으로 자르기

곡면이나 평면을 이용하여 피처의 선형 또는 선형 단면을 절단하는 기능이다.

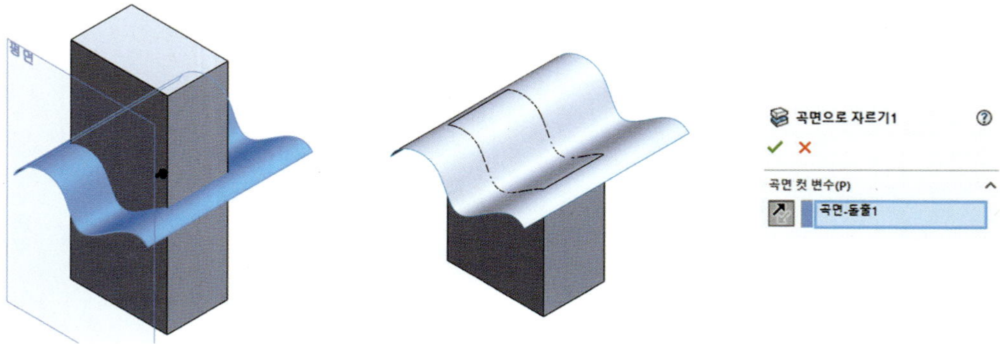

3_합치기

선택한 모든 멀티 바디를 단일 피처로 합치거나 중복되는 부분을 삭제 또는 생성하는 기능이다.

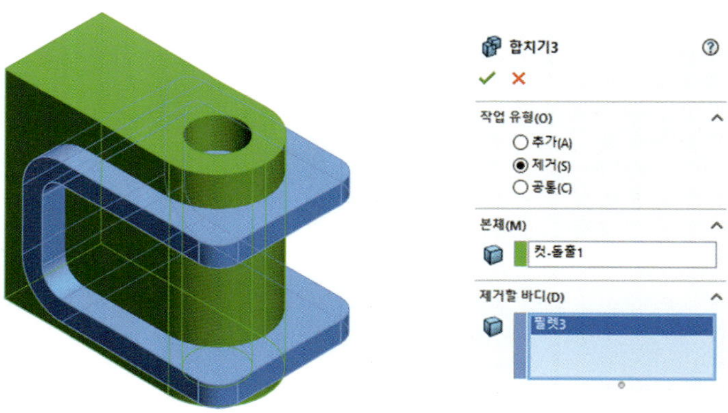

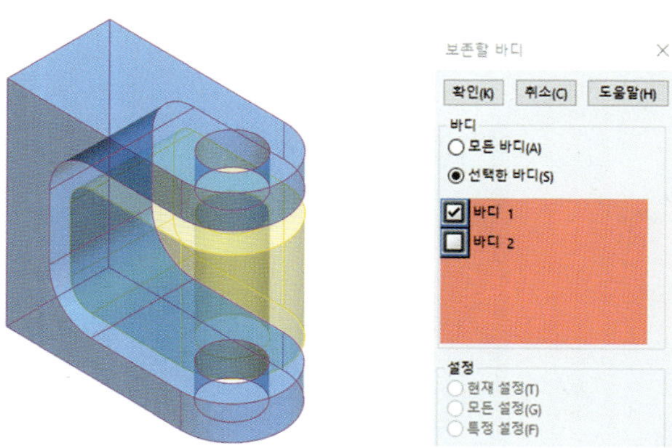

작업 유형에 따른 형상

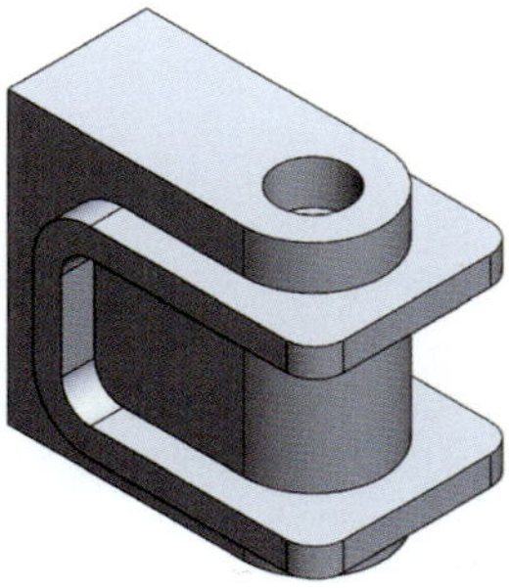

추가

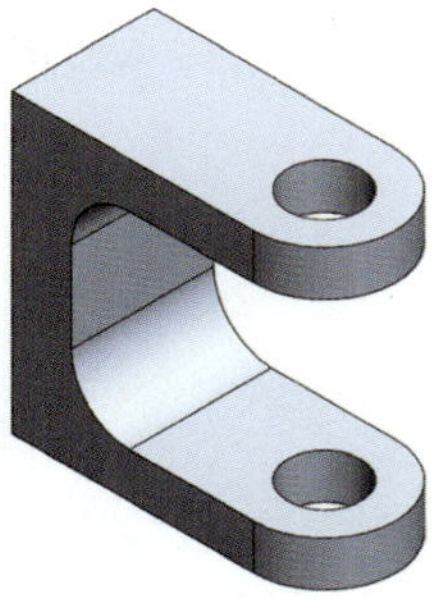

제거

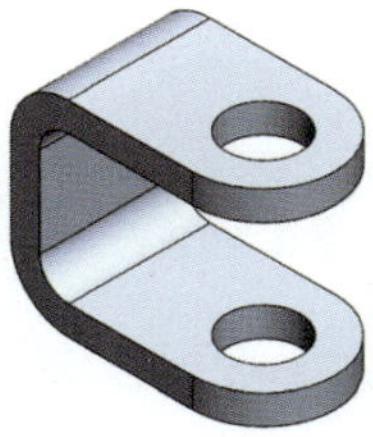

공통

4_분할

단일 파트를 여러 개의 파트 또는 바디로 분할하는 기능이다.

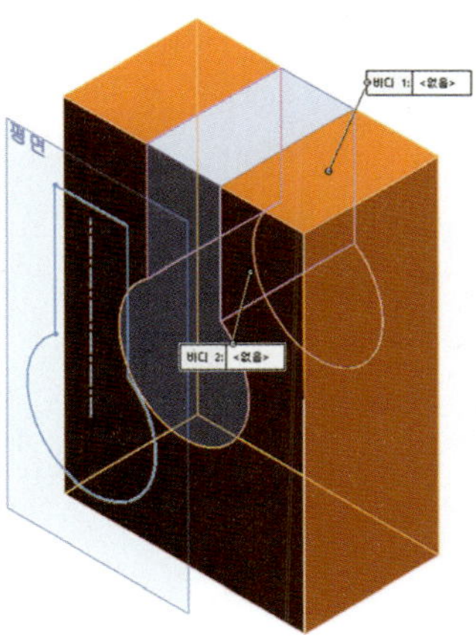

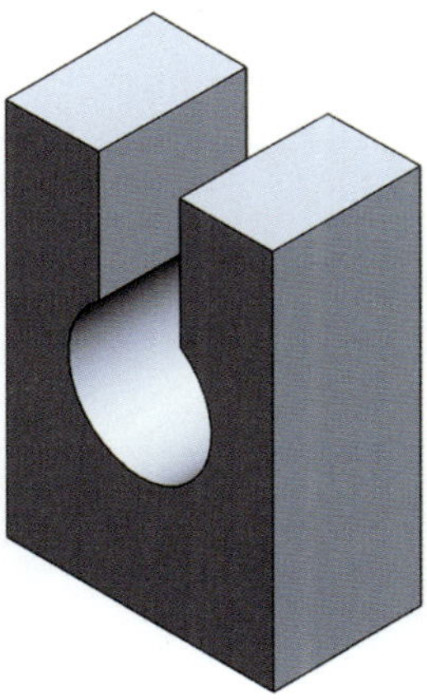

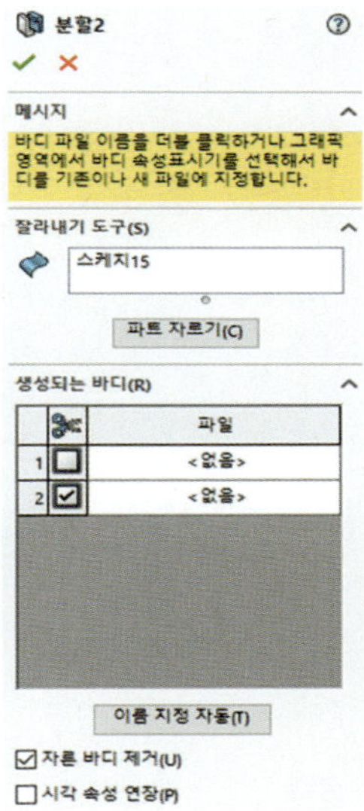

5_두꺼운 피처

두께가 없는 곡면에 임의의 두께를 부여하는 기능이다.

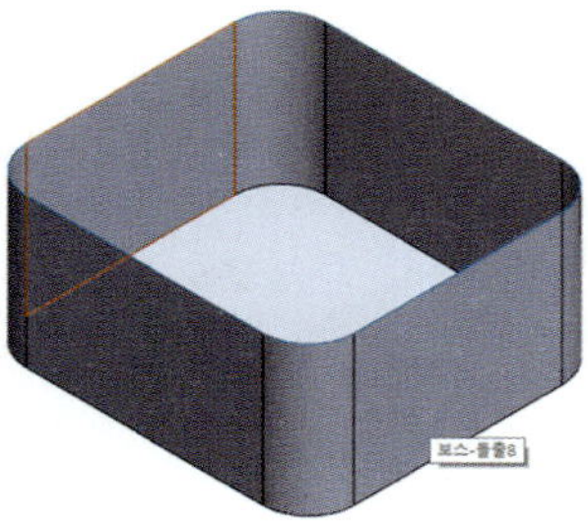

곡면 〉 면 삭제

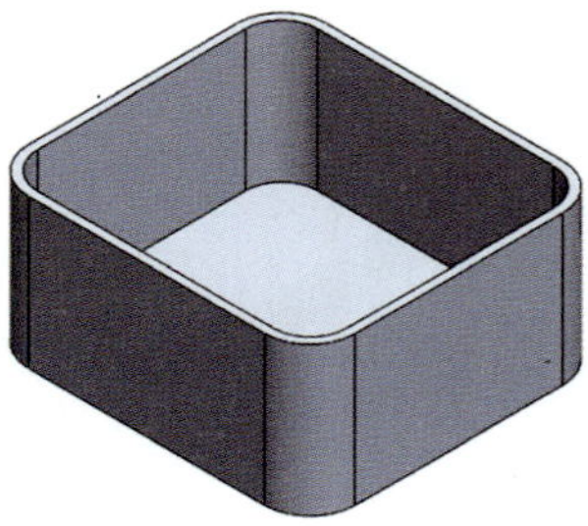

두꺼운 피처

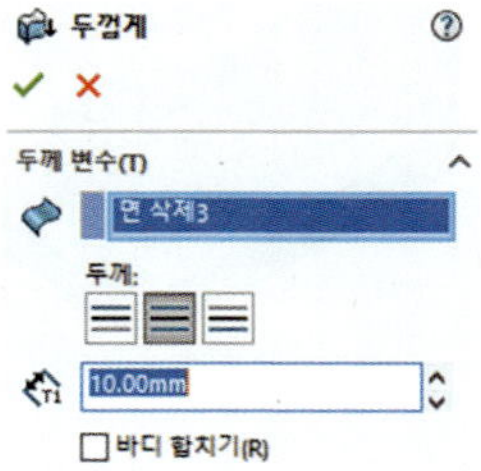

⑤ 참조 피처 도구

1_참조 평면(기준면)

파트나 조립을 위한 작업환경에서 다른 스케치 형상, 피처 또는 조립형상을 만들기 위하여 기준 또는 모체 역할을 하는 참조 평면을 말한다.

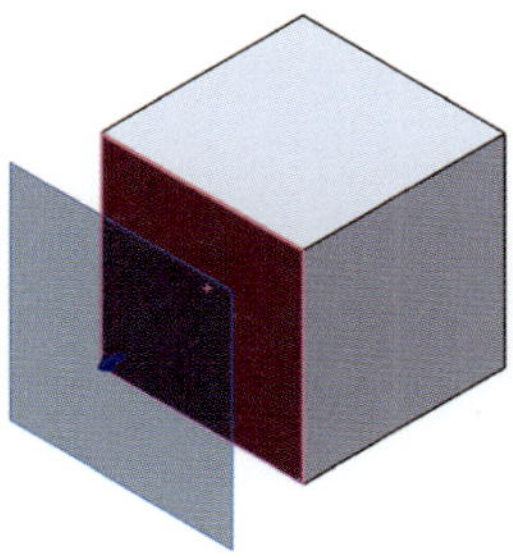

면에 평행

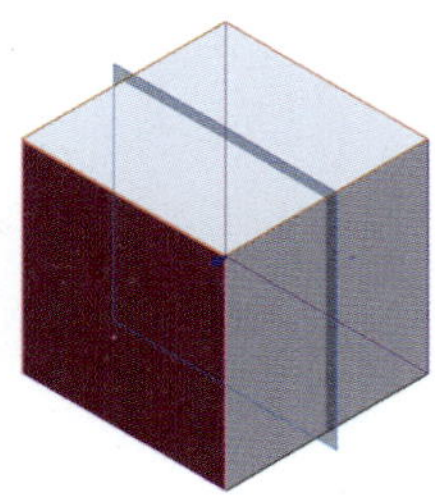

면과 면

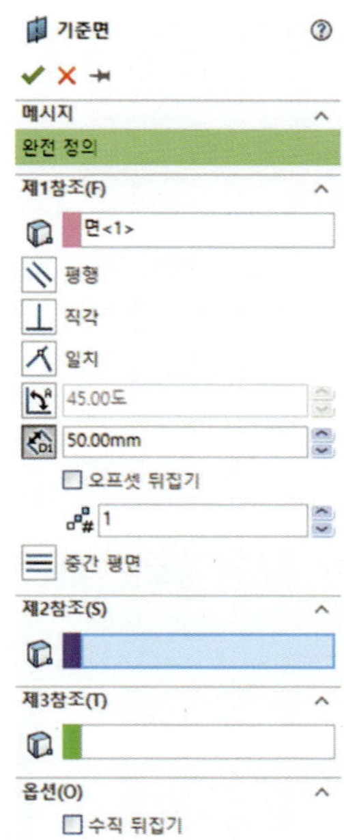

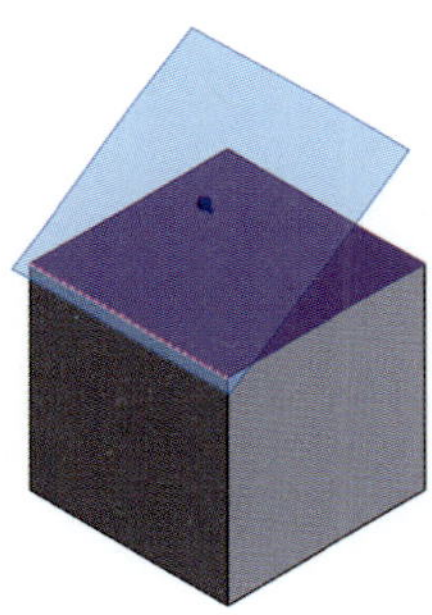

제1참조 : 모서리선
제2참조 : 평면, 34°

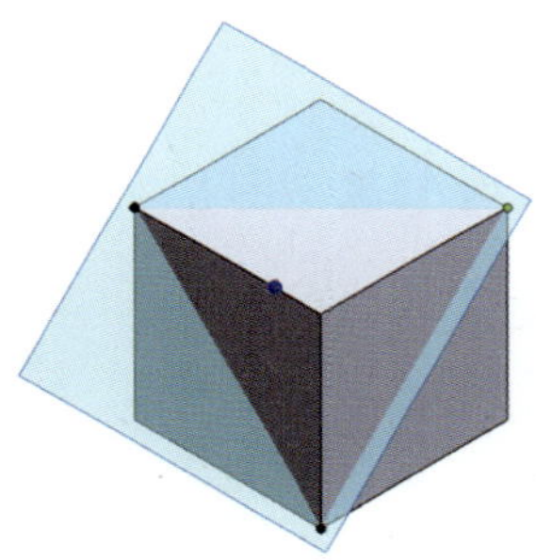

세점

참조평면을 이용한 분기관 생성하기

① 정면을 작업평면으로 스윕 경로를 스케치하고 스윕 경로의 시작점에서 스윕 경로와 직각인 참조 평면을 만든 후 스케치 프로파일을 그린다.

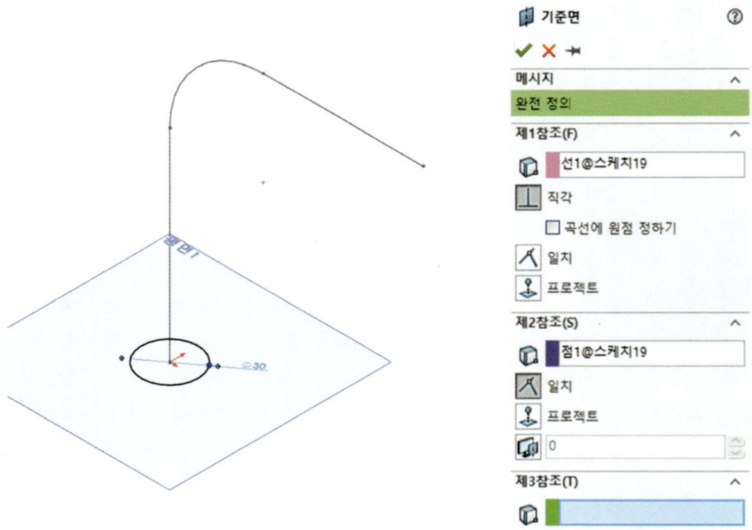

② 프로파일과 경로를 이용하여 스윕 보스/베이스를 만든다.

③ 곡면에 법선 방향의 45° 경사 보조선을 스케치한 후 경사선에 직각이고 끝점에 일치하는 참조 평면을 만든다.

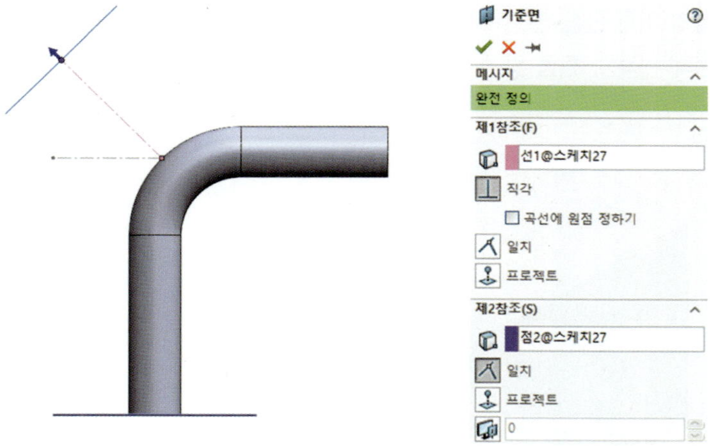

④ 작업평면 상에 프로파일을 스케치한 후 돌출한다.

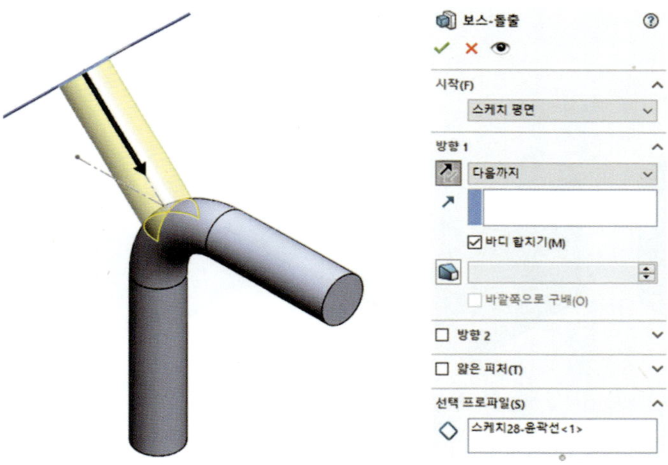

⑤ 쉘기능을 이용하여 두께 2mm의 분기된 파이프를 생성하고 필렛 처리를 한다.

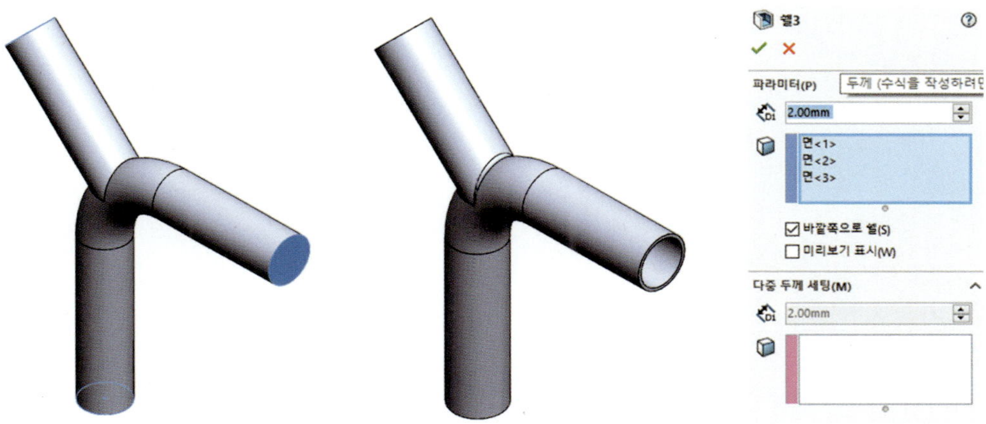

2_참조축(기준축)

원통형 피처, 조립품의 피처 편집, 일치 메이트 등을 만드는데 중심선 역할을 한다. 단, 임시축은 원통형 피처를 생성하면 자동 생성되나 작성, 편집 및 삭제가 불가능하지만 기준축은 모두 가능하다.

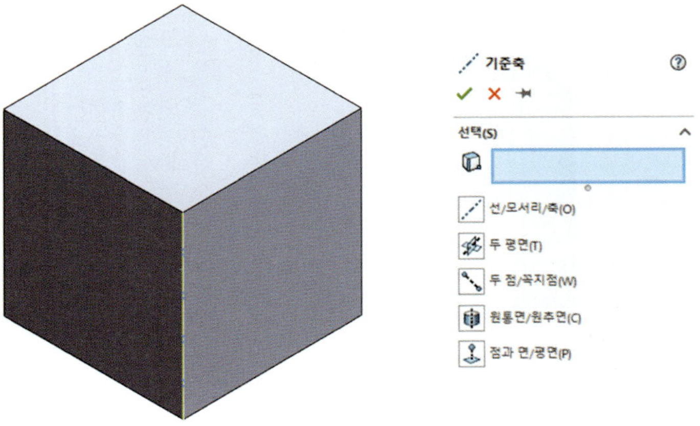

기준축의 유형

두 평면

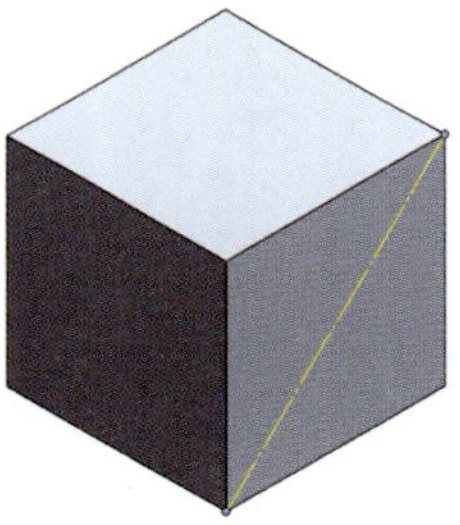
두 점/꼭짓점

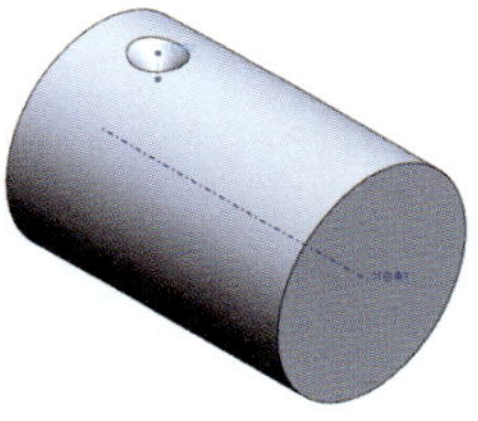
원통면/원추면

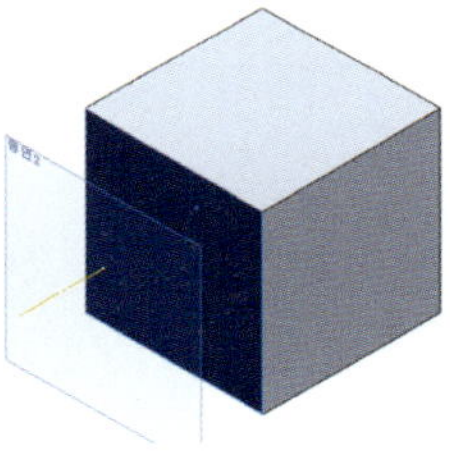
점과 면/평면

3_기준점

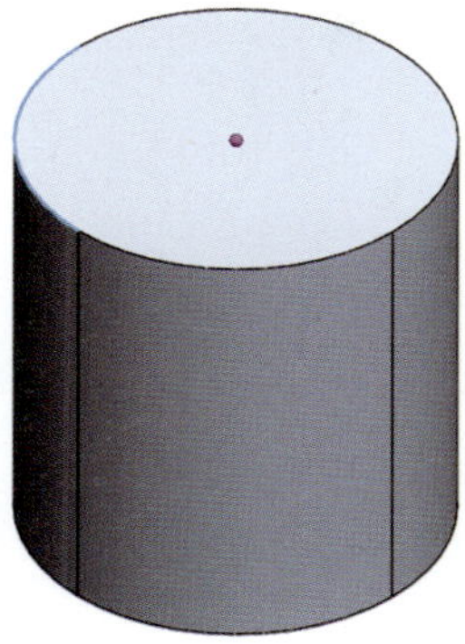

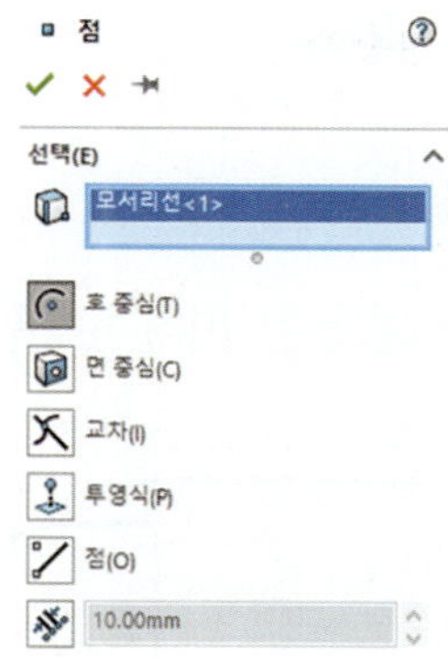

기준점의 유형

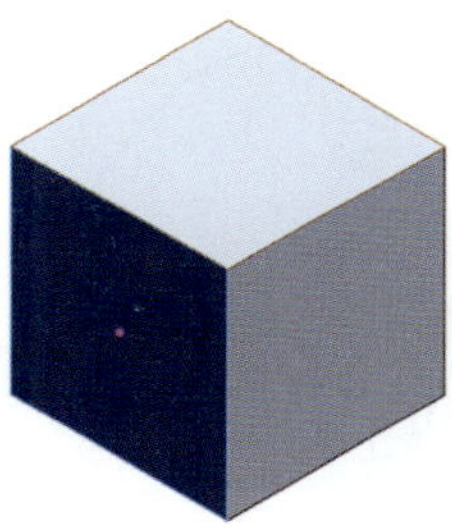

면중심

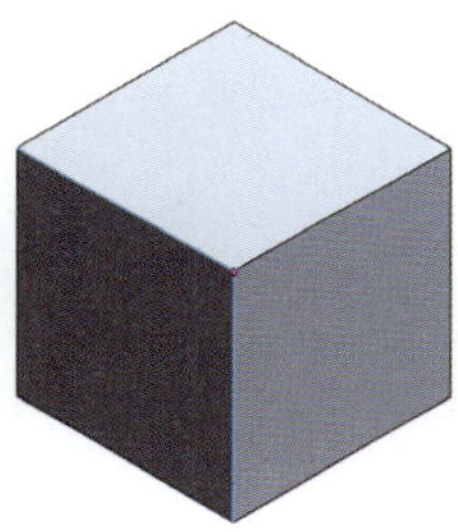

교차

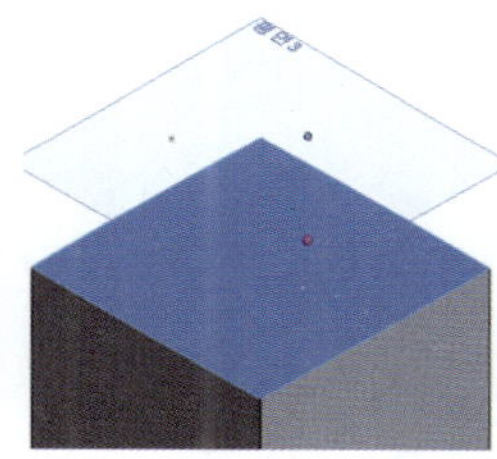

투영식

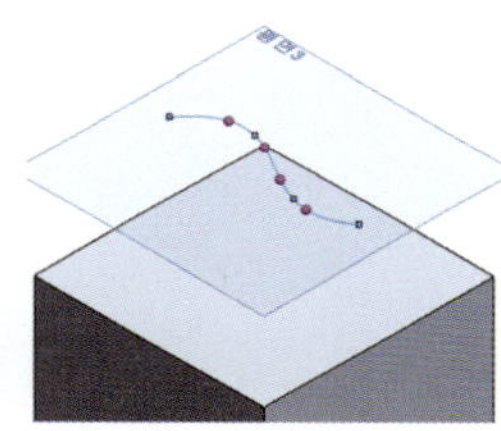

곡선상의 균등분포

4_좌표계

파트나 어셈블리에 새 좌표계를 추가하여 기존 좌표계의 편집 및 구조해석 시 방향 설정 등에 사용된다.

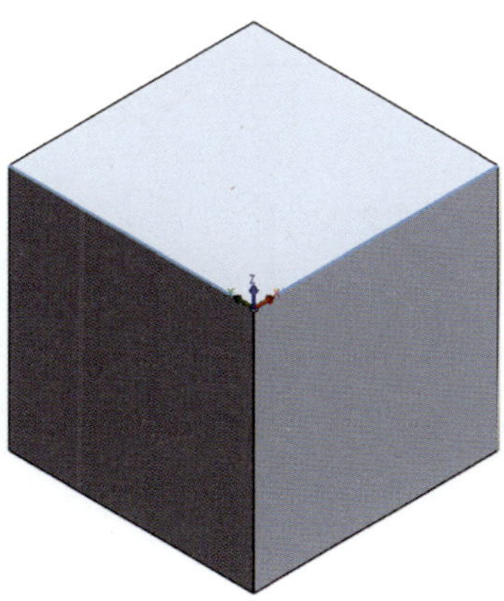

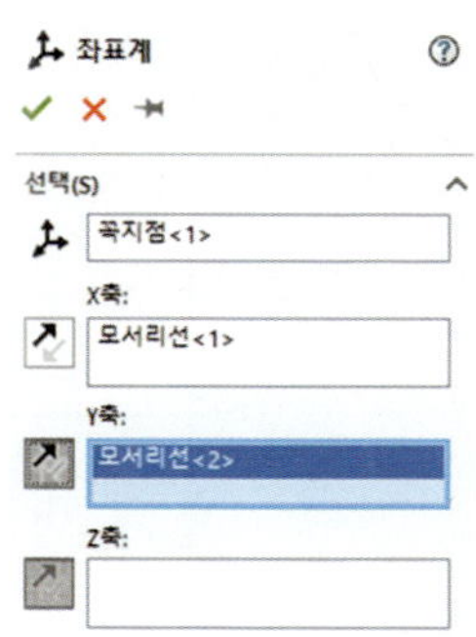

04 파트 모델링

① 파트 모델링 기초

1_요소 변환 도구를 활용한 피처 모델링

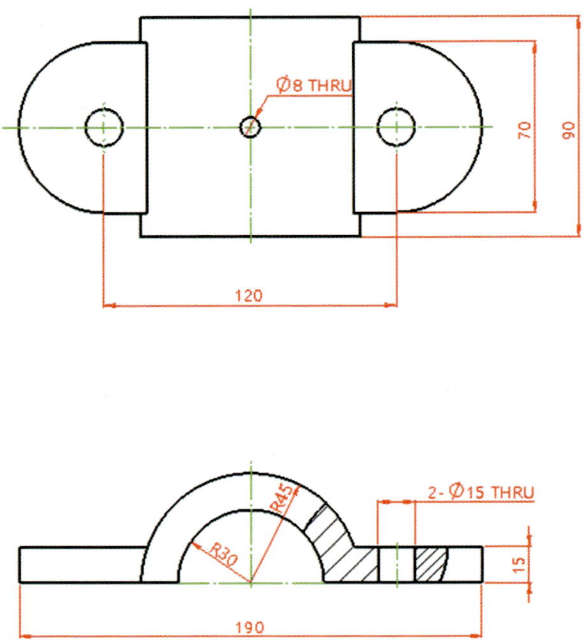

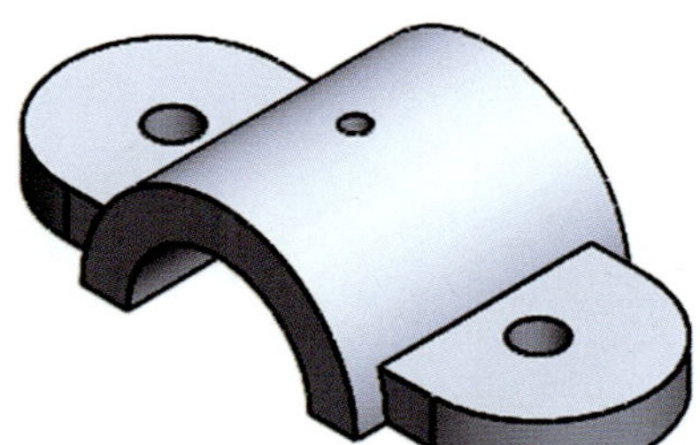

① 윗면을 작업평면으로 하고 [중심점 직선 홈, ▭]으로 프로파일을 생성한 후 치수 및 형상 구속을 한다.

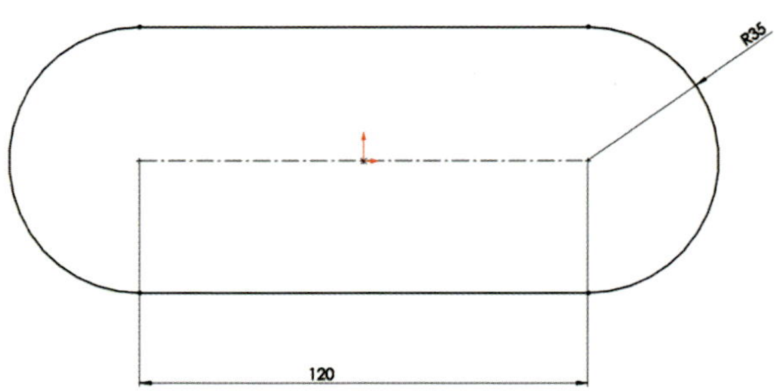

② 스케치평면을 기준으로 두께 10mm를 설정한다.

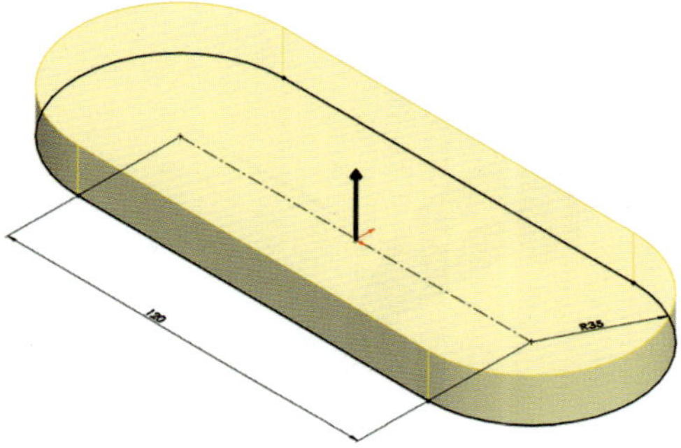

③ 구멍 가공 마법사를 이용하여 유형(구멍, ks 규격, 드릴 크기, ϕ10 mm, 관통)을 설정하고 구멍 위치는 두 개의 호에 동심이 되는 위치를 클릭한다.

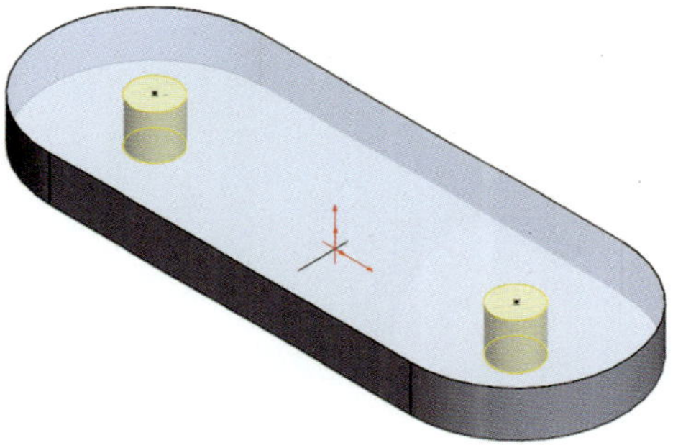

④ 정면을 작업평면으로 하고 [중심점 호,]로 두 개의 호를 스케치한 후 치수 및 형상 구속을 한다.

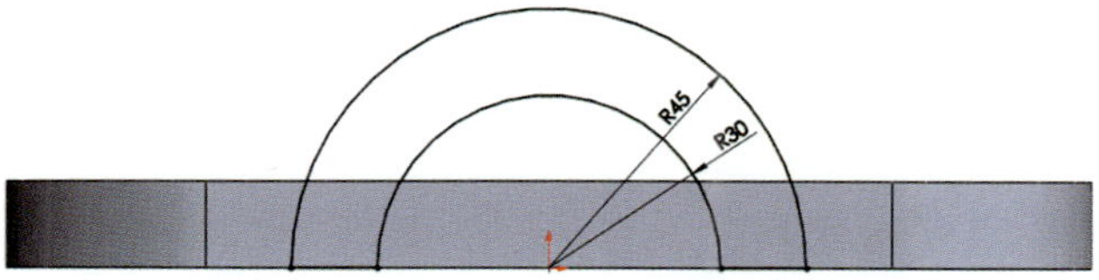

⑤ 시작은 스케치평면, 방향은 중간평면을 기준으로 90mm로 보스 돌출한다.

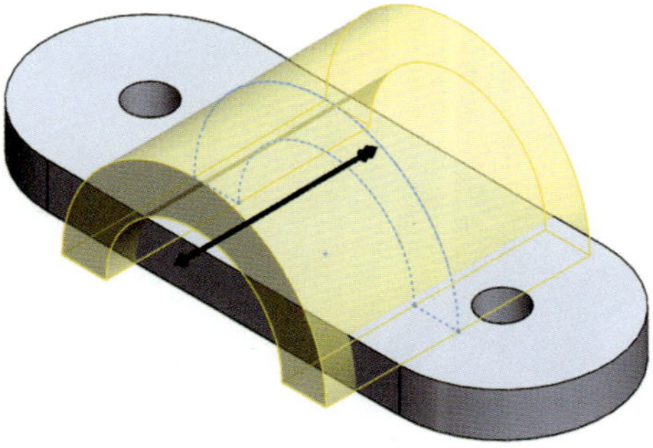

⑥ 작업평면을 지정한 후 [요소변환,]을 클릭한다. 그리고 제거할 영역에 대한 윤곽을 지정한 후 [돌출컷,]을 한다.

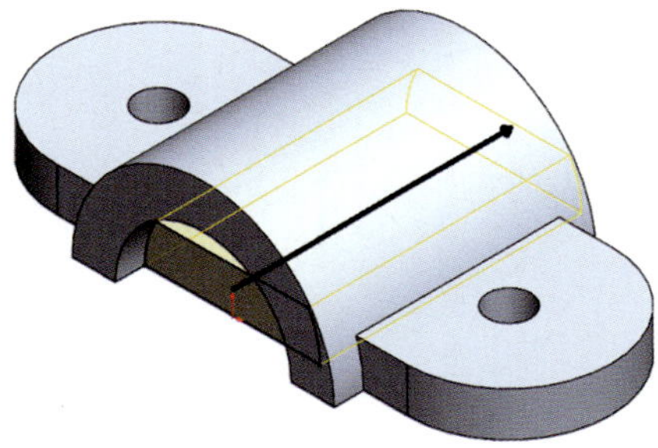

⑦ [참조형상,]에서 기준면을 클릭한 후 [제1참조 : 윗면, 평행, 제2참조 : 곡면, 탄젠트]의 조건으로 작업평면을 만든다.

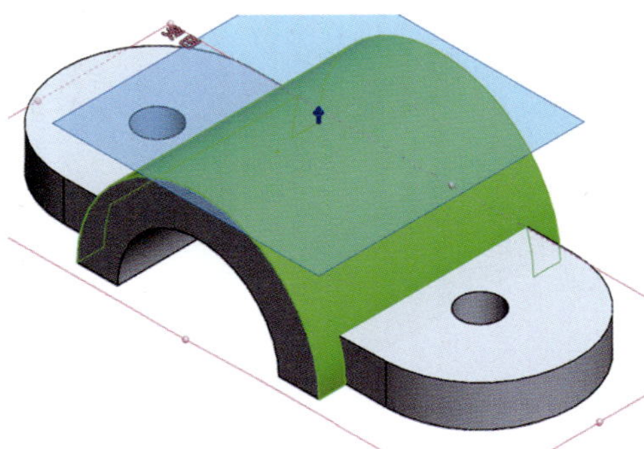

⑧ 작업평면에 원 ϕ10mm 원을 스케치한 후 [돌출컷,]으로 관통한다.

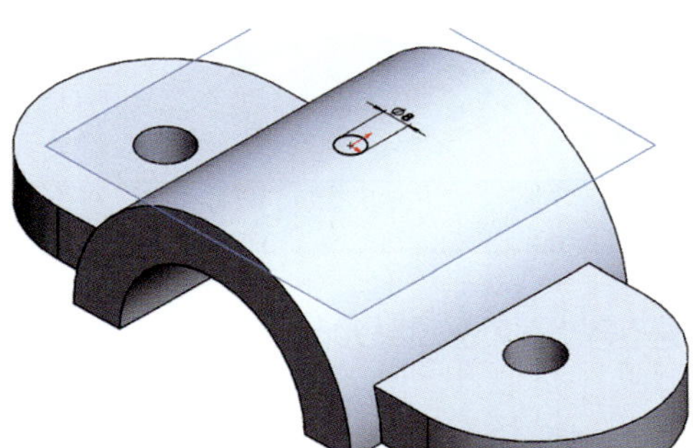

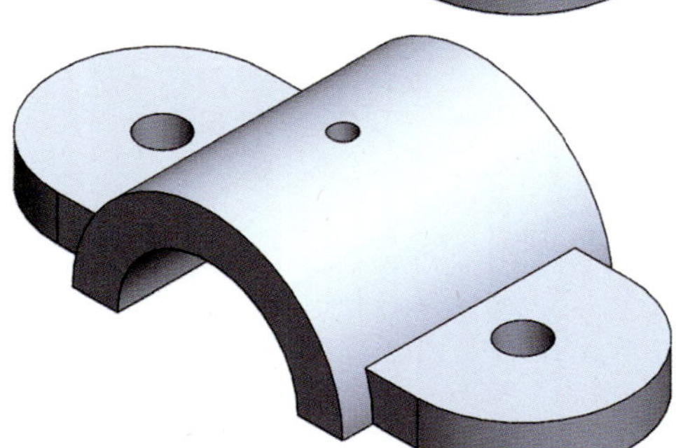

2_대칭 및 오프셋을 활용한 모델링

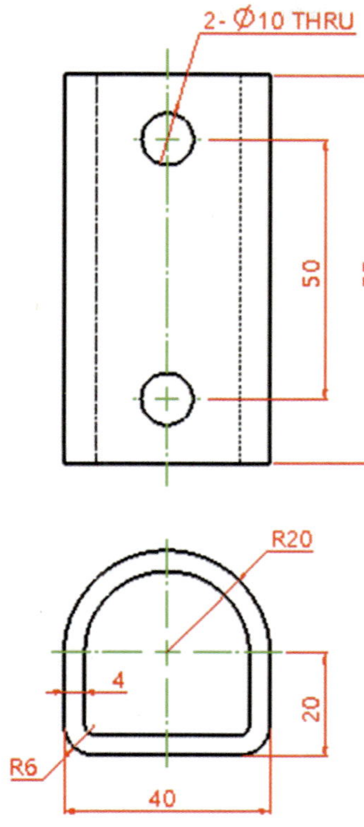

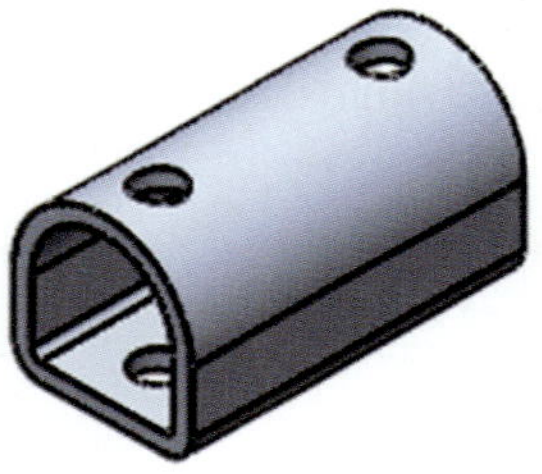

① 우측면을 작업평면으로 하고 선을 이용하여 프로파일을 생성한 후 치수 및 형상 구속을 한다.

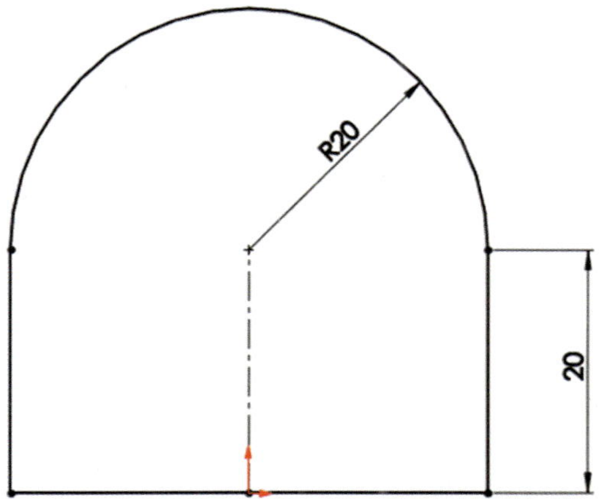

② 시작은 스케치평면, 방향은 중간평면을 기준으로 75mm 보스 돌출한다.

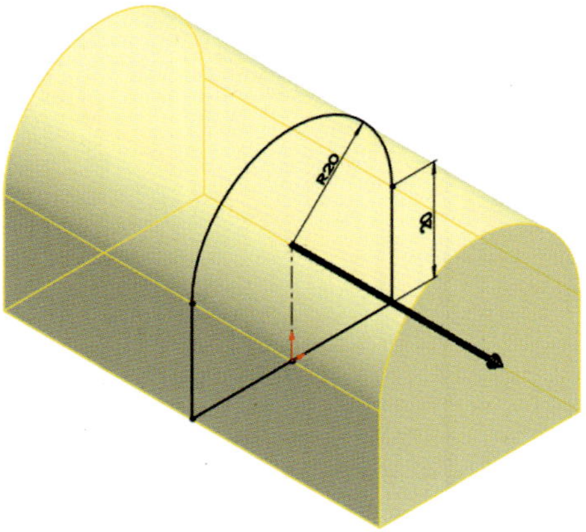

③ 밑면 모서리를 6mm 필렛 처리한 후 우측면을 작업평면으로 한다. [요소변환,]으로 윤곽 모서리를 생성하고 내측 방향으로 4mm 요소 [오프셋,]을 한다. 이때 윤곽 모서리 선은 보조선으로 변경한다.

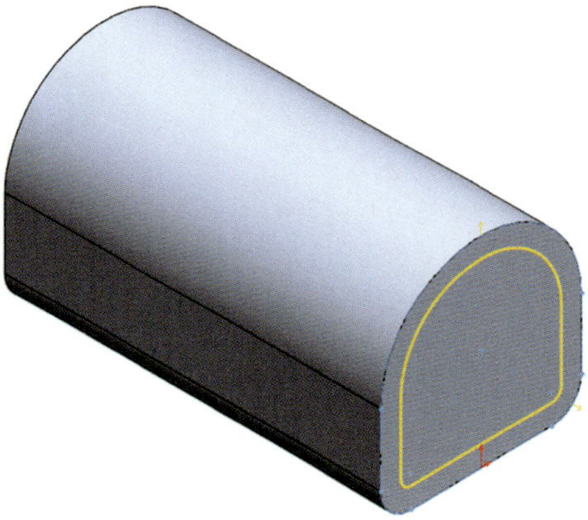

④ 스케치평면을 기준으로 [컷 돌출,]로 관통시킨다. 단, 오프셋 기능 이외에 우측면을 클릭한 후 [쉘,] 작업을 해도 된다.

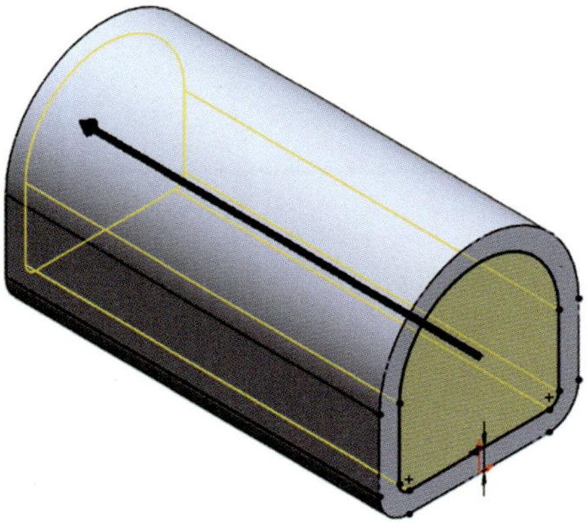

⑤ [참조형상,]에서 기준면을 클릭한 후 [제1참조 : 윗면, 평행, 제2참조 : 곡면, 탄젠트]의 조건으로 작업평면을 만든다.

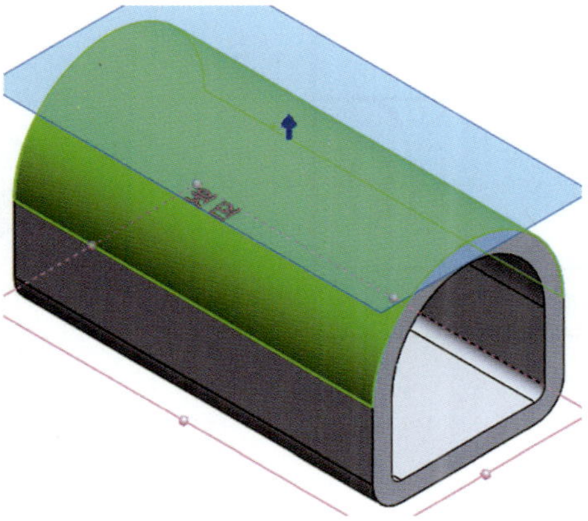

⑥ 기준면을 작업평면으로 하고 ϕ10mm 원을 스케치한다. 그리고 대칭축을 기준으로 대칭 복사를 한 후 [컷 돌출,]한다.

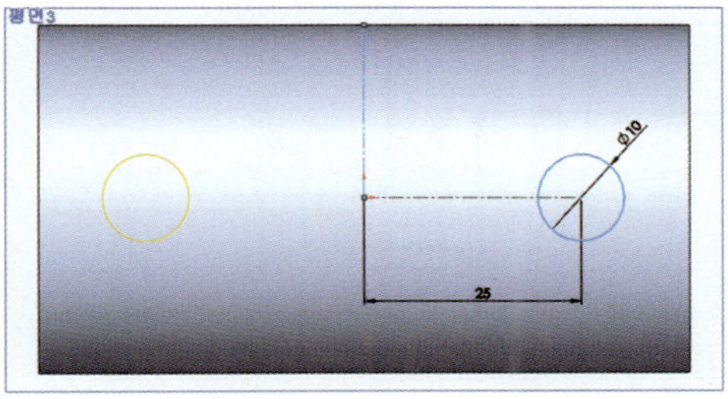

3_참조 형상을 이용한 파트 모델링

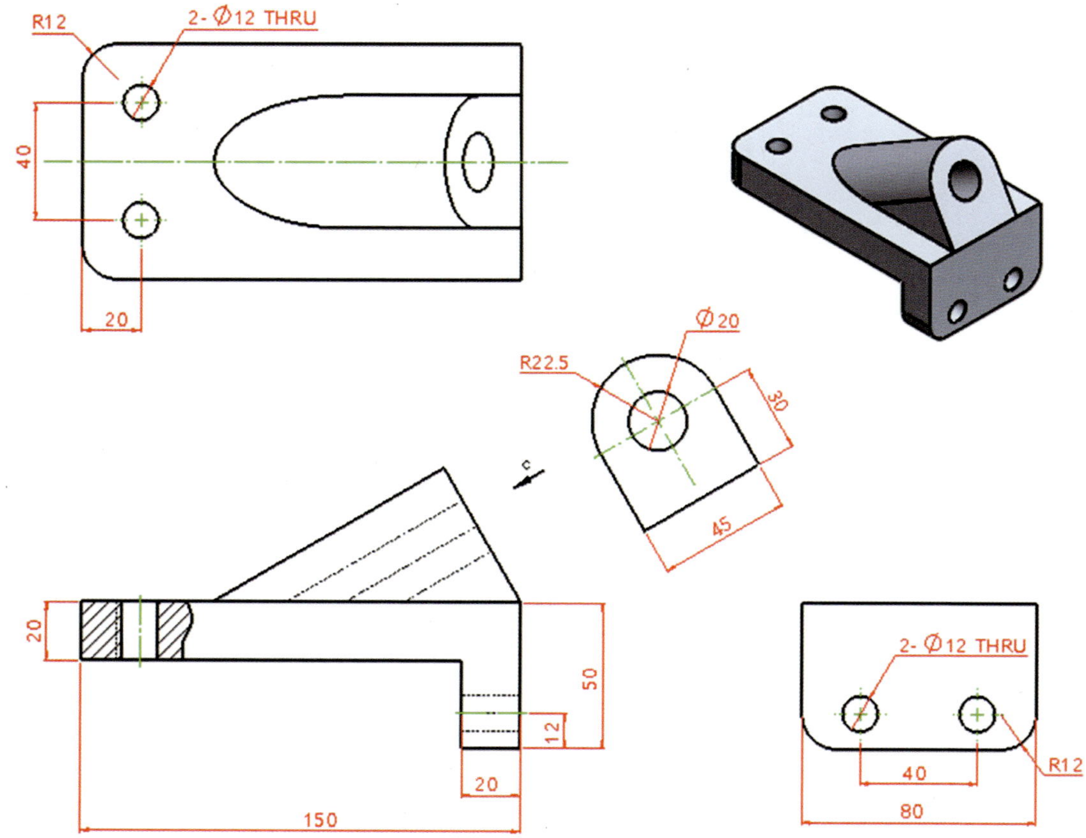

① 정면을 작업평면으로 하고 선을 이용하여 멀티 프로파일을 생성한 후 치수 및 형상 구속을 한다.

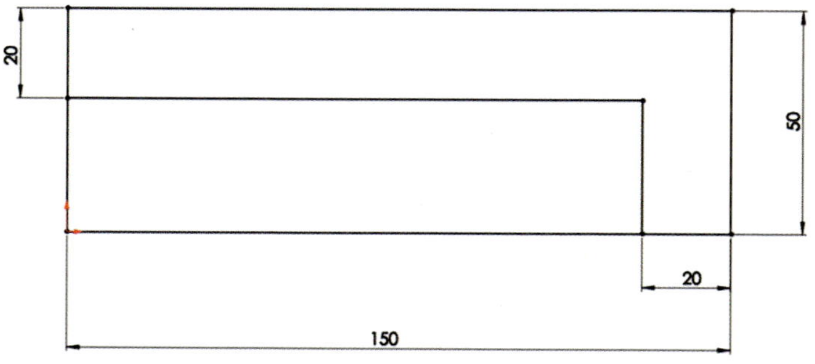

② 스케치평면을 기준으로 중간평면 80mm로 보스 돌출한다.

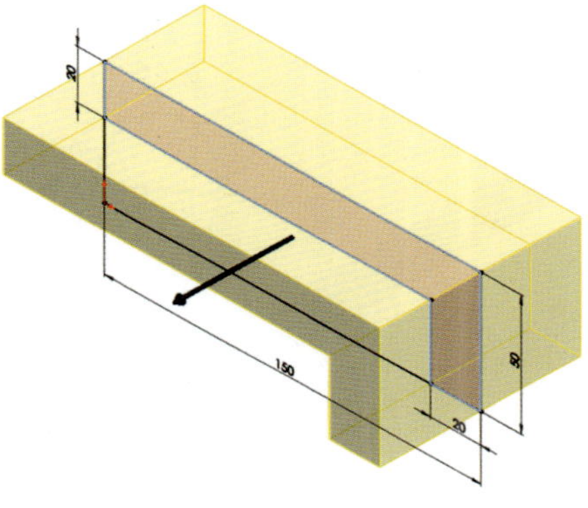

③ [참조형상, ▯]에서 기준면을 클릭한 후 [제1참조 : 모서리선, 일치, 제2참조 : 윗면, 60°]의 조건으로 작업평면을 만든다.

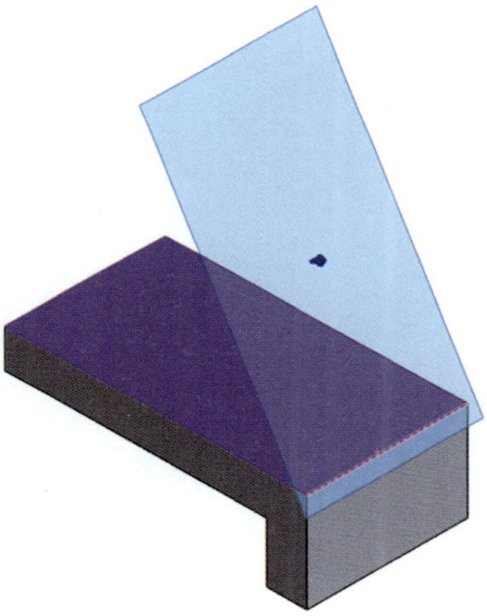

④ 작업평면을 [면에 수직으로 보기]로 하고 대칭복사를 이용하여 프로파일을 생성한 후 치수 및 형상 구속을 한다.

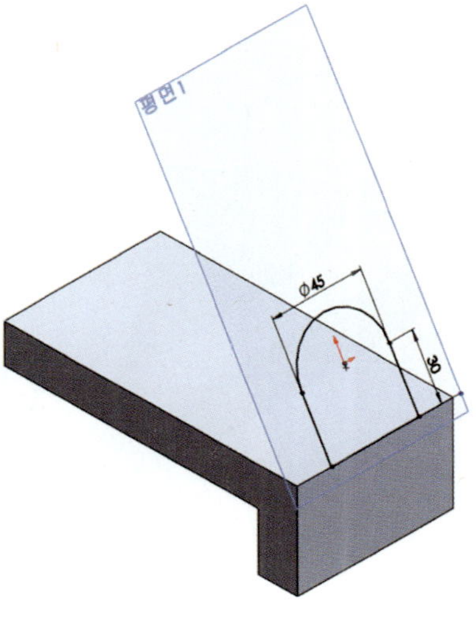

⑤ 스케치평면의 프로파일을 [다음까지] 방향으로 보스 돌출한다.

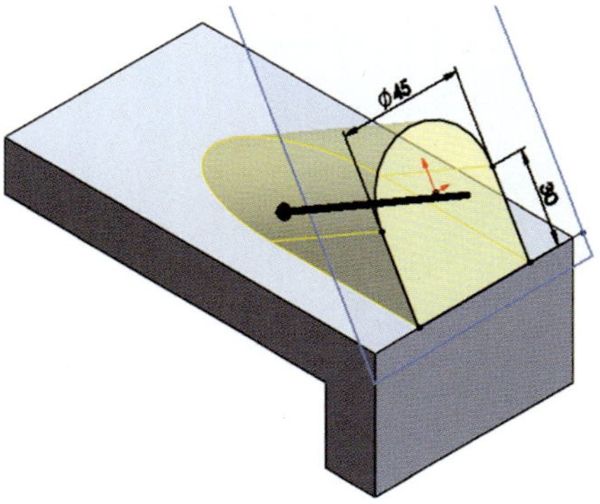

⑥ 경사면을 작업평면으로 하고 원호의 동심이 되는 중심점을 기준으로 φ20mm 원을 스케치한 후 [곡면까지] 컷 돌출을 한다.

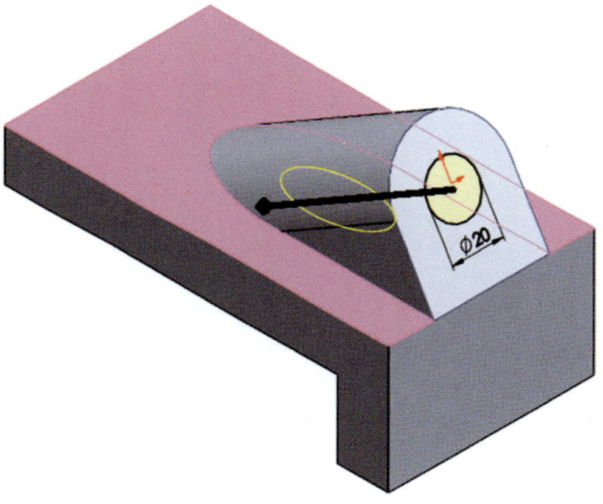

⑦ 구멍 가공 마법사를 이용하여 유형(구멍, ks 규격, 드릴 크기, φ12mm, 관통)을 설정하고 구멍 위치는 [3D 스케치]를 누르지 않은 상태에서 작업할 평면을 클릭한다. 이때 점을 비활성화한 상태에서 구멍 위치를 스케치한다.

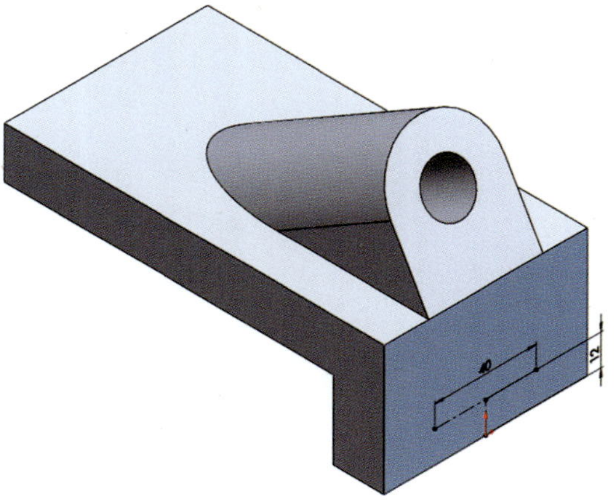

⑧ 점을 다시 클릭하여 활성화한 후 구멍 위치의 중심점을 클릭한다.

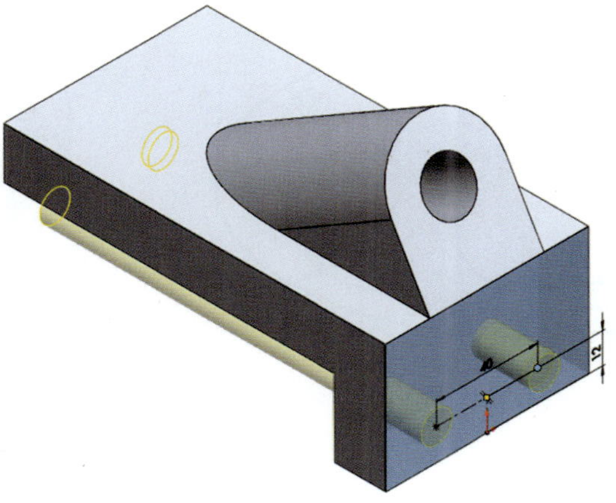

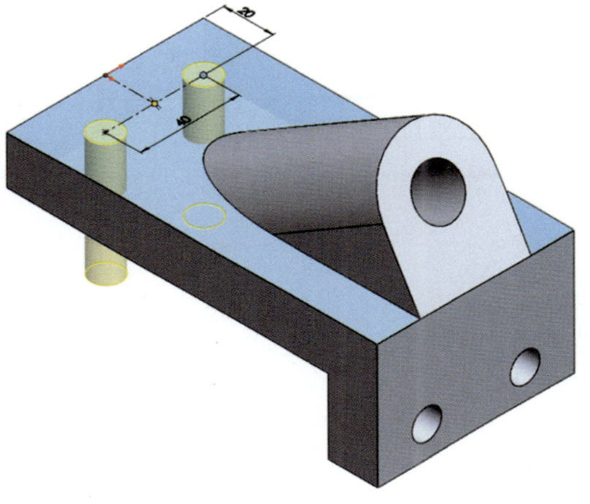

⑨ 마지막으로 4곳의 모서리 부분에 12mm 필렛 처리를 한다.

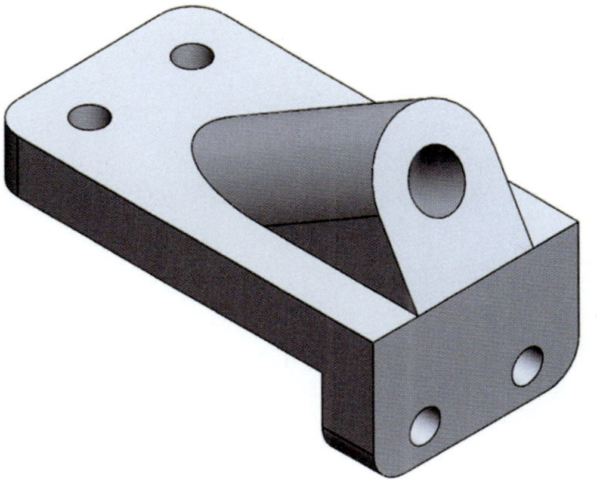

4_곡선 이용 패턴을 활용한 파트 모델링

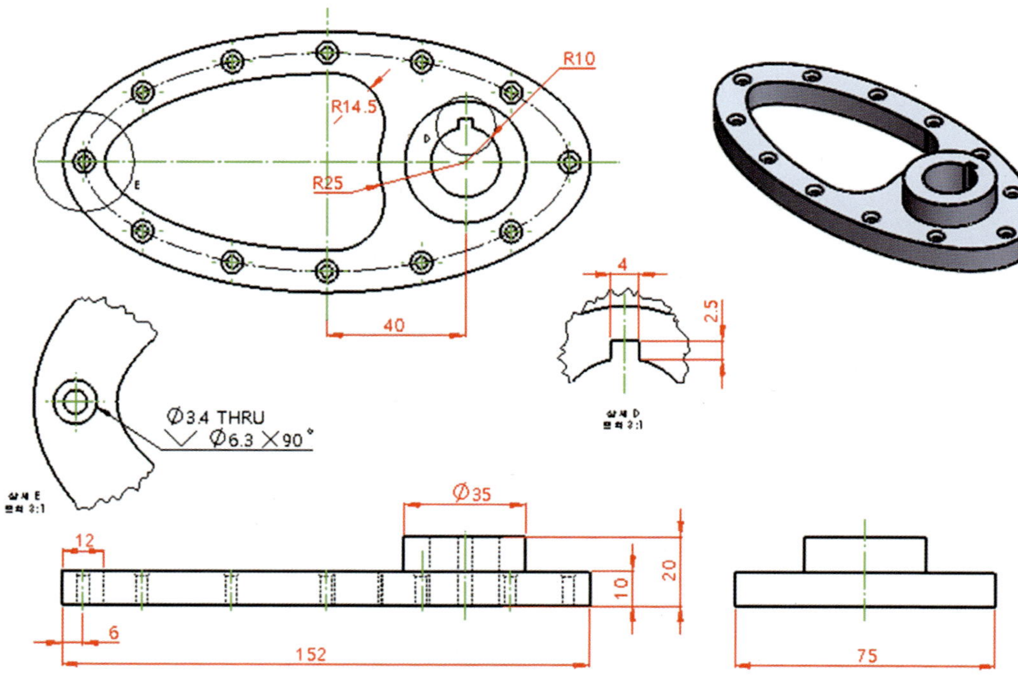

① 윗면을 작업평면으로 하고 선을 이용하여 멀티 프로파일을 생성한 후 치수 및 형상 구속을 한다.

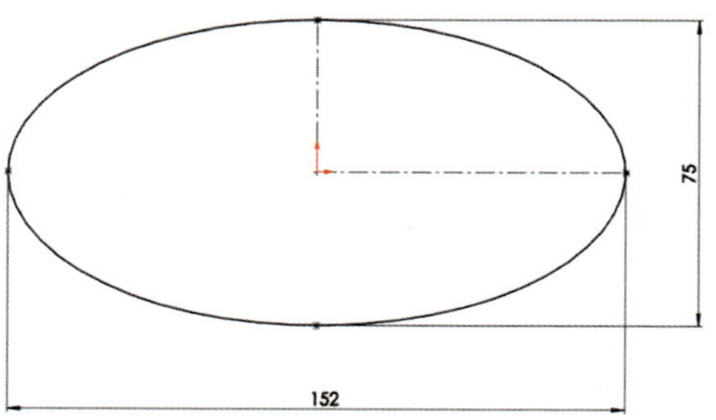

② 스케치평면을 기준으로 ϕ35mm 원을 스케치하고 Z축 방향으로 10mm로 보스 돌출한다.

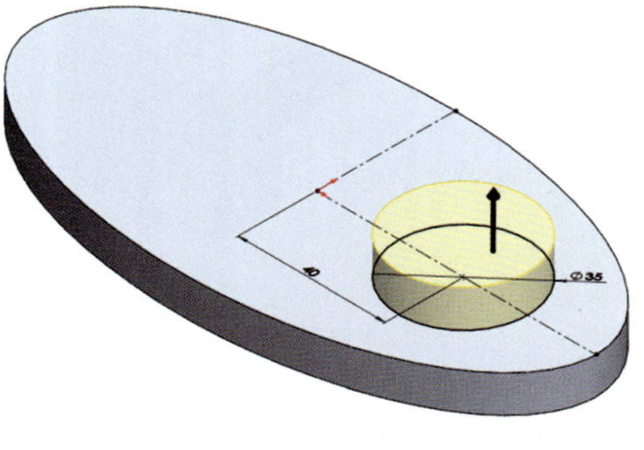

③ 돌출면을 작업평면으로 ϕ20mm 원과 키홈 부분을 프로파일로 스케치한 후 관통으로 돌출컷한다.

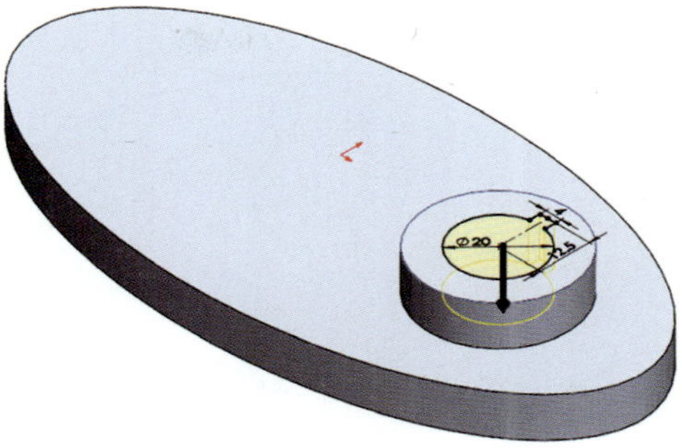

④ 작업평면을 [면에 수직으로 보기]로 하고 [요소 오프셋,]으로 프로파일을 생성한 후 치수 및 형상 구속을 한다.

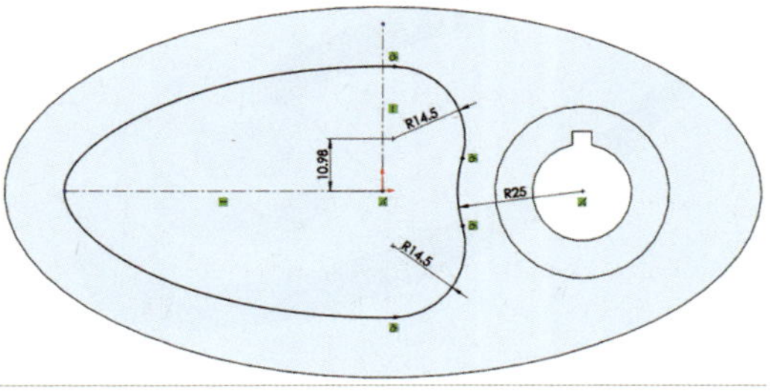

⑤ 스케치평면을 기준으로 관통으로 돌출컷한다.

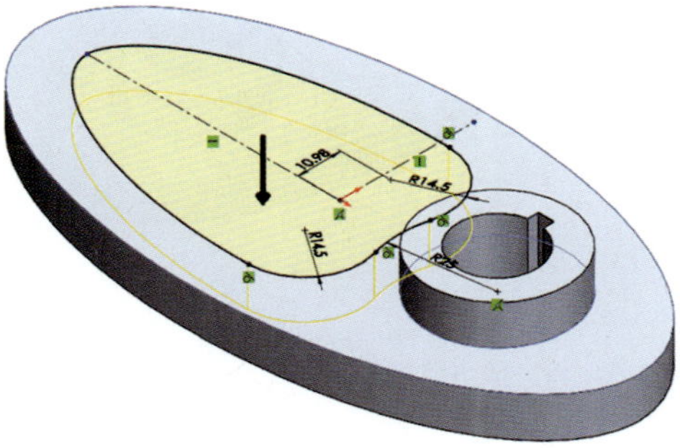

⑥ 작업평면에서 외곽선을 6mm 요소 오프셋을 한 후 구멍가공 마법사로 유형(카운터 싱크, ks 규격, +자 납작머리 작은나사, M3, 관통)을 설정하고 보조선 상의 임의 구멍 위치를 클릭한다.

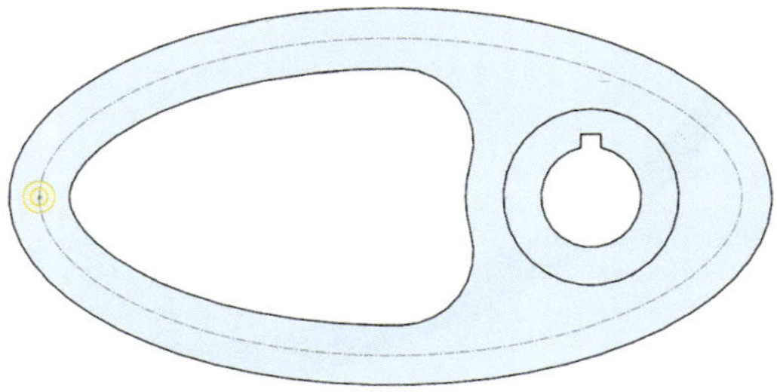

⑦ [곡선 이용 패턴,]을 동등 간격으로 M3 납작 십자머리 카운터 싱크 12개를 생성한다.

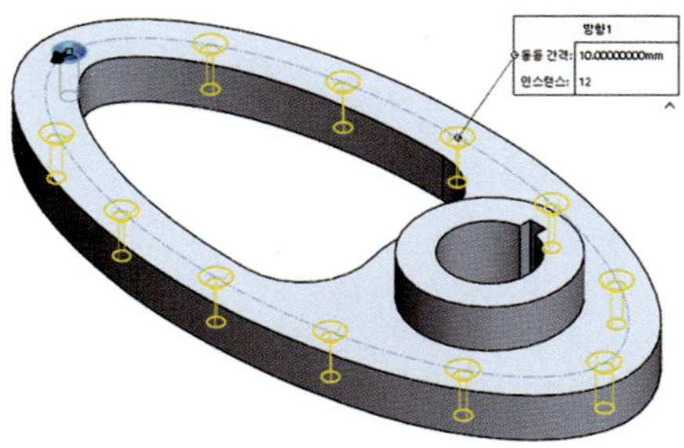

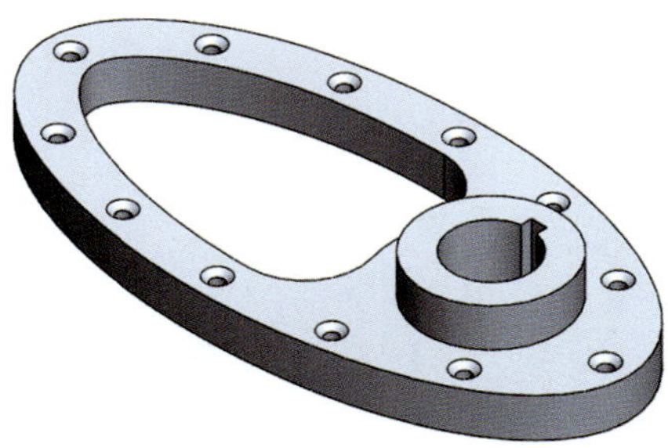

② 파트 모델링 실무

1_축

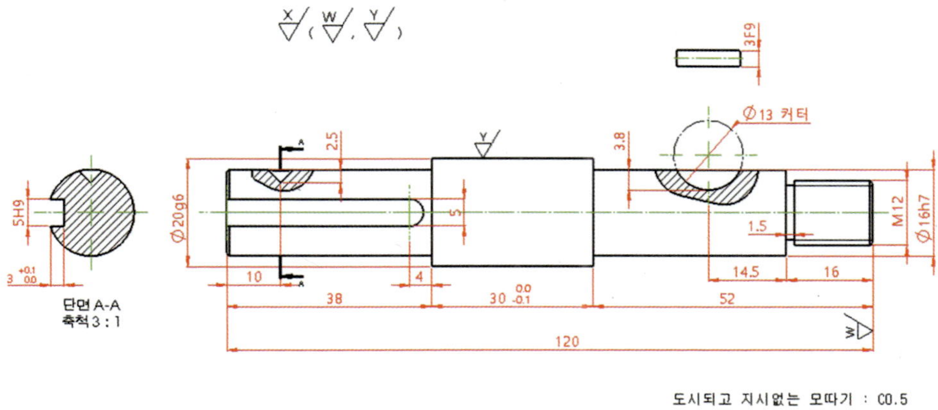

스케치 작업하기

① 정면을 작업평면으로 중심선을 작성한다.

② 스케치 요소를 이용하여 프로파일을 생성한 후 치수 및 기하학적 형상 구속으로 완전 정의를 한다.

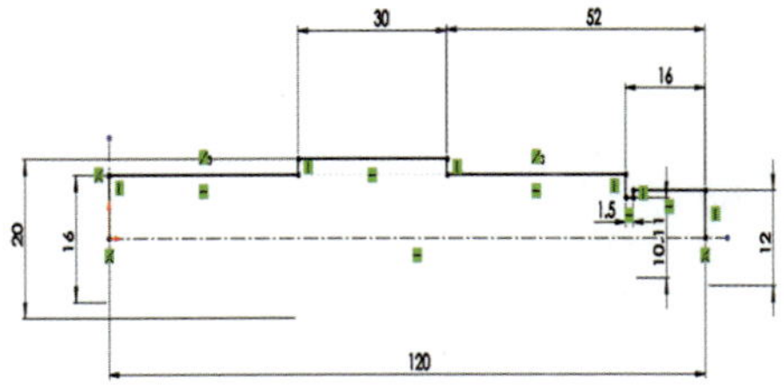

회전피처 작업하기

① X축을 회전축으로 하고 360° 회전시킨다. 이때 "스케치가 열린상태입니다. 얇지 않은 회전피처는 닫히 스케치가 필요합니다. 스케치를 자동으로 닫겠습니까?"에서 예(Y)를 클릭한다.

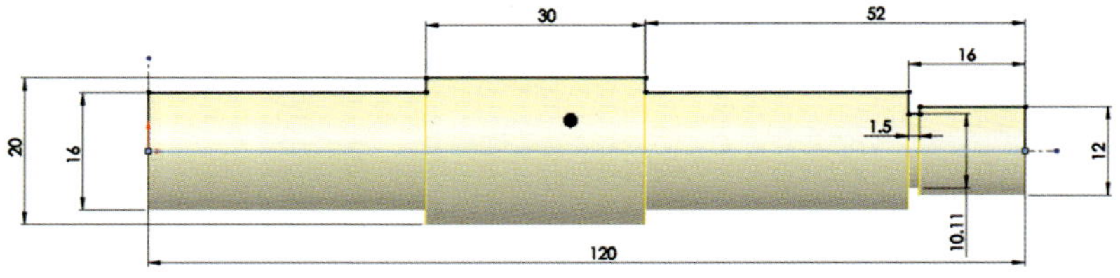

묻힘키 작업하기

① [참조형상,]에서 기준면을 클릭한 후 [1참조 : 정면, 평행, 제2참조 : 면, 탄젠트]의 조건으로 작업평면을 만든다.

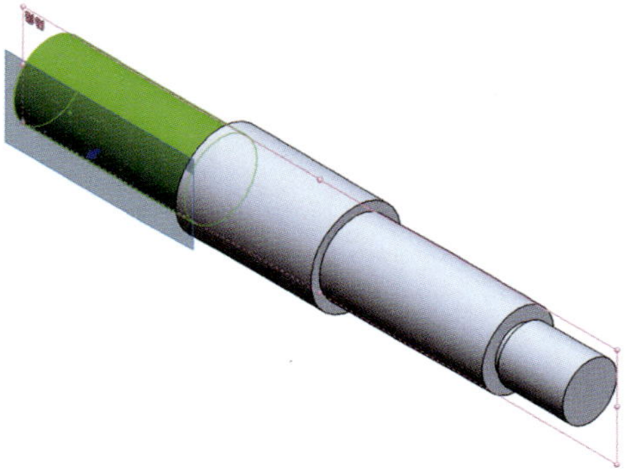

② 작업평면에 직선홈[ ]으로 프로파일을 스케치하고 치수 및 형상 구속으로 완전정으로 한 후 깊이 3mm의 묻힘키를 생성한다.

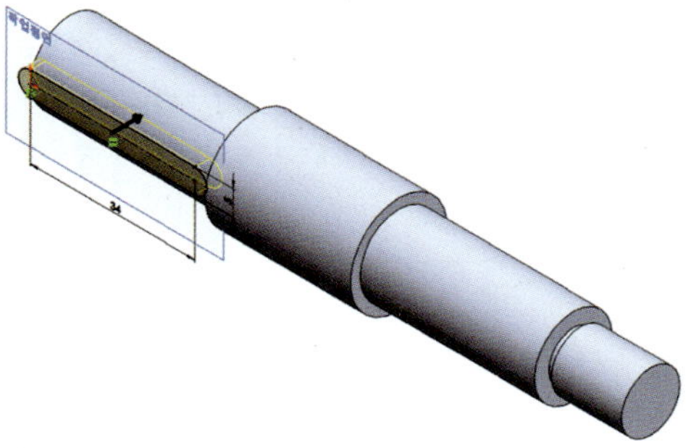

반달키 작업하기

① 정면을 작업평면으로 원을 그리고 치수기입을 한다. 그리고 스케치평면을 기준으로 중간평면 3mm로 돌출컷[ ] 을 한다.

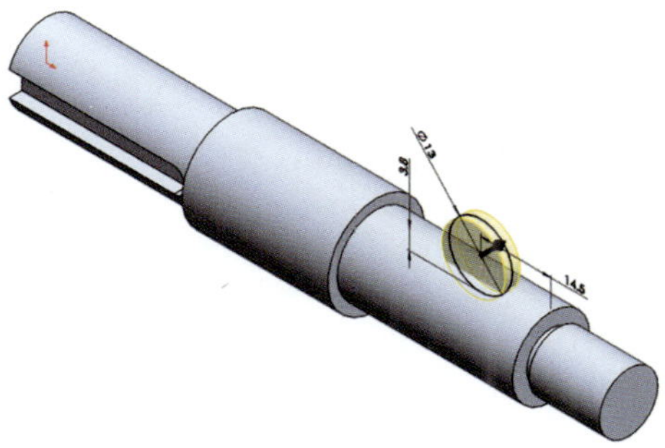

세트스크루 작업하기

① 정면을 작업평면으로 스케치를 하고 회전축을 기준으로 회전컷[ ]을 한다.

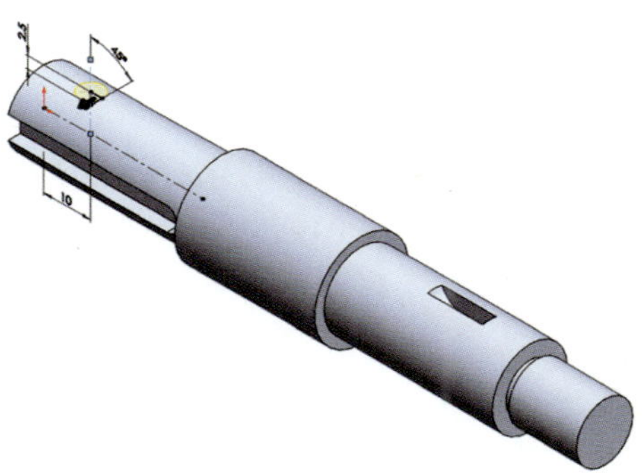

나사 및 모따기 작업하기

① 축 모서리 부분을 0.5mm 모따기를 하고 [나사산 표시( )]를 클릭한 후 나사산 표시 설정[모서리선 선택, 표준규격 : KS 규격, 유형 : 기계 나사산, 크기 : $M12$, 다음 면까지]을 한다.

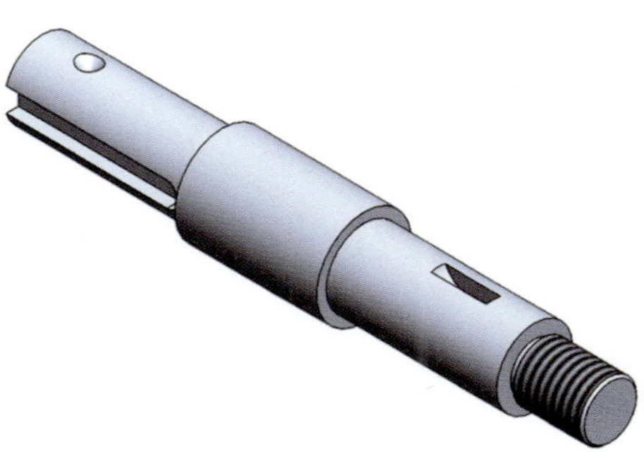

- [음영 나사산]만 표시하고자 하면 다음과 같이 주석 속성에서 [나사산 표시]를 체크하지 않는다.

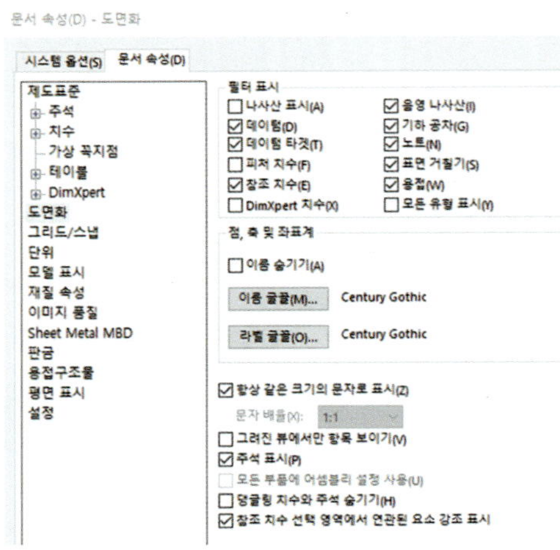

- 3D 설계에서 나사산 설계는 설계시간 단축을 위하여 주로 [음영 나사산]을 사용한다.

나사산 표시 활용하기

옵션( ) → [사용자 정의] → [명령] → [주석] → [나사산 표시( )]를 드래그하여 [커맨드 매니저]에 이동시킨다.

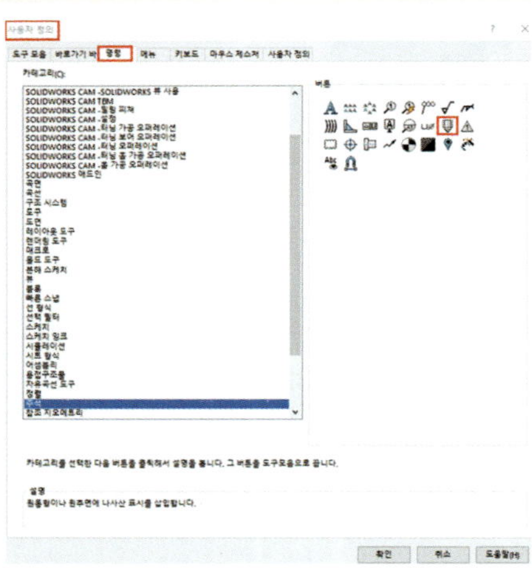

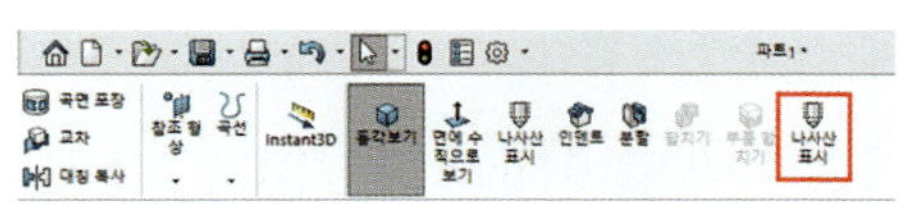

원통면 상에 구멍가공마법사 활용하기

① 정면에 스케치를 작성한 후 치수 및 형상구속을 하여 완전 정의를 하고 회전 보스/베이스로 피처를 생성한다.

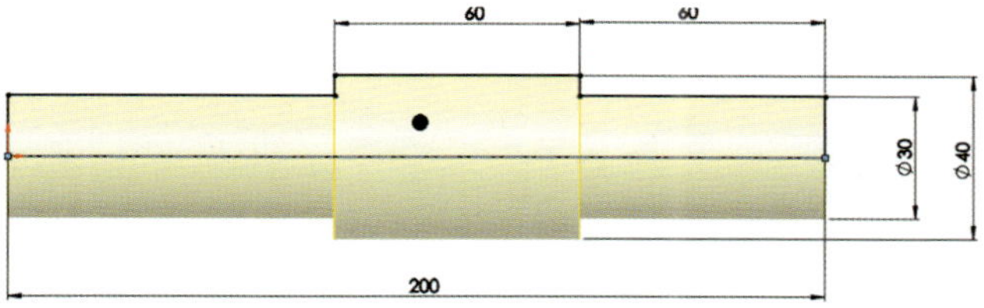

② 우측 평면으로부터 20mm 위치에 기준면을 만들고 이를 작업평면으로 교선[ ]을 클릭한다. 이때 원통면에 생성된 교선을 보조선으로 만든 후 보조선 상의 두 점을 생성한다.

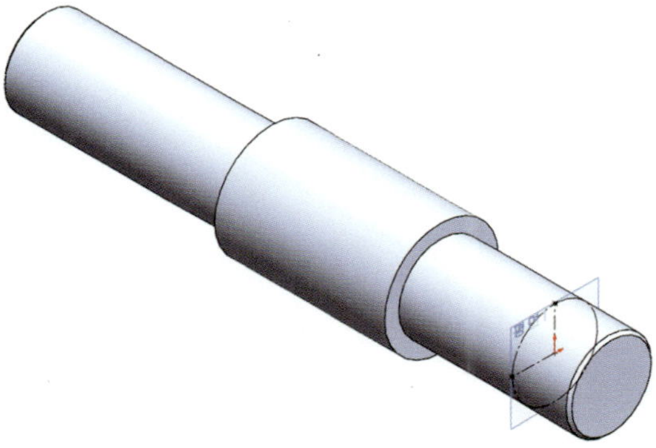

③ 구멍 가공 마법사를 이용하여 유형(구멍, ks 규격, 드릴 크기, ϕ5mm, 블라인드 형태 10mm)을 설정한다. 구멍 위치는 [3D 스케치]를 누르고 원통면의 임의 위치에 점을 생성한 후 점을 비활성화하고, 기준면 상의 점과 원통면의 임의 위치에 생성한 점을 클릭하고 일치 조건을 부여한다.

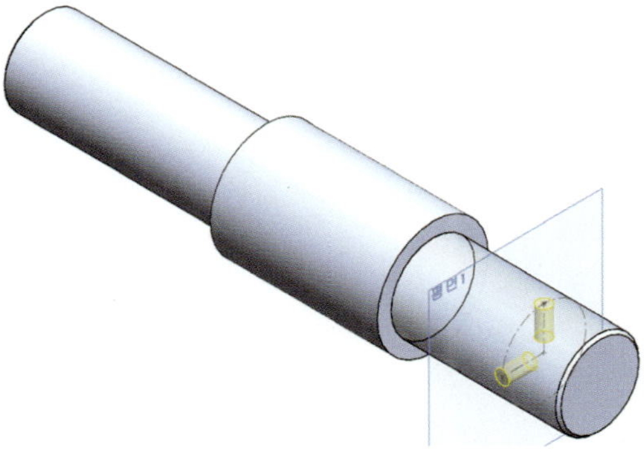

④ 구멍 가공 마법사를 이용하여 유형(ks 규격, 탭구멍, M6, 블라인 형태 10mm)을 설정한다. 구멍 위치는 [3D 스케치]를 누르고 원통면의 임의 위치에 점을 생성한 후 점을 비활성화하고 기준면 상의 점과 원통면의 임의 위치에 생성한 점을 클릭하고 일치 조건을 부여한다.

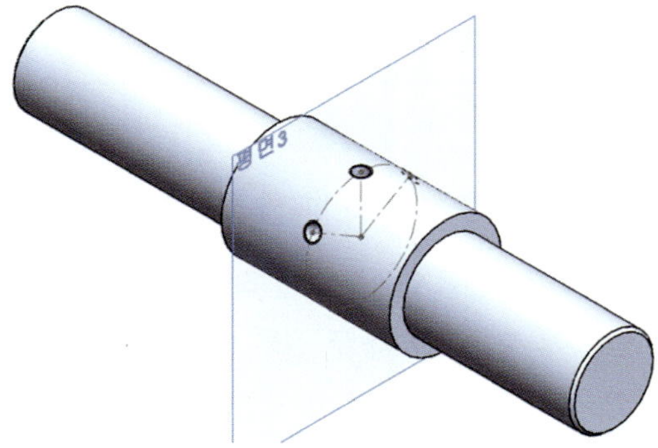

2_V 벨트 풀리

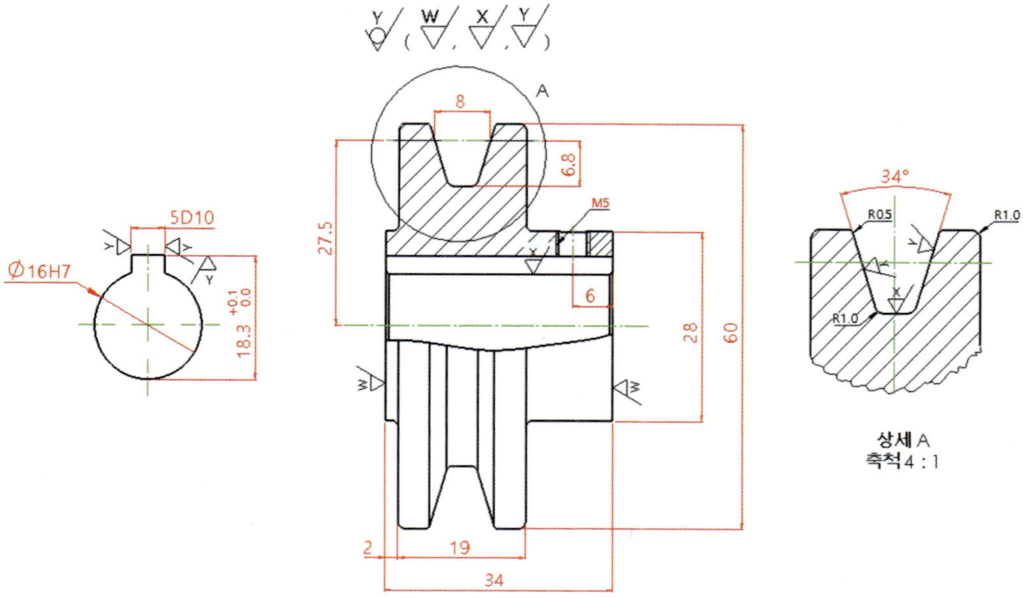

스케치 작업하기

① 정면을 작업평면으로 중심선을 작성한다.

② 스케치 요소를 이용하여 프로파일을 생성한 후 치수 및 기하학적 형상 구속으로 완전 정의를 한다.

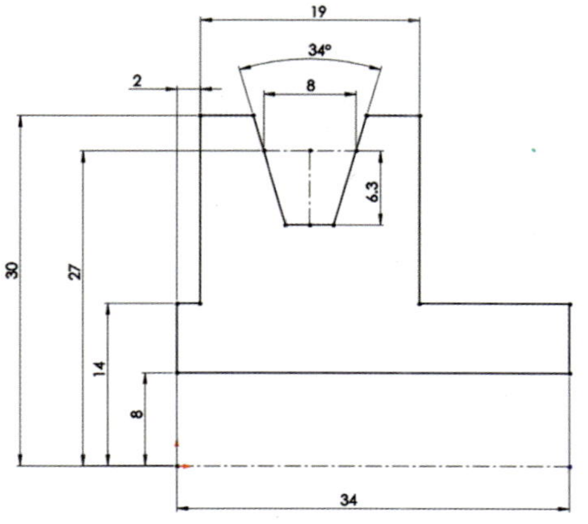

회전피처 작업하기

① X축을 회전축으로 360° 회전시킨다.

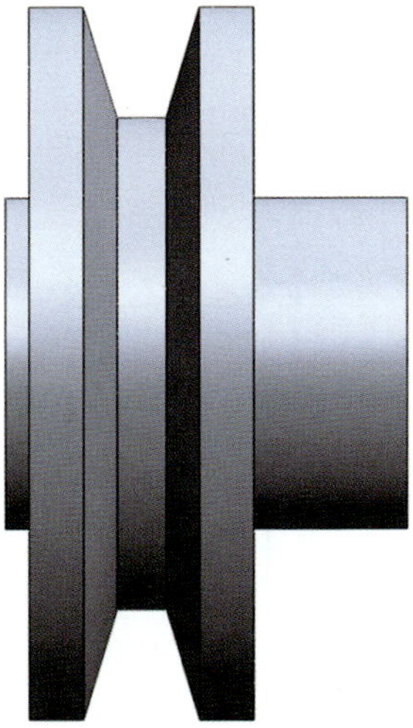

키 홈 작업하기

① 우측면을 작업평면으로 하고 중심선을 작성한다. 그리고 키홈 부의 스케치를 작성하고 치수 및 형상 구속으로 완전 정의를 한 후 돌출컷으로 관통시킨다.

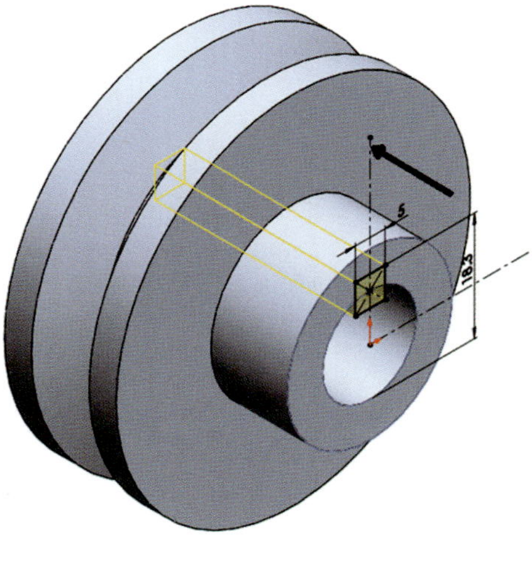

탭 구멍 작업하기

① [참조 형상,]에서 기준면을 클릭한 후 [제1참조 : 윗면, 평행, 제2참조 : 면, 탄젠트]의 조건으로 작업평면을 만든다.

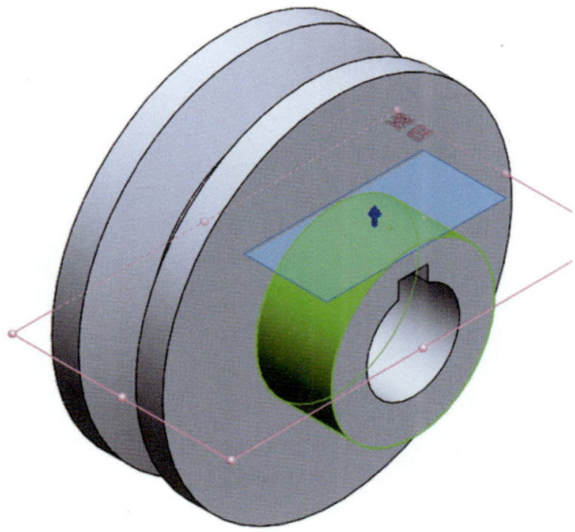

② 작업평면 상에서 구멍 위치에 대한 점을 생성한다. 그리고 구멍 가공 마법사를 이용하여 유형(ks 규격, 탭구멍, M5, 블라인드 형태 : 다음까지)을 설정한다. 그리고 [3D 스케치]를 누르고 원통면의 임의 위치에 점을 생성한 후 점을 비활성화하고, 기준면 상의 점과 원통면의 임의 위치에 생성한 점을 클릭하고 일치 조건을 부여한다.

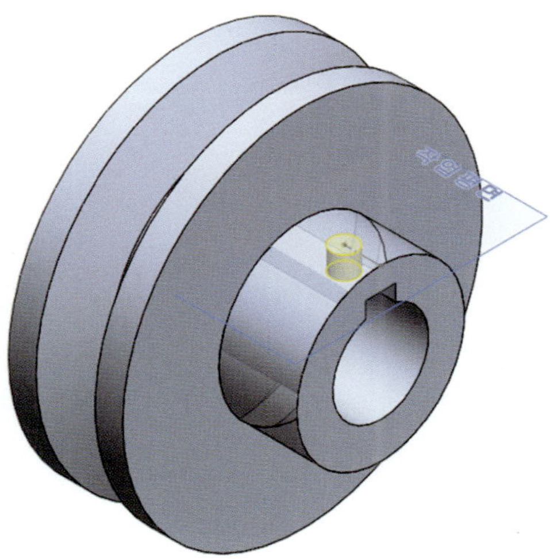

필렛 및 면취 작업하기

① M형 V 벨트 풀리의 키홈 부분의 모양 및 치수는 KS B 1400 규격에 의거하여 필렛은 0.5 ~ 1mm, 면취는 0.5mm로 치수를 기입한다.

3_스퍼 기어

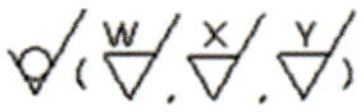

스퍼기어		
기어치형		표준
공구	치형	보통이
	모듈	2
	압력각	20°
잇수		38
피치원		76
이끝원		80

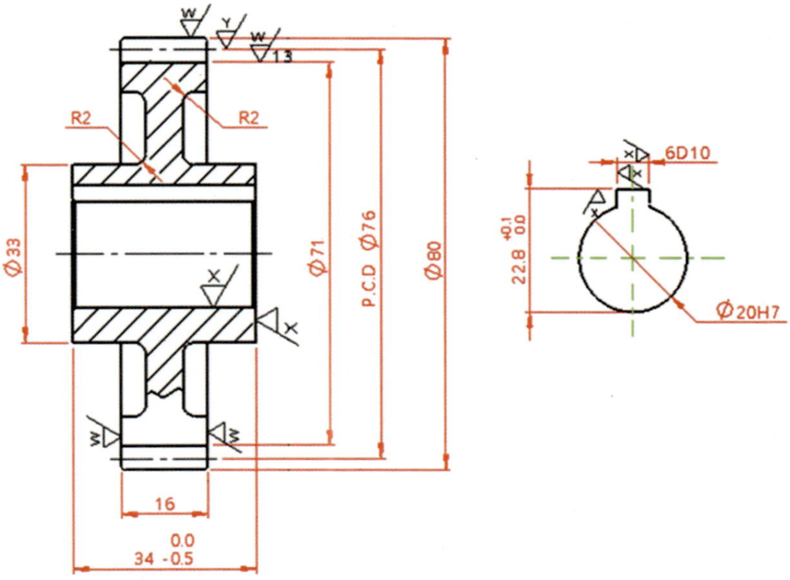

스케치 작업하기

① 정면을 작업평면으로 중심선을 작성한다.

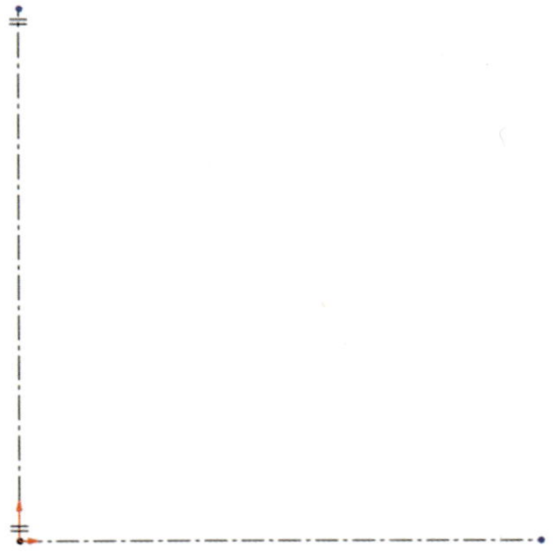

② 동적 대칭복사[ ]와 스케치 요소를 이용하여 프로파일을 생성한 후 치수 및 기하학적 형상 구속으로 완전 정의를 한다.

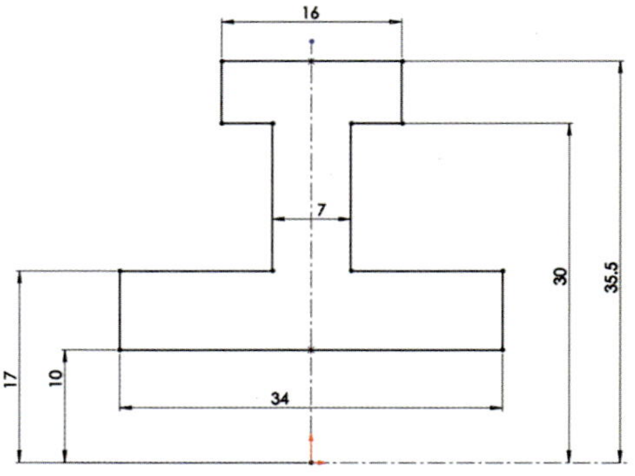

회전 피처 작업하기

① X축을 회전축으로 360° 회전시킨다.

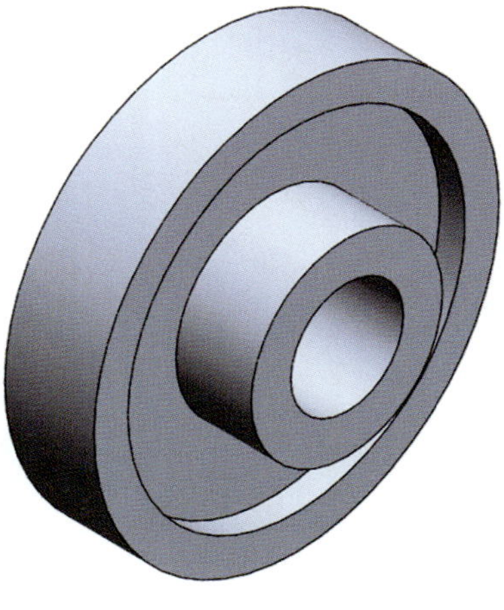

기어 이 작업하기

① 우측면을 작업평면으로 이뿌리원, 피치원과 이끝원을 스케치한 후 치수기입을 하여 완전 정의를 한다. 이때 이뿌리 원은 요소 변환[ ]을 이용한다.

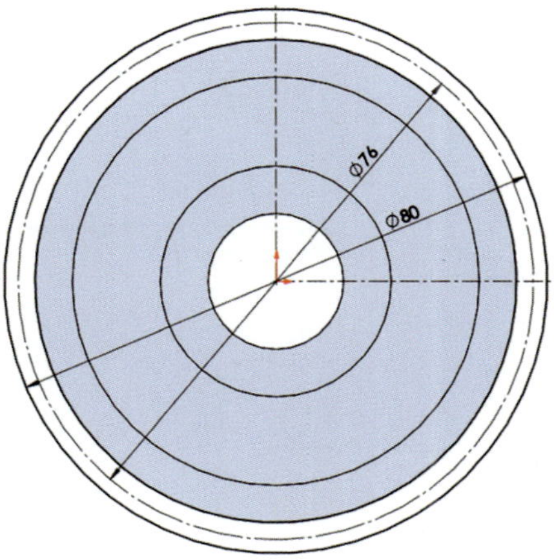

스퍼기어 치형에 대한 설계 계산식

기어 요목표에서 주어진 모듈과 잇수를 이용하여 피치원 지름, 이끝원 지름 등을 계산할 수 있다.

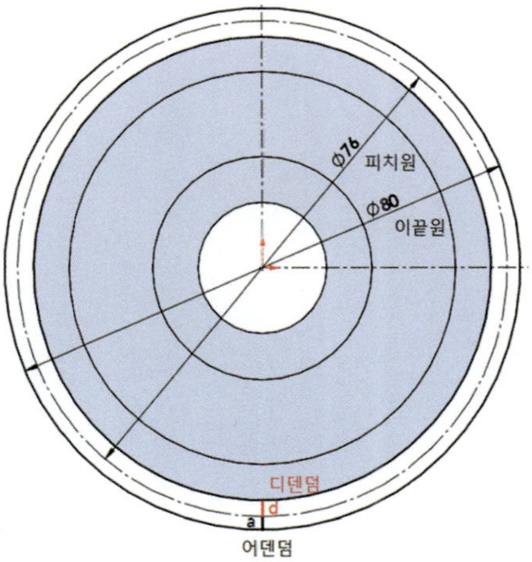

- 기어 모듈(m) : $D = m \cdot Z,\ m = \dfrac{D}{Z}$($D$: 피치원 지름, Z : 기어 잇수)
  - a(어덴덤)$= m$, d(디덴덤)$= 1.25 \cdot a = 1.25 \cdot m$
  - h(전체 이높이)$= a + d = m + 1.25 \cdot m = 2.25 \cdot m$
- 이뿌리원 지름(D_1) : $D_1 = D_2 - 2h = D_2 - 2 \cdot (2.25 \cdot m)$, $m = 2$, $D_1 = D_2 - 9 = 71$mm

② 3개의 수직 보조선을 스케치하고 치수를 기입한 후 이뿌리원, 피치원, 이끝원과 만나는 3개의 교점을 지나는 3점 호[ ]를 그린다.

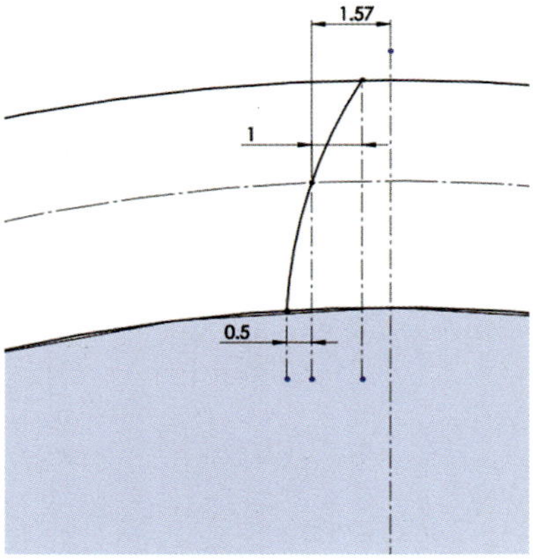

스퍼기어 치형 계산식 이해

기어 이의 폭$(b) = \frac{\pi \cdot m}{2} = \frac{3.14 \cdot 2}{2} = 3.14,\ \frac{m}{2} = 1,\ \frac{m}{4} = 0.5$

③ Y축을 기준으로 스케치 요소를 대칭 복사[ ]를 하고 요소 잘라내기[ ]를 이용하여 필요하지 않은 요소를 잘라낸 후 곡면까지 돌출한다.

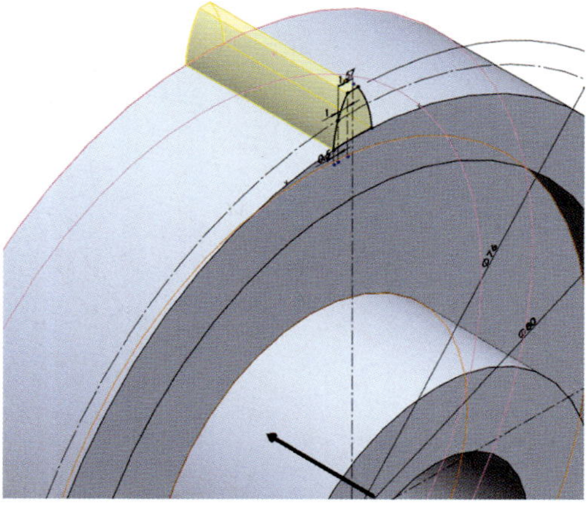

④ 원형 패턴[ ]을 이용하여 중심축 기준으로 38개의 동등 간격의 기어 이를 생성한다.

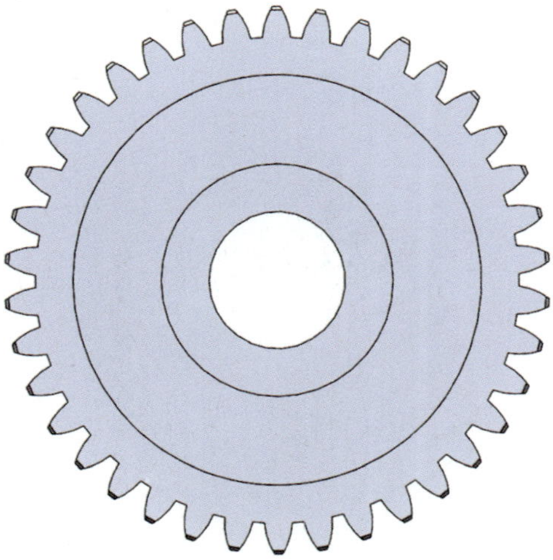

키 홈 작업하기

① 우측면을 작업평면으로 하고 [면에 수직으로 보기[ ]를 한 후 중심선을 그린다. 그리고 키홈 부의 스케치를 작성하고 치수 및 형상 구속으로 완전 정의를 한 후 돌출컷으로 관통시킨다.

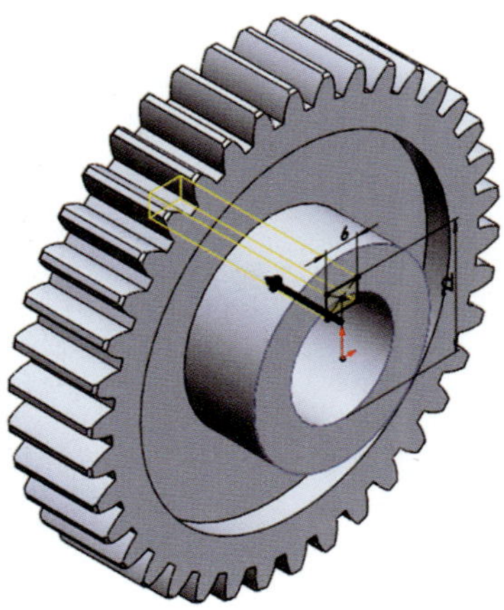

필렛 및 면취 작업하기

① 키홈 부분의 치수는 KS B 1400 규격에 의거하여 필렛은 2mm, 면취는 0.5mm로 치수를 기입한다.

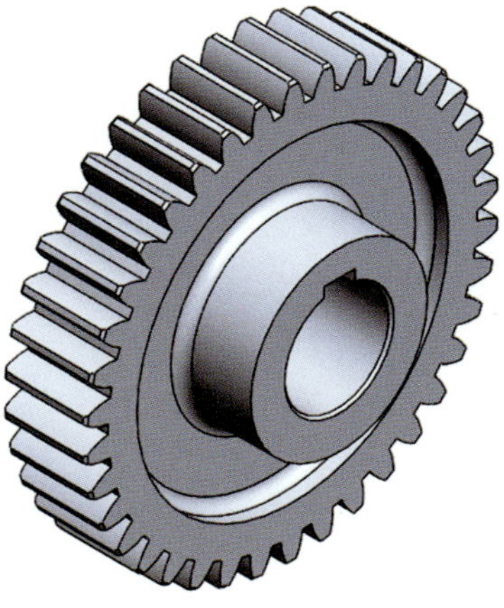

4_헬리컬 기어

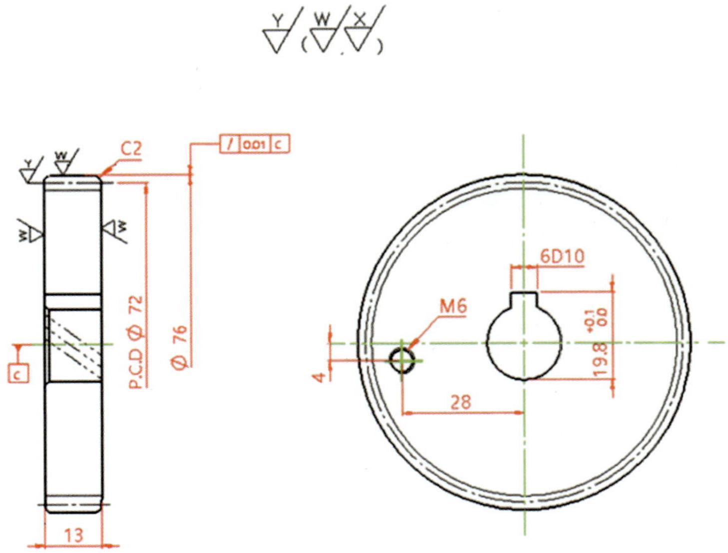

헬리컬 기어		
치형기준단면		치직각
공구	치형	표준
	모듈	2
	압력각	20°
피치원		72.5
이끝원		76.6
잇수		35
비틀림각		15°
방향		우
완성가공		호브

스케치 작업하기

① 정면을 작업평면으로 중심점에서 ϕ76.6mm 원[ ]인 프로파일을 스케치하고 치수구속을 부여하여 완전정의를 한다.

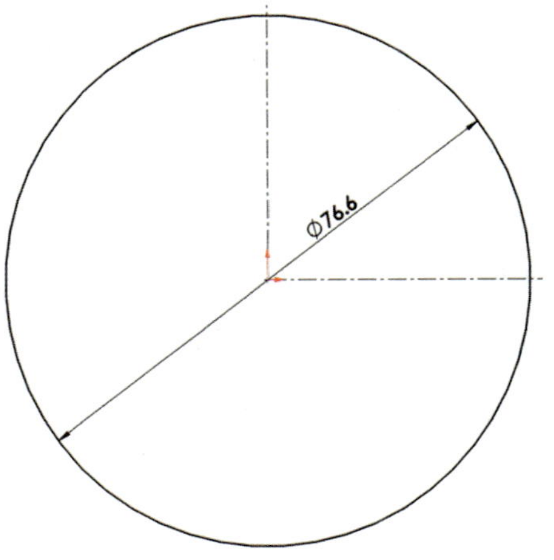

② 스케치평면을 기준으로 프로파일을 생성한 후 중간평면 13mm로 보스 돌출[ ]을 한다.

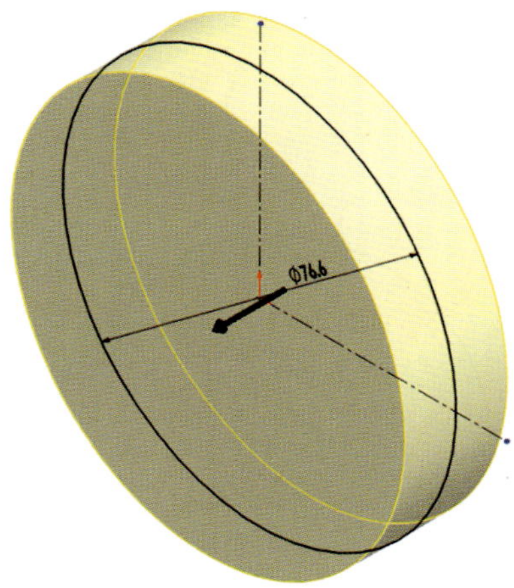

헬리컬 치형 작업하기

① 정면을 작업평면으로 요소변환[ ]을 이용하여 원을 그린 후 0° 사분점을 시작점으로 나선형 곡선[, 높이와 회전, 일정 피치, 시계방향]을 생성한다. 이때, 회전은 요목표 상의 비틀림각 15°(15/360° = 0.00417)를 적용한다.

② 모서리에 면취를 한 후 정면을 작업평면으로 기어 요목표를 참조하여 이끝원, 피치원, 이뿌리원을 스케치하고 치수기입을 하여 완전 정의를 한다.

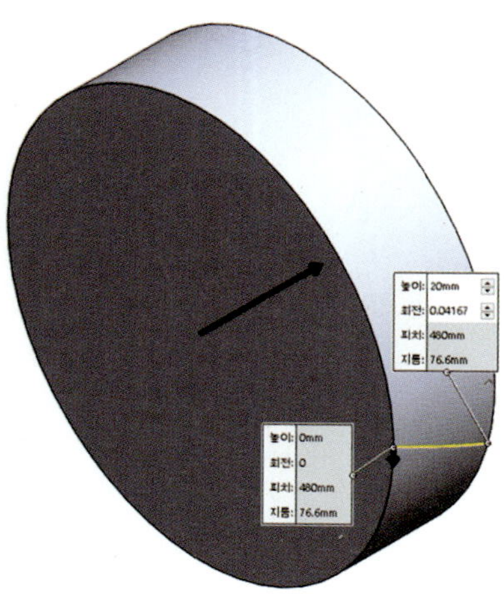

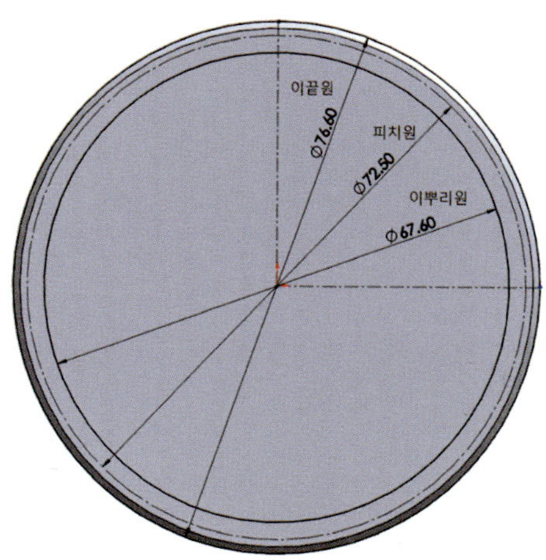

③ 3개의 수평 보조선을 스케치하고 치수를 기입한 후 이뿌리원, 피치원, 이끝원과 만나는 3개의 교점을 지나는 3점 호[ ]를 그린다.

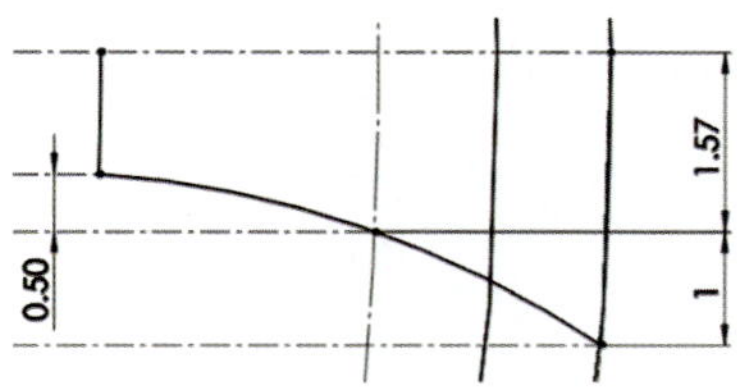

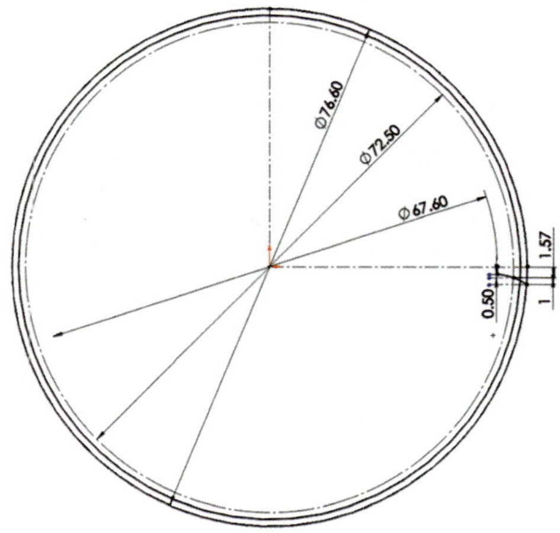

헬리컬 기어 치형 계산식 이해

기어 이의 폭$(b) = \dfrac{\pi \times m}{2} = \dfrac{3.14 \times 2}{2} = 3.14$, $\dfrac{m}{2} = 1$, $\dfrac{m}{4} = 0.5$

④ 요소 잘라내기[ ]로 불필요한 요소를 잘라내고 X축을 기준으로 요소 대칭 복사[ ]를 한다.

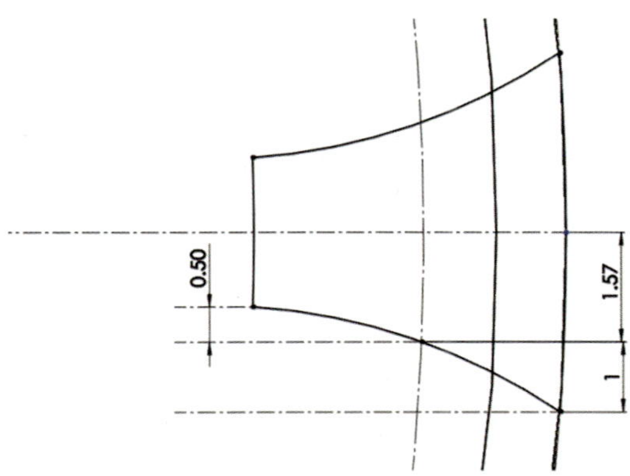

⑤ 헬리컬 기어 치형 형상을 나타내는 스케치 프로파일이 나선형 곡선을 따라 스윕 컷 [ ]을 하도록 한다.

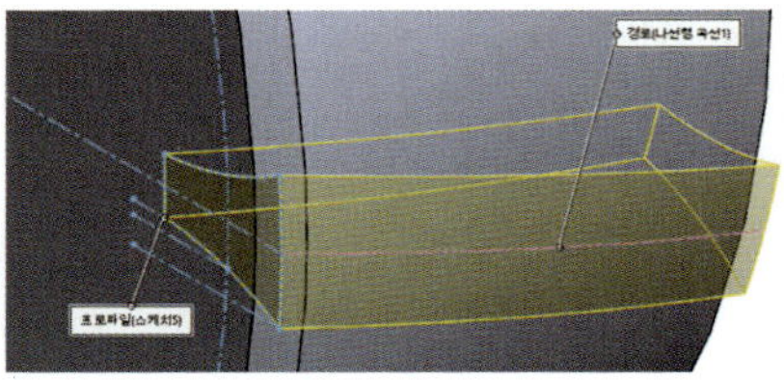

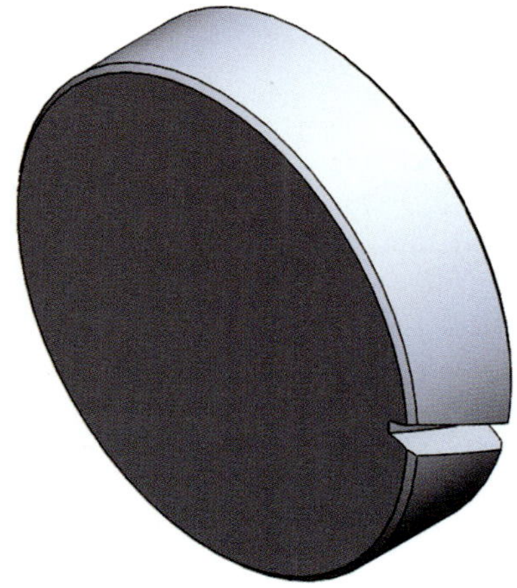

⑥ 원형 패턴[ ]을 이용하여 중심축 기준으로 35개의 동등 간격의 기어 이를 생성한다.

헬리컬 치형에 대한 설계 계산식 이해

조립도에 주어진 호칭번호와 잇수를 이용하여 피치원 지름, 이끝원 지름 등을 계산할 수 있다. 치형 부분의 치수는 설계 규격집을 이용한다.

- 전체 이높이(h) : $h = a + d = a + 1.25a = 2.25 \times a = 2.25 \times m$ (단, a : 어덴덤(mm), m : 모듈)
- 이끝원 지름(D_o) : D_o=피치원 지름$(P.C.D) + 2m$
- 피치원 지름(D_p) : D_p=모듈×잇수$= m \times Z$
- 이뿌리원 지름(D_r) : D_r=이끝원 지름$- 2 \times$전체 이높이$= D_o - 2h$

키홈 작업하기

① 우측면을 작업평면으로 하고 면에 수직으로 보기[ ]로 한 후 중심선을 작성한다. 그리고 키홈 부의 스케치를 작성하고 치수 및 형상 구속으로 완전 정의를 한 후 돌출컷으로 관통시킨다.

모따기 작업하기

① 키홈 부분의 치수는 KS B 1400 규격에 의거하여 모따기는 0.5mm로 치수를 기입한다.

5_스프라켓

체인,스프라켓 요목표		
체인	호칭	40
	원주피치	12.7
	롤러 바깥지름	7.94
스프라켓	잇수	13
	치형	U type
	피치원지름	53.07

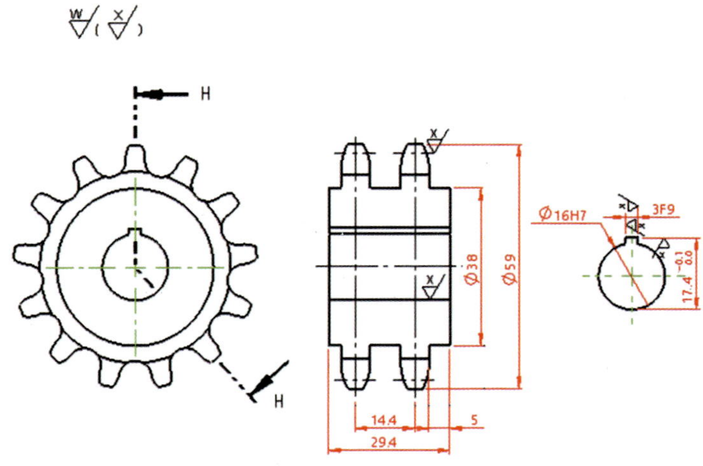

단면 H-H

스케치 작업하기

① 정면을 작업평면으로 수평선 및 단일 스프라켓 치형 중심과 요소 대칭을 위한 두 개의 수직선을 중심선으로 스케치를 하고 치수기입을 한다.

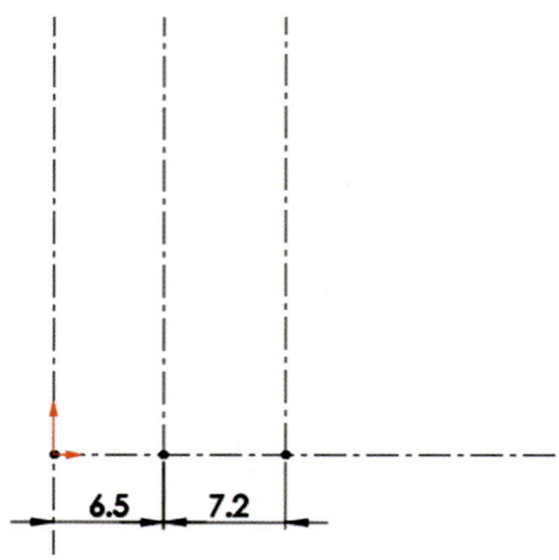

② 단일 스프라켓 치형을 스케치한 후 체인, 스프라켓 요목표를 이용하여 치수를 기입한다. 이때, 모떼기 반지름은 체인의 호칭번호가 40일 때 치형 두께는 7mm, 모떼기 반지름 13.5mm를 적용한다.

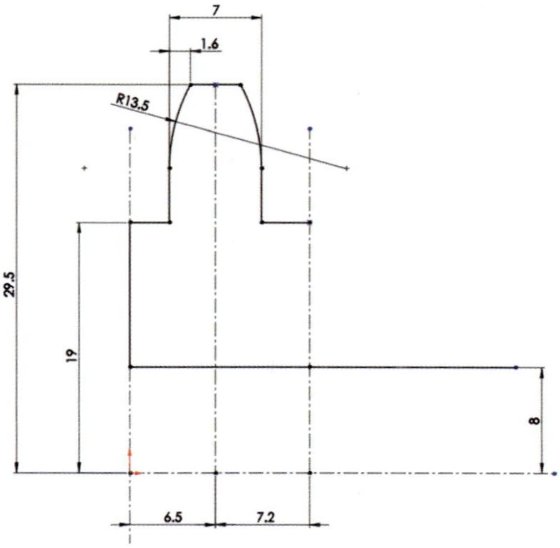

③ 단일 스프라켓 치형을 Y축을 기준으로 대칭 복사를 한 후 치수 및 형상 구속으로 완전 정의를 한다.

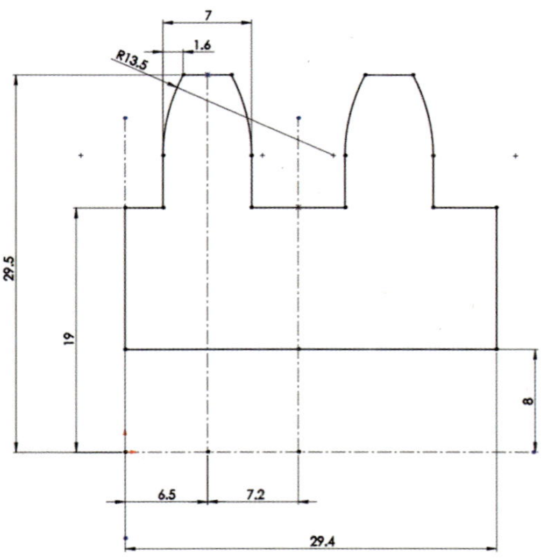

회전피처 작업하기

① X축을 회전축으로 스케치 프로파일을 360° 회전시킨다.

스프로킷 치형 작업하기

② 우측면을 작업평면으로 하고 면에 수직으로 보기[ ]로 한 후 이끝원, 피치원을 스케치한 후 치수 기입을 한다.

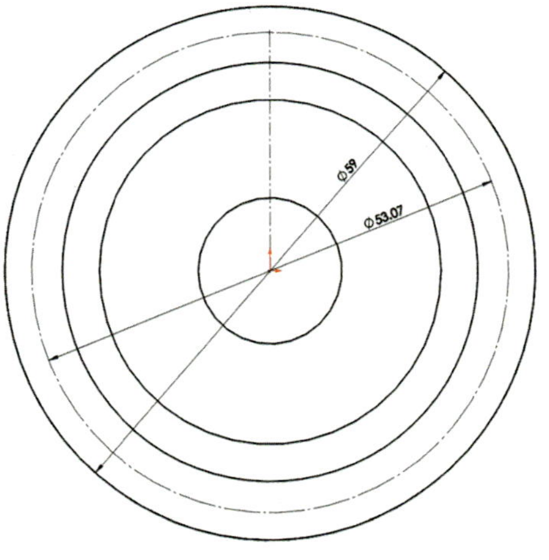

③ Y축과 피치원의 교차점을 중심으로 체인의 롤러 바깥지름 7.94mm인 원을 스케치하고 중심점 호[ ]를 이용하여 피치원을 지나는 반경 12.7mm의 중심점 호를 생성한다. 이때, 중심점 호의 크기는 체인의 원주피치를 적용하고 호와 원은 탄젠트 구속을 준다.

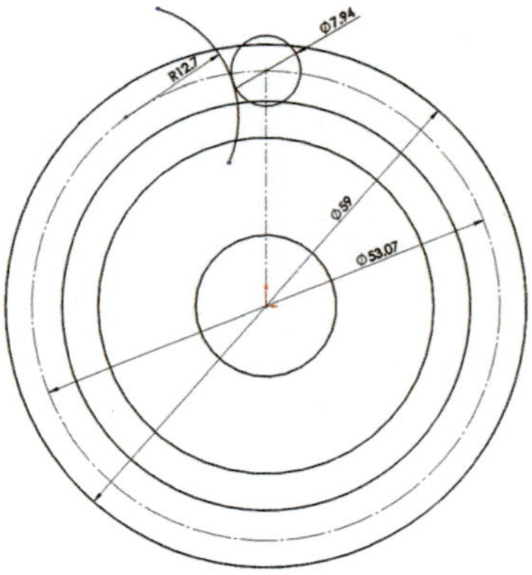

④ Y축을 기준으로 중심점 호를 요소 대칭복사[ ]를 한 후 필요 없는 스케치 요소를 제거한다

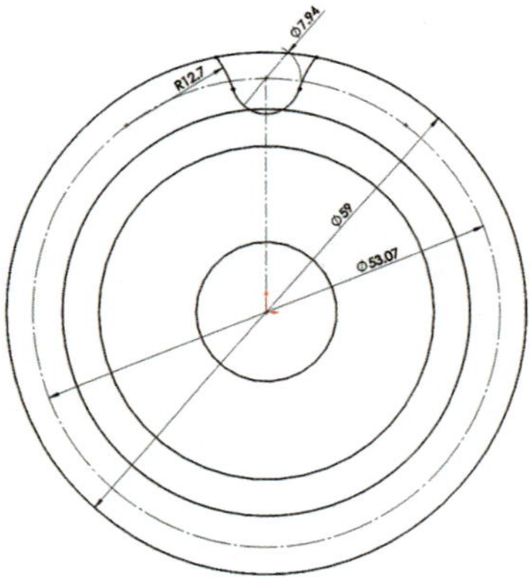

스프로킷 치형에 대한 설계 계산식 이해

조립도에 주어진 호칭번호와 잇수를 이용하여 피치원 지름, 이끝원 지름 등을 계산할 수 있다. 치형 부분의 치수는 설계 규격집을 이용한다.

- 피치원 지름(D) : $D=\dfrac{p}{\sin(\dfrac{180°}{Z})}$ (단, p : 피치(mm), Z : 잇수)
- 이끝원 지름(D_o) : $D_o=p(0.6+\cot\dfrac{180°}{Z})$
- 이뿌리원 지름(D_r) : $D_r=D-R=\dfrac{p}{\sin(\dfrac{180°}{Z})}-R$ (단, R : 롤러의 지름)
- 보스의 지름(D_H) : $D_H=p\cdot(\cot\dfrac{180°}{Z}-1)-0.76$

⑤ 스케치 요소를 기준으로 곡면까지 돌출컷을 한다.

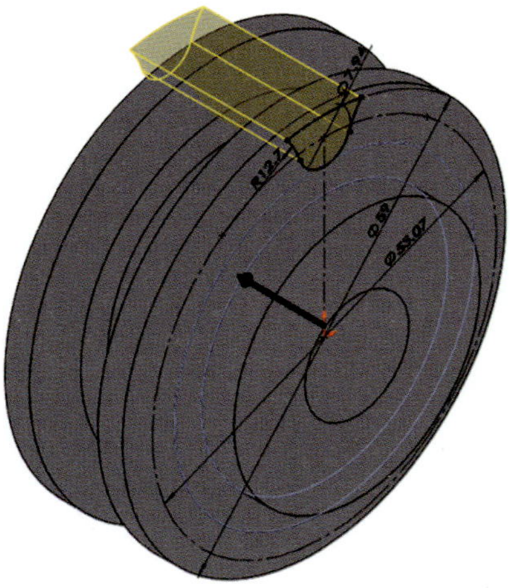

⑥ 원형 패턴[ ]을 이용하여 중심축 기준으로 35개의 동등 간격의 기어 이를 생성한다.

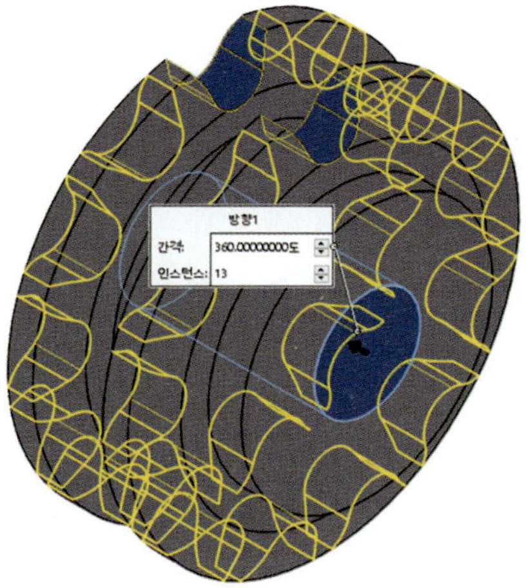

스프로킷 키홈 작업하기

① 우측면을 작업평면으로 하고 면에 수직으로 보기[ ]로 한 후 키홈 부의 스케치를 작성하고 치수 및 형상 구속으로 완전 정의를 한 후 돌출컷으로 관통시킨다.

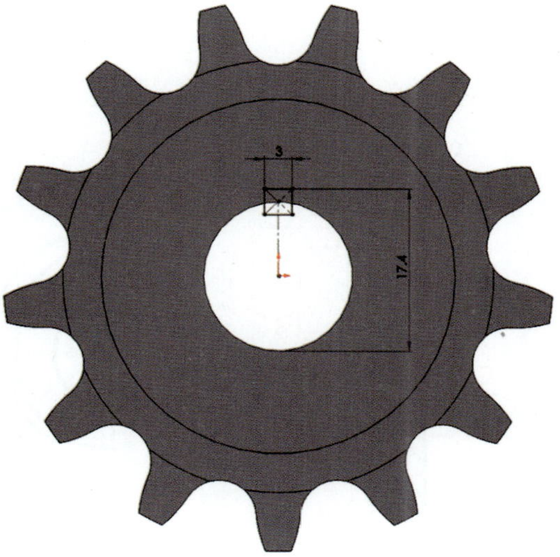

필렛 및 모따기 작업하기

① 키홈 부분의 치수는 KS B 1400 규격에 의거하여 필렛은 2mm, 면취는 0.5mm로 치수를 기입한다.

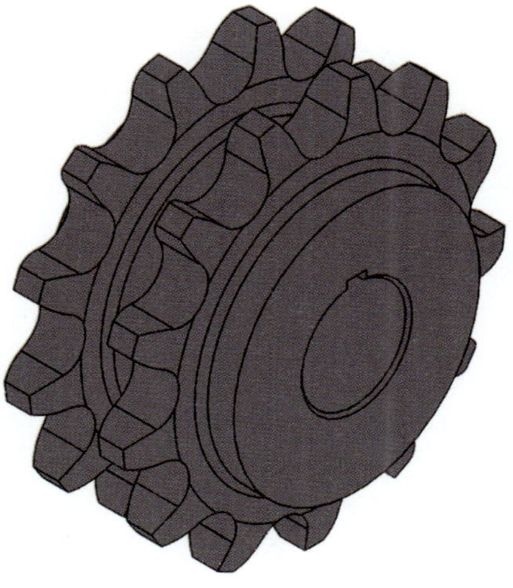

6_베어링 커버

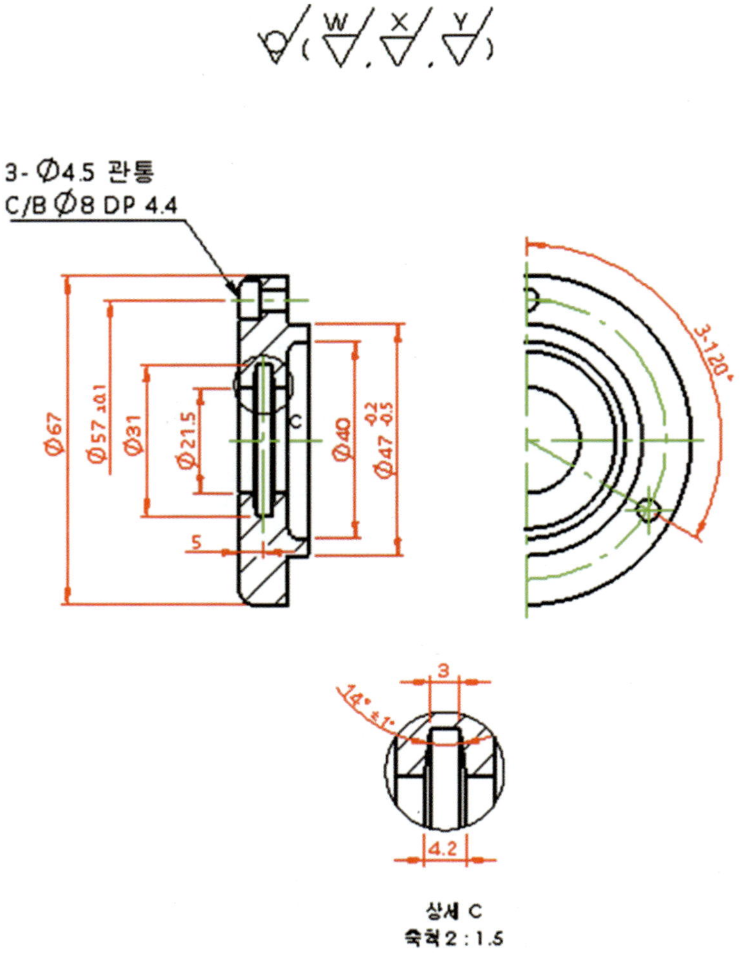
W
X
Y
3- Ø4.5 관통
C/B Ø8 DP 4.4
Ø67
Ø57 ±0.1
Ø31
Ø21.5
C
5
Ø40
Ø47 -0.2 -0.5
3-120°
3
14° ±1°
4.2
상세 C
축척 2 : 1.5

스케치 작업하기

① 정면을 작업평면으로 스케치 프로파일을 작성한 후 치수 및 형상 구속으로 완전 정의를 한다.

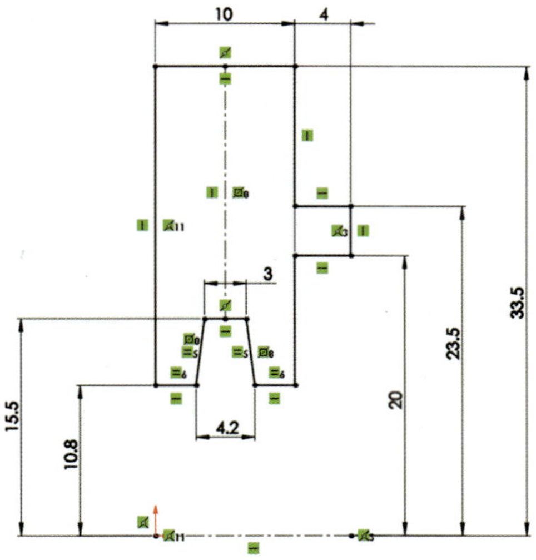

회전피처 작업하기

① X축을 회전축으로 스케치 프로파일을 360° 회전시킨 후 모서리에 3mm의 필렛[ ] 처리를 한다.

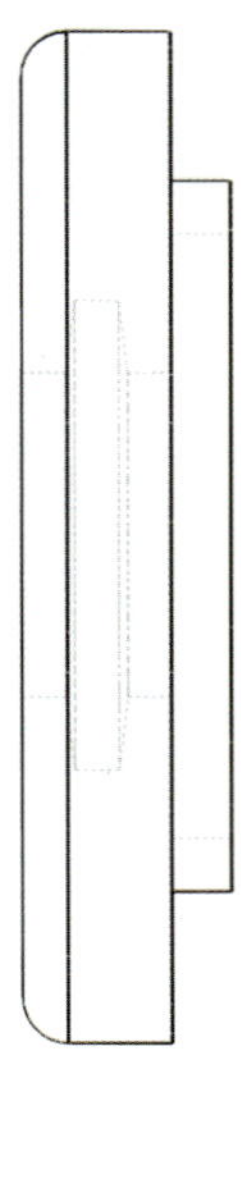

카운터 보어 작업하기

① 구멍 가공 마법사를 이용하여 유형[ks 규격, 구멍붙이 볼트, 사용자 정의크기 표시 : ϕ4.5mm 관통, ϕ8mm 볼트머리 지름, ϕ4.4mm 볼트머리 깊이, 관통]을 설정한다. 구멍 위치는 [3D 스케치]를 누르지 않은 상태에서 작업평면을 클릭한 후 커맨드 매니저 상의 점을 클릭하여 비활성화시키고 스케치를 한다.

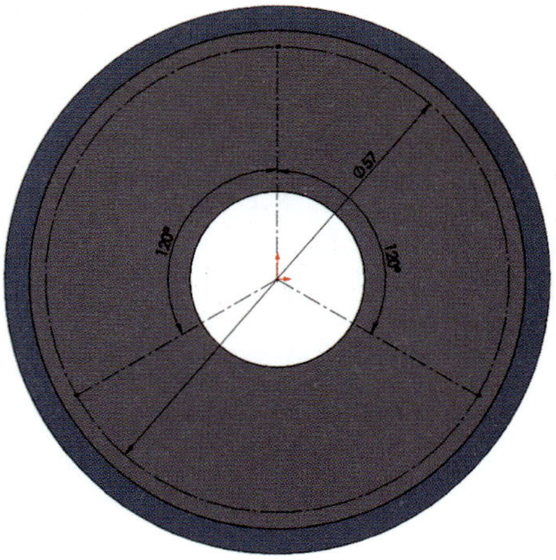

② 점을 클릭하여 활성화시킨 후 작업평면상의 세 점을 클릭하여 카운트 보어를 생성한다.

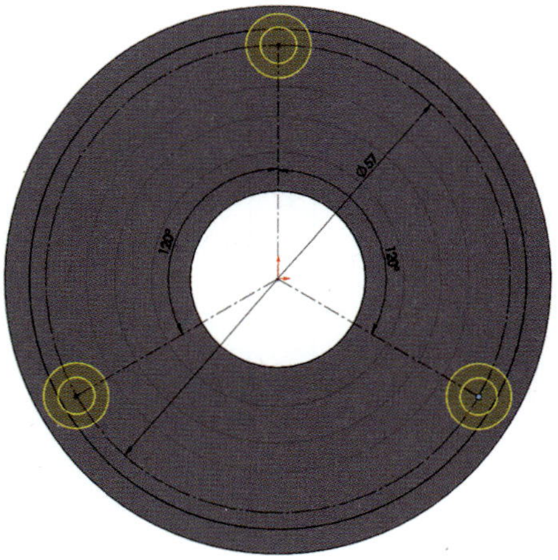

필렛 작업하기

① 필렛이 요구되는 모서리는 1mm로 작업한다.

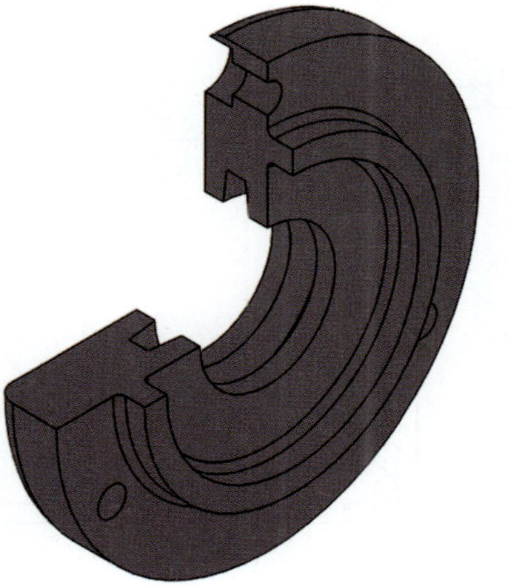

7_기어박스

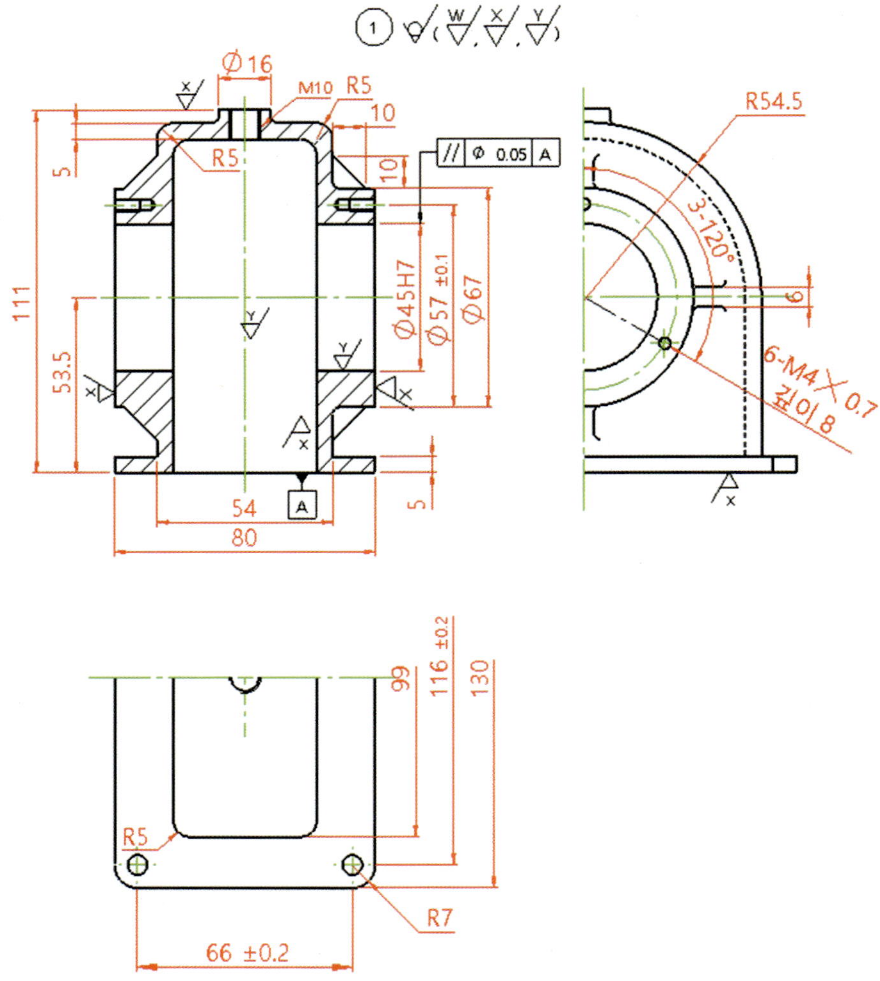

Ø16
M10
R5
10
R5
5
111
53.5
// Ø 0.05 A
Ø45H7
Ø57 ±0.1
Ø67
54
80
A
5
R54.5
3-120°
6
6-M4×0.7
깊이 8
99
116 ±0.2
130
R5
R7
66 ±0.2

스케치 및 베이스 피처 작업하기

① 우측면을 작업평면으로 스케치 요소를 이용하여 프로파일을 스케치한 후 치수 및 형상 구속으로 완전 정의한다.

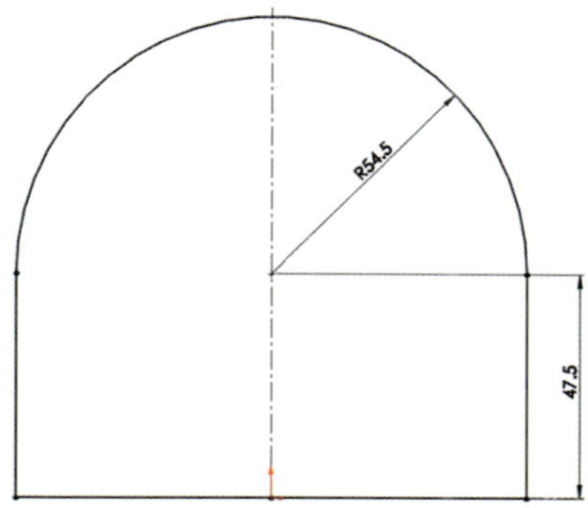

② 스케치평면을 시작으로 중간 평면에서 54 mm 보스 돌출[ ]을 한다.

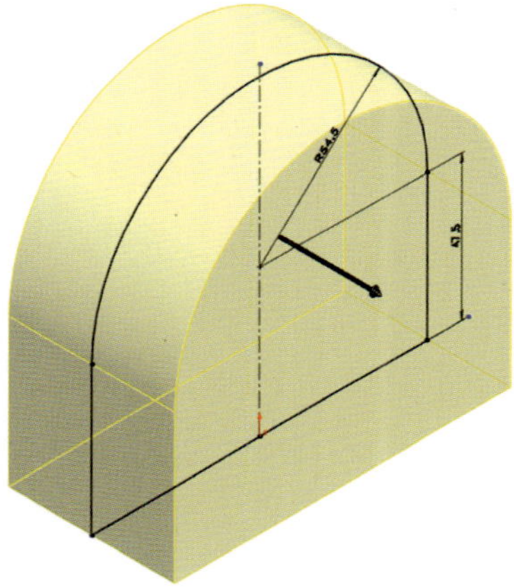

③ 밑면을 작업평면으로 하고 프로파일을 스케치하고 치수기입 및 완전정의를 한 후 Y 방향으로 6mm로 돌출[ ]을 한다.

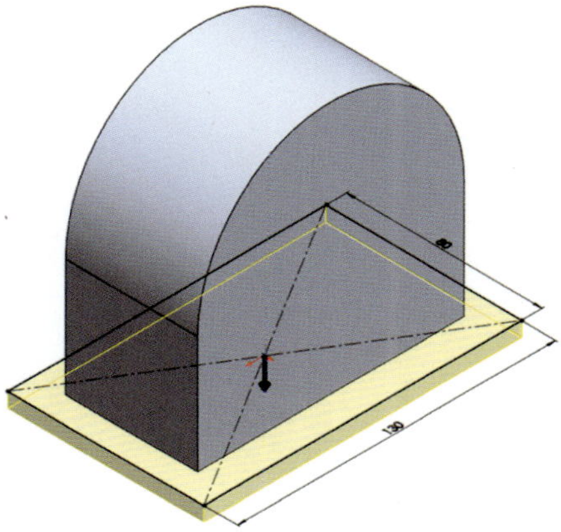

필렛 및 쉘 작업하기

① 모서리 부분에 5mm, 7mm 필렛 처리한 후 쉘 작업을 한다. 이때, 쉘 두께는 5mm이고 파라메타는 베이스 밑면과 측면을 모두 지정한다.

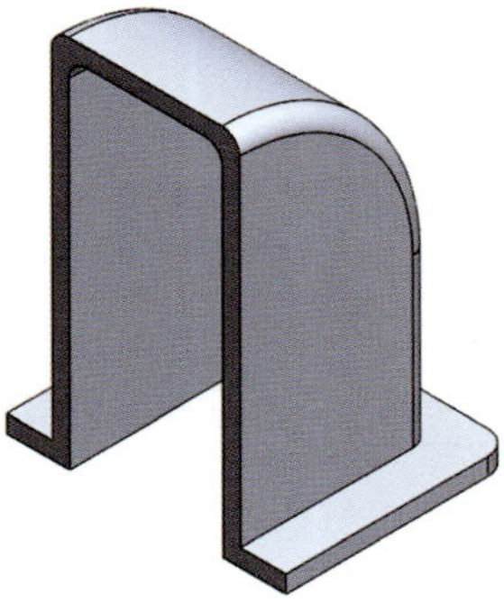

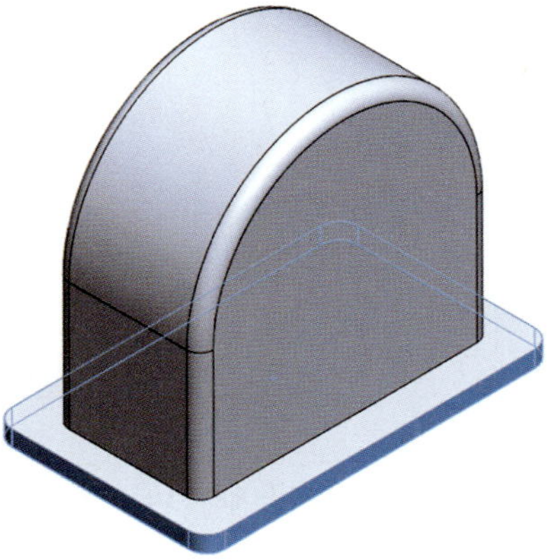

스케치, 회전 및 회전컷 작업하기

① 우측면을 작업평면으로 호와 동심인 중심점으로 기준으로 ϕ47mm 원을 스케치한 후 관통으로 돌출컷을 한다.

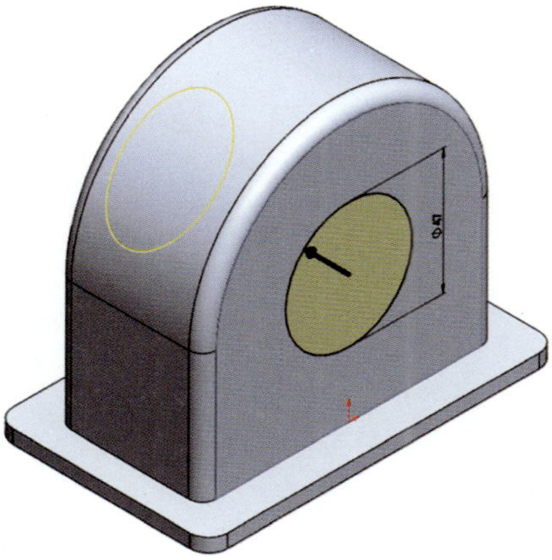

② 정면을 작업평면으로 프로파일을 스케치한 후 치수 구속을 주어 완전 정의를 한 후 회전을 한다.

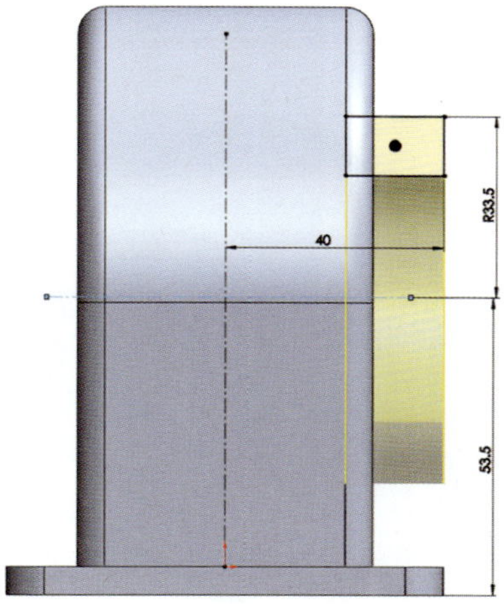

보강대 작업하기

① 정면을 작업평면으로 개곡선을 스케치하고 치수 기입으로 완전 정의를 한 후 두께 6mm의 보강대를 생성한다. 이때, 두께는 중간평면으로 지정한다.

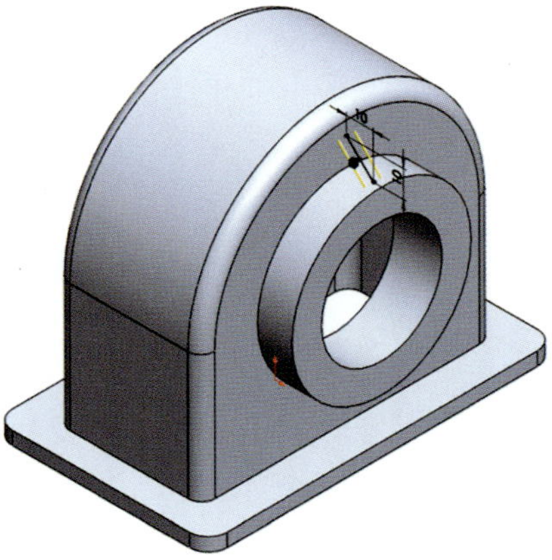

② 원형패턴[ ]을 이용하여 중심면 기준축으로 4개의 보강대를 동등 간격으로 생성한 후 2mm의 필렛 처리를 한다.

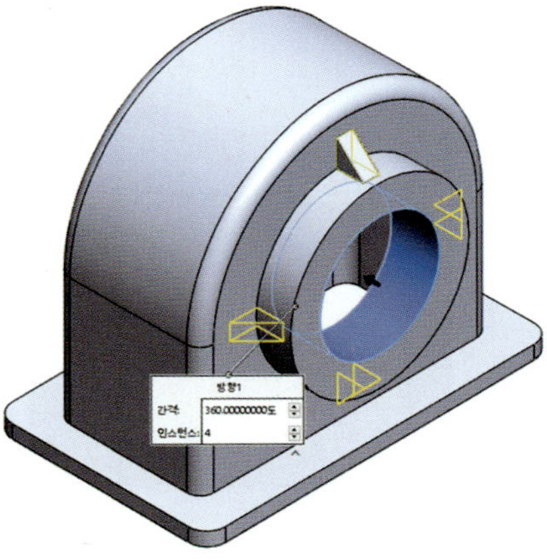

나사구멍 작업하기

① 구멍 가공 마법사를 이용하여 유형[카운터 보어, ks 규격, 탭구멍, M4, 블라인드 형태 8mm]을 설정한다. 구멍 위치는 [3D 스케치]를 누르지 않은 상태에서 작업평면을 클릭한 후 커맨드 매니저 상의 점을 클릭하여 비활성화시키고 스케치를 한다. 그리고 점을 클릭하여 활성화시킨 후 작업평면 상의 세 점을 클릭하여 카운트 보어를 생성한다.

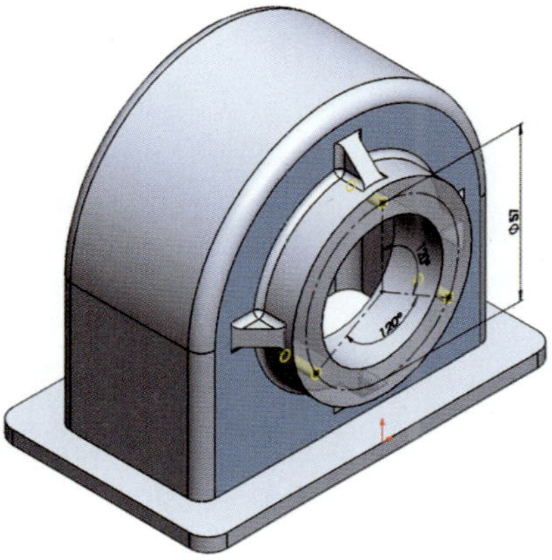

② 우측면을 기준으로 대칭 복사[ ]를 하며 대칭 복사 피처로서 회전체, 보강대, 탭구멍을 순차적으로 지정한다.

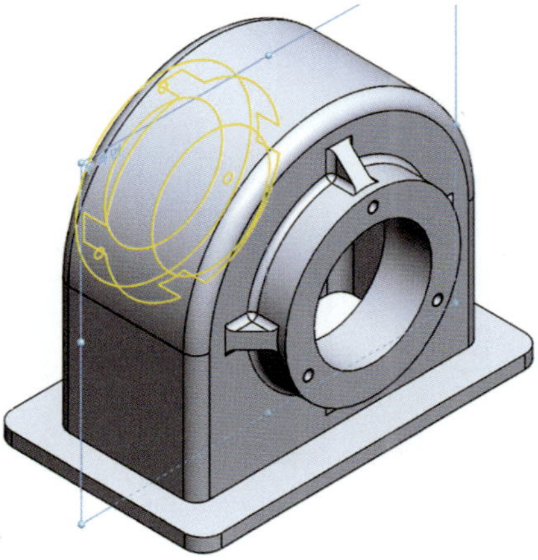

③ 모서리 부분에 2mm 필렛 처리를 한다.

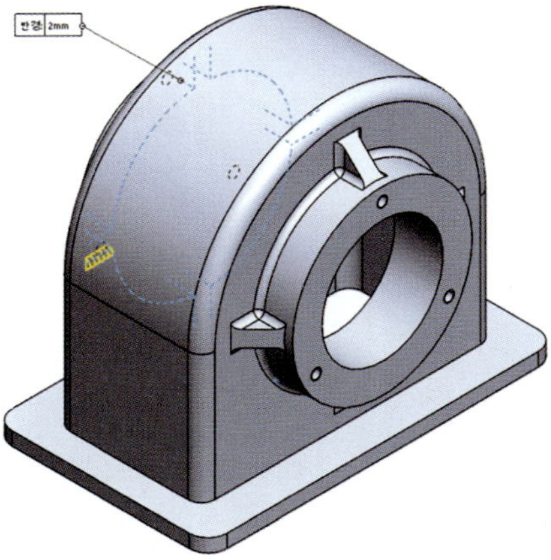

④ 구멍 가공 마법사를 이용하여 유형[구멍, ks, 드릴크기, ϕ6, 관통]을 설정한다. 구멍 위치는 [3D 스케치]를 누르지 않은 상태에서 작업평면을 클릭한 후 커맨드 매니저 상의 점을 클릭하여 비활성화시키고 스케치를 한다. 그리고 점을 클릭하여 활성화시킨 후 작업평면 상의 네 점을 클릭하여 구멍을 생성한다.

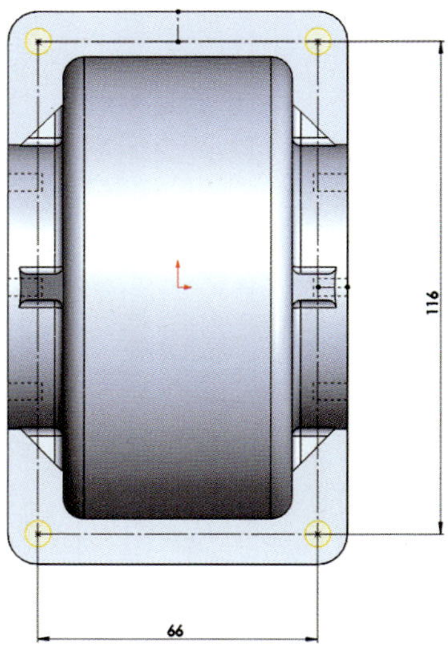

오일구멍 작업하기

① [참조 형상,]에서 기준면을 클릭한 후 [제1참조 : 윗면, 111mm]의 조건으로 작업평면을 만든다. 이때, 기준면 상의 화살표 방향은 위쪽으로 한다. 이는 수직으로 보기[ ] 방향이 화살표 반대 방향을 법선 방향으로 보는 것을 의미한다.

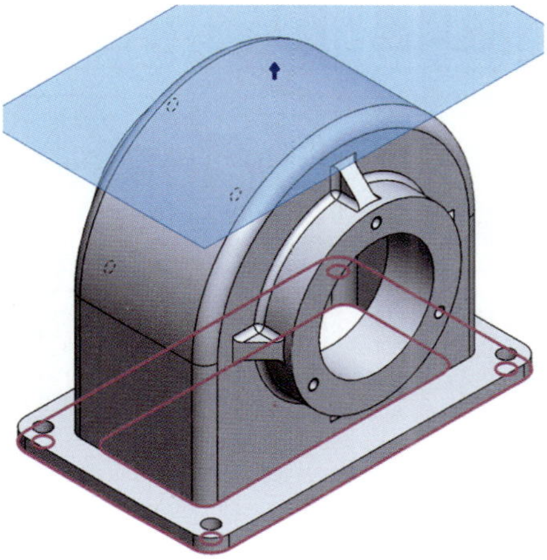

② 작업평면 상에 ϕ16mm 원을 스케치하고 스케치평면을 기준으로 다음까지로 돌출[ ]을 한다.

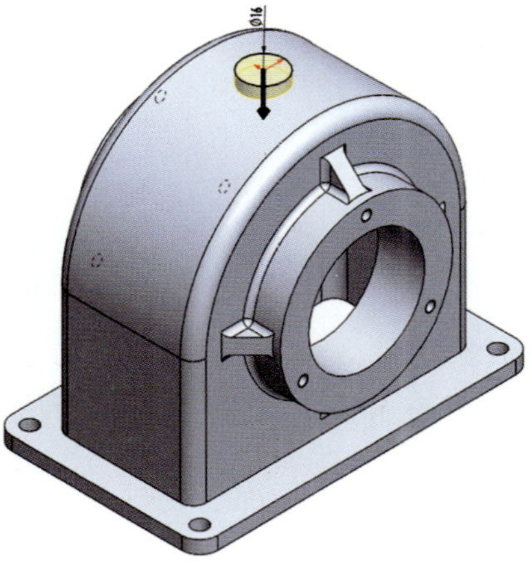

③ 구멍 가공 마법사를 이용하여 유형[직선탭, ks, 탭구멍, M10, 관통]을 설정한다. 구멍 위치는 [3D 스케치]를 누르지 않은 상태에서 작업평면을 클릭한 후 커맨드 매니저 상의 점을 클릭하여 비활성화시키고 스케치한다. 그리고 점을 클릭하여 활성화시킨 후 작업평면 상의 한 점을 클릭하여 탭구멍을 생성한다.

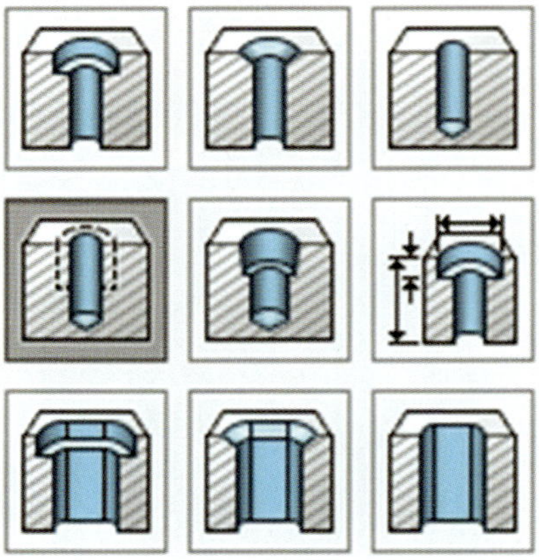

구멍가공 마법사의 활용법

① 구멍 유형

- 구멍 유형을 설정한다.
- 구멍 스펙을 설정한다.
- 마침 조건을 설정한다.
- 옵션을 설정한다.
- 공차/정밀을 설정한다.

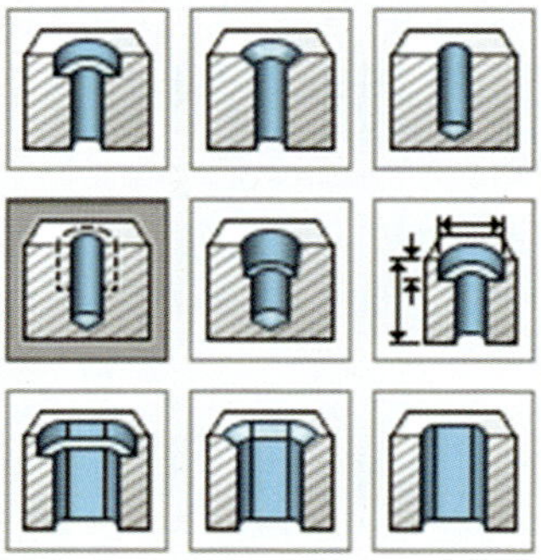

② 구멍 위치

- 구멍 가공을 작업할 평면을 클릭한다.
- 스케치 탭에서 점을 비활성화한 후 구멍을 배치할 위치를 스케치하고 치수를 기입한다.
- 점을 활성화한 후 배치할 구멍 위치를 클릭한다.

8_커넥팅 로드

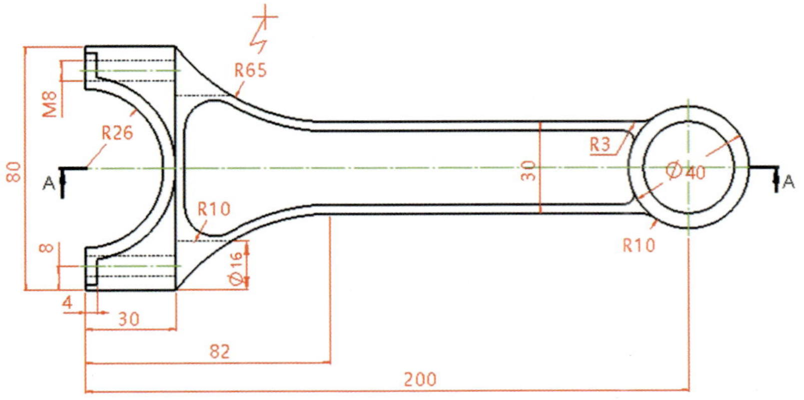

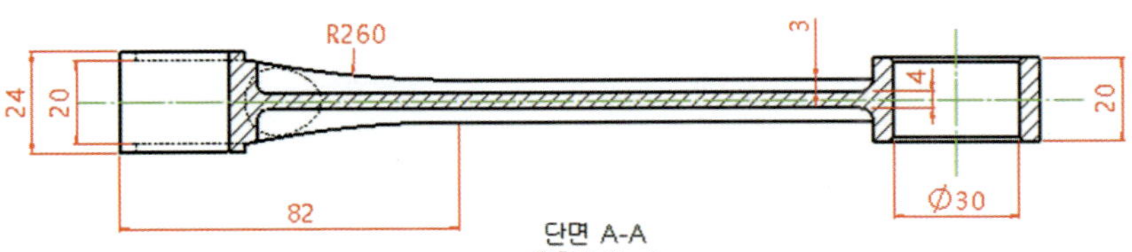

단면 A-A
축척 1.3 : 1

스케치 및 베이스 피처 작업하기

① 윗면을 작업평면으로 하고 스케치 요소를 이용하여 프로파일을 스케치한 후 치수 및 형상 구속으로 완전 정의를 한다. 이때, X축을 기준으로 윗부분을 그린 후 대칭복사를 한다.

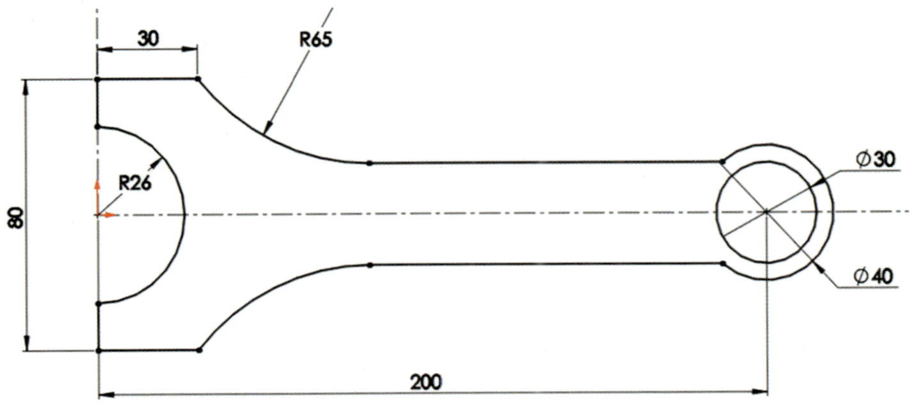

② 스케치평면을 시작으로 블라인드 형태 10mm로 보스 돌출[ ]을 한다.

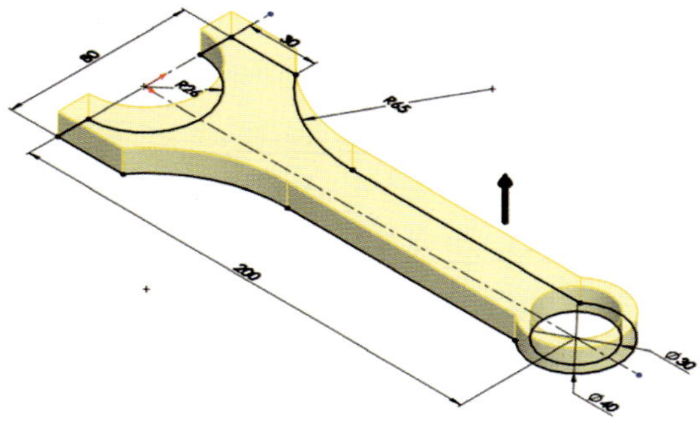

돌출컷 및 필렛 작업하기

① 정면을 작업평면으로 프로파일을 생성한 후 스케치평면을 기준으로 중간평면 80mm로 돌출컷을 한다. 이때, 3점호를 이용하여 R260인 호를 그린다.

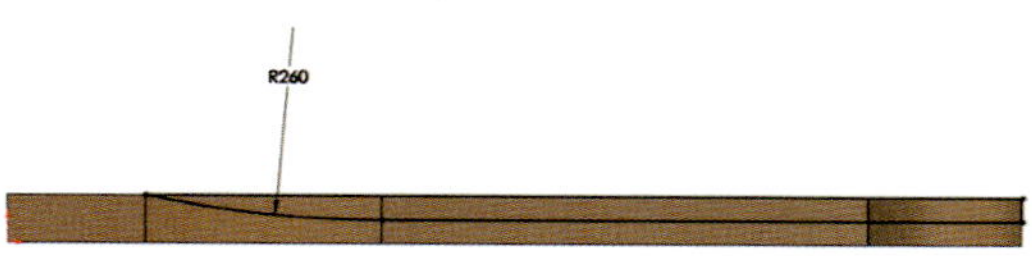

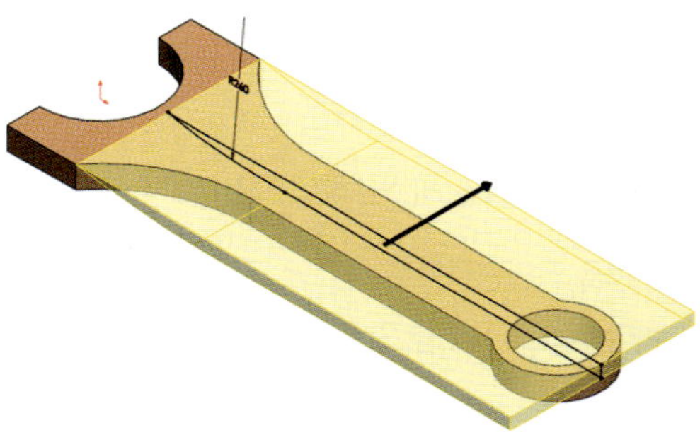

② 윗면을 작업평면으로 요소 변환[ ]을 이용하여 윤곽선을 만든 후 안쪽 방향으로 3mm의 요소 오프셋[ ]을 하고 치수 및 형상 구속을 주어 완전 정의를 한다.

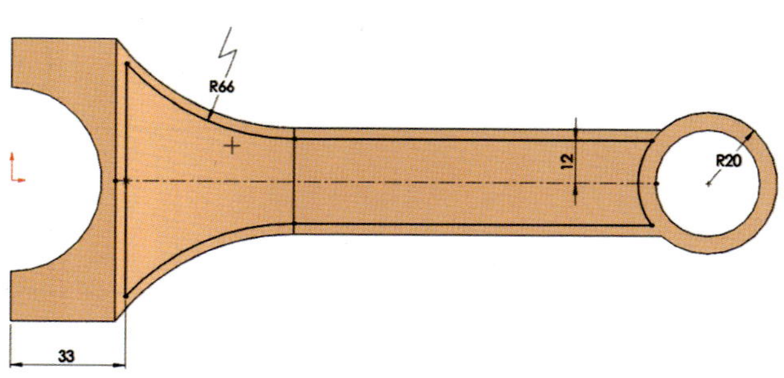

③ 스케치평면을 기준으로 Y축 방향으로 블라인드 형태 8mm로 돌출컷을 한 후 커넥팅 로드 소단부 윗면을 작업평면으로 프로파일을 생성하고 돌출시킨다.

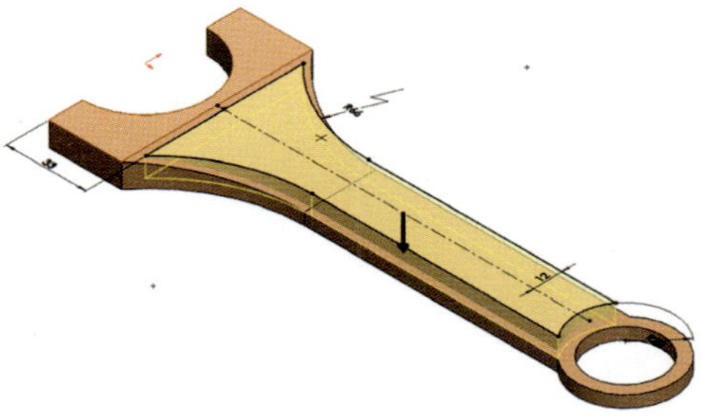 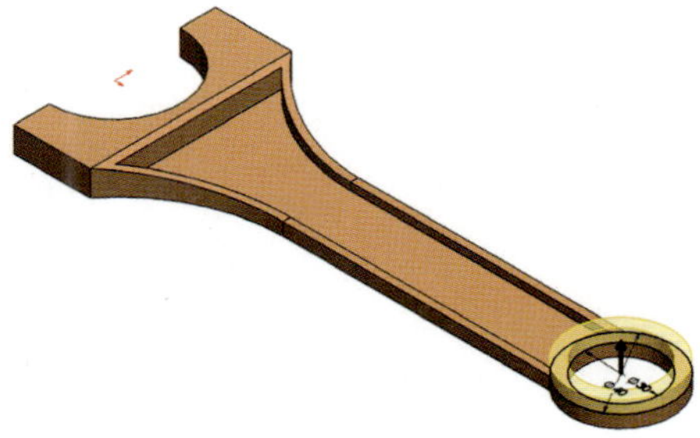

④ 홈 모서리 부에 반경 10mm, 2mm 필렛을 생성한다.

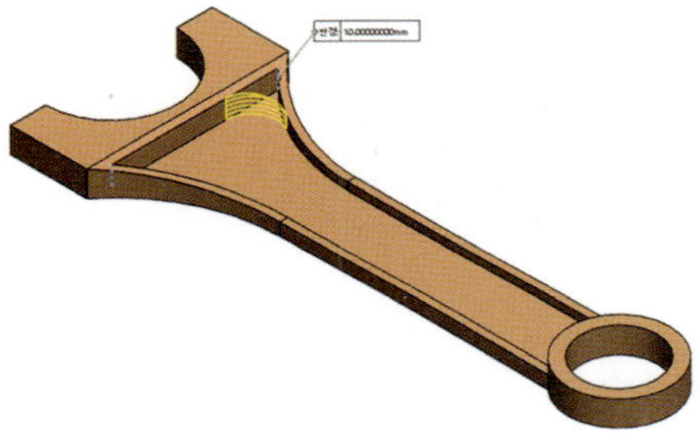 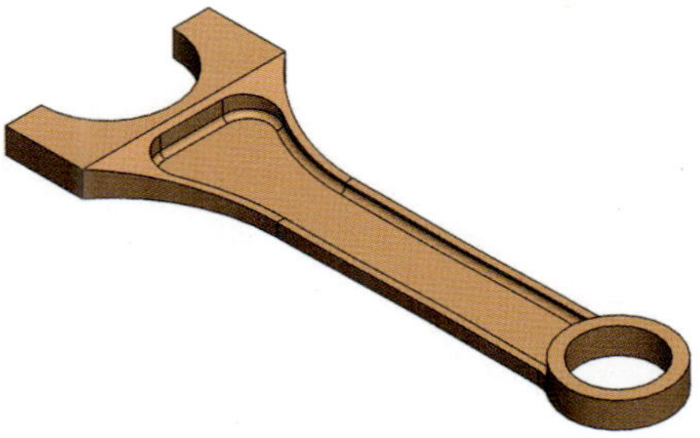

돌출 및 대칭복사 작업하기

① 커넥팅로드 대단부의 평면을 작업평면으로 요소 변환[ ]을 이용하여 윤곽선을 만들고 안쪽 방향으로 4mm의 요소 오프셋[ ]한 후 Y축 방향으로 2mm 돌출을 한다.

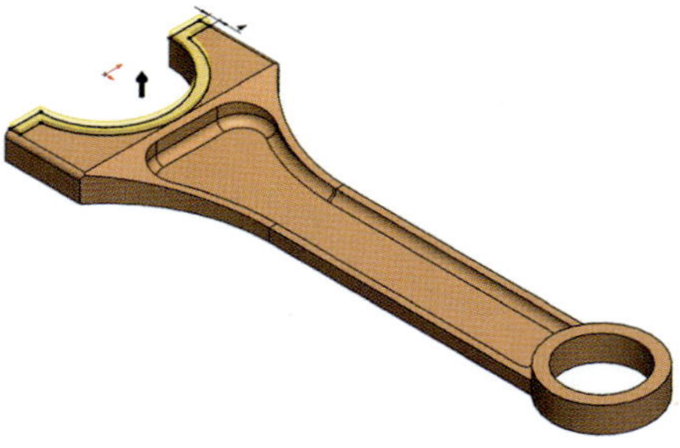

② 밑면을 기준면으로 하여 대칭 복사를 한다.

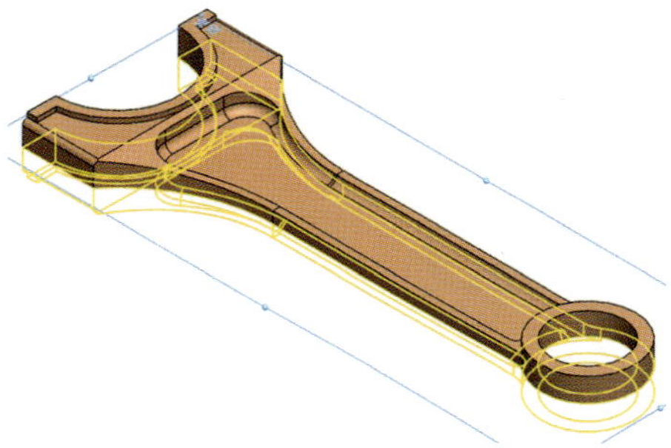

돌출컷 및 탭 구멍 작업하기

① 스케치평면을 기준으로 X축 장향으로 오프셋 30mm를 시작으로 블라인드 형태 20mm로 돌출컷을 한다.

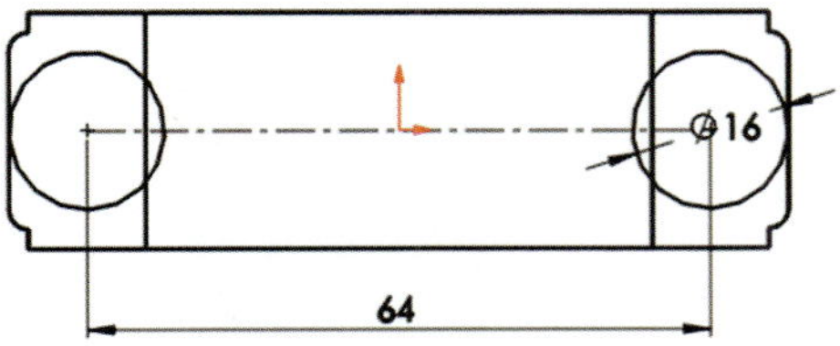

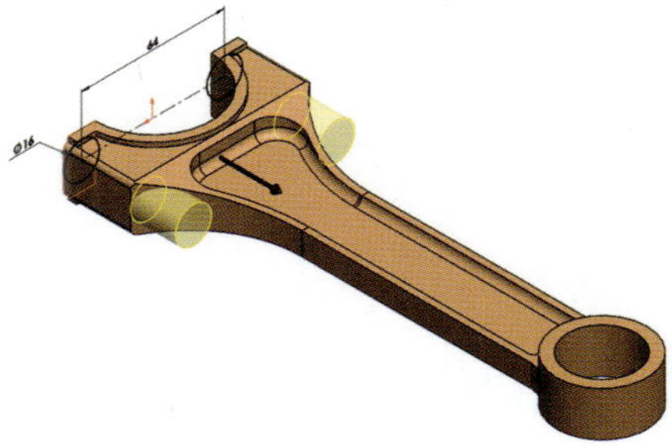

② 구멍 가공 마법사를 이용하여 유형[직선탭, ks, 탭구멍, M8, 관통]을 설정한다. 구멍 위치는 [3D 스케치]를 누르지 않은 상태에서 작업평면을 클릭한 후 커맨드 매니저 상의 점을 클릭하여 비활성화시키고 스케치한다. 그리고 점을 클릭하여 활성화시킨 후 작업평면 상의 한 점을 클릭하여 탭구멍을 생성한다.

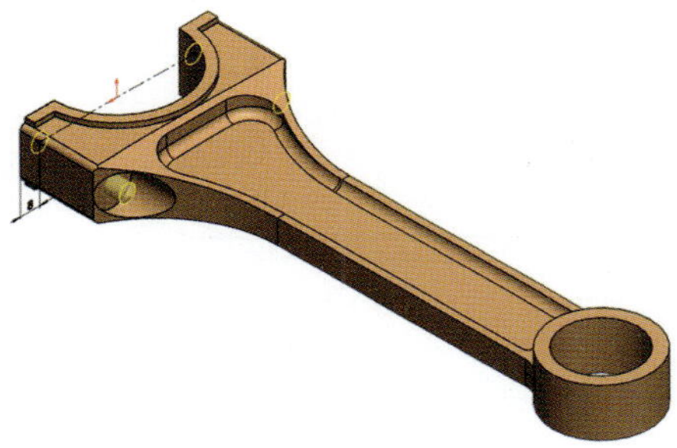

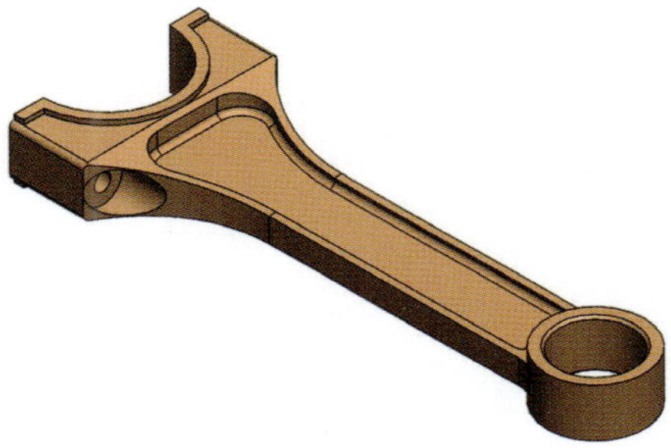

9_피스톤

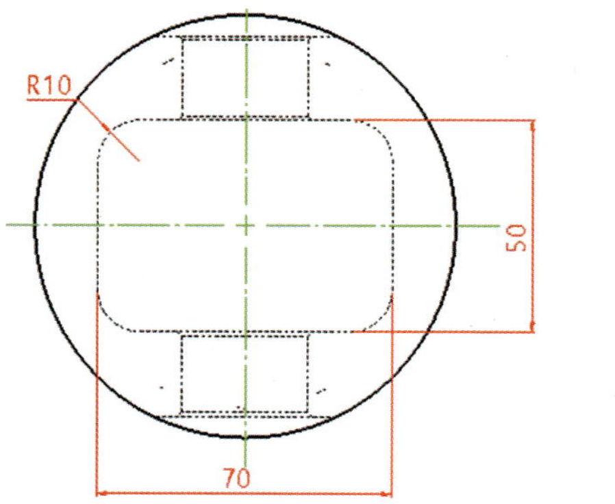

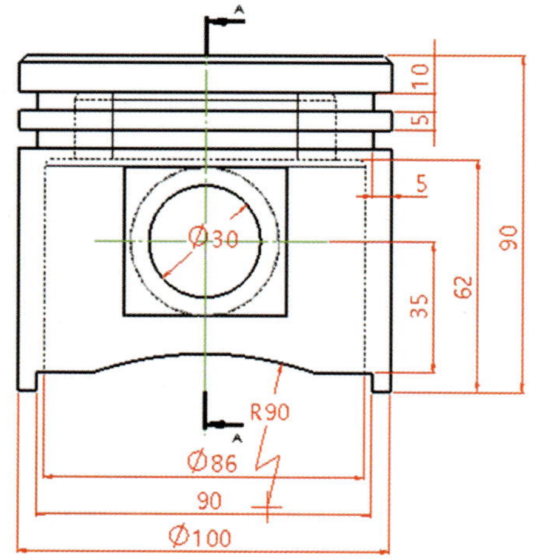

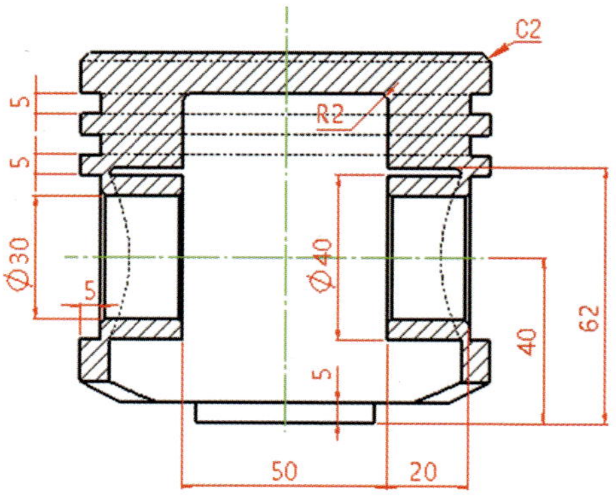

단면 A-A
축척 1.2 : 1

스케치 및 회전 피처 작업하기

① 우측면을 작업평면으로 스케치 요소를 이용하여 프로파일을 스케치한 후 치수 및 형상 구속으로 완전 정의한다.

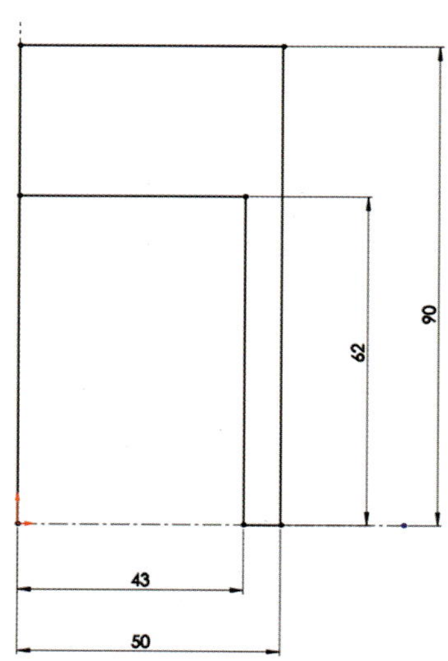

② 회전축을 중심으로 스케치 프로파일을 360° 회전한다.

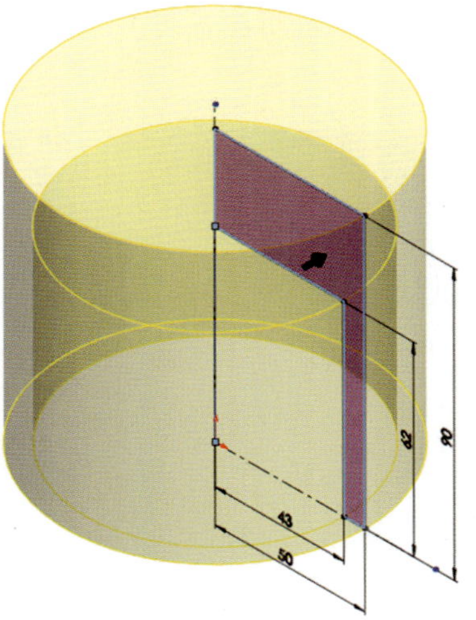

회전 컷 작업하기

① 정면을 작업평면으로 프로파일을 스케치하고 치수 및 형상 구속으로 완전 정의를 한 후 360° 회전 컷[ ]을 한다.

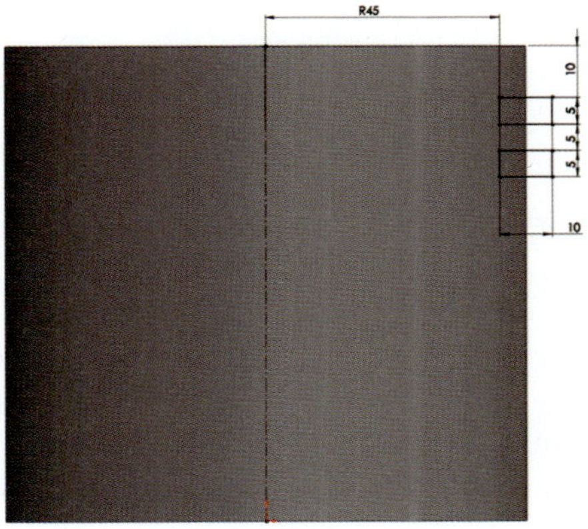

돌출 및 돌출컷 작업하기

① 정면을 작업평면으로 직사각형 프로파일을 스케치한 후 스케치평면을 기준으로 중간평면 40mm로 돌출컷을 한다.

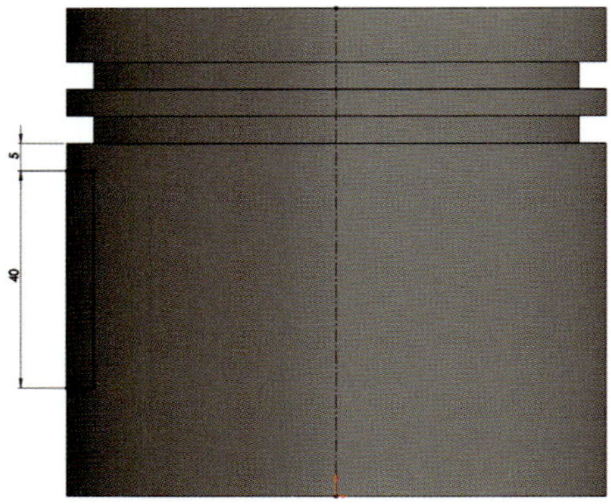

② Y축 기준으로 대칭 복사를 한다.

③ 우측면을 작업평면으로 ϕ40mm 원을 스케치한 후 곡면까지 보스 돌출[ ]을 한다.

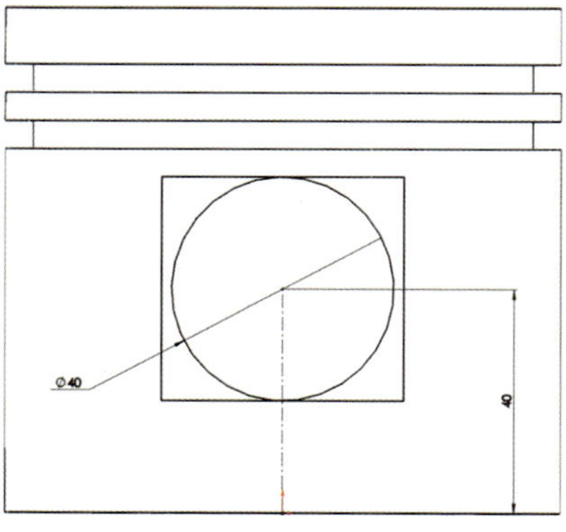

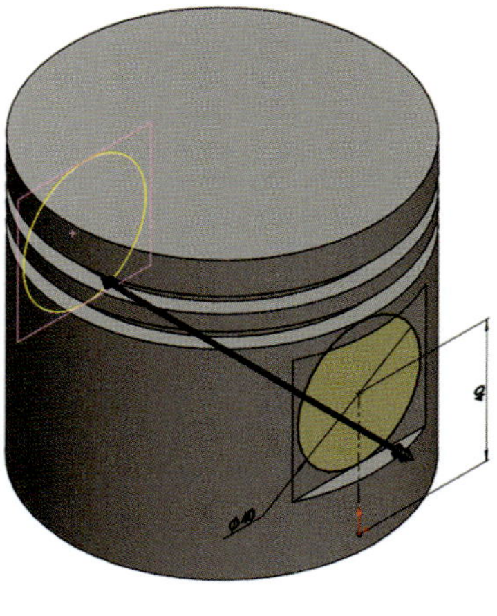

④ 정면을 작업평면으로 사각형 프로파일을 스케치하고 치수 및 형상 구속으로 완전 정의를 한 후 중간평면 50mm로 돌출컷을 한다.

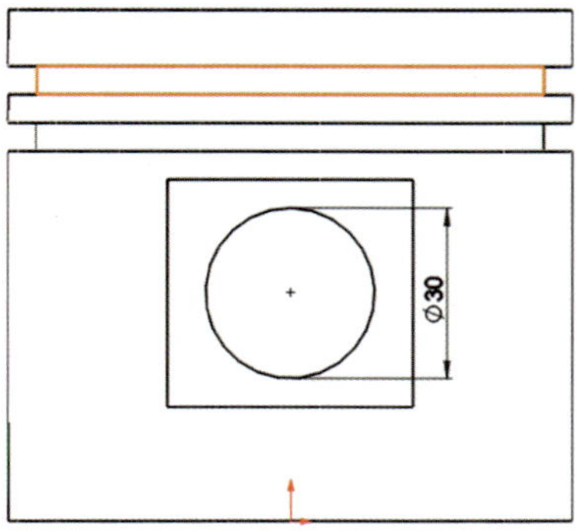

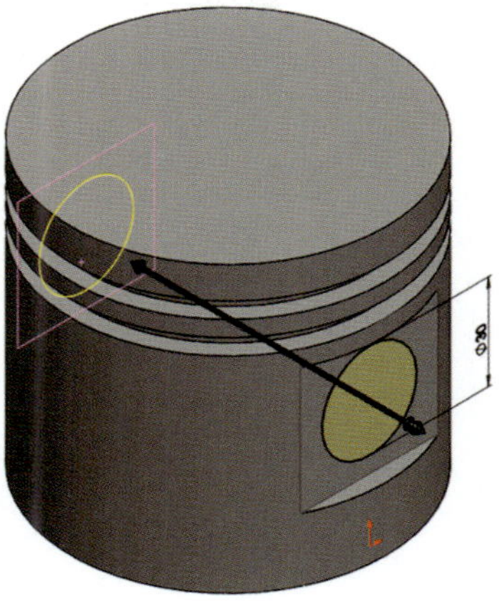

⑤ 우측면을 작업평면으로 직사각형 프로파일을 스케치하고 X축으로 중간평면 50mm로 돌출컷을 한 후 내부 모서리 부분을 10mm 필렛 처리를 한다.

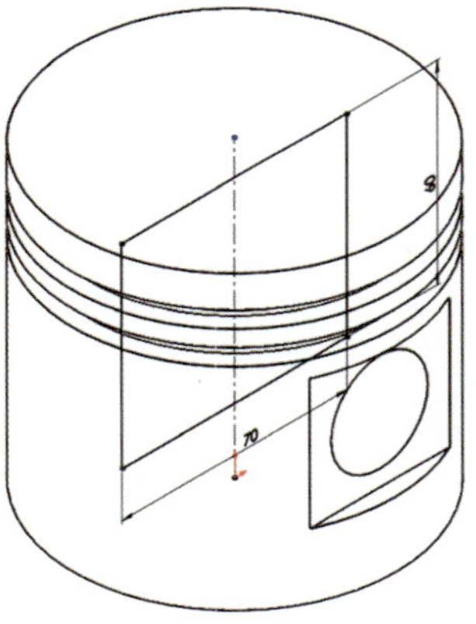

⑥ 우측면을 작업평면으로 하여 프로파일을 스케치한 후 치수 및 형상 구속을 주어 완전 정의를 하고 돌출컷을 한다.

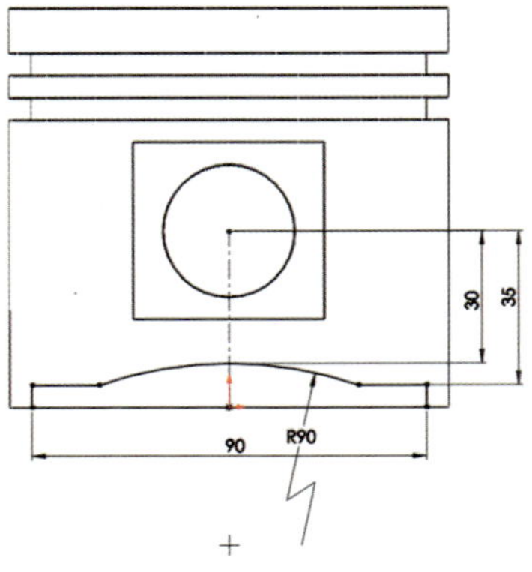

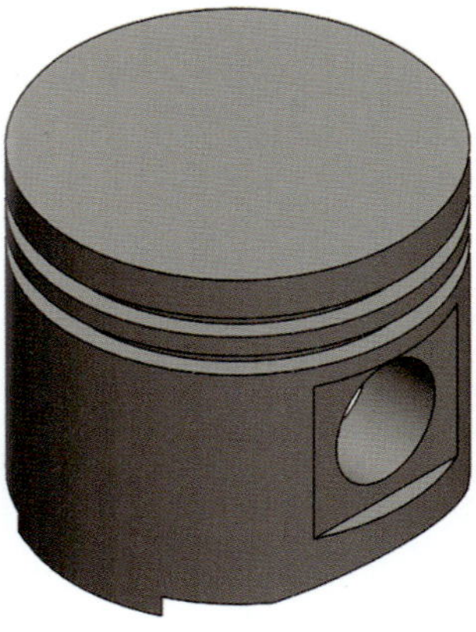

⑦ 피스톤 헤드부에 2mmm 모따기를 하고 내부의 모서리 부분에 2mm 필렛을 처리한다.

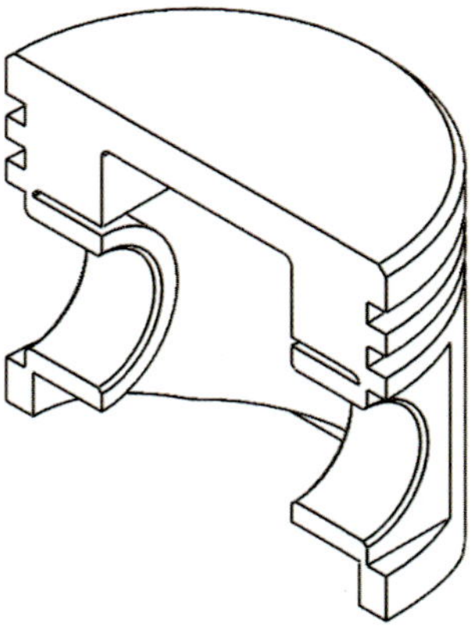

10_커넥팅 로드

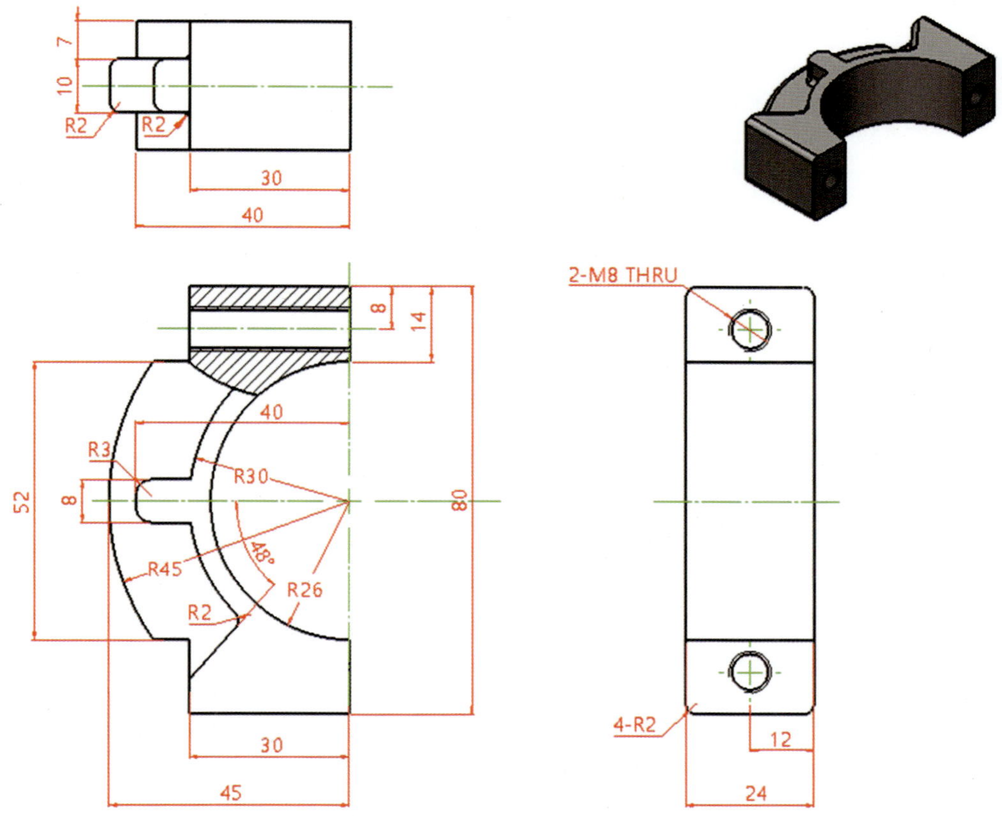

베이스 피처 작업하기

① 윗면을 작업평면으로 하고 스케치 요소를 이용하여 프로파일을 스케치한 후 치수 및 형상 구속으로 완전 정의를 한다.

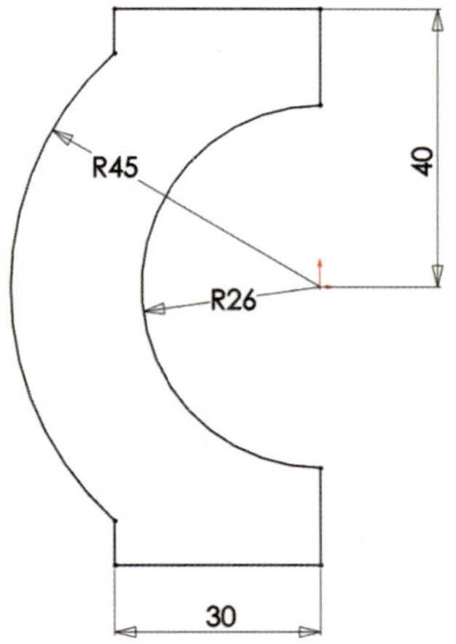

② 스케치평면을 기준으로 블라인드 형태 10mm 보스 돌출[ ]을 한다.

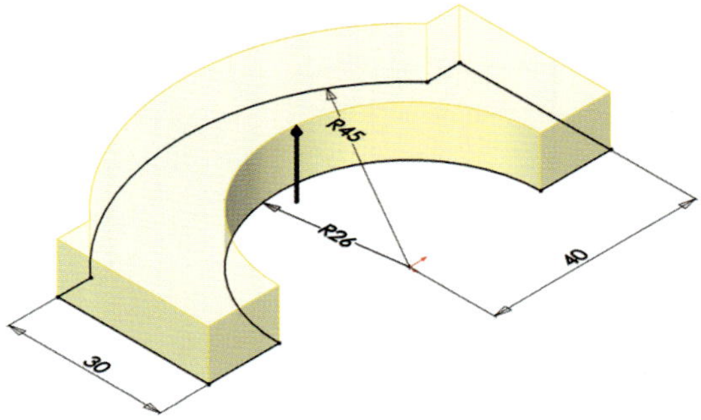

돌출컷 및 필렛 작업하기

① 정면을 작업평면으로 프로파일을 생성한 후 스케치평면을 기준으로 중간 평면 5mm로 돌출컷을 한다.

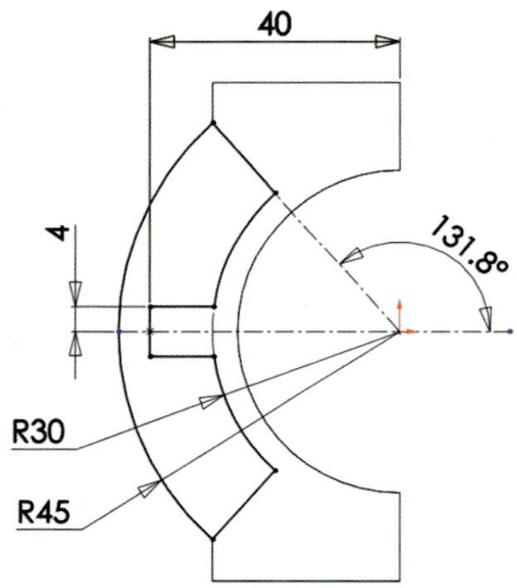

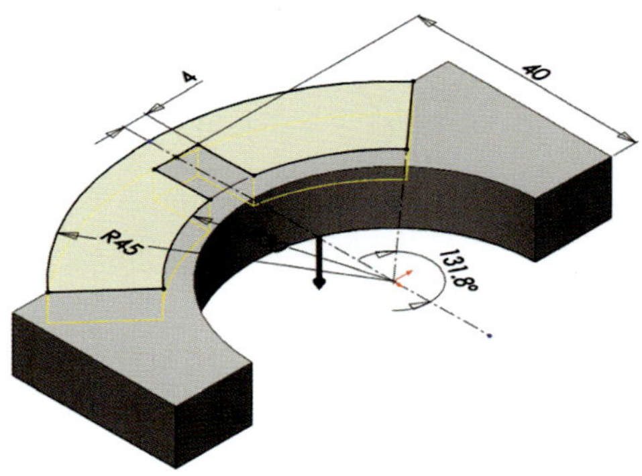

② 윗면을 작업평면으로 요소 변환[ ]을 이용하여 윤곽선을 만든 후 Y축 방향으로 2mm 돌출[ ]을 한다.

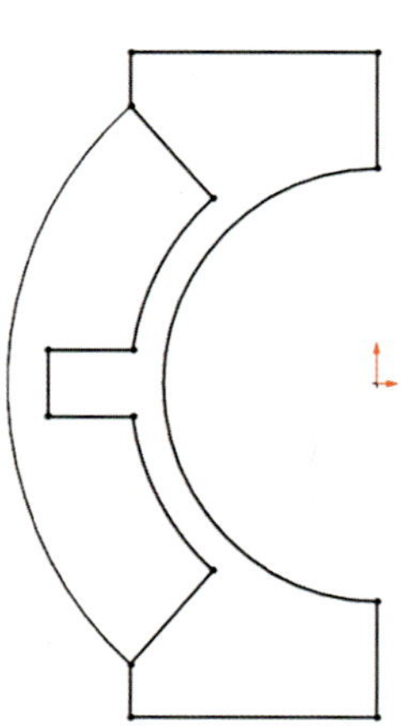

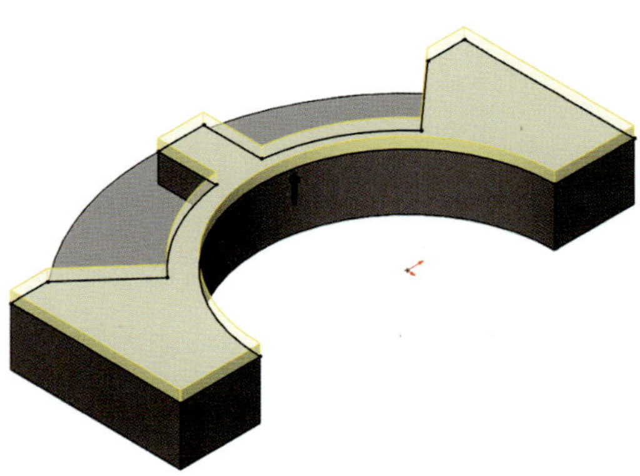

③ 피처 모서리부에 2mm, 3mm 필렛를 한다.

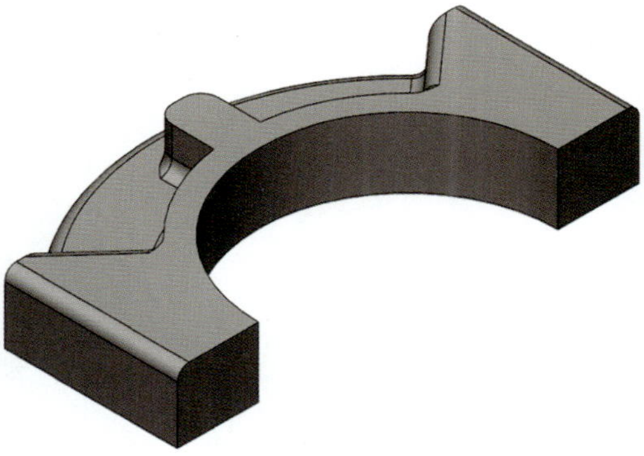

돌출 및 대칭복사 작업하기

① 밑면을 기준면으로 대칭 복사를 한다.

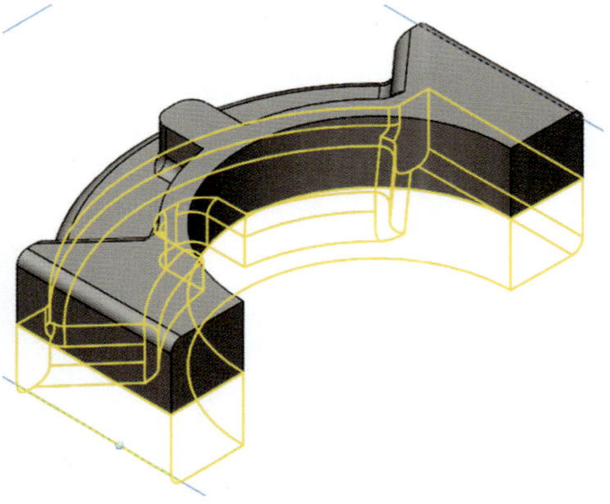

돌출컷 및 탭 구멍 작업하기

① 스케치평면을 기준으로 X축 방향으로 오프셋 30mm를 시작으로 블라인드 형태 10mm 돌출컷을 한다.

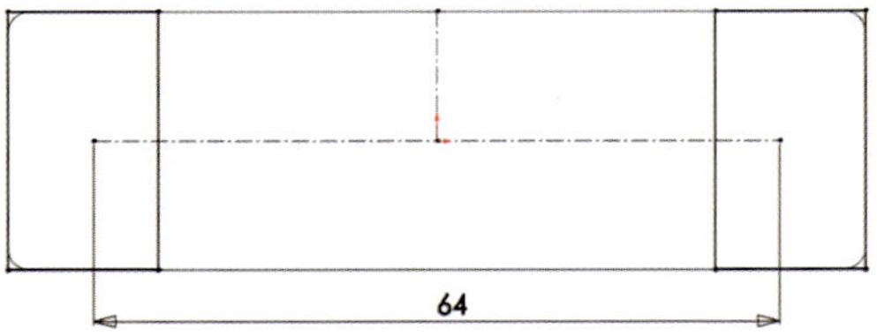

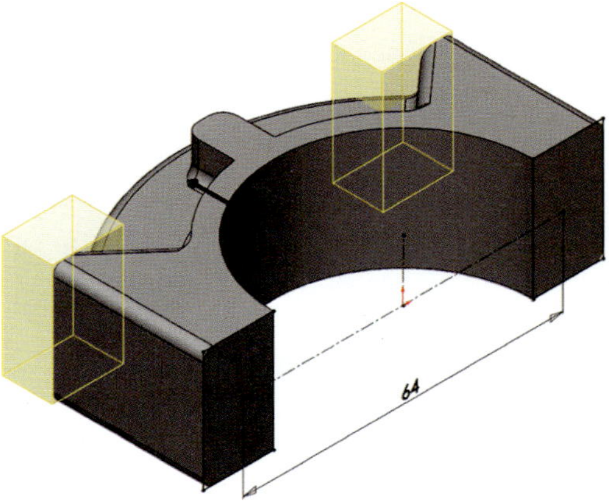

② 구멍 가공 마법사를 이용하여 유형[직선탭, ks, 탭구멍, M8, 관통]을 설정한다. 구멍 위치는 [3D 스케치]를 누르지 않은 상태에서 작업평면을 클릭한 후 커맨드 매니저 상의 점을 클릭하여 비활성화시키고 스케치한다. 그리고 점을 클릭하여 활성화시킨 후 작업평면 상의 한 점을 클릭하여 탭구멍을 생성한다.

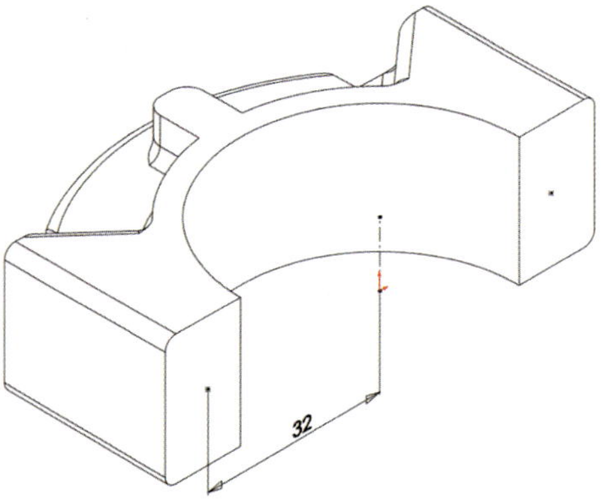

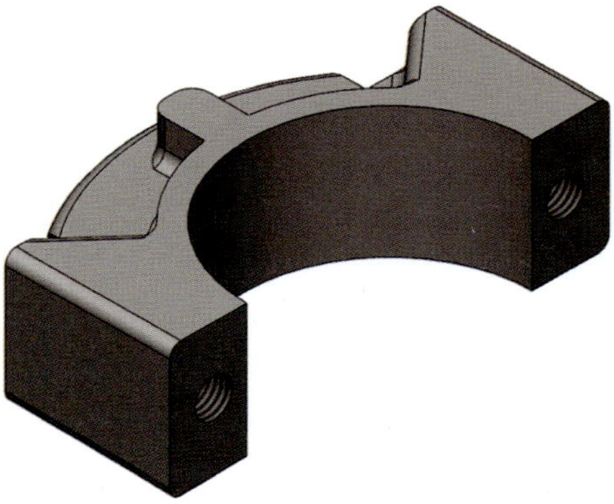

11_자동차 핸들

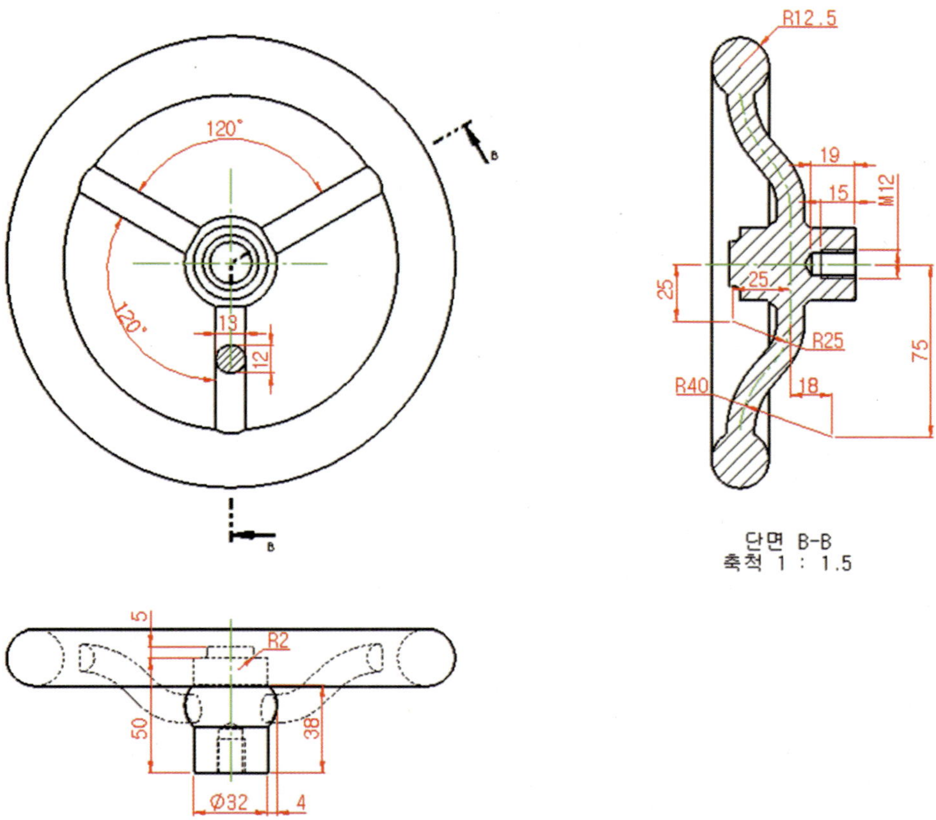

베이스 피처 작업하기

① 정면을 작업평면으로 하고 스케치 요소를 이용하여 프로파일을 스케치한 후 치수 및 형상 구속으로 완전 정의를 한다.

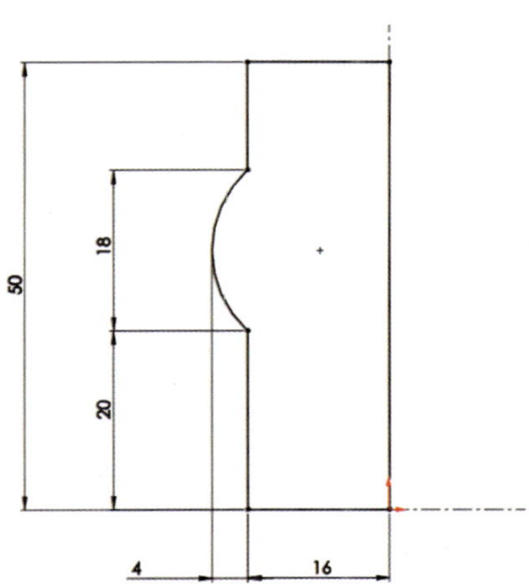

② Y축을 회전축으로 하고 스케치평면을 시작으로 블라인드 형태로 360° 회전시킨다.

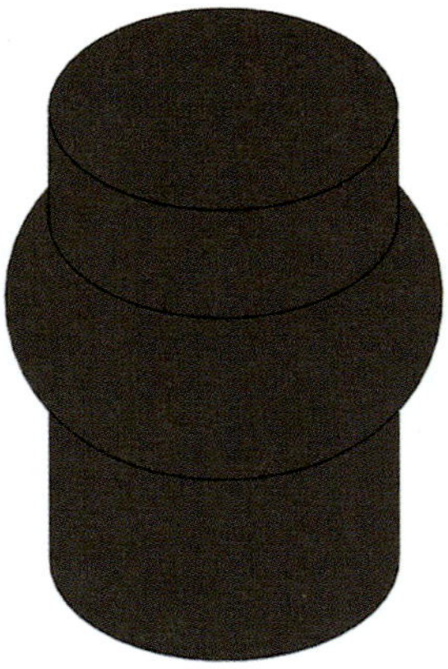

림(Rim) 작업하기

① 우측면을 작업평면으로 핸들 손잡이 부분의 단면 형상으로 ϕ25mm인 원을 스케치한 후 완전 구속을 부여한다.

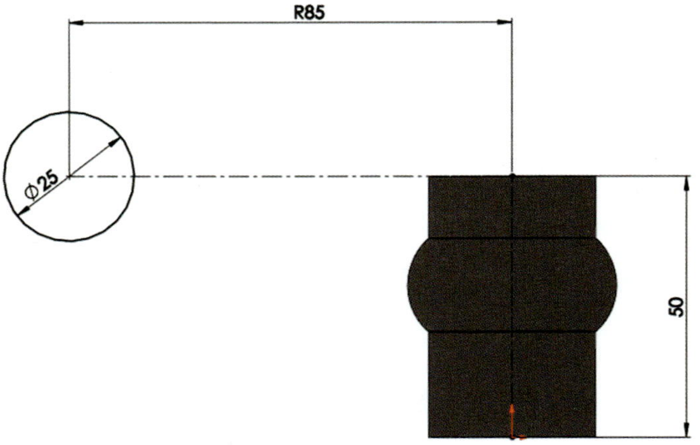

② Y축을 회전축으로 하고 스케치평면을 시작으로 블라인드 형태로 360° 회전시켜 멀티 바디를 생성한다.

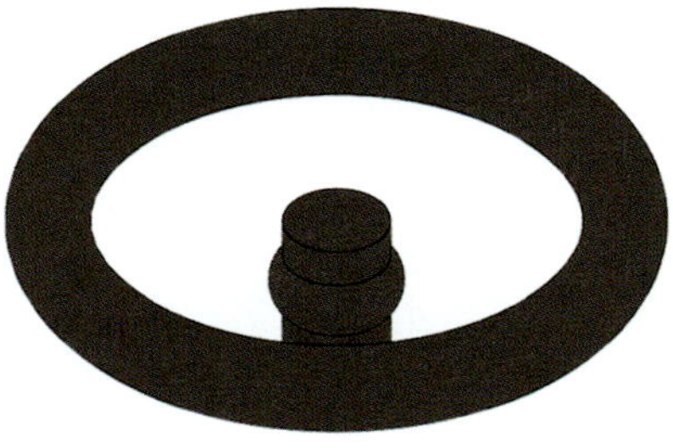

스포크(Spoke) 작업하기

① 우측면을 작업평면으로 스윕을 위한 열린 윤곽선 경로를 스케치한 후 완전 구속을 부여한다.

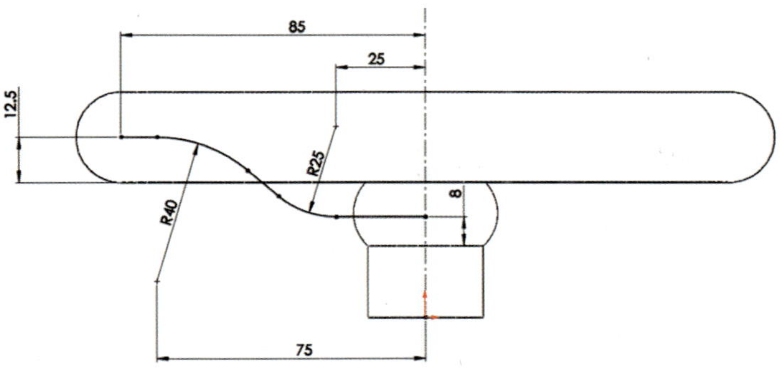

② 우측면을 작업평면으로 경로 시작점을 중심으로 ϕ12mm인 스케치한다.

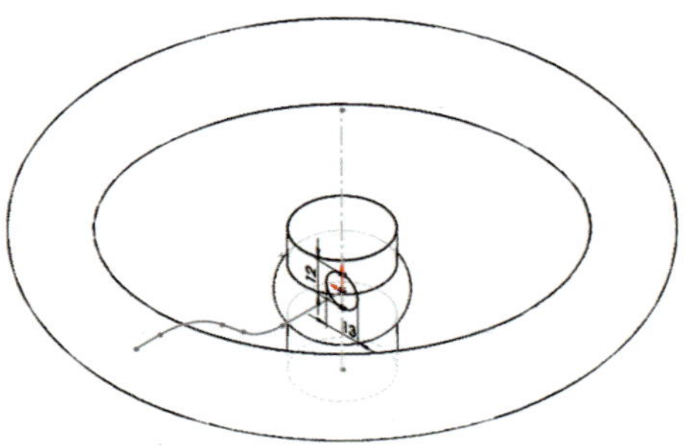

③ 스케치 프로파일과 경로를 이용하여 스윕 보스/베이스를 작성한다.

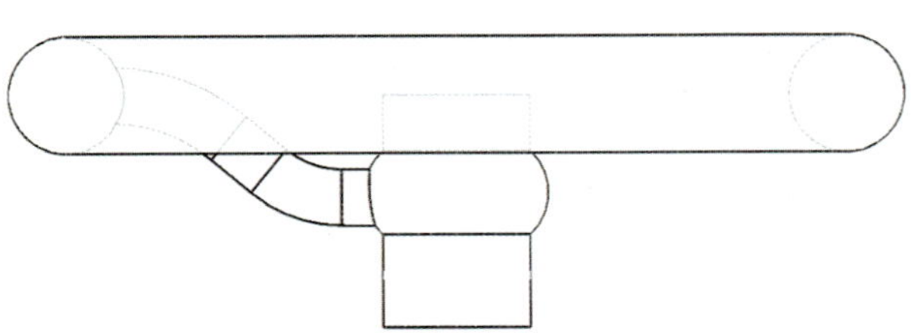

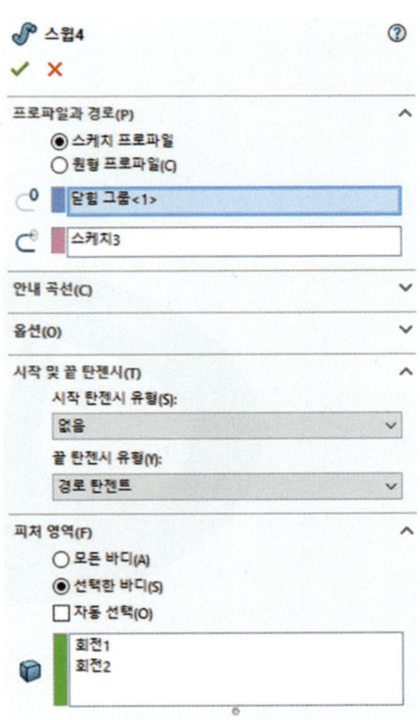

스포크 패턴 작업하기

베이스 피처를 중심으로 원형패턴을 이용하여 동등간격, 360도로 3개의 스포크를 생성한다.

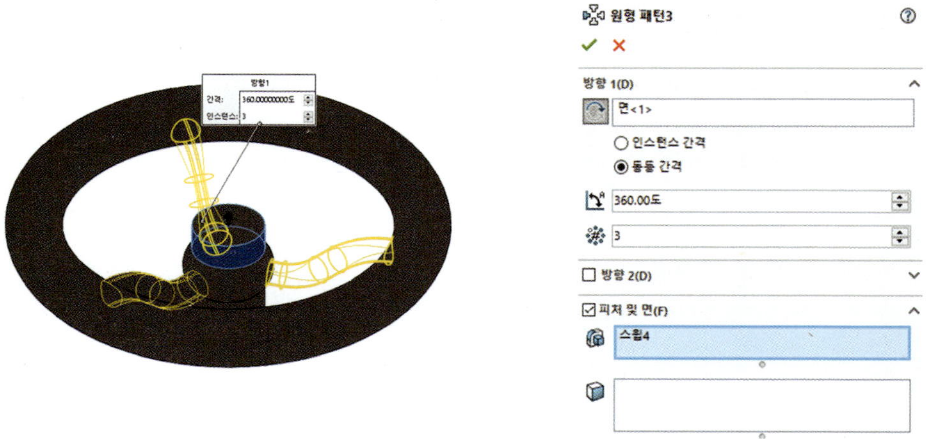

탭 구멍 작업하기

구멍스펙을 이용하여 베이스 피처 밑면에 탭구멍, M12, 마침조건 등의 유형을 선정한 후 탭 구멍을 생성한다.

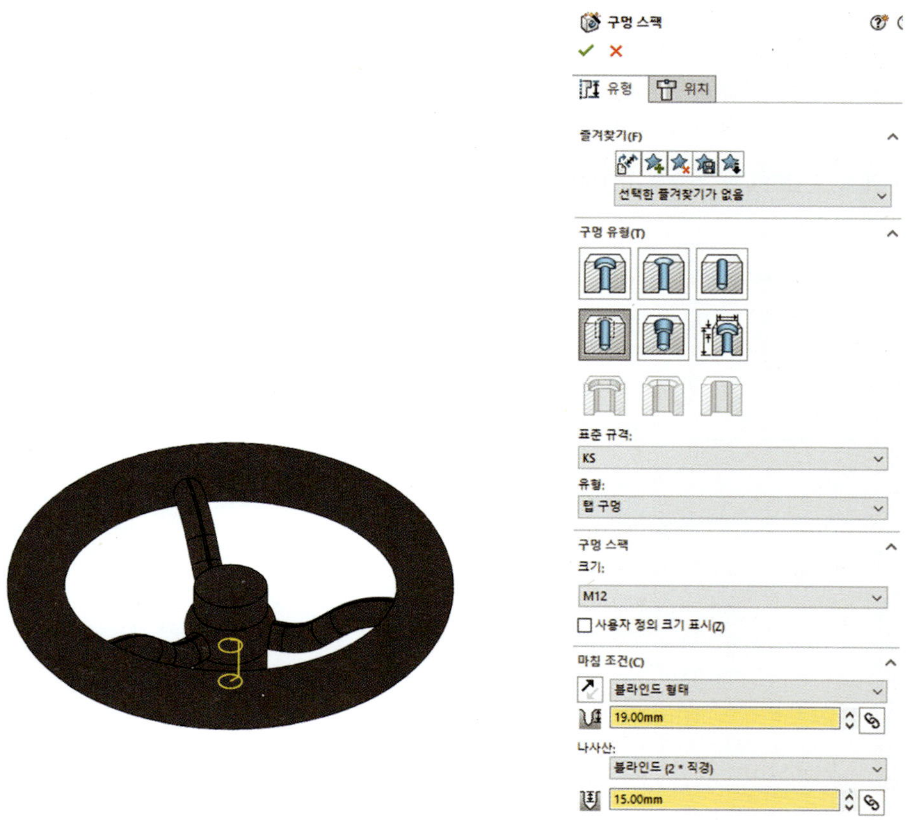

❙ 연습문제

1_2023-DC-S-203

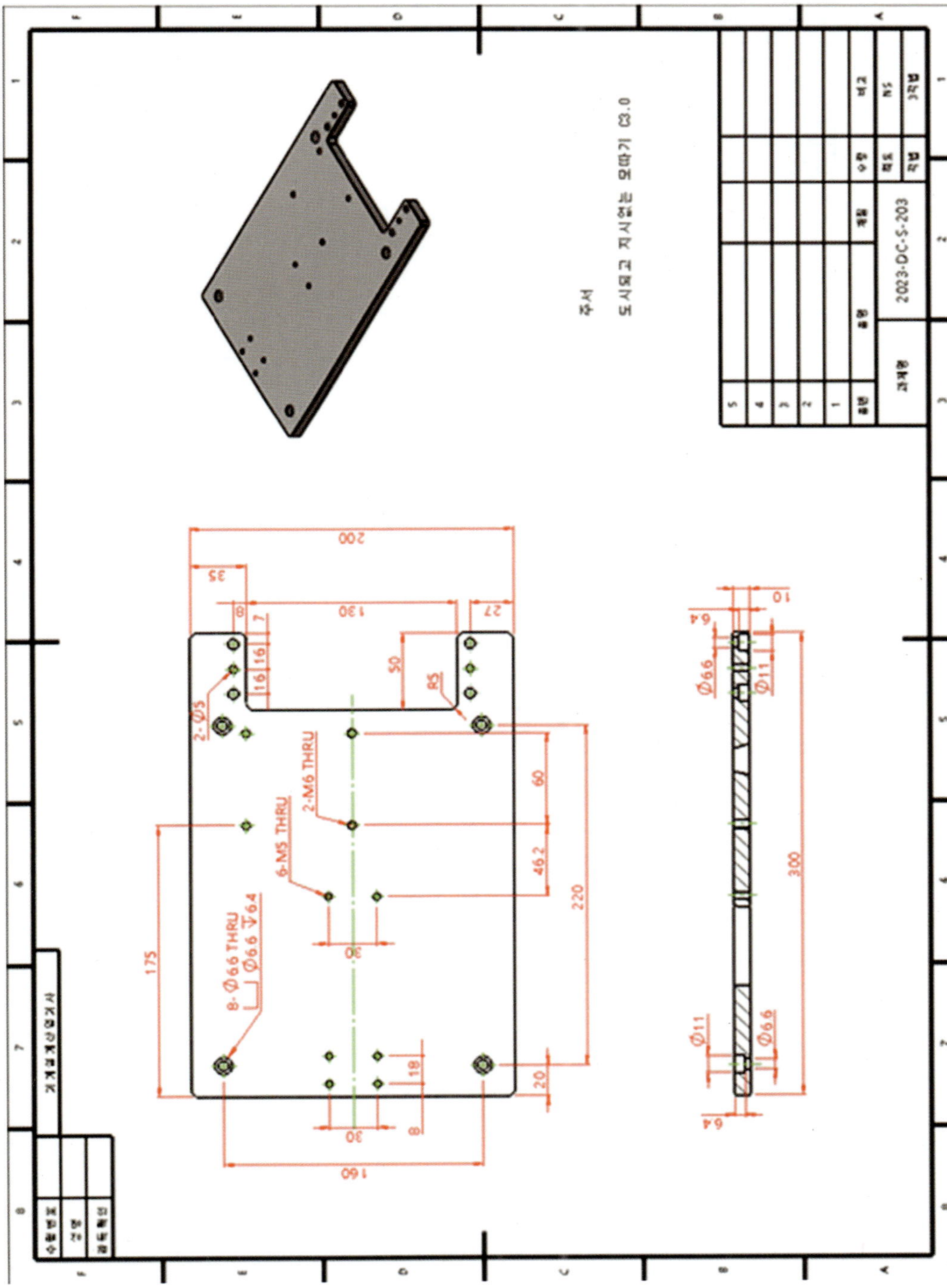

2_2023-DC-S-204

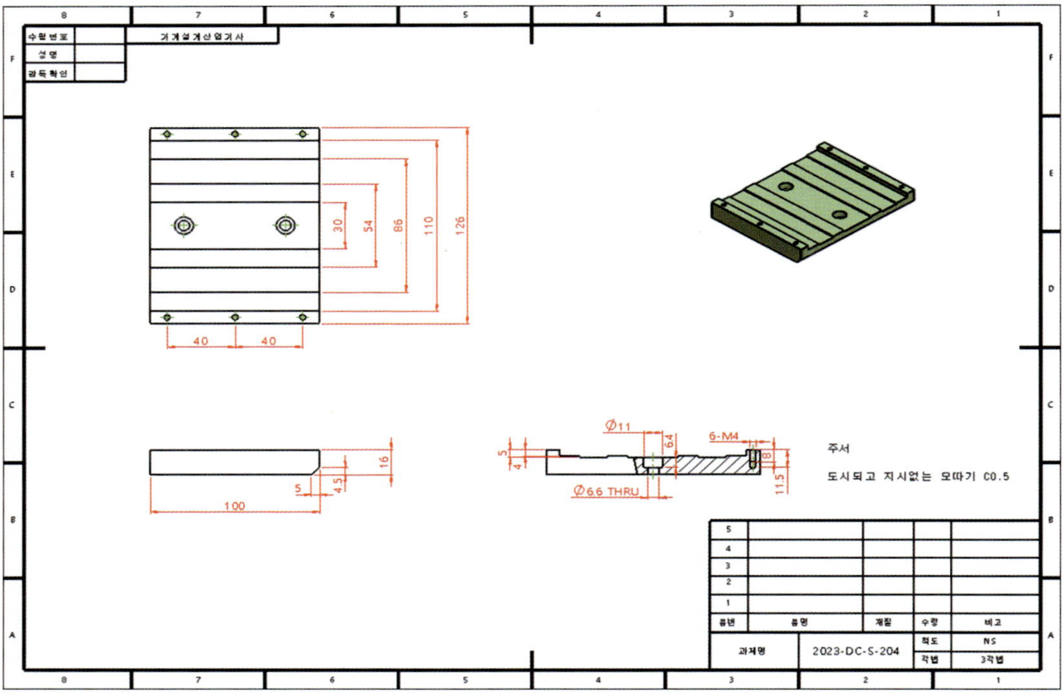

3_2023-DC-S-206

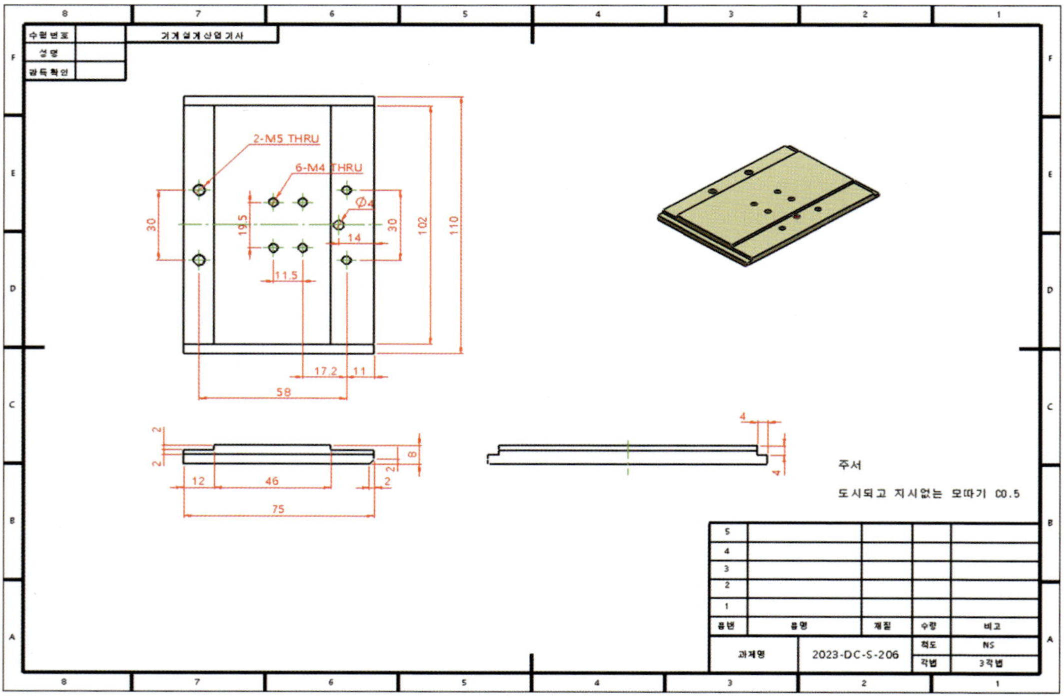

4_2023-DC-S-213

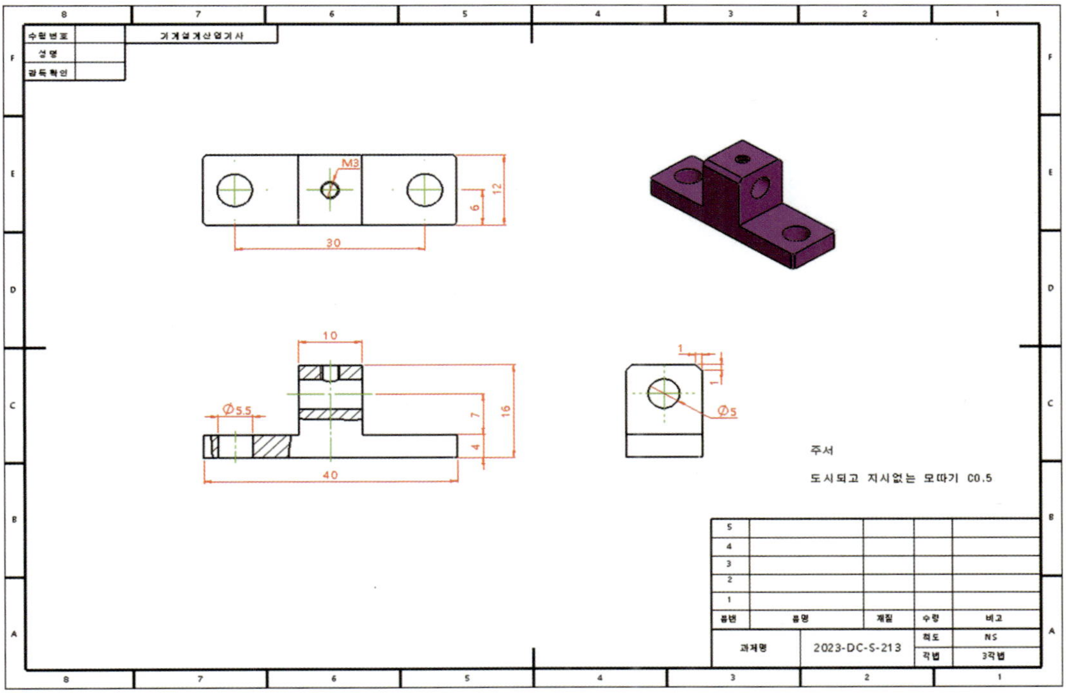

5_2023-DC-S-216

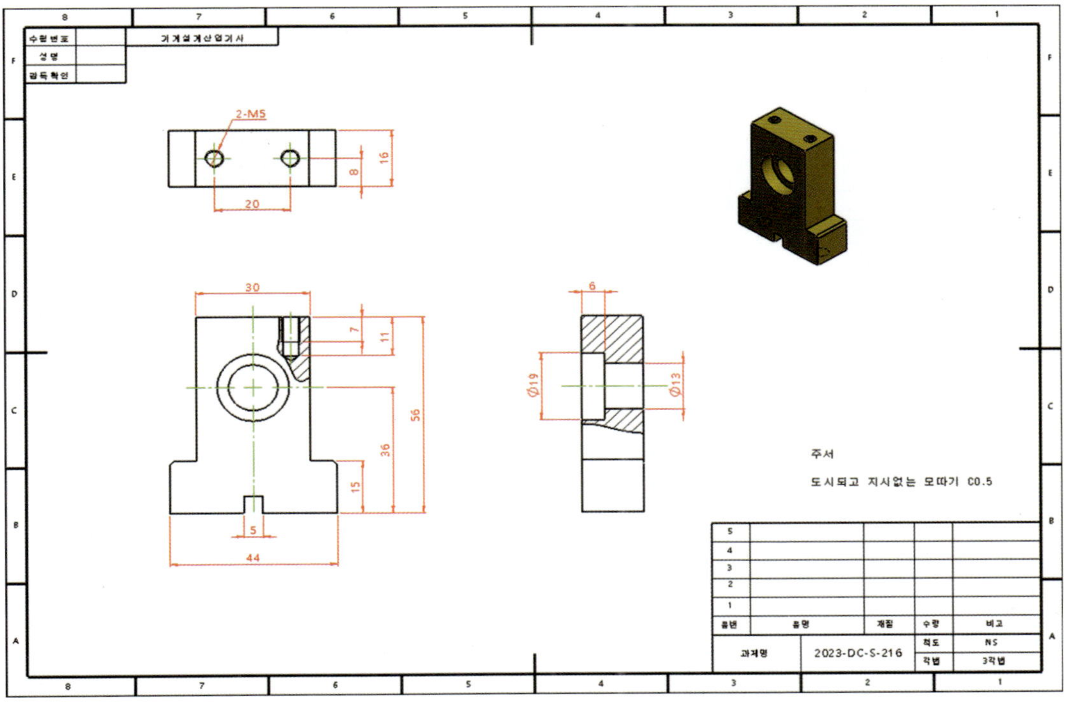

6_2023-DC-S-218

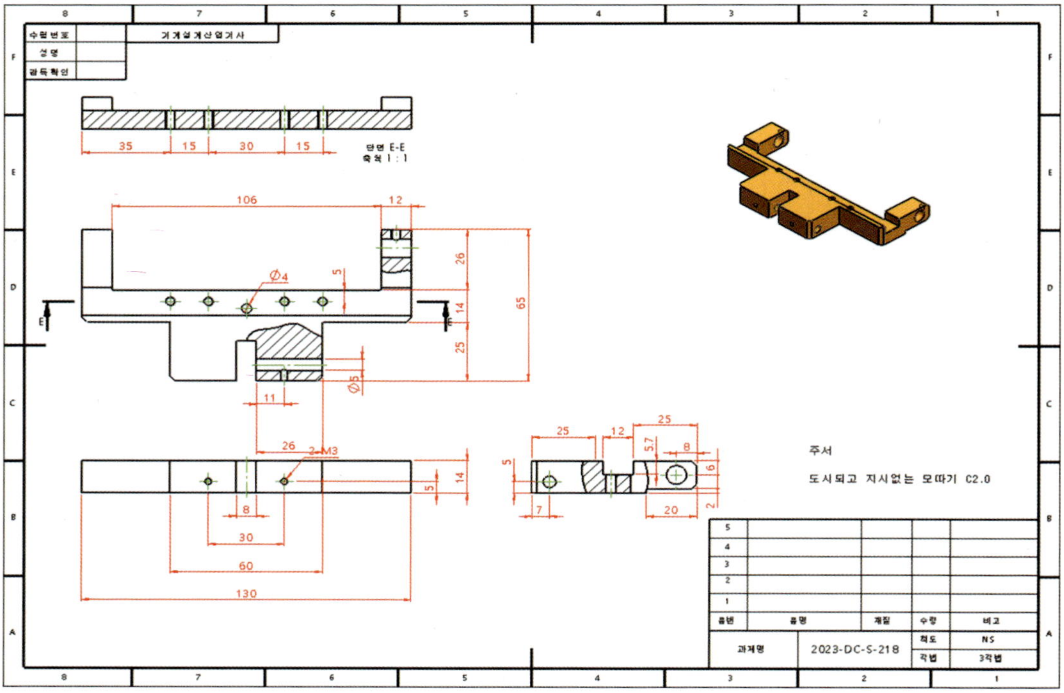

7_2023-DC-S-214

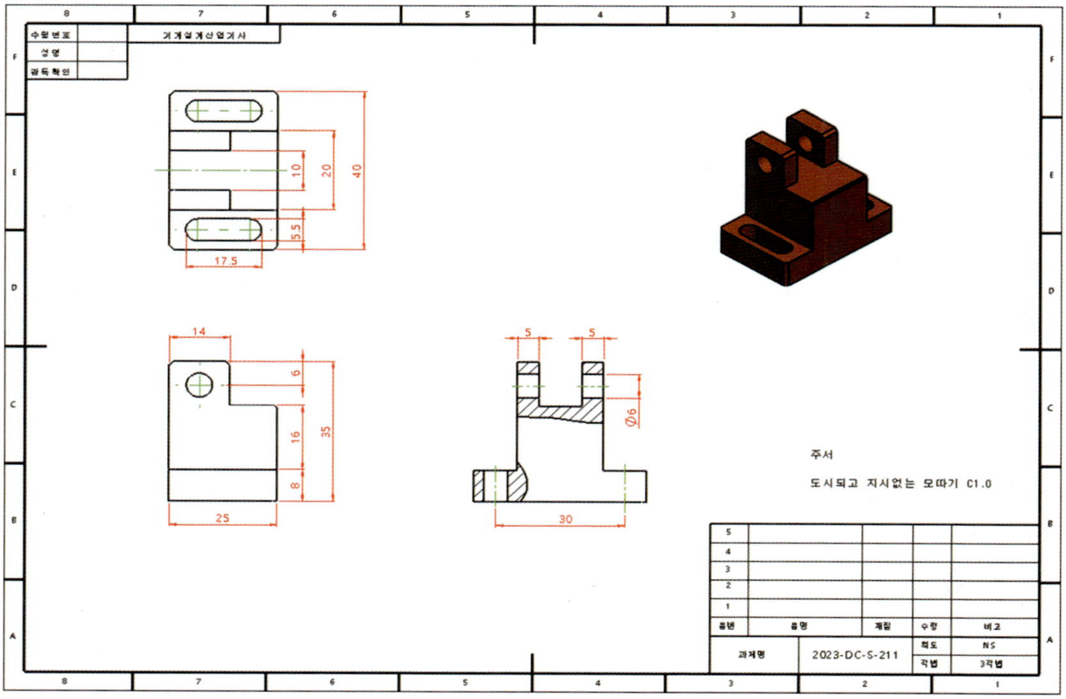

8_2023-DC-S-220

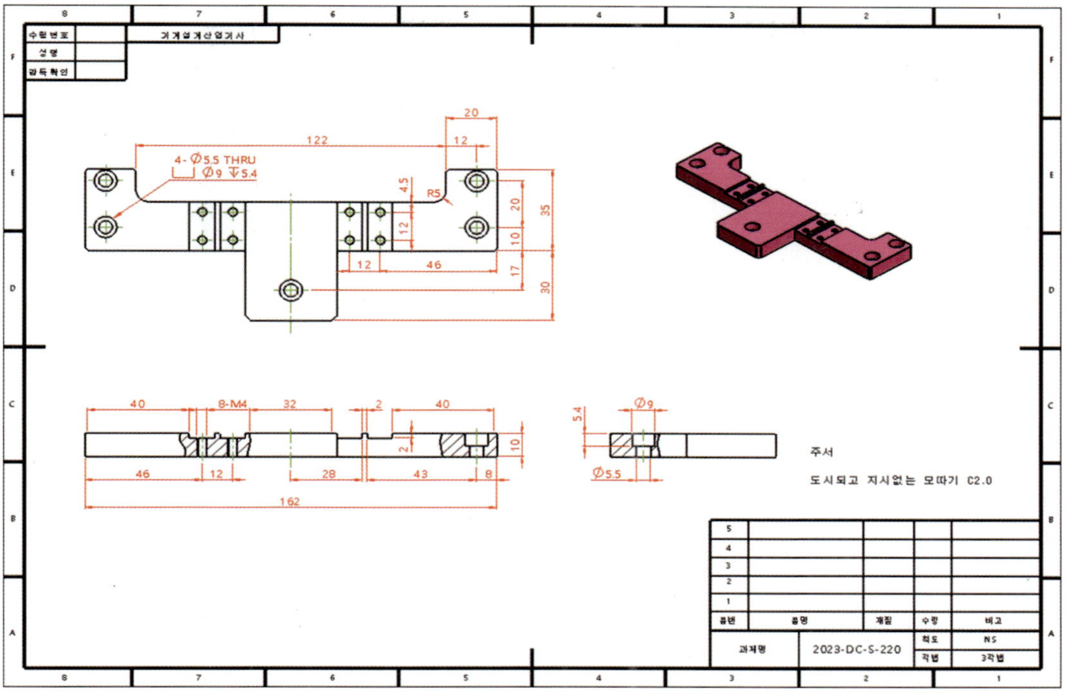

9_2023-DC-B-223

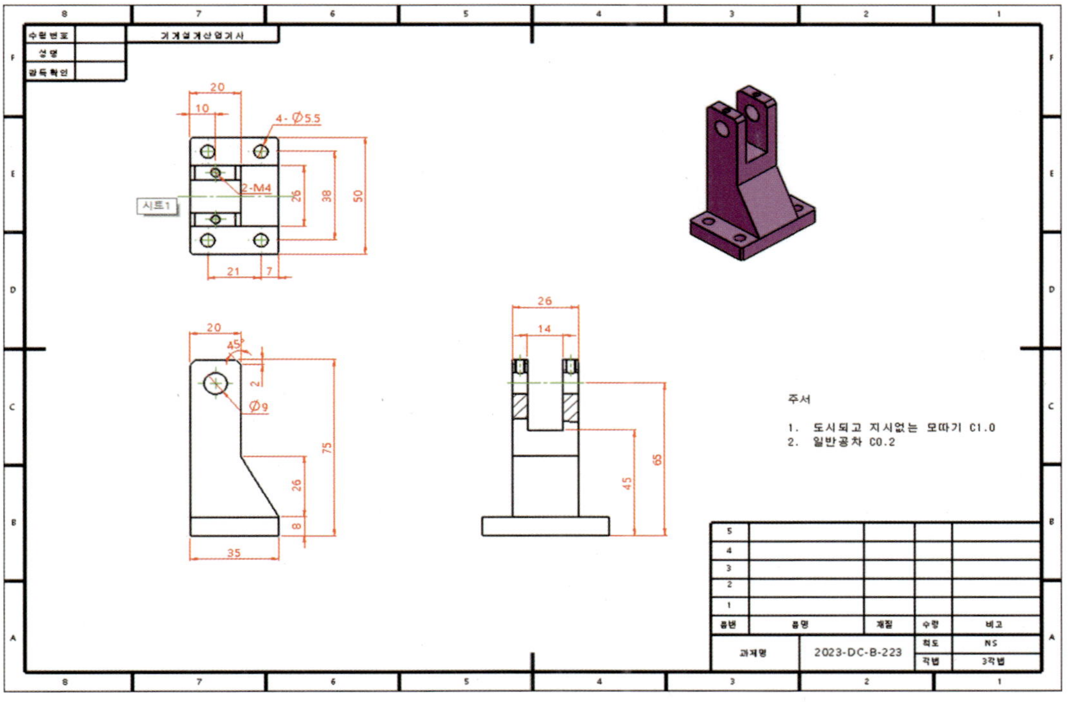

10_2023-DC-B-225

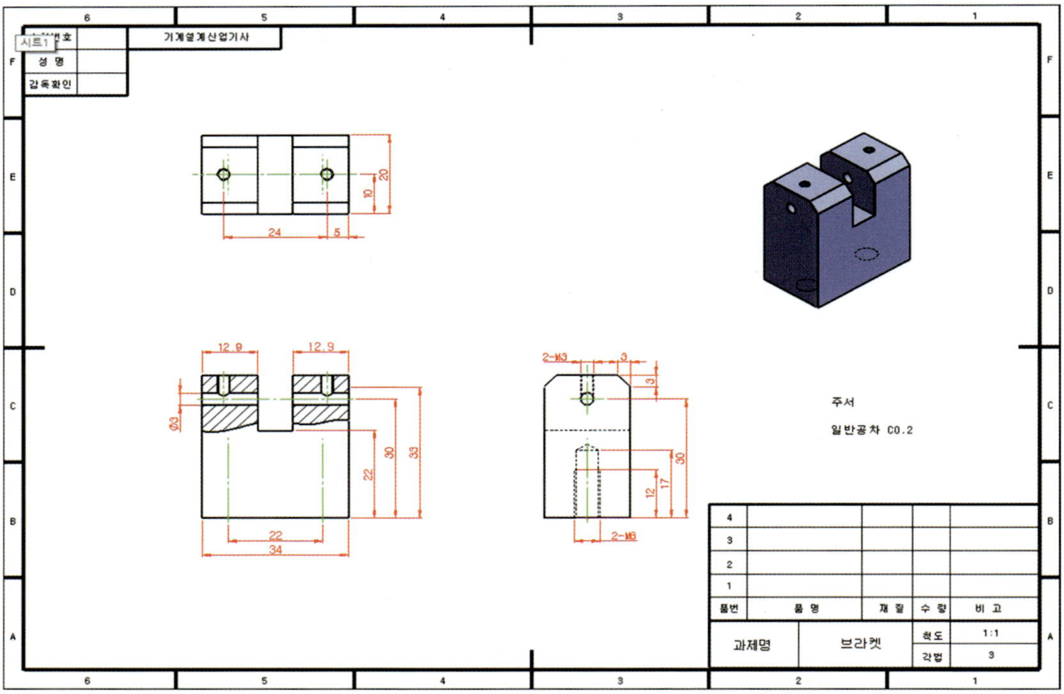

제4장

어셈블리 모델링

※ 구민사 홈페이지에서 단품 데이터 다운로드하세요.

CHAPTER 4

어셈블리 모델링

어셈블리는 하나 이상의 파트들을 조립하여 설계자가 요구하는 기능을 할 수 있도록 완성품을 만드는 작업이다. 3D 모델링 프로그램은 대부분 파트 모델링을 통하여 얻은 단품들을 조립하기 위하여 어셈블리 작업을 한다. 설계자가 파트 모델링 작업을 할 때 스케치 상에서 프로파일의 구속조건을 적절하게 적용함으로써 설계변경 시 설계 시간의 단축 효과를 극대화하는 것이 좋은 모델링 방법이라 할 수 있다. 이와 마찬가지로 어셈블리 작업도 파트 모델링과 마찬가지로 설계 변경을 효과적으로 수행할 수 있도록 최적의 방안을 찾아야 한다. 어셈블리 작업은 주로 상향식 설계 방식이 사용되고 있으나, 현장에서는 하향식 설계 방식과 적절하게 혼용하여 사용하는 혼합식 설계 방식이 주로 적용되고 있다. 따라서 설계자는 이들의 설계 방식에 대한 장단점을 파악하여 적절하게 활용할 필요가 있다. 즉, 이에 대한 일반적인 설계 프로세스는 다음과 같다.

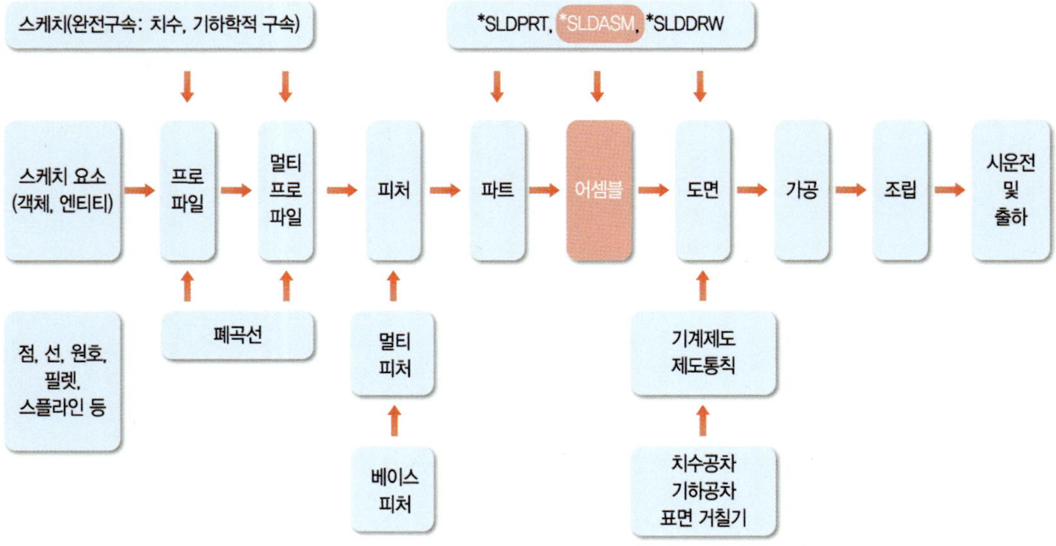

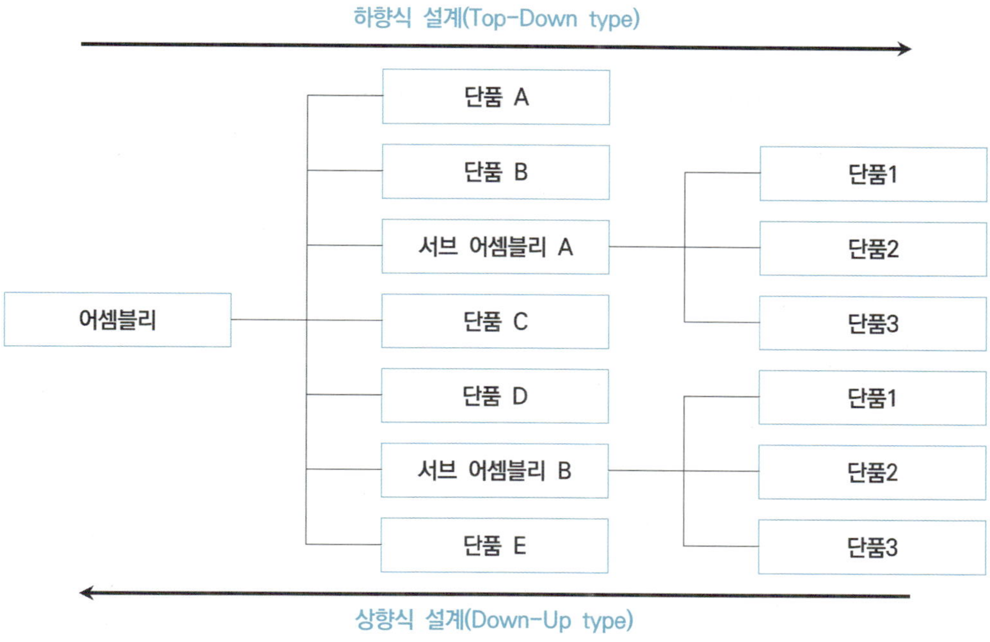

01 어셈블리 설계 방식

① 상향식 설계

모든 단품을 설계자가 구상한 형상대로 파트 모델링을 한 후 어셈블리 상에서 단품을 하나하나 불러내어 조립한다. 조립과정에서 단품에 문제가 발생하면 단품에 대한 파트 모델링 창을 열어 수정작업을 한다. 이러한 설계 방식은 설계자의 구상만으로 단품설계를 해야 하기 때문에 제품에 대한 충분한 이해와 많은 경험이 요구되며, 다음과 같은 장단점이 있다.

① 개별 부품들을 모델링한 후 어셈블리 작업창에서 부품들을 불러와 조립하는 방식으로 가장 일반적인 방식이다.
② 설계자의 설계의도에 대한 활용도가 낮아 설계 오류 및 부품 간 충돌 등의 결과를 초래할 수 있다.
③ 어셈블리 과정에서 단품의 수정이 필요한 경우에는 파트 작업창을 열어 필요한 작업을 수행한다.
④ 주로 유사제품이나 제품의 라이프사이클 동안에 설계변경 등이 많지 않은 제품을 제조할 때 유리한 방식이다.
⑤ 제품 전체의 어셈블리를 이루는 부품이 많아지거나 복잡할수록 문제를 일으킬 가능성이 커진다.
⑥ 설계를 시작하기 전에 레이아웃 설계가 대부분 이루어지나 요소 부품의 수가 많은 경우에는 이들 부품들 간의 연관관계를 생각하지 않고 설계를 하기 때문에 개발 제품의 구조가 복잡할수록 설계 변경 등의 유지 관리가 어렵다.
⑦ 설계 변경 시 전체 제품에 대한 설계 개념을 만족시키면서 수정하려면 많은 시간이 소요된다.

② 하향식 설계

제품 구조의 맨 위에 있는 제품을 어셈블리로 나누고 다시 어셈블리를 더 작은 어셈블리로 나누어 가면서 부품 단위까지 정의하고, 최종적으로 부품을 모델링하는 방식으로서 장단점은 다음과 같다.

① 현장에서는 대부분 상향식과 하향식을 혼용한 방식을 적용하고 있으며, 부품 상호간의 상호작용 및 구속조건 등을 효과적으로 구성할 수 있다.
② 부품 상호 간의 상호작용 및 구속조건 등을 효과적으로 구성할 수 있다.
③ 설계 변경이 자주 요구되거나 광범위하고 다양한 제품을 설계하는 경우에 많이 사용한다.
④ 크고 복잡한 어셈블리를 공동 작업을 할 경우에는 서로 다른 설계그룹 간에 설계 변경 등의 정보를 공유할 수 있다.

02 어셈블리 메뉴

① 부품 편집 및 관리

1_부품 삽입

2_메이트

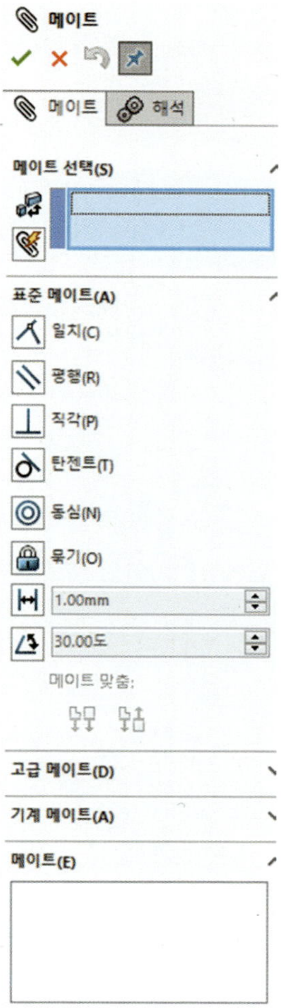

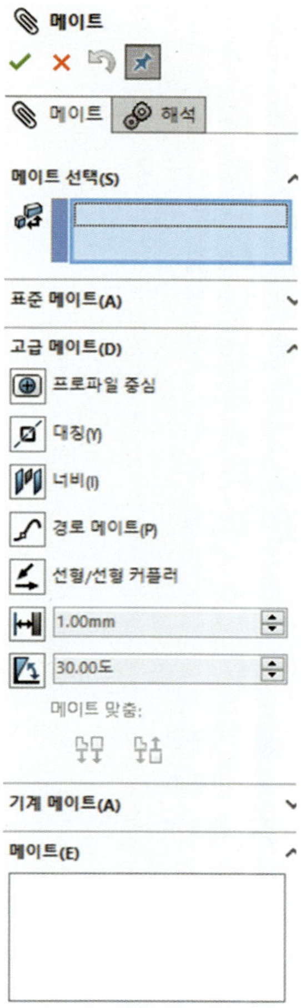

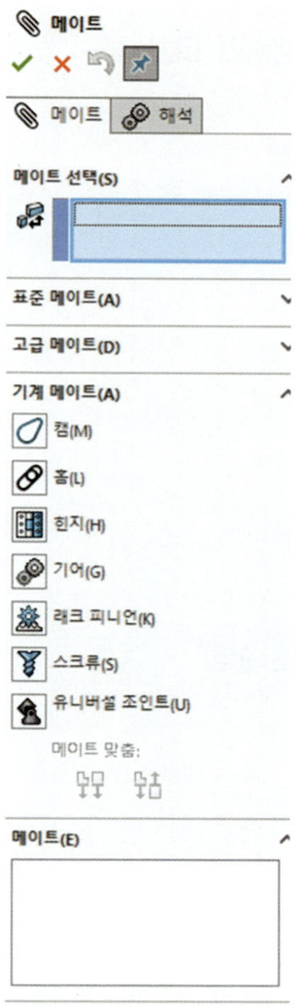

3_부품 패턴 및 부품 이동

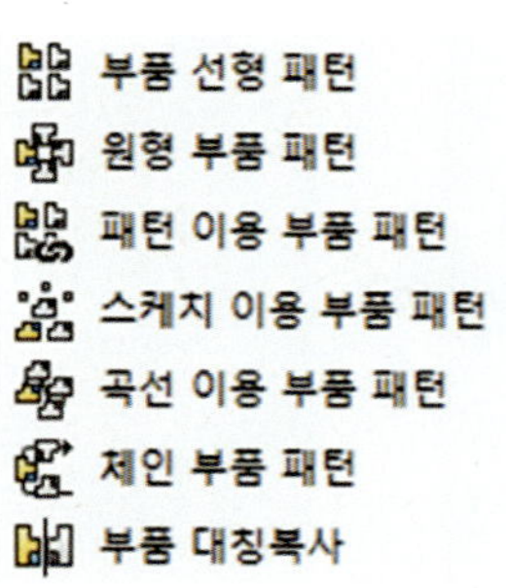

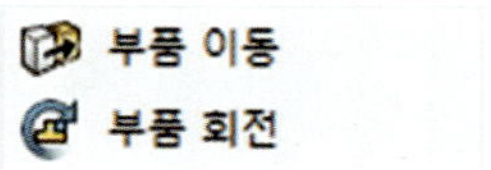

② 어셈블리 피처 및 참조 형상

1_어셈블리 피처

구멍 시리즈
구멍 가공 마법사
기본형 구멍
돌출 컷
회전 컷
스윕 컷
필렛
모따기
용접 비드
벨트/체인

2_참조 형상

기준면
기준축
좌표계
점
질량 중심
경계 상자
메이트 참조

③ 분해도

분해도
분해 지시선 스케치
지능 분해 지시선 삽입/편집

03 구속조건 및 종류

① 구속조건

어셈블리 상에서 부품이나 서브 조립품의 위치 결정 및 부품 상호 간의 상관관계에 대한 구속을 주는 것으로 다음과 같다.

- 대상물의 X, Y, Z축 방향 이동에 대한 구속
- 대상물의 X, Y, Z축 중심으로 한 회전운동에 대한 구속

대상물이란 무엇인가?

- 대상물은 부품이나 서브 조립품을 말한다. 일반적으로 어셈블리 상에서 서브 조립품은 단품으로 인식된다.
- 서브 조립품은 여러 개의 부품들로 구성이 되어도 어셈블리 상에서는 이들 부품들 간의 구속조건 부여가 불가능하다.

② 구속조건의 종류

1_선택 요소 개수에 따른 분류

선택 요소 개수	종류	구속 방법
1	고정	구속을 주기 위한 대상요소 선택
2	일치, 동심, 각도, 평행, 수직, 옵셋, 탄젠트	기준요소와 구속을 주기 위한 대상요소 선택
3	대칭	기준면을 대상으로 기준요소와 대칭구속을 주기 위한 대상요소 선택

2_구속조건의 분류

① 고정 : 어셈블리 상에서 단품이나 서브 조립품이 움직이지 않도록 구속조건을 주는 기능이다.

② 일치 : 기준요소와 대상요소들을 서로 일치하도록 구속조건을 주는 기능이다. 이들 요소들은 점, 선, 면 등으로 구성된다.

③ 동심 : 기준요소와 대상요소들의 중심축을 기준으로 서로 동심이 되도록 구속조건을 주는 기능이다. 여기서, 기준요소와 대상요소는 원통의 면을 나타낸다.

④ 각도 : 기준요소와 대상요소들 사이에 일정한 각도로 구속조건을 주는 기능이다.

⑤ 탄젠트 : 기준요소를 기준으로 대상요소를 접선이 되도록 구속조건을 주는 기능이다.

⑥ 평행 : 기준요소와 대상요소가 평행하도록 구속조건을 주는 기능이다.

⑦ 수직 : 기준요소와 대상요소가 수직하도록 구속조건을 주는 기능이다.

⑧ 옵셋 : 기준요소와 대상요소가 일정 간격이 되도록 구속조건을 주는 기능이다. 주로 면과 면이 일정한 간격으로 유지할 때 사용된다.

이동 및 회전 구속조건

기준 요소	대상 요소	구속 범위
선	선	선과 선을 연장하는 방향으로만 이동 가능 선을 축으로 하는 회전만 가능
	면	연장선을 통과하는 방향으로만 이동 가능 선을 축으로 하는 회전만 가능
면	선	면이 인식하는 평면에서만 이동 가능 선을 축으로 하는 회전만 가능
	면	면이 인식하는 평면에서만 이동 가능 모든 방향의 회전 구속

③ 메이트

1_Proterty 매니저

메이트 추가 및 편집, 각종 어셈블리 피처 작업 시 속성 지정, 솔리드웍스 모션 또는 시뮬레이션 상의 속성 지정 등을 지원한다.

2_Configuration 매니저

설정추가 및 편집, 분해도, 분해 지시선 스케치, 조립도 생성 및 관리 등을 지원한다.

04 요소 부품에 대한 편집

① 파트 편집

FeatureManager 디자인 트리 상에서 편집하고자 할 단품을 선택하고 상황별 도구모음에서 파트 편집을 클릭하면 선택한 부품만 활성화되며, 다른 부품과의 연계성을 파악하면서 편집작업이 가능하다.

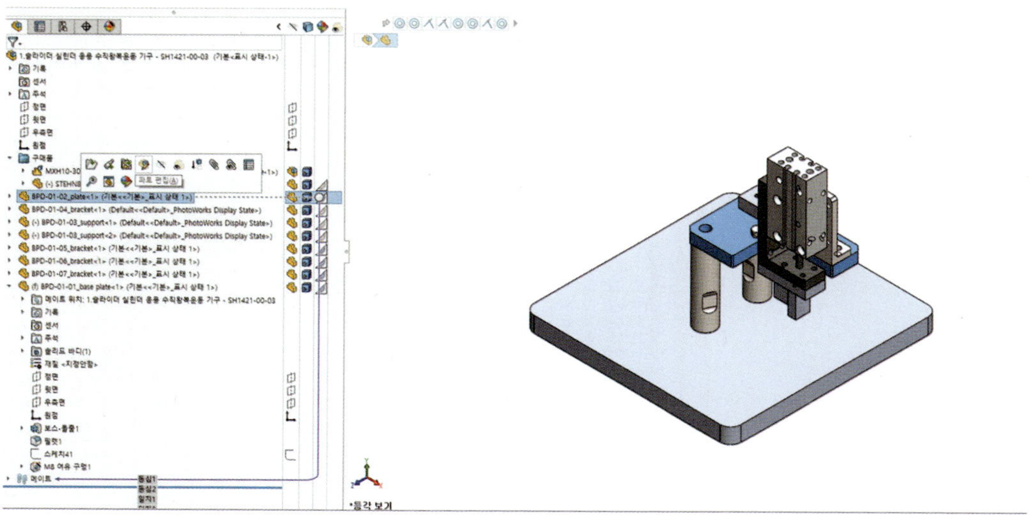

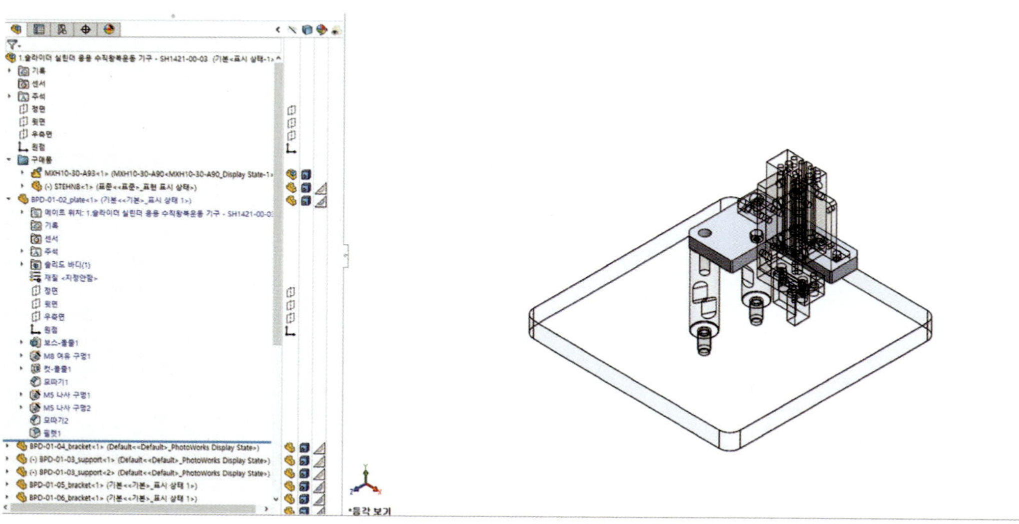

② 파트 작업창에서 파트 편집

FeatureManager 디자인 트리 상에서 편집하고자 할 단품을 선택하고 상황별 도구모음에서 파트 열기를 클릭하면 선택한 부품을 별도의 작업창에서 열어 작업이 가능하다. 주로 부품의 개수가 많은 어셈블리에서 적용한다.

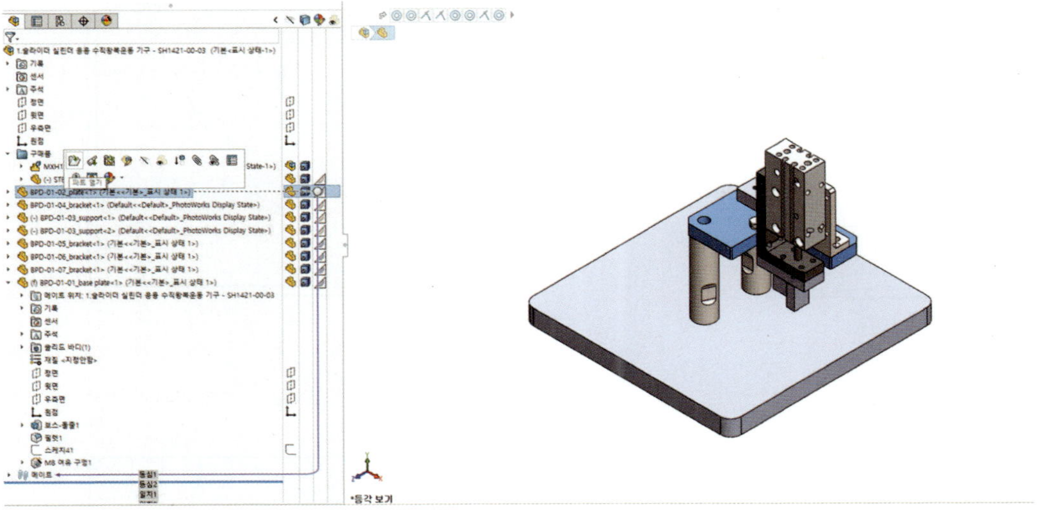

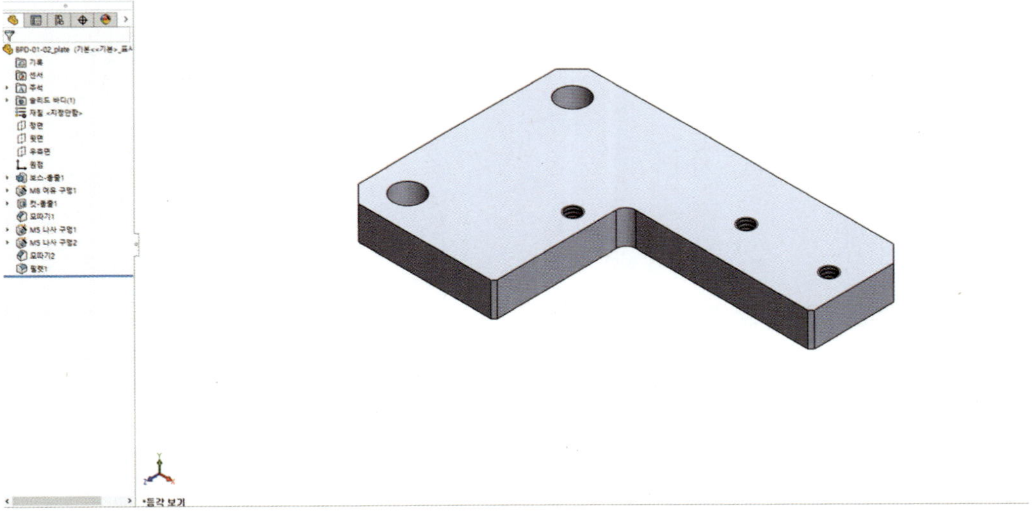

05 상향식 설계와 하향식 설계의 차이점 이해

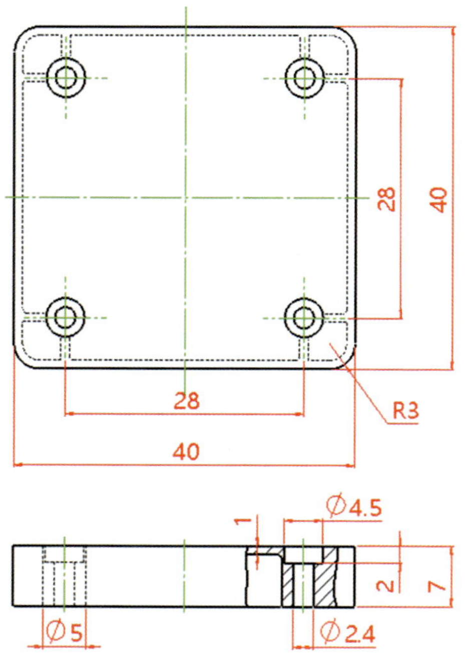

상부 케이스

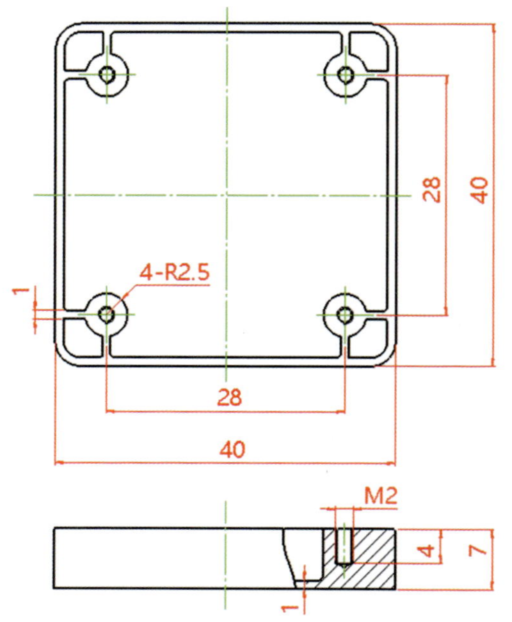

하부 케이스

① 상향식 설계

① 부품 삽입에서 상부 케이스를 어셈블리 작업창으로 불러들인다. 이때, 첫 번째로 불러들이는 요소를 베이스 피처라 하며 조립 시 기준 피처가 된다.

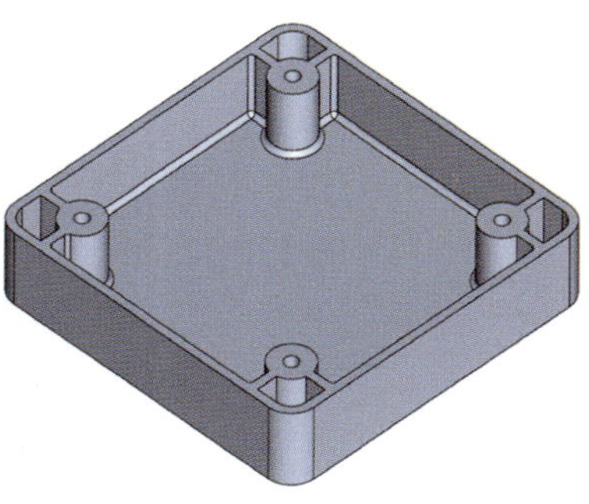

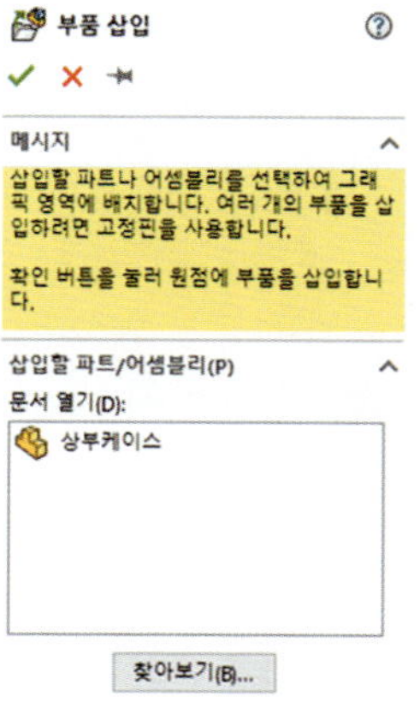

② 상부 케이스를 불러들인다. 이때, 불러들인 상부 케이스를 마우스 오른쪽 버튼으로 누른 채 움직여 하부 케이스와 적절하게 조립할 수 있도록 배열한다.

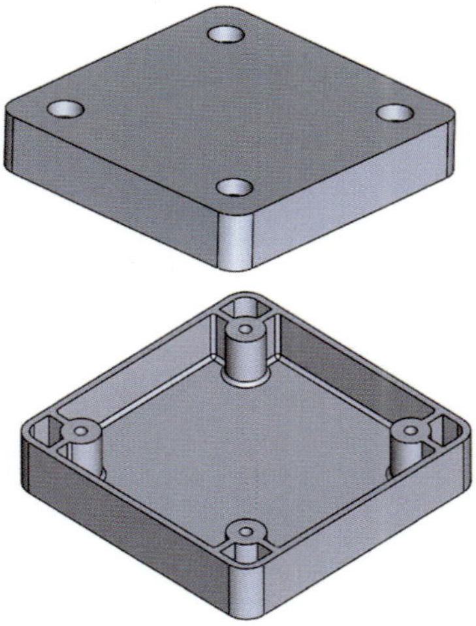

③ 상부 케이스 밑면과 하부 케이스 상부면, 상하부 케이스의 우측면에 각각 일치[ ] 구속을 준다.

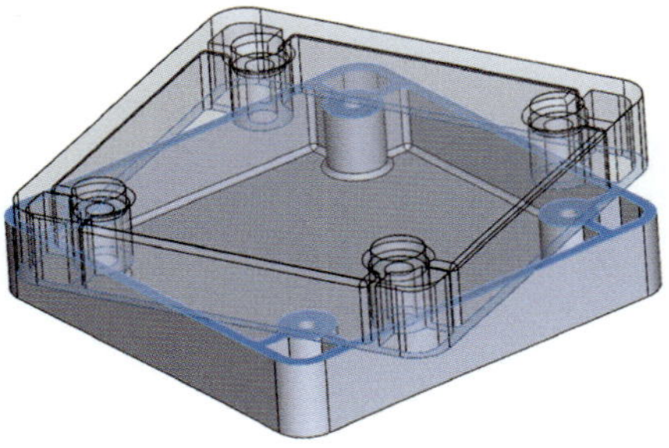

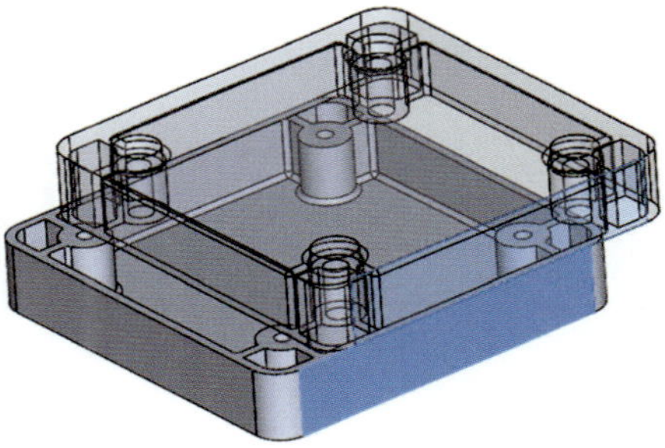

④ 상하부 케이스의 정면을 일치[ ] 구속을 준다.

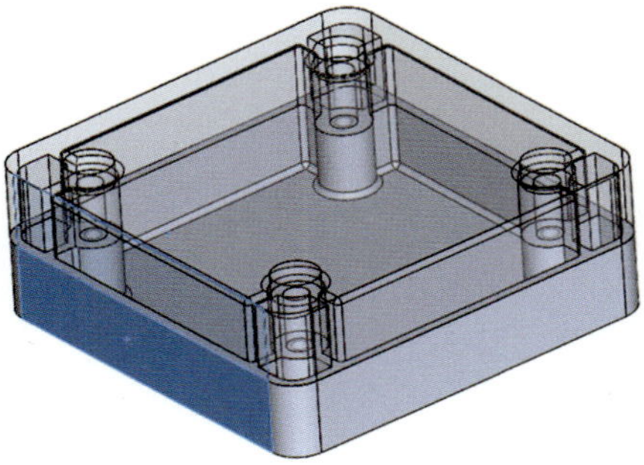

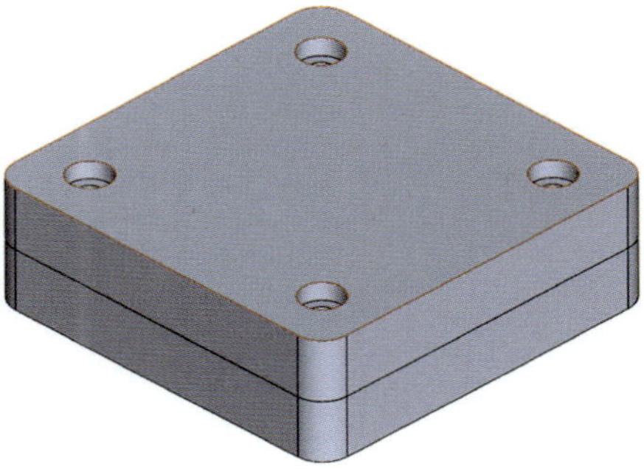

② 하향식 설계

① 바탕화면에 하향식 설계로 생성된 부품을 저장할 새폴더를 만든 후 임의의 폴더명으로 [하향식 설계]를 생성한다.

② 어셈블리 작업창을 열고 어셈블리 파일명을 [케이스]로 한 후 바탕화면에 생성한 [하향식 설계] 폴더에 저장한다.

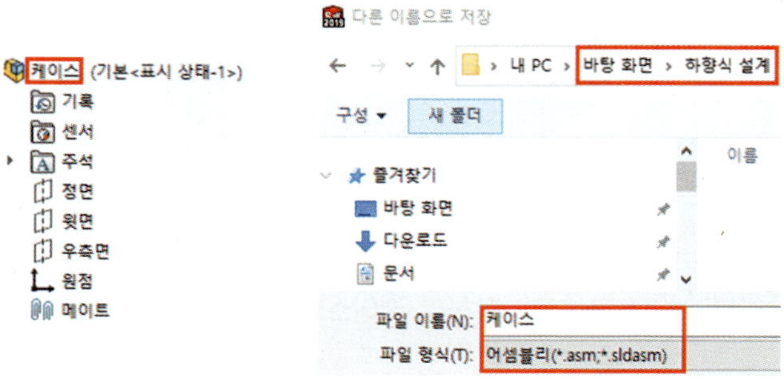

③ 부품 삽입에서 [새 파트]를 클릭하고 들어간다.

④ 좌표계에서 윗면을 클릭하면 새 파트 파일명이 푸른색으로 활성화된다. 이때, 파일명에서 마우스 오른쪽 버튼을 클릭한 후 [파트(외부 파일에) 저장]을 클릭한다.

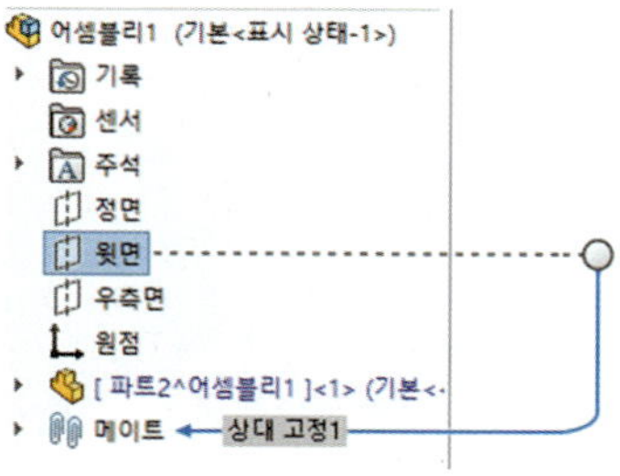

⑤ [하부 케이스]로 파일이름을 만든 후 어셈블리 파일이 저장된 [하향식 설계] 폴더와 동일한 위치에 저장하도록 한다.

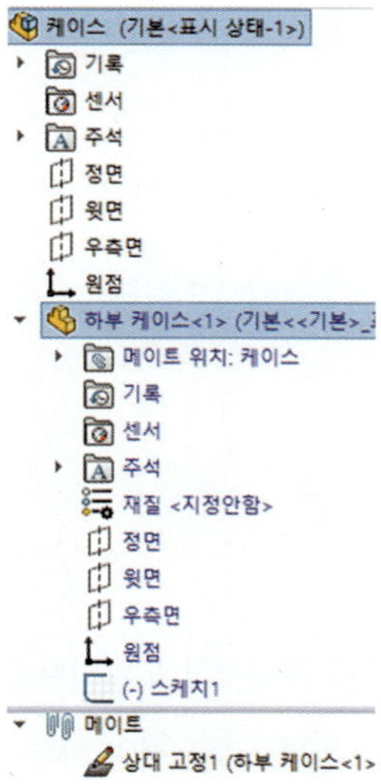

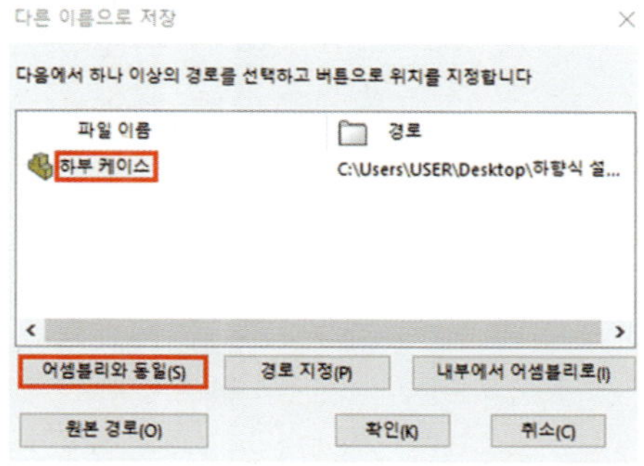

⑥ 위의 하부 케이스 도면을 참조하여 보스 돌출, 필렛, 쉘, 보스 돌출, 보강대 및 구멍가공 마법사를 이용한 M2 탭 구멍 등의 순서로 하부 케이스를 설계한다.

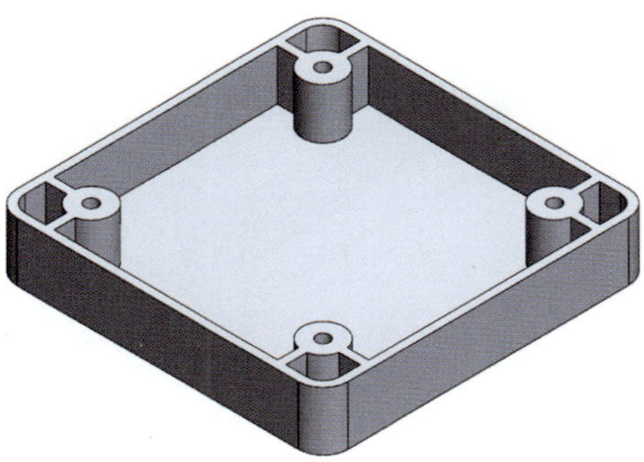

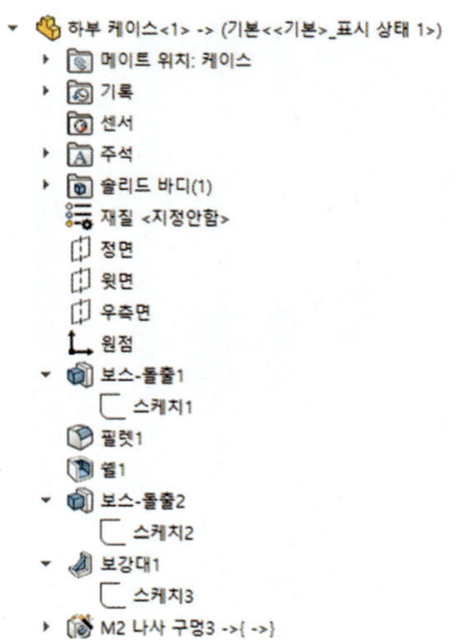

⑦ 파트 편집에서 [하부 케이스] 단품 설계가 완료되면 파트 편집[ ]에서 빠져나와 부품 삽입에서 새 파트를 클릭한다. 새 파트 폴더가 생성되면 하부 케이스에 조립할 단품을 생성하기 위한 스케치 작업평면을 클릭하면 새 파트명이 푸른색으로 활성화된다.

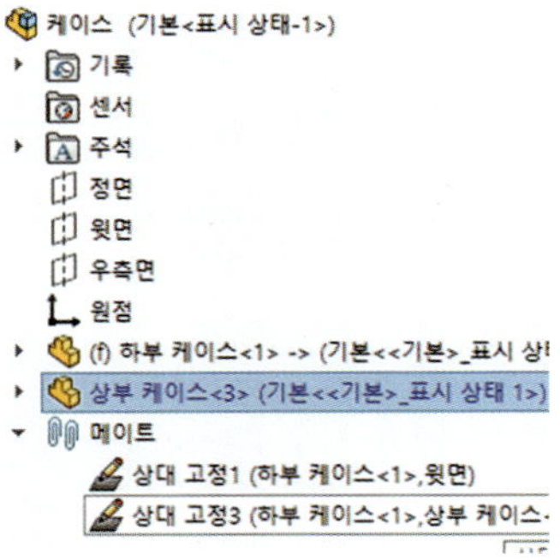

⑧ 파일명에서 마우스 오른쪽 버튼을 누르고 [파트(외부 파일에) 저장]을 클릭하여 파일이름을 [상부 케이스]로 하여 [하향식 설계] 폴더와 동일한 위치에 저장한다. 그리고 요소변환 [ ]을 이용하여 하부 케이스의 외형선을 스케치한 후 Y축 방향으로 7mm 돌출 [ ]을 한다.

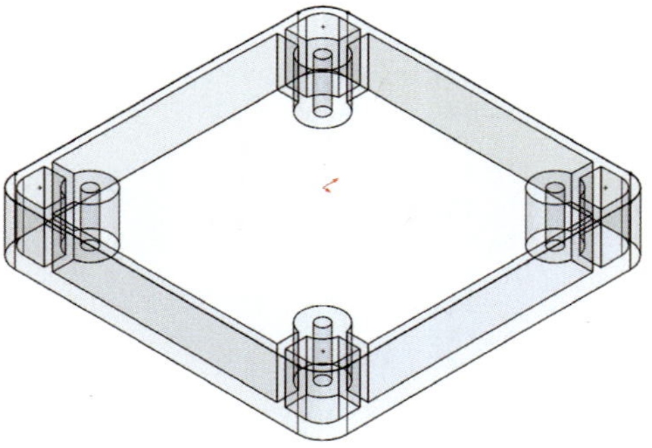

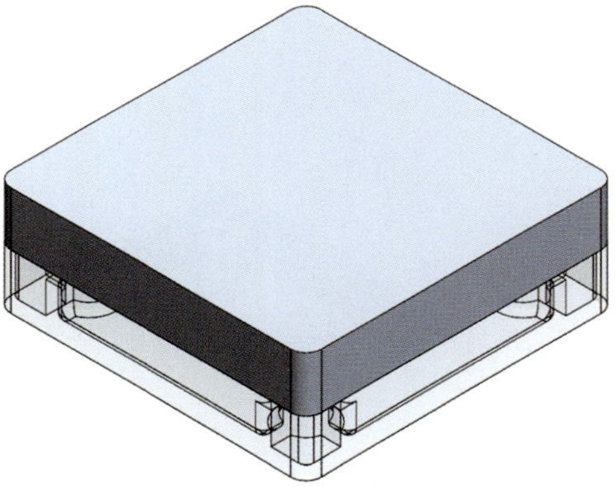

⑨ 상부 케이스를 1mm 쉘[ ] 작업을 하고 윗면을 작업평면으로 ϕ5mm 원을 스케치한다. 하부 케이스의 ϕ5mm 원과 동일원[ ]으로 구속을 주어 완전 정의를 한 후 오프셋 1mm부터 곡면까지 돌출[ ]을 한다.

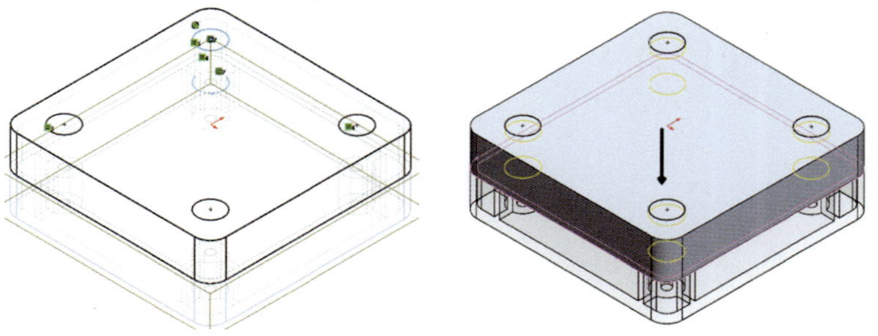

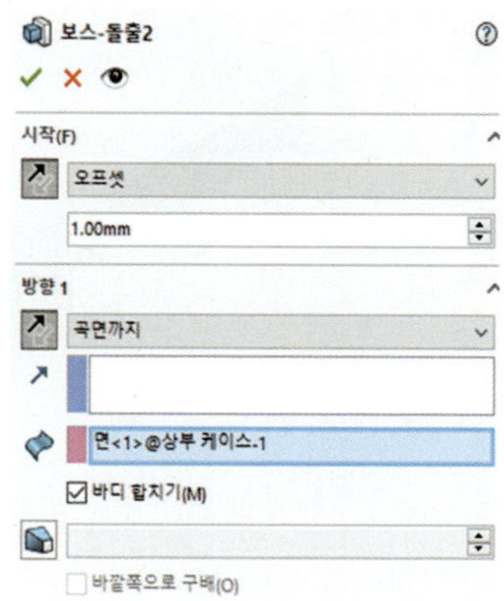

⑩ 하부 케이스를 숨긴 후 상부 케이스를 일정 각도로 회전시키고 상부 케이스에 보강대 작업을 한다.

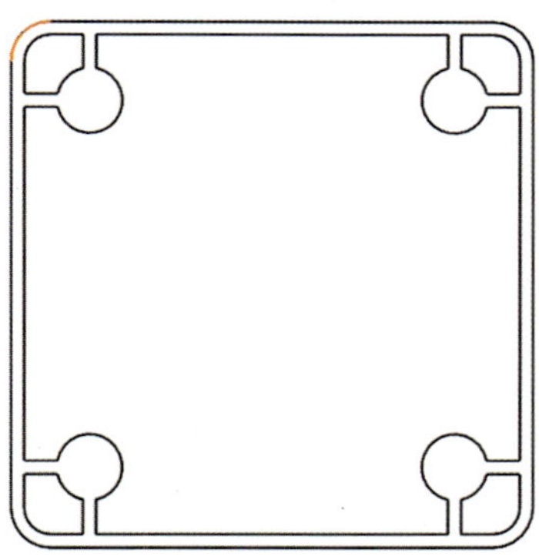

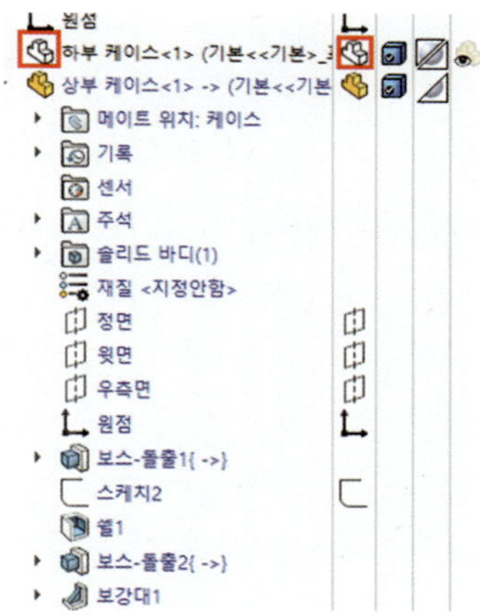

⑪ 상부 케이스 윗면을 작업평면으로 4개의 점을 스케치한 후 구멍가공 마법사를 이용하여 카운터 보어를 작업한다.

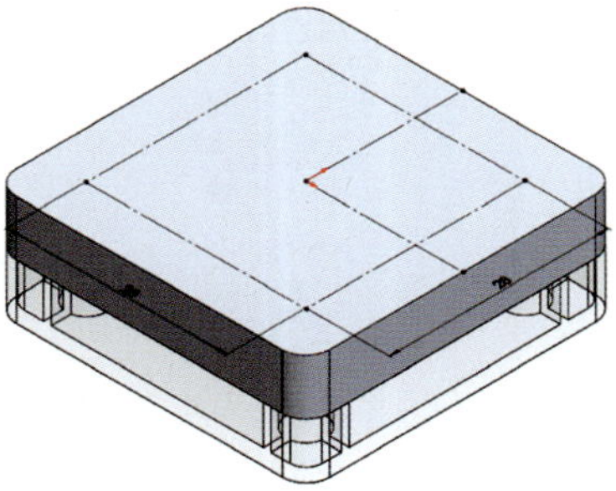

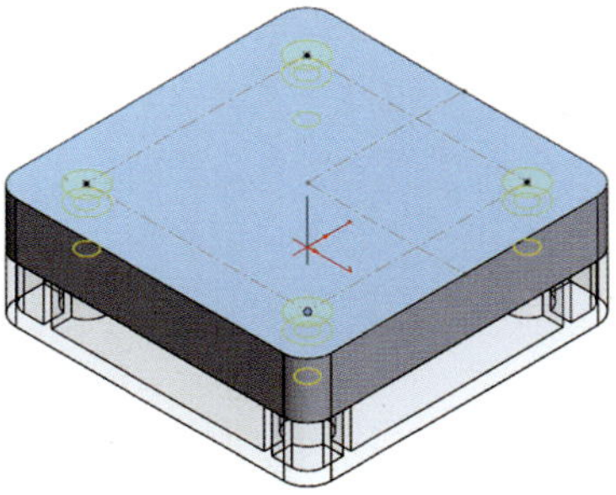

구멍 시리즈[]를 이용한 구멍가공 이해하기

상하부 케이스가 결합된 상태에서 어셈블리 피처의 구멍 시리즈를 이용하여 상하부 케이스에 카운터 보어와 탭 구멍을 동시에 작업한다.

① 상부 케이스에 새 구멍의 위치를 스케치한다.

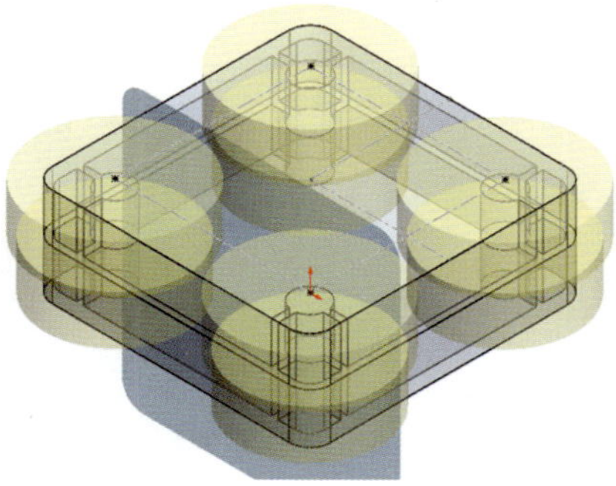

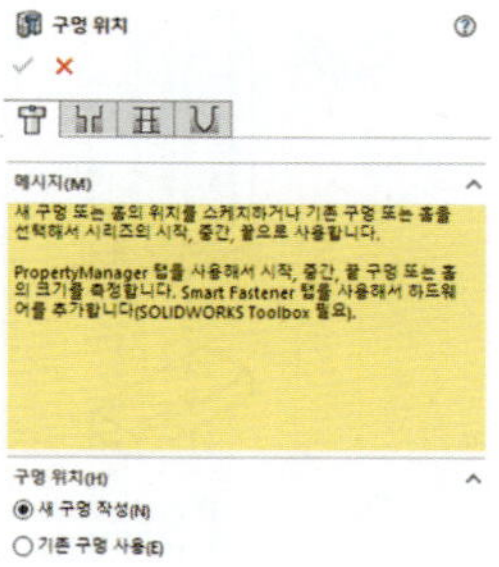

② 상부 케이스에 M2 카운터 보어를 적용한다.

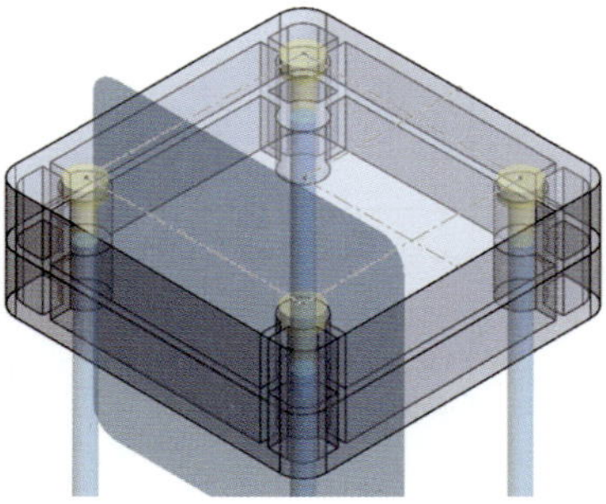

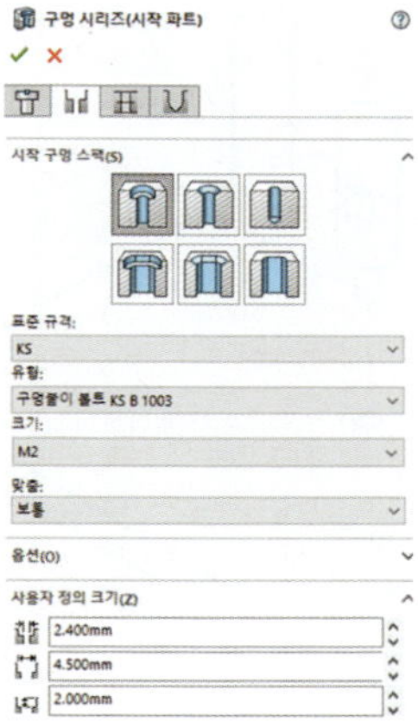

③ 중간 피처가 없으므로 기본으로 하고 하부 케이스를 선택한 후 끝구멍 스팩으로 M2 크기의 탭 구멍을 생성한다.

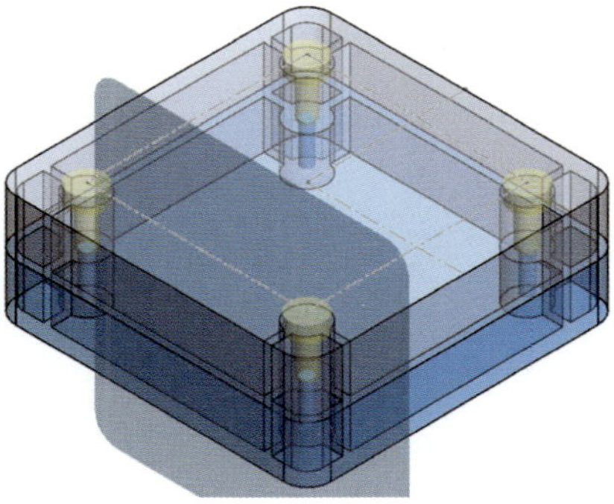

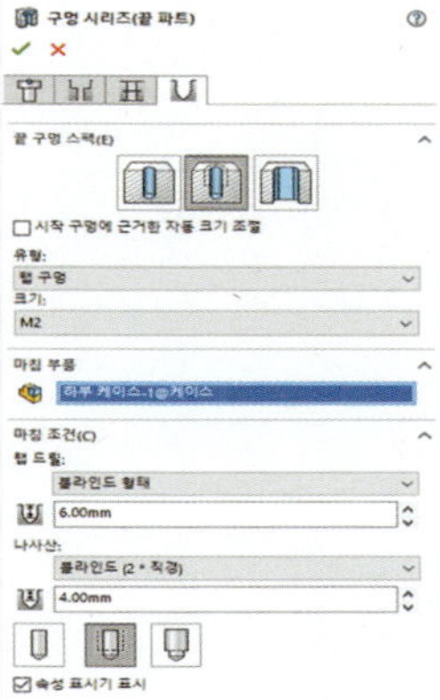

06 어셈블리 연습하기

① 수직 왕복운동 기구

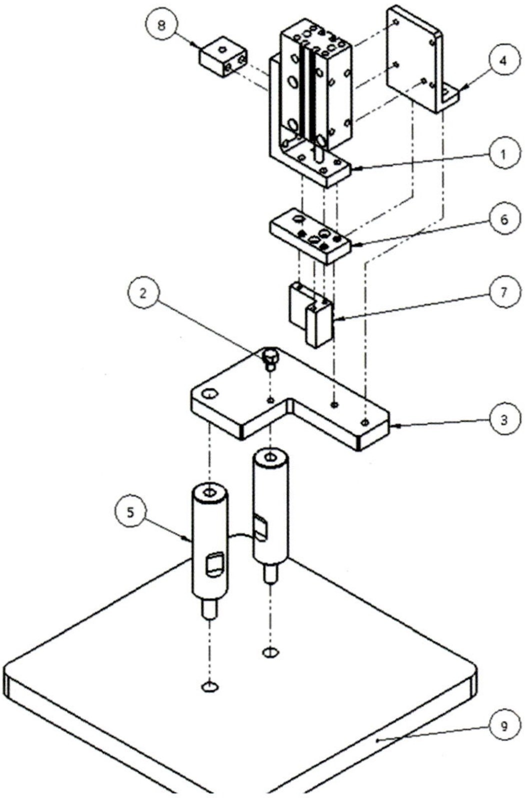

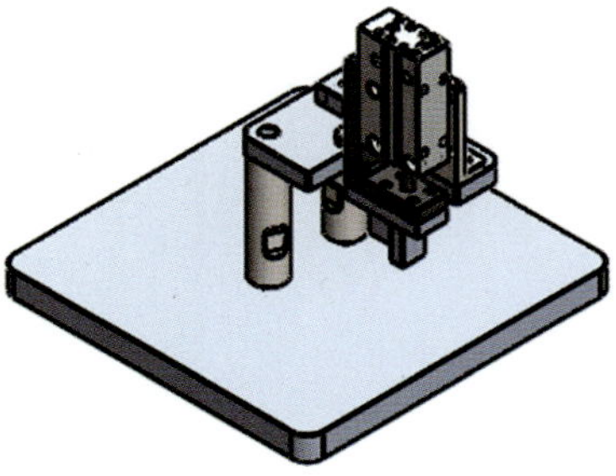

품번	품명	비고	수량
1	MXH10-30-A90		1
	MXH10-30-A93		1
2	STEHN8	STOPPER	1
3	BPD-01-02_plate		1
4	BPD-01-04_bracket		1
5	BPD-01-03_support		2
6	BPD-01-05_bracket		1
7	BPD-01-06_bracket		1
8	BPD-01-07_bracket		1
9	BPD-01-01_base plate		1

기준 파트 배치

① 어셈블리 작업창에서 부품 삽입, 찾아보기 순으로 클릭한 후 기준 파트가 될 ⑨번 부품을 불러들인다. 또는 원점을 클릭하여 활성화한 후 작업창의 파일 탐색기에서 ⑨번 부품을 드레그하여 작업 영역에 불러들인다.

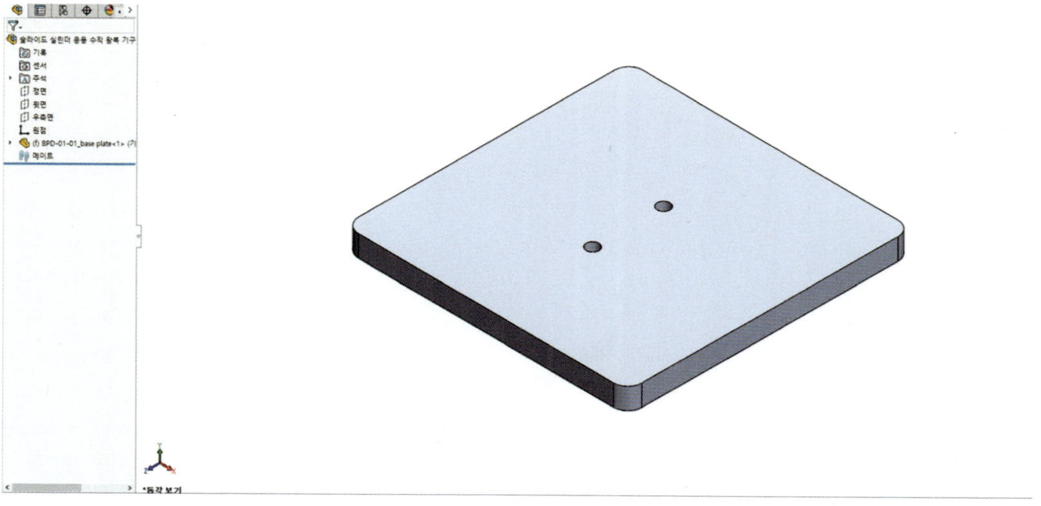

⑨번 부품과 ⑤번 부품에 대한 구속

① 동심[◎]

② 일치[⋌]

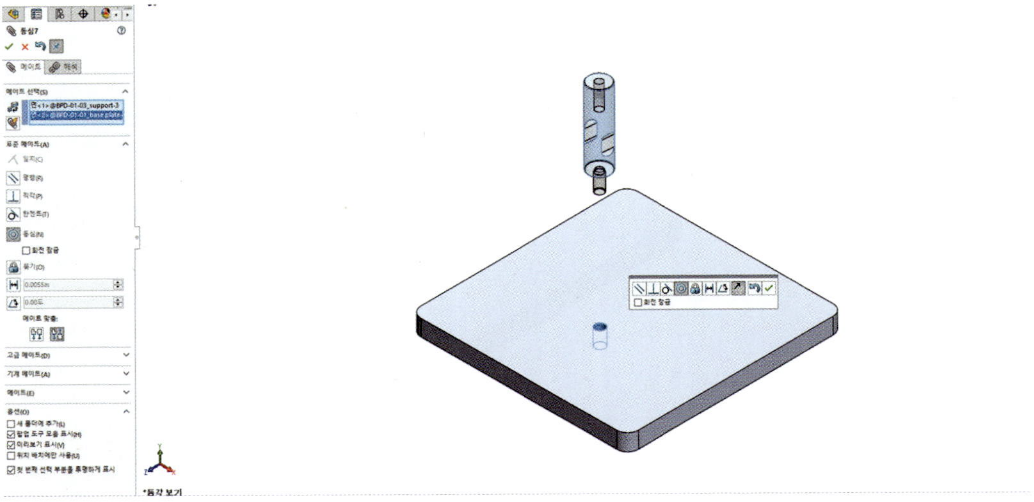

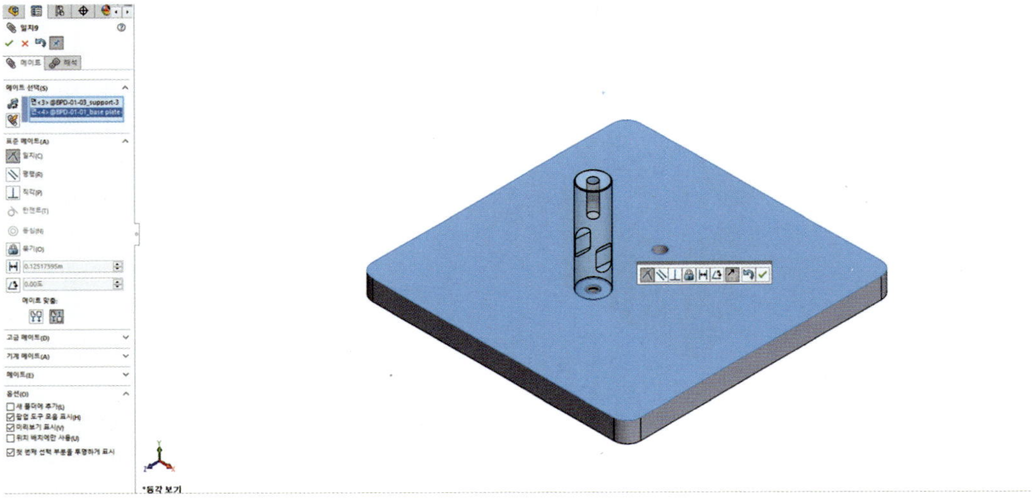

⑤번 부품과 ③번 부품에 대한 구속

① 동심[◎]

② 일치[ ]

③ 평행[ ]

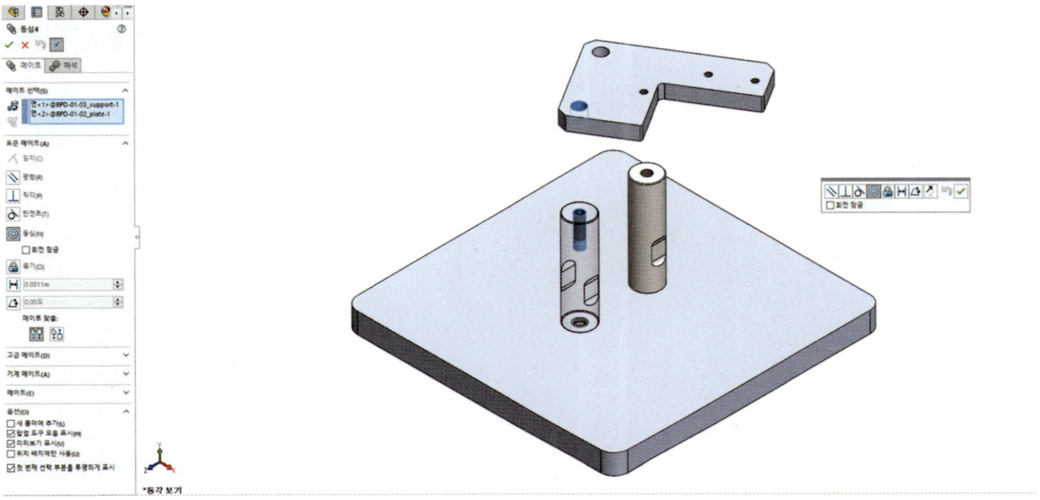

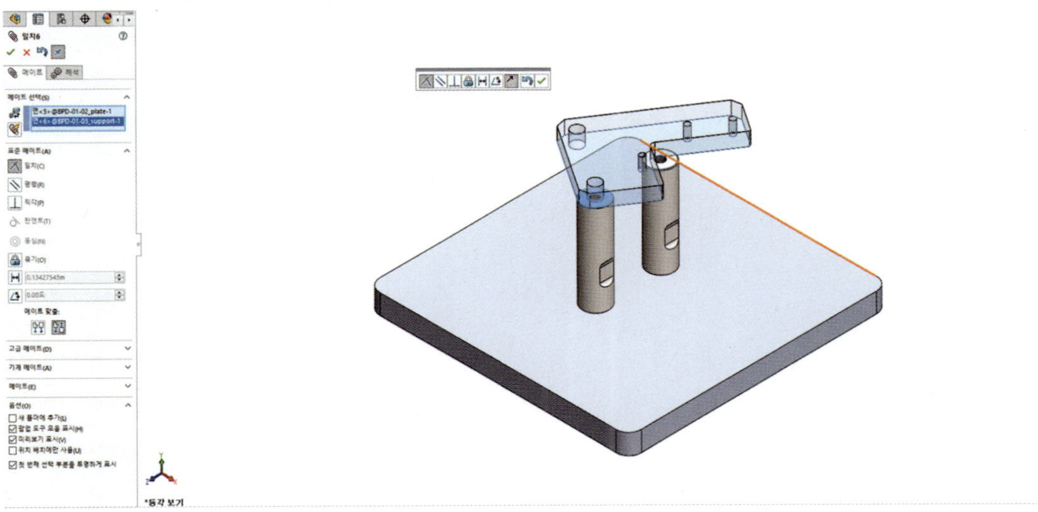

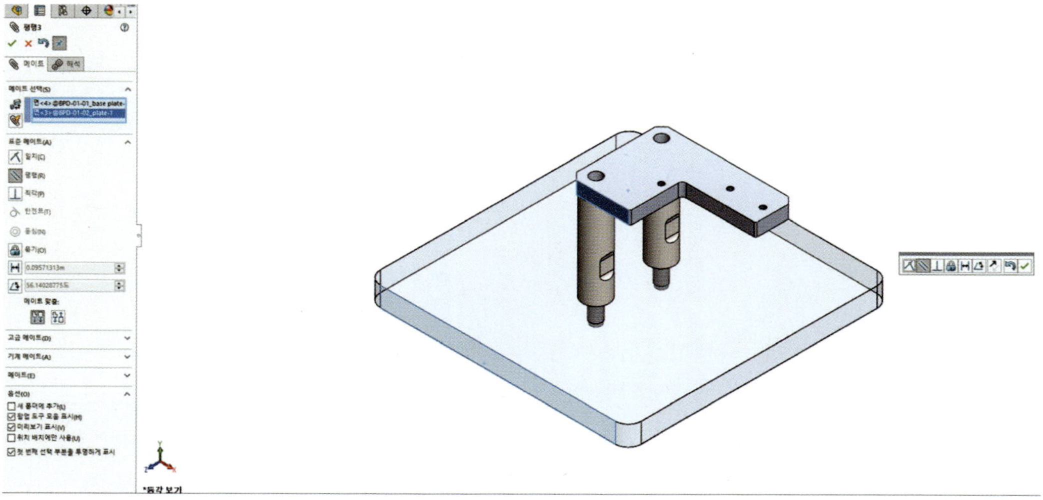

②번 부품과 ③번 부품에 대한 구속

① 동심[◎]

② 일치[ㅅ]

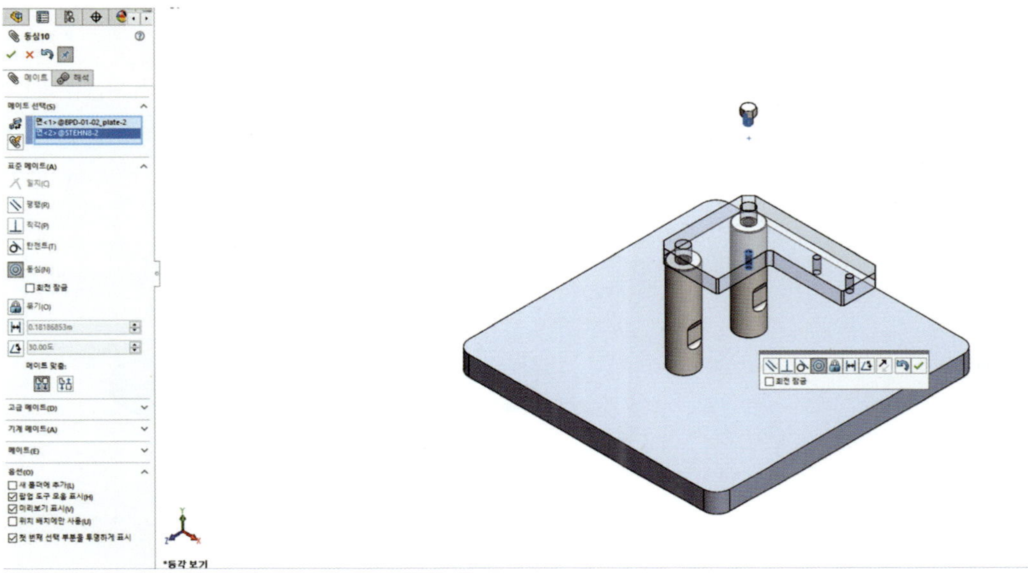

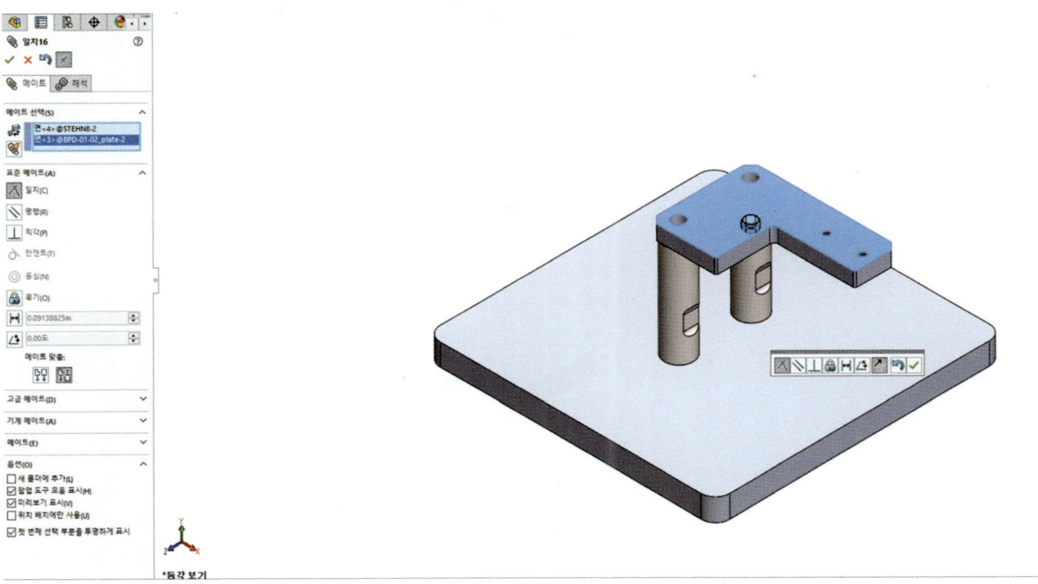

③번 부품과 ④번 부품에 대한 구속

① 동심[◎]

② 일치[⋌]

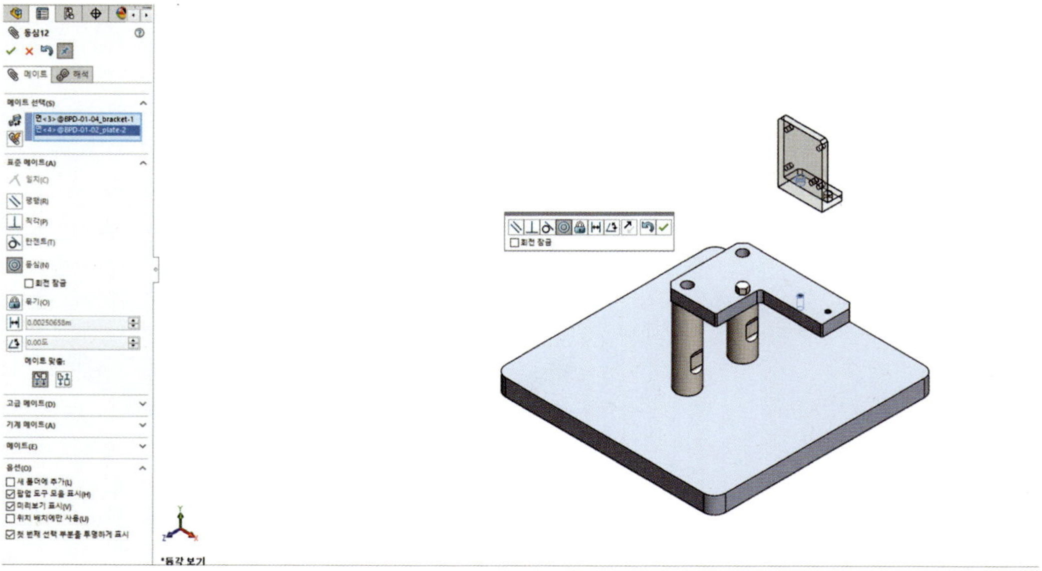

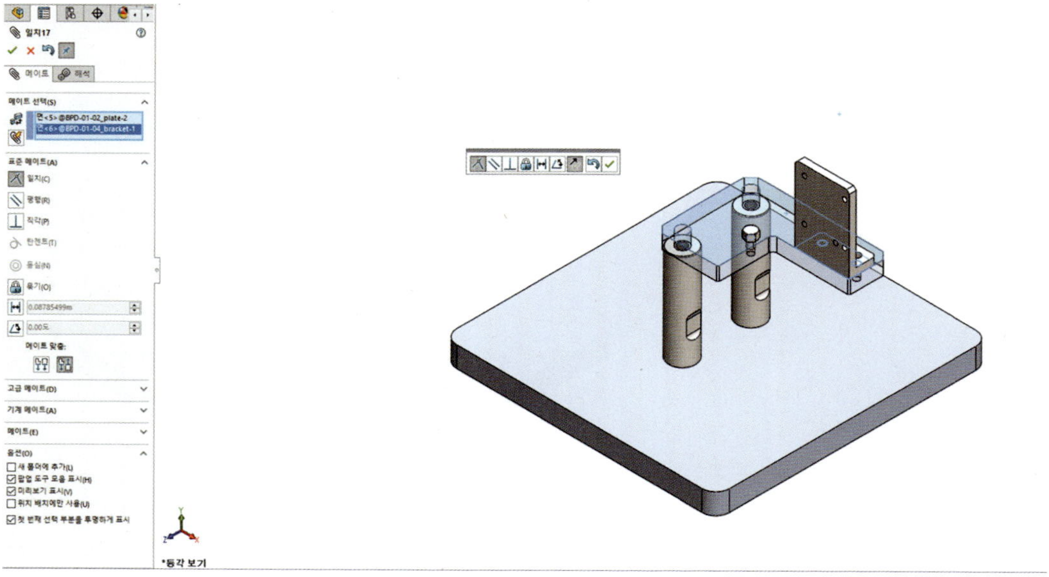

④번 부품과 ①번 부품에 대한 구속

① 동심[◎]

② 일치[⋌]

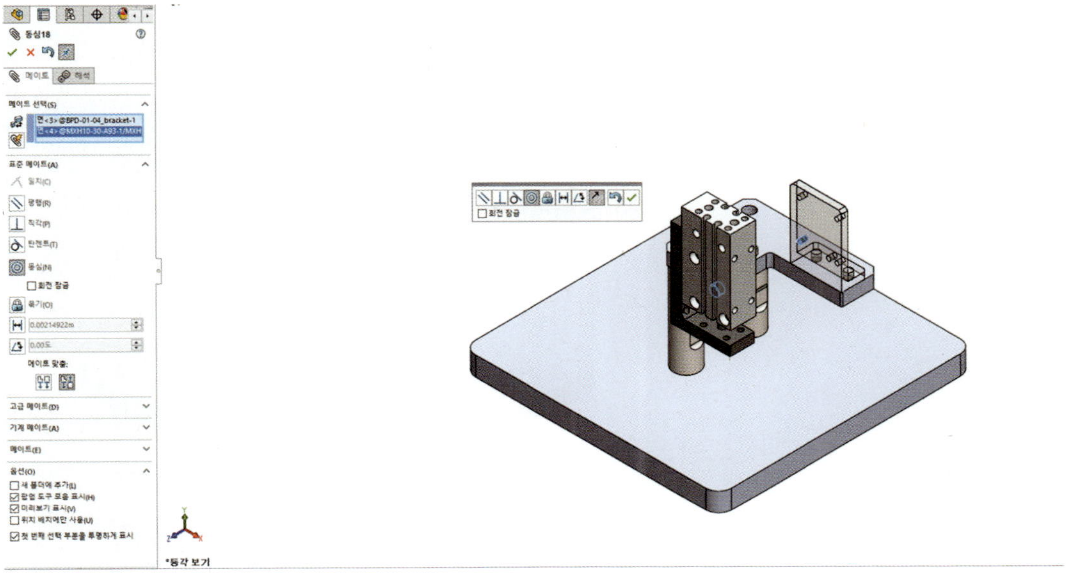

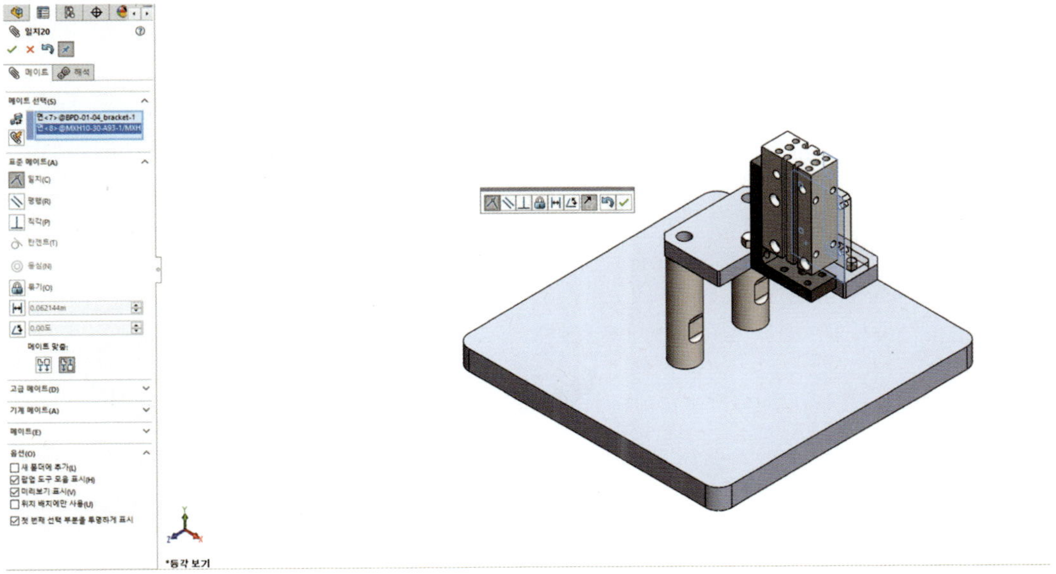

①번 부품과 ⑥번 부품에 대한 구속

① 동심[◎]

② 일치[ㅅ]

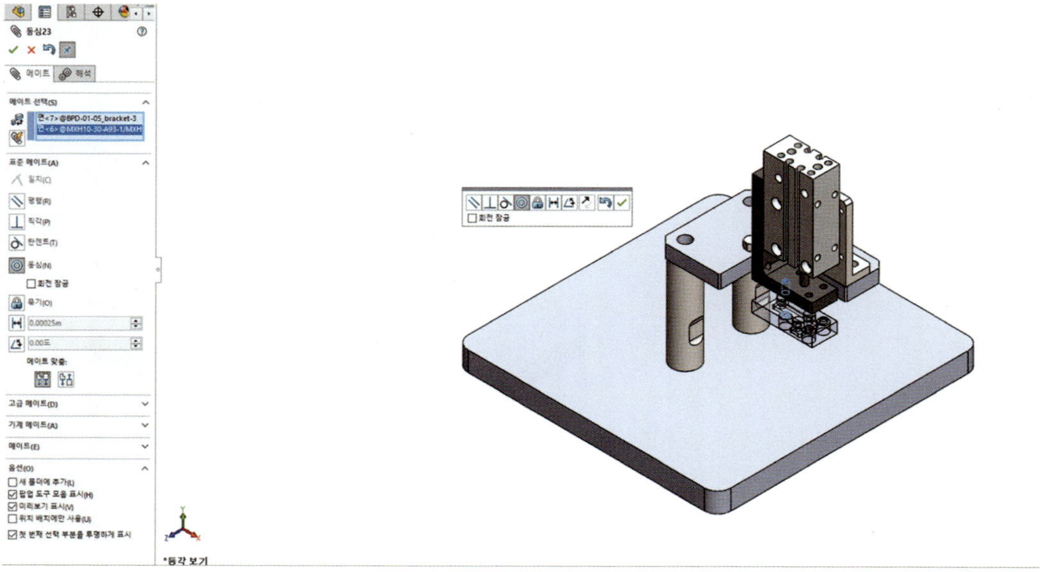

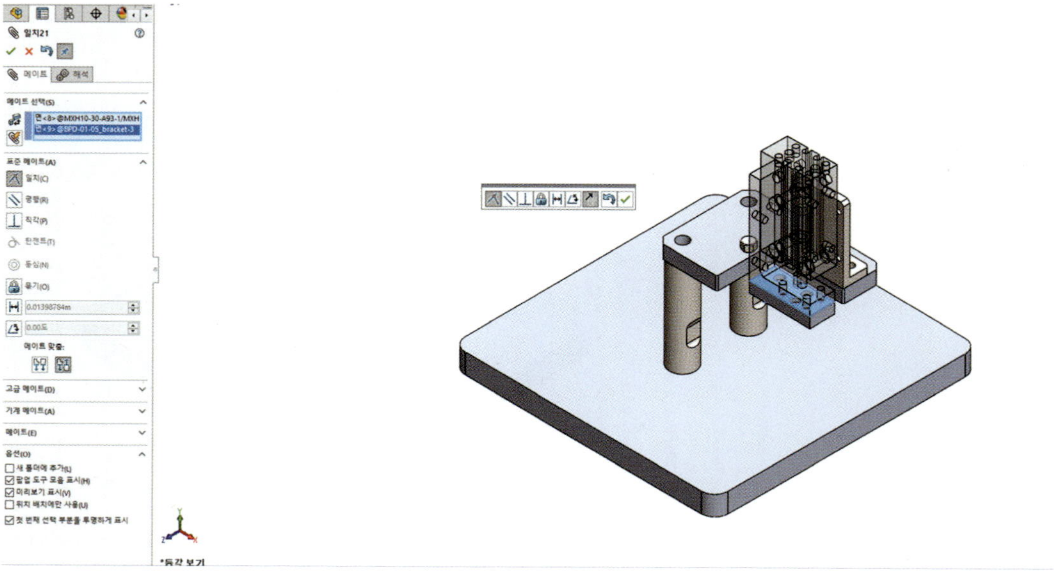

⑥번 부품과 ⑦번 부품에 대한 구속

① 동심[◎]

② 일치[⋌]

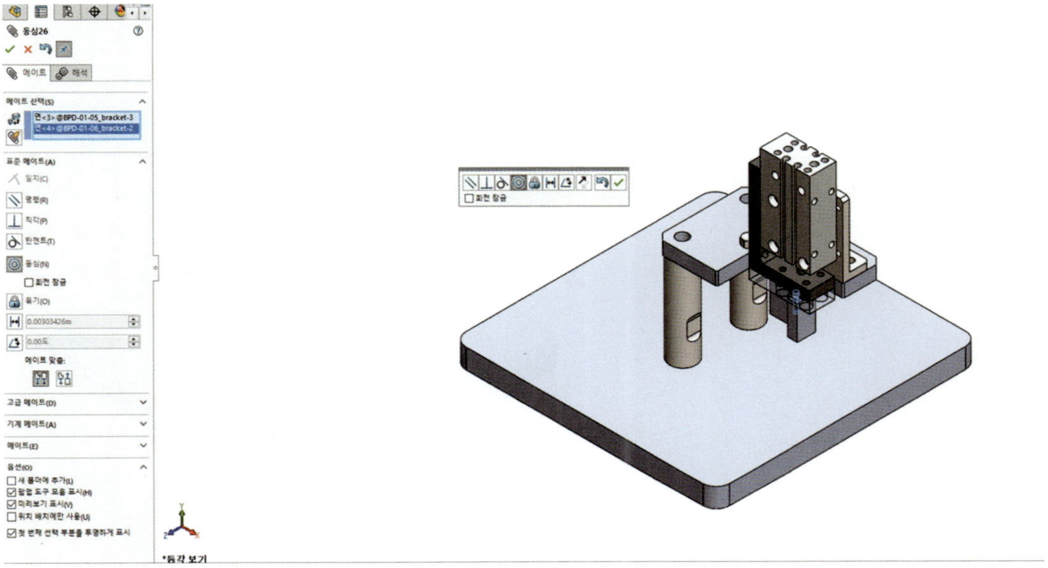

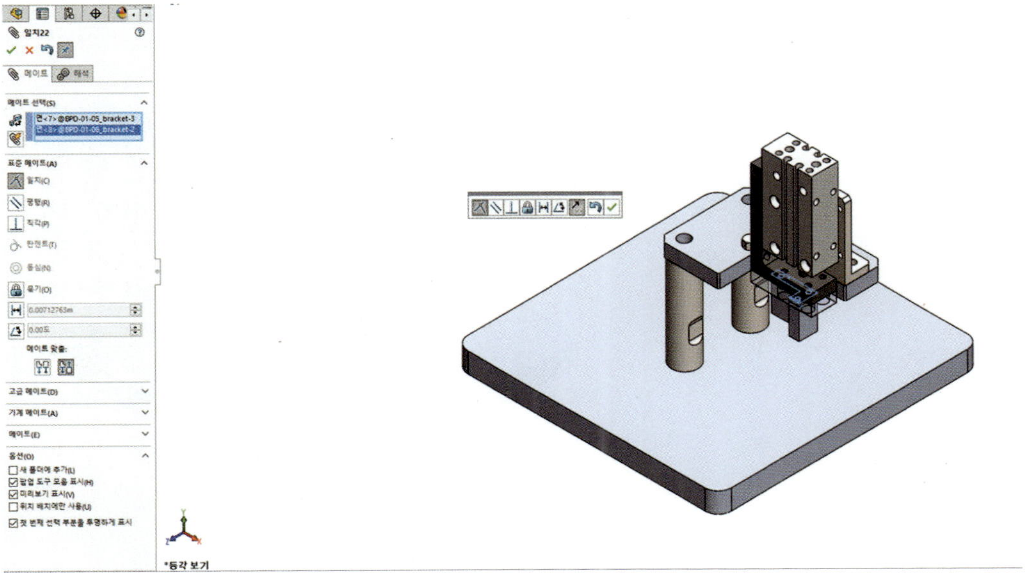

①번 부품과 ⑧번 부품에 대한 구속

① 동심[◎]

② 일치[⋀]

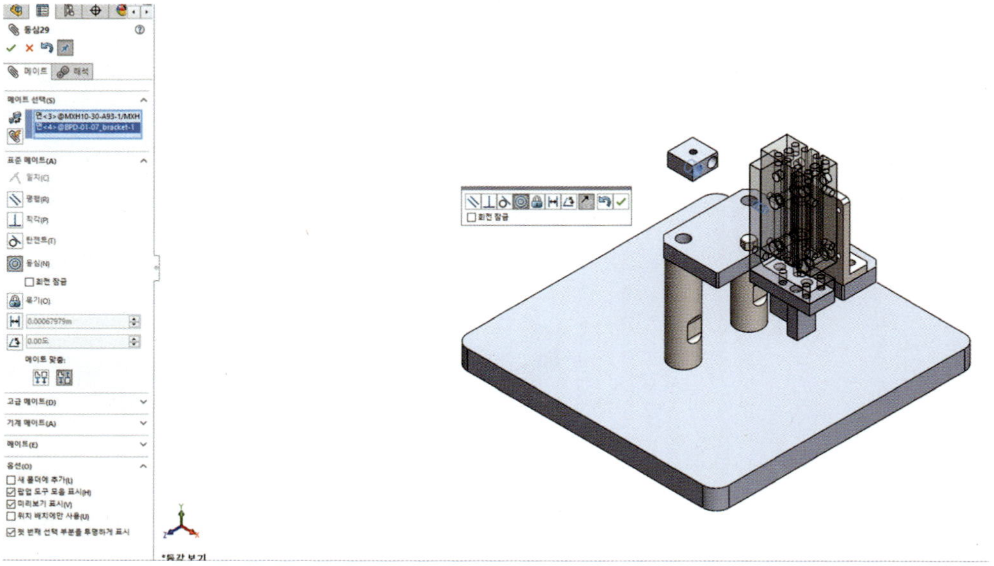

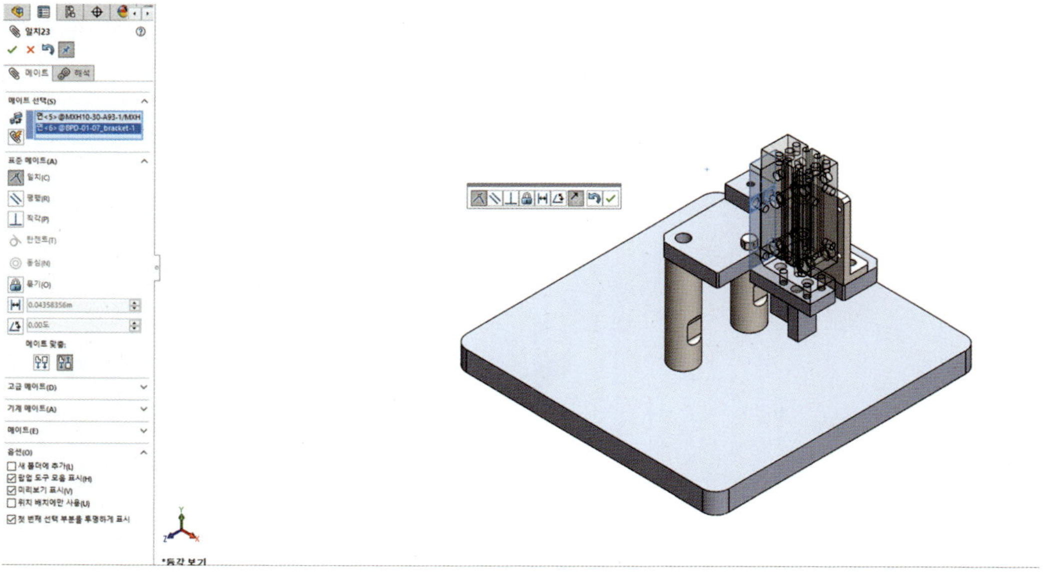

하위 어셈블리를 유동으로 만들기

서브 어셈블리 등으로 구성된 어셈블리 파일의 애니메이션이나 기본 모션 등의 동작 구현을 위하여 적용한다.

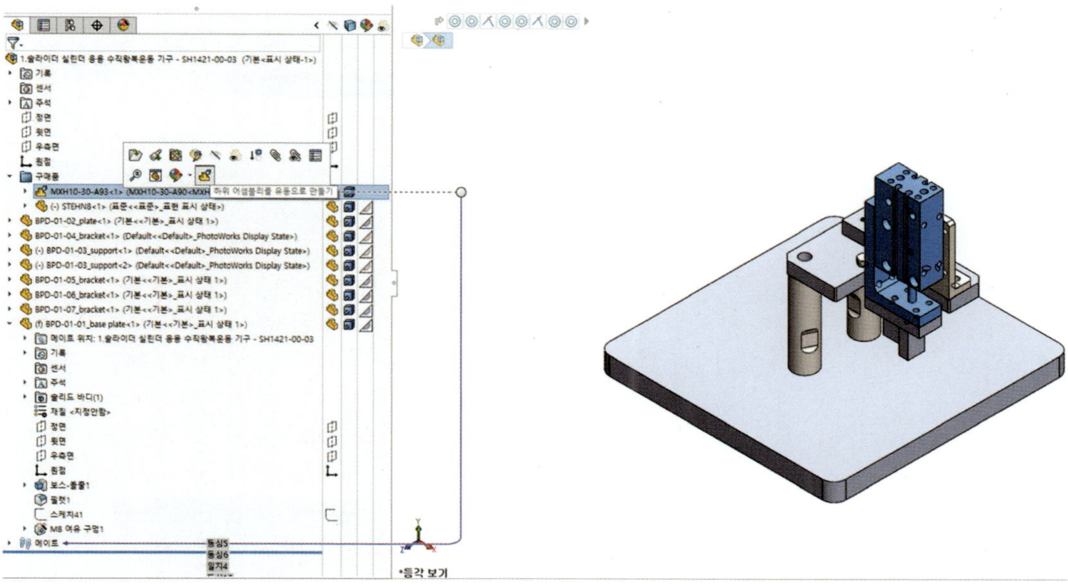

슬라이드 컴팩 공압 실린더 활용법

① 한국 MISUMI, 한국 SMC(주) 등의 홈페이지로부터 슬라이드 공압 실린더에 대한 3D step 파일을 다운 받는다.

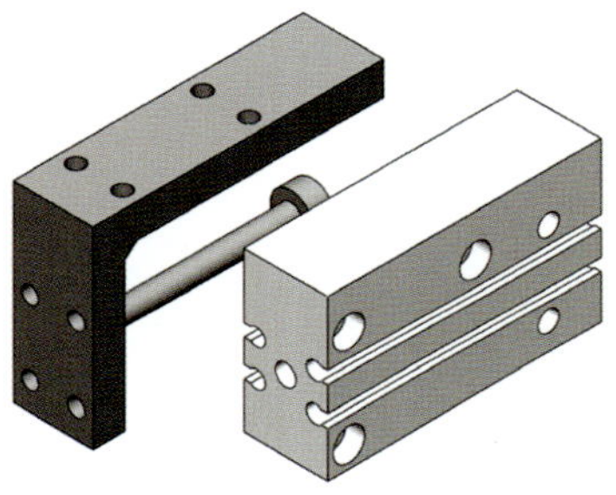

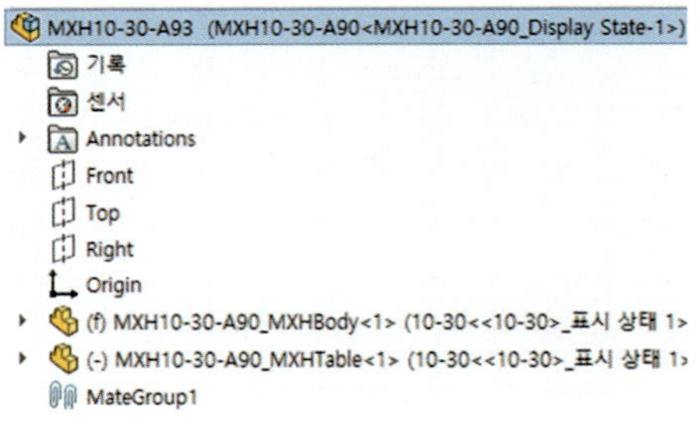

② step 파일은 구속조건을 부여한다.

- 동심[◎]
- 평행[⧵⧵]

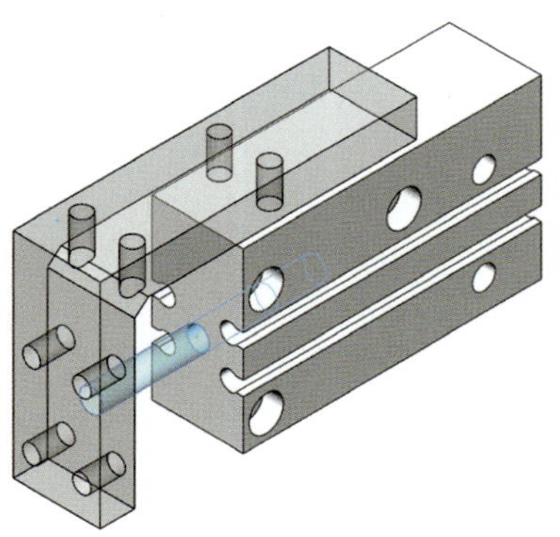
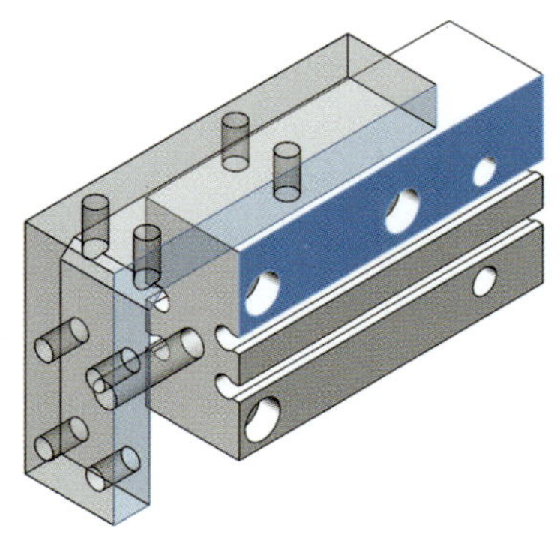

③ 고급 메이트에서 슬라이드 실린더의 스풀이 스트로크 30mm 수직 왕복 운동이 되도록 거리 구속을 부여한다.

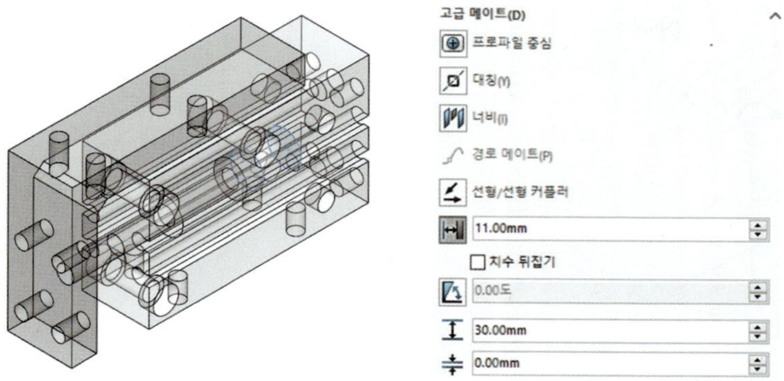

④ 실린더 내경 10mm, 스트로크가 최소 0mm, 최대 30mm의 거리 한도 내에서 슬라이드 실린더의 스풀이 직선 왕복 운동을 한다.

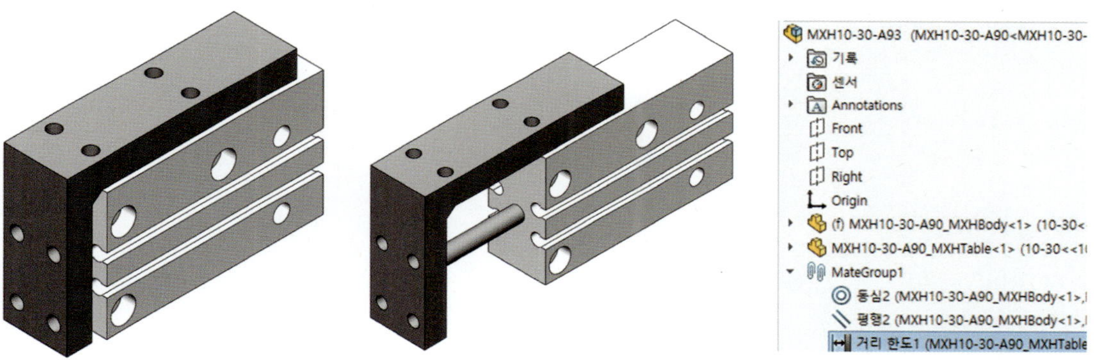

② 수평 왕복운동 기구

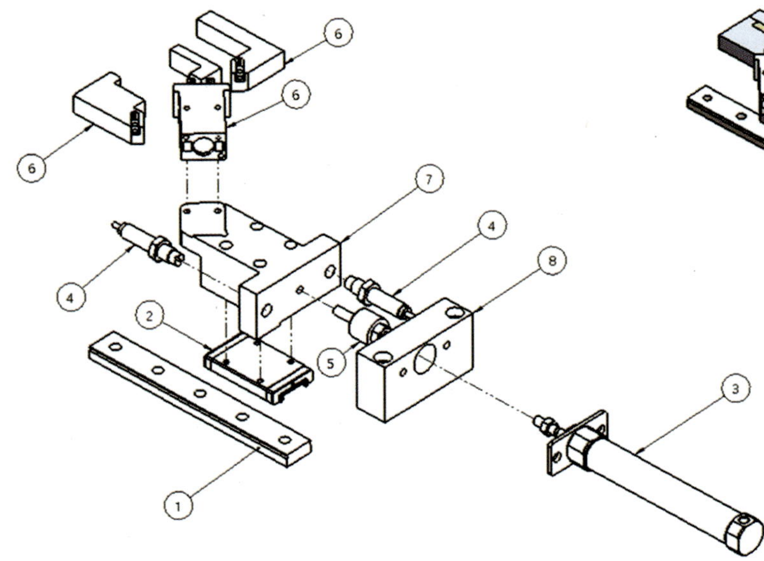

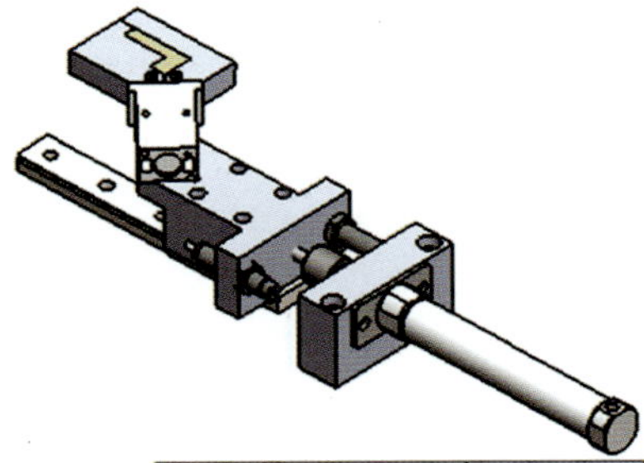

품번	품명	비고	수량
1	RSR9WN-140L	LM GUIDE	1
2	RSR9WN9Slide		1
3	CDJ2F16-75-A93		1
4	RB0806S		2
	RB0806S	SHOCKABSORBER	1
5	JA15-5-080		1
	JA15-5-080_JA-Body(JA15-5-080)	FLOTING JOINT	1
6	워크고정지그		1
	BPD-03-01_grip		1
	BPD-03-02_grip		1
	MHZ2-10DN1-M9B-평행개폐형 에어척		1
	10		1
7	BPD-03-03_수평이송테이블		1
8	BPD-03-04_실린더가이드		1

LM 가이드(①번 부품)와 블록(②번 부품)에 대한 구속

① 너비[가운데,]

② 일치[]

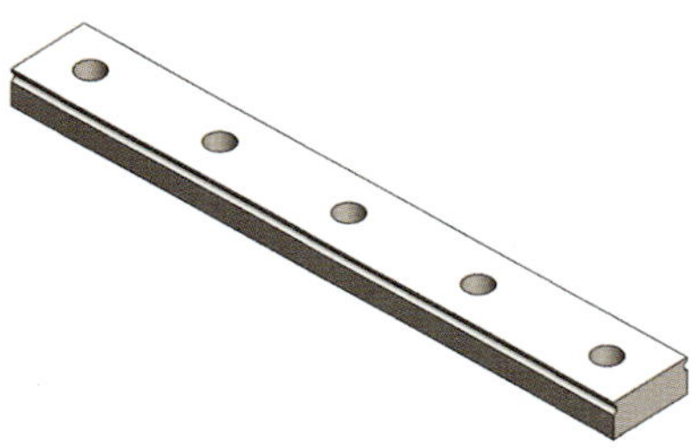

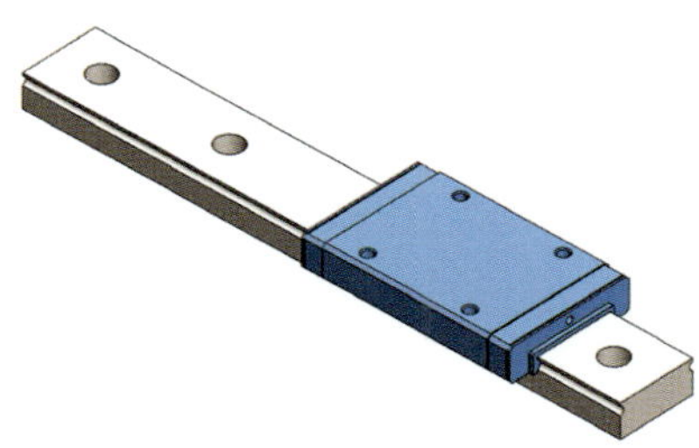

공압 실린더 가이드(⑧번 부품)와 실린더 로드(③번 부품)에 대한 구속

① 동심[◎]

② 일치[]

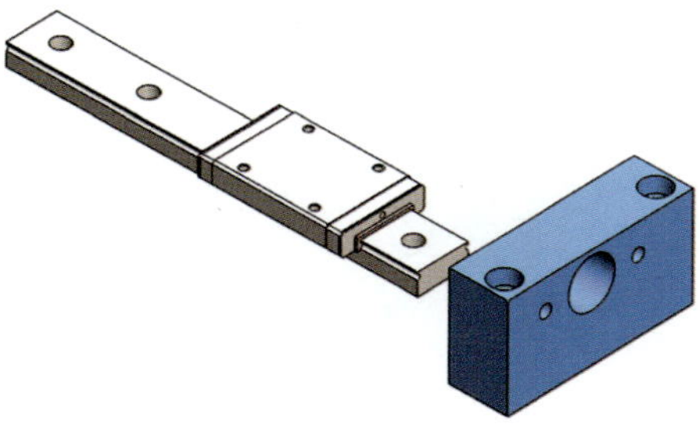

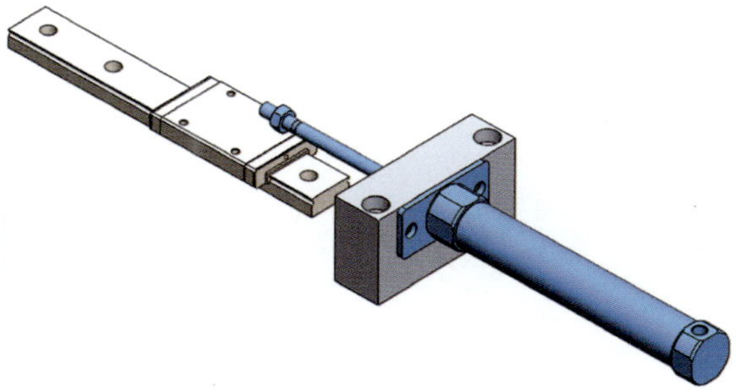

플로팅 조인트(⑤번 부품)와 공압 실린더 로드(⑧번 부품), 플로팅 조인트(⑤번 부품)와 수평 이송 테이블(⑦번 부품)에 대한 구속

① 동심[◎]

② 일치[]

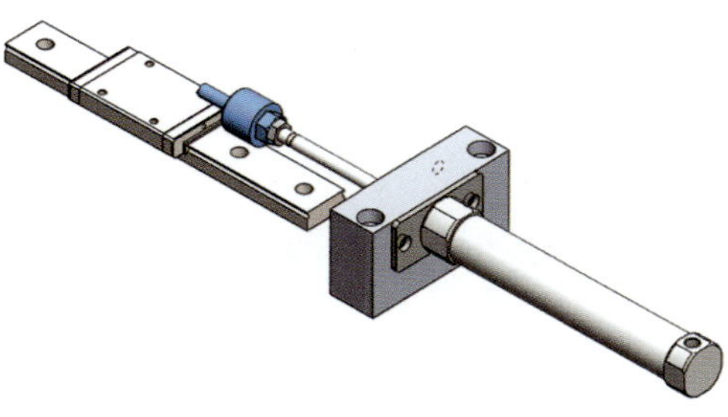

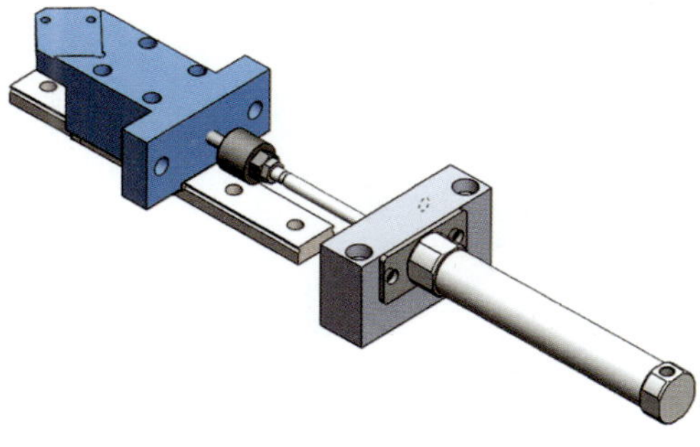

평행 개폐형 에어척(⑥번 부품)과 수평이송 테이블(⑦번 부품)에 대한 구속

① 동심[◎]

② 일치[]

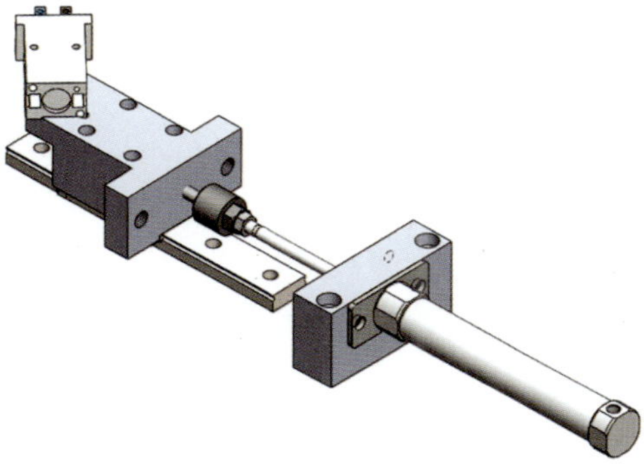

평행 개폐형 에어척(⑥번 부품)과 공작물 그립(⑦번 부품)에 대한 구속

① 동심[◎]

② 일치[⋏]

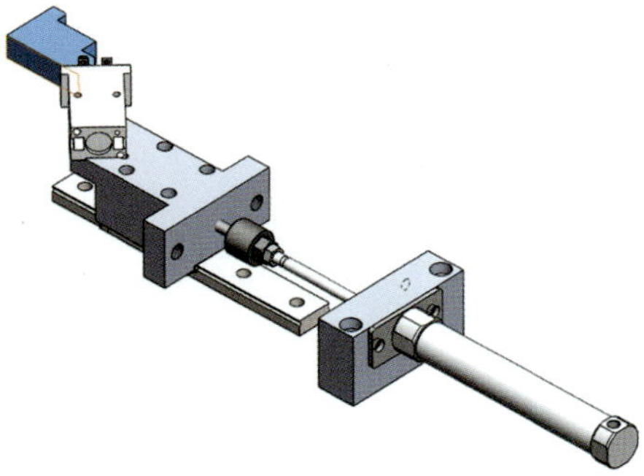

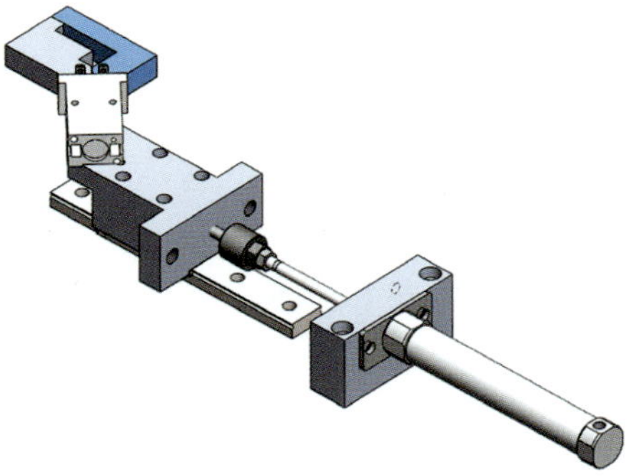

수평이송 테이블(⑦번 부품)과 쇼크 옵서버(④번, ⑤번 부품)에 대한 구속

① 동심[◎]

② 일치[⋏]

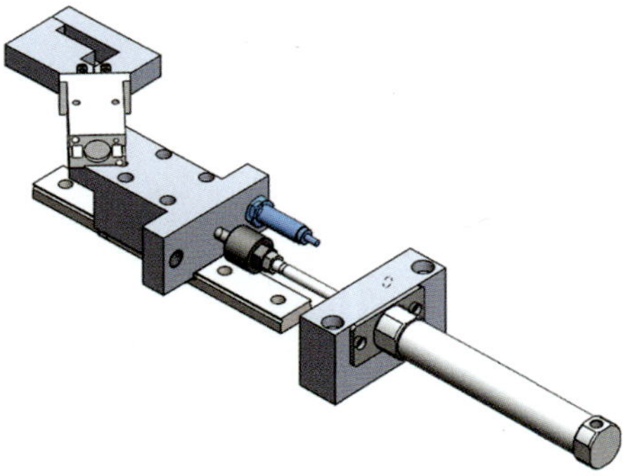

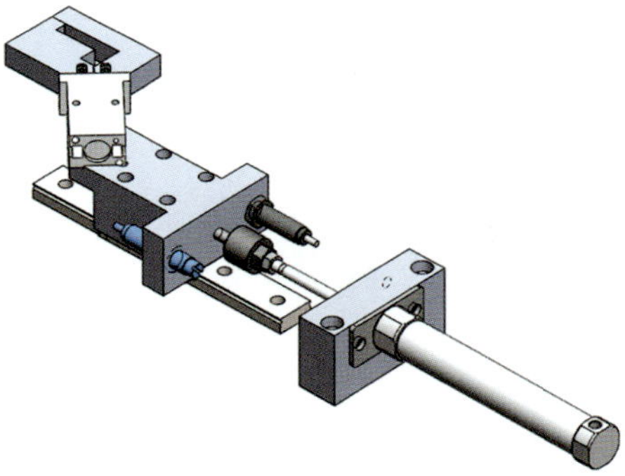

③ 2축 왕복운동 기구

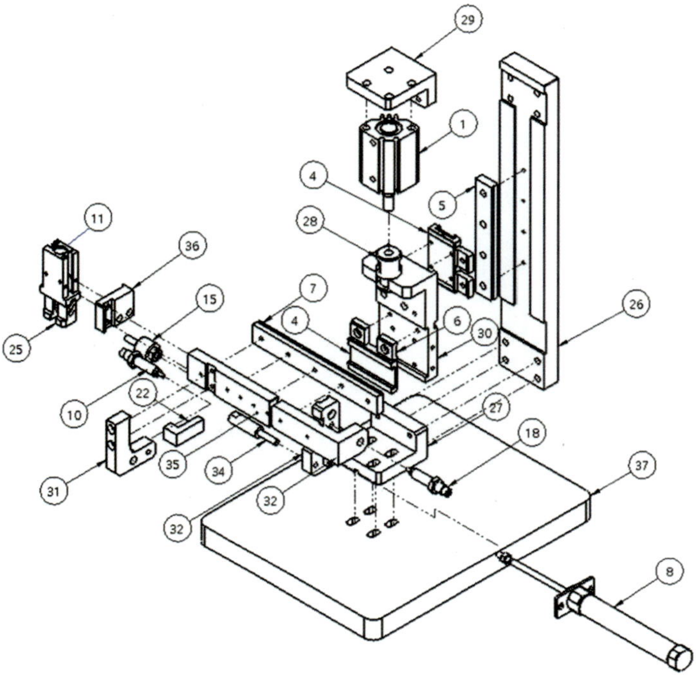

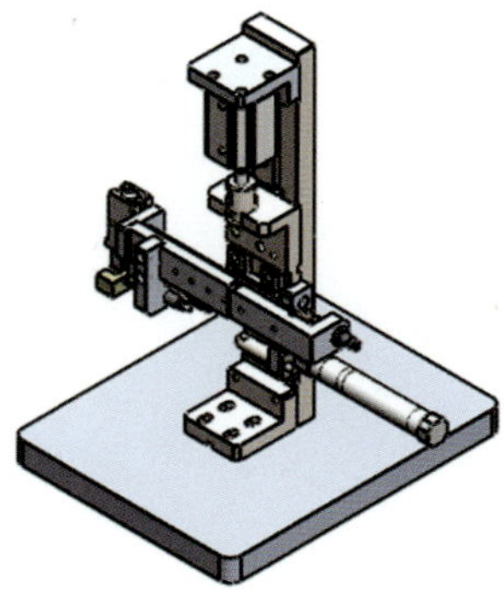

베이스(㊲번 부품)를 불러들인 후 ㊲번 부품과 고장 브라켓(㉗번 부품)에 대한 구속

① 동심[◎]

② 일치[ ]

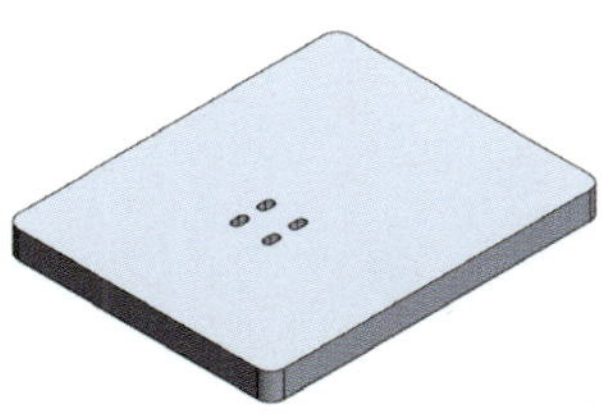

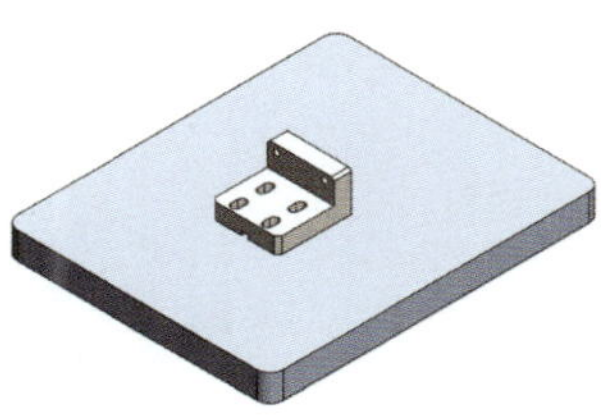

고정 브라켓(㉗번 부품)과 수직 프레임(㉖번 부품)에 대한 구속

① 동심[]

② 일치[]

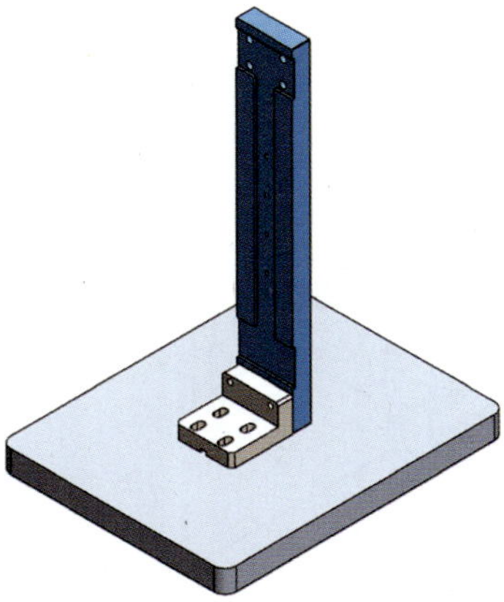

수직 프레임(㉖번 부품)과 LM 가이드(⑤번 부품)에 대한 구속

① 너비[]

② 일치[]

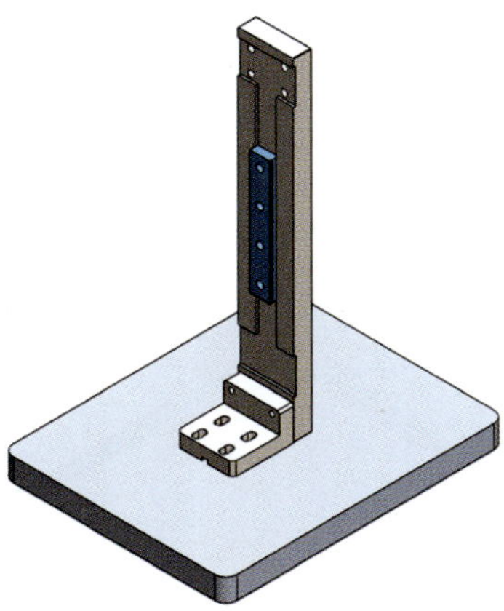

LM 가이드(⑤번 부품)와 LM 블록(④번 부품)에 대한 구속

① 너비[ ]

② 일치[ ]

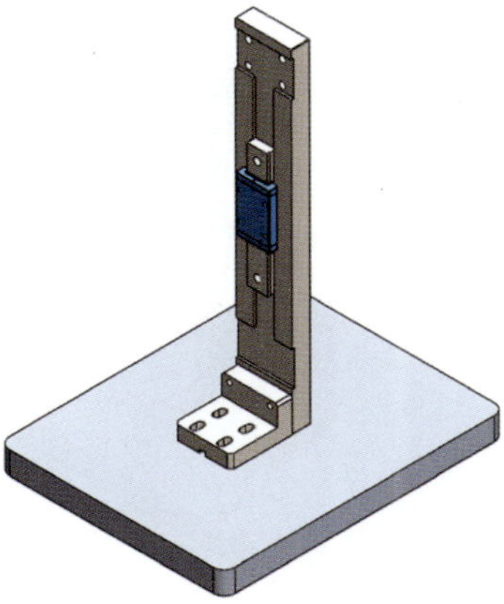

블록(④번 부품)과 수직 테이블(㉚번 부품)에 대한 구속

① 너비[ ]

② 일치[ ]

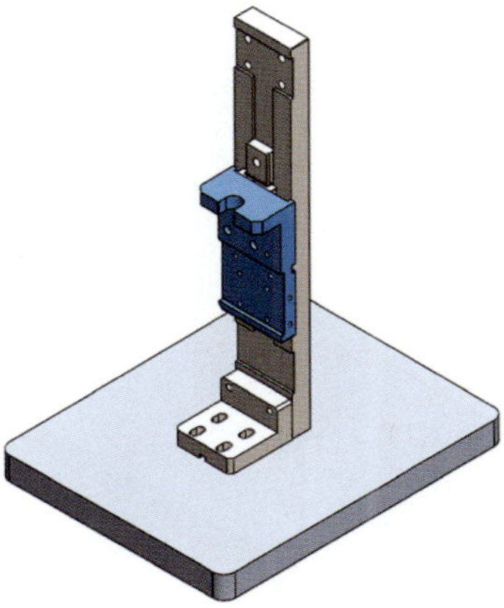

수직 테이블(㉚번 부품)과 LM 가이드 locking unit(⑥번 부품)에 대한 구속

① 동심[◎]

② 일치[⋌]

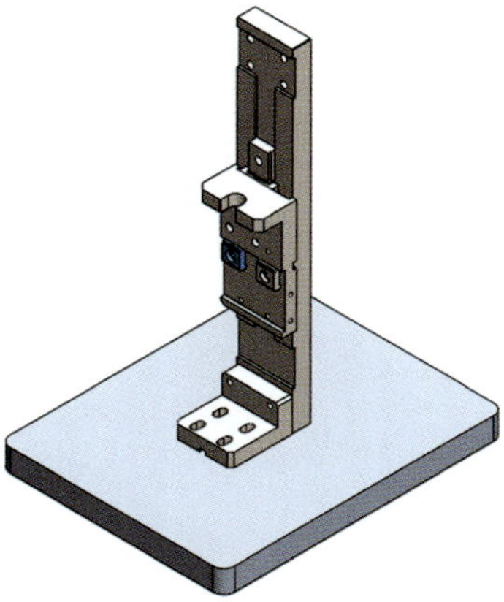

수직 테이블(㉚번 부품)과 LM 블록(④번 부품)에 대한 구속

① 동심[◎]

② 일치[⋌]

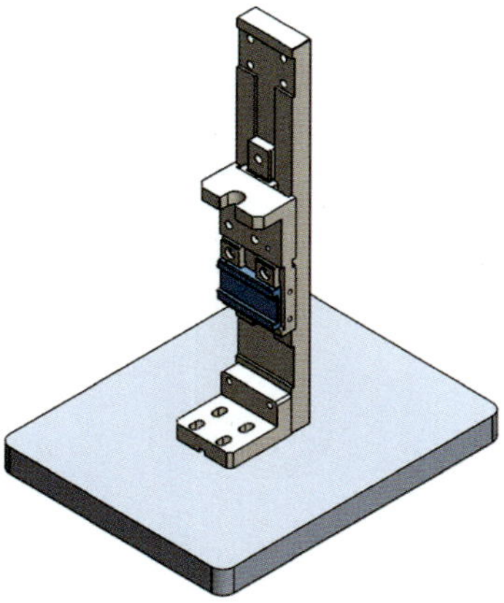

수직 프레임(㉖번 부품)과 공압 실린더 브라켓(㉙번 부품)에 대한 구속

① 동심[◎]

② 일치[⅄]

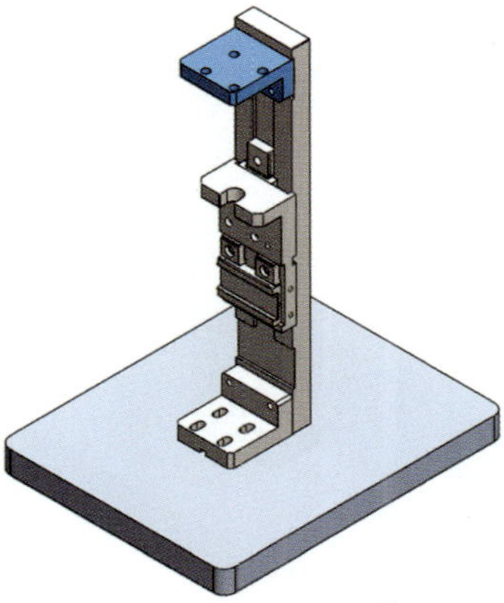

공압 실린더 브라켓(㉙번 부품)과 공압 실린더(①번 부품)에 대한 구속

① 동심[◎]

② 일치[⅄]

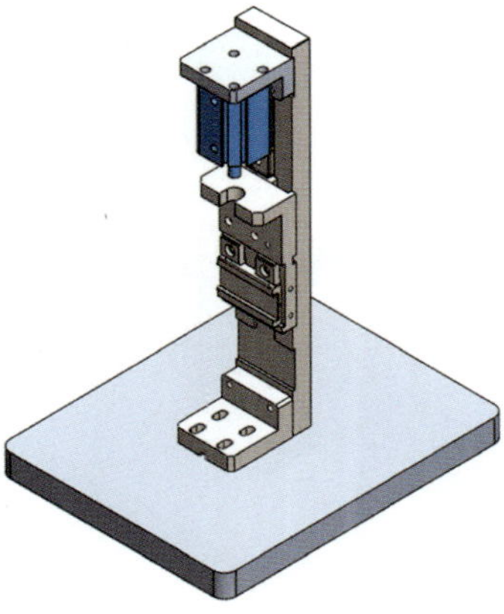

공압 실린더(①번 부품)와 홀더(㉘번 부품)에 대한 구속

① 동심[]

② 일치[]

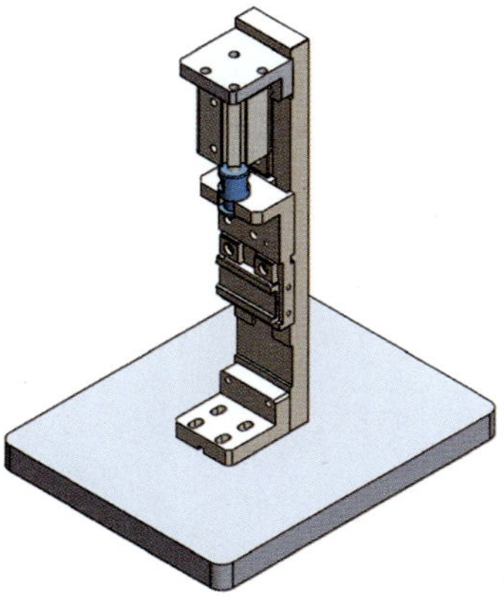

LM 블록(④번 부품)과 수평 LM 가이드(⑦번 부품)에 대한 구속

① 너비[]

② 일치[]

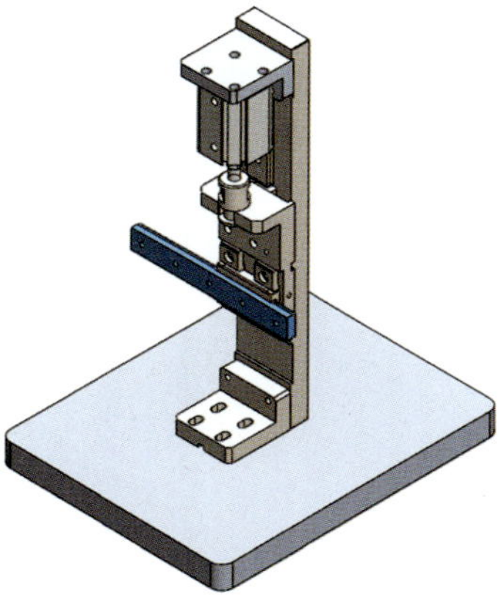

수평 LM 가이드(⑦번 부품)와 수평 테이블(㉟번 부품)에 대한 구속

① 동심[◎]

② 일치[⋌]

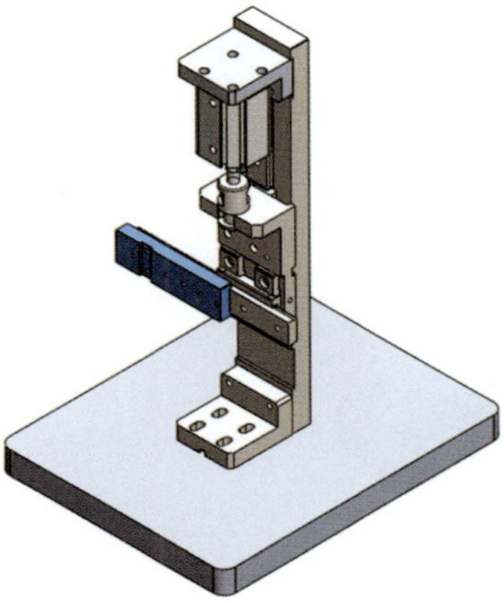

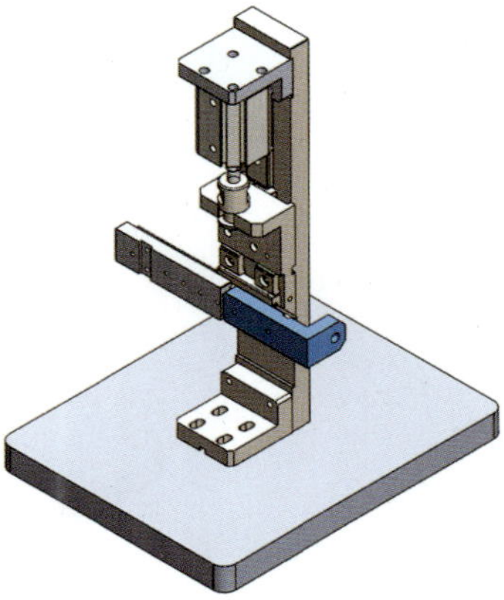

수직 테이블(㉚번 부품)과 수평 공압 실린더 브라켓(㉜번 부품)에 대한 구속

① 동심[◎]

② 일치[⋌]

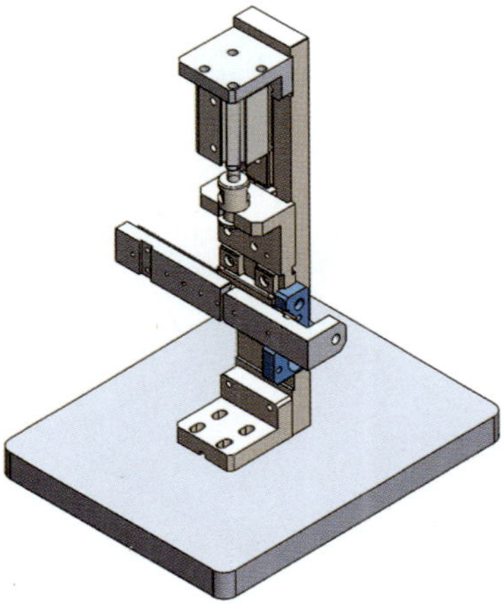

수평 공압 실린더 브라켓(㉜번 부품)과 수평 공압 실린더(⑧번 부품)에 대한 구속

① 동심[◎]

② 일치[]

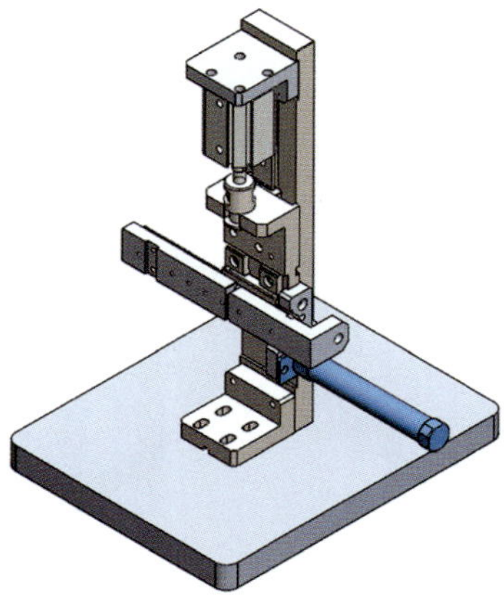

수평 공압 실린더(⑧번 부품)와 플로팅 조인트(⑮번 부품)에 대한 구속

① 동심[◎]

② 일치[]

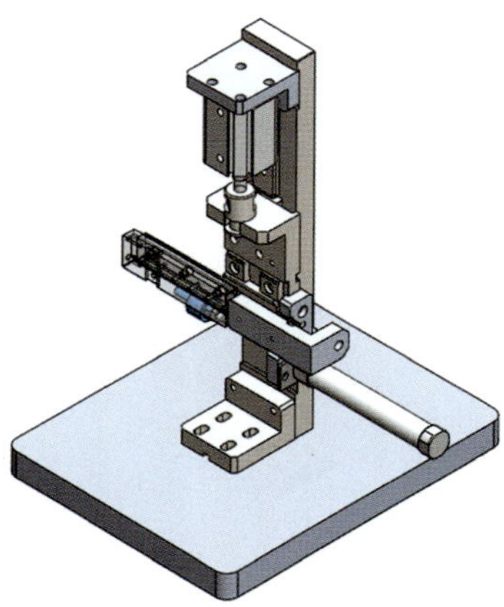

수평 테이블(㉟번 부품), 플로팅 조인트(⑮번 부품)와 수평 테이블 지지 브라켓(㉛번 부품)에 대한 구속

① 동심[◎]

② 일치[人]

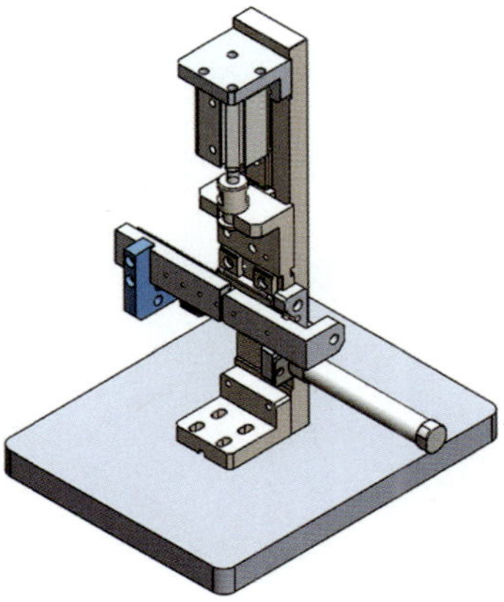

수평 테이블(㉟번 부품)과 에어핑거 지지 브라켓(㊱번 부품)에 대한 구속

① 동심[◎]

② 일치[人]

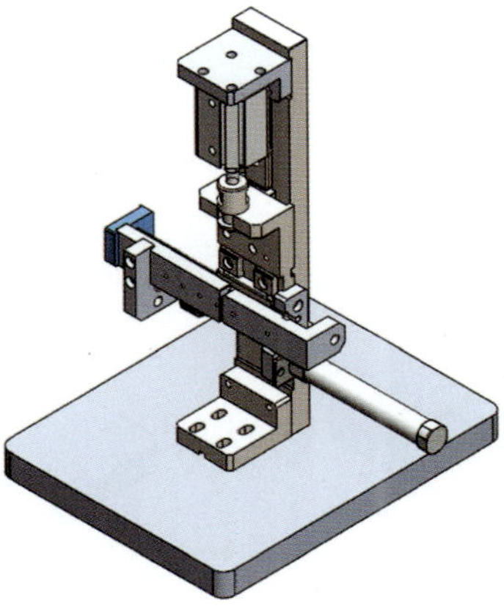

에어핑거 지지 브라켓(㊱번 부품)과 에어핑거(⑪번 부품)에 대한 구속

① 동심[◎]

② 일치[⋀]

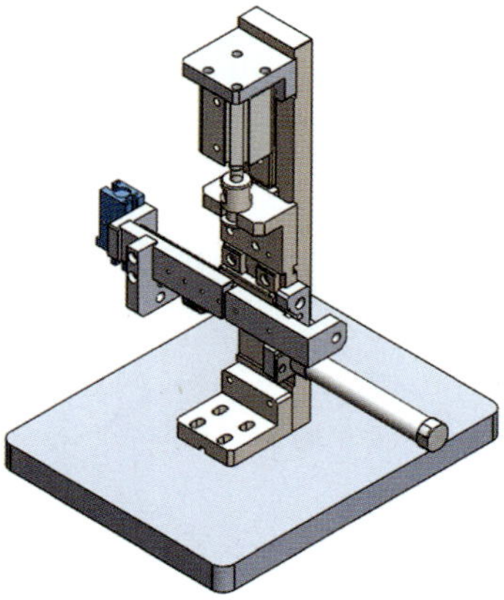

에어핑거(⑪번 부품)와 그립(㉕번 부품)에 대한 구속

① 동심[◎]

② 일치[⋀]

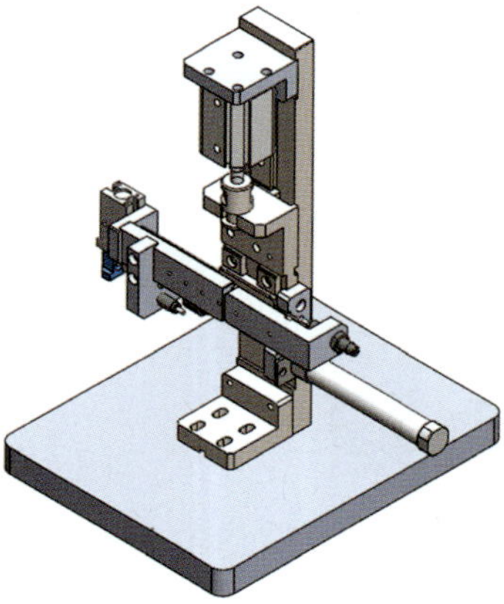

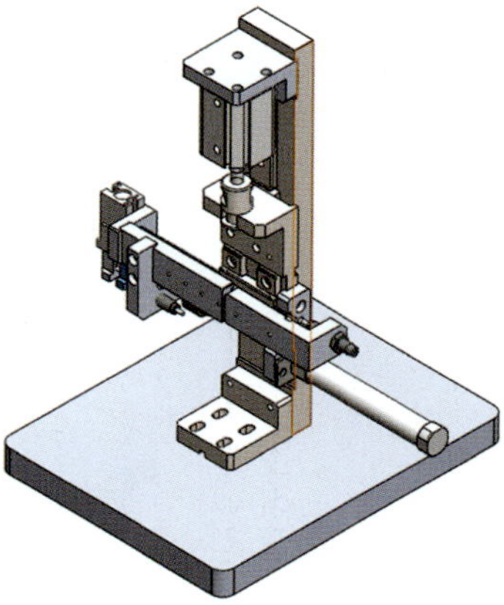

수평 테이블 지지 브라켓(㉛번 부품)과 쇼크 업소버(⑩번 부품)에 대한 구속

① 동심[ ]

② 일치[ ]

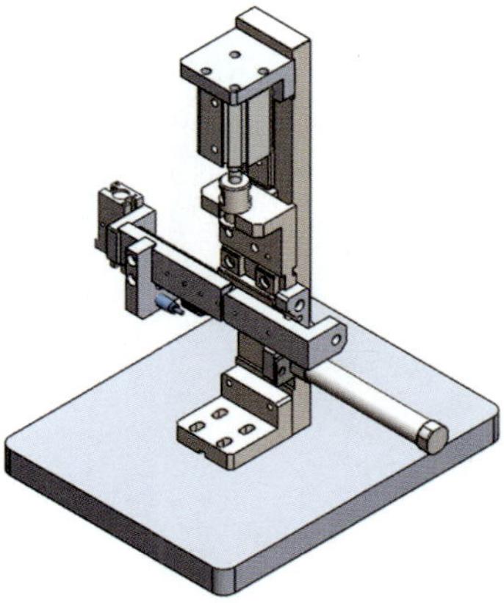

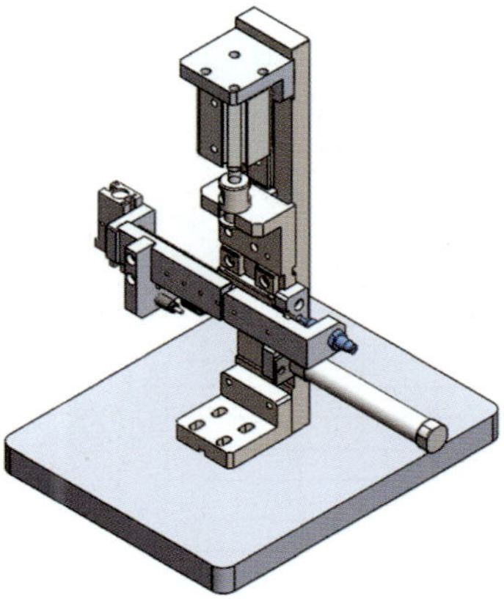

수평 공압 실린더 브라켓(㉜번 부품)과 stop 블록(㉞번 부품)에 대한 구속

① 동심[ ]

② 일치[ ]

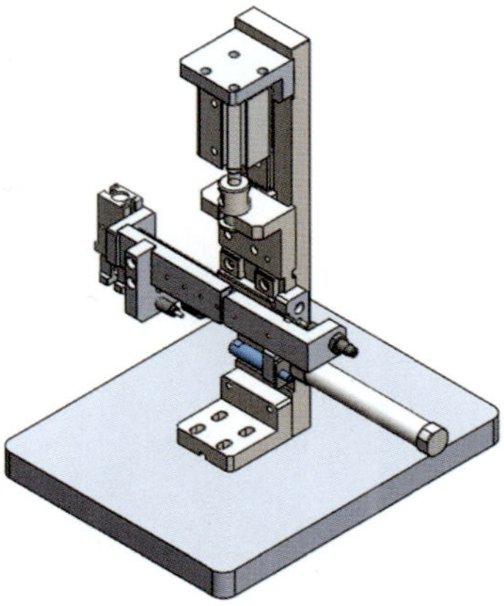

④ 동력전달장치

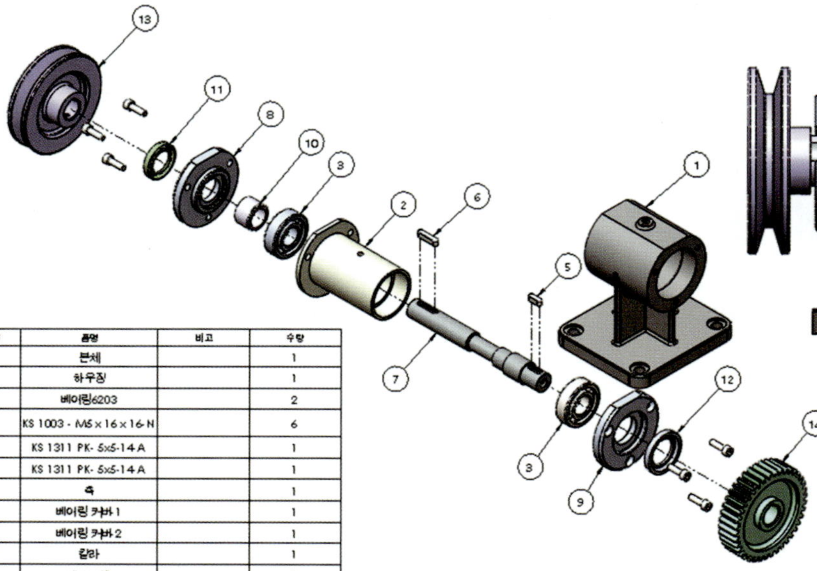

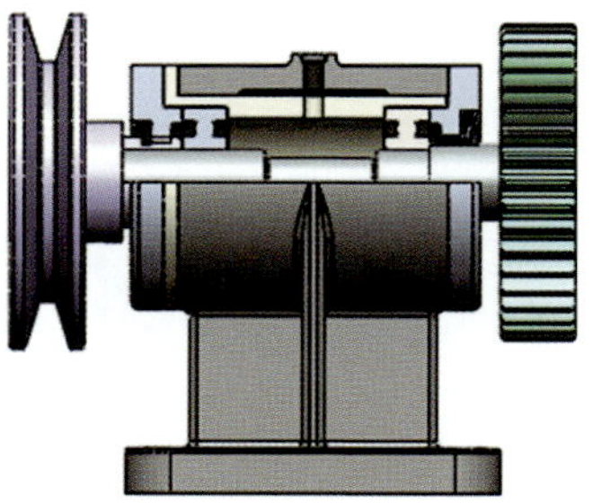

품번	품명	비고	수량
1	본체		1
2	하우징		1
3	베어링6203		2
4	KS 1003 - M5×16×16-N		6
5	KS 1311 PK- 5x5-14 A		1
6	KS 1311 PK- 5x5-14 A		1
7	축		1
8	베어링 커버 1		1
9	베어링 커버 2		1
10	칼라		1
11	oil seal2		1
12	oil seal1		1
13	V 벨트풀리		1
14	스퍼기어		1

1_어셈블리 작업

기준 파트인 본체(①번 부품) 불러 들이기 및 하우징(②번 부품)에 대한 구속

① 동심[◎]

② 일치[ ]

③ 일치[ ]

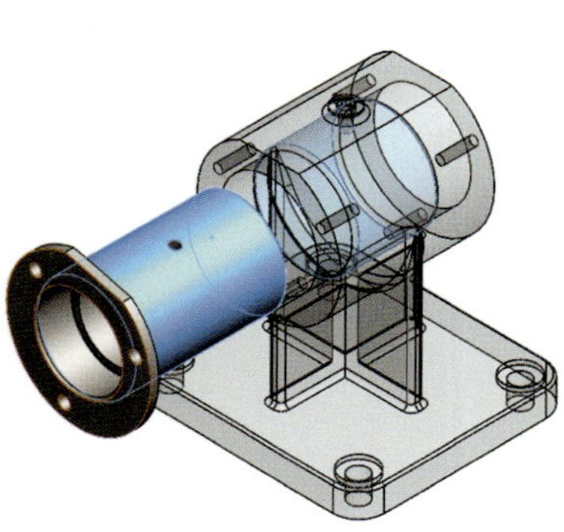

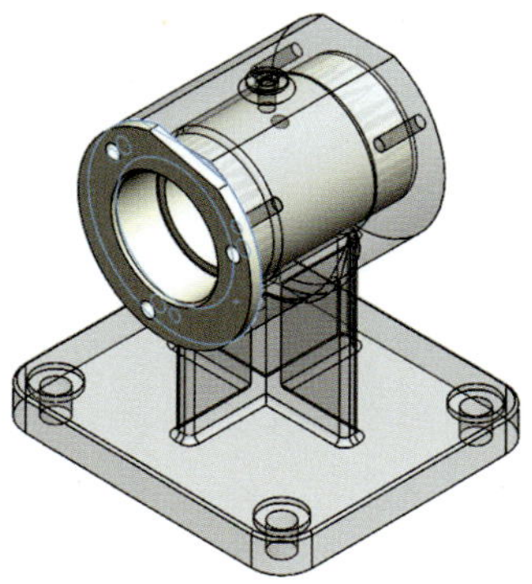

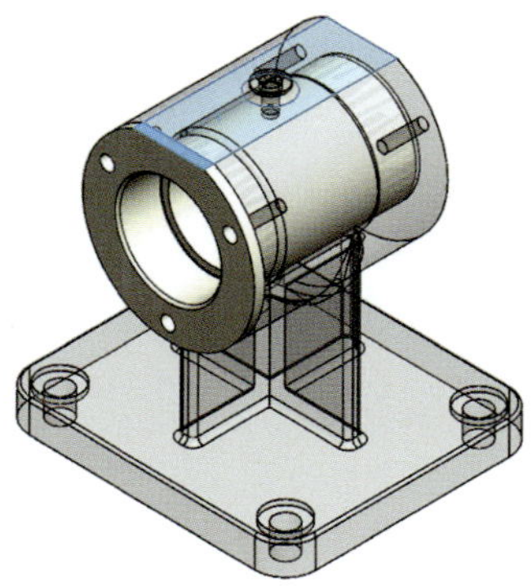

하우징(②번 부품)과 베어링(③번 부품)에 대한 구속

① 동심[◎]

② 일치[]

축(⑦번 부품)과 베어링(③번 부품)에 대한 구속

① 동심[◎]

② 일치[]

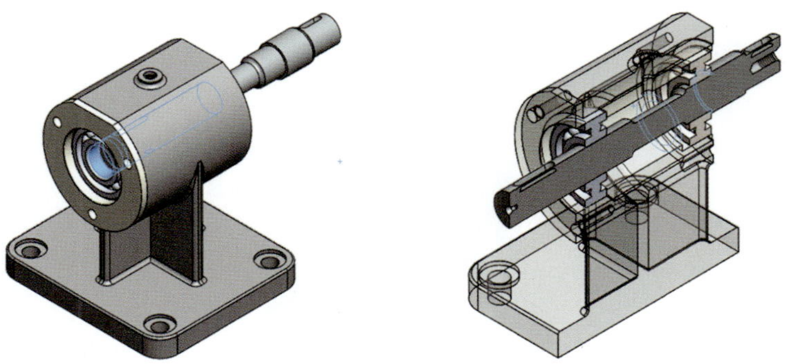

베어링 커버(⑧번 부품)와 하우징(②번 부품)에 대한 구속

① 동심[◎]

② 일치[ㅅ]

③ 일치[ㅅ]

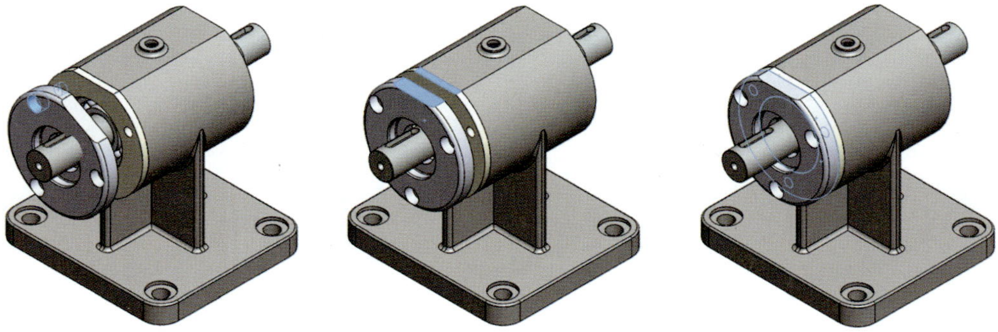

베어링 커버(⑨번 부품)와 본체(①번 부품)에 대한 구속

① 동심[◎]

② 일치[ㅅ]

③ 일치[ㅅ]

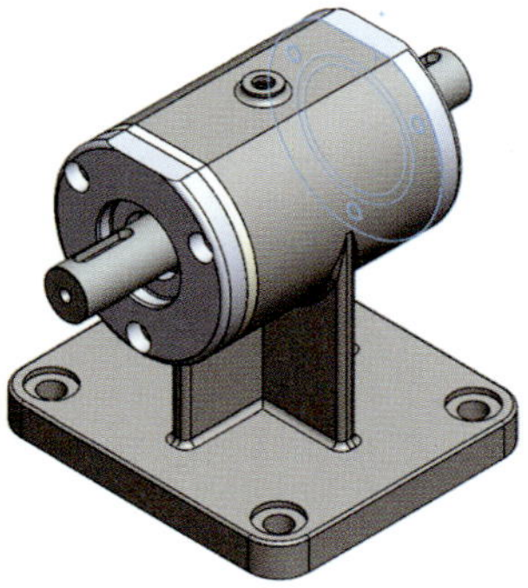

칼라(⑩번 부품)와 베어링(③번 부품)에 대한 구속

① 동심[◎]

② 일치[]

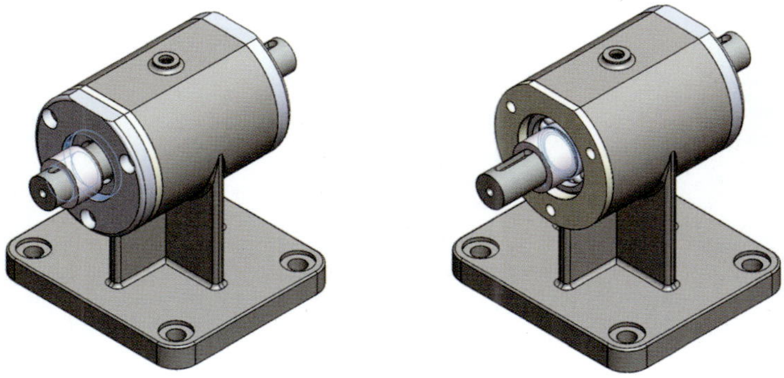

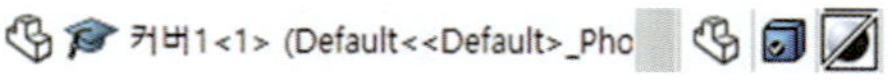

베어링 커버(⑧번 부품)와 볼트(④번 부품)에 대한 구속

① 동심[◎]

② 일치[]

③ 부품패턴[]

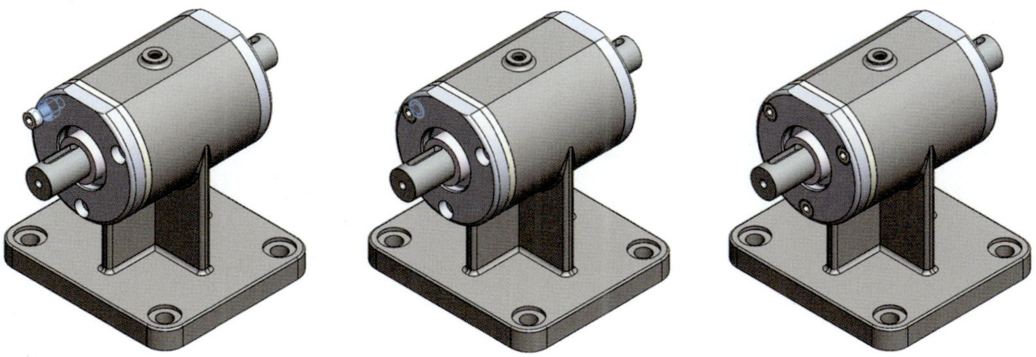

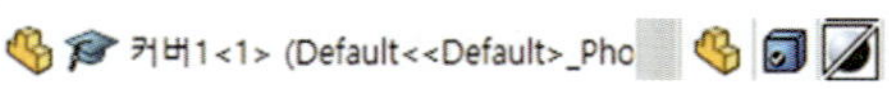

스케치 이용 부품 패턴을 이용하는 방법

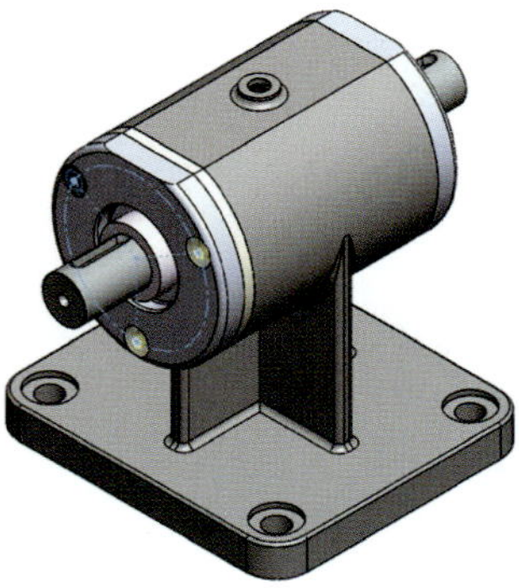

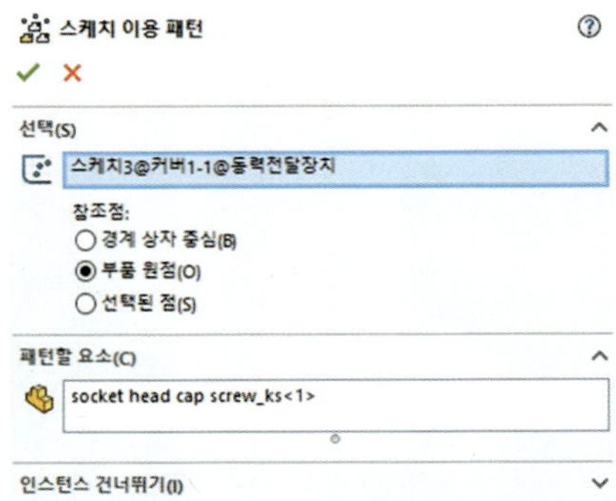

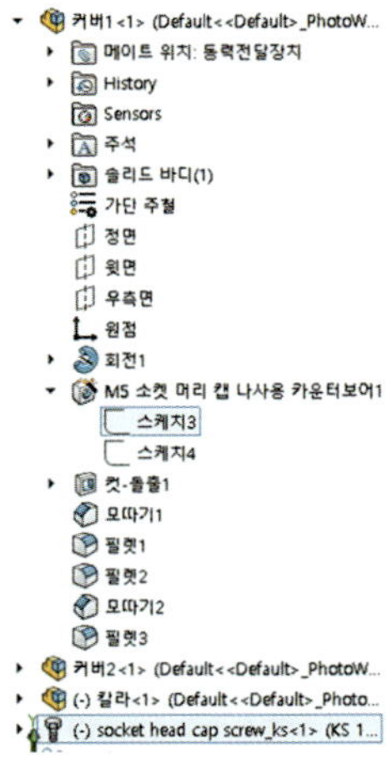

패턴 이용 부품 패턴을 이용하는 방법

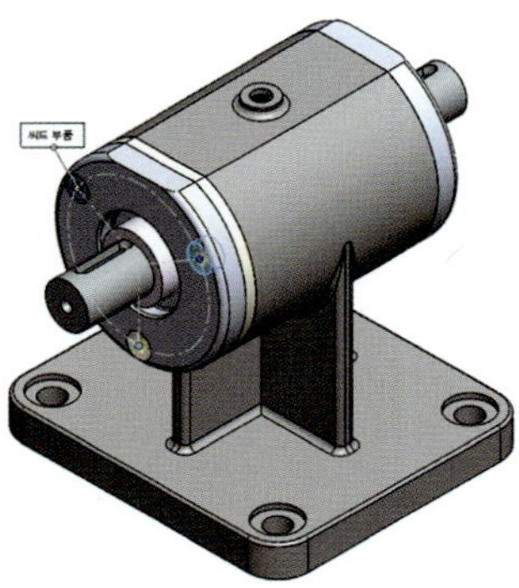

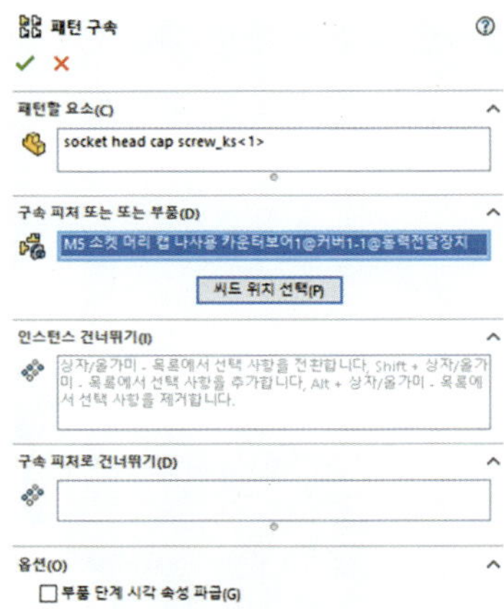

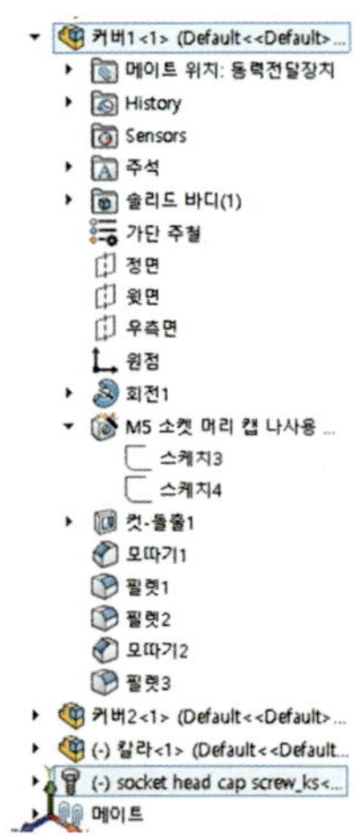

베어링 커버(⑨번 부품)와 본체(①번 부품)에 대한 구속

① 동심[◎]

② 일치[ ]

③ 부품패턴[ ]

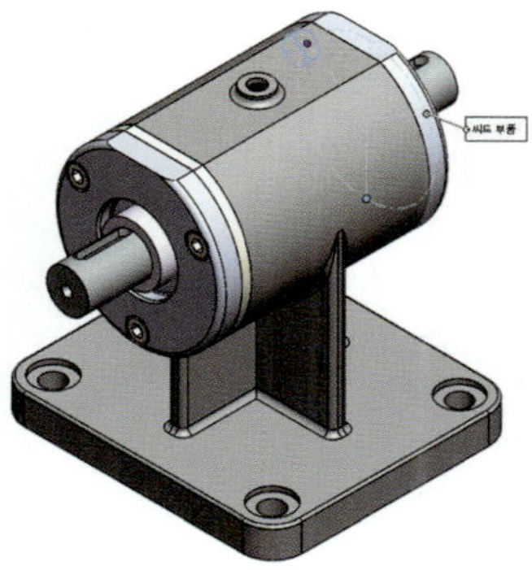

베어링 커버(⑧번 부품)와 오일 시일(⑪번 부품)에 대한 구속

① 동심[◎]

② 일치[ ]

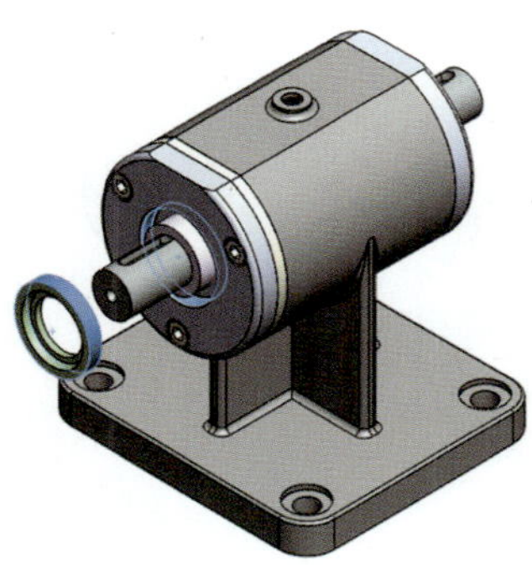

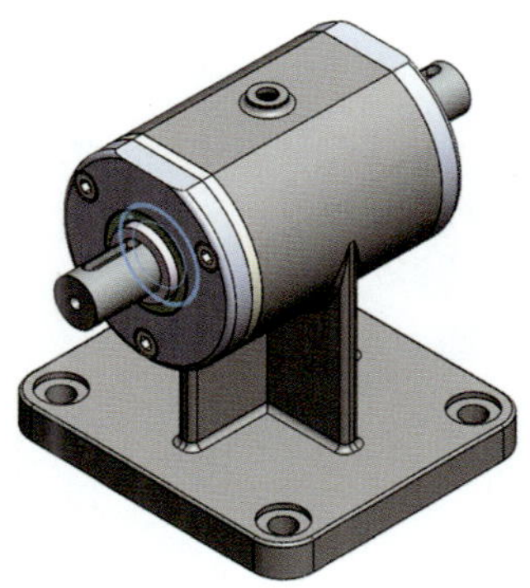

베어링 커버(⑨번 부품)와 오일 시일(⑫번 부품)에 대한 구속

① 동심[◎]

② 일치[ ]

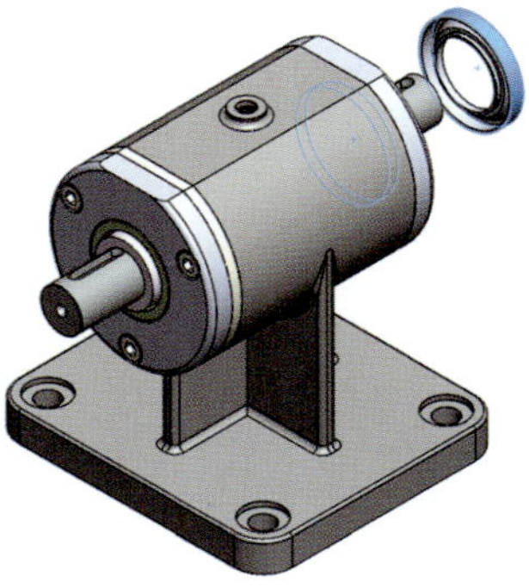 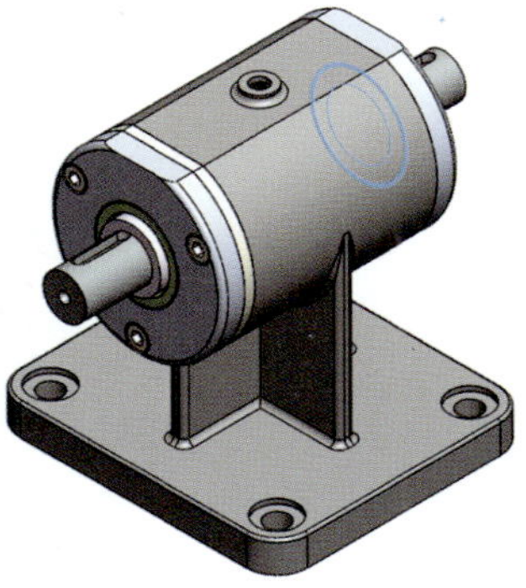

묻힘키(⑥번 부품)와 축(⑦번 부품)에 대한 구속

① 동심[◎]

② 일치[ ]

③ 일치[ ]

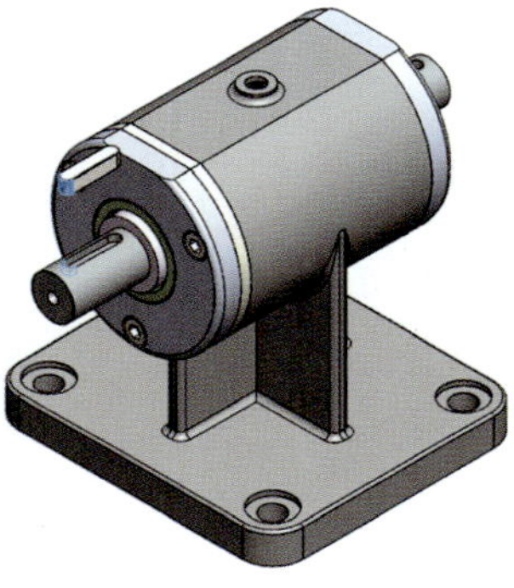 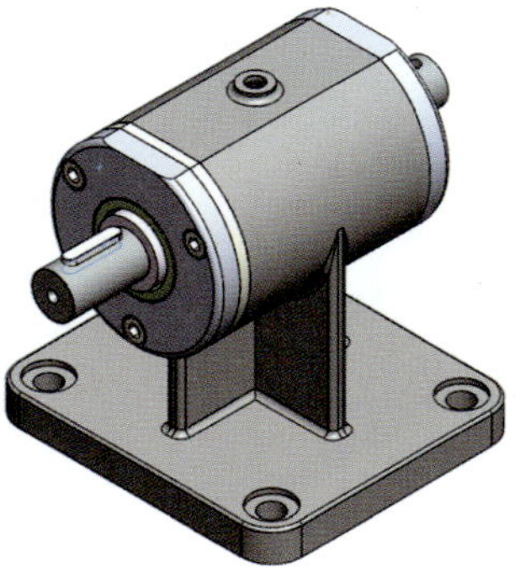

묻힘키(⑤번 부품)와 축(⑦번 부품)에 대한 구속

① 동심[◎]

② 일치[]

③ 일치[]

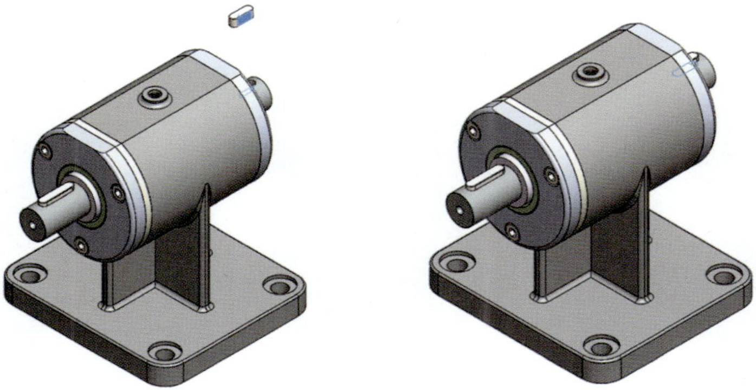

V 벨트 풀리(⑬번 부품)와 축(⑦번 부품)에 대한 구속

① 동심[◎]

② 일치[]

③ 일치[]

스퍼 기어(⑭번 부품)와 축(⑦번 부품)에 대한 구속

① 동심[◎]

② 일치[]

③ 일치[]

2_분해도

분해 방향 설정

① V 벨트 풀리 클릭한다.

② 3축 좌표 방향이 생성되면 분해단계 부품을 활성화한다.

③ 분해 방향을 나타내는 모서리 선을 선택한다.

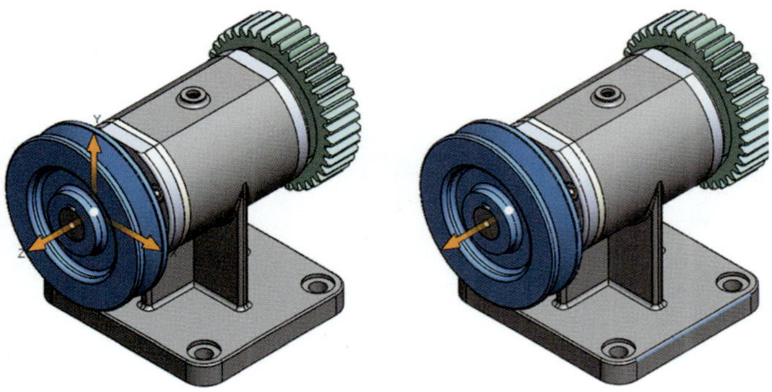

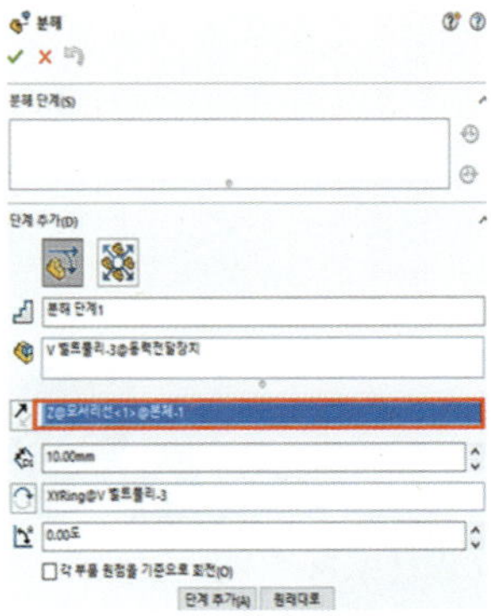

분해도

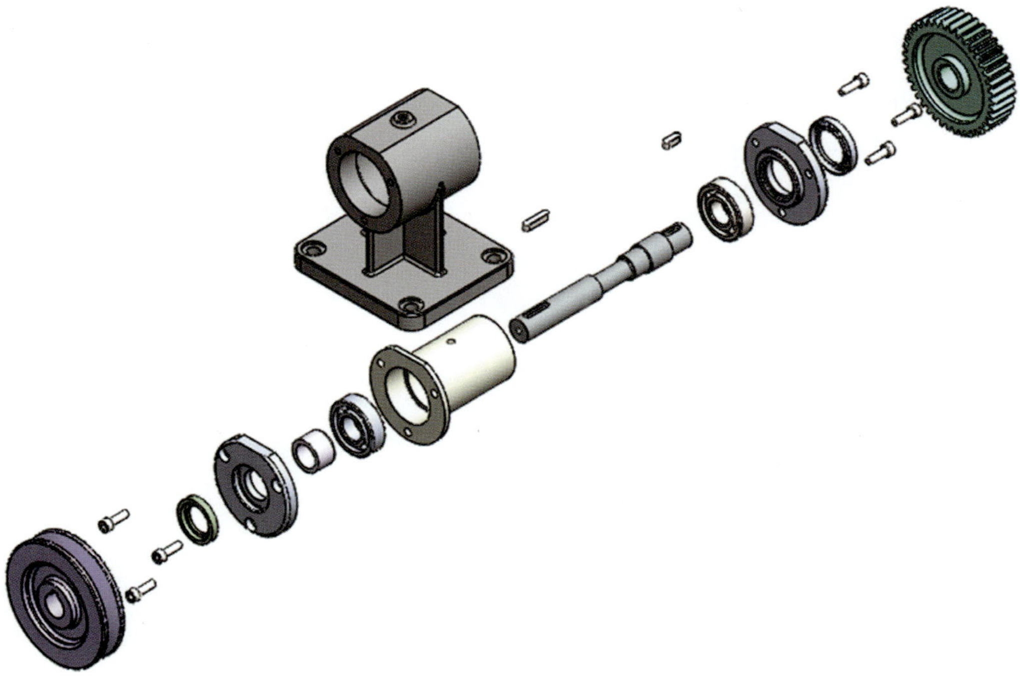

분해 지시선 스케치

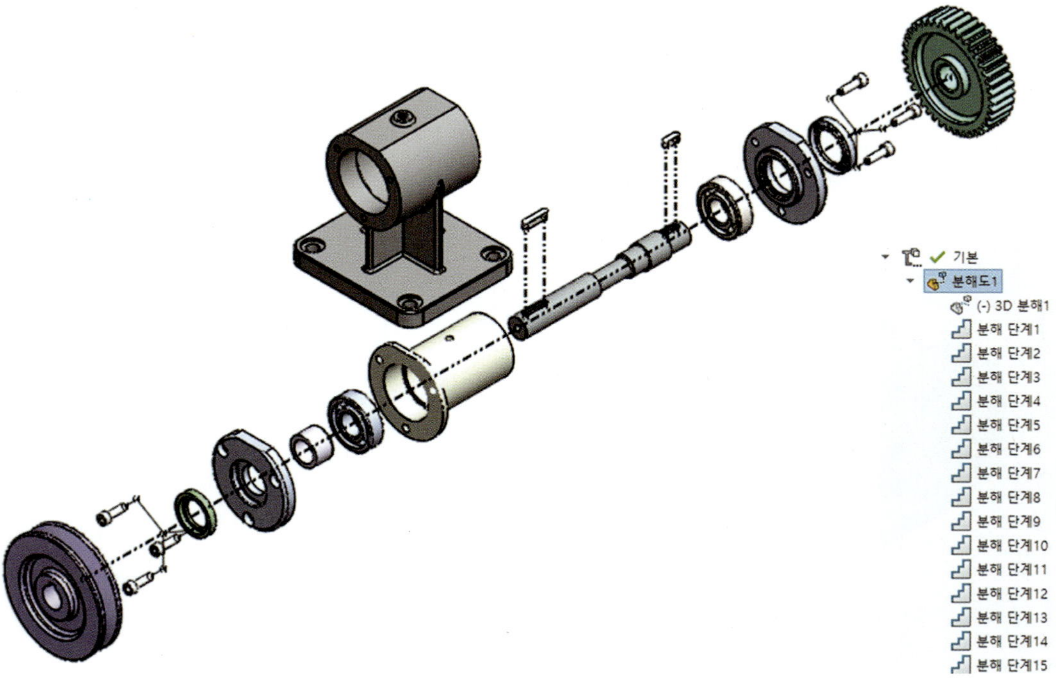

분해도 수정

① configulation manager[ ]를 클릭한다.
② 마우스 커서를 분해도로 옮긴 후 마우스 오른쪽 버튼을 누른다.
③ 피처 편집을 누른 후 분해도를 수정한다.

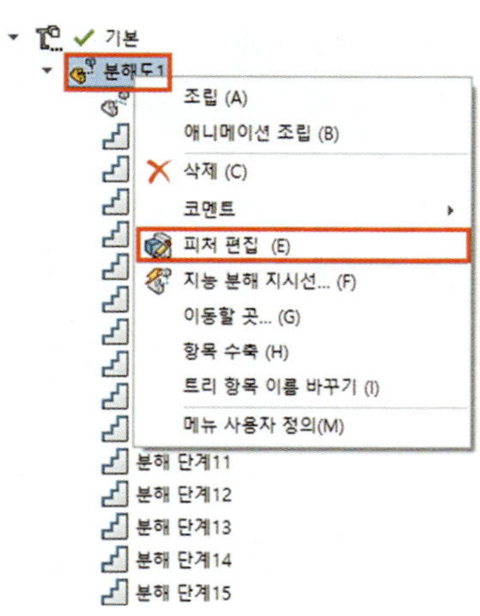

⑤ 피스톤-커넥팅로드

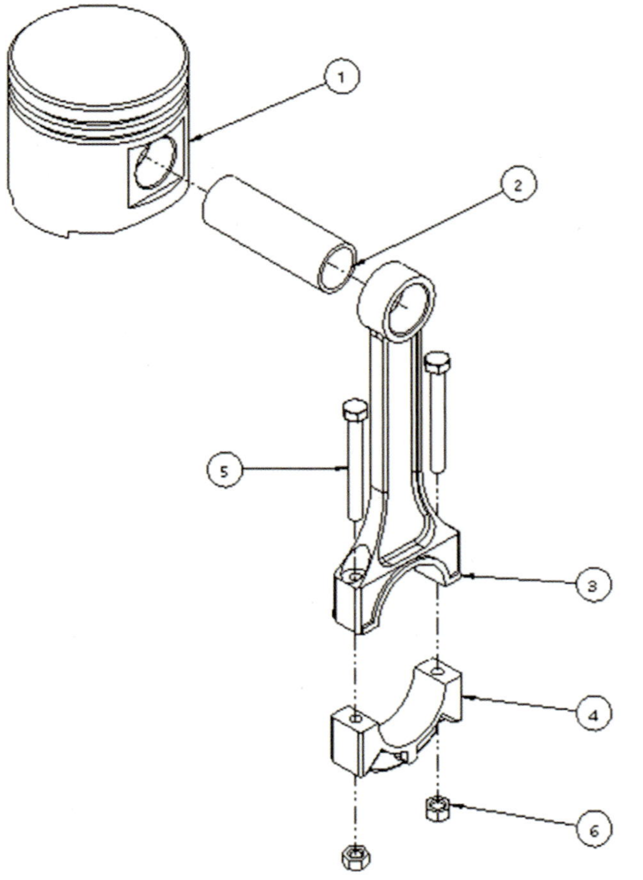

기준 파트인 피스톤(①번 부품)과 피스톤 핀(②번 부품)에 대한 구속

① 동심[◎]

② 중간평면 일치[ㅅ]

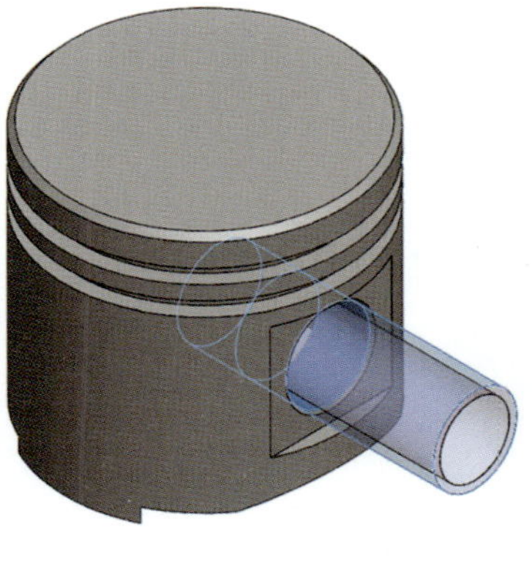

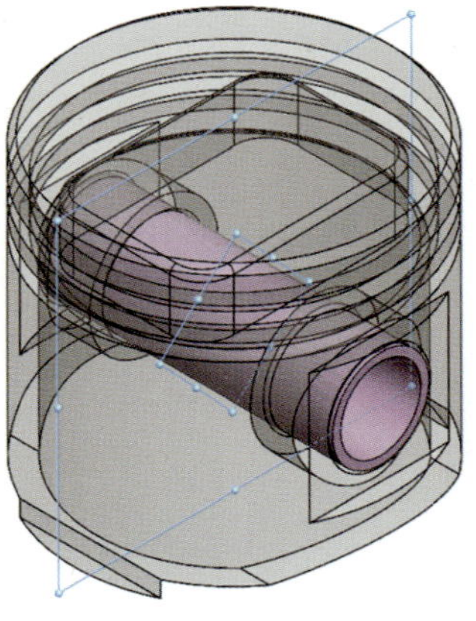

피스톤 핀(②번 부품)과 커넥팅 로드(③번 부품)에 대한 구속

① 동심[◎]

② 중간평면 일치[⋏]

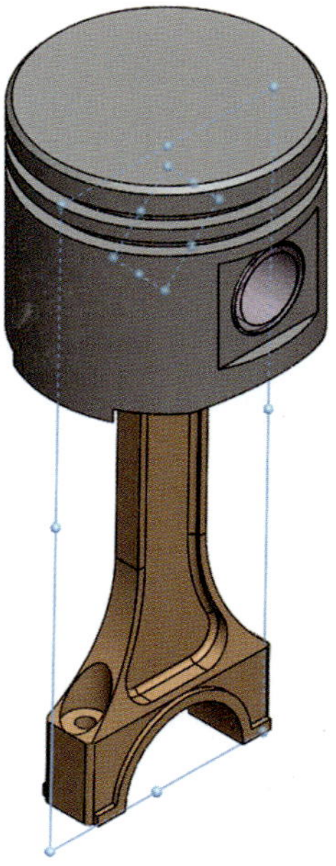

커넥팅 로드(③번 부품)와 베어링 캡(④번 부품)에 대한 구속

① 동심[◎]

② 일치[⋏]

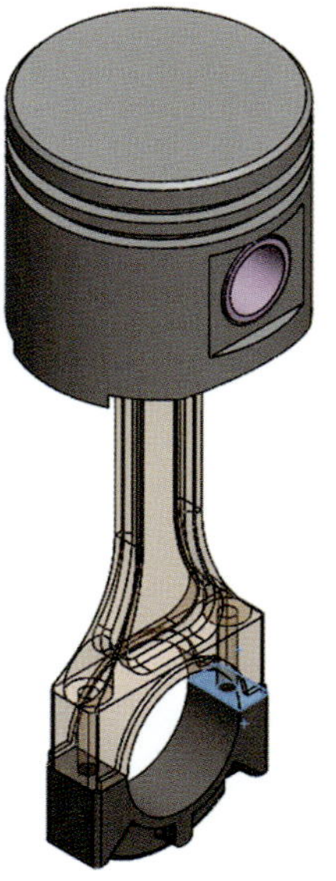

볼트(⑤번 부품)와 커넥팅 로드(③번 부품)에 대한 구속

① 동심[◎]

② 일치[]

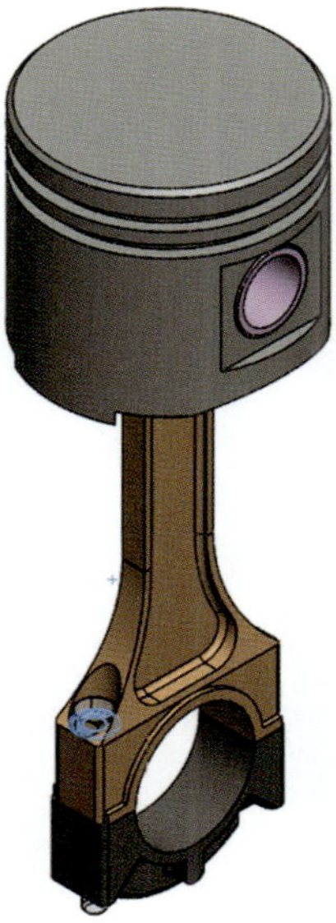

베어링 캡(④번 부품)과 너트(⑥번 부품)에 대한 구속

① 동심[◎]

② 일치[]

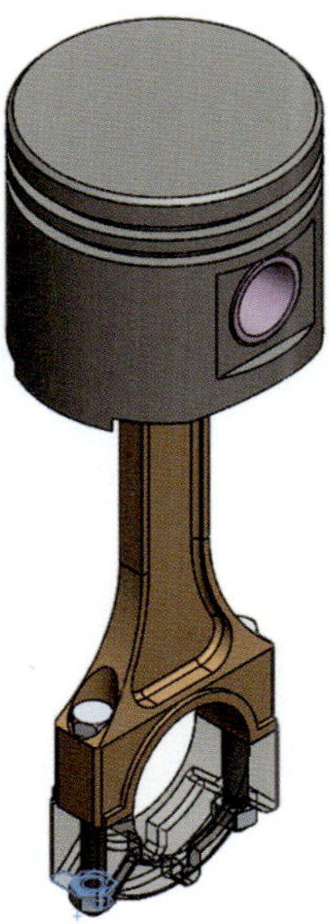

각도 한도 부여하기

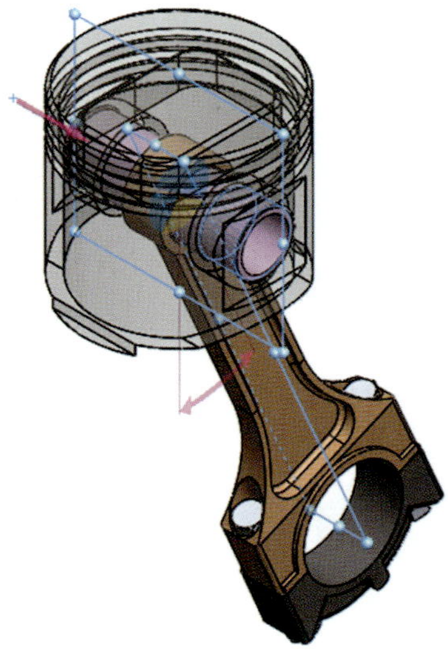

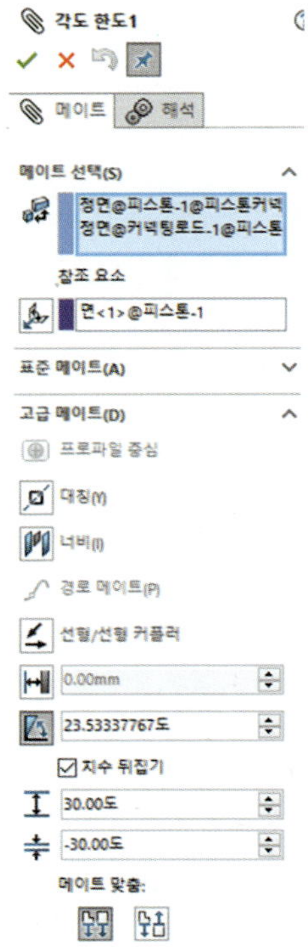

각도 한도1
메이트
해석
메이트 선택(S)
정면@피스톤-1@피스톤커넥
정면@커넥팅로드-1@피스톤
참조 요소
면<1>@피스톤-1
표준 메이트(A)
고급 메이트(D)
프로파일 중심
대칭(Y)
너비(I)
경로 메이트(P)
선형/선형 커플러
0.00mm
23.53337767도
치수 뒤집기
30.00도
-30.00도
메이트 맞춤:

6 벤딩 지그장치

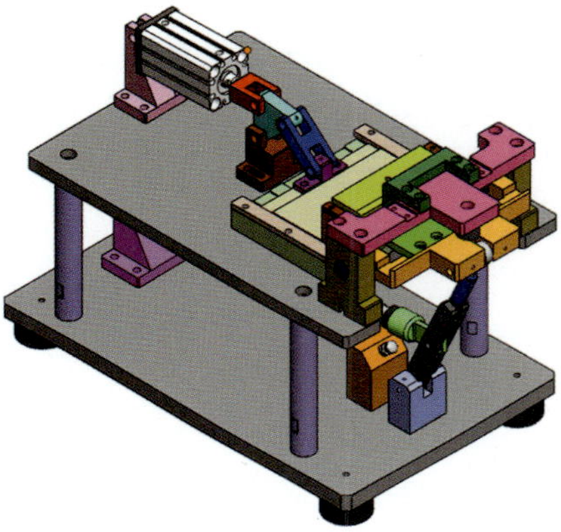

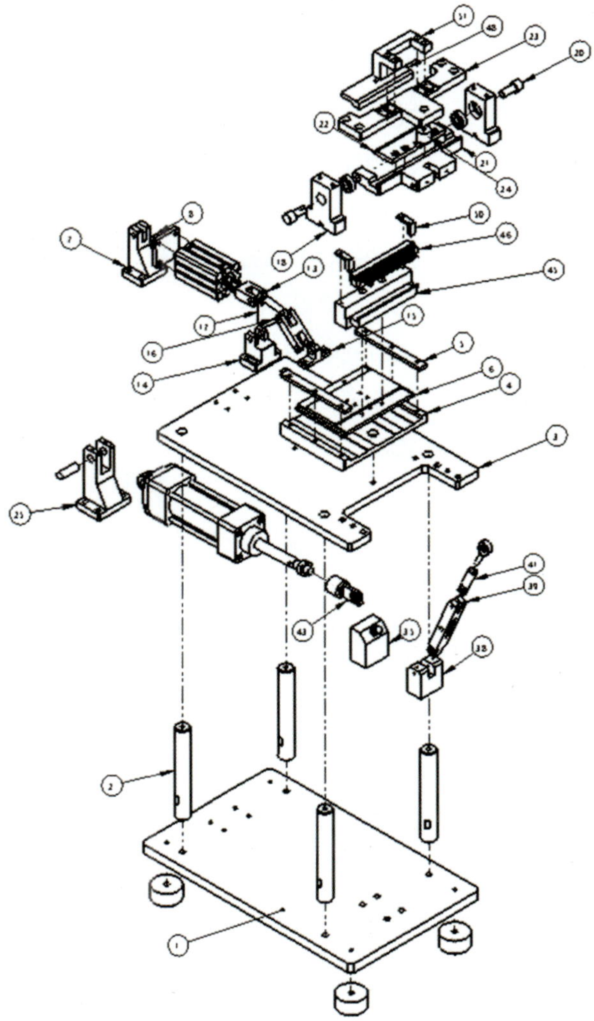

가공품 BOM

품번	품명	수량	품번	품명	수량
1	2023-DC-B-201	1	21	2023-DC-S-218	1
2	2023-DC-B-202	4	22	2023-DC-S-219	1
3	2023-DC-S-203	1	23	2023-DC-S-220	1
4	2023-DC-S-204	1	24	2023-DC-S-222	1
5	2023-DC-S-205	2	25	2023-DC-B-223	1
6	2023-DC-S-206	1	35	2023-DC-B-224	1
7	2023-DC-S-208	1	38	2023-DC-B-225	1
8	2023-DC-S-209	1	39	2023-DC-B-226	1
13	2023-DC-S-210	1	41	2023-DC-B-227	1
14	2023-DC-S-211	1	43	2023-DC-B-228	1
15	2023-DC-S-213	1	45	2023-DC-S-207	1
16	2023-DC-S-212	1	46	PLUG HOUSING	1
17	2023-DC-S-214	1	48	2023-DC-S-215	1
18	2023-DC-S-216	2	49	2023-DC-S-231	1
20	2023-DC-S-217	2	51	2023-DC-S-233	1

1_공급부 링크 구조

2023-DC-B-201과 2023-DC-B-202에 대한 구속

① 동심[◎]

② 일치[⋌]

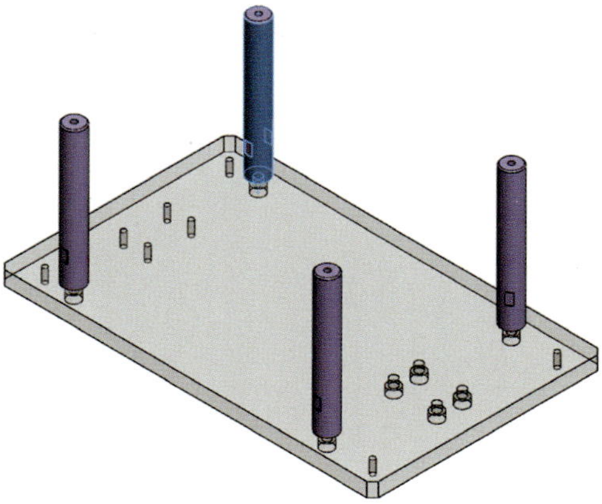

2023-DC-B-202와 2023-DC-B-203에 대한 구속

① 동심[◎]

② 일치[⋌]

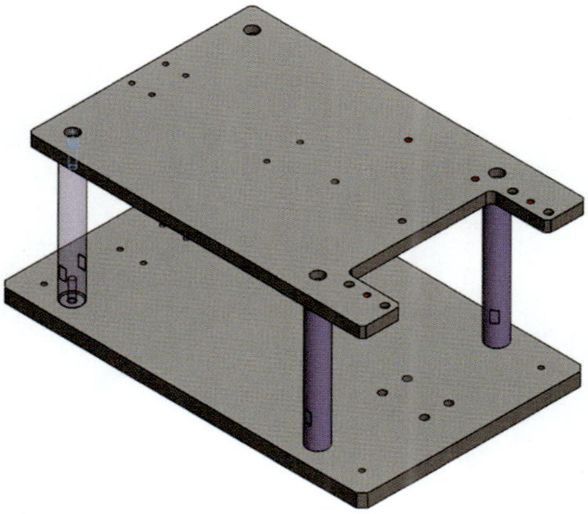

2023-DC-S-203과 2023-DC-S-204에 대한 구속

① 동심[◎]

② 일치[⋌]

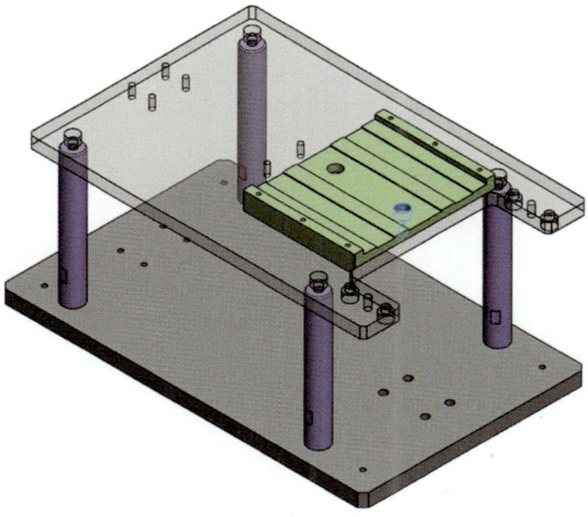

2023-DC-S-204와 2023-DC-S-205에 대한 구속

① 동심[ ]

② 일치[ ]

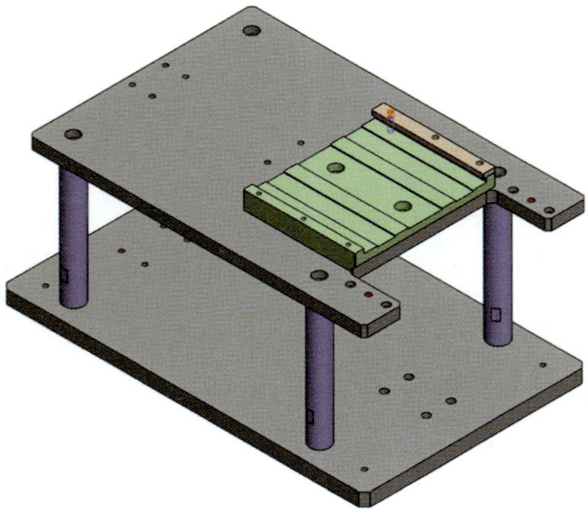

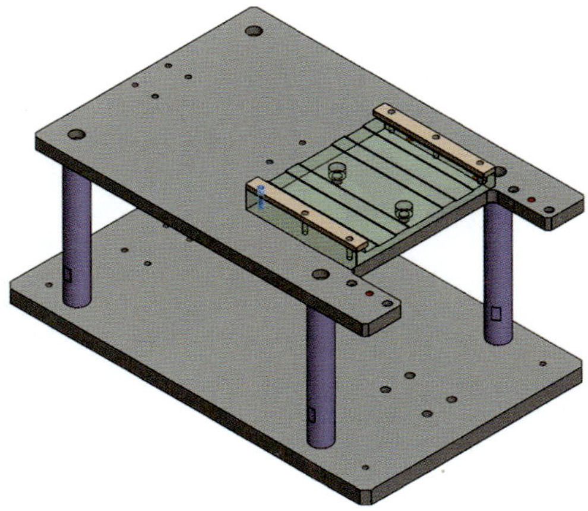

2023-DC-S-205와 2023-DC-S-206에 대한 구속

① 너비[ ]

② 동심[ ]

③ 일치[ ]

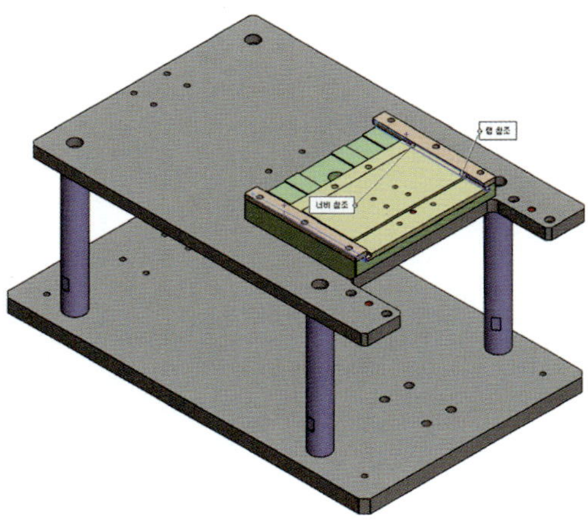

2023-DC-S-206과 2023-DC-S-208에 대한 구속

① 너비[]

② 동심[]

③ 일치[]

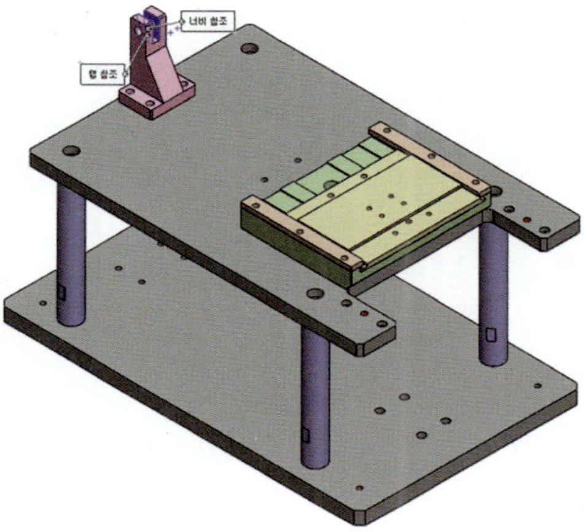

2023-DC-S-208과 2023-DC-S-209에 대한 구속

① 너비[]

② 동심[]

③ 일치[]

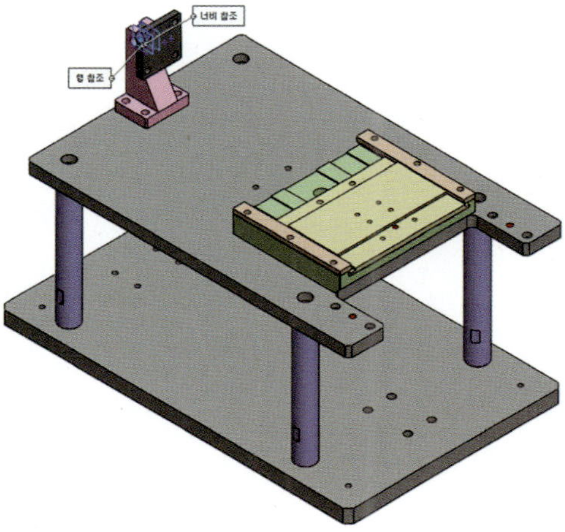

2023-DC-S-209와 CDQSB20-35D-A93에 대한 구속

① 동심[◎]

② 일치[⋌]

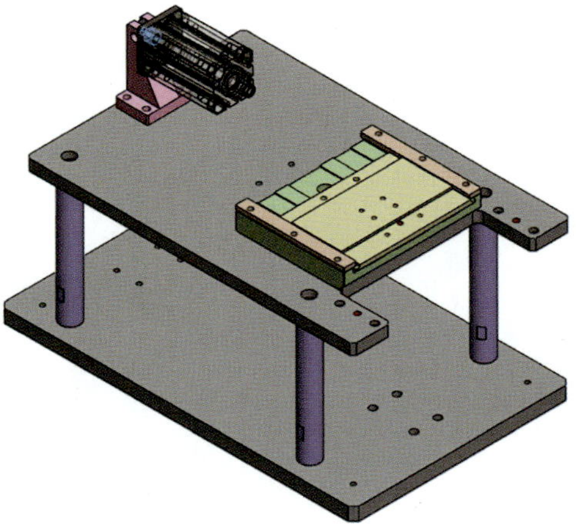

하위 어셈블리를 유동으로 만들기(콤팩트 타입 표준형 복동식 편로드 박형실린더, CDQSB20-35D-A93)

① 한국 미스미, 한국 SMC 등의 공압기기 전문업체 사이트로 들어가 요구하는 규격품을 스텝 파일로 다운을 받는다.

② [하위 어셈블리를 유동으로 만들기]를 활성화시킨다.

③ 실린더 튜브와 로드에 구속을 부여한다.

- 동심[◎]
- 거리 한도[↔]

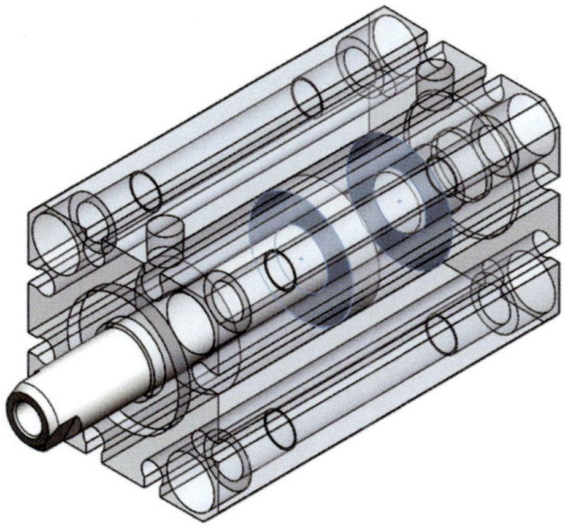

CDQSB20-35D-A93과 로드에 대한 구속

① 거리[]

② 동심[]

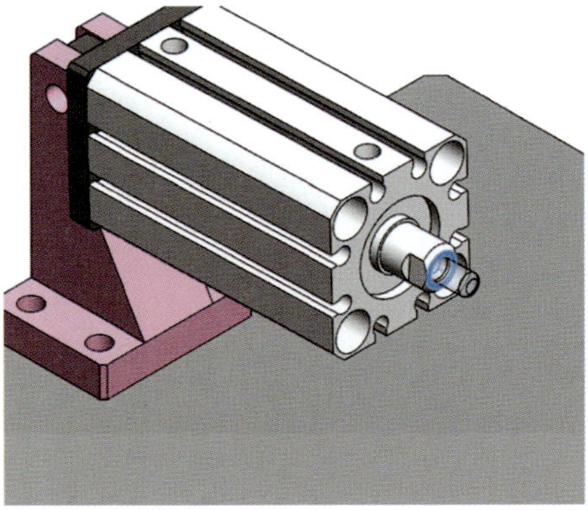

로드와 2023-DC-S-210에 대한 구속

① 너비[]

② 동심[]

③ 거리 한도[]

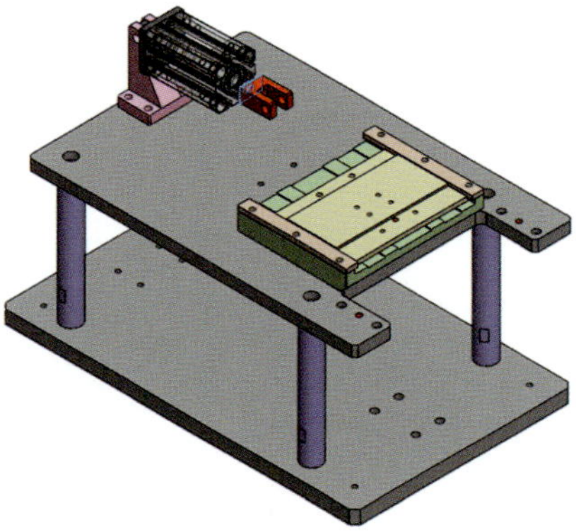

2023-DC-S-211과 2023-DC-S-203에 대한 구속

① 너비[]

② 일치[]

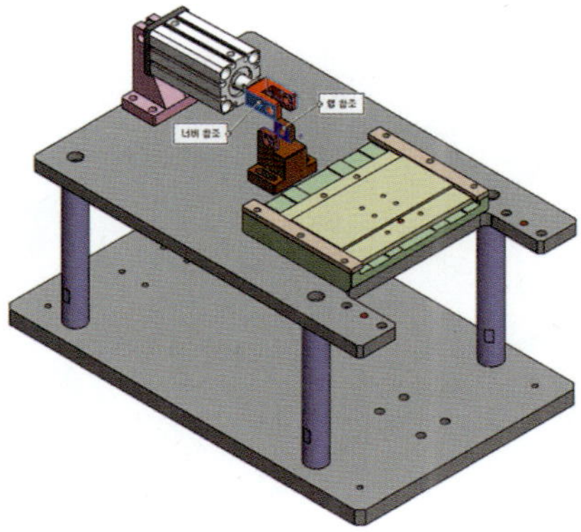

2023-DC-S-213과 2023-DC-S-206에 대한 구속

① 동심[]

② 일치[]

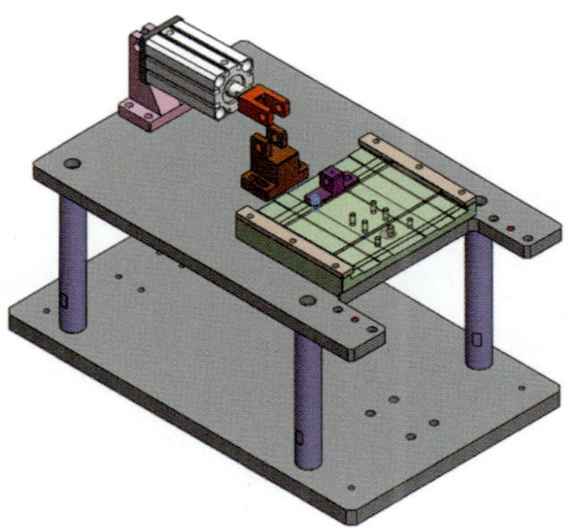

2023-DC-S-213과 2023-DC-S-212에 대한 구속

① 너비[]

② 동심[]

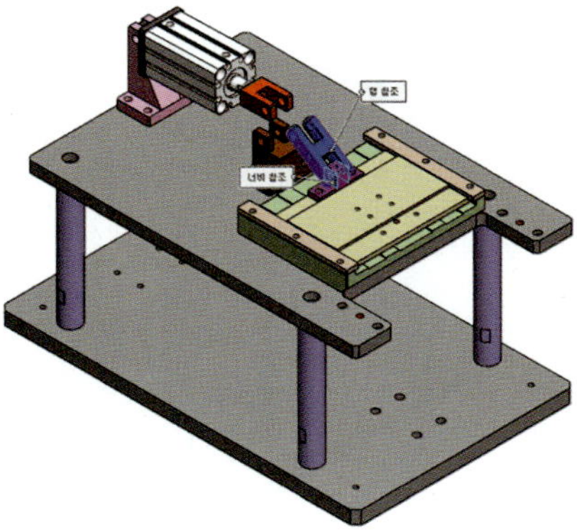

2023-DC-S-212와 2023-DC-S-214에 대한 구속

① 너비[]

② 동심[]

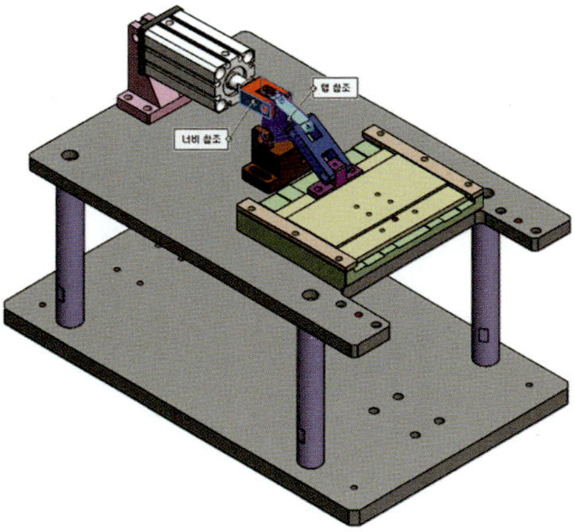

2023-DC-S-216과 2023-DC-S-203에 대한 구속

① 동심[◎]

② 일치[ ]

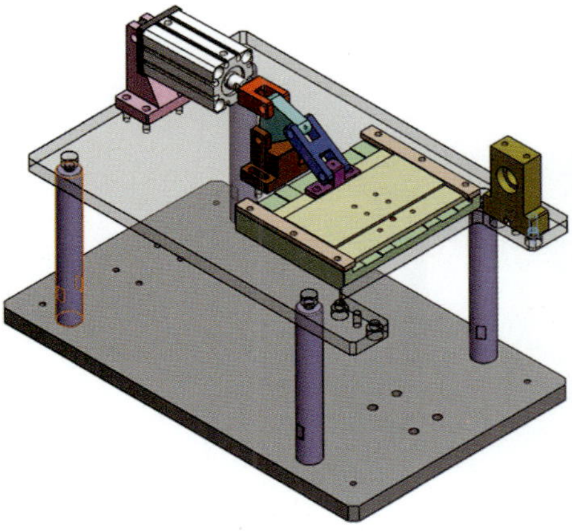 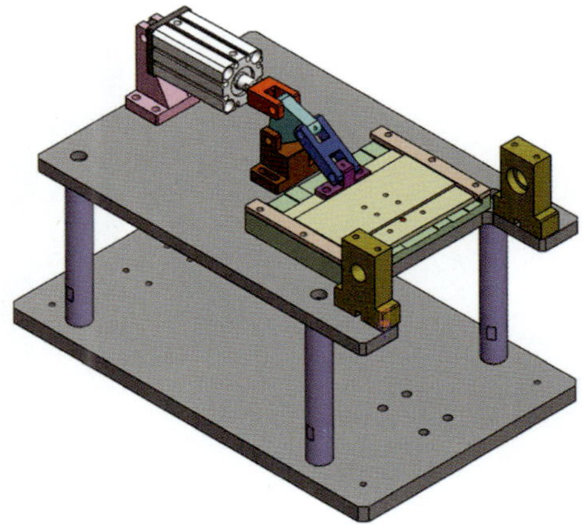

2023-DC-S-216과 베어링(B698ZZ)에 대한 구속

① 동심[◎]

② 일치[ ]

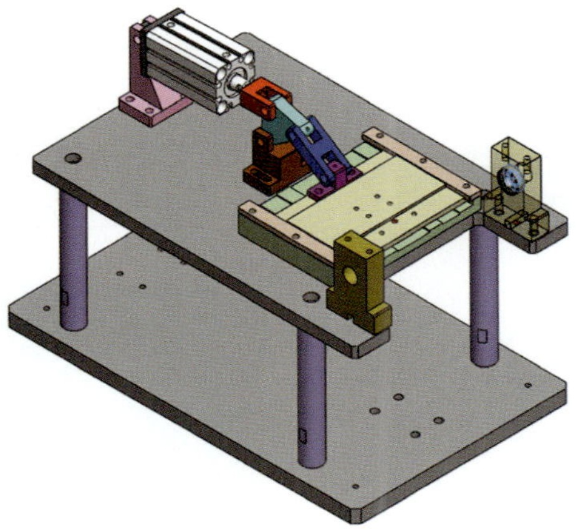

2023-DC-S-217과 소경 베어링 양쪽 실드형(B698ZZ)에 대한 구속

① 동심[◎]

② 일치[⋀]

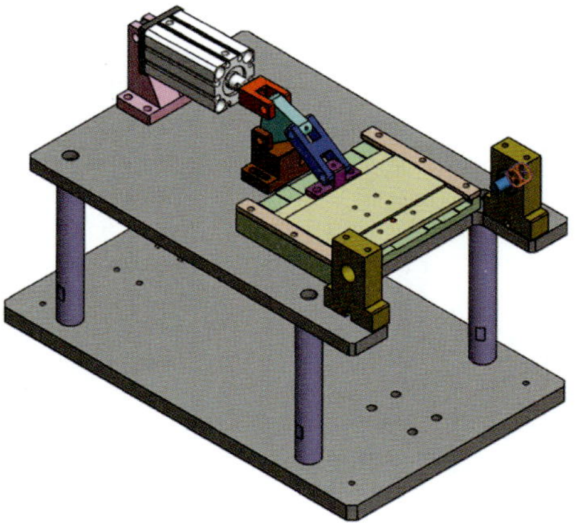

소경 베어링 양쪽 실드형(B693ZZ) 이해하기

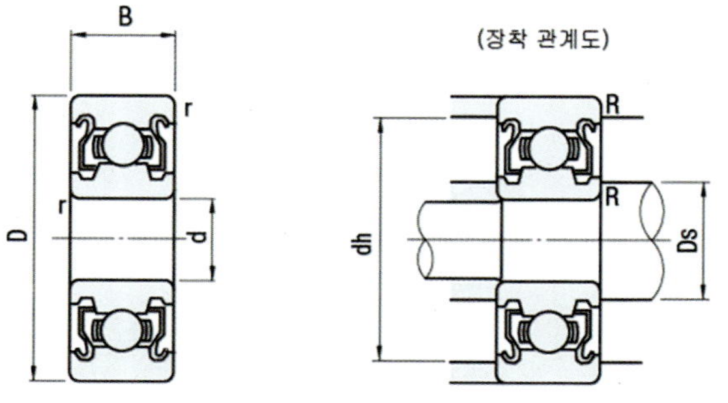

궤도륜 형상	볼	내외륜 재질	[스틸] SUJ2
실드 소재·형상	양쪽 실드형	외륜 타입	플랫
정밀도(JIS)	등급0	내경 d(ϕ)	8
외경 D(ϕ)	19	폭 B(또는 T)(mm)	6
기본 정격 하중 Cr(동)(N)	1990	허용 회전 수(rpm)	360000
사양·환경	표준	하중 방향	레이디얼

2023-DC-S-217과 2023-DC-S-218에 대한 구속

① 너비[]

② 동심[]

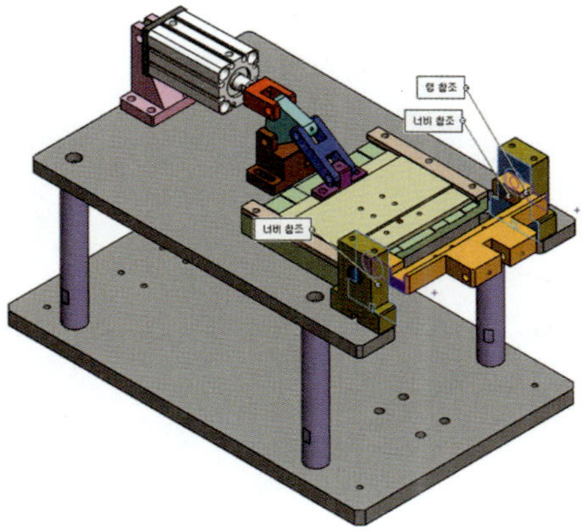

2023-DC-S-218과 2023-DC-S-219에 대한 구속

① 너비[]

② 동심[]

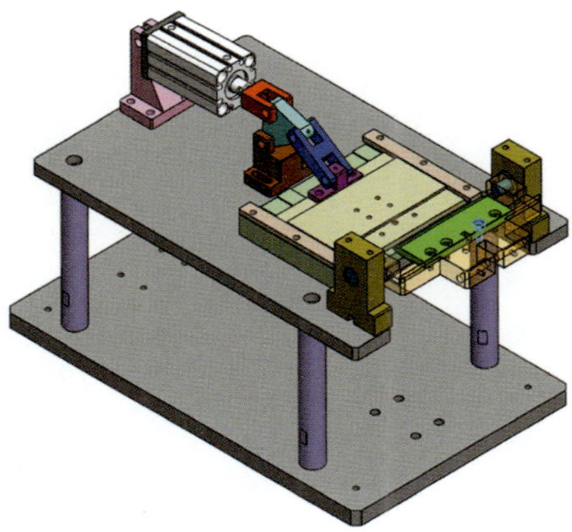

2023-DC-S-219와 2023-DC-S-220에 대한 구속

① 동심[◎]

② 일치[⋏]

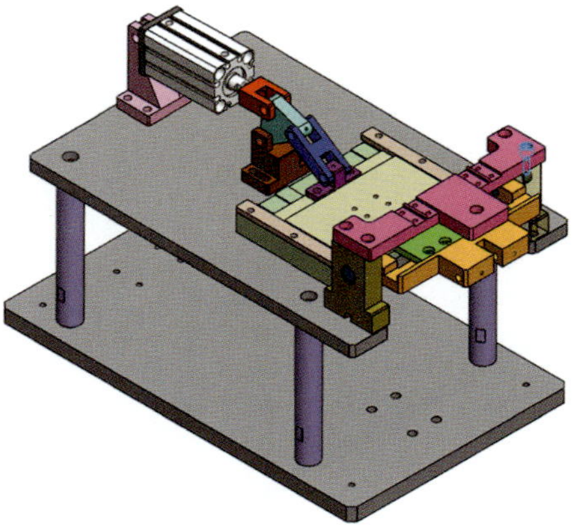

2023-DC-S-220과 2023-DC-S-222에 대한 구속

① 동심[◎]

② 일치[⋏]

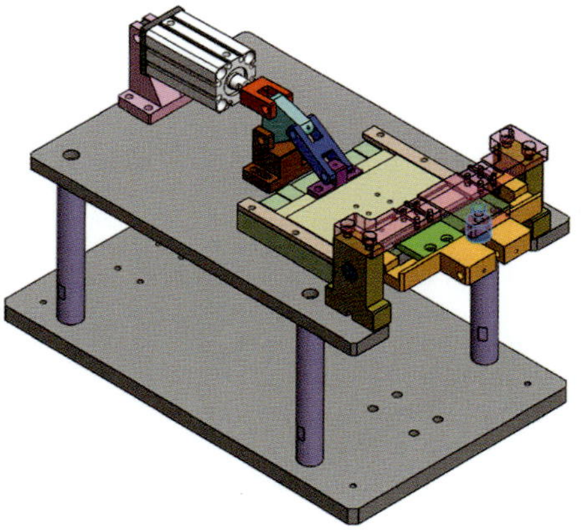

2023-DC-S-206과 2023-DC-S-207에 대한 구속

① 너비[]

② 동심[]

③ 일치[]

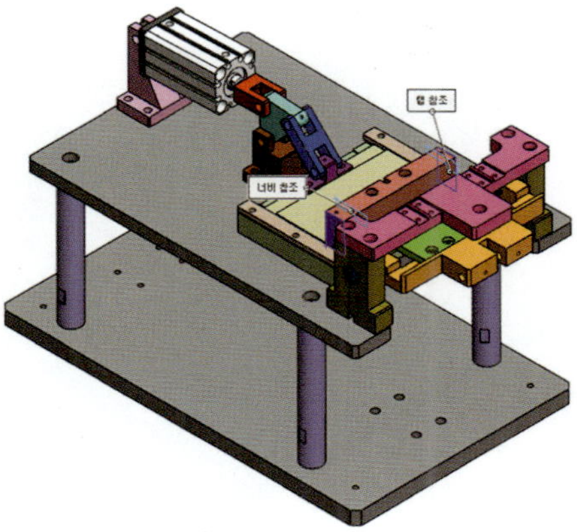

2023-DC-S-207과 96핀 플러그 하우징에 대한 구속

① 너비[]

② 일치[]

③ 일치[]

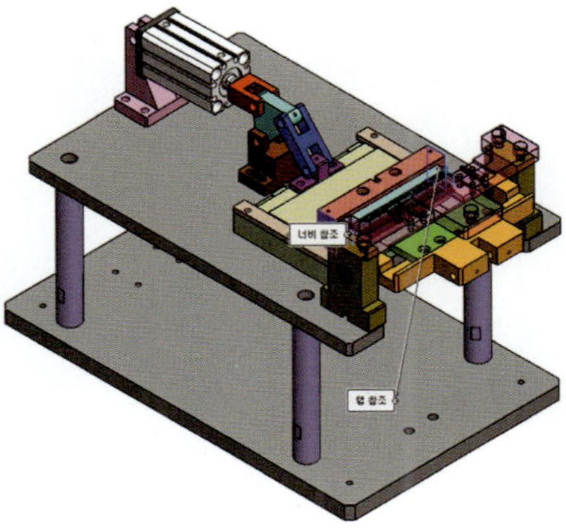

2023-DC-S-207과 2023-DC-S-215에 대한 구속

① 일치[]

② 일치[]

③ 너비[]

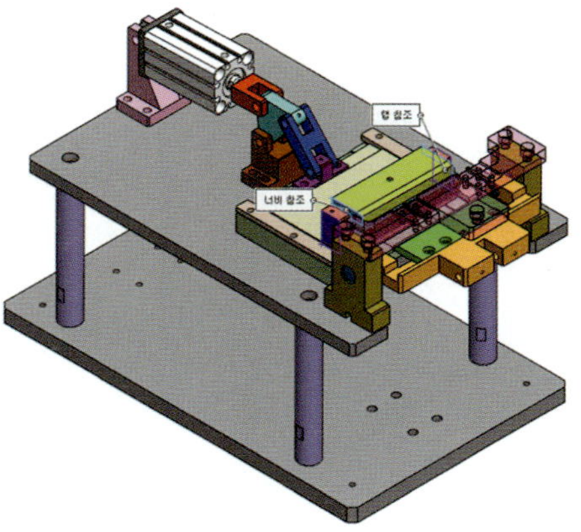

2023-DC-S-207과 2023-DC-S-231에 대한 구속

① 동심[◎]

② 일치[]

③ 일치[]

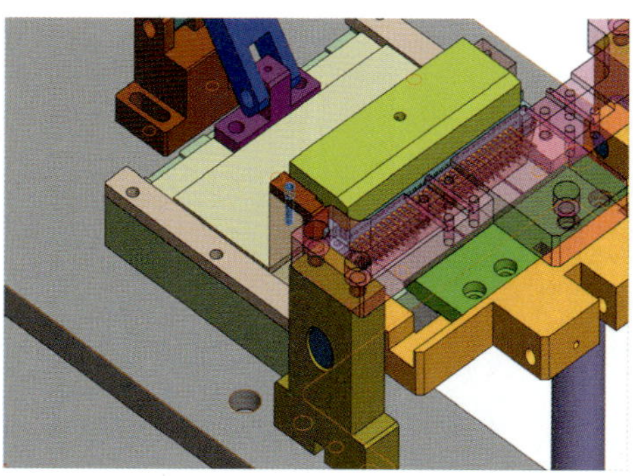

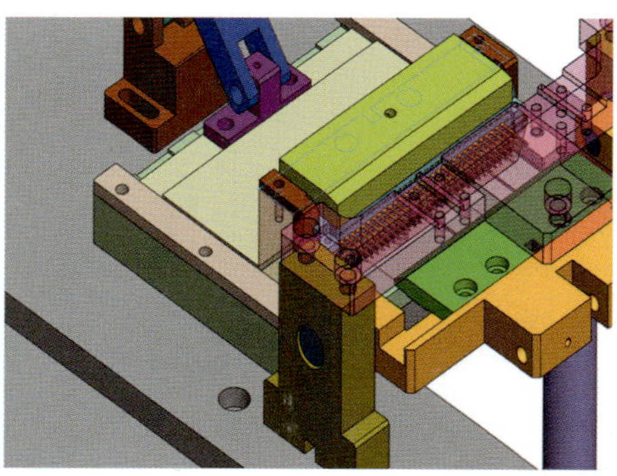

2023-DC-S-233과 2023-DC-S-220에 대한 구속

① 동심[◎]

② 일치[ㅅ]

③ 일치[ㅅ]

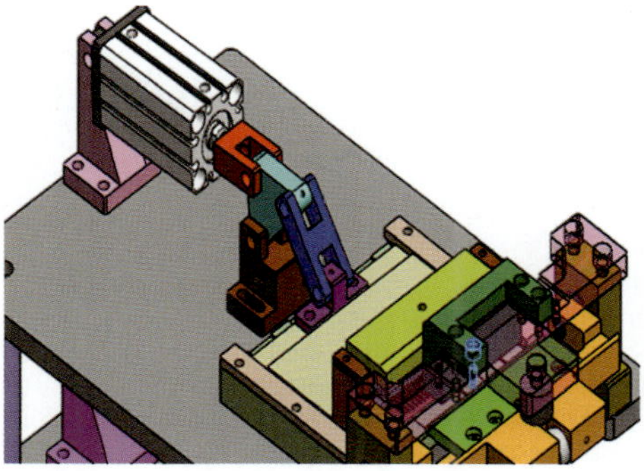

2_벤딩부 링크 구조

밴딩부 링크 구조를 어셈블할 때 이전 절에서 어셈블한 공급부 링크 구조의 요소 부품들을 모두 다음 그림과 같이 숨기기( ) 기능으로 활성화한 후 어셈블 작업을 한다.

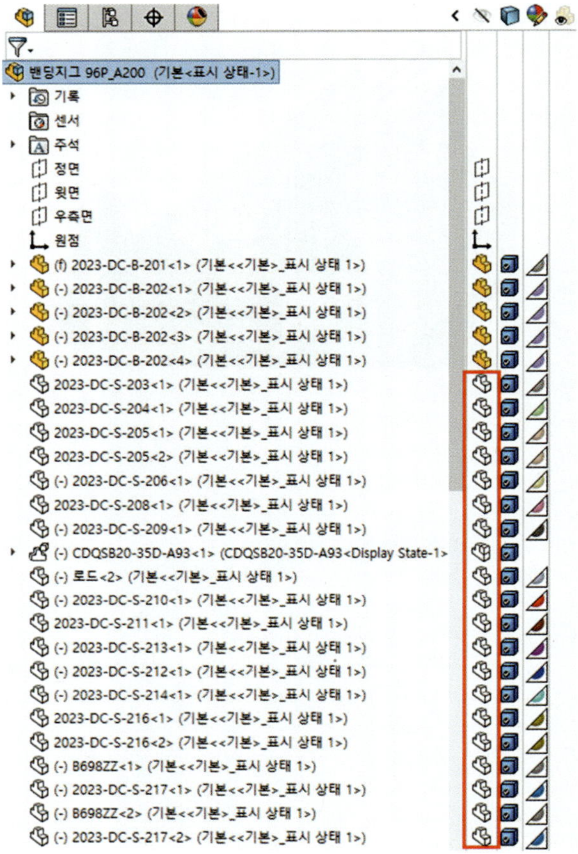

2023-DC-B-223과 2023-DC-B-201에 대한 구속

① 너비[]

② 동심[]

③ 일치[]

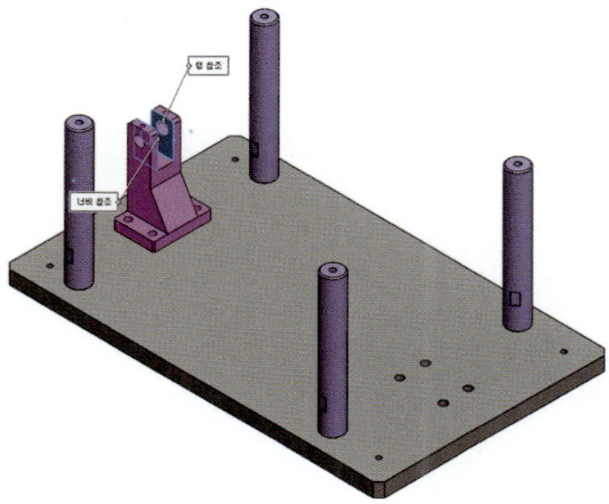

2023-DC-B-223과 MDBC32-50Z-A93에 대한 구속

① 너비[]

② 동심[]

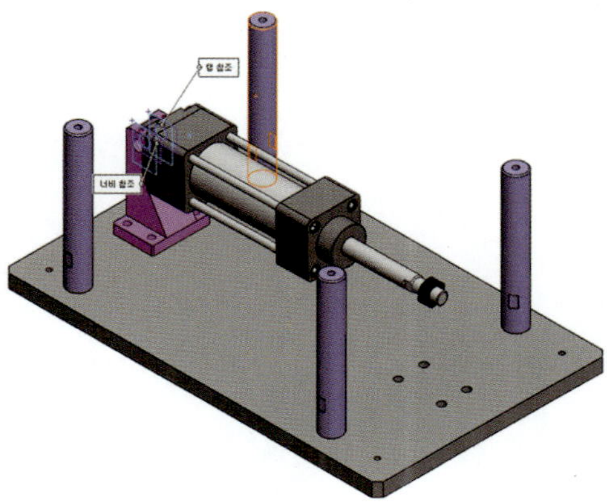

하위 어셈블리를 유동으로 만들기(표준형 복동 편로드 에어 실린더, MDBC32-50Z-A93)

① 한국 미스미, SMC 등의 공압기기 전문업체 사이트로 들어가 요구하는 규격품을 스텝 파일로 다운을 받는다.

② [하위 어셈블리를 유동으로 만들기]를 활성화시킨다.

③ 로드와 너트에 구속을 부여한다.

- 동심[◎]
- 거리[↔]

④ 실린더 튜브와 로드에 구속을 부여한다.

- 동심[◎]
- 거리 한도[↔]

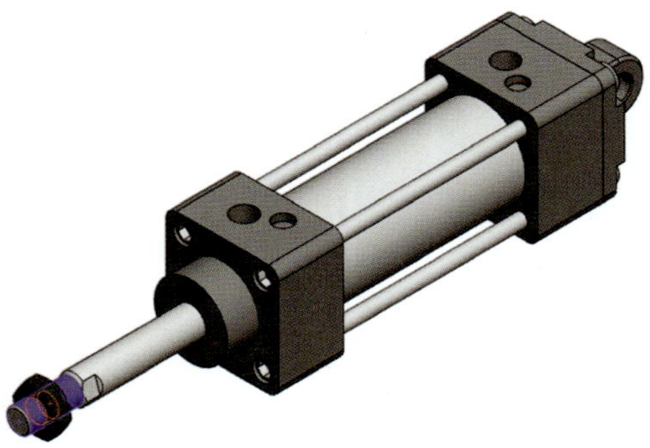

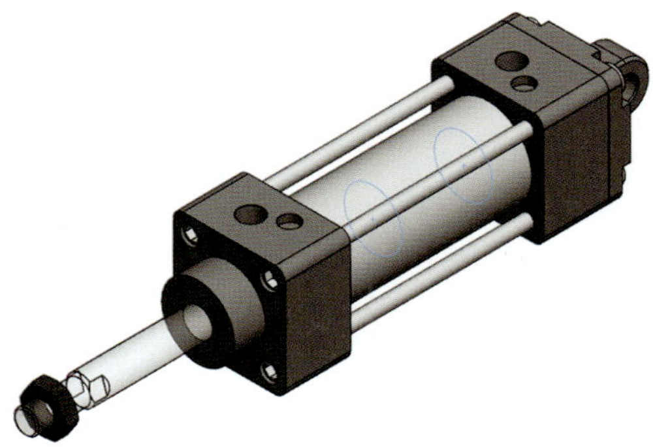

2023-DC-B-224와 2023-DC-B-201에 대한 구속

① 동심[◎]

② 일치[⋌]

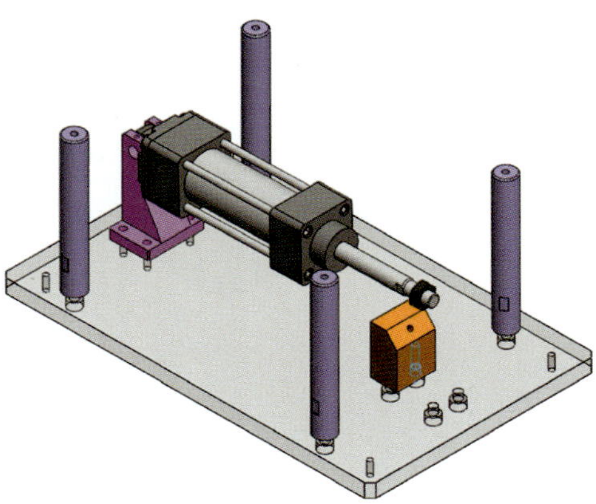

2023-DC-B-224와 위치결정 볼트 일반나사(STBB5-25)에 대한 구속

① 동심[ ]

② 일치[ ]

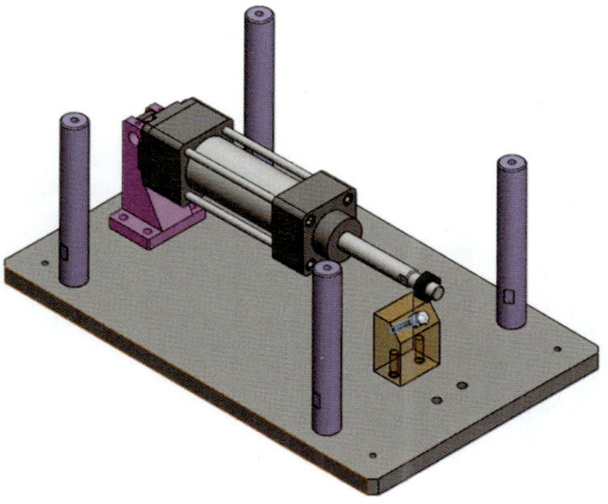

2023-DC-B-225와 2023-DC-B-201에 대한 구속

① 동심[ ]

② 일치[ ]

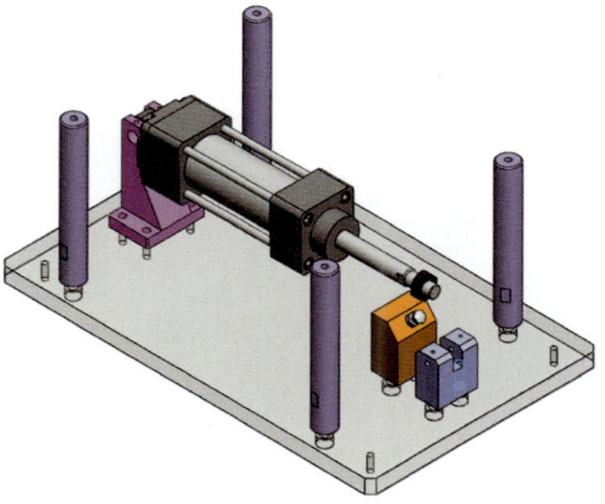

2023-DC-B-225와 2023-DC-B-226에 대한 구속

① 너비[]

② 동심[◎]

③ 일치[]

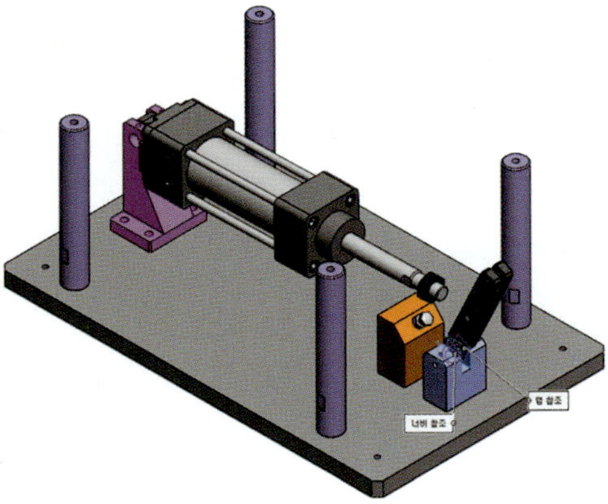

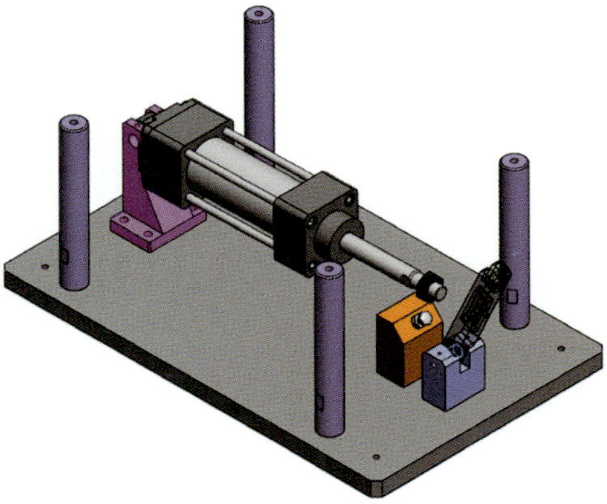

2023-DC-B-226와과소경 베어링 양쪽 실드형(B693ZZ)에 대한 구속

① 동심[◎]

② 일치[]

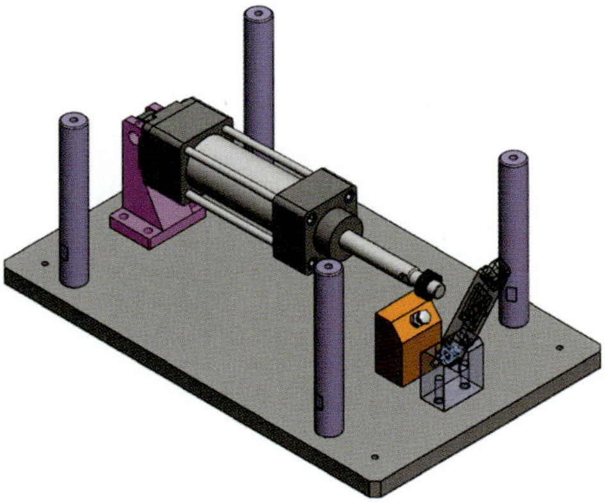

소경 베어링 양쪽 실드형(B693ZZ) 이해하기

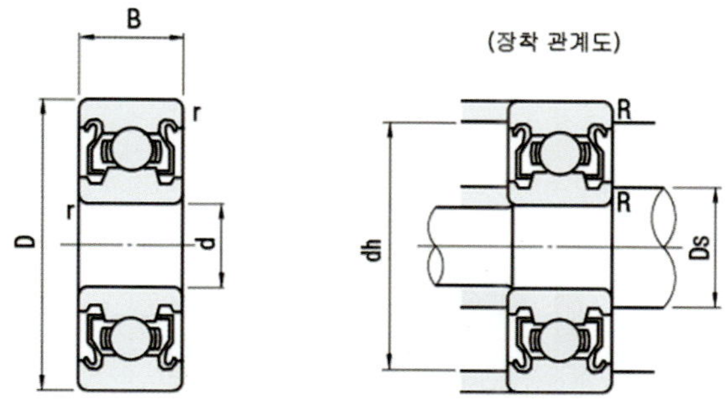

궤도륜 형상	볼	내외륜 재질	[스틸] SUJ2
실드 소재·형상	양쪽 실드형	외륜 타입	플랫
정밀도(JIS)	등급0	내경 d(ϕ)	3
외경 D(ϕ)	8	폭 B(또는 T)(mm)	4
기본 정격 하중 Cr(동)(N)	560	허용 회전 수(rpm)	60000
사양·환경	표준	하중 방향	레이디얼

2023-DC-B-226과 2023-DC-B-227에 대한 구속

① 너비[]

② 동심[]

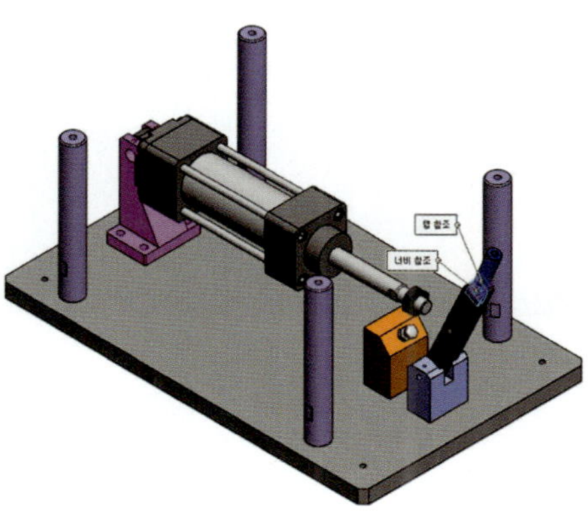

2023-DC-B-227과 로드 엔드 베어링(PHS05)에 대한 구속

① 동심[]

② 거리[]

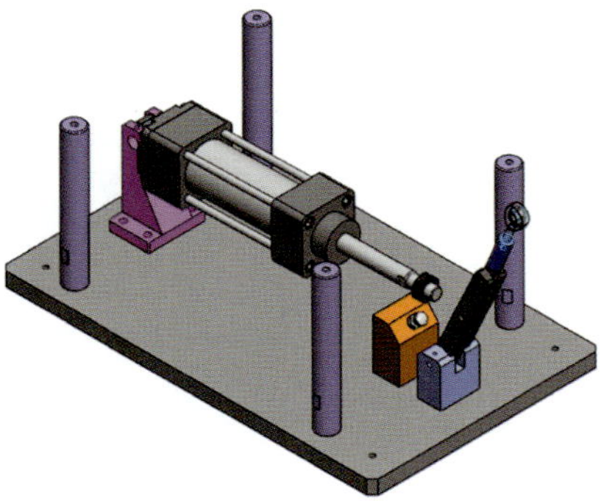

로드 엔드 베어링(PHS05)과 소경 베어링 양쪽 실드형(B693ZZ)에 대한 구속

① 너비[]

② 동심[]

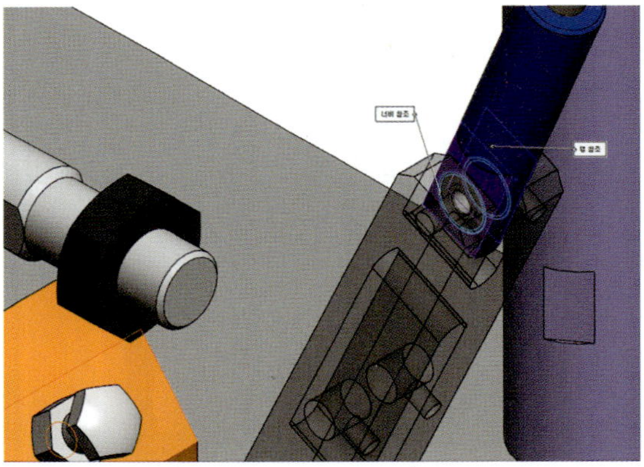

2023-DC-B-228과 소경 볼베어링 양쪽 실드형(B695ZZ)에 대한 구속

① 너비[ ]

② 동심[ ]

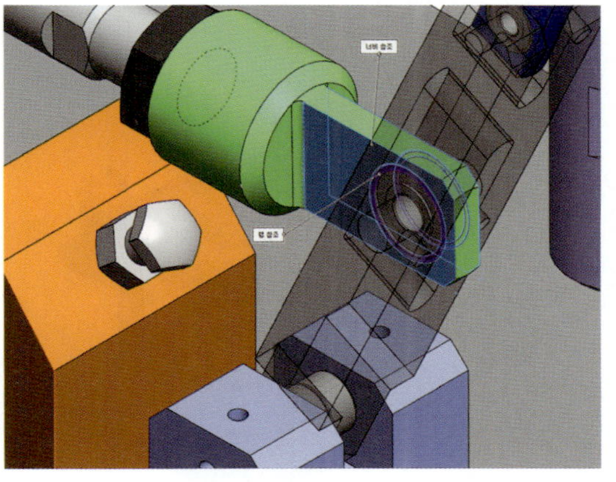

2023-DC-B-228과 MDBC32-50Z-A93 로드, 2023-DC-B-226에 대한 구속

① 너비[ ]

② 동심[ ]

③ 일치[ ]

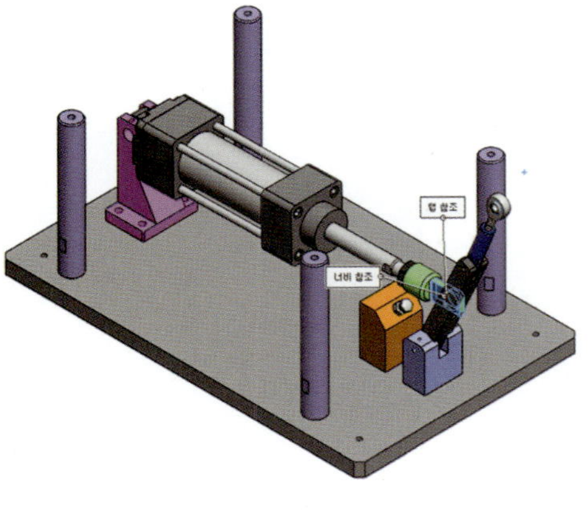

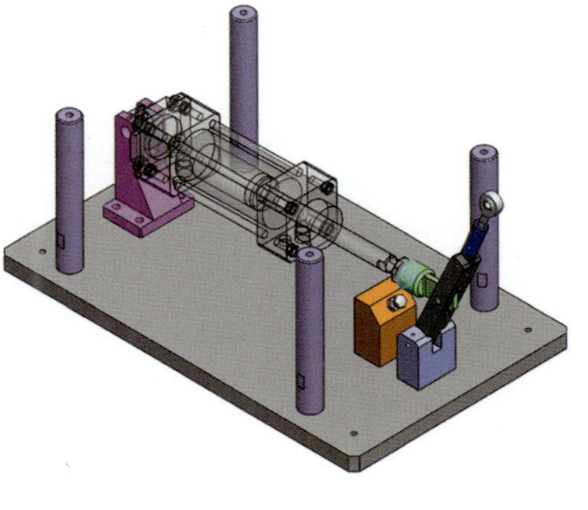

로드 엔드 베어링(PHS05)과 2023-DC-S-218에 대한 구속

① 너비[]

② 동심[◎]

③ 일치[]

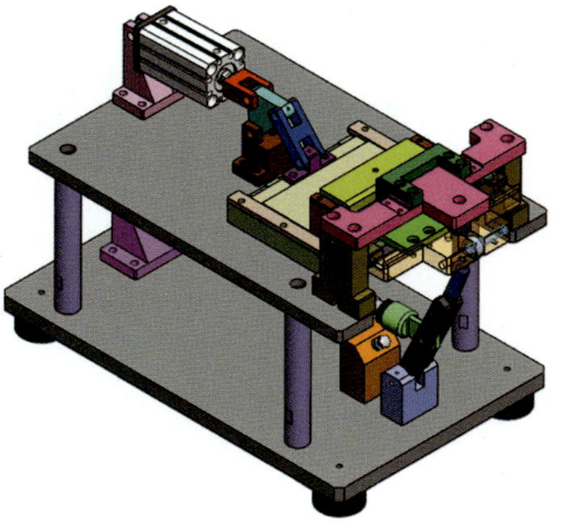

제5장

도면 설계하기

※ 구민사 홈페이지에서 단품 데이터 다운로드하세요.

CHAPTER 5

도면 설계하기

3D CAD에서 도면 작업은 단품 파일이나 조립품 파일을 이용하며, 현장 실무에서는 도면 파일을 만들기 위해서 대부분 도면 템플릿 파일을 만들어 활용하고 있다. 도면 파일은 일반적으로 제작도면이라 하며, 기계제도, 제도통칙을 기반으로 치수공차, 기하공차, 표면거칠기 등을 도면에 표시하여 현장 작업자가 기계 부품을 효과적으로 제작하도록 한다.

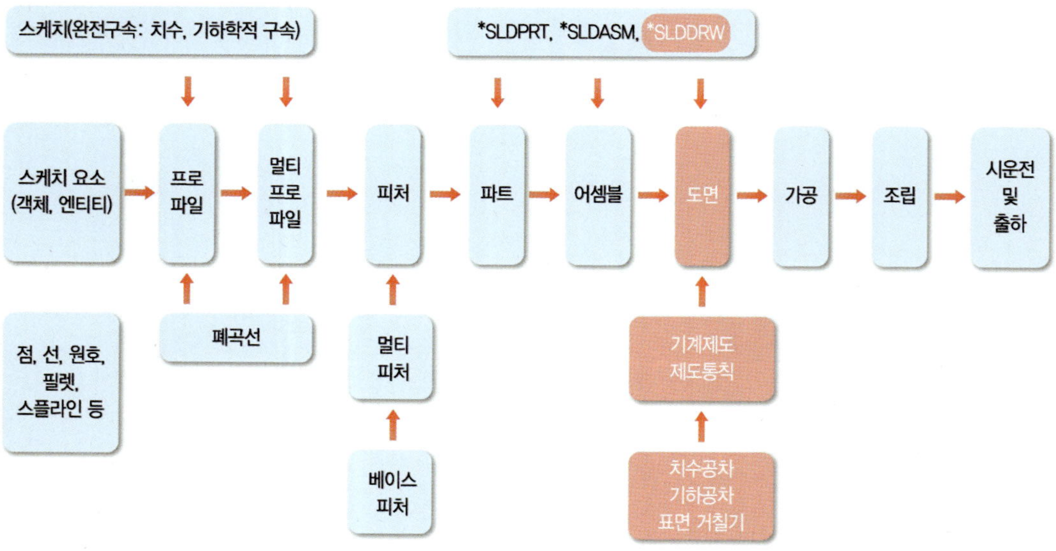

01 제도 표준

① 도면의 형식

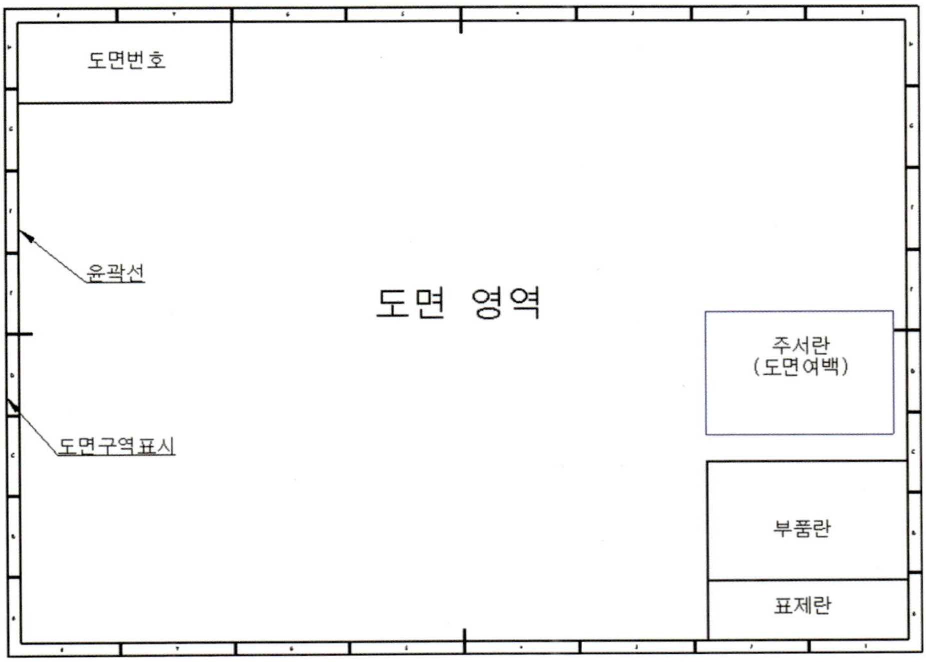

1_용지 규격

① A 계열 → A0 : 1189×841(면적 $1m^2$), 가로치수 = 세로치수× $\sqrt{2}$

② B 계열은 도면에 사용하지 않는다.

③ 도면의 크기

제도용지	A0	A1	A2	A3	A4
가로×세로	1189×841	841×594 $\frac{1189}{2}=594$	594×420 $\frac{841}{2}=420$	420×297 $\frac{594}{2}=297$	297×210 $\frac{420}{2}=210$

2_도면 양식

① 도면에 반드시 표시할 사항 : 테두리선, 표제란, 중심마크
② 부품란 : 도면에 표시된 부품번호, 품명, 재질, 수량 등의 표시(주로 표제란 위쪽)
③ 주서란 : 일반공차, 표면거칠기, 표면처리 등의 부가적 정보 표시

3_도면 척도

① A : B = 도면에서의 크기 : 물체의 실제 크기
② 축척 : 실물을 축소해서 그린 도면(예, 1/2, 1/5, 1/10. 1/20. 1/50, 1/100, 1/200)
③ 현척 : 실물과 같은 크기로 그린 도면(예, 1/1)
④ 배척 : 실물을 확대해서 그린 도면(예, 2/1, 5/1, 10/1, 20/1, 50/1)
⑤ NS(No Scale) : 비례척이 아닌 도면(확대도, 상세도 등이 그려져 있을 때)

② 선의 종류, 굵기 및 용도

1_선의 모양

① 실선 : 외형선, 파단선, 치수선, 치수보조선, 지시선, 해칭선 등
② 파선(은선) : 보이지 않는 부분
③ 쇄선 : 중심선, 인접 외형선, 절단부, 경계선, 가상선 등

2_선의 굵기

① 가는 선(0.25mm)
- 가는 실선 : 치수선, 치수보조선, 해칭선, 자유 실선(파단선), 지그재그선 등
- 부품번호 기입 원, 치수공차, 특수기호 등
- 가는1점 쇄선 : 중심선, 절단선(단면도)

② 중간 선(0.35mm)
- 숨은선(은선, 파선)
- 일반 주서, 치수기입용 화살표, 숫자, 문자, 기호 등

③ 굵은 선(0.5mm)
- 윤곽선, 외형선, 부품번호, 개별 주서

④ 캐드에서는 선의 굵기가 아닌 색상으로 선을 정의하고 출력 결과는 선의 굵기로 출력된다.

문자, 숫자, 기호의 높이(mm)	선 굵기(mm)	지정 색상	용도
5.0	0.50	파란색	윤곽선, 표제란과 부품란의 윤곽선 등
3.5	0.35	초록색, 갈색	외형선, 부품번호, 개별 주서, 중심마크 등
2.5	0.25	노란색	숨은선, 치수와 기호, 일반 주서 등
1.8	0.18	흰색, 빨강색	해칭, 치수선, 치수보조선, 중심선, 가상선 등

3 도면의 작업순서

① 도면 템플릿을 이용하여 새도면 파일 열기
② 시트 형식 및 크기 정의
③ 뷰 레이아웃 선정
④ 주석 작성

4 도면 템플릿 만들기

1_도면 형식 작성하기

① 새문서의 템플릿에서 도면을 클릭한다.

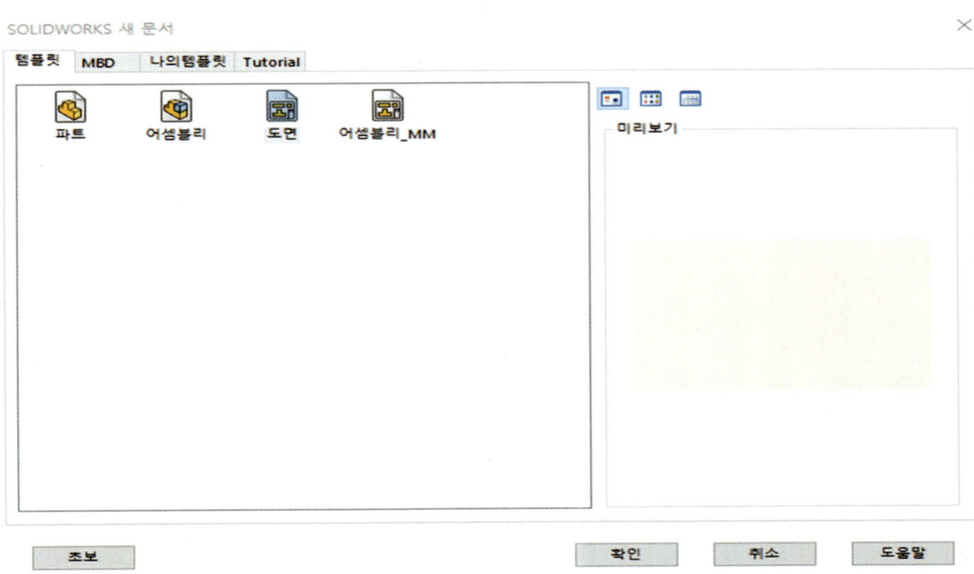

② 사용자 정의 시트크기를 활성화하여 표준규격 시트를 선택하거나 사용자 정의 시트크기를 수동으로 입력한다.

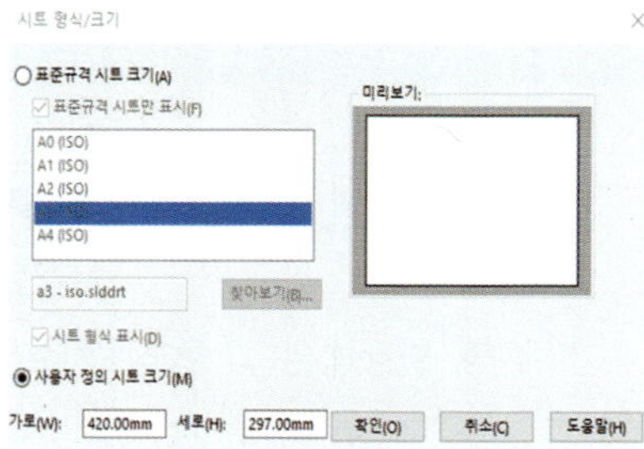

③ 시트 형식 탭에서 시트 형식 편집을 클릭한다.

④ 자동 테두리에서 영역 크기(분포, 지역), 여백, 영역 서식(영역 분할, 중심영역 분할, 영역 라벨) 등을 설정한다.

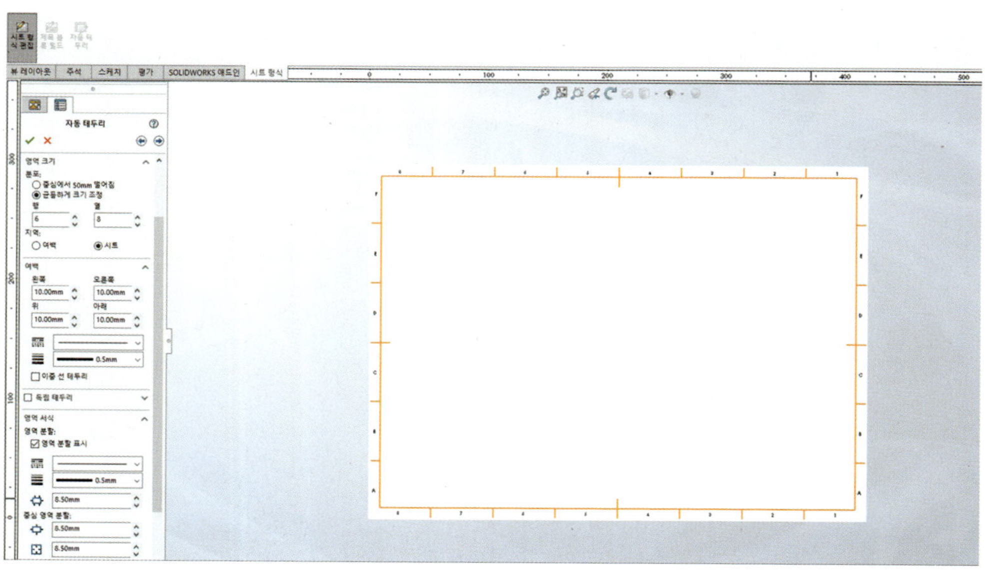

⑤ 표제란, 부품란 등을 작성한다. 이때 선형 스케치 패턴 등을 이용하여 스케치하고, 치수 기입한 후 숨기기 기능을 적용하여 치수를 숨기고 문자를 기입한다.

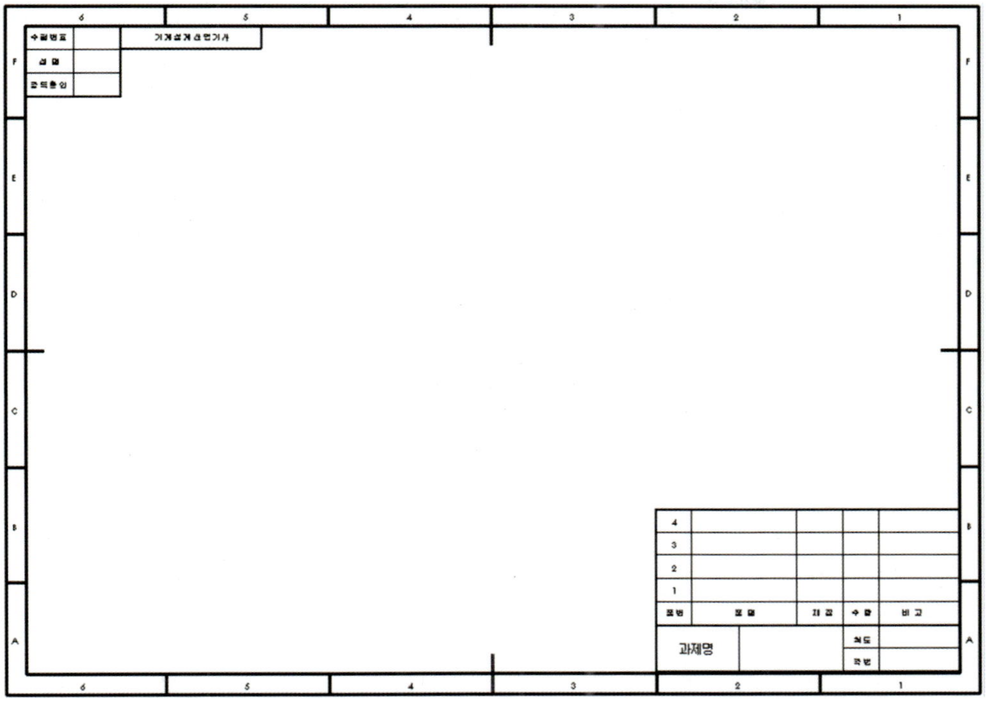

2_레이어 설정하기

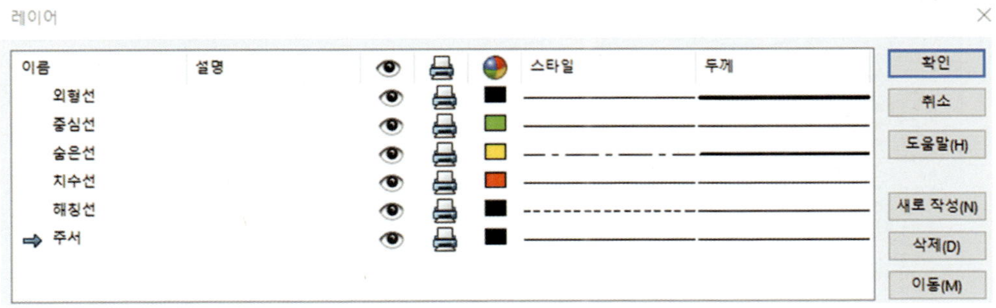

3_문서 속성 설정하기

① 옵션 창을 열어 문서 속성을 클릭한다.

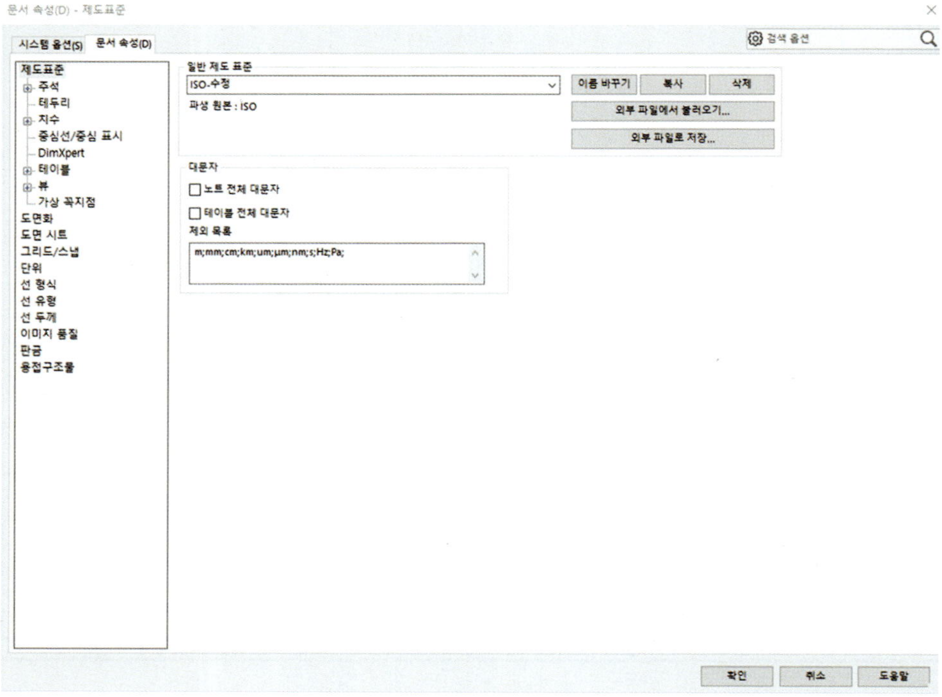

② 주석 : 글꼴, 글꼴 유형, 글꼴 크기를 설정한다.

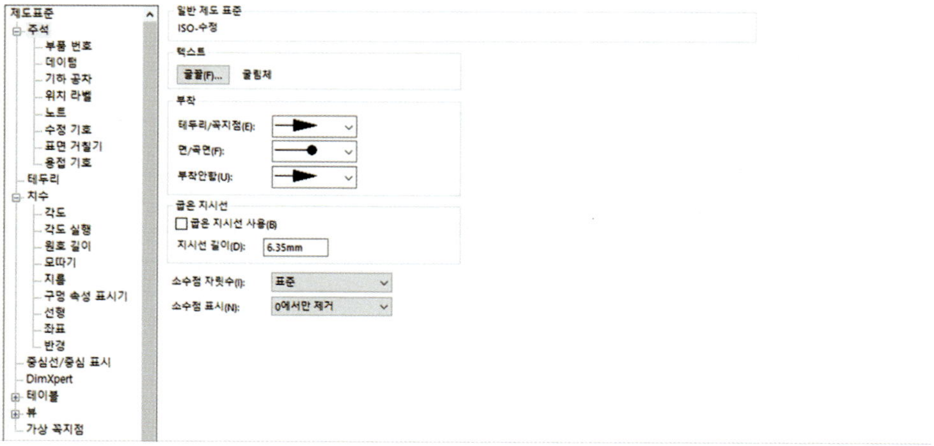

③ 치수 : 각도, 모따기, 지름, 구멍 속성 표시기, 선형, 좌표, 반경 등의 속성을 설정한다.

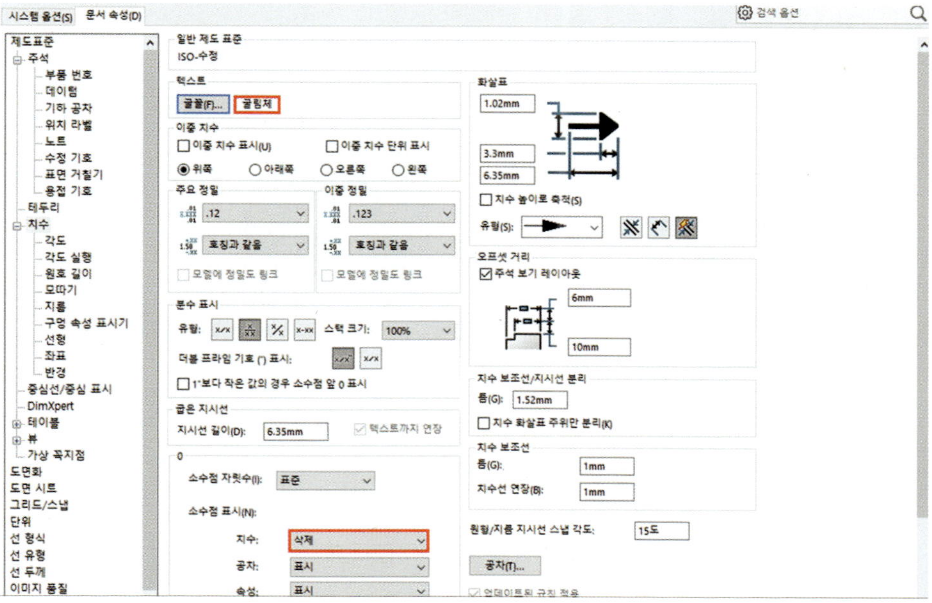

• 각도 설정

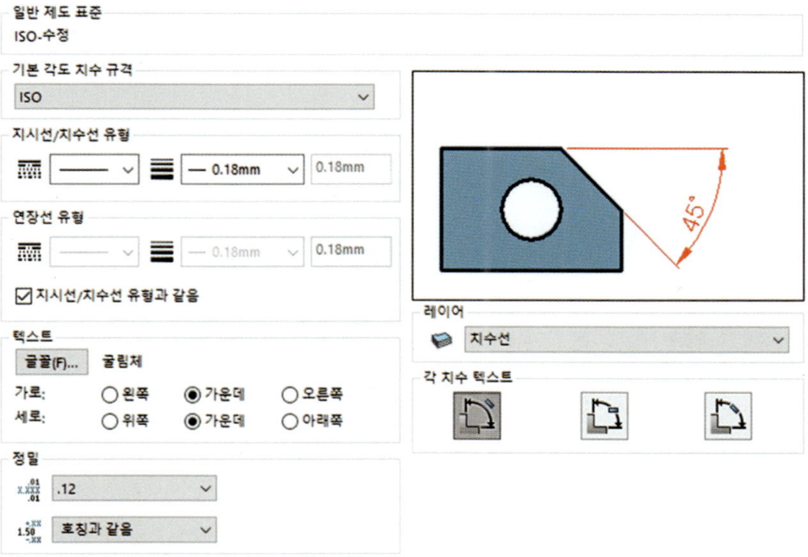

• 원호길이 설정

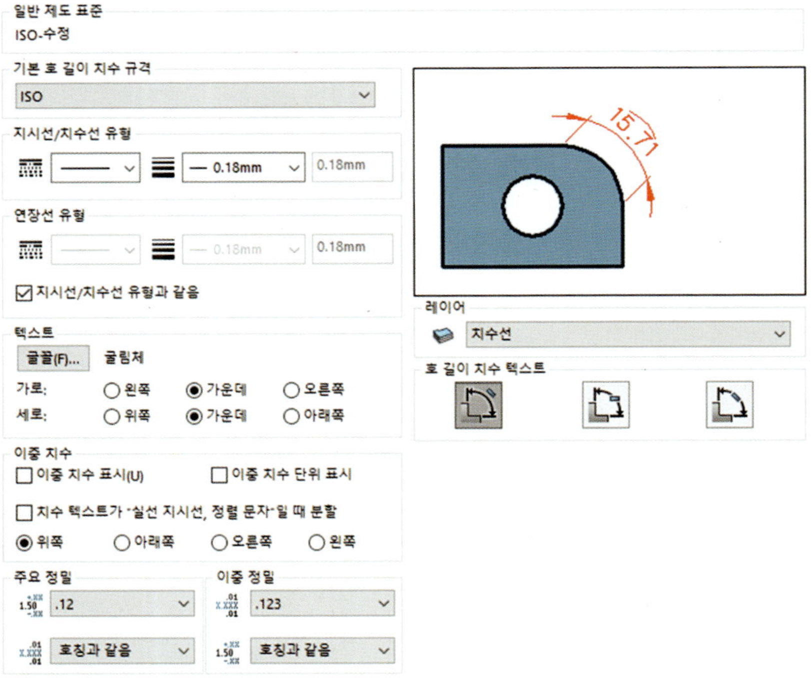

• 모따기 설정

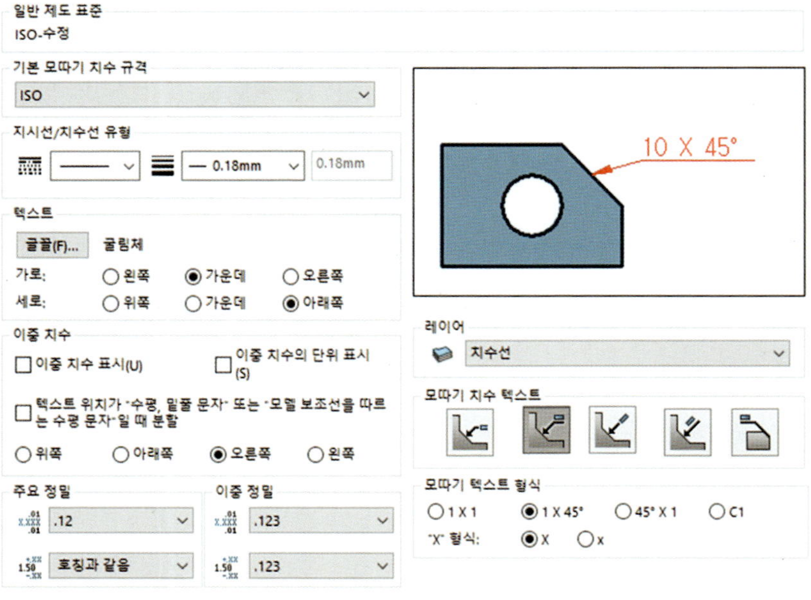

• 지름 설정

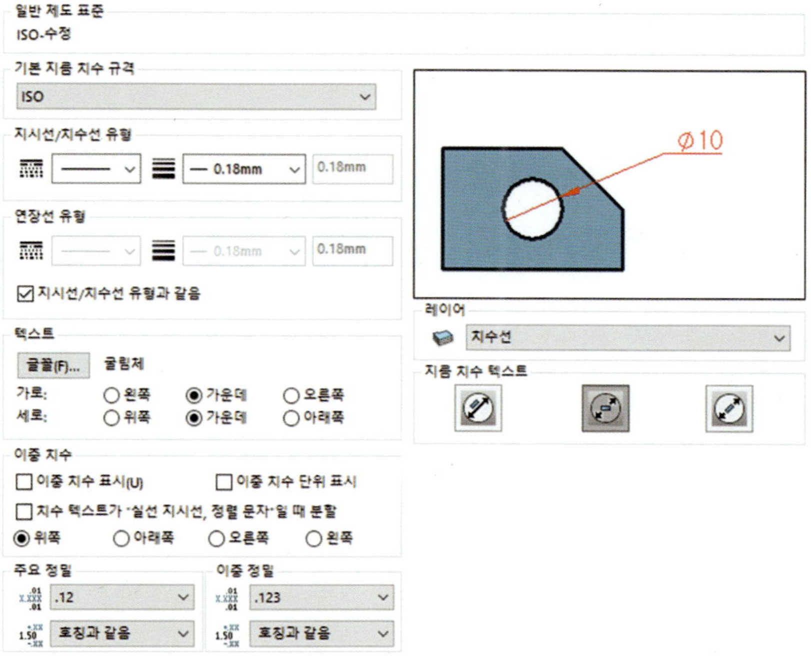

• 구멍 속성표시 설정

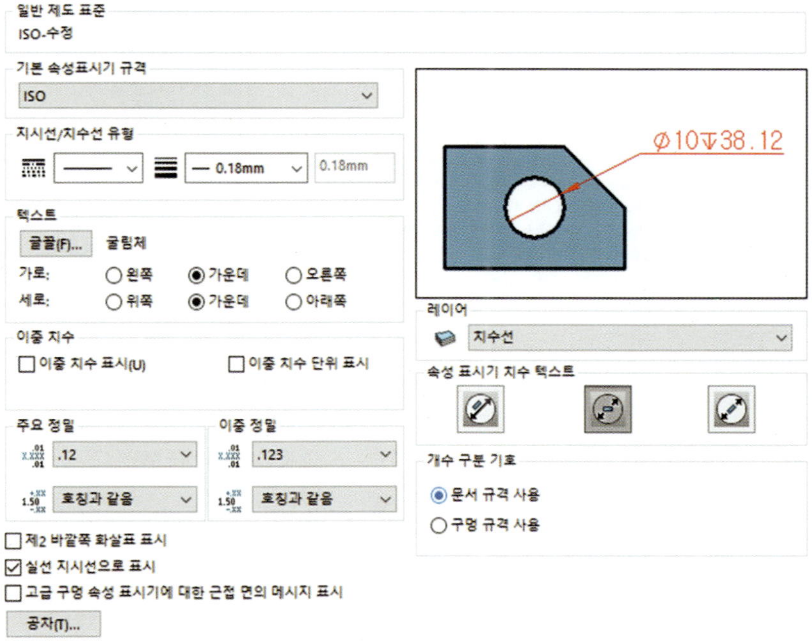

• 반경 설정

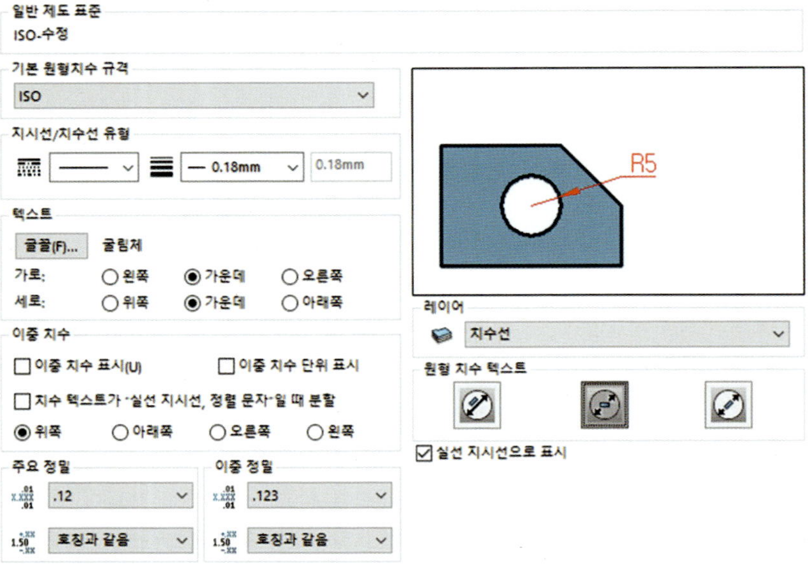

④ 도면화 설정하기

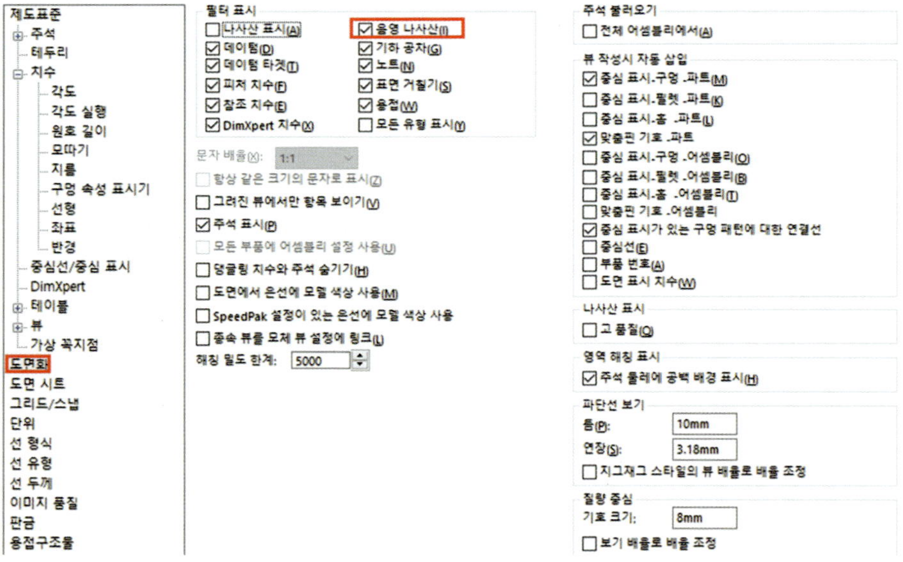

⑤ 단위 설정하기

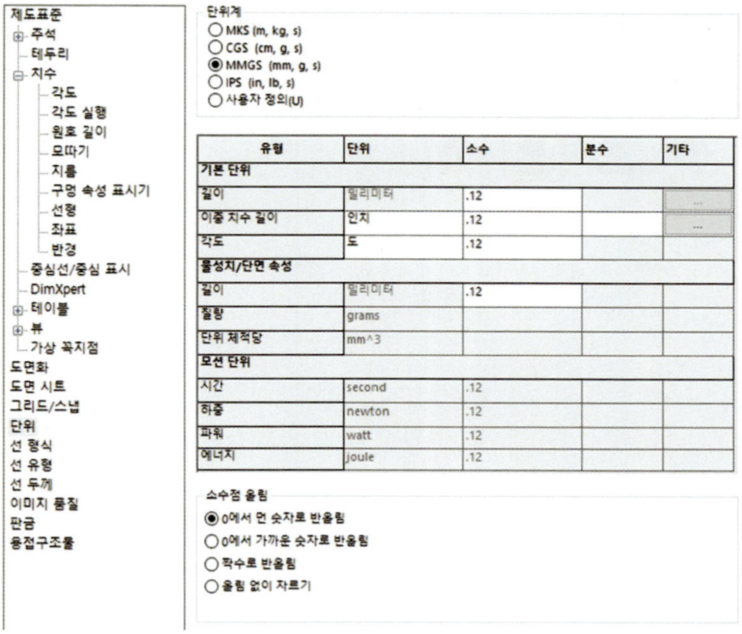

⑥ 이미지 품질 설정하기

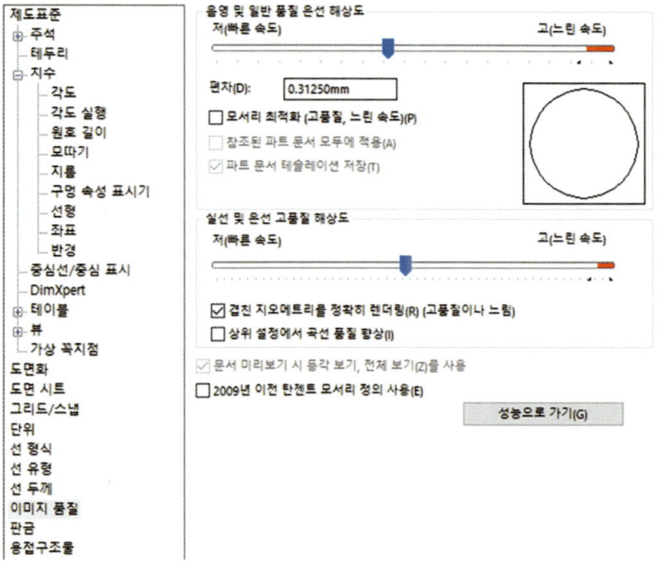

4_저장하기

① 내 PC의 ProgramData 폴더 내에 있는 템플릿 폴더에 A3_MM의 파일명으로 저장한다.

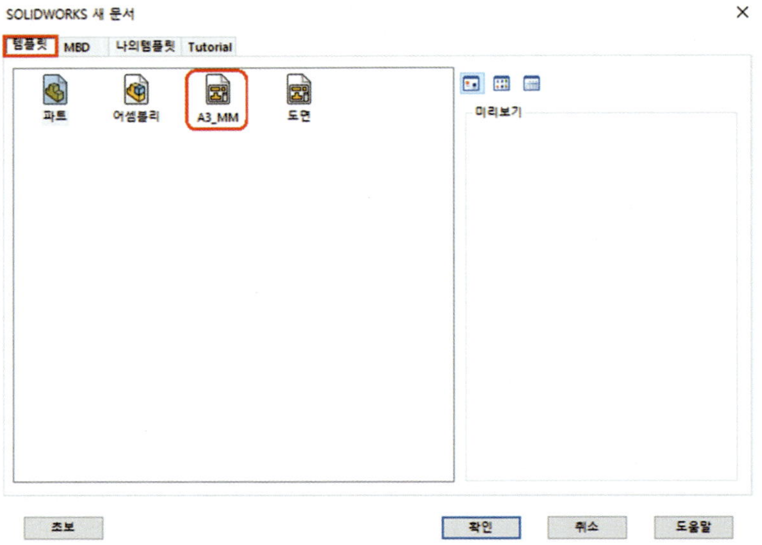

5_도면 템플릿 등록하기

① [시스템 옵션]의 [파일 위치]에서 추가를 클릭한 후 전 단계에서 생성한 A3_MM 파일이 저장된 템플릿 폴더를 추가한다.

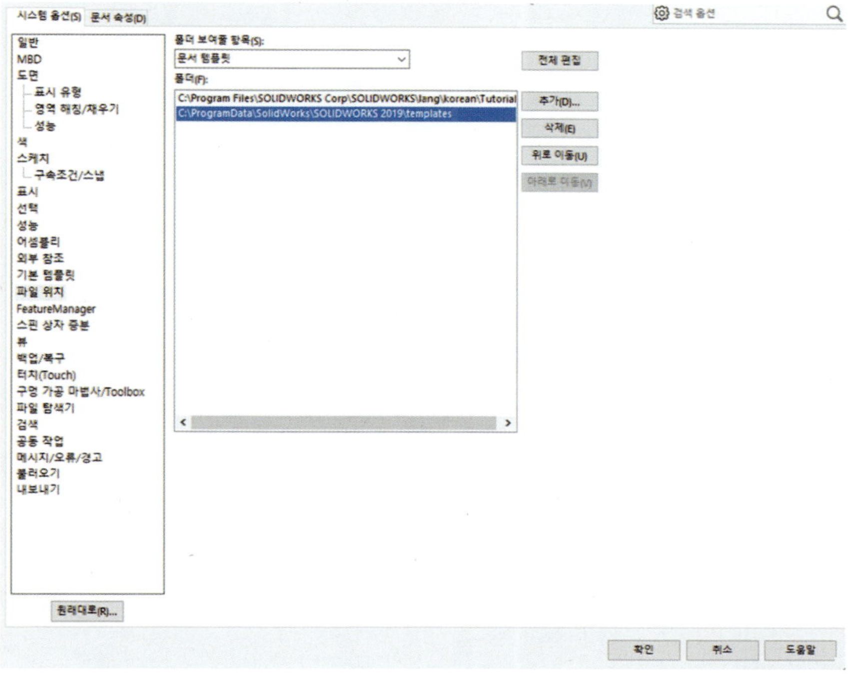

② 작업 시 우선 순위를 두고자 한다면 원하는 폴더를 [위로 이동]을 클릭하여 위로 이동시킨다.

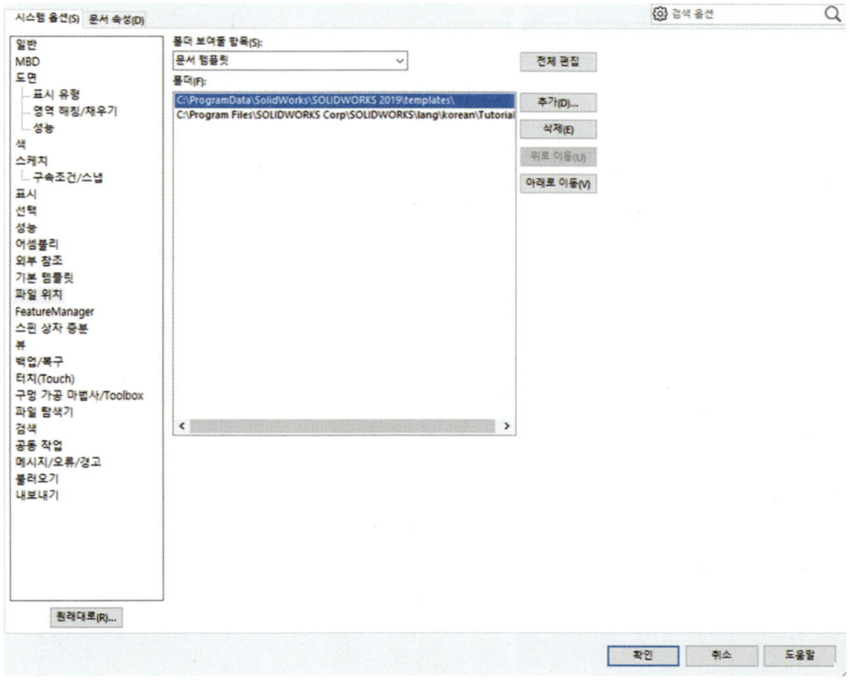

02 도면 메뉴

① 뷰 레이아웃 메뉴

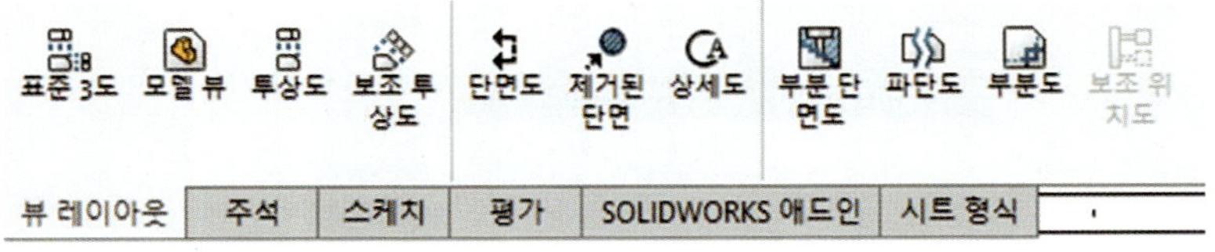

1_표준 3도

파트나 어셈블리에 대한 정면도, 우측면도, 평면도 등의 3 면도를 동시에 표시할 때 사용한다.

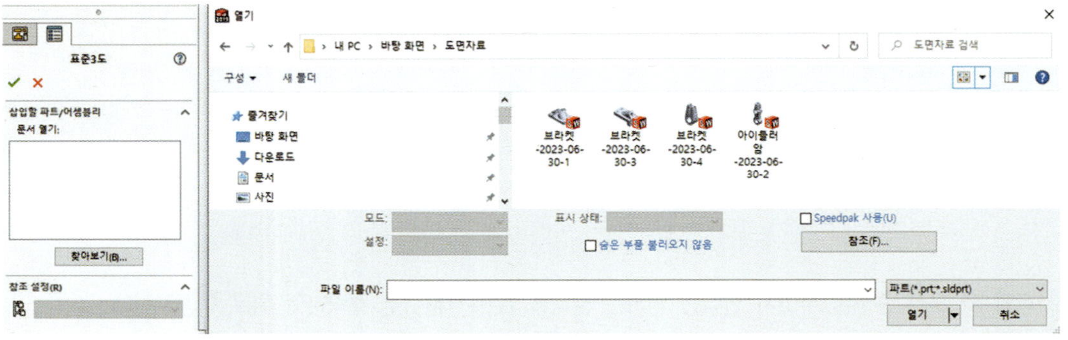

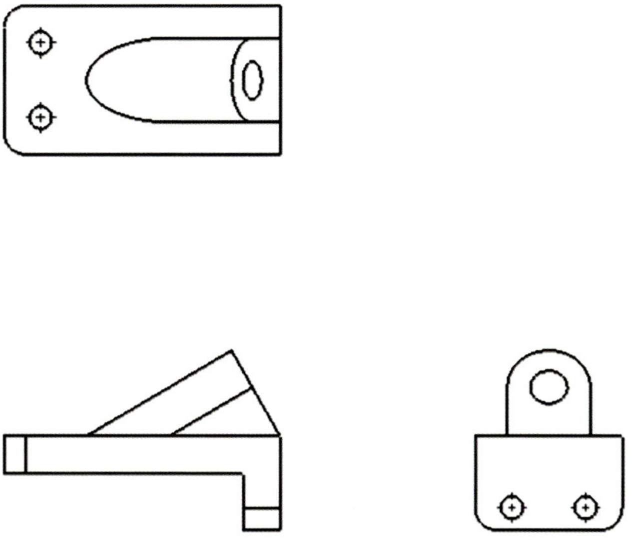

2_모델뷰

뷰를 작성할 파트 또는 어셈블리에 대하여 정면도를 기준으로 각 방향으로 투상도를 표시할 때 사용한다.

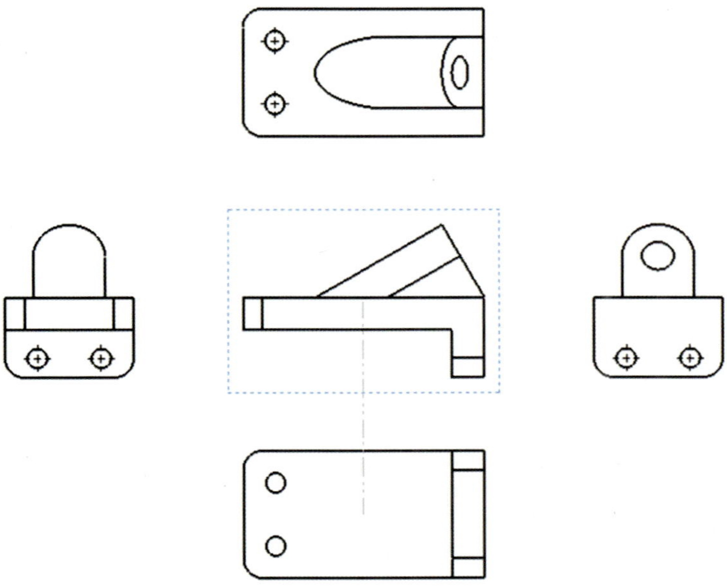

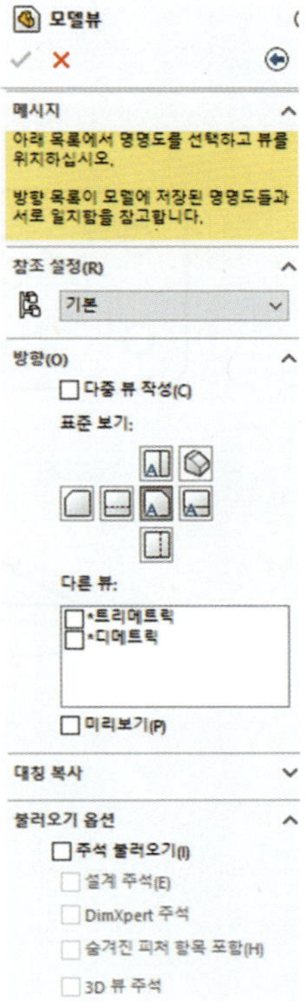

3_투상도

기존 뷰를 이용하여 새로운 방향으로 투상도 작성하는 것으로 화살표는 투영 방향을 나타낸다.

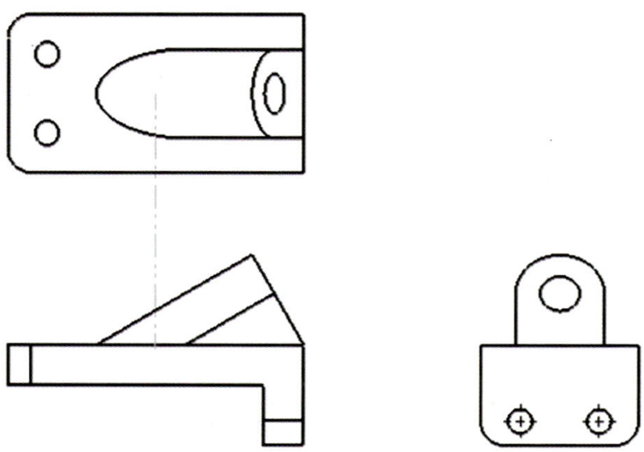

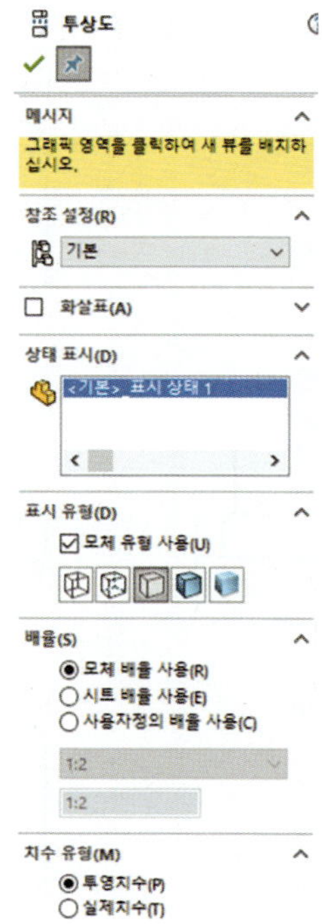

4_보조 투상도

파트 또는 어셈블리의 주어진 경사면에 대한 법선 방향으로 현척의 투상도를 표시할 때 사용한다.

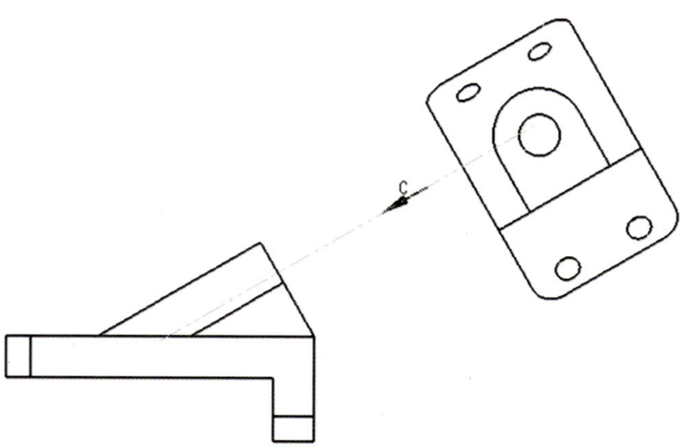

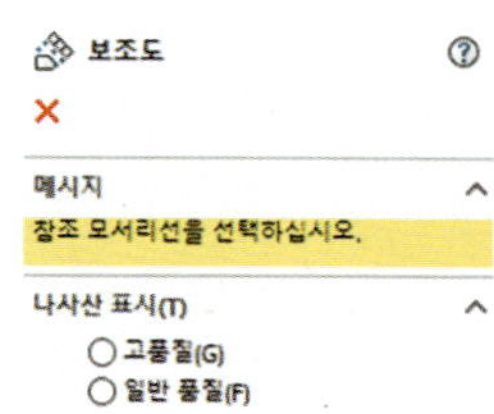

5_제거된 단면

도면 뷰에 따라 선택된 위치에서 절단한 단면의 법선 방향의 형태를 표시할 때 사용한다.

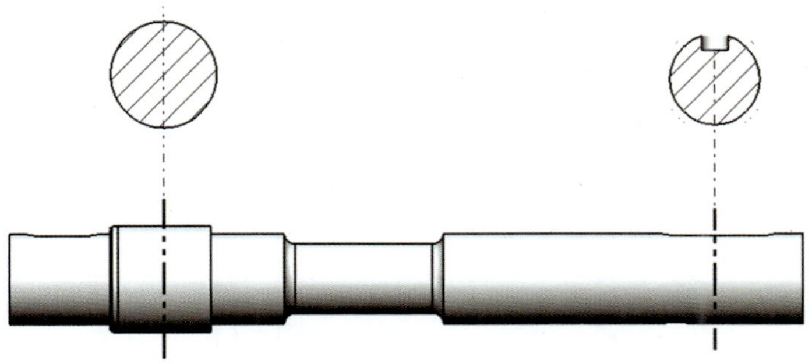

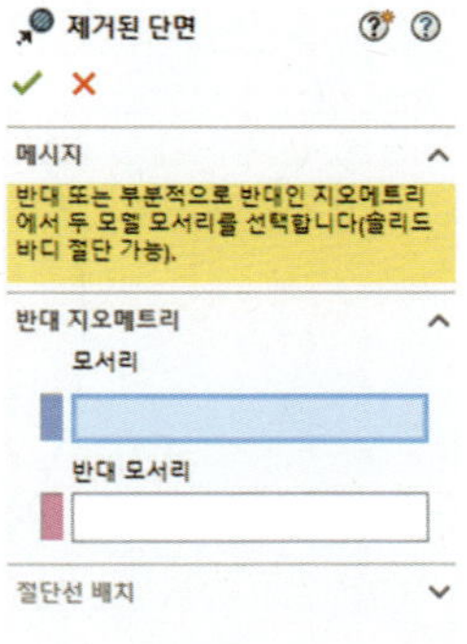

6_단면도

단품이나 어셈블리를 가상으로 절단하여 도면 뷰를 표시할 때 사용하며 전 단면도, 반 단면도, 부분 단면도 등이 있다.

① 전 단면도

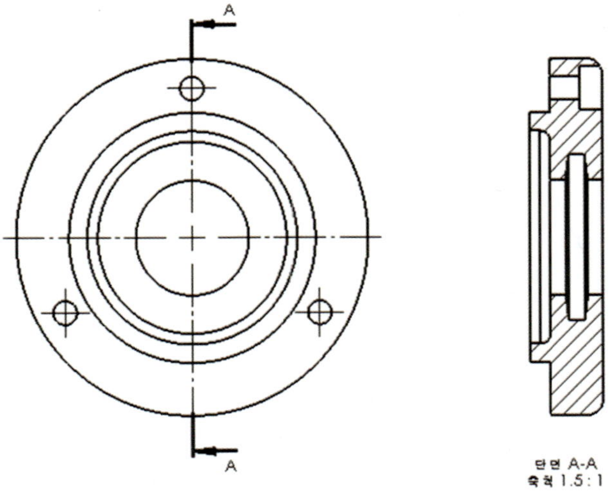

② 반 단면도

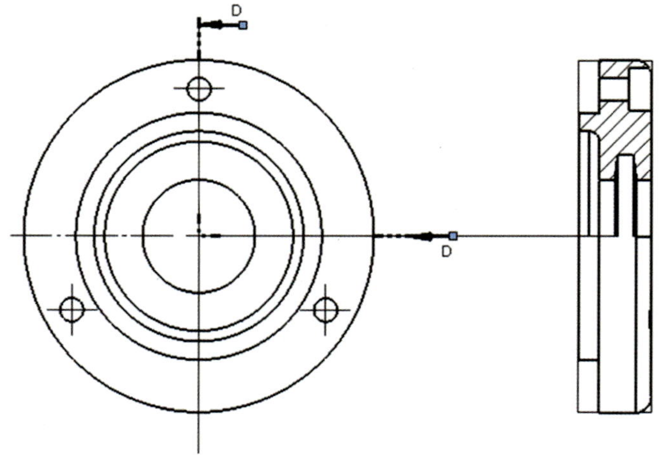

7_부분 단면도

단품이나 어셈블리의 내부 윤곽이 보이지 않는 부분을 자세히 보여주기 위한 것이다. 이때, 자를 부분에 대한 영역을 먼저 스케치한 후 부분 단면도를 작업한다.

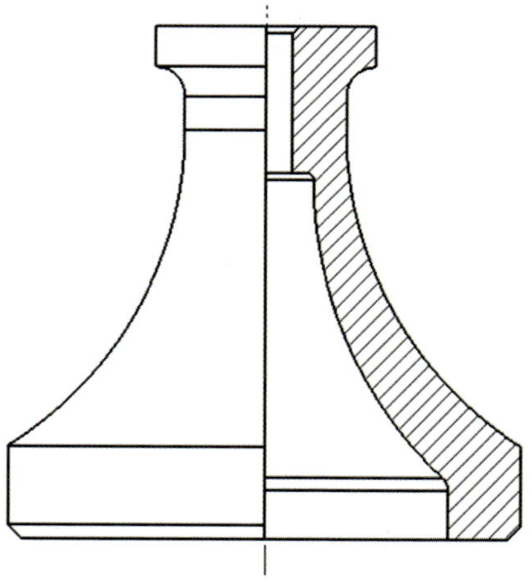

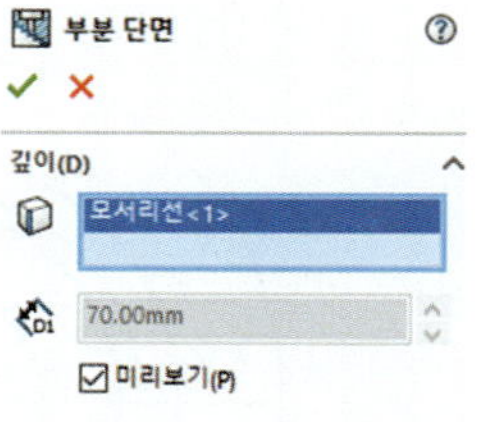

8_상세도

치수기입 시 뷰의 크기가 상대적으로 매우 작은 경우에 뷰의 배율을 크게 표시할 때 사용한다.

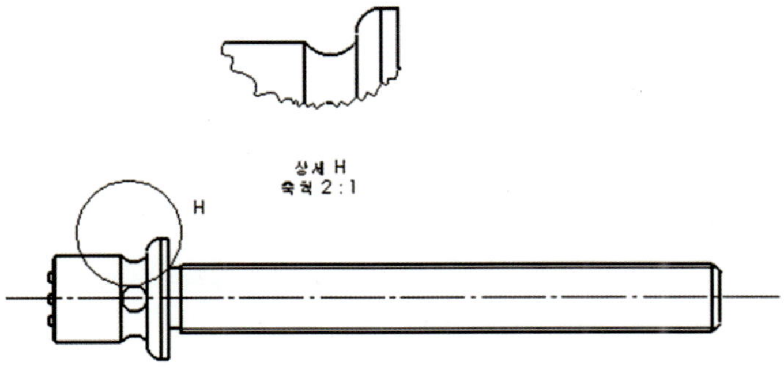

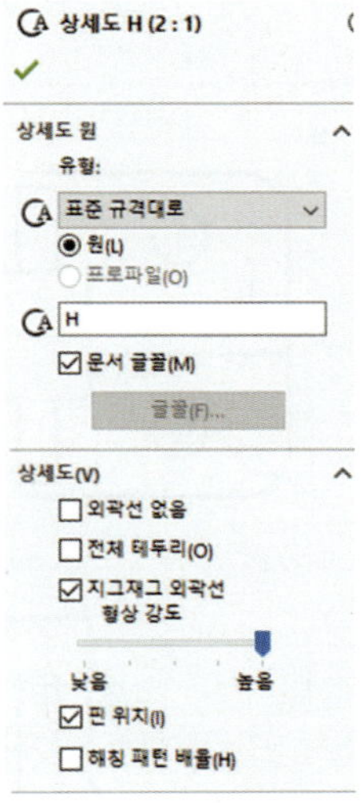

9_파단도

형상이 동일한 긴 구조물의 경우에 단면을 파단하여 전체 부품 형상을 도면에 표시할 때 사용한다.

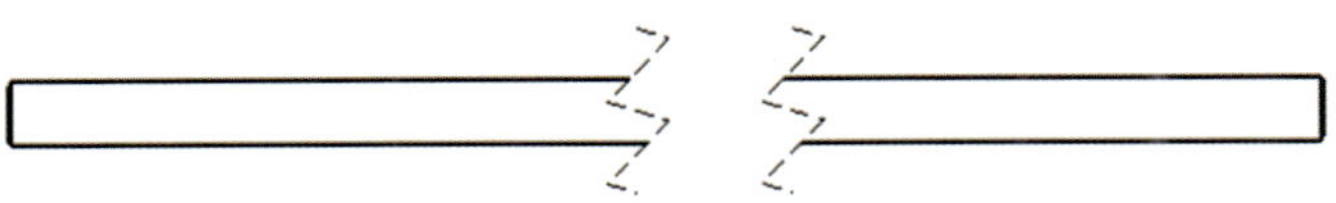

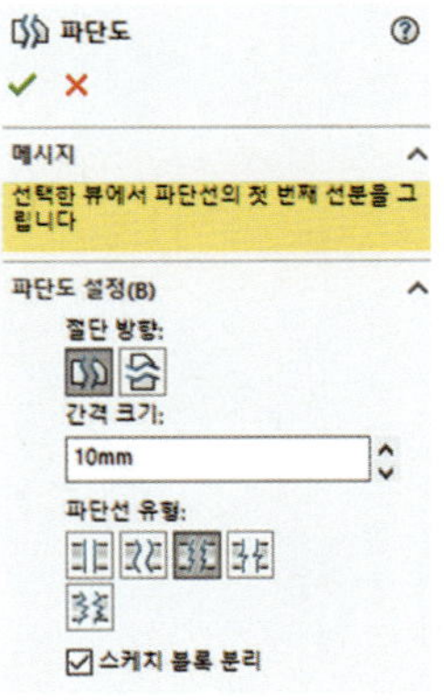

10_부분도

좌우, 상하 대칭인 형상에 대하여 폐곡선 프로파일을 이용하여 도면에 표시할 부분을 설정한 후 설정 영역 내의 형상을 표시할 때 사용한다.

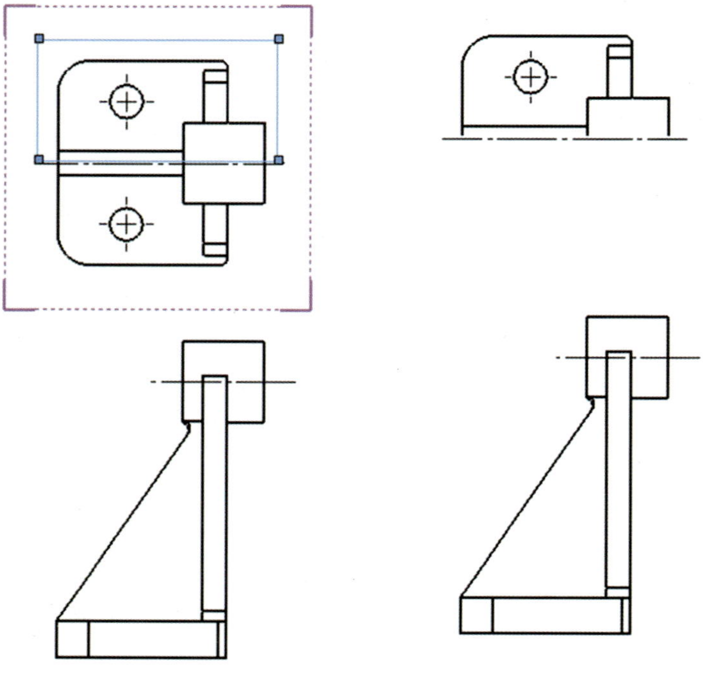

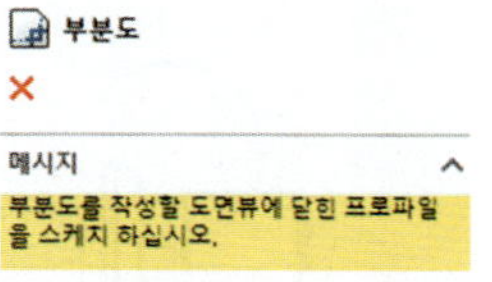

11_보조 위치도

어셈블리 파일에서 서로 다른 설정 조건을 만든 후 한 개의 뷰에 여러 설정 조건을 동시에 표시할 때 사용한다.

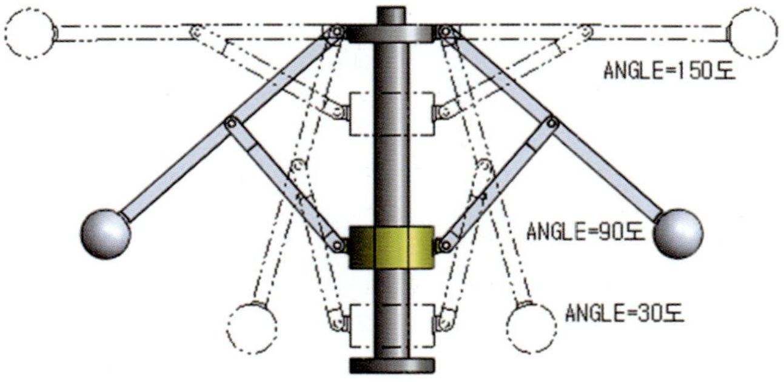

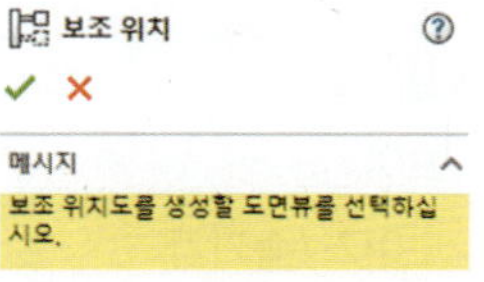

어셈블리 상에서 [설정과 표시 상태] 이해하기

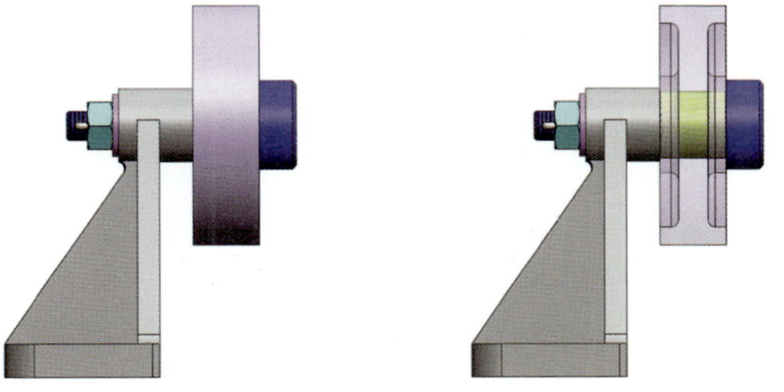

FULL TYPE, 표시상태-1 FULL TYPE, 표시상태-2

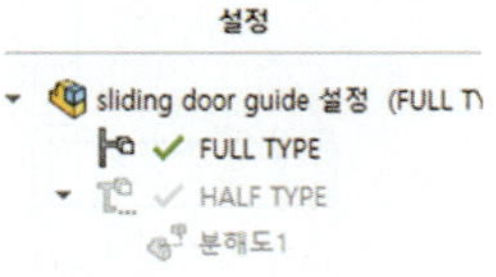

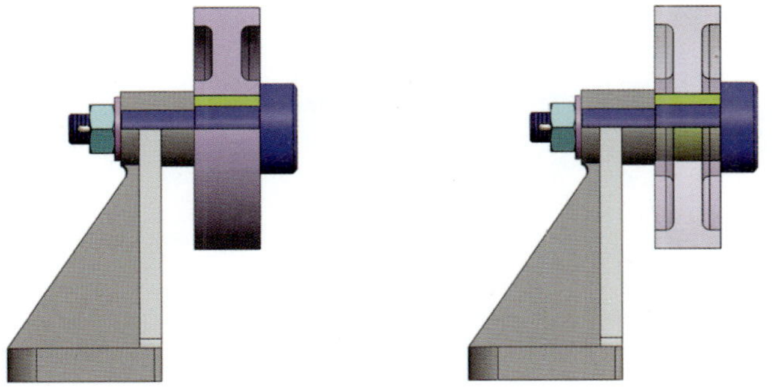

HALF TYPE, 표시상태-1 HALF TYPE, 표시상태-2

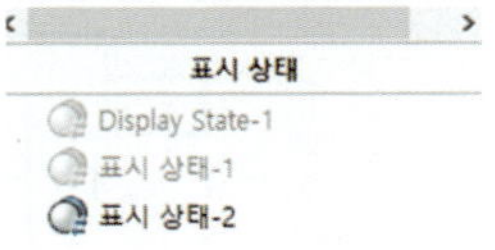

도면 상에서 도면뷰 속성 이해하기

어셈블리에서 [설정과 표시상태]가 설정되어 있어야 하며, 도면 뷰에서 오른쪽 버튼을 누른 후 속성을 클릭하면 [도면 뷰 속성 창]이 나타난다.

- 뷰 속성
- 은선 보이기
- 부품 보이기/숨기기
- 바디 숨기기/보이기

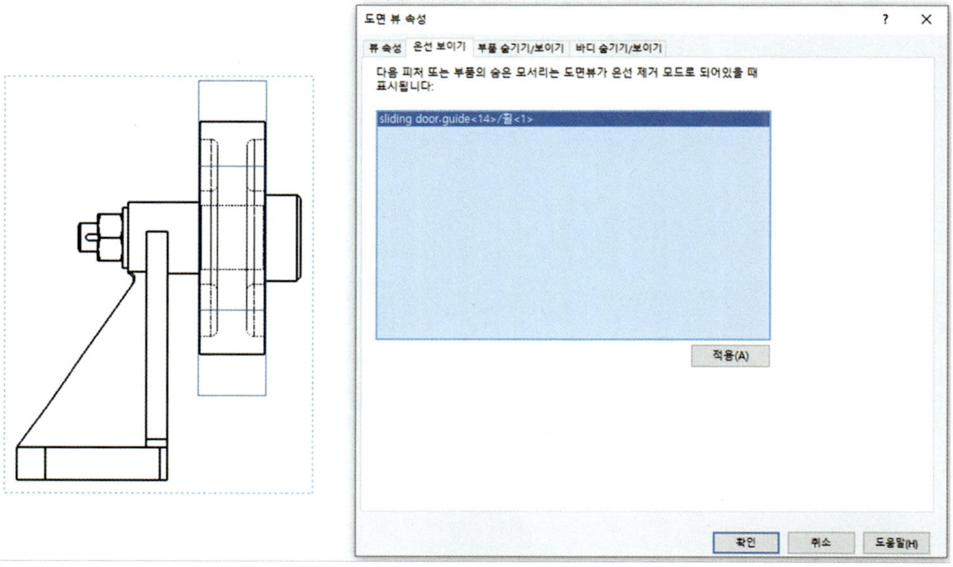

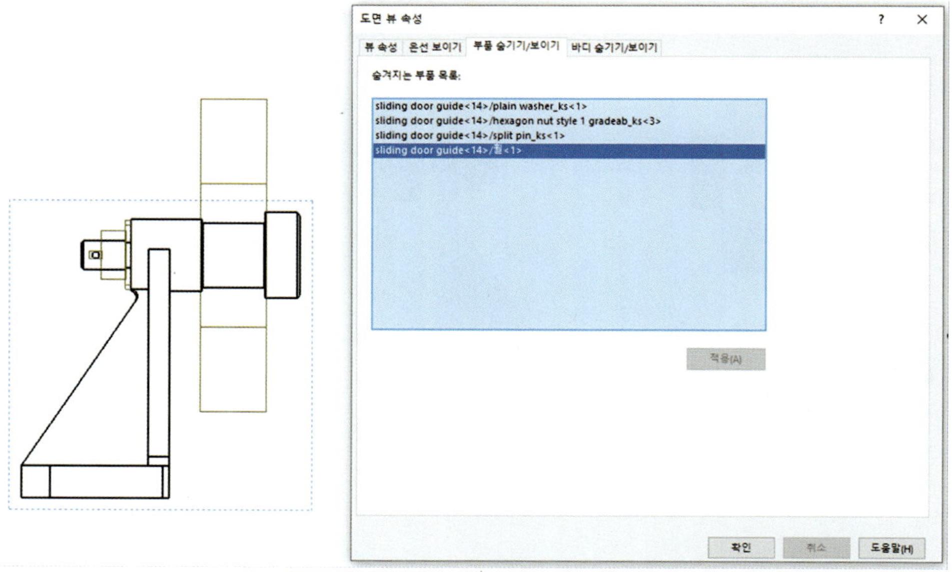

② 주석 메뉴

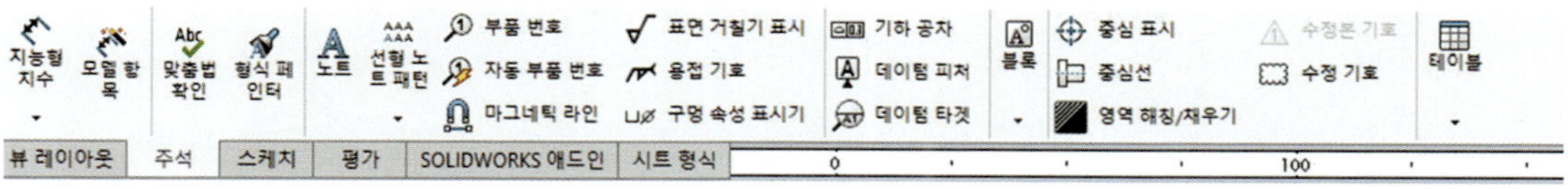

1_지능형 치수

도면 상의 모든 스케치 요소에 대하여 선택한 요소에 치수를 부가한다.

① 지능형 치수 기입(▤) 및 빠른 치수 조정(◓) : 지능형 치수(↖) 도구를 사용하여 선택한 스케치 요소에 치수를 부가한다.

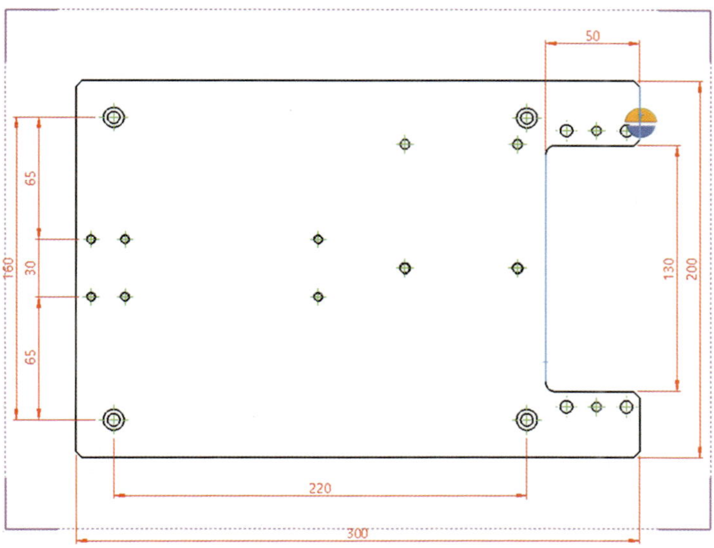

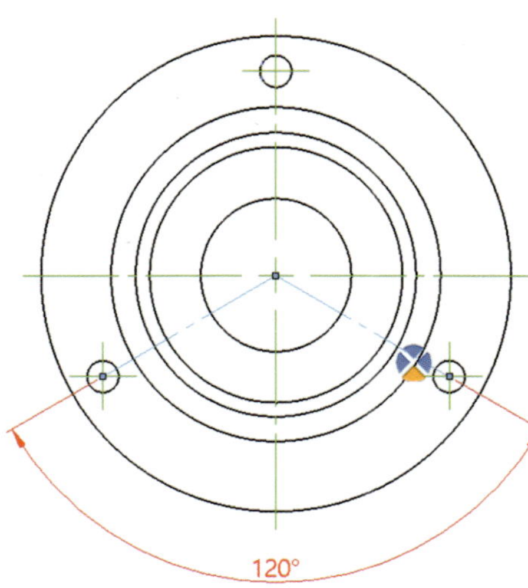

② DimXpert(▤) : 꼭짓점이나 구멍 중심을 선택하여 데이텀으로 하고 치수기입할 스케치 요소를 순차적으로 선택한다.

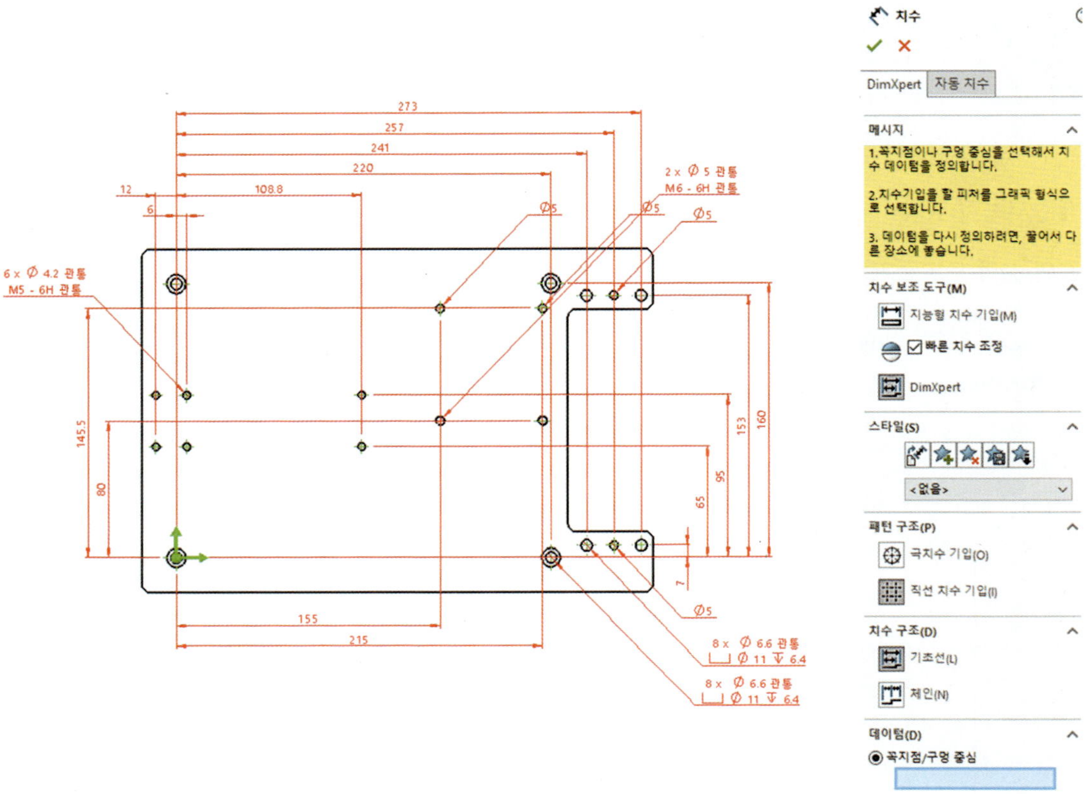

③ 기초선 치수

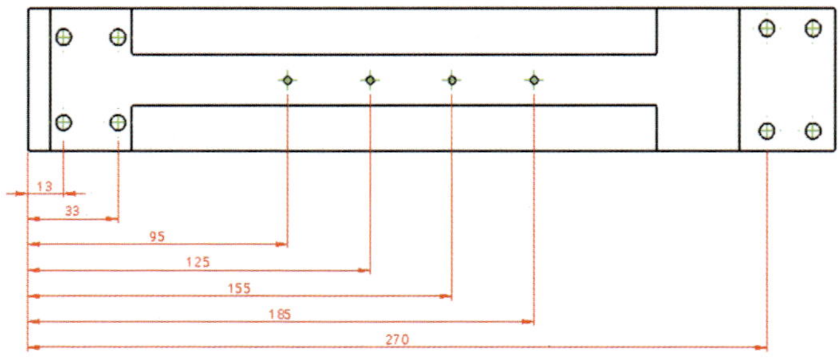

④ 수평 및 수직 좌표 치수

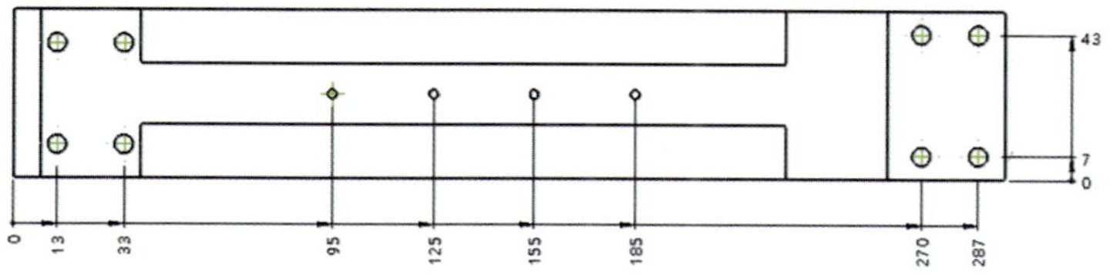

2_모델 항목

파트나 어셈블리에서 주어진 치수, 주석, 참조 형상 등의 문서 내용을 도면상의 모든 뷰로 불러와 도면을 작성한다.

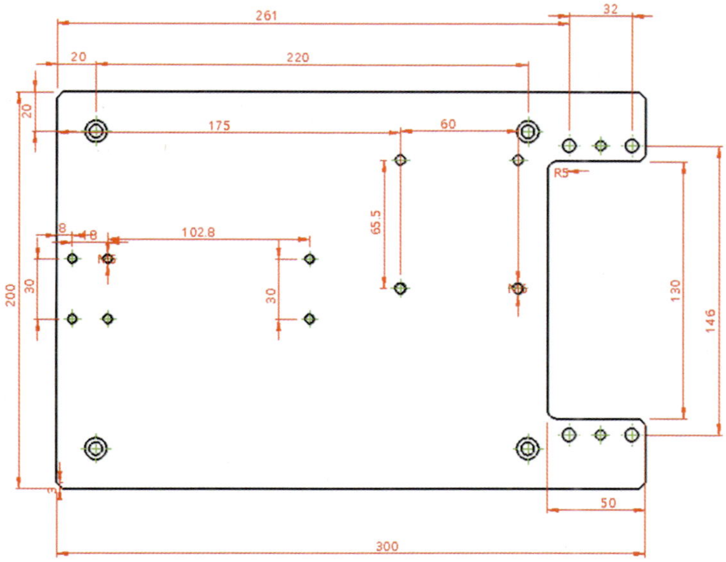

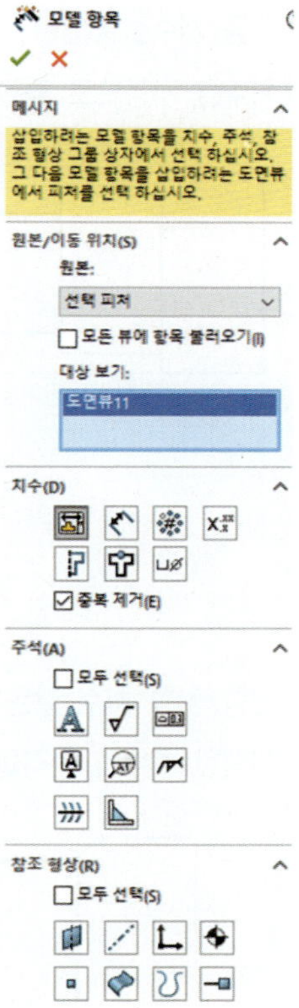

맞춤 기능을 이용한 치수 정렬하기

맞춤 기능에서 치수 정렬은 주로 자동 치수정렬을 사용하며 이외에도 선형/원형 치수 같은 간격으로, 선형 정렬 등의 기능이 있으며 다음과 같다.

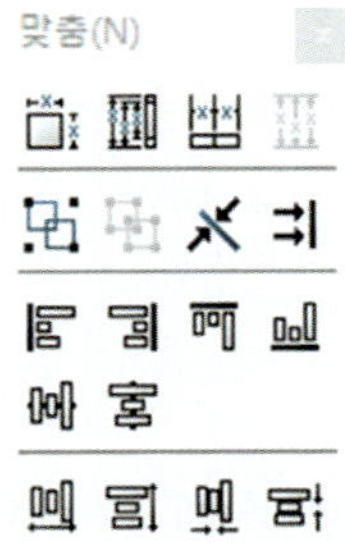

① 자동 치수정렬( )

치수를 자동으로 정렬한다.

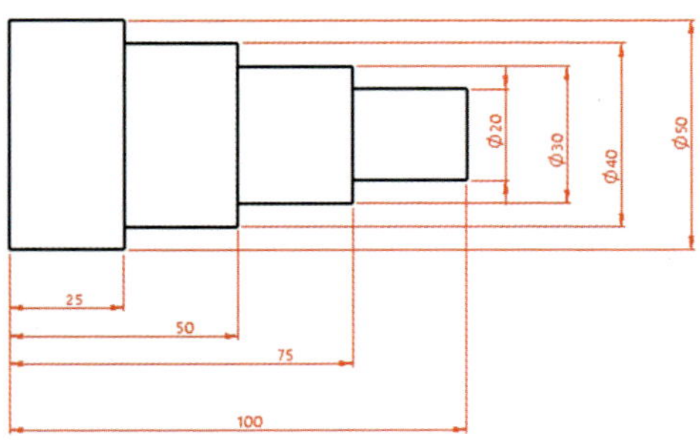

실행 전

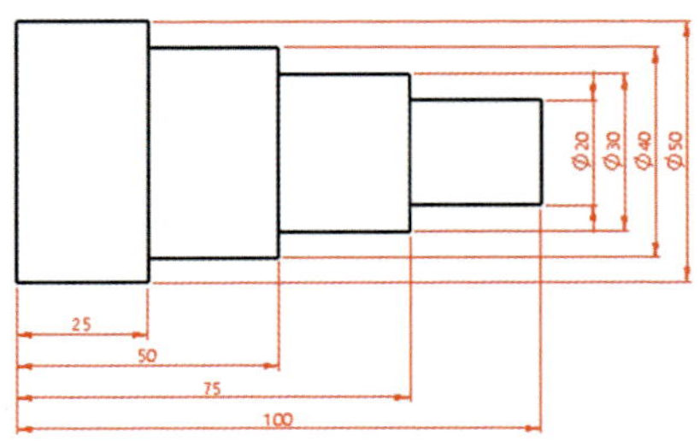

실행 후

② 선형/원형 치수 같은 간격으로( )

선택한 치수의 간격을 동일하게 한다.

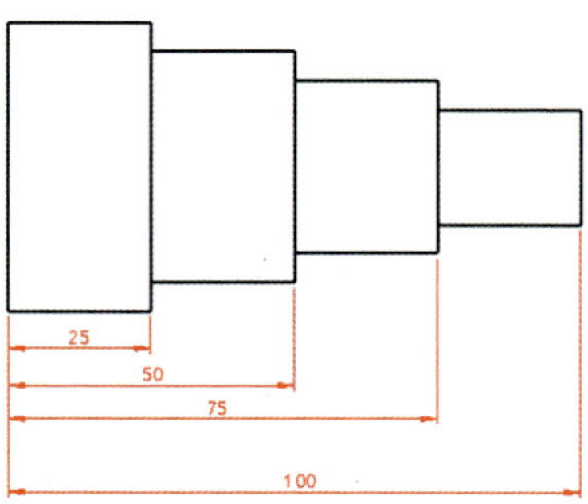

실행 전

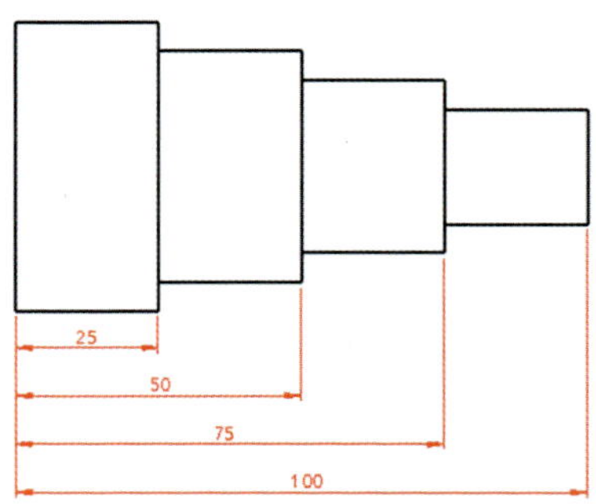

실행 후

③ 선형 정렬()

선택한 치수를 선형으로 정렬한다.

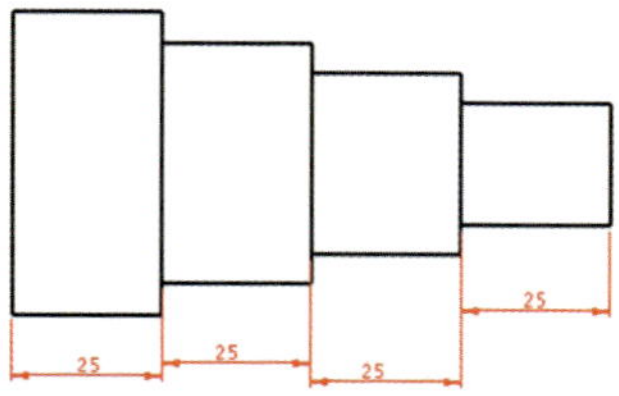

실행 전

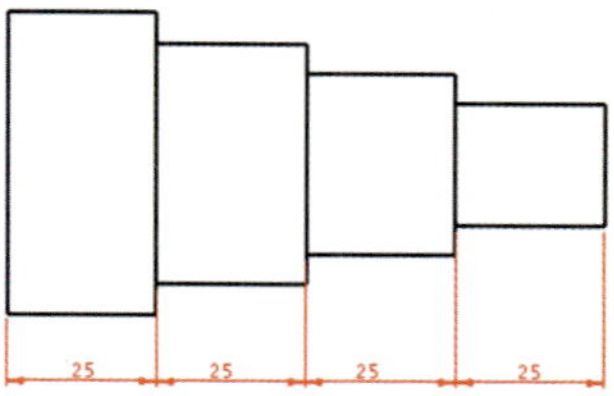

실행 후

④ 선형/원형 정렬()

선택한 치수를 선 또는 원을 따라 정렬한다.

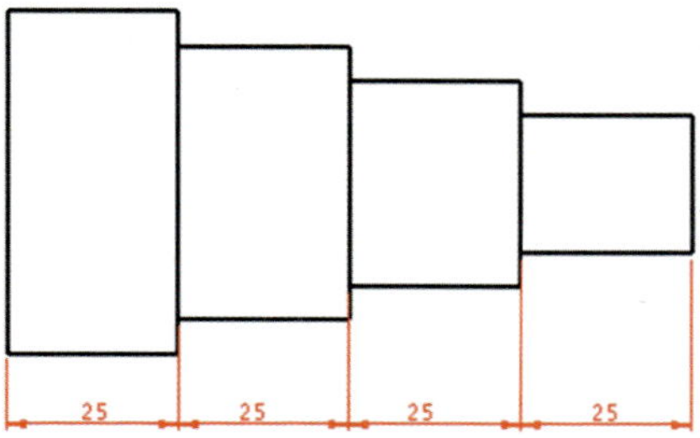

선형 정렬

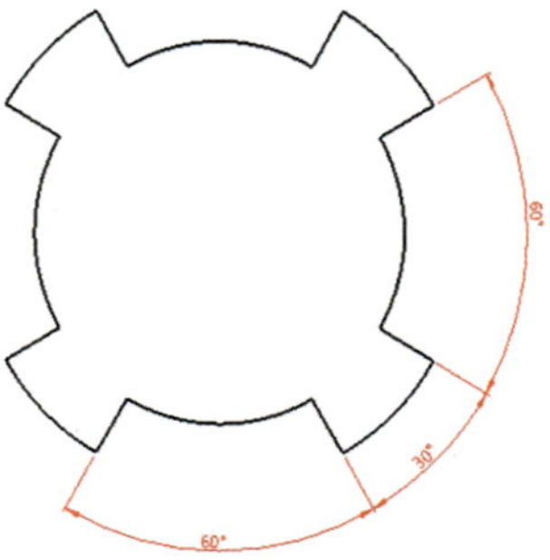

원형 정렬

⑤ 평행/동심 배열()

선택한 치수를 서로 일정한 간격으로 배열한다.

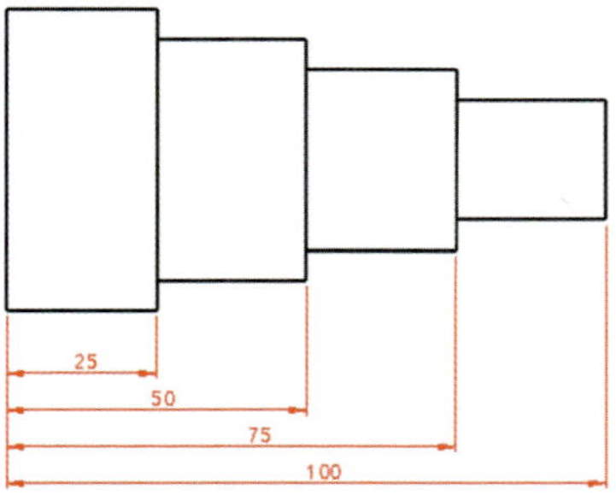

평행 배열

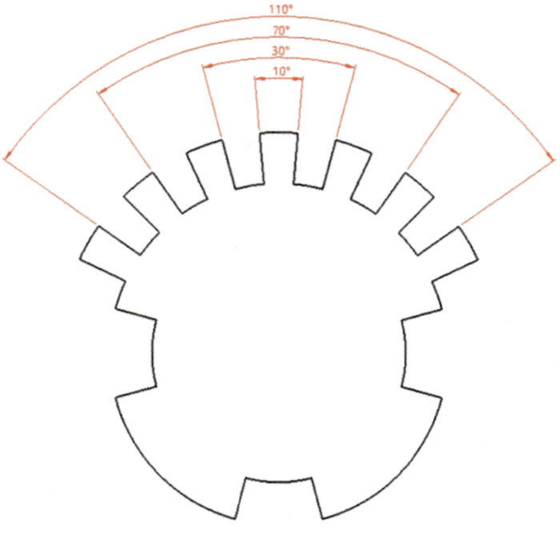

동심 배열

3_구멍속성 표시기

구멍속성 표시기를 클릭하고 표기할 구멍을 순서대로 선택한 후 맞춤 기능을 이용하여 정렬시킨다.

4_노트

도면에서 주서란, 표제란, 부품란 뿐만 아니라 요소 부품에 대한 치수 부여에 문자, 기호 등을 표시하는데 사용하며, 지시선은 직선형, 굽은형, 멀티 조그 지시선 등을 지원한다.

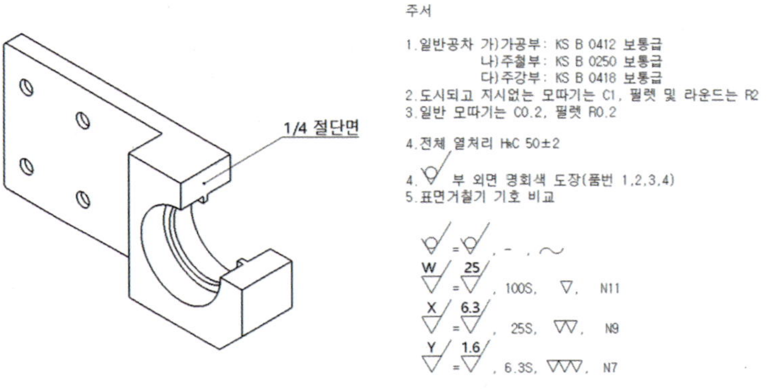

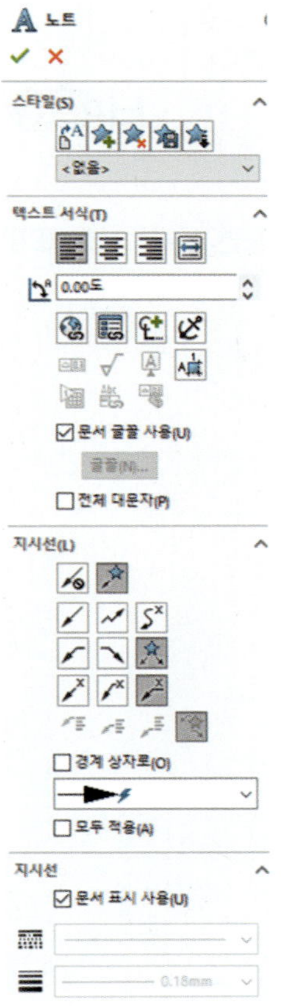

① 하첨자 표기법 : 하첨자 또는 특수 기호를 표기하려면 아래 서식에서 스택 아이콘을 클릭한 후 유형, 스택, 정렬, 스택크기를 정한다.

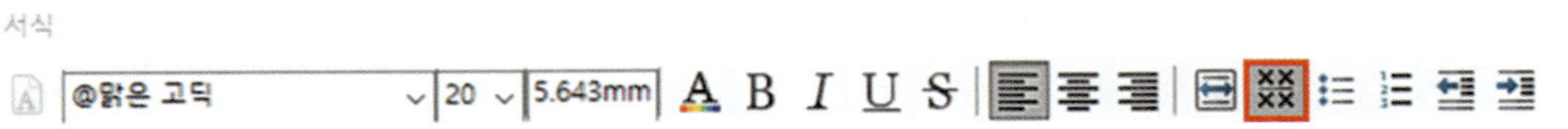

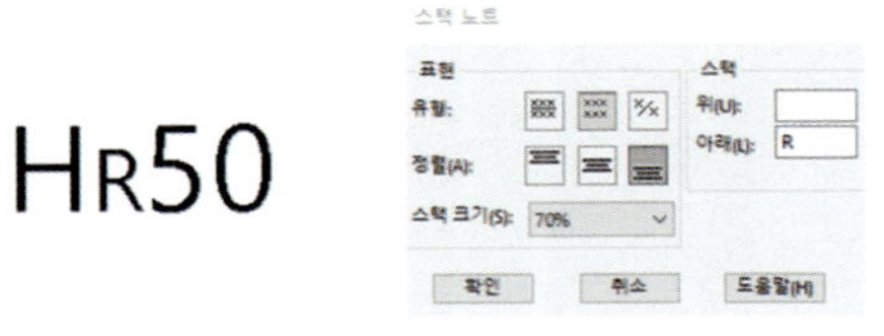

단, 한글을 표기할 경우에는 한글 앞에 골뱅이 기호가 있으면 골뱅이가 없는 글자체로 변경 후 사용한다.

② 특수 기호(±) 표기법 : 스택 노트에서 ㄷ을 쓰고 활성화 후 한자 버튼을 클릭하면 특수 기호가 나타난다.

HR50±0.2

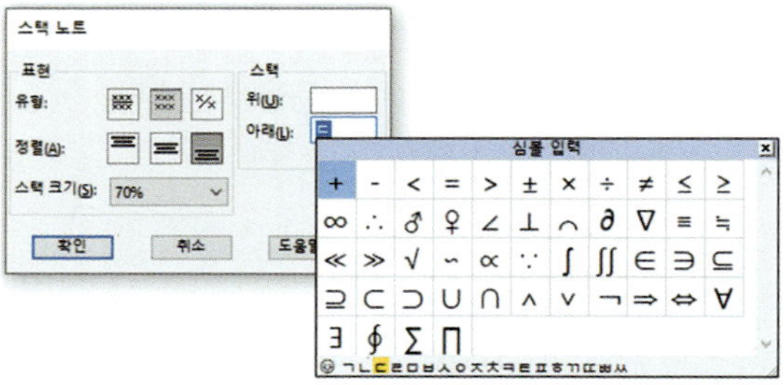

③ 표면거칠기 시호 표기법

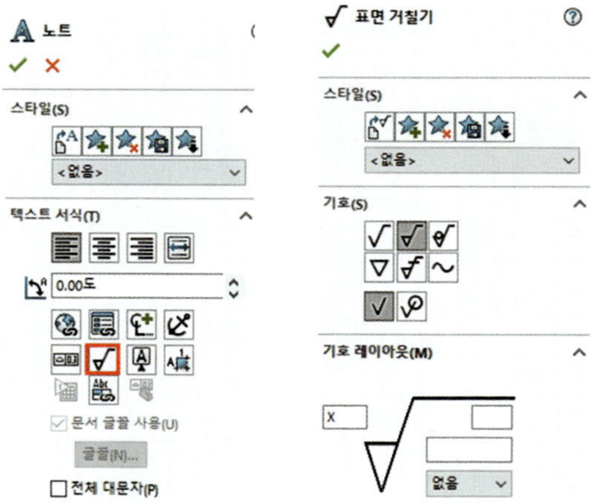

④ 주서란 저장 및 불러오기

- 재활용할 주서란을 선택한다.
- [스타일 추가 및 업데이트] 아이콘을 클릭한 후 파일명을 입력한다.

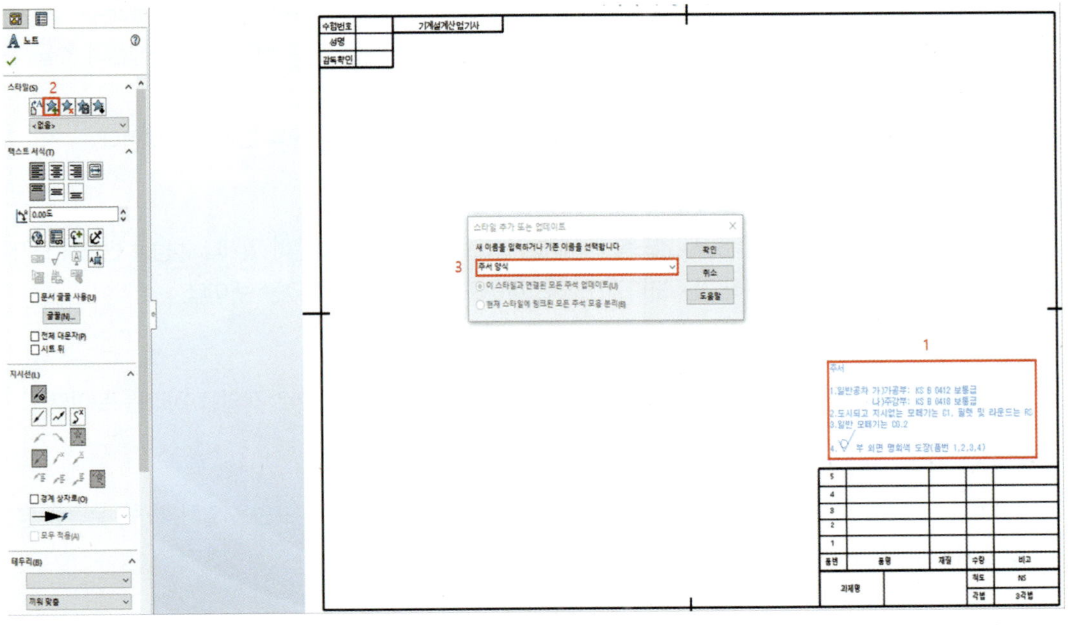

- 또한 별도의 저장 장소에 [파일이름. sldnotestl]로 저장한 후 필요시 불러와서 사용하면 된다.

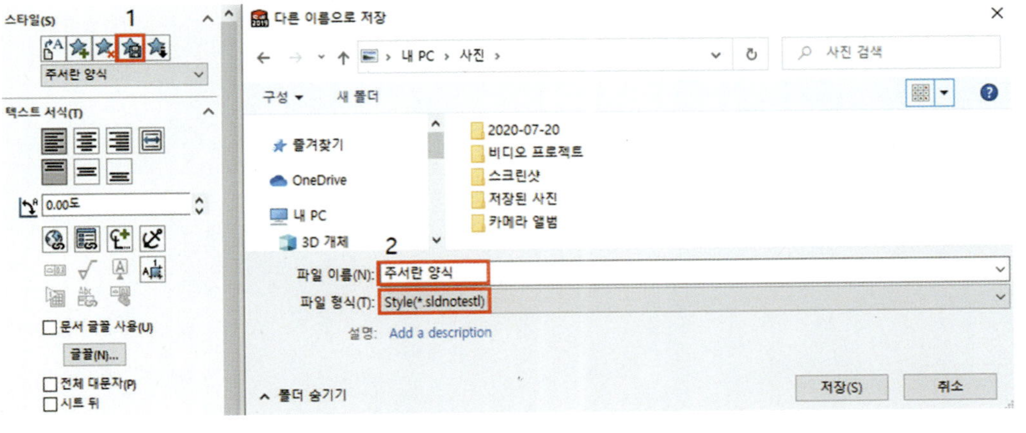

주서란 내용 이해하기

① 일반공차 : 도면상의 요소 부품에 대하여 특별히 정밀도를 요구하지 않는 부분에는 공차를 기입하지 않고 정해진 치수 범위 내에서 공통적으로 적용하도록 규정하고 있어서 다음과 같은 효과를 얻을 수 있다.

- 특별한 기능이 요구되는 부분에만 공차를 적용하기 때문에 도면이 복잡하지 않고 간결해진다.
- 유사 기능을 갖는 요소 부품에는 일반적으로 동일 공차 등급이 적용되므로 현장의 부품 생산이 효율적으로 이루어진다.
- 가공품, 주조품, 주강품의 공차 등급은 제공되는 기계제도 규격을 활용하여 도면에 부여한다.

② 도시되고 지시 없는 모따기는 C1, 필렛 및 라운드는 R2

부품 가공 시 모서리 부분이 날카롭지 않도록 지시하는 것으로 특별히 끼워맞춤이 있거나 기능상 반드시 모따기나 라운드가 필요한 부분을 제외하고는 모따기는 C1, 라운드는 R2로 작업하라는 뜻이다.

③ 일반 모따기는 C0.2, 필렛 R0.2

도면에 별도로 표시하지 않은 모서리 부분은 모따기는 C0.2, 필렛은 R0.2로 작업을 하라는 뜻이다.

④ 전체 열처리는 HRC 50±2

기어 이, 스프라켓 치형, 동력전달축 등과 같이 마찰이 발생하는 요소 부품의 표면을 열처리하여 로크웰 경도가 50이 되도록 한다.

⑤ $\bigcirc\!\!\checkmark$부 외면 명회색 도장

기계 본체, 하우징, 베어링 커버 등과 같이 주조공법을 통하여 제작된 부품들은 주재료가 회주철이며, 주물 표면의 색이 모두 회색이기 때문에 가공 면을 구분하기 위하여 도장을 한다.

5_표면거칠기

가공된 부품의 표면에 대한 거칠기 정도를 기호로 표기하는 것을 말한다. 일반적으로 도면에 표면거칠기 기호와 끼워맞춤이 있는 가공부는 정확한 공차값을 부여해야 한다.

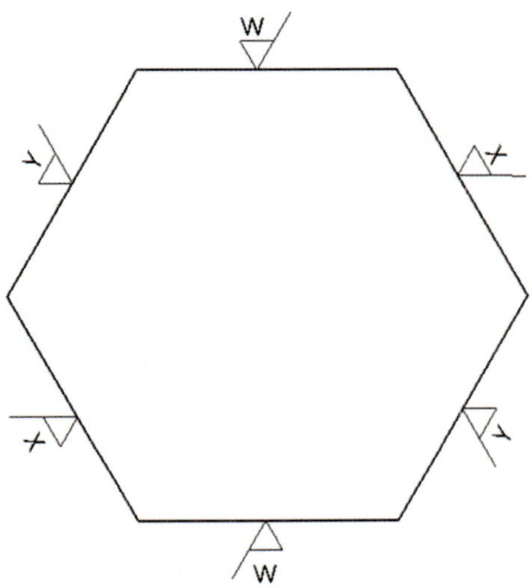

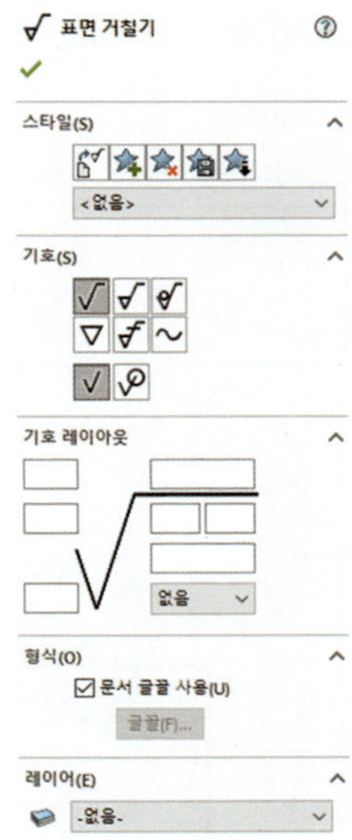

6_데이텀 및 형체붙이 테두리

부품을 제작하거나 조립을 할 때 보다 정밀한 제품이 되도록 치수공차, 표면 거칠기 이외에 부품의 모양, 자세, 위치, 흔들림 등의 기하공차를 부여해야 한다. 이때, 기하공차는 공차의 기준이 되는 데이텀과 공차 범위를 나타내는 형체붙이 테두리로 표시한다.

① 데이텀

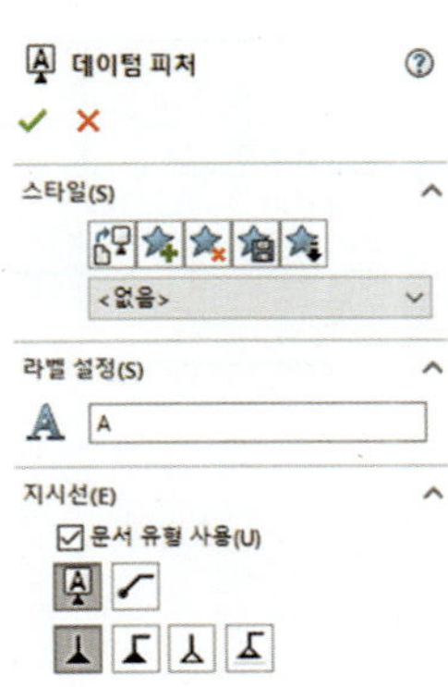

② 형체붙이 테두리

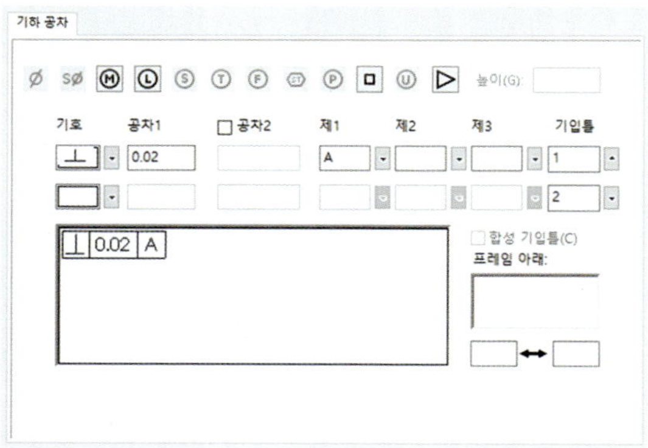

기하 공차
높이(G):
기호
공차1
공차2
제1
제2
제3
기입틀
0.02
A
1
2
0.02 A
합성 기입틀(C)
프레임 아래:

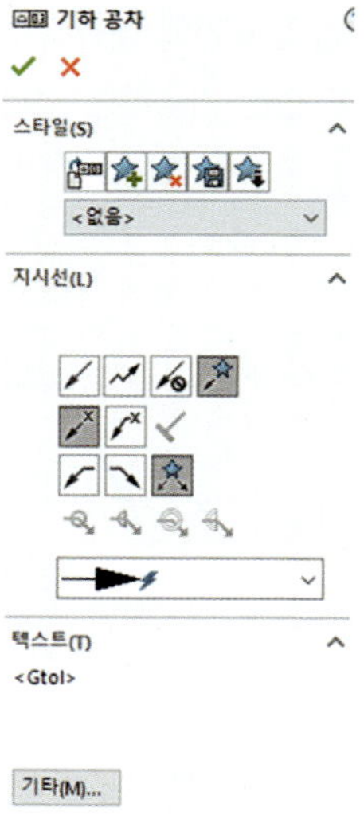

기하 공차
스타일(S)
<없음>
지시선(L)
텍스트(T)
<Gtol>
기타(M)...

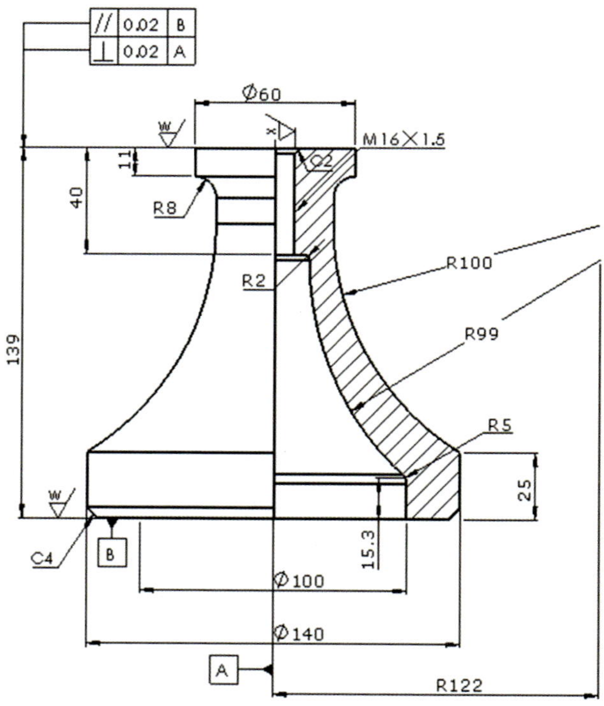

// 0.02 B
⊥ 0.02 A
Ø60
M16X1.5
C2
11
40
R8
R2
R100
R99
R5
139
25
15.3
C4
B
Ø100
Ø140
A
R122

7_테이블

① BOM

기계 장치를 구성하는 요소 부품들의 상위 품목과 부품의 관계, 품번, 품명, 수량, 단위 등을 표시한 리스트를 보여준다.

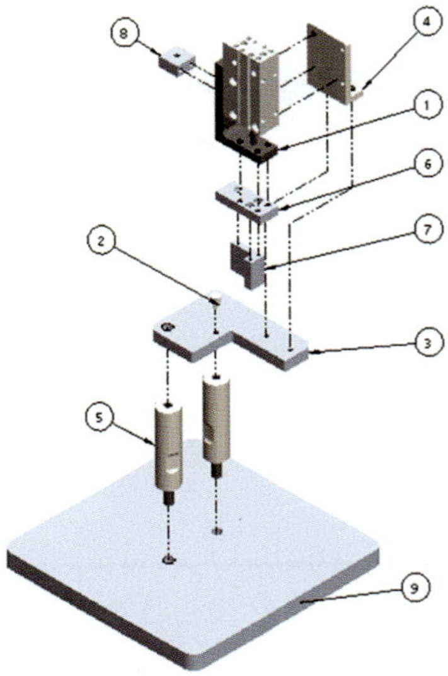

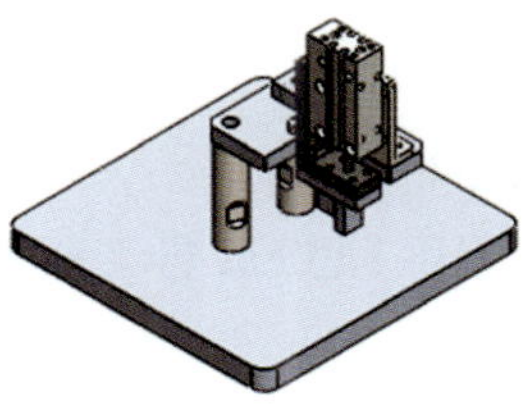

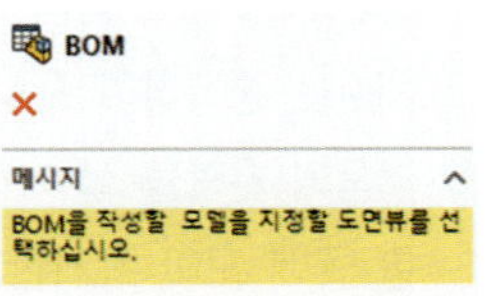

품번	품명	비고	수량
1	MXH10-30-A90		1
	MXH10-30-A93		1
2	STEHN8	STOPPER	1
3	BPD-01-02_plate		1
4	BPD-01-04_bracket		1
5	BPD-01-03_support		2
6	BPD-01-05_bracket		1
7	BPD-01-06_bracket		1
8	BPD-01-07_bracket		1
9	BPD-01-01_base plate		1

② 구멍변수 테이블

요소 부품의 원점을 기준으로 각 구멍의 위치 및 크기를 표시하여 작업자가 구멍 가공을 효율적으로 할 수 있도록 표로 나타낸 것이다.

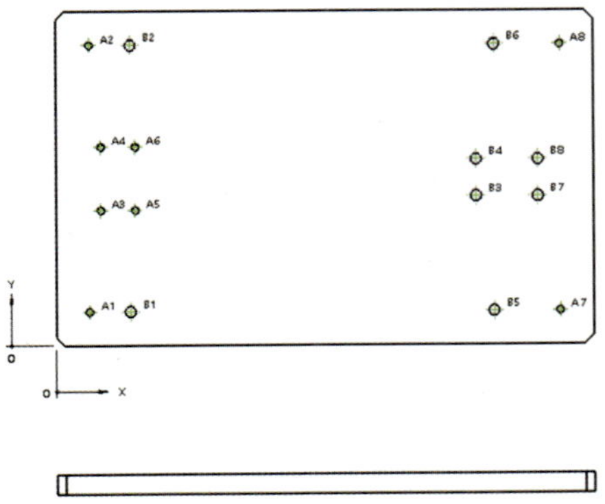

태그	X 위치	Y 위치	크기
A1	20	20	Ø 4.2 관통 M5 - 6H 관통
A2	20	180	Ø 4.2 관통 M5 - 6H 관통
A3	27	81	Ø 4.2 관통 M5 - 6H 관통
A4	27	119	Ø 4.2 관통 M5 - 6H 관통
A5	48	81	Ø 4.2 관통 M5 - 6H 관통
A6	48	119	Ø 4.2 관통 M5 - 6H 관통
A7	305	20	Ø 4.2 관통 M5 - 6H 관통
A8	305	180	Ø 4.2 관통 M5 - 6H 관통
B1	45	20	Ø 6.6 관통 ⌴ Ø 11 ↧ 6.4
B2	45	180	Ø 6.6 관통 ⌴ Ø 11 ↧ 6.4
B3	254.10	89	Ø 6.6 관통 ⌴ Ø 11 ↧ 6.4
B4	254.10	111	Ø 6.6 관통 ⌴ Ø 11 ↧ 6.4
B5	265	20	Ø 6.6 관통 ⌴ Ø 11 ↧ 6.4
B6	265	180	Ø 6.6 관통 ⌴ Ø 11 ↧ 6.4
B7	291.60	89	Ø 6.6 관통 ⌴ Ø 11 ↧ 6.4
B8	291.60	111	Ø 6.6 관통 ⌴ Ø 11 ↧ 6.4

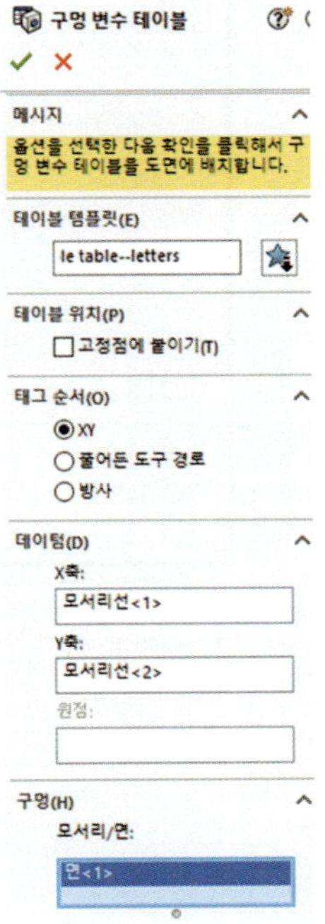

03 도면 연습하기

① 도면작성 기본원칙 및 작성순서

1_기본 원칙

① 도면 치수는 부품의 전체 길이, 전체 높이, 전체 폭 등에 대하여 반드시 표시해야 한다.

② 치수는 중복하여 표시하지 않는다.

③ 부품의 윤곽을 잘 나타내는 방향을 정면도로 한다. 이때, 치수는 정면도를 중심으로 기입하며 관련된 치수는 한 곳에 모아 표시한다.

2_도면 작성 순서

도면 양식 불러오기

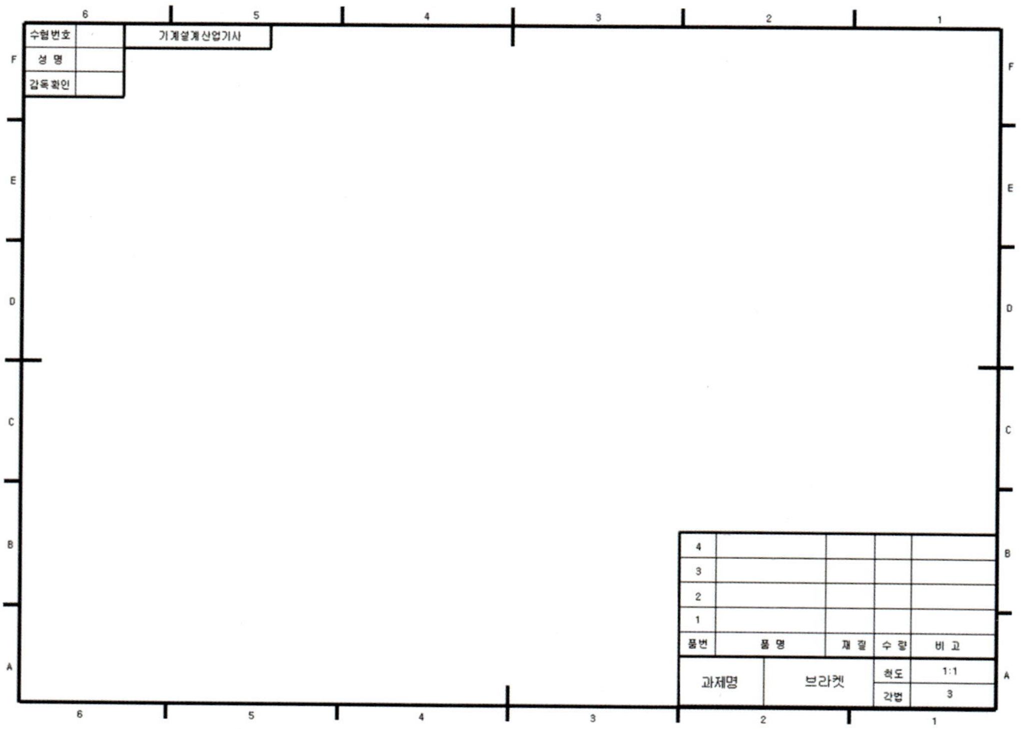

도면 뷰 작성하기

① 모델 뷰의 [찾아보기]로 들어가 작업할 파트(슬라이딩 도어가이드 몸체)를 불러들인 후 도면에 표시할 다중 뷰(정면도, 평면도, 우측면도)를 표시한다. 또는 작업창의 뷰 팔레트로 들어가 직업할 파트를 선택한 후 다중 뷰를 표시한다.

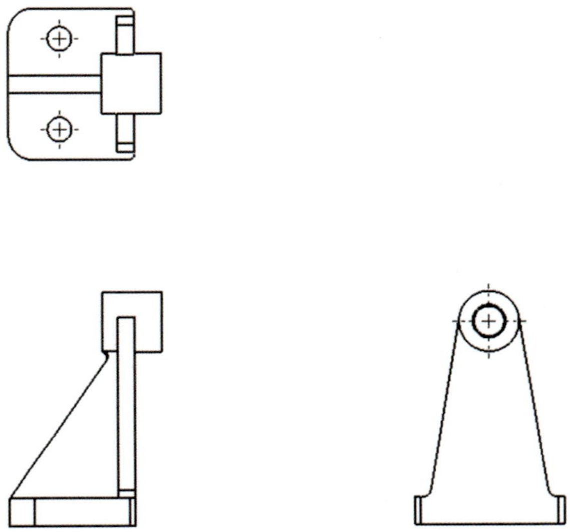

형상 단순화 작업하기

① 필렛, 모따기 등의 투상으로 도면 뷰 형상이 복잡한 경우에는 도면 해독 시 판독이 어렵기 때문에 불필요한 선을 제거한다.

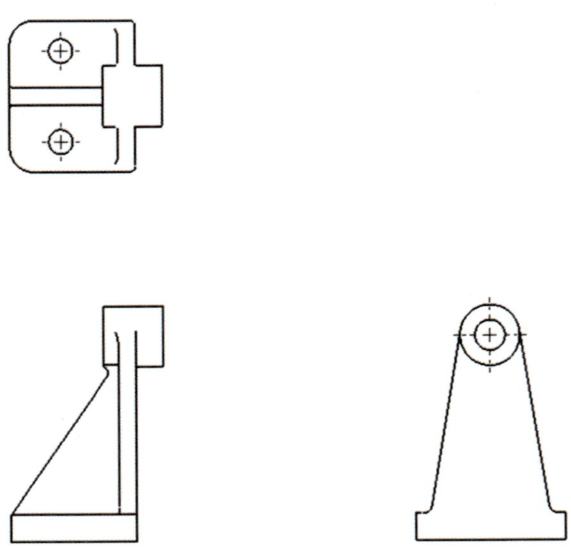

② 중심 표시, 중심선, 보이지 않는 내부 형상을 표시하기 위한 부분 단면도, 대칭 형상의 부분도 등을 사용하여 형상 단순화 작업을 한다.

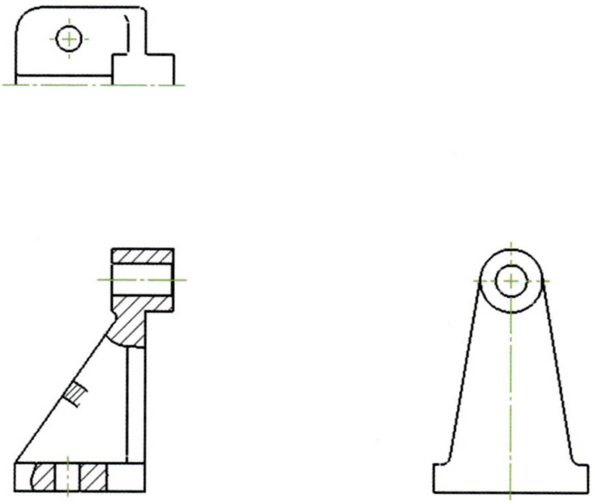

치수 기입하기

① 길이 방향 치수 : 정면도와 평면도에 대한 치수 연관성을 고려한 후 정면도 중심으로 치수를 기입한다.

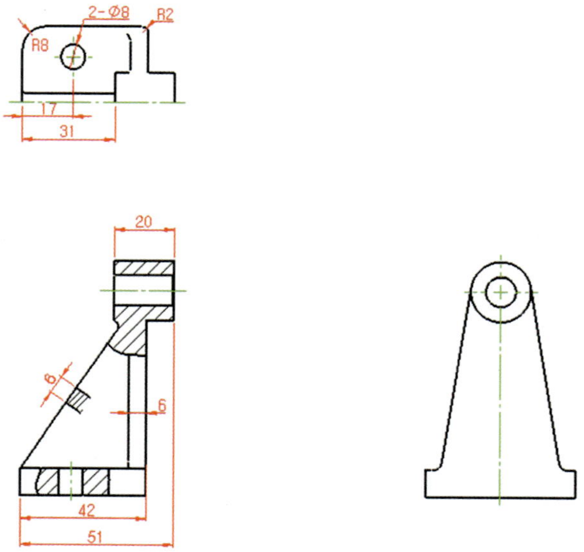

② 높이 방향 치수 : 정면도와 측면도에 대한 치수 연관성을 고려한 후 정면도를 중심으로 치수를 기입한다.

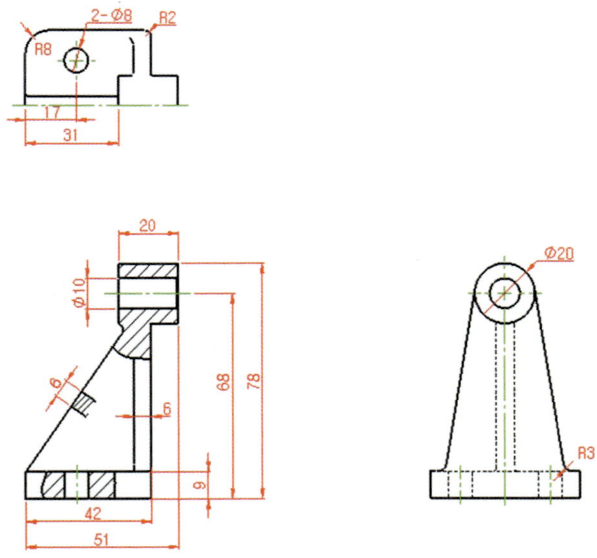

③ 폭 방향 치수 : 측면도와 평면도에 대한 치수 연관성을 고려한 후 측면도를 중심으로 치수를 기입한다.

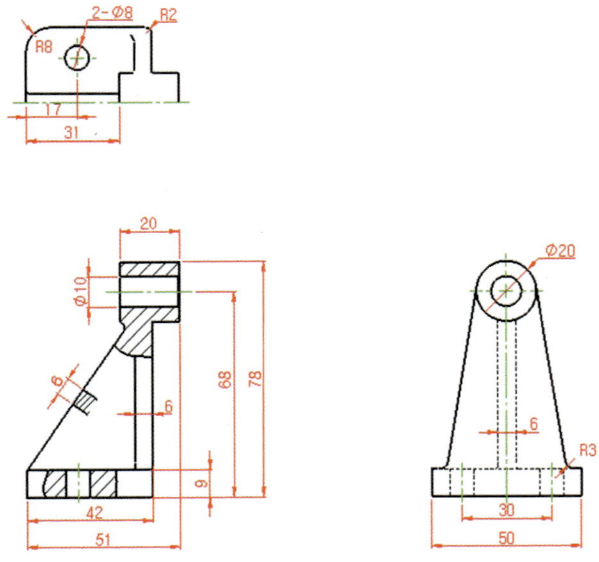

치수공차 기입하기

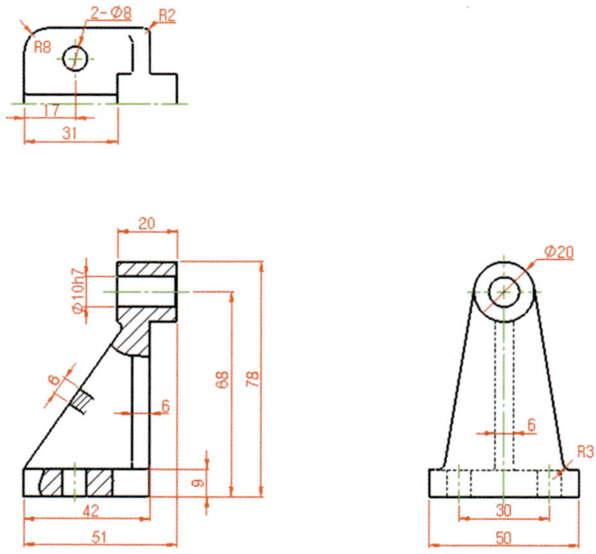

기하공차 기입하기

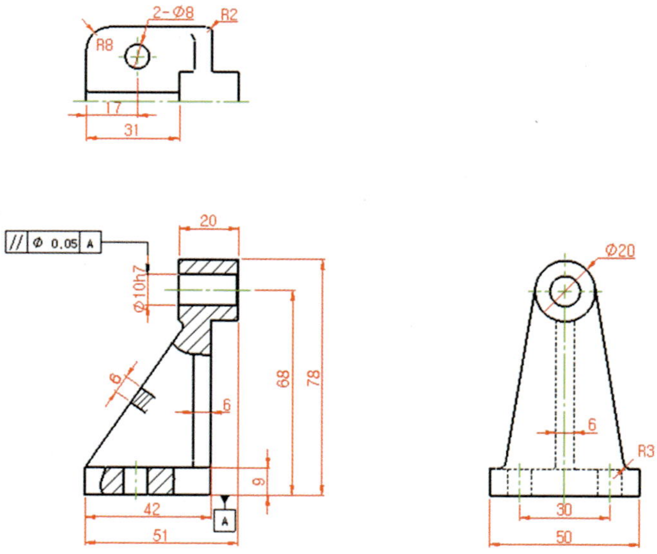

표면거칠기 기입하기

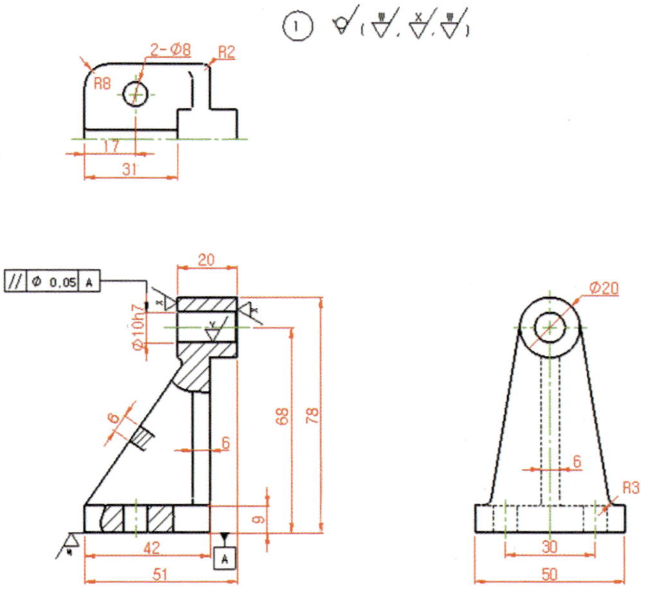

완성 도면

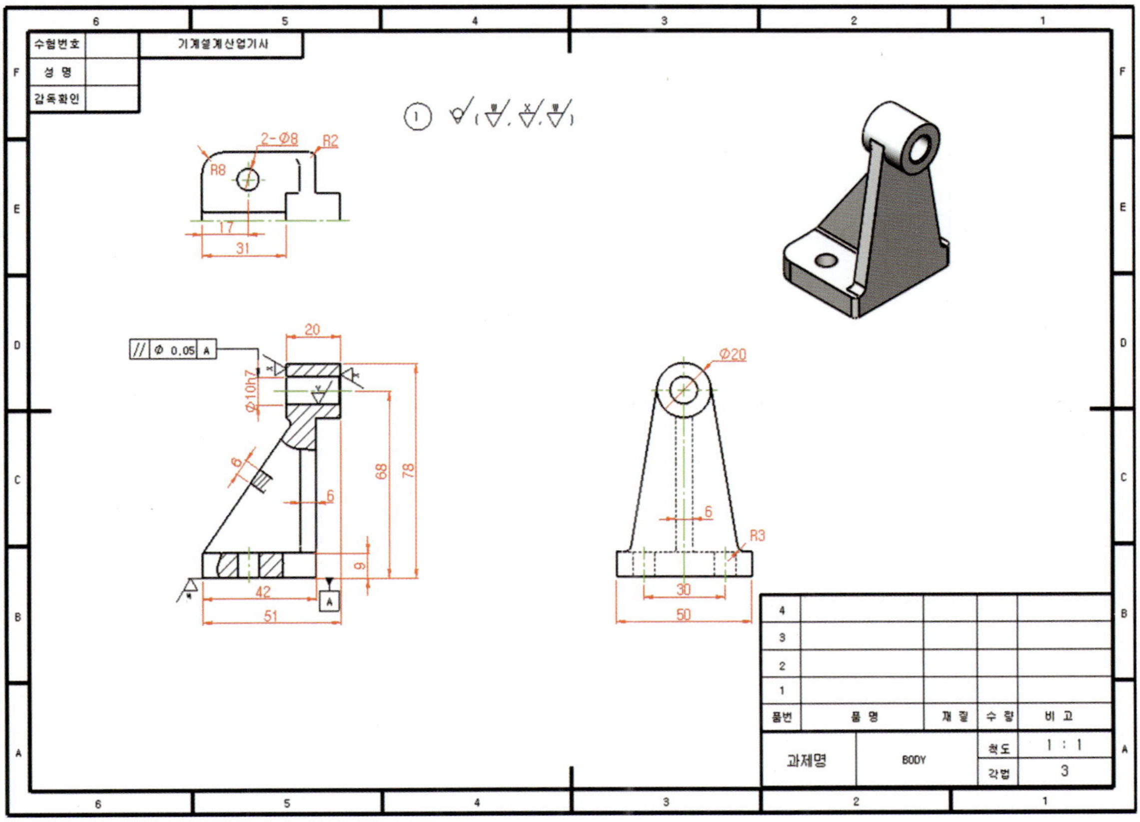

② 브라켓

1_수동 치수 기입인 경우

도면 뷰 작성하기

① 모델 뷰의 [찾아보기]로 들어가 작업할 파트를 선택한 후 도면에 표시할 다중 뷰를 표시한다.

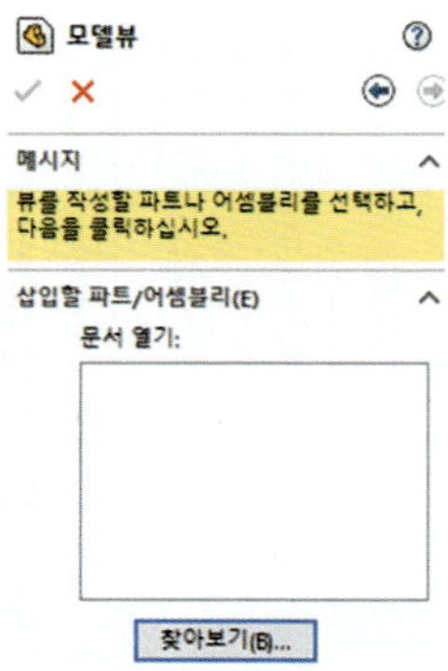

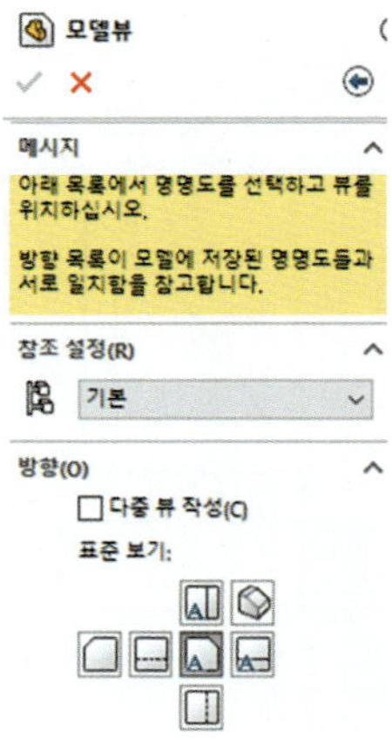

② 이때, 작업할 파트를 클릭하면 정면도가 자동으로 생성된다. 그리고 정면도를 기준으로 우측면도, 평면도를 순차적으로 투상한다.

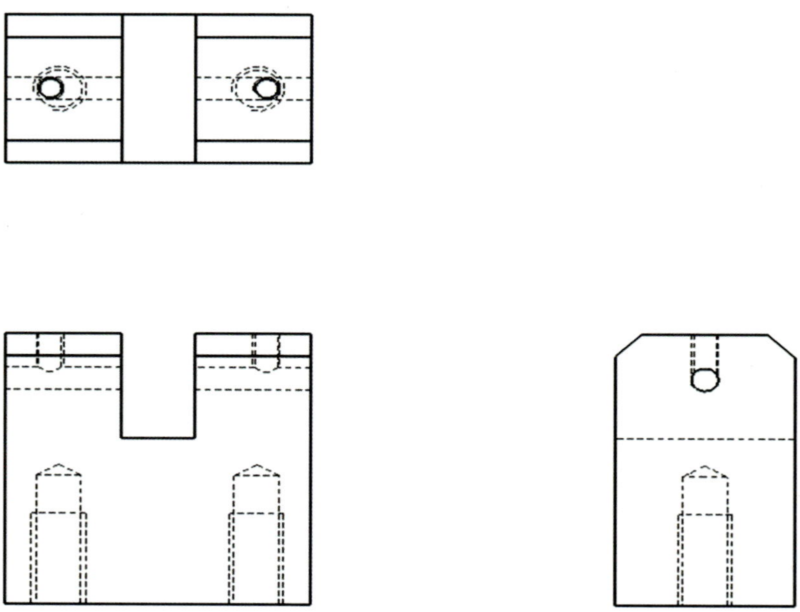

작업창을 통한 파트 불러오기

작업창의 파일 탐색기로부터 작업할 파트[2023-DC-B-225]를 왼쪽 버튼을 누른 채 드래그하여 도면에 불러들인다.

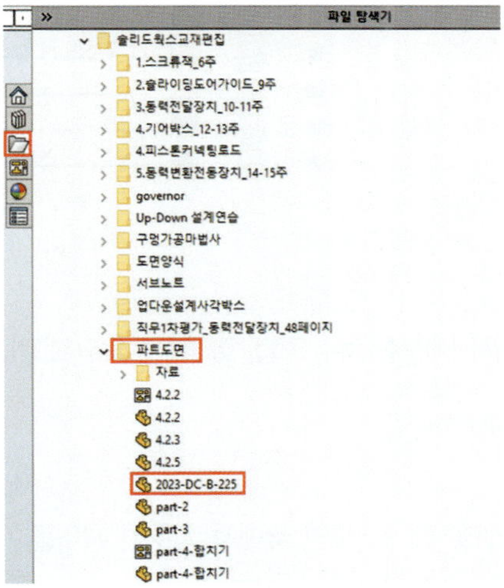

중심선, 중심표시 및 표시 유형 표시하기

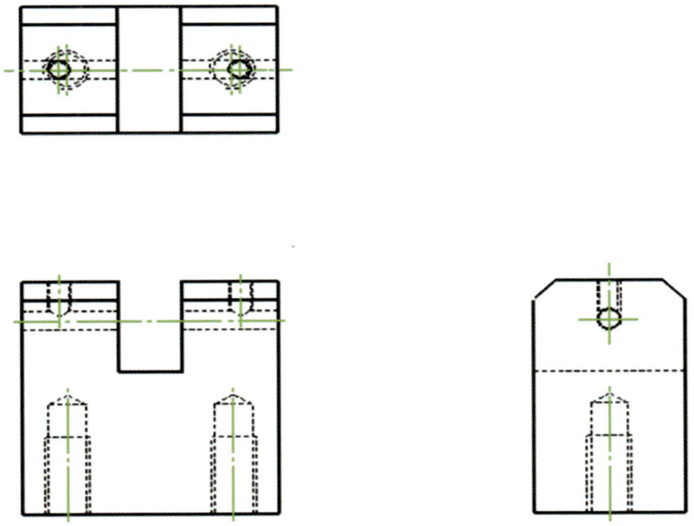

레이어 활용하기

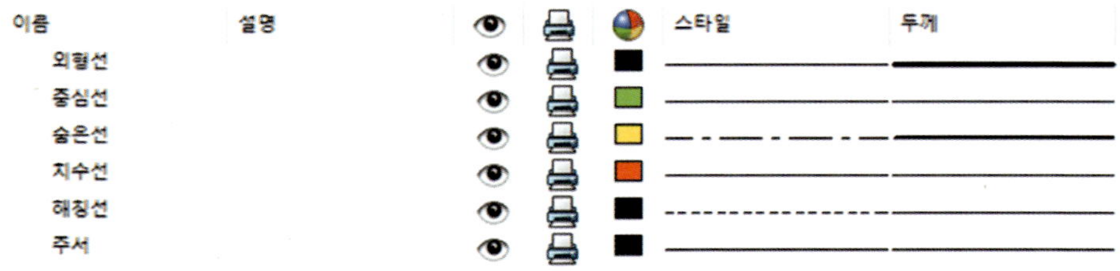

치수 생성하기

① 지능형 치수의 치수 보조 도구에서 [지능형 치수 기입] 및 [빠른 치수 조정]을 활성화한 후 치수를 수동 기입한다.

빠른 치수 조정 알아보기

설계자가 2D 도면상에 치수를 기입할 때 각 도면 뷰에서 치수선 사이를 일정 거리만큼 자동으로 정렬해주는 기능이다.

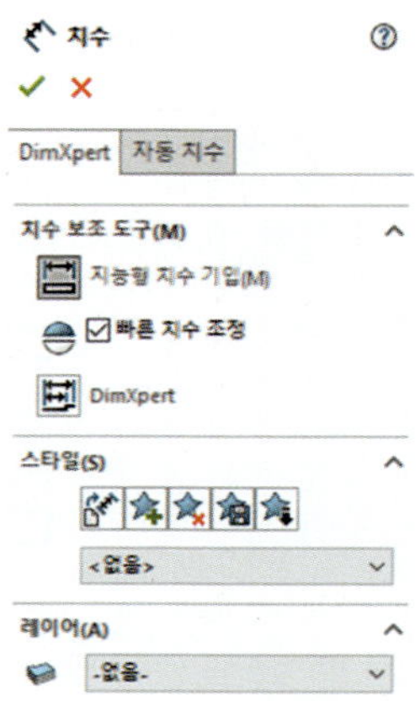

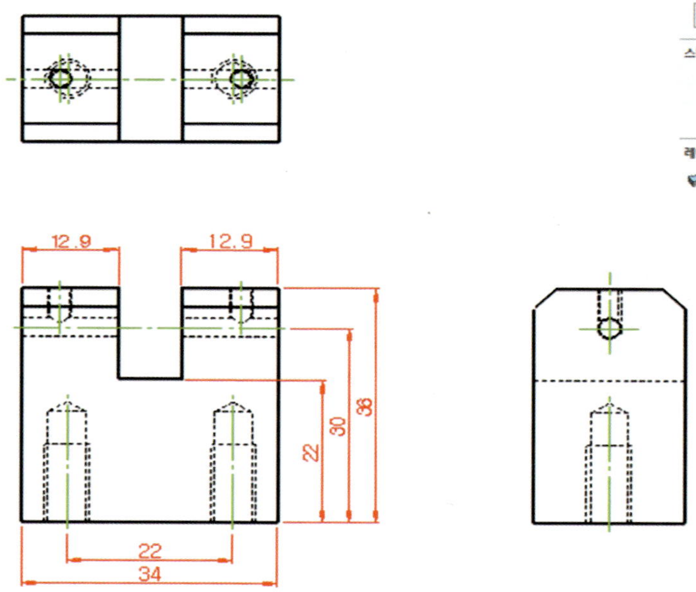

② 평면도 치수 기입

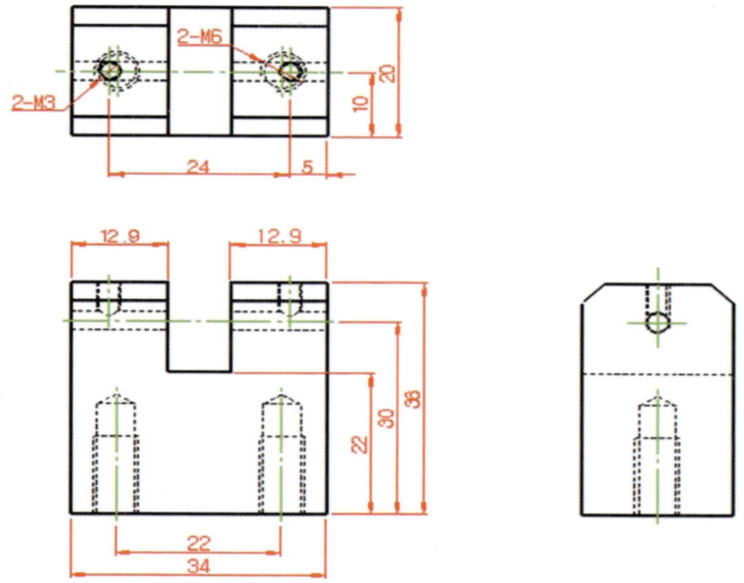

③ 우측면도 치수 기입

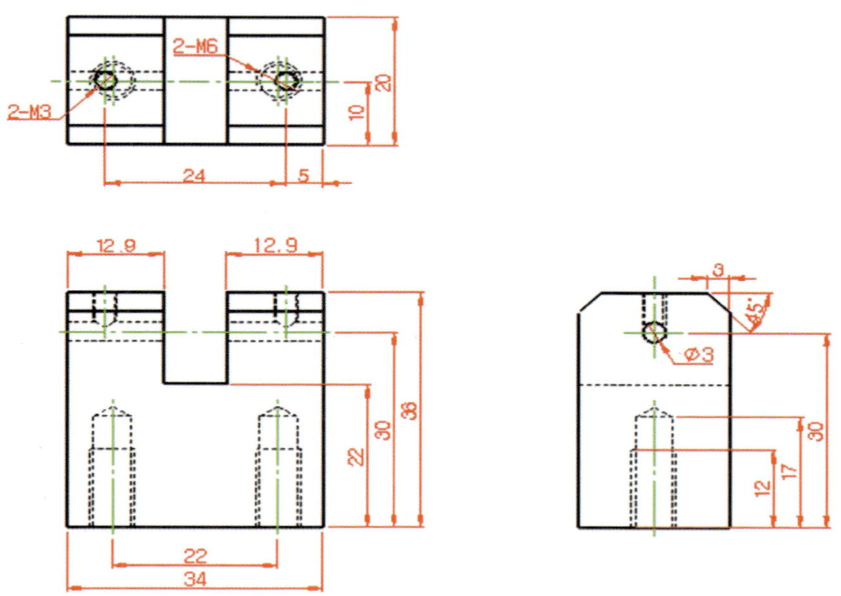

④ 도면 완성

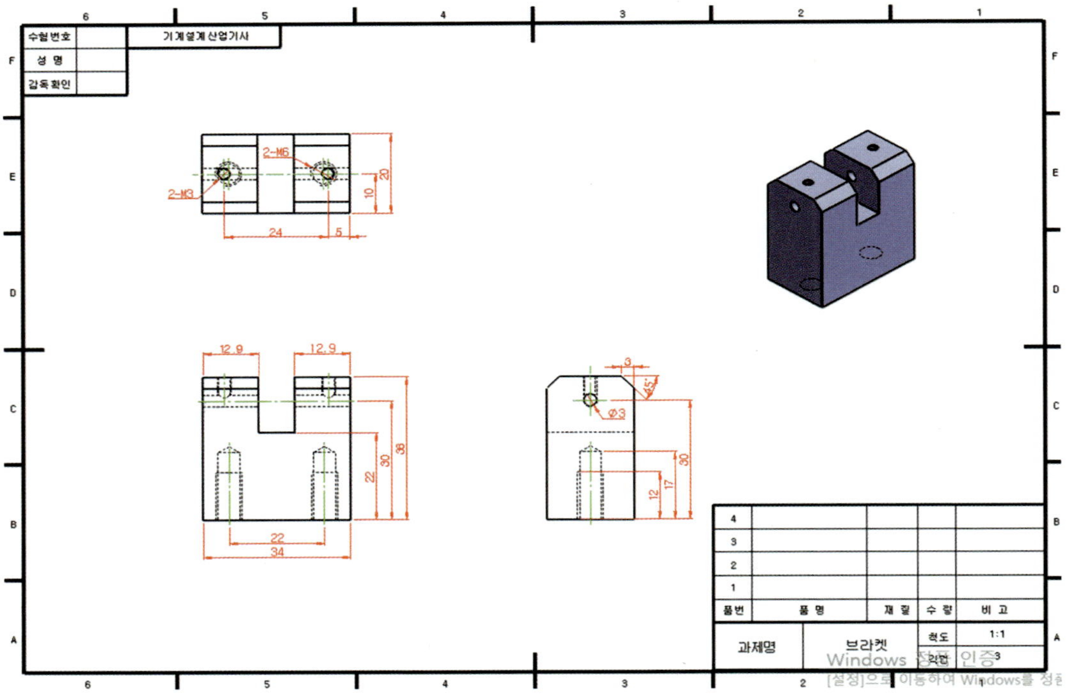

2_자동 치수 기입

도면 뷰 작성하기

① 작업창의 파일 탐색기로부터 작업할 파트[2023-DC-B-225]를 왼쪽 버튼을 누른 채 드래그하여 도면에 불러들인다.

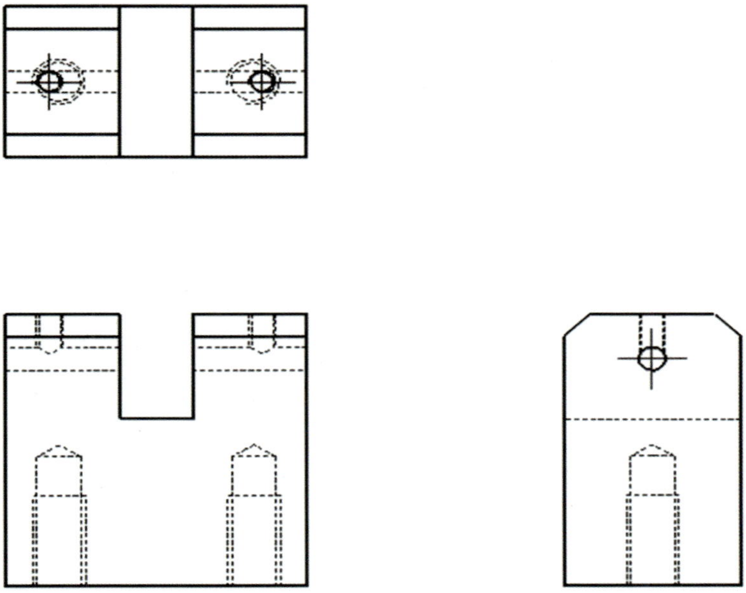

중심선, 중심표시 및 표시 유형 표시하기

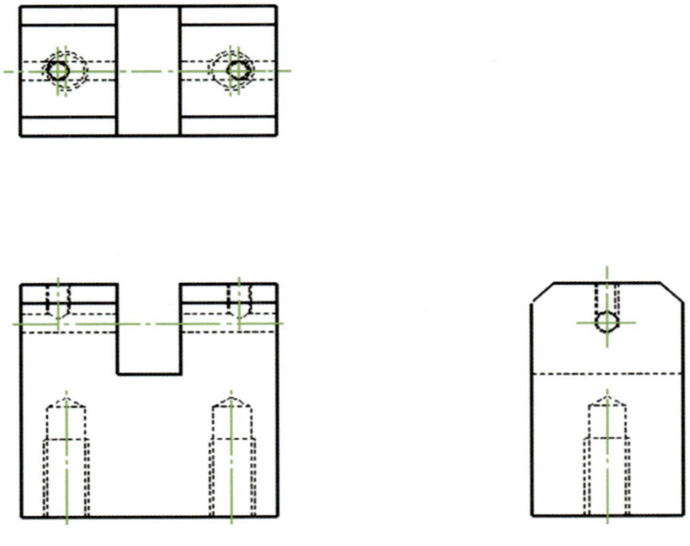

모델 항목을 이용한 자동 치수 기입하기

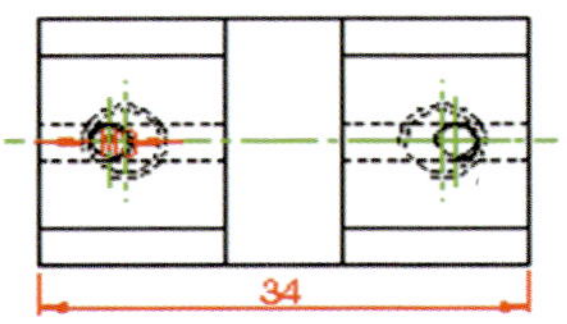

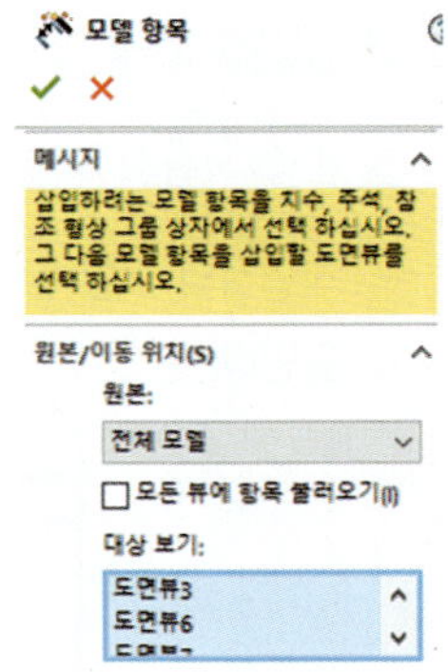

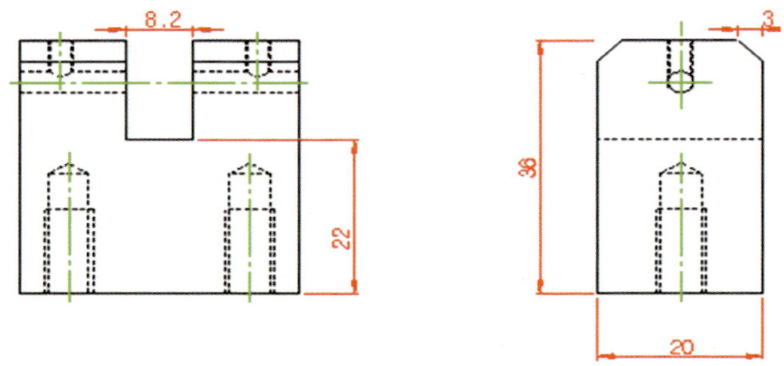

치수 수정하기

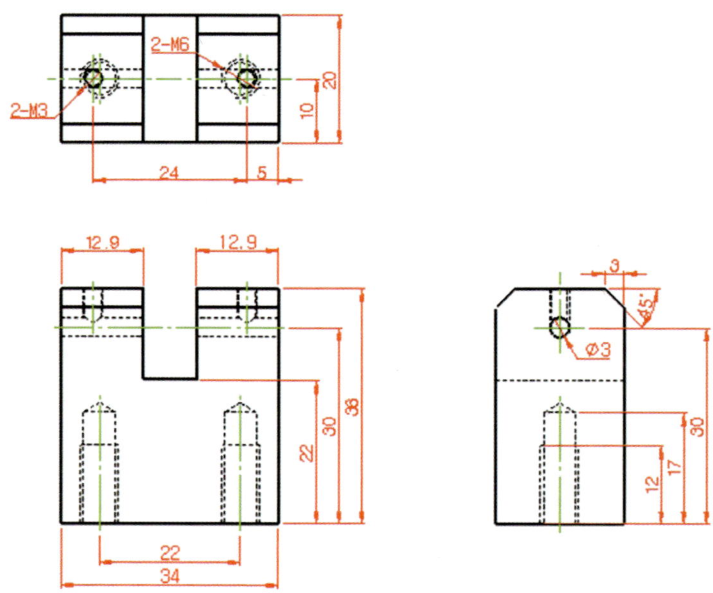

완성 도면

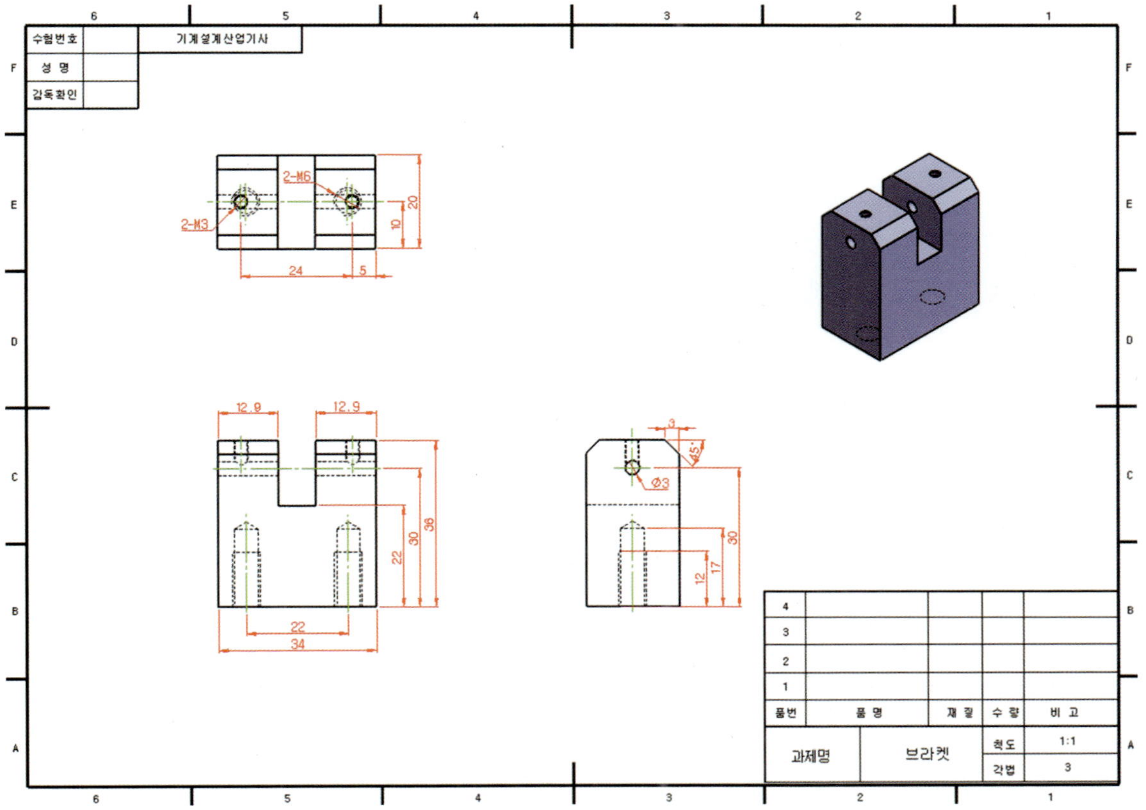
수험번호
성 명
감독확인
기계설계산업기사
2-M6
2-M3
24
5
10
20
12.9
12.9
22
30
38
22
34
3
45°
Ø3
30
17
12
4
3
2
1
품번
품 명
재 질
수 량
비 고
과제명
브라켓
척도
1:1
각법
3

③ 아이들러 암

도면 뷰 작성하기

① 모델 뷰의 [찾아보기]로 들어가 작업할 파트인 아이들러 암을 선택한 후 도면에 표시할 다중 뷰(정면도, 평면도)를 표시한다.

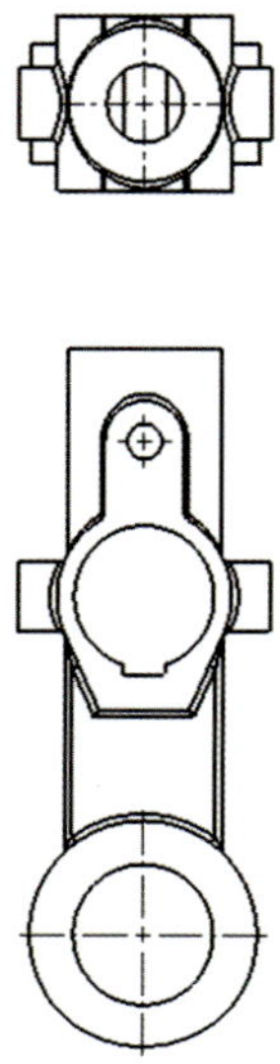

② 우측면도는 단면도로 표시하고 도면에서 형상이 복잡하여 치수 기입 시 확대하여 표기할 중심부를 상세도로 표시한다. 그리고 도면에 필요한 중심선과 중심표시를 나타낸다.

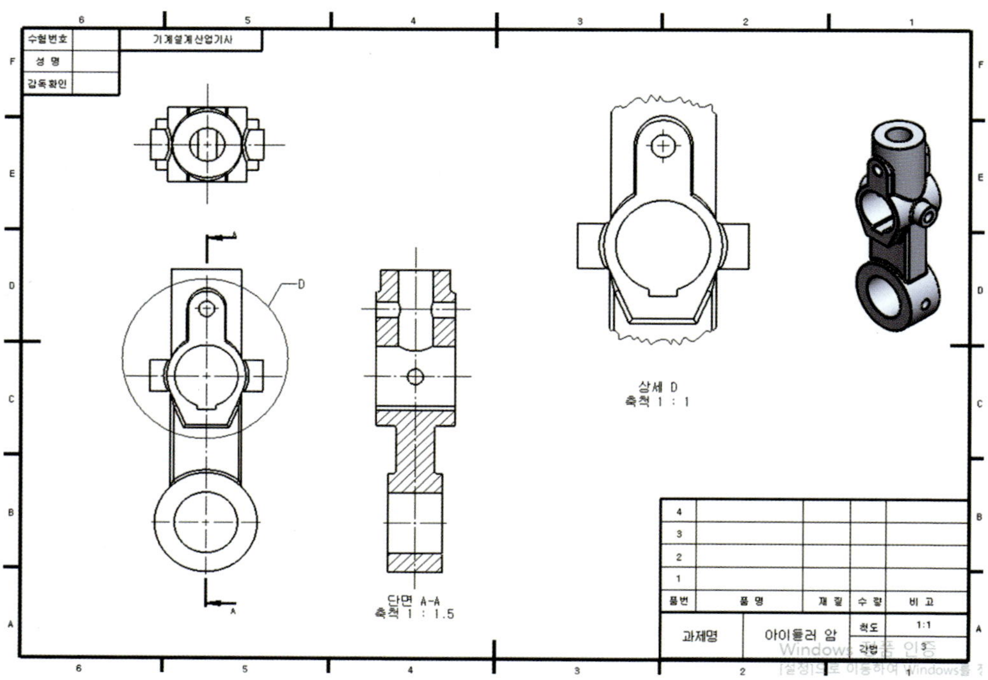

형상 단순화 작업하기

① 필렛, 모따기 부분의 투상으로 형상이 복잡하게 나타나 도면 해독 시 오독하는 것을 방지하기 위하여 형상을 단순화하여 표시한다.

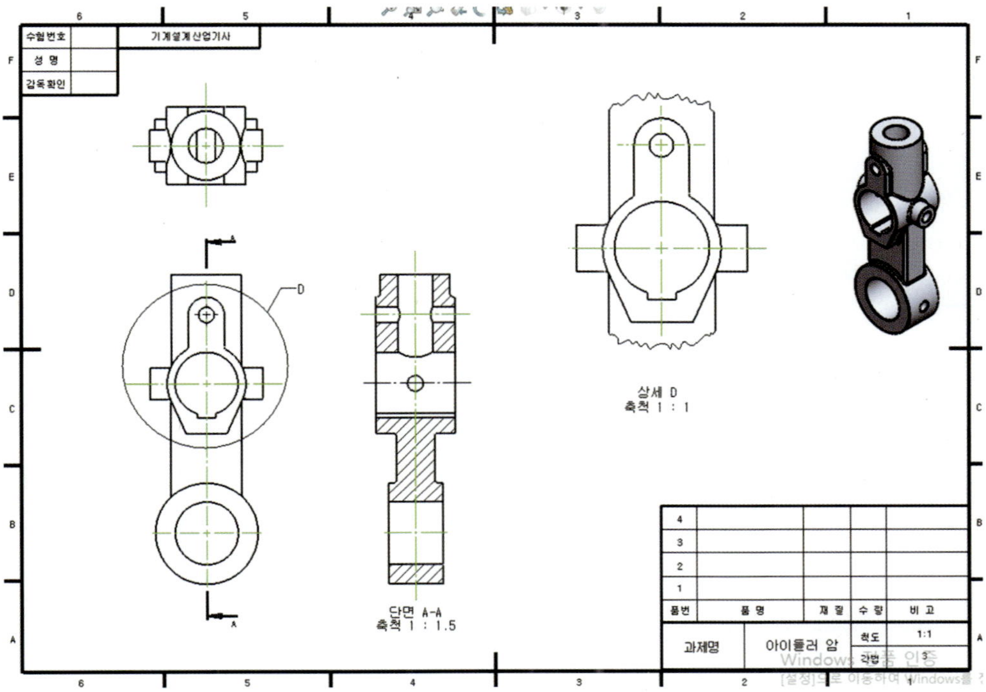

피렛이나 모따기로 인한 교선 숨기기

교선 부분을 마우스 오른쪽 버튼을 클릭한 후 모서리 숨기기/표시 아이콘을 클릭한다.

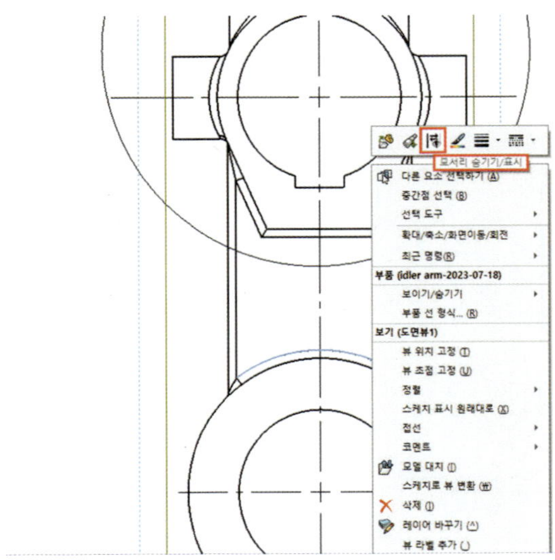

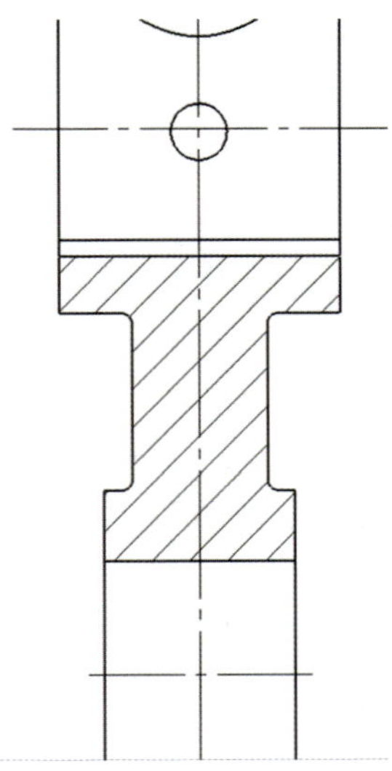

치수 생성하기

① 지능형 치수의 치수 보조 도구에서 [지능형 치수 기입] 및 [빠른 치수 조정]을 활성화한 후 치수를 기입한다.

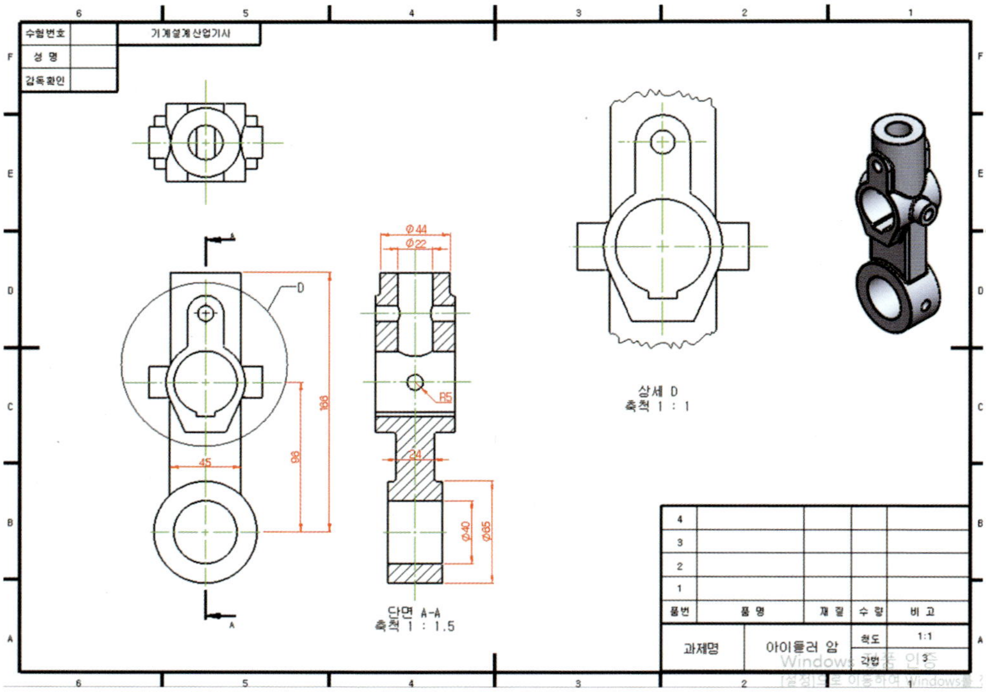

완성 도면

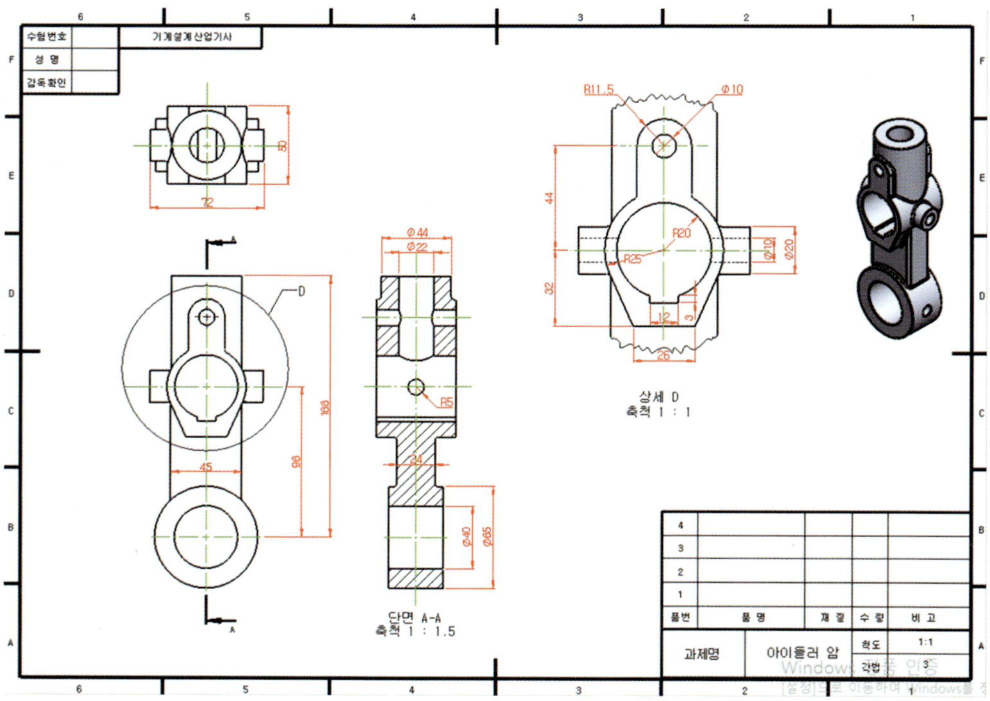

④ 자동차 핸들

도면 뷰 작성하기

① 모델 뷰의 [찾아보기]로 들어가 작업할 파트인 핸들을 선택하고 도면에 평면도 및 정면도를 표시한다.

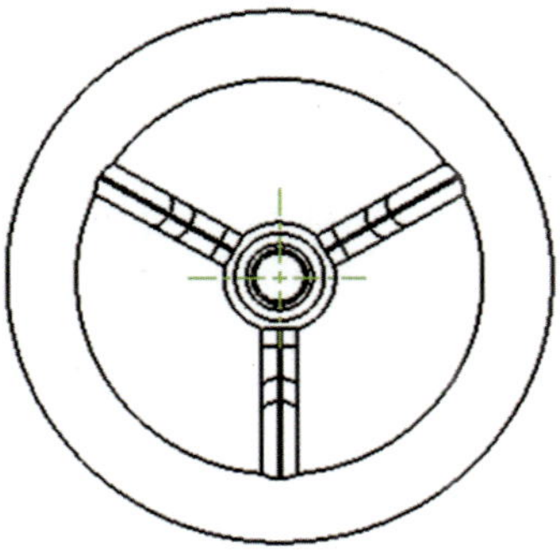

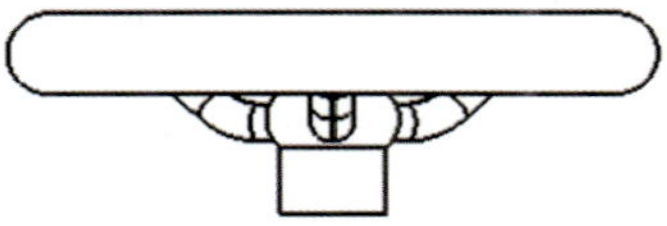

형상 단순화 작업하기

① 핸들의 윤곽선 이외의 복잡한 교선 부분 즉, 모서리 부분을 숨기기 하여 간략한 형상으로 표시한다.

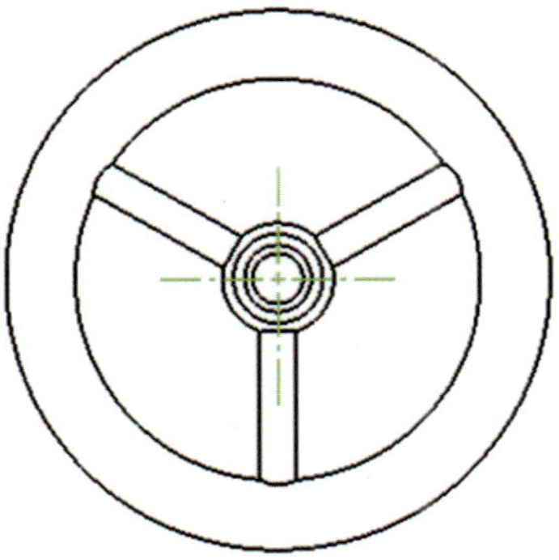

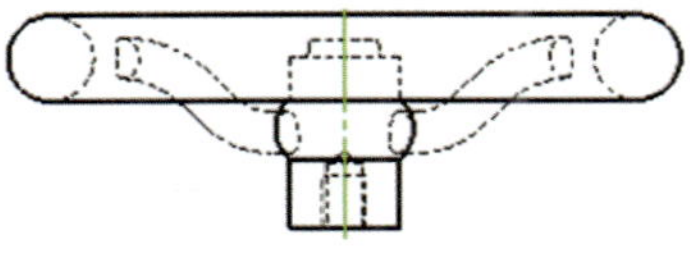

단면도를 활용한 우측면도 작업하기

① 림과 스포크 형상을 판독할 수 있도록 단면도를 이용하여 우측면도로 나타내고 중심선을 표시한다.

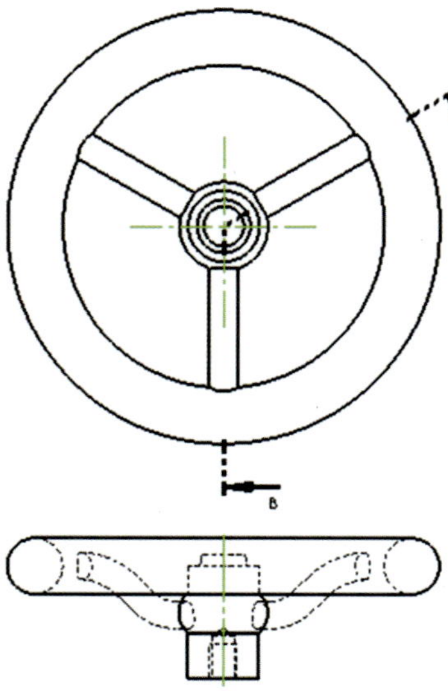

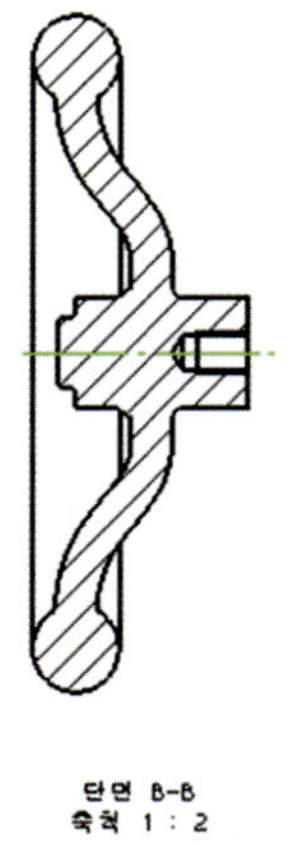

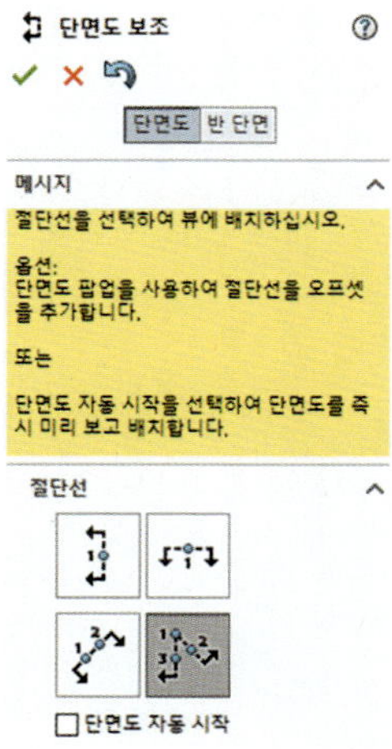

스포크 단면 형상 표시하기

스포크 단면 형상은 도면 상에서 확인하기 어렵기 때문에 단면도를 이용하여 표시한다.

• 단면 부위에 선을 이용하여 스케치한다.

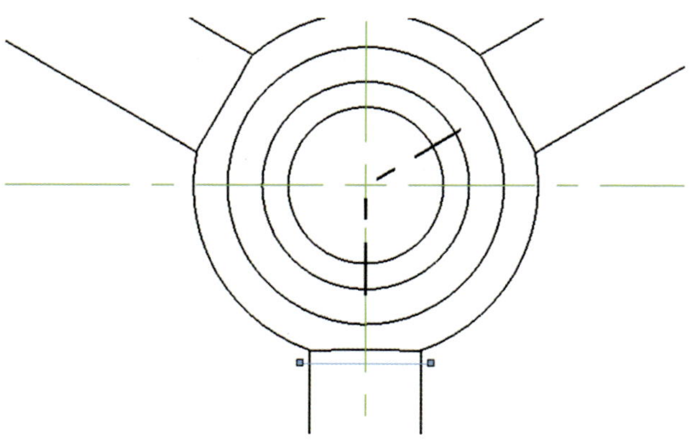

② 전 단계에서 스케치한 절단선을 활성화시킨 상태에서 단면도를 클릭하면 단면 D-D에 대한 단면도를 도시할 수 있다.

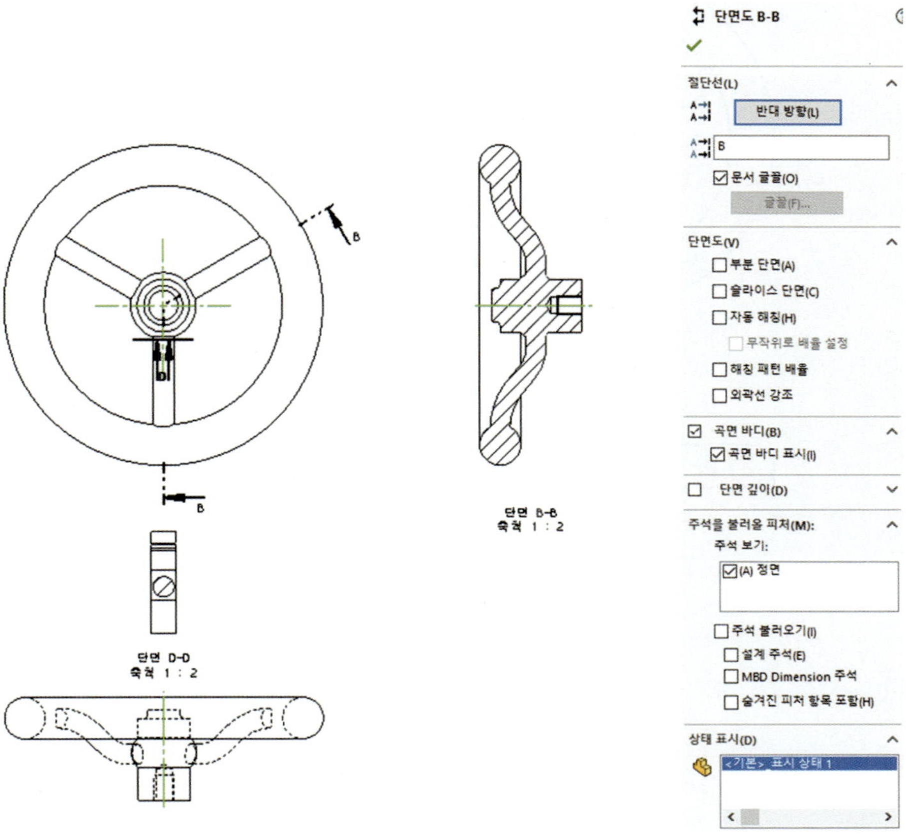

③ 단면도의 불필요한 선과 절단선을 모두 숨기기를 적용한다. 불필요한 선과 절단선 숨기기는 절단선을 활성화한 후 마우스 오른쪽 버튼을 누르고 [모서리 숨기기], [절단선 숨기기]를 누른다.

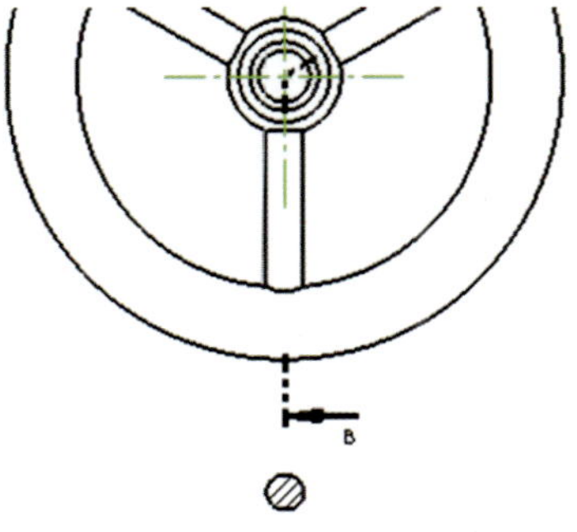

정면도 및 평면도 치수 기입하기

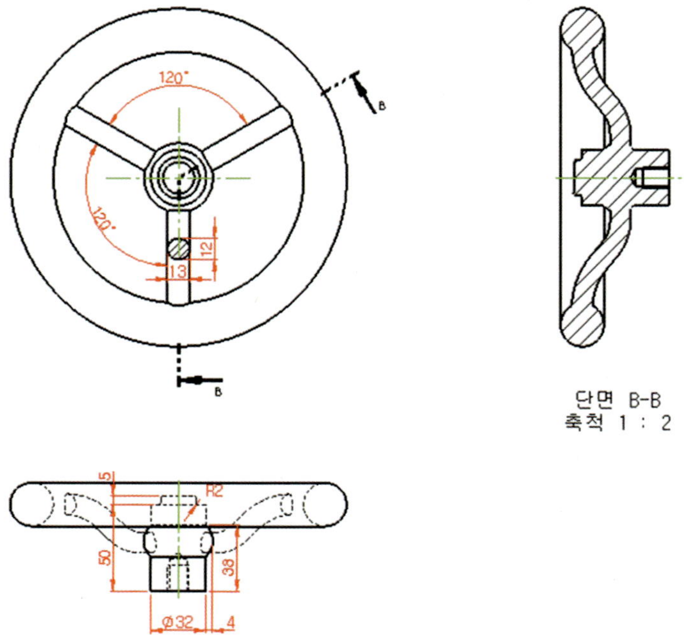

우측 단면도 치수 기입하기

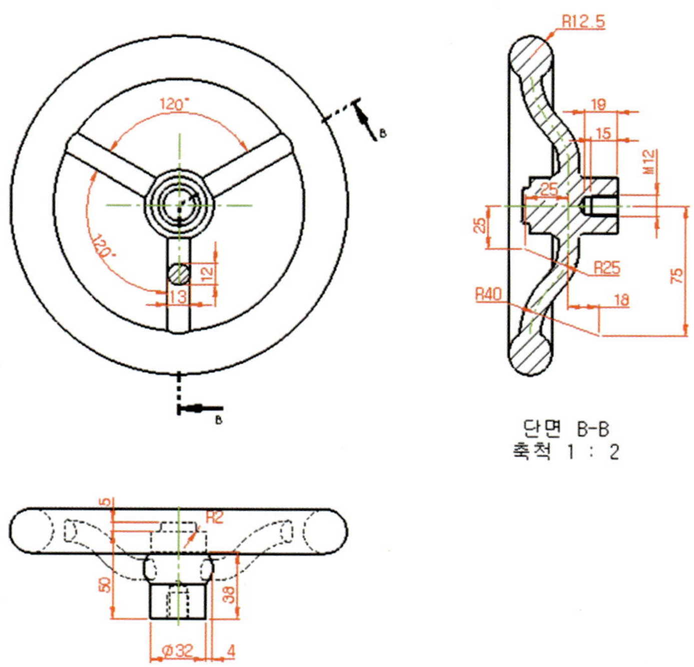

완성 도면

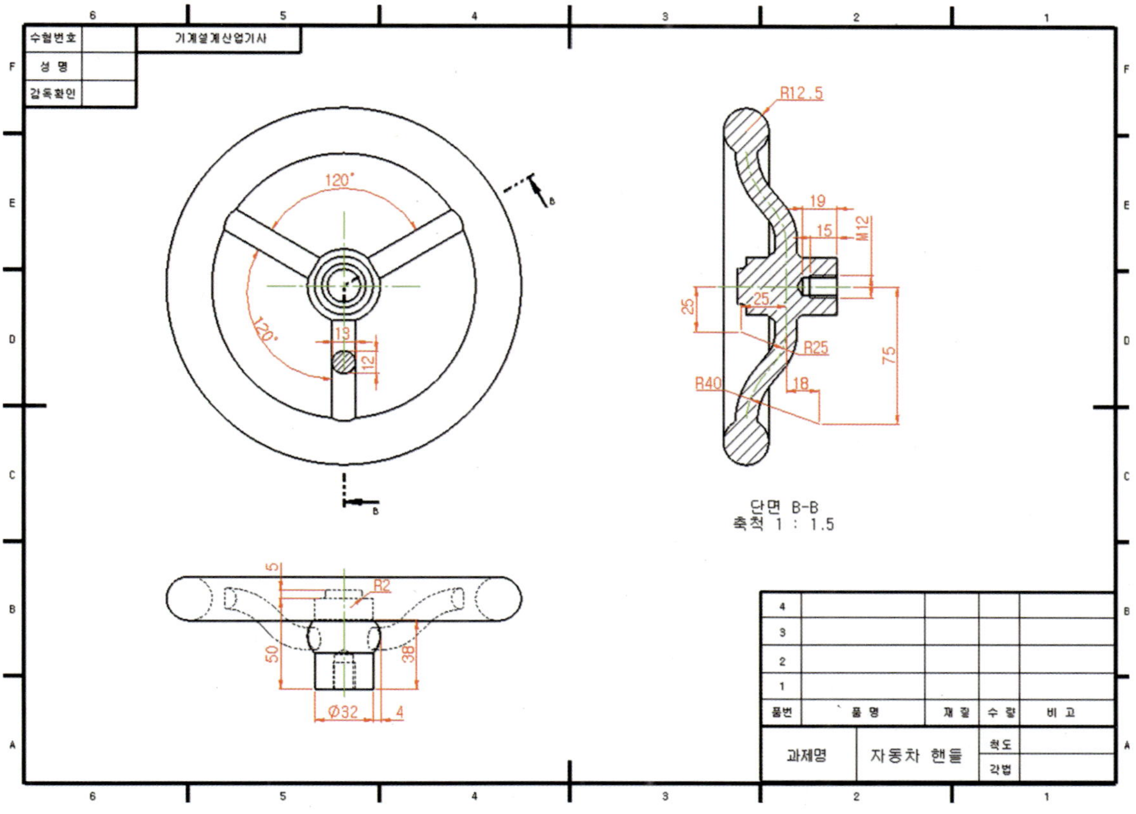

수험번호
성 명
감독확인
기계설계산업기사
120°
120°
13
12
R12.5
19
15
M12
25
25
R25
75
R40
18
단면 B-B
축척 1 : 1.5
5
R2
50
38
Ø32
4
품번
품 명
재 질
수 량
비 고
과제명
자동차 핸들
척도
각법

⑤ 하우징

도면 뷰 작성하기

① 작업창의 파일 탐색기로부터 작업할 파트인 동력전달장치의 하우징(몸체)을 선택하고 도면에 정면도, 평면도, 우측면도를 표시한다.

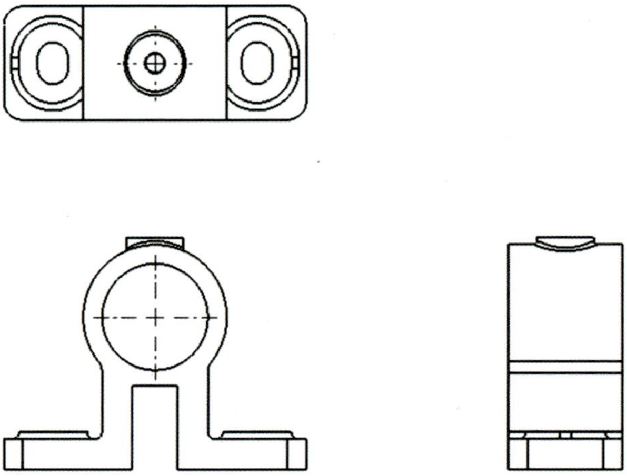

형상 단순화 작업하기

① 하우징의 윤곽선 이외의 복잡한 교선 부분 즉, 모서리 부분을 숨기기 하여 간략한 형상으로 표시하고 각 도면뷰에 중심선을 표시한다.

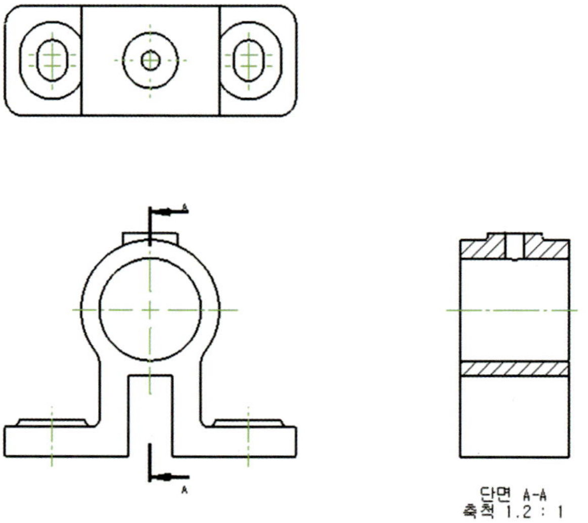

② 부품의 내부 구멍 형상을 예측하기 어려운 부분은 폐곡선을 스케치한 후 뷰 레이아웃 탭 상에 있는 부분 단면도 (아이콘)를 이용한다.

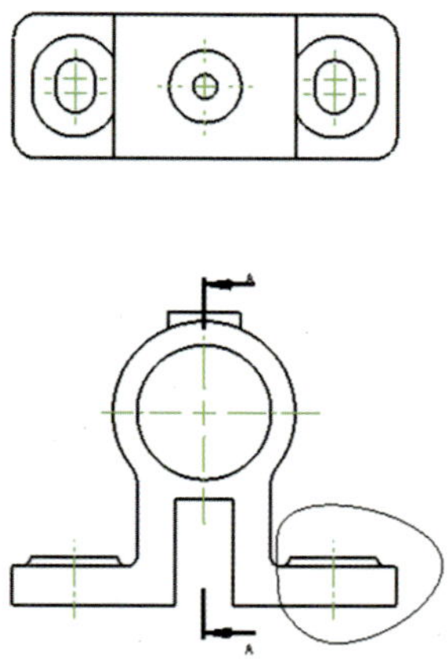

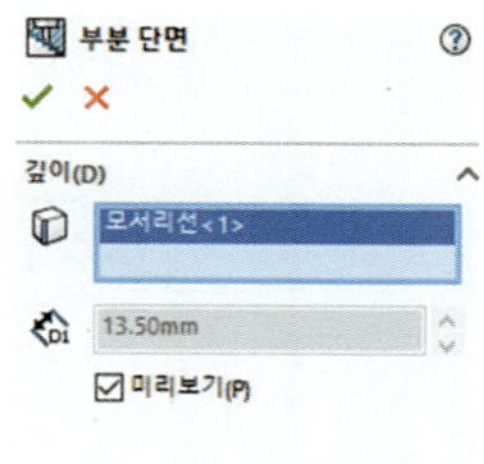

③ 즉, 부분 단면도를 적용할 부분에 스플라인을 이용한 폐곡선을 그린 후 스플라인이 활성화된 상태에서 평면도의 직선 홈 또는 텝 구멍 등의 모서리 선을 클릭한다.

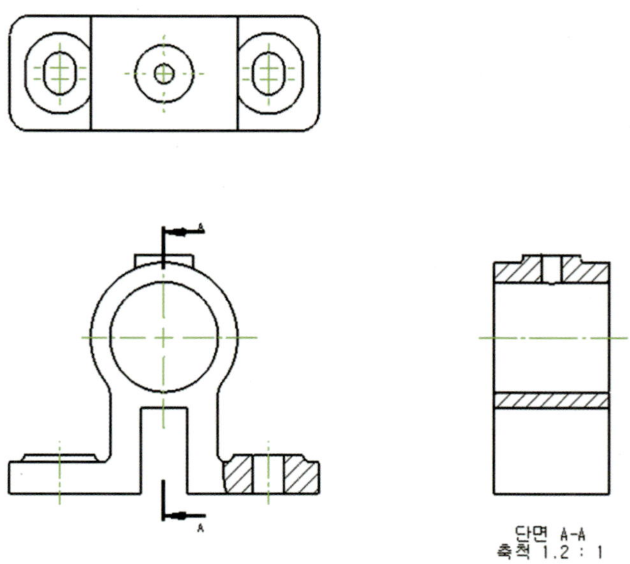

④ 필렛 또는 홈 부위의 형상이 작아 치수 기입이 곤란한 경우에는 상세도를 이용하여 표시한다.

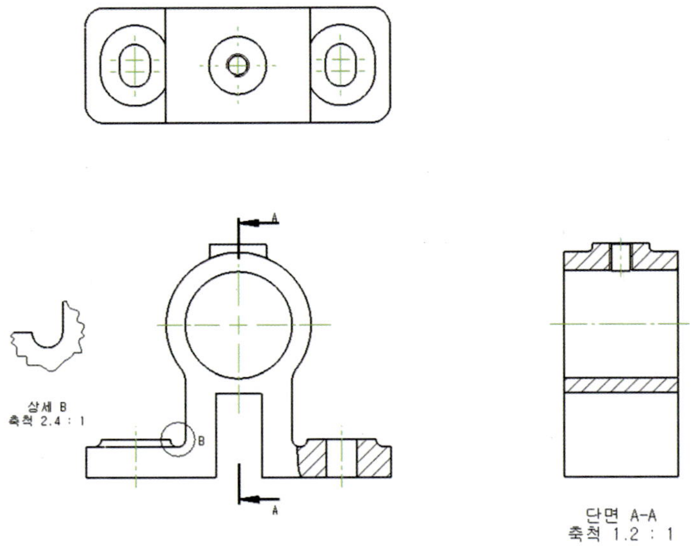

나사산 표시하기

탭 구멍 등의 나사부가 도면에 나타나지 않은 경우는 문서 속성의 도면화에서 [나사산 표시]를 활성화하면 된다.

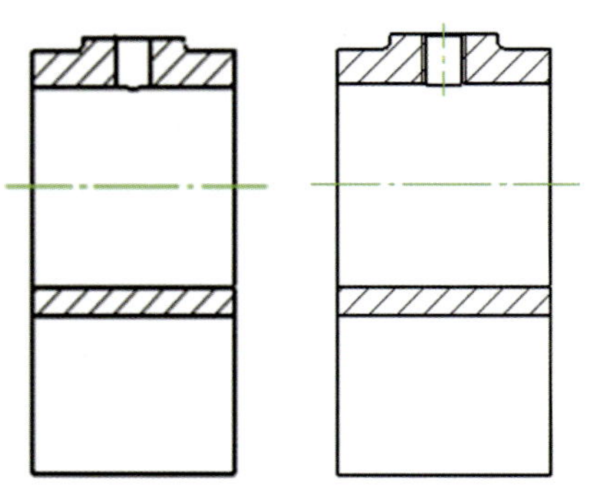

치수 기입하기

① 누락되거나 중복된 치수가 없도록 치수 보조선, 치수선, 치수 숫자를 기입한다. 이때, 전체 길이, 높이, 폭은 반드시 기입하고 연관 치수는 가능한 동일 도면 뷰에 작성하도록 한다.

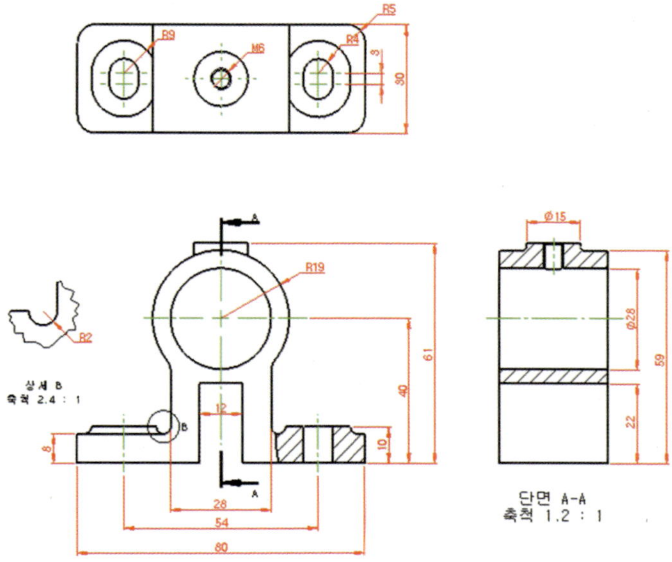

치수공차 기입하기

① 기계 시스템을 구성하는 요소 부품 간의 상호 결합되는 조건에 따라 끼워맞춤 형태를 고려하여 치수공차를 기입한다.

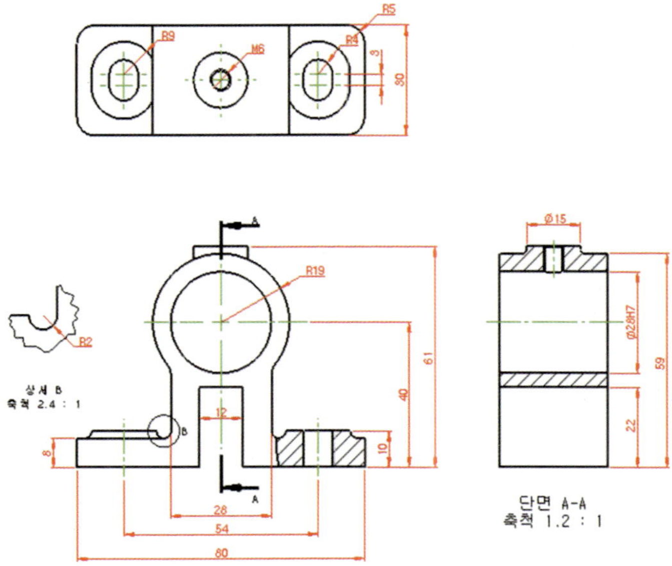

기하공차 기입하기

① 정확한 형상 가공이 불가능하여 조립 정밀도를 얻을 수 없는 부분이 있으면 가공 허용 오차를 고려하여 기하공차 값을 부여한다.

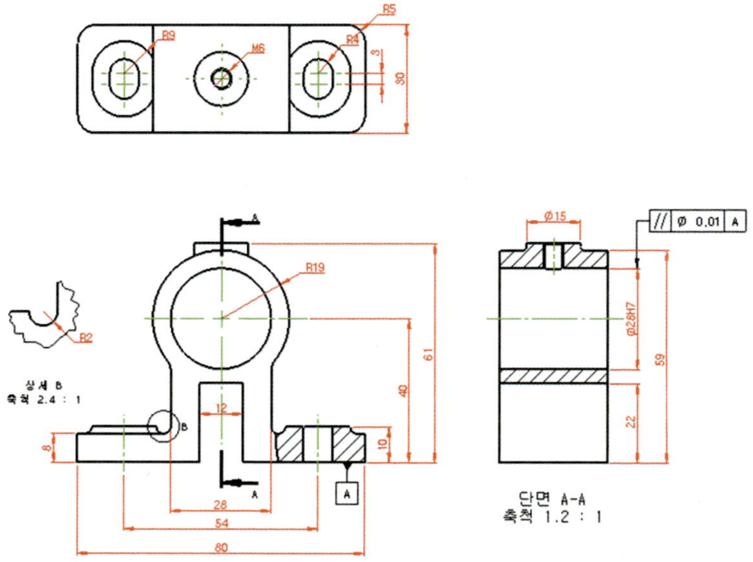

표면거칠기 기입하기

① 기계 시스템을 구성하는 요소 부품 간의 조립 정밀도를 갖추도록 부품의 기능에 맞는 표면 거칠기를 적용한다.

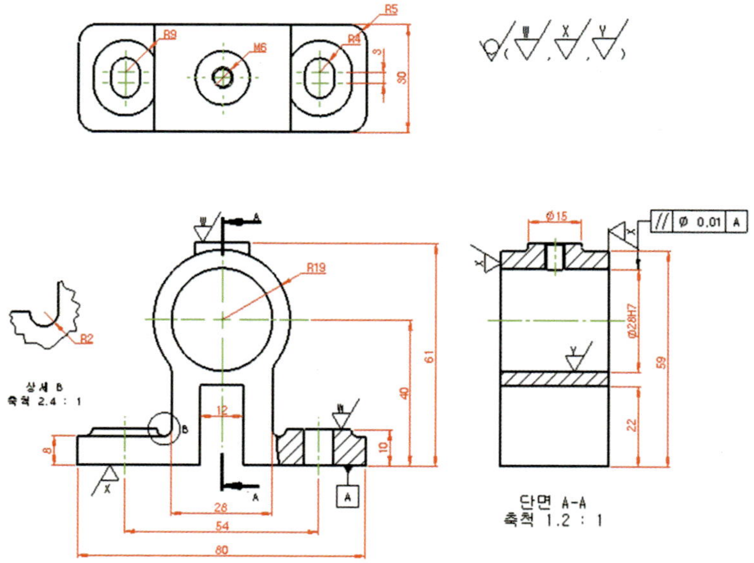

완성 도면

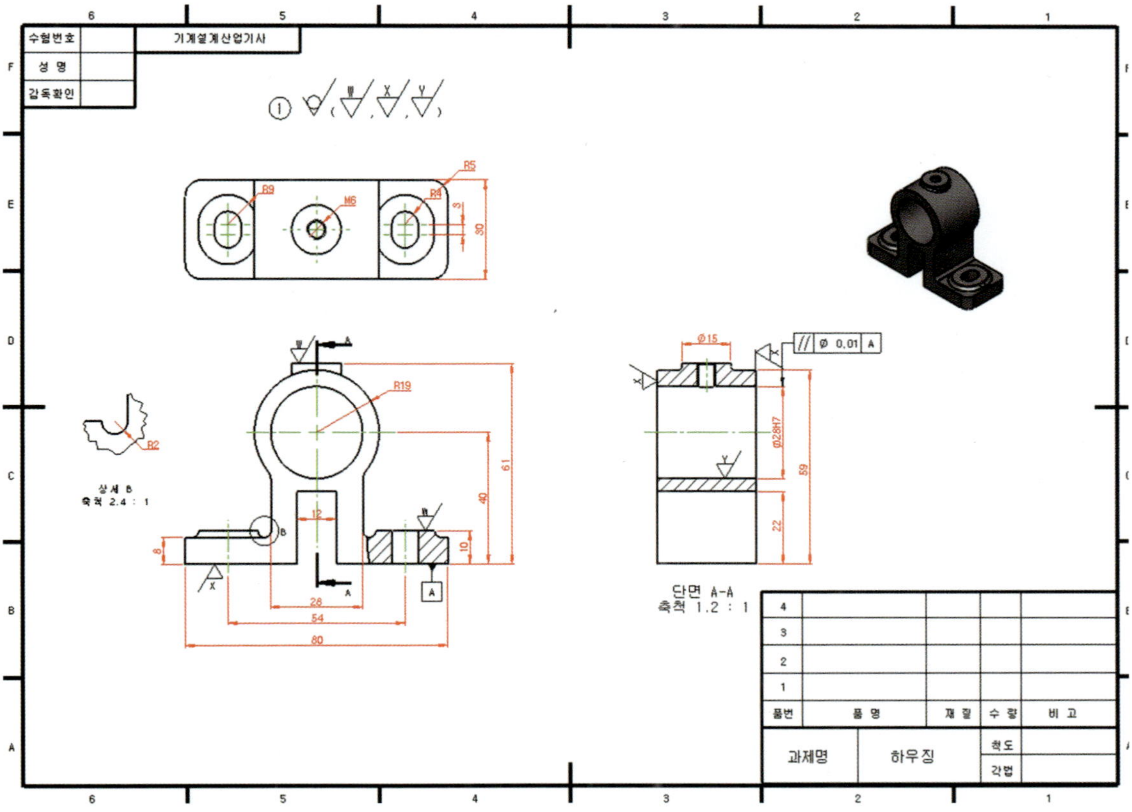

수험번호
성 명
감독확인
기계설계산업기사
R5
R9
M6
R4
3
30
R19
R2
상세 B
축척 2.4 : 1
61
40
12
10
8
28
54
80
Ø15
Ø 0.01 A
Ø28H7
59
22
단면 A-A
축척 1.2 : 1
품번
품 명
재 질
수 량
비 고
과제명
하우징
척도
각법

6 기어 박스

도면 뷰 작성하기

① 작업창의 파일 탐색기로부터 작업할 파트인 기어박스를 선택하고 도면에 우측면도를 기준으로 전 단면도, 저면도를 표시한다.

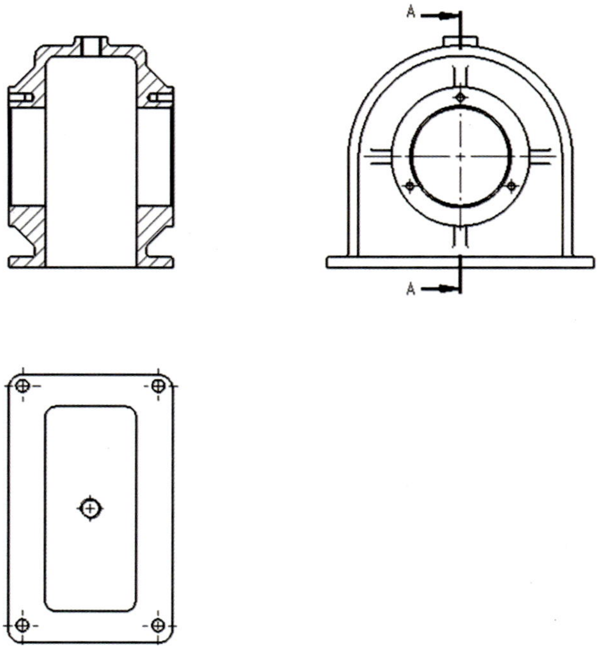

형상 단순화 작업하기

① 기어박스 윤곽선 이외의 복잡한 교선 부분 즉, 모서리 부분을 숨기기 하여 간략한 형상으로 표시한다.

② 또한, 우측면도, 저면도는 좌우 상하 대칭이므로 부분도를 이용하여 1/2만 도시하고, 각 도면뷰에 중심선을 표시한다.

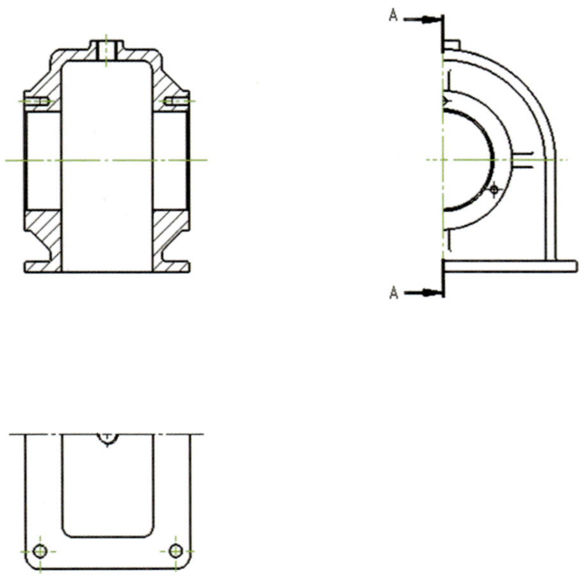

③ 우측 부분도에서 부분 단면도를 이용하여 기어박스 체결용 구멍 부분의 형상을 나타낸다.

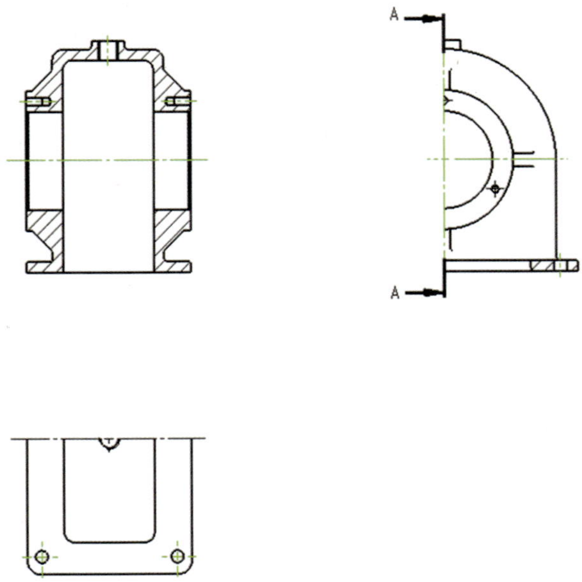

치수 기입하기

① 누락되거나 중복된 치수가 없도록 치수 보조선, 치수선, 치수 숫자를 기입한다. 이때 전체 길이, 높이, 폭은 반드시 기입하고 연관 치수는 가능한 동일 도면 뷰에 작성하도록 한다.

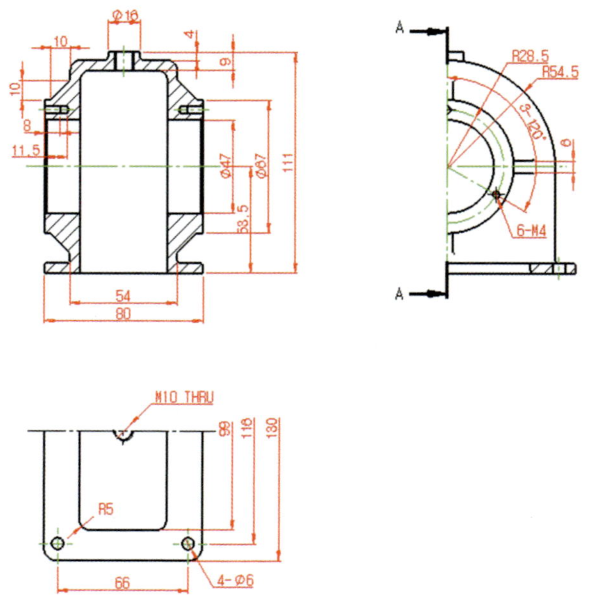

치수공차 기입하기

① 기계 시스템을 구성하는 요소 부품 간의 상호 결합되는 조건에 따라 끼워맞춤 형태를 고려하여 치수공차를 기입한다.

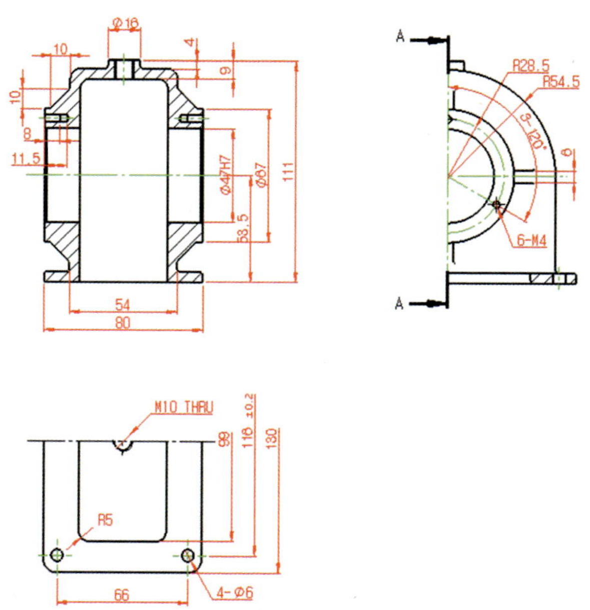

기하공차 기입하기

① 정확한 형상 가공이 불가능하여 조립 정밀도를 얻을 수 없는 부분이 있으면 가공 허용 오차를 고려하여 기하공차 값을 부여한다.

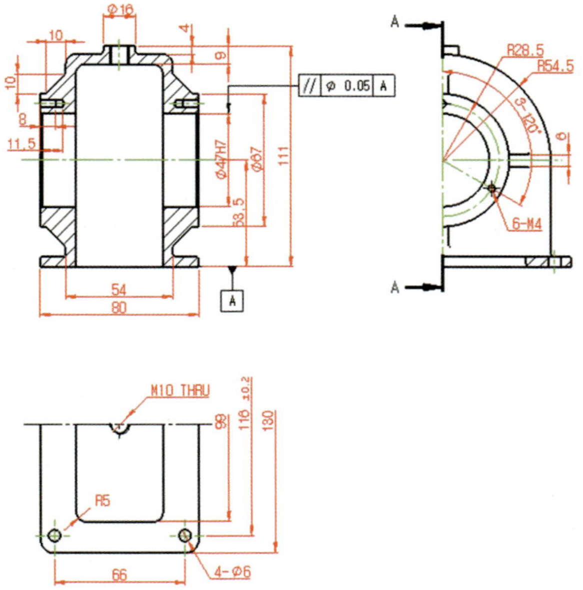

표면거칠기 기입하기

① 기계 시스템을 구성하는 요소 부품 간의 조립 정밀도를 갖추도록 부품의 기능에 맞는 표면 거칠기를 적용한다.

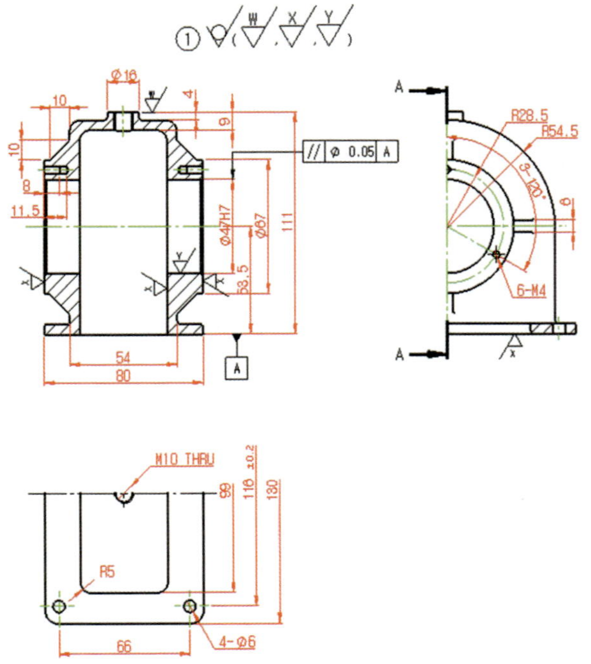

완성 도면

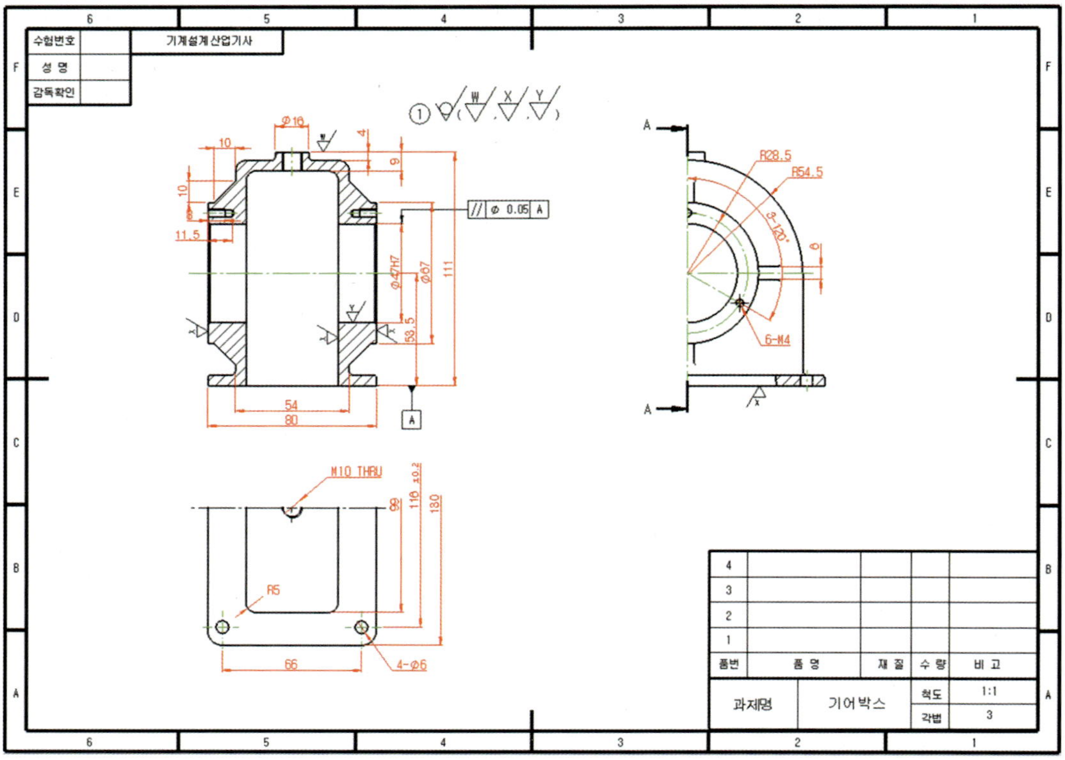

수험번호
성 명
감독확인
기계설계산업기사
A
A
R28.5
R54.5
3-120°
6
6-M4
Φ16
10
10
11.5
4
9
Φ47H7
Φ67
111
58.5
54
80
A
Φ 0.05 A
M10 THRU
99
116
130
R5
66
4-Φ6
품번
품 명
재 질
수 량
비 고
과제명
기어박스
척도
1:1
각법
3

제6장

기계제도의 관련 지식

CHAPTER 6

기계제도의 관련 지식

기계는 여러 종류의 규격품과 가공된 요소 부품들로 이루어진 것으로 다양한 형태의 에너지를 변환시키거나 전달시키는 부품 간의 상대운동을 통하여 유용한 일을 하는 장치를 말한다. 이러한 기계를 제작하기 위해서는 설계자가 유저의 요구에 맞추어 설계한 후 생산 현장에 도면을 전달하면 현장 작업자는 도면 해독을 통하여 설계자의 의도를 정확히 파악하여 요구되는 요소 부품들을 가공하게 된다.

일반적으로 설계자의 아이디어를 구체화하기 위해서는 설계 대상인 제품의 관련 정보, 제작공정 뿐만 아니라 강도, 강성, 신뢰성, 수명 등을 고려하여 부품의 재료, 형상 및 치수를 결정해야 한다. 또한, 외형 디자인, 생산성, 경제성 및 편리성 등을 충분히 고려하여 설계 및 제작 공정을 수행해야 한다. 기계 또는 기계를 구성하는 요소 부품들을 제작하기 위한 목적으로 부품도나 조립도를 표준화된 제도 통칙을 바탕으로 그리는 일련의 작업을 기계제도라 한다. 따라서, 제품 개발을 위한 모든 설계 및 제작 공정은 도면을 기초로 하기 때문에 기계제도는 매우 중요한 분야라고 할 수 있다.

일반적으로 제조 현장에서 설계자의 설계 의도를 현장 작업자에게 전달 매체로 활용되는 기계제도는 다음과 같은 주요 역할을 한다.

정보의 전달

제품 설계자의 의도를 도면에 표시하여 작업자에게 정확하게 전달한다.

정보의 보존

도면을 이용하여 정보를 보존한 후 필요할 때 재사용하거나 유사 제품 개발 시 설계 자료로 활용한다.

정보의 작성

설계자의 창의적인 아이디어를 도면에 구체화하는 작업은 매우 중요하다. 즉, 정보의 작성은 설계자의 설계 의도를 구체화하는 방안으로 2D, 3D 설계 도구를 이용한 신규제품의 개발 뿐만 아니라 기존 제품의 수정·보완 등에 중요한 역할을 한다.

01 기계제도의 용어

① 공업규격

기계제도는 한국공업규격 KS A 0005(제도 통칙)와 KS B 0001(기계제도) 규격을 기본으로 한다. 제품의 종류, 형상, 재질 및 시험방법 등에 관한 제도 규격의 표준화를 위하여 각국에서는 국가별로 공업규격이 제정되어 있다. 또한, 국제적으로 단일화가 되는 방향으로 발전하였다.

[표 6.1] 주요 국가의 공업규격

국가별	규격기호	제정연도
영국	BS(British Standards)	1901
독일	DIN(Deutsche Industrie Normen)	1917
스위스	VSM(Normen des Vereins Schweizerischer Machinenindustrieller)	1918
미국	ANSI(American National Standards Institute)	1918
일본	JIS(Japanese Industrial Standards)	1921
국제표준화기구	ISO(International Organization for Standardization)	1928
한국	KS(Korean Industrial Standards)	1966

한국공업규격은 공업에 관한 전반적인 사항을 각 부분별로 나누어 규정하고 있다. 또한, 공업 전반에 관한 일반제도는 제도 통칙으로 규정하고 있다. 제도 통칙(KS A 0005)은 공업 분야의 전반에 걸쳐 공통으로 적용이 가능하도록 하며, 기계제도 규격(KS B 0001)에서는 도면의 크기, 투상법, 도형의 표시 방법 등을 상세히 규정하고 있다.

[표 6.2] KS 규격분류

분류기호	부문	분류기호	부문
KS A	기본	KS K	섬유
KS B	기계	KS L	요업
KS C	전기	KS M	화학
KS D	금속	KS P	의료
KS E	광산	KS R	수송기계
KS F	토건	KS V	조선
KS G	일용품	KS W	항공
KS H	식료품	KS X	정보산업

② 도면의 크기 및 양식

기계제도에 사용되는 도면은 기계제도 규격(KS B 0001)과 도면의 크기 및 양식(KS A 0106)에서 정한 A열 사이즈를 사용한다.

[표 6.3] 도면 크기의 종류 및 치수

<table>
<tr><th colspan="5">A열 사이즈</th><th colspan="5">연장 사이즈</th></tr>
<tr><th rowspan="2">호칭
방법</th><th rowspan="2">치수
a×b</th><th rowspan="2">c
(최소)</th><th colspan="2">d(최소)</th><th rowspan="2">호칭
방법</th><th rowspan="2">치수
a×b</th><th rowspan="2">c
(최소)</th><th colspan="2">d(최소)</th></tr>
<tr><th>철하지 않을 때</th><th>철할 때</th><th>철하지 않을 때</th><th>철할 때</th></tr>
<tr><td>—</td><td>—</td><td>—</td><td>—</td><td>—</td><td>A0×2</td><td>1189×1682</td><td rowspan="3">20</td><td rowspan="3">20</td><td rowspan="5">25</td></tr>
<tr><td>A0</td><td>841×1189</td><td rowspan="2">20</td><td rowspan="2">20</td><td rowspan="5">25</td><td>A1×3</td><td>841×1783</td></tr>
<tr><td>A1</td><td>594×841</td><td>A2×3
A2×4</td><td>594×1261
594×1682</td></tr>
<tr><td>A2</td><td>420×594</td><td rowspan="3">10</td><td rowspan="3">10</td><td>A3×3
A3×4</td><td>420×891
420×1189</td><td rowspan="2">10</td><td rowspan="2">10</td></tr>
<tr><td>A3</td><td>297×420</td><td>A4×3
A4×4
A4×5</td><td>297×630
297×841
297×1051</td></tr>
<tr><td>A4</td><td>210×297</td><td>—</td><td>—</td><td>—</td><td>—</td><td>—</td></tr>
</table>

③ 도면의 척도

도면의 척도는 축척, 현척 및 배척으로 표현하며 표제란에 A : B로 표시한다. 여기서, A는 도면에 그려지는 길이, B는 물체의 실제를 기입한다.

[표 6.4] 축척, 현척 및 배척의 값

<table>
<tr><th>척도의 종류</th><th>란</th><th>값</th></tr>
<tr><td rowspan="2">축척</td><td>1</td><td>1 : 2 1 : 5 1 : 10 1 : 20 1 : 50 1 : 100 1 : 200</td></tr>
<tr><td>2</td><td>1 : $\sqrt{2}$ 1 : 2.5 1 : $2\sqrt{2}$ 1 : 3 1 : 4 1 : $5\sqrt{2}$ 1 : 25 1 : 250</td></tr>
<tr><td>현척</td><td></td><td>1 : 1</td></tr>
<tr><td rowspan="2">배척</td><td>1</td><td>2 : 1 5 : 1 10 : 1 20 : 1 50 : 1</td></tr>
<tr><td>2</td><td>$\sqrt{2}$: 1 $2.5\sqrt{2}$: 1 100 : 1</td></tr>
</table>

4 투상법

도형을 표시하는 방법은 공간상에 있는 3D 입체 형상를 평면에 도시하는 것과 평면상에 2D로 그려진 도면을 보고 3D 입체 형상으로 상상하여 그리는 것으로 구분할 수 있다. 일반적으로 제작용 도면은 2D 도면으로 제품의 형상이나 크기를 완전하게 표현하는 것은 어렵기 때문에 이를 해결하기 위하여 투상법을 제도에 적용하고 있다.

투상법은 다음 그림과 같이 하나의 평면에 광선을 비추어 이 면에 나타나는 물체의 그림자를 윤곽선으로 표시하는 것을 말한다. 이때 광선을 나타내는 선을 투상선, 제품 형상이 투영되는 평면을 투상면, 투영된 윤곽선을 투상도라 한다.

투상도는 눈의 위치나 물체를 놓는 방법에 따라 그림의 형태와 크기는 달라진다. 일반적으로 기계 분야는 제3각법에 따르는 것을 원칙으로 한다.

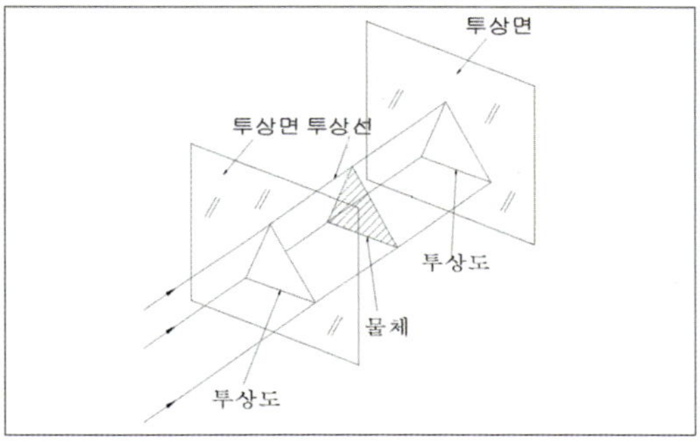

투상법

정 투상법

입체 형상의 물체를 네모난 3차원 공간상에 넣고 바깥에서 볼 때 물체가 투상면에 투영되어 2D로 나타난다. 정 투상법은 제품 형상이 투상면에 수직으로 투영되므로 물체의 형상이 실제 크기로 표현되고 정면도, 평면도, 측면도를 기본 3면도라 한다.

사 투상법

사 투상법은 정면도의 크기와 형상은 그대로 표현되며 평면도와 우측면도는 경사지게 그리는 투상법을 말한다.

제1각법과 제3각법의 다른점

① 제1각법 : 물체를 제 1상한에 두고 투상하는 방식으로 투상면의 앞쪽에 물체를 놓는 방식이다.

② 제3각법 : 물체를 제 3상한에 두고 투상하는 방식으로 투상면의 뒤쪽에 물체를 놓는 방식이다.

⑤ 절단해서는 안되는 부품

① 외관과 단면의 형상이 변하지 않는 원주형 및 각주형의 부품 : 축, 핀, 볼트, 너트, 와셔, 작은 나사, 리벳, 키, 테이퍼 핀, 볼 베어링의 볼 등

② 절단하면 오독의 우려가 있는 얇은 부분 : 리브, 웨브 등

③ 절단하면 형상이 뚜렷하게 나타나지 않는 특수한 부분 : 바퀴의 암, 기어의 이 등

02 치수공차

급속도로 산업화가 진행됨에 따라 기계에 요구되는 성능은 더욱 고속, 고정밀화를 요구하고 있다. 이는 기계에 대한 신뢰성, 안정성을 포함한 제품의 품질, 디자인 및 제조 원가는 제품의 경쟁력에 주요 영향을 미치고 있다. 즉, 제품의 성능, 품질, 디자인, 가격 등은 제품의 경쟁력을 평가하는 척도가 되고 있다. 특히 세계화, 정보화 시대를 맞이하면서 첨단 기술의 급속한 발전과 제품의 라이프사이클이 매우 짧아지고 있는 환경적 변화에 적극적이고 유연성 있게 대처하기 위해서는 제품에 대한 성능이나 품질 향상도 중요하지만, 상대적으로 다기능 콤팩트한 기계, 제품 디자인 등의 중요성이 더욱 커지고 있다.

기계는 기계를 구성하는 요소 부품들 사이의 조립 정밀도 향상이 더욱 요구된다. 이러한 요구에 적극 대응하기 위해서 기계 설계자는 공차 개념을 충분히 숙지하고, 도면에 적절하게 적용하여 유저가 원하는 요구사항을 충족할 수 있도록 도면을 작성해야 한다.

오늘날과 같은 고도의 공업화, 생산의 근대화 및 분업화의 시대에는 현장 작업자의 경험에 의해 이루어지던 전 근대적인 제조방식으로는 제품의 경쟁력을 확보할 수 없다. 따라서 기계 시스템을 구성하는 요소 부품에 대한 정밀도를 우선 충족시키고 이들 부품 간의 조립 정밀도를 부차적으로 확보한다면 기계의 호환성을 극대화하여 고성능, 고품질의 완성 기계를 얻을 수 있다. 또한 생산되는 기계들의 성능이나 품질의 균일화를 얻을 수 있어야 하며, 더 나아가 초기 생산단가를 낮추어야 한다. 이를 위해서는 기계설계의 일반사항인 기계제도, 제도 통칙, 치수공차, 기하공차, 표면 거칠기 등의 지식을 통하여 제품의 품질향상, 기술 경쟁력 확보 등의 효과를 극대화할 수 있는 정밀 설계 능력이 매우 필요하다고 본다.

특히 이 중에서도 가장 중요한 것은 치수공차로서 기본적으로 IT 공차를 기준으로 적용하며 치수공차 및 끼워맞춤은 KS B 0401에 규정되어 있다.

① 기초내용

기계 부품을 제작할 때 설계자가 도면에 기입한 기준치수로 정확하게 가공하는 것은 불가능하기 때문에 다음과 같이 사용한다.

① 치수공차가 적용되는 요소 부품의 대상 즉, 형체의 실 치수는 사용 목적에 따라 실용상 지장이 없는 범위로 적용한다.

② 허용 오차 범위는 대소 2개의 한계값 차를 적용한다.
기계 시스템을 구성하는 요소 부품들은 대부분 구멍과 축의 조합으로 구성되며, 도면에 제시한 치수공차의 대소 2개의 한계값 이내를 만족하는 가공 부품들은 부품 조립 시 구멍과 축의 상호 호환성을 통하여 조립 정밀도를 향상시킬 수 있다.
즉, 끼워맞춤의 정밀도를 기계 부품의 사용 목적에 부합하도록 구멍과 축에 치수공차를 부여함으로써 설계자의 요구를 충족하는 정밀도가 얻어지도록 한다. 다음 그림은 기준 치수, 기초가 되는 치수허용차 및 IT 공차역을 보여준다. 치수공차 및 끼워맞춤 규격(KS B 0401)은 기준치수가 3,150mm 이하의 형체에 대하여 규정하고 있으며, 이 치수는 20℃인 경우를 기준으로 한다.

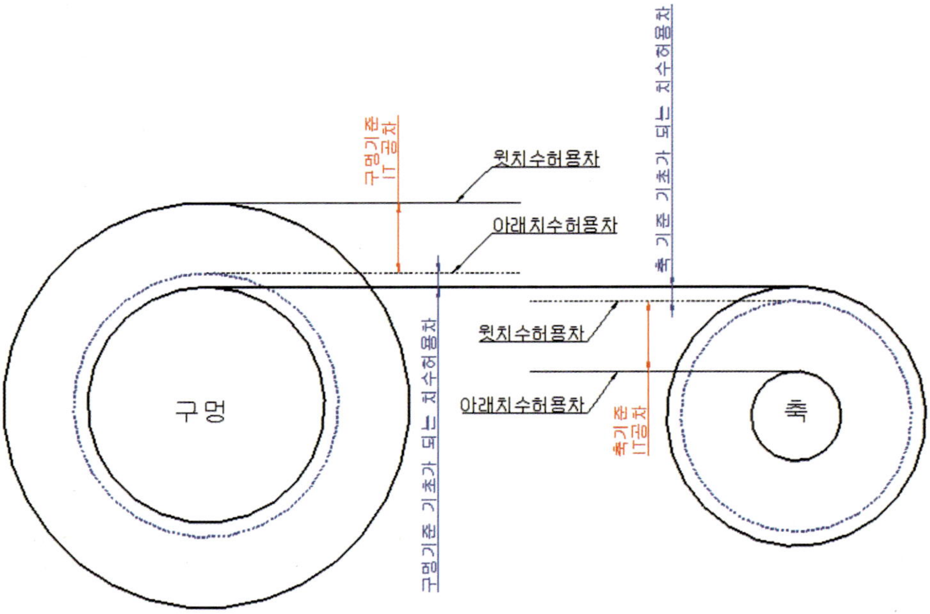

기초가 되는 치수허용차 및 IT 공차역

① 형체 : 치수공차 또는 끼워맞춤 방식의 대상이 되는 기계 부품의 결합 부분

② 구멍 : 원통형의 내측 형체

③ 축 : 원통형의 외측 형체

④ 치수 : 형체의 크기를 나타내며 주로 mm 단위를 사용한다.

⑤ 실 치수 : 실제 측정되는 형체의 치수

⑥ 기준치수 : 가공의 기준이 되는 치수 즉, 허용 한계치수의 기준이 되는 치수

⑦ 허용 한계치수 : 형체의 실 치수가 최대, 최소 허용 한계치수 범위 내에 들어가도록 정한 허용 가능한 2개의 극한 치수

⑧ 최대 허용 한계치수 : 형체에 허용되는 최대 치수

⑨ 최소 허용 한계치수 : 형체에 허용되는 최소 치수

⑩ 위 치수 허용차 : 최대 허용 한계치수와 기준치수의 차

⑪ 아래 치수 허용차 : 최소 허용 한계치수와 기준치수의 차

⑫ 치수공차 : 최대 허용 한계치수와 최소 허용 한계치수의 차, 위 치수 허용차와 아래 치수 허용차의 차

② 끼워맞춤

① 구멍 기준식 : H 구멍을 기준으로 축을 선택하여 틈새나 죔새를 주어 끼워맞춤을 하는 방식
② 축 기준식 : h축을 기준으로 구멍을 선택하여 틈새나 죔새를 주어 끼워맞춤을 하는 방식

여기서 H 구멍과 h축을 기준으로 하는 이유는 기초가 되는 치수 허용차가 0이므로 계산이 쉽기 때문이다.

1_헐거운 끼워맞춤

축 지름이 구멍 지름보다 작아 항상 틈새가 발생하는 끼워맞춤 형태로서 기능상 헐거운 조합이 요구될 때 적용하는 방식이다. 주로 피스톤 링과 링 홈, 축과 부시, 링크장치의 핀과 레버 등이 헐거운 끼워맞춤 방식을 사용한다.

① 최소 틈새 : 구멍의 최소 허용치수에서 축의 최대 허용치수와의 차를 말한다.
② 최대 틈새 : 헐거운 끼워맞춤 또는 중간 끼워맞춤에서 구멍의 최대 허용치수에서 축의 최소 허용치수와의 차를 말한다.

2_억지 끼워맞춤

구멍의 최대 허용 한계치수보다 축의 최소 허용 한계치수가 클 때 발생하는 끼워맞춤의 형태로서 기능상 분해가 필요하지 않는 완전 결합을 요구할 때 적용하는 방식이다. 대부분 분해하는 일이 없이 영구적으로 사용하거나 큰 힘으로 결합되어 부품 손상없이 분해가 곤란하며, 대형 부품인 경우에는 가열, 냉각, 강압입 끼워맞춤 등이 적용되는 끼워맞춤을 말한다.

① 최소 죔새 : 구멍의 최대 허용치수에서 축의 최소 허용치수와의 차를 말한다.
② 최대 죔새 : 억지 끼워맞춤 또는 중간 끼워맞춤에서 조립하기 전의 구멍의 최소 허용치수에서 축의 최대 허용치수와의 차를 말한다.

3_중간 끼워맞춤

구멍과 축이 틈새 또는 죔새가 발생하도록 공차를 준 끼워맞춤 형태로서 기계요소들을 분해하여 교체가 요구되는 경우에 적용하는 방식이다. 일반적으로 정밀하게 미끄럼 운동을 하거나 부품을 손상시키지 않고 분해 및 조립 시 상당한 힘이나 해머, 핸드 프레스 등이 필요할 정도의 결합이 요구되는데 적용된다.

① 최대 틈새 : 구멍은 최대 허용 한계치수, 축은 최소 허용 한계치수인 경우의 치수를 말한다.
② 최대 죔새 : 구멍은 최소 허용 한계치수, 축은 최대 허용 한계치수인 경우의 치수를 말한다.

③ 기준 치수와 IT 기본 공차

1_치수 구분

치수공차는 위 치수 허용차와 아래 치수 허용차를 결정하여 기준치수에 대하여 변동이 허용되는 범위를 규제하는 것을 의미한다.

[표 6.5] 기준치수의 구분

(단위 : mm)

일반구분		정밀구분	
3 이하		-	
3 이상	6 이하	-	
6 〃	10 〃	-	
10 〃	18 〃	10 이상 14 〃	14 이하 18 〃
18 〃	30 〃	18 〃 24 〃	24 〃 30 〃
30 〃	50 〃	30 〃 40 〃	40 〃 50 〃
50 〃	80 〃	50 〃 65 〃	65 〃 80 〃
80 〃	120 〃	80 〃 100 〃	100 〃 120 〃
120 〃	180 〃	120 〃 140 〃 160 〃	140 〃 160 〃 180 〃
250 〃	315 〃	250 〃 280 〃	280 〃 315 〃
315 〃	400 〃	315 〃 355 〃	355 〃 400 〃
400 〃	500 〃	400 〃 450 〃	450 〃 500 〃

공차 등급과 정밀도는 매우 밀접한 관계가 있으며 공차 등급이 작을수록 정밀도가 커져 가공하기가 힘들다는 것을 의미한다. 즉, 공차의 크기를 선정할 경우는 공차값의 숫자만 비교하는 것은 무의미하며 공차 정밀도를 몇 급으로 부여할 것인가를 고려해야 한다.

2_기본 공차

기본 공차의 구분 및 적용

일반적으로 기본공차를 구멍과 축의 끼워맞춤에 적용할 경우는 제작의 난이도를 고려하여 경제적인 제작을 할 수 있도록 한다. 즉, 제작이 상대적으로 어려운 구멍은 축에 비하여 IT 공차 등급을 1등급 낮게 적용하며, 표 6.6과 같이 3그룹으로 나누어 적용한다.

[표 6.6] 기본공차의 구분 및 적용범위

용도	게이지 제작공차	끼워맞춤 공차
구멍	IT01 ~ IT5	IT6 ~ IT10
축	IT01 ~ IT4	IT5 ~ IT9

IT 기본 공차

① IT01과 IT0의 수치

정밀도가 너무 높기 때문에 제품생산에 적용되는 빈도는 매우 낮아 규격표에서 별도로 분리하여 나타낸다.

[표 6.7] IT 기본공차의 수치

기본치수의 구분(mm)	초과	–	3	6	10	18	30	50	80	120	180	250	315	400
	이하	3	6	10	18	30	50	80	120	180	250	315	400	500
기본공차의 수치(μm)	IT01	0.3	0.4	0.4	0.5	0.6	0.6	0.8	1	1.2	2	2.5	3	4
	IT0	0.5	0.6	0.6	0.8	1	1	1.2	1.5	2	3	4	5	6

② IT1에서 IT18까지의 수치

[표 6.8] IT 기본공차의 수치

기준치수의 구분(mm)		공차등급																	
		1	2	3	4	5	6	7	8	9	10	11	12	13	14[7]	15[7]	16[7]	17[7]	18[7]
초과	이하	기본공차의수치(μm)											기본공차의수치(mm)						
—	3(7)	0.8	1.2	2	3	4	6	10	14	25	40	60	0.10	0.14	0.26	0.40	0.60	1.00	1.40
3	6	1	1.5	2.5	4	5	8	12	18	30	48	75	0.12	0.18	0.30	0.48	0.75	1.20	1.80
6	10	1	1.5	2.5	4	6	9	15	22	36	58	90	0.15	0.22	0.36	0.58	0.90	1.50	2.20
10	18	1.2	2	3	5	8	11	18	27	43	70	110	0.18	0.27	0.43	0.70	1.10	1.80	2.70
18	30	1.5	2.5	4	6	9	13	21	33	52	84	130	0.21	0.33	0.52	0.84	1.30	2.10	3.30
30	50	1.5	2.5	4	7	11	16	25	39	62	100	160	0.25	0.39	0.62	1.00	1.60	2.50	3.90
50	80	2	3	5	8	13	19	30	46	74	120	190	0.30	0.46	0.74	1.20	1.90	3.00	4.60
80	120	2.5	4	6	10	15	22	35	54	87	140	220	0.35	0.54	0.87	1.40	2.20	3.50	5.40
120	180	3.5	5	8	12	18	25	40	63	100	160	250	0.40	0.63	1.00	1.60	2.50	4.00	6.30
180	250	4.5	7	10	14	20	29	46	72	115	185	290	0.46	0.72	1.15	1.85	2.90	4.60	7.20
250	315	6	8	12	16	23	32	52	81	130	210	320	0.52	0.81	1.30	2.10	3.20	5.20	8.10
315	400	7	9	13	18	25	36	57	89	140	230	360	0.57	0.89	1.40	2.30	3.60	5.70	8.90
400	500	8	10	15	20	27	40	63	97	155	250	400	0.63	0.97	1.55	2.50	4.00	6.30	9.70
	(8)																		
500	630	9	11	16	22	30	44	70	110	175	280	440	0.70	1.10	1.75	2.80	4.40	7.00	11.00
630	800	10	13	18	25	35	50	80	125	200	320	500	0.80	1.25	2.00	3.20	5.00	8.00	12.50
800	1000	11	15	21	29	40	56	90	140	230	360	560	0.90	1.40	2.30	3.60	5.60	9.00	14.00
1000	1250	13	18	24	34	46	66	105	165	260	420	660	1.05	1.65	2.60	4.20	6.60	10.50	16.50
1250	1600	15	21	29	40	54	78	125	195	310	500	780	1.25	1.95	3.10	5.00	7.80	12.50	19.50
1600	2000	18	25	35	48	65	92	150	230	370	600	920	1.50	2.30	3.70	6.00	9.20	15.00	23.00
2000	2500	22	30	41	57	77	110	175	280	440	700	1100	1.75	2.80	4.40	7.00	11.00	17.50	28.00
2500	3150	26	36	50	69	93	135	210	330	540	860	1350	2.10	3.30	5.40	8.60	13.50	21.00	33.00

4 구멍과 축의 공차역

구멍의 공차역 위치는 A부터 ZC까지의 대문자 기호로 나타내며 축의 공차역 위치는 a에서 zc까지의 소문자 기호로 나타낸다. A는 가장 큰 구멍이고 Z로 갈수록 구멍이 작다. a는 가장 작은 축이고 z로 갈수록 축의 크기가 커진다. 다만 혼동을 피하기 위하여 다음 문자는 사용하지 않는다(I, L, O, Q, W, I, l, o, q, w).

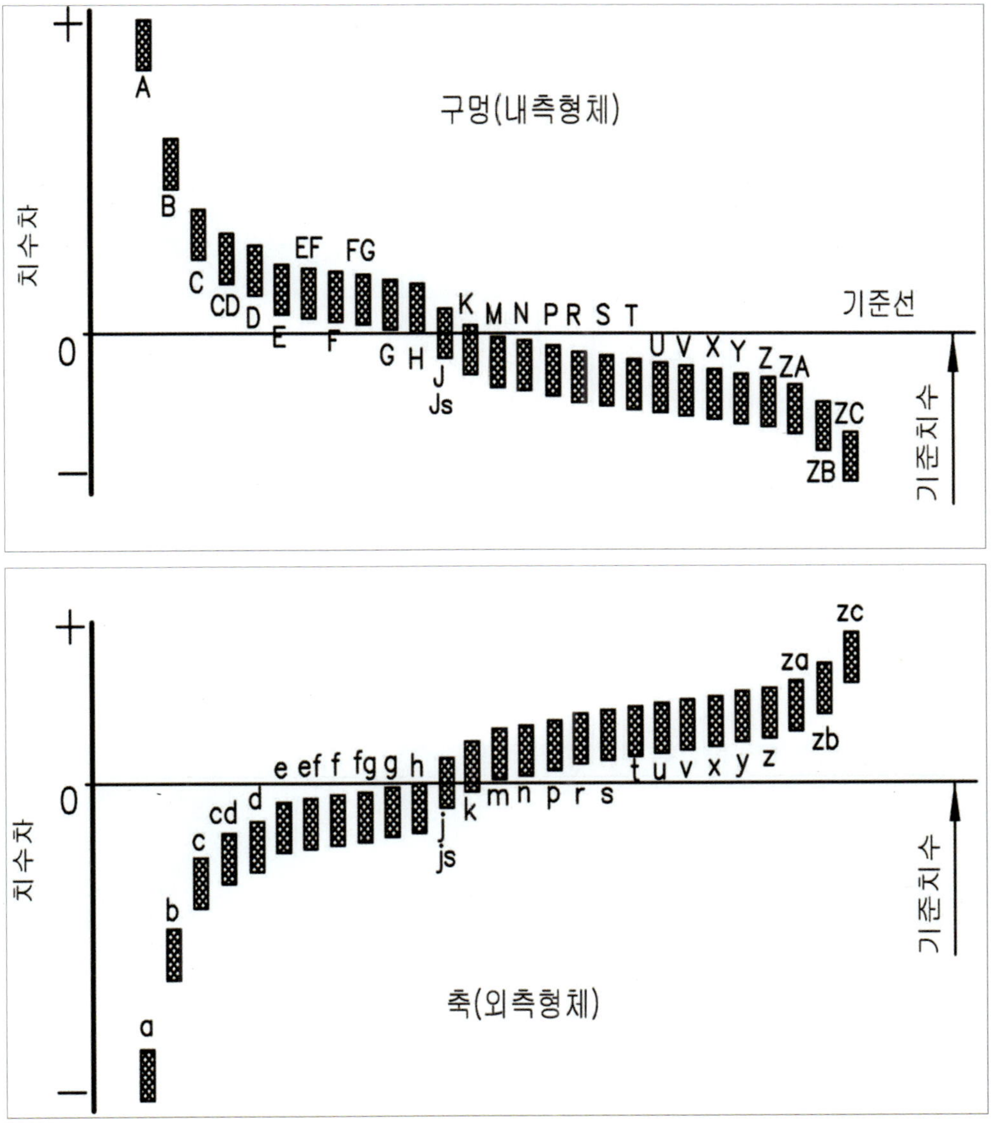

공차역의 위치

⑤ 끼워맞춤 계산

> **50H7g6(헐거운 끼워맞춤)에서 구멍과 축을 조립할 때 생기는 최대 틈새 및 최소 틈새를 계산하시오.**

풀이

① 50H7의 최대 및 최소 허용치수

- 구멍 기준치수 50인 경우의 IT공차 7등급에 대한 공차 치수값 = 0.025mm

[표 6.9]

기준치수의 구분(mm)		공차등급																	
		1	2	3	4	5	6	7	8	9	10	11	12	13	14[7]	15[7]	16[7]	17[7]	18[7]
초과	이하	기본공차의수치(μm)											기본공차의수치(mm)						
—	3(7)	0.8	1.2	2	3	4	6	10	14	25	40	60	0.10	0.14	0.26	0.40	0.60	1.00	1.40
3	6	1	1.5	2.5	4	5	8	12	18	30	48	75	0.12	0.18	0.30	0.48	0.75	1.20	1.80
6	10	1	1.5	2.5	4	6	9	15	22	36	58	90	0.15	0.22	0.36	0.58	0.90	1.50	2.20
10	18	1.2	2	3	5	8	11	18	27	43	70	110	0.18	0.27	0.43	0.70	1.10	1.80	2.70
18	30	1.5	2.5	4	6	9	13	21	33	52	84	130	0.21	0.33	0.52	0.84	1.30	2.10	3.30
30	50	1.5	2.5	4	7	11	16	25	39	62	100	160	0.25	0.39	0.62	1.00	1.60	2.50	3.90
50	80	2	3	5	8	13	19	30	46	74	120	190	0.30	0.46	0.74	1.20	1.90	3.00	4.60

- 50H 구멍의 기초가 되는 치수허용차 = 0mm

[표 6.10]

기초가 되는 치수허용차		아랫 치수 허용차										
구멍의 종류		A	B	C	CD	D	E	EF	F	FG	G	H
치수구분(mm) \ 구멍등급(IT)												
초과	이하											
–	3	+270	+140	+60	+34	+20	+14	+10	+6	+4	+2	0
3	6			+70	+46	+30	+20	+14	+10	+6	+4	0
6	10	+280	+150	+80	+56	+40	+25	+18	+13	+8	+5	0
10	14	+290		+95	–	+50	+32	–	+16	–	+6	0
14	18											
18 24	24 30	+300	+160	+110	–	+65	+40	–	+20	–	+7	0
30	40	+310	+170	+120	–	+80	+50	–	+25	–	+9	0
40	50	+320	+180	+130	–							

- 50H7 = 50 $^{0.025}_{0}$ = 50.00mm(최소 허용 한계치수) ~ 50.025mm(최대 허용 한계치수)

② 50g6의 최대 및 최소 허용치수의 계산

- 기준치수 50인 경우의 IT공차 6등급에 대한 공차치수 = 0.016mm

[표 6.11]

기준치수의 구분(mm)		공차등급																	
		1	2	3	4	5	6	7	8	9	10	11	12	13	14(7)	15(7)	16(7)	17(7)	18(7)
초과	이하	기본공차의수치(μm)											기본공차의수치(mm)						
–	3(7)	0.8	1.2	2	3	4	6	10	14	25	40	60	0.10	0.14	0.26	0.40	0.60	1.00	1.40
3	6	1	1.5	2.5	4	5	8	12	18	30	48	75	0.12	0.18	0.30	0.48	0.75	1.20	1.80
6	10	1	1.5	2.5	4	6	9	15	22	36	58	90	0.15	0.22	0.36	0.58	0.90	1.50	2.20
10	18	1.2	2	3	5	8	11	18	27	43	70	110	0.18	0.27	0.43	0.70	1.10	1.80	2.70
18	30	1.5	2.5	4	6	9	13	21	33	52	84	130	0.21	0.33	0.52	0.84	1.30	2.10	3.30
30	50	1.5	2.5	4	7	11	16	25	39	62	100	160	0.25	0.39	0.62	1.00	1.60	2.50	3.90
50	80	2	3	5	8	13	19	30	46	74	120	190	0.30	0.46	0.74	1.20	1.90	3.00	4.60

- 50g 축의 기초가 되는 치수허용차 = -0.009mm

[표 6.12]

기초가 되는 치수허용차		윗 치수 허용차										
구멍의 종류		a	b	c	cd	d	e	ef	f	fg	g	h
구멍등급(IT) 치수구분(mm)												
초과	이하											
–	3	-270	-140	-60	-34	-20	-14	-10	-6	-4	-2	0
3	6			-70	-46	-30	-20	-14	-10	-6	-4	0
6	10	-280	-150	-80	-56	-40	-25	-18	-13	-8	-5	0
10	14	-290		-95	-	-50	-32	-	-16	-	-6	0
14	18											
18 24	24 30	-300	-160	-110	-	-65	-40	-	-20	-	-7	0
30	40	-310	-170	-120	-	-80	-50	-	-25	-	-9	0
40	50	-320	-180	-130	-							

- 50g6 = $50^{-0.025}_{-0.009}$ = 49.991mm(최대 허용 한계치수) ~ 49.975mm(최소 허용 한계치수)

③ 최소 틈새 = 구멍의 최소 허용치수 - 축의 최대 허용치수 = 50mm - 49.991mm = 0.009mm
최대 틈새 = 구멍의 최대 허용치수 - 축의 최소 허용치수 = 50.025mm - 49.975mm = 0.005mm

25H7p6(억지 끼워맞춤)에서 구멍과 축을 조립할 때 생기는 최대 죔새 및 최소 죔새를 계산하시오.

풀이

① 25H7의 최대 및 최소 허용치수 계산

- 기준치수 25인 경우의 IT공차 7등급에 대한 공차치수 = 0.021mm
- 25H 구멍의 기초가 되는 치수 허용차 = 0mm
- 25H7 = $25^{0.021}_{0}$ = 25.00mm ~ 25.021mm

② 25p6의 최대 및 최소 허용치수의 계산

- 기준치수 25인 경우의 IT공차 6등급에 대한 공차치수 = 0.013mm
- 25p 축의 기초가 되는 치수 허용차 = -0.022mm
- 25p6 = $25^{-0.035}_{-0.022}$ = 25.022 mm ~ 25.035mm

③ 최대 죔새 = 축의 최대 허용치수 - 구멍의 최소 허용치수 = 25.035mm - 25.000mm = 0.035mm
최소 죔새 = 축의 최소 허용치수 - 구멍의 최대 허용치수 = 25.022mm - 25.021mm = 0.001mm

50H7m6(중간 끼워맞춤)에서 구멍과 축을 조립할 때 생기는 최대 죔새 및 죔새를 계산하시오.

풀이

① 50H7의 최대 및 최소 허용치수 계산

- 기준치수 50인 경우의 IT공차 7등급에 대한 공차치수 = 0.025mm
- 50H 구멍의 기초가 되는 치수 허용차 = 0mm
- 50H7 = $50^{0.025}_{0}$ = 50.00mm ~ 50.025mm

② 50m6의 최대 및 최소 허용치수의 계산

- 기준치수 50인 경우의 IT공차 6등급에 대한 공차치수 = 0.016mm
- 50m 축의 기초가 되는 치수 허용차 = 0.009mm
- 50m6 = $50^{0.025}_{0.009}$ = 50.009mm ~ 50.025mm

③ 최대 죔새 = 축의 최대 허용치수 - 구멍의 최소 허용치수 = 50.025mm - 50.000mm = 0.025mm
최대 틈새 = 구멍의 최대 허용치수 - 축의 최소 허용치수 = 50.025mm - 50.009mm = 0.016mm

⑥ 상용하는 끼워맞춤

1_구멍 기준식 상용하는 끼워맞춤

[표 6.13]

기준 구멍	축의 공차역 클래스															
	헐거운 끼워맞춤							중간 끼워맞춤			억지 끼워맞춤					
H6						g5	h5	js5	k5	m5						
					f6	g6	h6	js6	k6	m6	n6*	p6*				
H7					f6	g6	h6	js6	k6	m6	n6	p6*	r6*	s6	t6	u6
				e7	f7		h7	js7								
H8					f7		h7									
				e8	f8		h8									
			d9	e9												
H9			d8	e8			h8									
		c9	d9	e9			h9									
H10	b9	c9	d9													

2_축 기준식 상용하는 끼워맞춤

[표 6.14]

기준 축	축의 공차역 클래스															
	헐거운 끼워맞춤							중간 끼워맞춤			억지 끼워맞춤					
h5							H6	JS6	K6	M6	N6*	P6				
h6					F6	G6	H6	JS6	K6	M6	N6	P6*				
					F7	G7	H7	JS7	K7	M7	N7	P7*	R7	S7	T7	U7
h7				E7	F7		H7									
					F8		H8									
h8			D8	E8	F8		H8									
			D9	E9			H9									
h9			D8	E8			H8									
		C9	D9	E9			H9									
	B10	C10	D10													

다음 표를 보고 끼워맞춤 적용방식을 이용하여 빈칸에 알맞은 숫자를 써넣으시오.

[표 6.15]

끼워맞춤의 종류	헐거운 끼워맞춤		중간 끼워맞춤		억지 끼워맞춤	
	구멍	축	구멍	축	구멍	축
최대 허용치수	50.025	49.975	50.025	50.011	50.025	50.050
최소 허용치수	50.000	49.950	50.000	49.995	50.000	50.034
치수공차						
위 치수 허용차						
아래 치수 허용차						
최대 틈새						
최소 틈새						
최대 죔새						
최소 죔새						
최소 죔새						

계산하기

⑦ 구멍 기준 상용하는 끼워맞춤 적용 및 기능상 분류

작업 현장에서 끼워맞춤 적용은 부품의 기능과 작동 상태, 가공품과 표준품 사용 여부 등을 고려하여 구멍 기준 또는 축 기준 끼워맞춤 방식을 선택하여 적용하고 있다. 일반적으로 구멍이 축에 비하여 가공이나 측정이 곤란하여 구멍 기준식 끼워맞춤을 선택하는 것이 좋다.

또한 정밀 기계 가공은 구멍 7등급, 축 6등급을 표준으로 적용하고 있으며, 연삭, 래핑 등의 특수 가공은 부품의 형상과 크기에 따라 가공 원가 상승이 요구된다. 반면에 정밀도가 표준 등급보다 낮으면 기계 가공이 쉬우므로 끼워맞춤 공차를 사용하지 않고 일반공차로 표시한다.

[표 6.16]

구멍 기준 끼워맞춤 공차			H7	적용 부분	기능상 분류
부품을 상대적으로 움직일 수 있다	헐거움 끼워맞춤	돌려맞춤	f7	• 적당한 틈이 있어 운동이 가능한 접합	• 보통 결합(분해할 일이 많음)
		정밀돌려맞춤	g6	• 경하중 정밀기기의 연속 회전 부분 • 정밀 슬라이딩 부분	• 틈새가 거의 없는 정밀한 운동이 요구되는 부분
부품을 상대적으로 움직일 수 없다.	중간 끼워맞춤	압입	js6	• 사용 중 서로 움직이지 않도록 고정밀도의 위치결정	• 부품을 손상시키지 않고 분해조립 가능 • 접합의 결합력만으로는 힘의 전달 불가능
		박아넣기	k6	• 조립, 분해 시 해머나 핸드 프레스를 사용할 정도의 결합(부품 상호 간의 축 회전 방지에는 키 등이 필요함) • 고정밀도의 위치결정	
			m6	• 조립, 분해 시 해머나 핸드 프레스를 사용할 정도의 결합(부품 상호간의 축회전 방지에는 키 등이 필요함) • 약간의 틈도 허용되지 않는 고정밀도의 위치결정	
		경압입	n6	• 조립, 분해에 상당한 힘이 필요한 결합 • 고정밀도의 고정 장착(큰 토크 전동에는 키 등이 필요함)	
	억지 끼워맞춤	압입	p6	• 조립, 분해에 큰 힘이 필요한 결합	• 부품 손상없이 분해 불가능
		강압입/열간/냉각 끼워맞춤	r6	• 조립, 분해에 큰 힘이 필요한 결합 • 수축 끼워맞춤, 냉각 끼워맞춤, 강압입	
			s6	• 분해하지 않는 영구적 결합	

8 일반공차(보통 허용공차)

도면에 치수 기입 시 다른 부품과 결합이 되거나 기능상 중요한 치수가 요구되는 경우는 대부분 가공 정밀도를 향상시키기 위하여 치수공차를 도시한다. 이는 정밀 가공이 요구되어 가공 시간 및 비용이 커지게 되므로 기능상 부품의 중요 치수가 요구되는 부분을 제외하고는 치수공차를 가능한 적게 기입해야 한다.

일반적으로 기계 제작을 위하여 도면에 치수공차를 기입하는 것은 도면을 복잡하게 할 뿐만 아니라 제작과 검사에 많은 비용이 소요되기 때문에 기능상 부품의 정밀도가 요구되는 부분을 제외하고는 일반공차를 적용한다. 즉, 일반공차는 특별한 정밀도를 요구하지 않는 부분에 일일이 공차를 기입하지 않고 이미 정해진 치수 범위 내에 적용하도록 규정한 것을 말한다.

산업현장에서는 부품의 형상, 재질, 크기 등에 따라 가공 경험을 통하여 어느 정도의 정밀도가 요구되는지를 판단하여 치수공차가 기입되지 않더라도 가공공법에 따라 정해진 치수 범위나 ±0.1mm 이내의 공차를 적용한다. 일반적으로 KS 규격은 공차 영역이 비교적 크기 때문에 업체 간의 상호 신뢰를 통하여 설계자가 원하는 가공 정밀도를 확보해야 한다.

1 _끼워맞춤 공차와 일반공차의 차이

① 끼워맞춤 공차

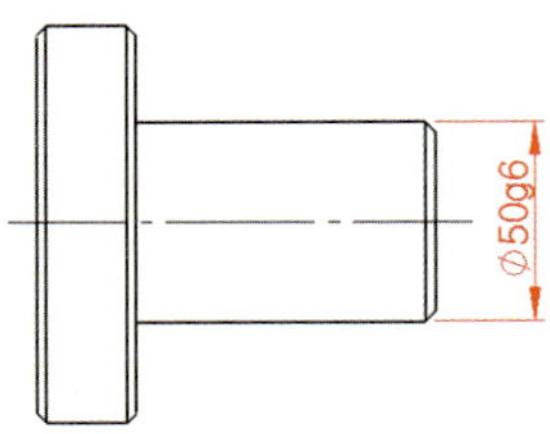

축

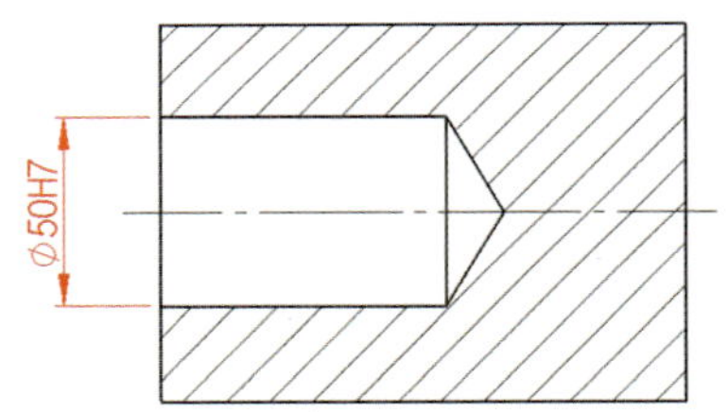

구멍

② 일반공차

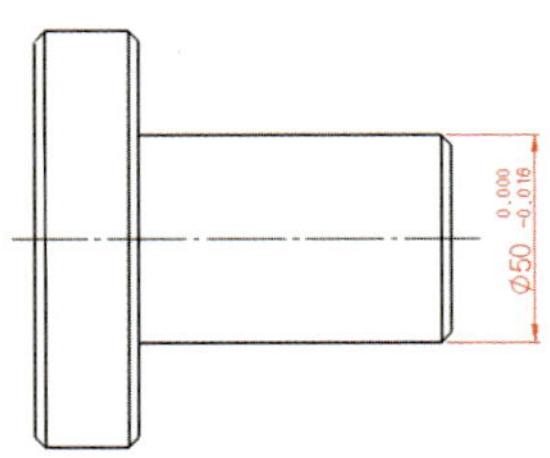

축

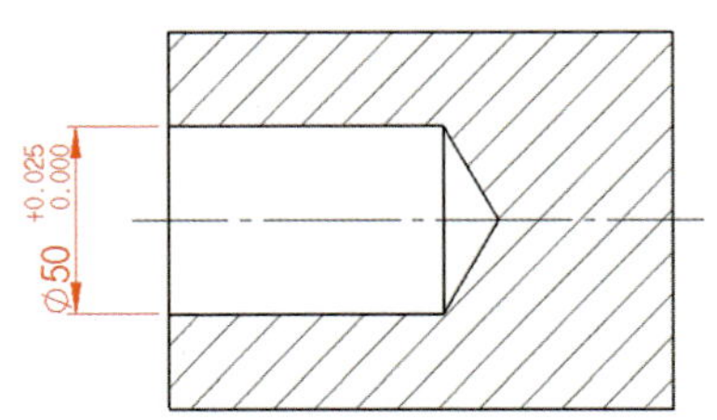

구멍

2_절삭가공에 대한 일반공차

절삭 가공의 일반공차는 도면의 주서에 반드시 기입해야 하고 도면 치수는 공차없이 기입한다. 절삭 가공의 일반공차는 KS B ISO 2768-1에 따르며, 이 규격은 제도 표시를 단순화하기 위한 것으로 공차 표시가 없는 치수로 4개의 등급(f, m, c, v)으로 규정하고 있으며, 다음 표와 같다.

① 모따기를 제외한 선 치수에 대한 허용 편차

[표 6.17]

(단위 : mm)

등급 / 치수구분	정밀급 (f)	중간급 (m)	거친급 (c)	매우 거친급 (v)
0.5 이상 ~ 3 이하	±0.05	±0.1	±0.2	-
3 초과 ~ 6 이하	±0.05	±0.1	±0.3	±0.5
6 초과 ~ 30 이하	±0.1	±0.2	±0.5	±1.0
30 초과 ~ 120 이하	±0.15	±0.3	±0.8	±1.5
120 초과 ~ 400 이하	±0.2	±0.5	±1.2	±2.5
400 초과 ~ 1000 이하	±0.3	±0.8	±2.0	±4.0
1000 초과 ~ 2000 이하	±0.5	±1.2	±3.0	±6.0
2000 초과 ~ 4000 이하	-	±0.2	±4.0	±8.0

* 치수 구분 : 기본 크기 범위에 대한 허용 편차

② 모따기를 포함한 허용 편차(모서리 라운딩 및 모따기 치수)

[표 6.18]

(단위 : mm)

등급 / 치수구분	정밀급 (f)	중간급 (m)	거친급 (c)	매우 거친급 (v)
0.5 이상 ~ 3 이하	±0.2		±0.4	
3 초과 ~ 6 이하	±0.5		±1.0	
6 초과	±1.0		±2.0	

* 치수 구분 : 기본 크기 범위에 대한 허용 편차

③ 각도 치수의 허용 편차

[표 6.19]

(단위 : mm)

등급 / 치수구분	정밀급 (f)	중간급 (m)	거친급 (c)	매우 거친급 (v)
10 이하	±1°		±1°30′	±3°
3 초과 ~ 50 이하	±0°30′		±1°	±2°
50 초과 ~ 120 이하	±0°20′		±0°30′	±1°
120 초과 ~ 400 이하	±0°10′		±0°15′	±0°30′
400 초과	±0°5′		±0°10′	±0°20′

* 치수 구분 : 짧은 면의 각과 관련된 길이 범위에 대한 허용 편차

3_주조품에 대한 일반공차

주조품 가공의 일반공차는 도면의 주서에 반드시 기입해야 하고 도면 치수는 공차없이 기입한다. 한국공업규격에서 주조품 가공의 일반공차는 KS B 0250에 따르며, 이 규격은 주조품의 치수공차 및 요구하는 절삭 여유 방식을 규정하고 있다. 즉, 사형 주조, 인베스트먼트 주조, 다이캐스팅 주조, 원심 주조 등의 주조공법에 따른 주조품의 치수에 적용하는 것으로 기준치수는 절삭가공 전의 주조품의 치수 즉, 절삭 가공을 하기 위하여 요구되는 최소 절삭 여유를 포함한 치수를 말한다.

[표 6.20]

(단위 : mm)

주조한 대로의 주조품의 가공 치수		전체 주조 공차															
		주조 공차 등급 CT															
초과	이하	1	2	3	4	5	6	7	8	9	10	11	12	13	14	15	16
-	10	0.09	0.13	0.18	0.26	0.36	0.52	0.74	1	1.5	2	2.8	4.2				
10	16	0.1	0.14	0.2	0.28	0.38	0.54	0.78	1.1	1.6	2.2	3	4.4				
16	25	0.11	0.15	0.22	0.3	0.42	0.58	0.82	1.2	1.7	2.4	3.2	4.6	6	8	10	12
25	40	0.12	0.17	0.24	0.32	0.46	0.64	0.9	1.3	1.8	2.6	3.6	5	7	9	11	14
40	63	0.13	0.18	0.26	0.36	0.5	0.7	1	1.4	2	2.8	4	5.6	8	10	12	16
63	100	0.14	0.2	0.28	0.4	0.56	0.78	1.1	1.6	2.2	3.2	4.4	6	9	11	14	18
100	160	0.15	0.22	0.3	0.44	0.62	0.88	1.2	1.8	2.5	3.6	5	7	10	12	16	20
160	250	-	0.24	0.34	0.5	0.7	4	1.4	2	2.8	4	5.6	8	11	14	18	22
250	400	-	-	0.4	0.56	0.78	1.1	1.6	2.2	3.2	4.4	6.2	9	12	16	20	25
400	630	-	-	-	0.64	0.9	1.2	1.8	2.6	3.6	5	7	10	14	18	22	28
630	1000	-	-	-	-	1	1.4	2	2.8	4	6	8	11	16	20	25	32
1000	1600	-	-	-	-	-	1.6	2.2	3.2	4.6	7	9	13	18	23	29	37
1600	2500	-	-	-	-	-	-	2.6	3.8	5.4	8	10	15	21	26	33	42
2500	4000	-	-	-	-	-	-	-	4.4	6.2	9	12	17	24	30	38	49
4000	6300	-	-	-	-	-	-	-	-	7	10	14	20	28	35	44	56
6300	10000	-	-	-	-	-	-	-	-	-	11	16	23	32	40	50	64

* 공차 구역의 위치 : 공차 구역은 특별한 지정이 있는 경우를 제외하고는 주조품의 기준 치수에 대하여 대칭적으로 두어야 한다. 즉, 공차값의 1/2를 양(+)으로, 나머지 1/2를 음(-)으로 둔다.
* 공차 등급 CT1 ~ CT15에서의 살 두께에 대하여 1등급 큰 공차 등급을 적용한다.
* 공차 등급 CT16은 일반적으로 CT15를 지시한 주조품의 살 두께에 대해서만 적용한다.

4_주강품에 대한 일반공차

주강품 가공의 일반공차는 도면의 주서에 반드시 기입해야 하며 도면 치수는 공차없이 기입한다. 한국공업규격에서 주강품 가공의 일반공차는 KS B 0418에 따르며, 이 규격은 모래형에 의한 주강품의 길이와 살 두께가 주조한 대로의 치수 보통 공차에 대하여 규정하고 있다.

[표 6.21]

(단위 : mm)

기준치수의 구분	등급		
	A등급	B등급	C등급
120 이하	±1.8	±2.8	±4.5
120 초과 ~ 315 이하	±2.5	±4	±6
315 초과 ~ 630 이하	±3.5	±5.5	±9
630 초과 ~ 1250 이하	±5	±8	±12
1250 초과 ~ 2500 이하	±9	±14	±22
2500 초과 ~ 5000 이하	-	±20	±35
5000 초과 ~ 10000 이하	-	-	±63

5_중심거리에 대한 일반공차

중심거리에 대한 일반공차는 [KS B 0420]에서 규정하고 있으며, 이에 대한 적용 범위는 다음과 같다.

① 두 구멍의 중심점 사이의 거리

② 두 축의 중심선 사이의 거리

③ 기준 면과 구멍 중심선, 구멍 중심점과 홈 중심점 또는 축 중심선과 홈 중심선 사이의 거리

03 기하공차

① 기하공차의 개요

제2차 세계대전 이후에 도형만으로는 형상, 자세 및 위치를 표시하는데 미흡한 점이 많아 기하공차가 사용되고 있다. 또한, 도면에 표시된 요구사항은 각각 단독으로 유효하며 지정사항 이외의 것은 규제하지 않는다. 도면의 치수대로 완벽하게 제작하는 것은 인간이나 기계의 능력으로는 거의 불가능하여 기계 부품을 제작할 경우에 규격화되어 있는 허용치를 적용함으로써 가공된 제품의 실제 치수가 도면 치수인 기준 치수에 가깝도록 해야 한다.

기하공차는 설계자가 설계 의도에 의해 만들고자 하는 대상물을 모양, 자세, 위치 및 흔들림 공차 등에 의해 기하학적으로 규제하는 공차를 말하며, 이들 기호에 의한 표시와 도시 방법은 [KS B 0608]에서 규정하고 있다.

설계자가 원하는 부품을 제작하기 위해서는 규제된 치수공차와 더불어 형상 및 위치공차 등의 기하 공차를 도면에 표시하여 현장 작업자에게 설계 의도를 정확하게 전달해야 한다. 즉, 설계, 생산, 검사 및 조립 공정에서 일관된 해석을 할 수 있도록 도면에 부품의 형상과 위치 공차 등을 적절하게 규제함으로써 기계 부품을 가장 경제적이고 효율적으로 생산하고 결합 부품 상호 간의 호환성 및 검사를 용이하게 할 수 있다. 그러나 도면에 치수공차와 더불어 부품의 형상 및 치수를 나타내는 기하공차를 적절하게 적용하기 위해서는 많은 선행 실무 경험이 있어야 한다.

한국 공업 규격(KS)은 ISO 규격을 기준으로 [표 6.22]와 같이 세부적으로 규정된 규격을 제시하고 있으며 일부 회사에서는 자회사의 특별히 규정된 규격을 활용하고 있다.

[표 6.22] 기하공차에 대한 KS 규격

KS 규격	적용범위
KS B 0525	기하편차의 정의 및 표시
KS B 0608	기하공차의 도시방법
KS B 0243	기하공차를 위항 데이텀
KS B 0242	최대 실체 공차방식
KS B 0418	기하공차 표시방법/위치도 공차방식
KS B 0417	공차표시방식의 기본원칙
KS B 0146	개별적인 고차의 지시가 없는 형체에 대한 기본원칙

도면에서 정밀도의 대상이 되는 점, 선, 축선, 면 또는 중심면을 형체라 하며 기계를 구성하는 모든 요소 부품들은 이들 형체로 구성된다. 이러한 형체의 정밀도 중 공차에 관련된 것은 1) 크기, 2) 형상, 3) 자세, 4) 위치의 4 요소가 있다.

즉, 치수공차만으로는 형상 alc 위치에 관한 기하학적 특성을 규제할 수 없기 때문에 이들 4요소를 확실하게 도면에 나타내려면 치수공차와 기하공차를 적절하게 적용해야만 한다.

기하공차가 필요한 경우

① 부품의 기능 및 상호 호환성이 요구되는 경우
② 기능적인 게이지 방법이 요구되는 경우
③ 제조와 검사 공정의 일관성을 위해 데이텀이 요구되는 경우

기하공차의 사용 이점

① 조립 호환성의 극대화 실현
② 설계자의 설계 의도에 대한 의사 전달 확보
③ 최대 실체 공차방식(MMC)의 적용 및 공차 확대로 제조 비용 절감 효과 기대
④ 기능적인 게이지 방법 구현 가능

2 기하공차의 용어

① 형체 : 도면에서 정밀도의 대상이 되는 점, 선, 축선, 면 또는 중심면
② 단독형체 : 데이텀 없이 기하공차를 규제하는 형체
③ 관련형체 : 데이텀을 기준으로 기하공차를 규제하는 형체
④ 데이텀 : 형체의 자세, 위치 및 흔들림 편차 등을 결정하기 위하여 사용되는 정확한 기하학적 기준이 되는 것
⑤ 중심면 : 평면 형체에서 서로 면대칭인 2개의 면 위에서 대응하는 2개의 점을 연결하는 직선의 중점을 포함하는 면
⑥ 공차붙이형체 : 기하공차에 의해 규제되는 형체
⑦ 공차값 : 기하공차의 허용값
⑧ 공차역 : 공차붙이형체가 기하학적으로 모양, 자세, 위치 또는 흔들림에서 벗어나는 것이 허용되는 영역

③ 기하공차의 종류와 기호

기하공차는 형체 자체만으로 지정하는 모양공차와 주어진 데이텀을 기준으로 지정하는 자세공차, 위치공차 및 흔들림 공차로 분류한다. 이때 기하공차의 종류와 그 기호는 [표 6.23]에 따르며 기하공차와 함께 사용하는 부가 기호는 [표 6.24]에 따른다.

1_기하공차의 종류와 그 기호

[표 6.23] 기하공차의 종류와 그 기호

적용하는 형체	공차의 종류		기 호
단독형체	모양공차	진직도 공차	⏤
		평면도 공차	⏥
		진원도 공차	○
		원통도 공차	⌭
단독 형체 또는 관련 형체		선의 윤곽도 공차	⌒
		면의 윤곽도 공차	⌓
관련 형체	자세공차	평행도 공차	//
		직각도 공차	⊥
		경사도 공차	∠
	위치공차	위치도 공차	⌖
		동축도 또는 동심도 공차	◎
		대칭도 공차	⌯
	흔들림공차	원주 흔들림	↗
		온 흔들림	⌰

2_기하공차의 부가기호

[표 6.24] 기하공차의 부가기호

표시하는 내용		기 호
공차붙이형체	직접 표시하는 경우	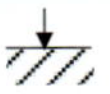
데이텀	문자기호에 의하여 표시하는 경우	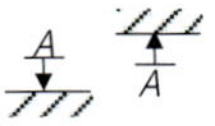
	직접 표시하는 경우	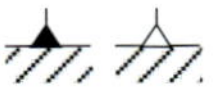
	문자기호에 의하여 표시하는 경우	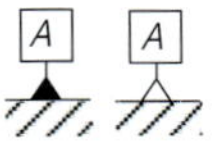
데이텀 타깃 기입틀		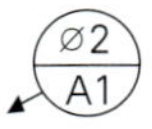
이론적으로 정확한 치수		50
돌출 공차역		(P)
최대 실체 공차 방식		(M)

④ 기하공차 영역 및 공차값

기계 부품의 기하학적 형상을 구성하는 점, 선, 면 및 중심면 등을 형체라고 하는데, 이러한 형체가 기하학적으로 정확한 모양(기준 치수)으로부터 벗어나는 것을 허용할 수 있는 영역을 기하공차영역이라 한다. 이때, 그 값을 공차값이라 한다.

[표 6.25] 공차영역과 공차값

공차 영역	공차값
① 원 안의 영역	원의 지름
② 두 개의 동심원 사이의 영역	동심원의 반지름의 차
③ 두 개의 등 간격의 선 또는 두 개의 평행한 직선 사이에 끼인 영역	두 선 또는 두 직선의 간격
④ 구 안의 영역	구의 지름
⑤ 원통 안의 영역	원통의 지름
⑥ 두 개의 동축 원통 사이에 끼인 영역	동축 원통의 반지름 차
⑦ 두 개의 등 거리의 면 또는 두 개의 평행한 평면 사이에 끼인 영역	두 면 또는 두 평면의 간격
⑧ 직육면체 안의 영역	직육면체의 각 변의 길이

⑤ 최대 실체 공차방식(MMC, Maxium Material Condition)

1_치수공차에 의한 규제

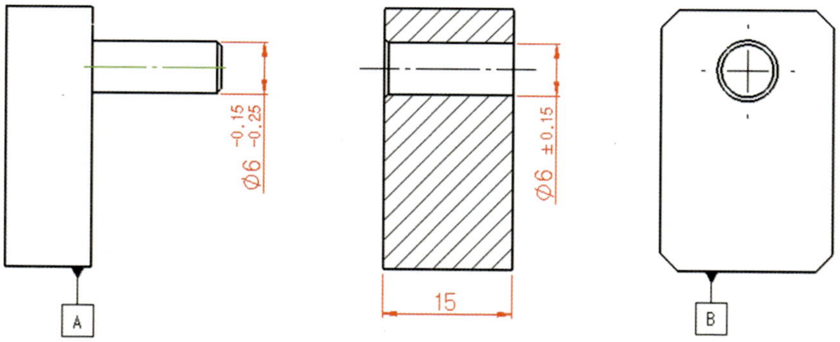

위의 구멍의 최소, 최대 허용치수는 5.85mm ~ 6.15mm, 축의 최소, 최대 허용 치수는 5.75mm ~ 5.85mm이다. 이때, 구멍과 축의 중심 축선이 직각이면 항상 조립을 할 수 있다. 만약 축이나 구멍이 데이텀 A, B를 기준으로 평행도 공차가 발생한다면 조립이 되지 않는 경우가 발생한다. 이러한 문제를 해결하기 위하여 치수공차 이외에 기하공차를 같이 적용하도록 해야 한다.

2_최대 실체 공차방식

최대 실체 공차방식은 치수공차와 기하공차 사이의 상호 의존관계를 최대 실체 상태를 기본으로 주어지는 공차 방식을 말한다. 축이나 구멍이 최대 실체 치수일 때만 규정된 기하공차가 적용되는 것으로 실체 치수가 변하면 기하공차가 추가되는 방식이다.

최대 실체 치수(MMS)는 허용 한계 치수 내에서 체적이 최대가 되도록 가공할 때의 실치수를 나타낸다. 즉, 축의 최대 실체 치수는 최대 허용 치수, 구멍의 최대 실체 치수는 최소 허용 치수를 적용한다.

축 기준 최대 실체 공차 방식으로 규제된 평행도 공차

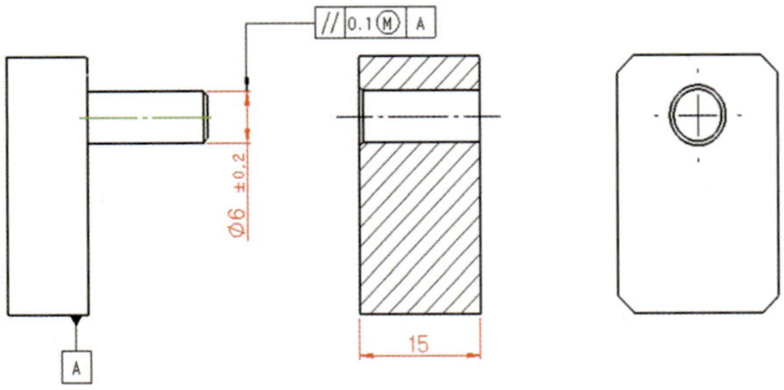

MMS로 규제된 평행도공차

실체치수	평행도공차
6.2	0.1
6.1	0.2
6	0.3
5.9	0.4
5.8	0.5

실제 치수에 따른 추가되는 평행도공차

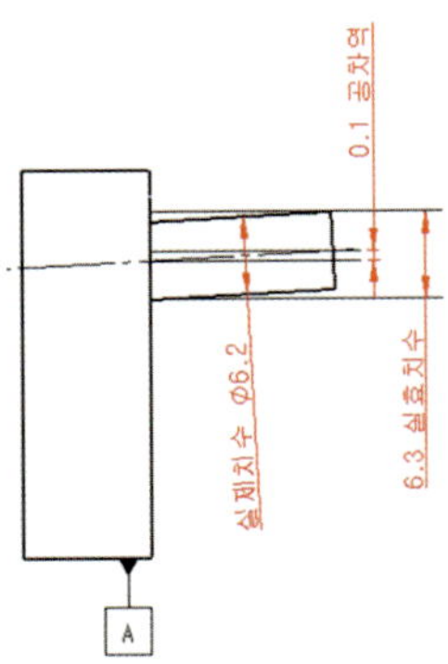

최대 실체 치수

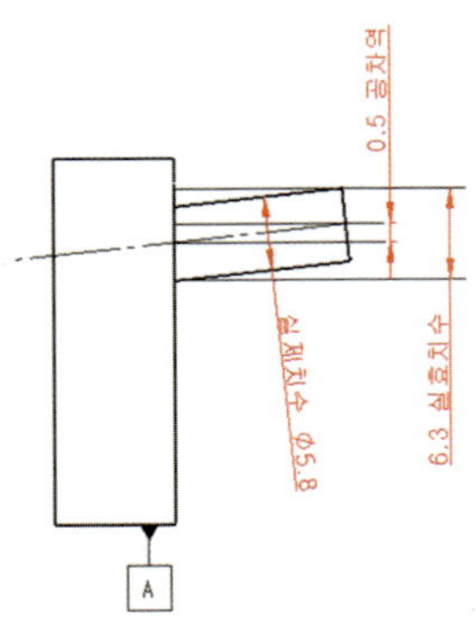

최소 실체 치수

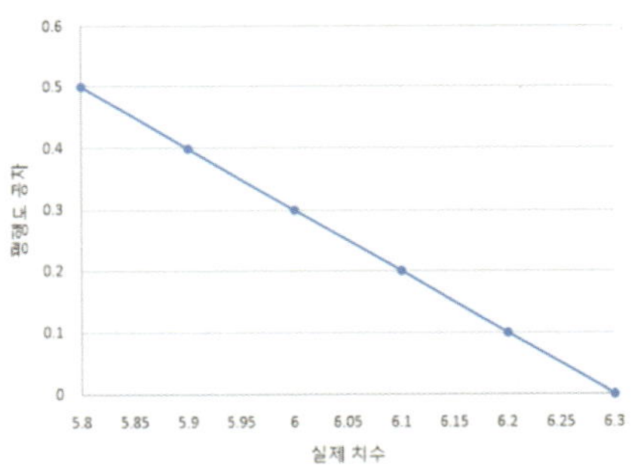

구멍 기준 최대 실체 공차방식으로 규제된 직각도공차

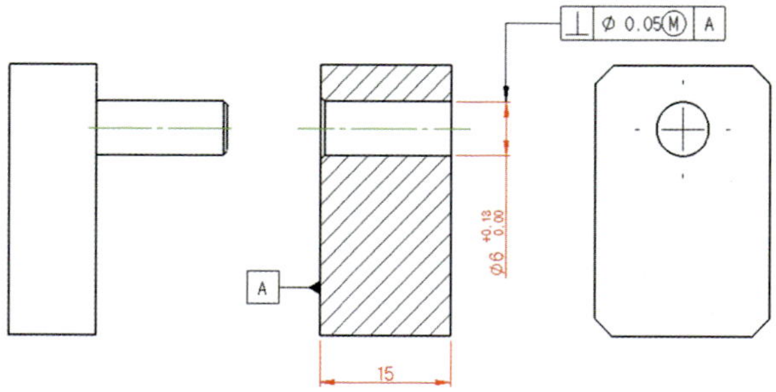

MMS로 규제된 직각공차

실체치수	평행도공차
6	0.05
6.10	0.15
6.11	0.16
6.12	0.17

실제 치수에 따른 추가되는 직각공차

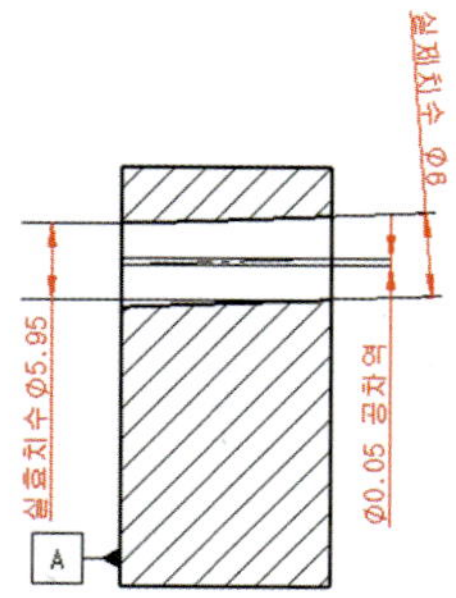

최대 실체 치수

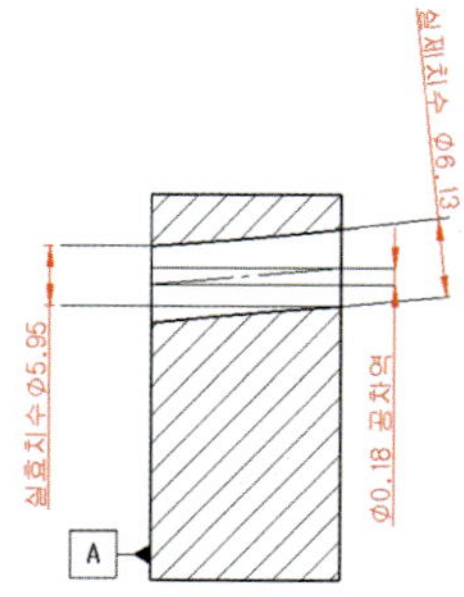

최소 실체 치수

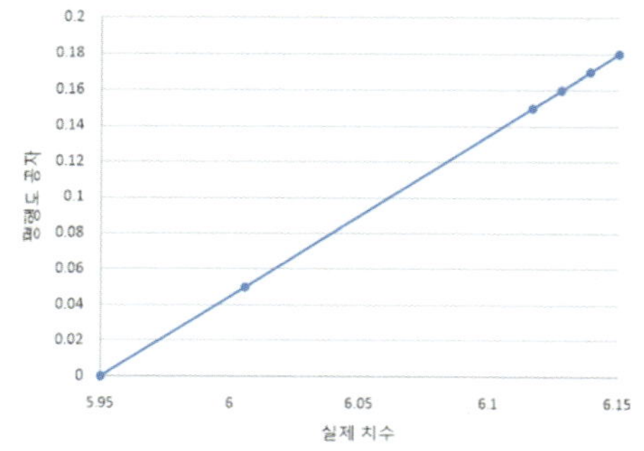

04 표면 거칠기

대상물의 표면 조직은 표면의 미려함을 결정하는 요소일 뿐만 아니라 마찰과 마모 특성, 부품 조립, 접촉부의 전기적인 특성 및 기계적·물리적 특성 등에 영향을 미친다. 이러한 원인으로 기계 부품의 표면가공은 크게 선반, 밀링, 연삭, 래핑, 호닝, 줄 다듬질 등의 절삭 가공이 적용되고 있다.

기계 시스템을 구성하는 부품들은 특수 용도와 목적에 맞게 작동할 수 있도록 적절한 가공법을 통하여 표면 가공의 정밀도를 확보해야 한다. 즉, 이를 만족하기 위해서는 다듬질 정밀도 및 표면 거칠기를 도면에 도시해야 하며, 이에 대한 내용은 [KS B 0161]에서 규정하고 있다.

① 표면 거칠기의 정의 및 종류

대상물인 프레스, 단조, 주조품은 대체로 가공면이 거칠고 선반, 밀링, 연삭 등의 가공품들은 가공면이 매끈한 편이다. 이와 같이 가공면의 거칠기 정도를 도면에 표시하는데 가공된 대상물의 표면에 작은 구간에서의 기복을 표면 거칠기로 정의한다. KS 규격에서 표면 거칠기를 3가지로 규정하고 있으며, 그 종류는 다음과 같다.

1_중심선 평균 거칠기(R_a)

거칠기 곡선의 중심선 방향으로 측정길이(L) 부분에서 거칠기 곡선의 면적을 구한 후 이 면적을 길이 L로 나누면 직사각형의 높이값을 미크론 단위(μm)로 나타낸 것으로 중심선 편차에 대한 산술평균값이라 할 수 있다.

$$R_a = \frac{\text{(중심선 아래쪽 면적의 합) + (중심선 위쪽 면적의 합)}}{\text{측정길이}} = \frac{1}{l}\int_0^l |f(x)|dx$$

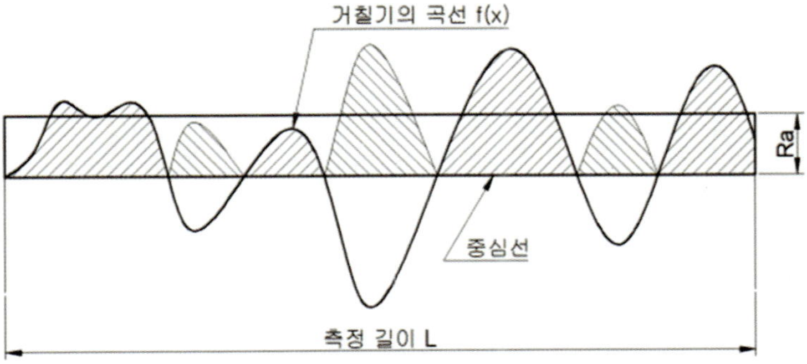

2_최대 높이(R_y)

거칠기 단면 곡선에서 기준 길이를 채취한 부분의 평균선에 평행한 두 직선 사이의 간격을 미크론 단위(μm)로 표시한 값을 말한다. 여기서, 평균선은 단면 곡선까지의 편차의 제곱합이 최소가 되도록 설정한 선을 말한다.

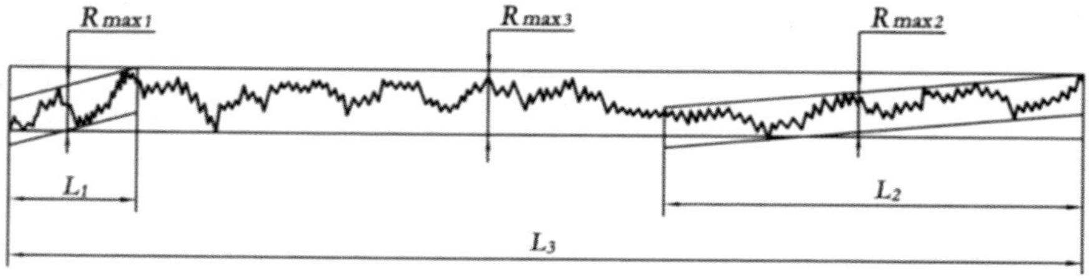

3_10점 평균 거칠기(R_Z)

단면 곡선으로부터 기준 길이만큼 채취한 부분에서 평균선에 평행 또는 한 단면 곡선을 가로지르지 않는 직선에서 세로 배율 방향으로 측정한 가장 높은 곳으로부터 5번째까지의 산봉우리의 표고 평균값과 가장 깊은 골 밑으로부터 5번째까지의 골밑 표고의 평균값의 치수를 미크론 단위(μm)로 나타낸 것이다.

② 표면 거칠기의 표시방법 및 가공

일반적으로 다듬질 기호는 [표 6.26]과 같이 도형 기호를 사용하며 다듬질 기호에 의한 표면 거칠기 표시 방법을 열거하면 다음과 같다.

① 다듬질 기호를 사용하여 표면 거칠기를 지시할 때는 구 기호인 삼각 기호(▽, ▽▽, ▽▽▽, ▽▽▽▽) 대신에 신 기호인 $\overset{w}{\nabla}$/, $\overset{x}{\nabla}$/, $\overset{y}{\nabla}$/, $\overset{z}{\nabla}$/를 사용한다.

② 가공하지 않는 면은 구 기호인 파형 기호(～) 대신에 신 기호인 $\overset{\circ}{\nabla}$/를 사용한다.

③ 구 기호인 삼각 기호(▽)는 4개까지 겹쳐 쓸 수 있으며 ▽가 많을수록 정밀하다. 또한, 신 기호는 $\overset{w}{\nabla}$/로부터 $\overset{z}{\nabla}$/로 갈수록 정밀하다.

[표 6.26] 다듬질 기호의 표면 거칠기 구분

다듬질명	기호	표면 거칠기			
		Ra	*Rmax*	*Rz*	다듬질 정도
정밀 다듬질	$\overset{z}{\nabla}$/(▽▽▽▽)	0.2a	0.8S	0.8Z	정밀가공이 요구되는 가공면으로 게이지류, 실린더 등 정밀도가 높은 부품에만 제한적으로 사용하는 광택이 나는 고급 다듬면
상 다듬질	$\overset{y}{\nabla}$/(▽▽▽)	1.6a	6.3S	6.3Z	끼워맞춤이 있고, 마찰이 되어 서로 직선 왕복 운동과 회전 운동을 하는 가공면으로 흔적이 전혀 남지 않는 정밀한 가공면
중 다듬질	$\overset{x}{\nabla}$/(▽▽)	6.3a	25S	25Z	가공된 부분이 끼워맞춤만 있고, 마찰 운동은 하지 않는 가공면으로 그 흔적이 남지 않을 정도의 보통 가공면
거친 다듬질	$\overset{w}{\nabla}$/(▽)	25a	100S	100Z	밀링, 선반, 드릴 등의 일반 절삭 가공만 하고 끼워맞춤은 없는 거친 가공면
제거가공 안 함	$\overset{\circ}{\nabla}$/(～)	특별히 규정하지 않는다.			주물의 요철을 따내는 정도의 면

제7장

기계 시스템의 3D 부품 및 제작도 설계

CHAPTER

7

기계 시스템의 3D 부품 및 제작도 설계

01 스퍼 기어를 이용한 동력전달장치

① 조립도

위의 동력전달장치 2D 조립도는 원동축의 ③번 기어가 회전하면 ⑤번 축과 조립되어 있는 묻힘 키에 의해 ⑤번 축이 회전을 한다. 이때, 종동축 ②번인 V-벨트 풀리가 묻힘키에 의해 회전함으로써 V-벨트를 통하여 회전 동력을 전달시키는 장치를 나타낸다.

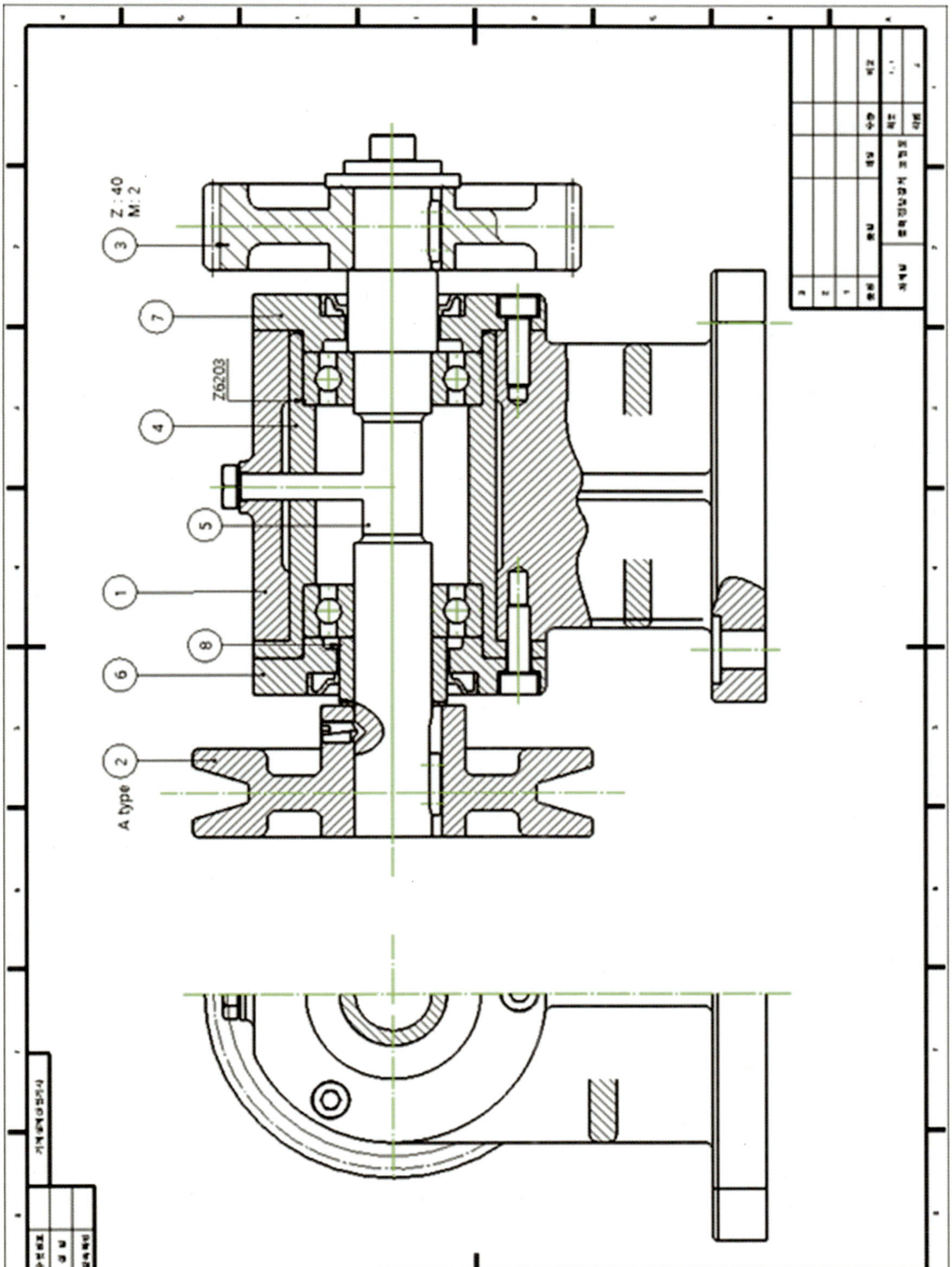
Z : 40
M : 2
Z6203
A type
1
2
3
4
5
6
7
8

1_요소 부품별 용도

- ①번 부품 : 일반적으로 본체 또는 몸체 등으로 부르고 전체 부품들을 고정 지지하는 프레임 역할을 한다.
- ②번 부품 : V-벨트를 감아 동력을 전달하는 V-벨트 풀리를 말하며, 종동축이나 구동축으로 적용이 가능하다. 구동축인 접촉식 동력전달 방식인 기어의 회전 운동을 통하여 비접촉식인 종동축으로 동력을 전달한다.
- ③번 부품 : 스퍼기어로서 원동축에 연결되어 축을 통하여 ②번 V-벨트 풀리를 회전시키도록 동력을 전달한다.
- ④번 부품 : 보통 슬리브 또는 고정용 하우징 등으로 표현하며, 베어링 외륜을 고정 및 지지시켜 주는 역할을 한다.
- ⑤번 부품 : 동력을 전달하는 회전축으로 스퍼기어에서 V-벨트 풀리로 동력을 전달시키는 역할을 한다. 이때, 회전축의 동심/동축 유지, 진동 및 회전저항 저감을 통한 동력손실의 절감효과를 얻을 수 있다. 일반적으로 동력전달장치에서는 주로 62 계열의 내륜 베어링으로 지지되어 있다.
- ⑥, ⑦번 보통 베어링 커버라고 하며, 베어링을 슬리브에 안착시킨 후 베어링 외륜을 밀어 고정시킨 후 본체와 조립한다.
- ⑧번 부품 : 베어링과 V-벨트 풀리의 간격을 일정하게 유지하면서 작동하도록 사용하는 칼라를 말한다.

2_요소 부품별 재질

- ①번 부품 : 전체 부품들을 고정 지지하는 프레임 역할을 하기 때문에 강도와 강성이 요구된다. 비교적 복잡한 형상으로 절삭 가공이 불가능하기 때문에 대부분 주조를 통하여 제조한다. 일반적으로 주조성이 양호한 GC200 등의 회주철 계열을 사용한다.
- ②번 부품 : V-벨트를 감아 동력을 전달하는 풀리로서 경량이면서 주조성이 양호해야 한다. 보통 GC 200, GC 250 등의 회주철을 사용한다.
- ③번 부품 : 기어 치차 간의 접촉에 의하여 동력을 전달하기 때문에 고강도가 요구된다. 일반적으로 생산 또는 생산성 향상을 위해 주조공법으로 기어를 제작하나 정밀 치형 및 고하중용 기어제작은 절삭 가공을 한다. 여기서는 주조가 가능한 주강품인 탄소강 SC480, 기계구조용 탄소강재인 SM45C를 사용한다.
- ④번 부품 : 슬리브로서 베어링 외륜 고정용으로 사용하며 주로 SM45C를 적용한다.
- ⑤번 부품 : 동력을 전달하는 회전축으로 고강도, 고경도가 요구되기 때문에 일반적으로 SCM435가 주로 사용된다. 회전축은 절삭 가공 후 표면 열처리를 하며 경도는 H_RC 40± 이상이 요구된다.
- ⑥, ⑦번 부품 : 대부분 주조 가공을 하기 때문에 주조성이 양호한 GC200 계열의 회주철을 사용한다.
- ⑧번 부품 : 부품 간 일정 간격 유지용으로 사용하며 축의 재료보다 연한 재료를 사용한다. 주로 기계구조용 탄소강재인 SM45C를 사용한다.

② 분해도

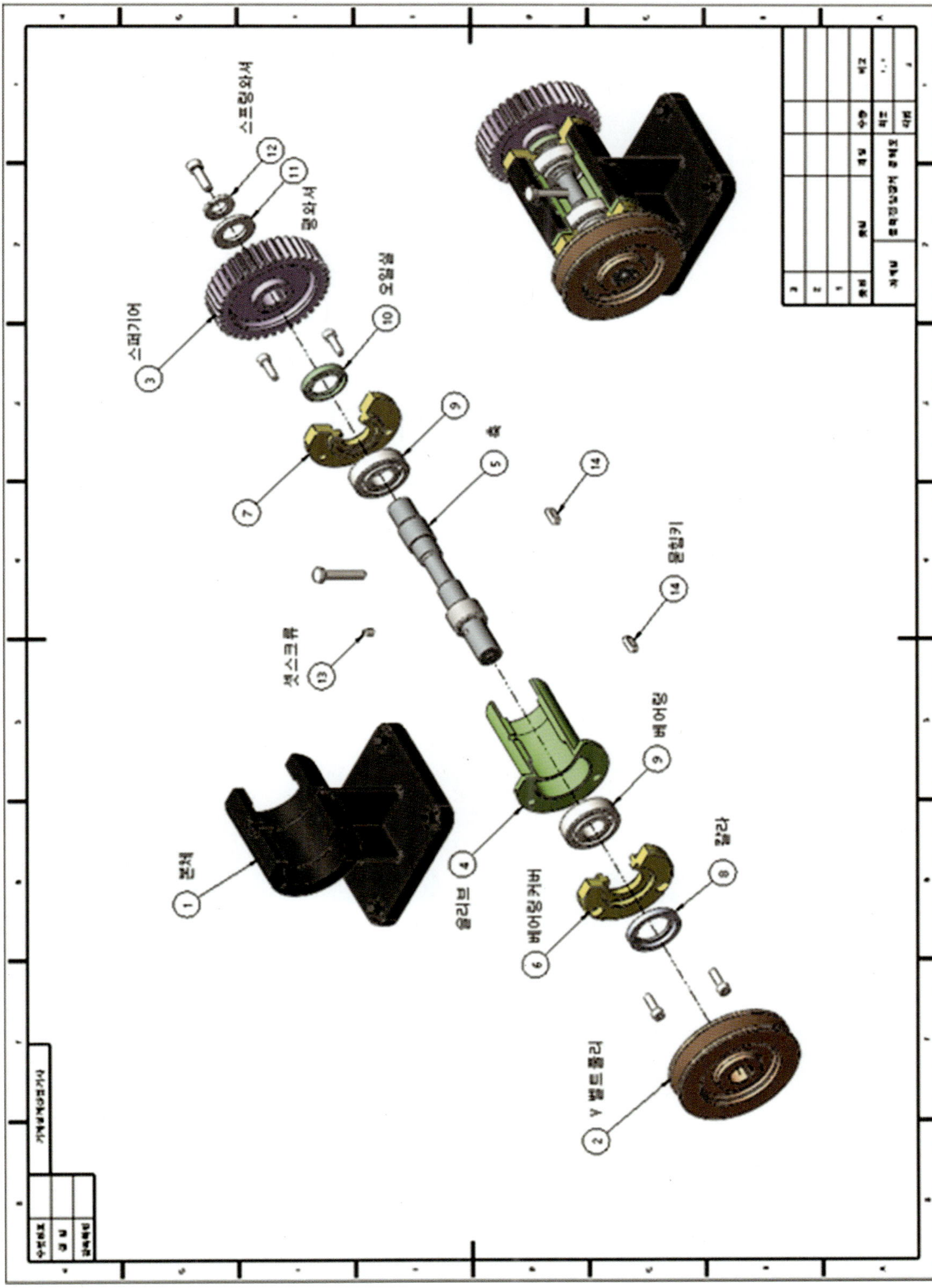

3 요소 부품설계 및 제작공정

1_본체

단품 설계

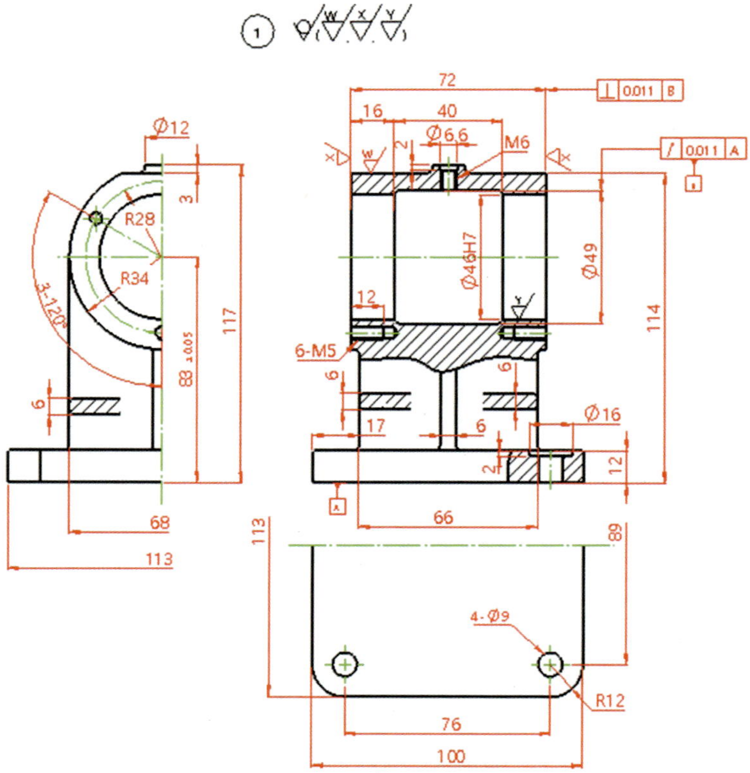

제작 공정

주조
주형을 이용한 외형 제작

➡

밀링
좌우 측면, 저면, 평면 황삭, 정삭 가공

➡

선반
슬리브 삽입부 내경 절삭 및 모따기 가공

➡

드릴링
구멍 가공

⬇

태핑
탭 가공

⬅

연삭
부품간 치수공차가 요구되는 조립면 가공

2_V-벨트 풀리

단품 설계

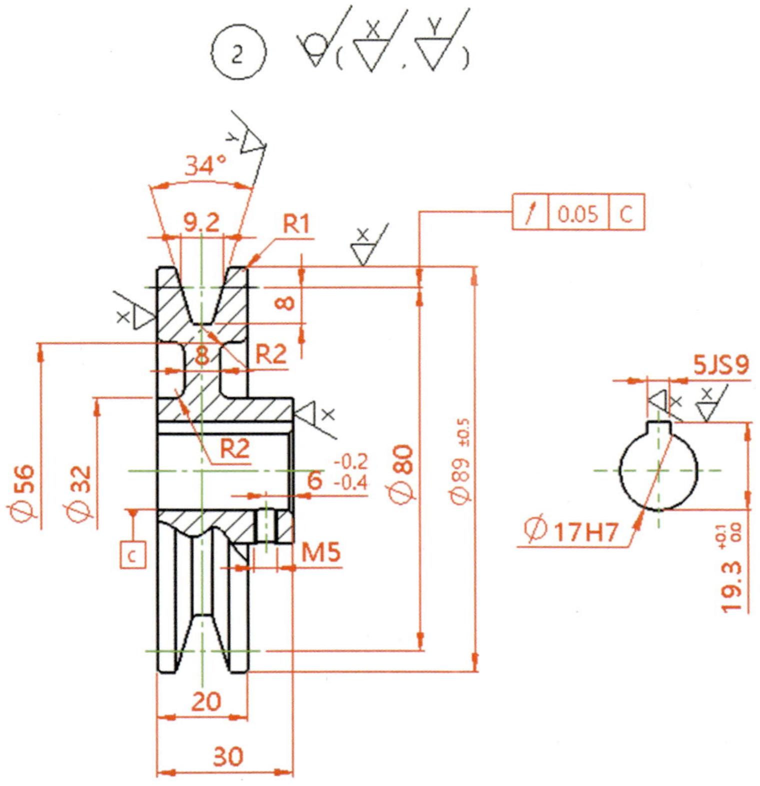

제작 공정

주조		선반		슬로터		연삭
주형을 이용한 외형 제작	➡	내외경 및 측면 절삭 및 모따기 가공	➡	키홈 가공	➡	부품간 치수공차가 요구되는 조립면 가공

3_스퍼 기어 풀리

단품 설계

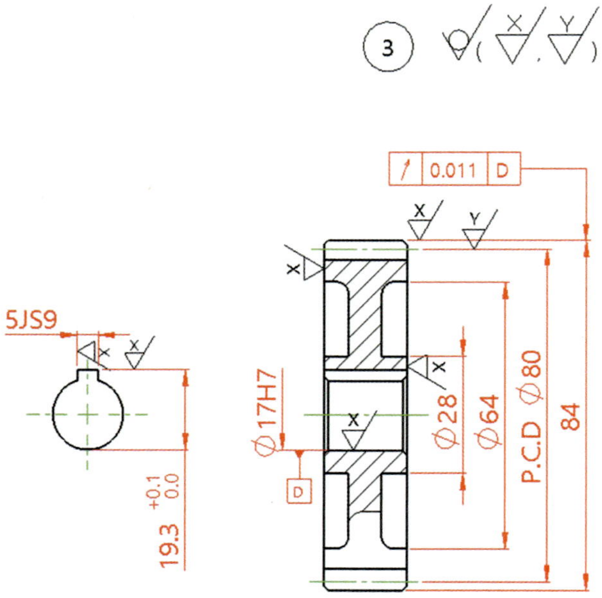

스퍼기어		
기어치형		표준
공구	치형	보통이
	모듈	2
	압력각	20°
잇수		38
피치원 지름		80
전체이높이		4.5
벌림이두께		27.69
다듬질방법		호브절삭
정밀도		KS B 1408

제작 공정

주조
주형을 이용한 외형 제작

➡

선반
내외경 및 측면 가공

➡

호빙
호브로 치형(기어이) 절삭

➡

슬로팅
키홈 절삭

⬇

열처리
고주파 경화 열처리 (H_RC 55±2)

⬅

연삭
부품간 치수공차가 요구되는 조립면 가공

4_슬리브 풀리

단품 설계

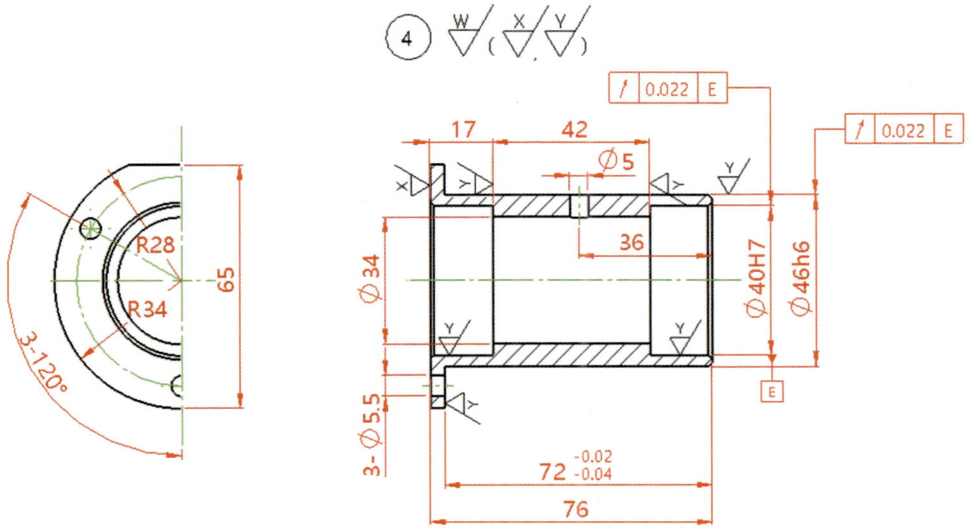

제작 공정

선반	➡	연삭
내/외경 절삭 및 모따기 작업		부품간 치수공차가 요구되는 조립면 가공

5_축 풀리

단품 설계

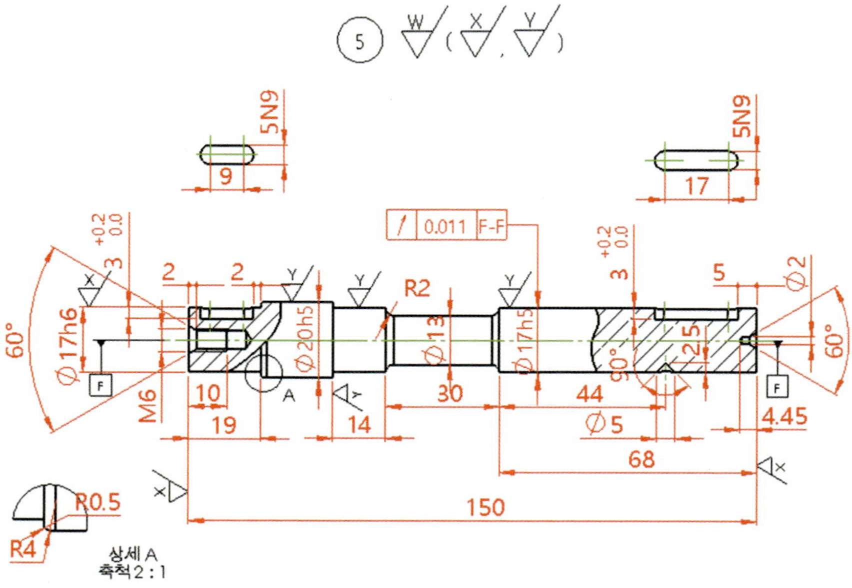

제작 공정

선반	밀링	열처리	연삭
외경 황삭 및 수나사 절삭 가공	키홈 절삭	화염 경화 열처리 (H_RC 40±2)	부품간 치수공차가 요구되는 조립면 가공

6_베어링 커버 풀리

단품 설계

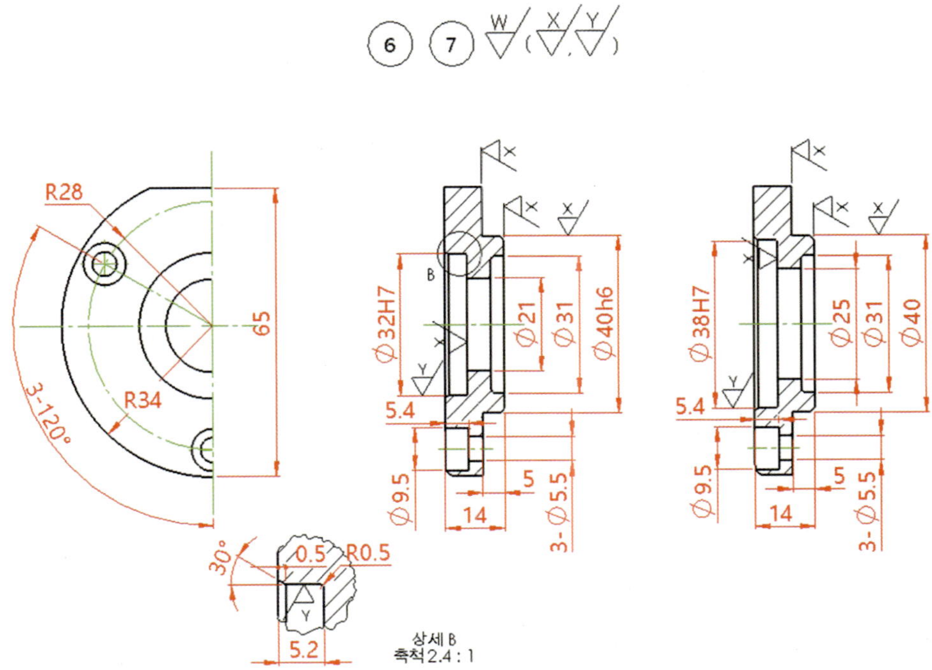

제작 공정

주조	선반	드릴링	보링	연삭
주형을 이용한 외형 제작	내외경 및 측면 가공	구멍 가공	카운터 싱크 보링 가공	부품간 치수공차가 요구되는 조립면 가공

풀리

단품 설계

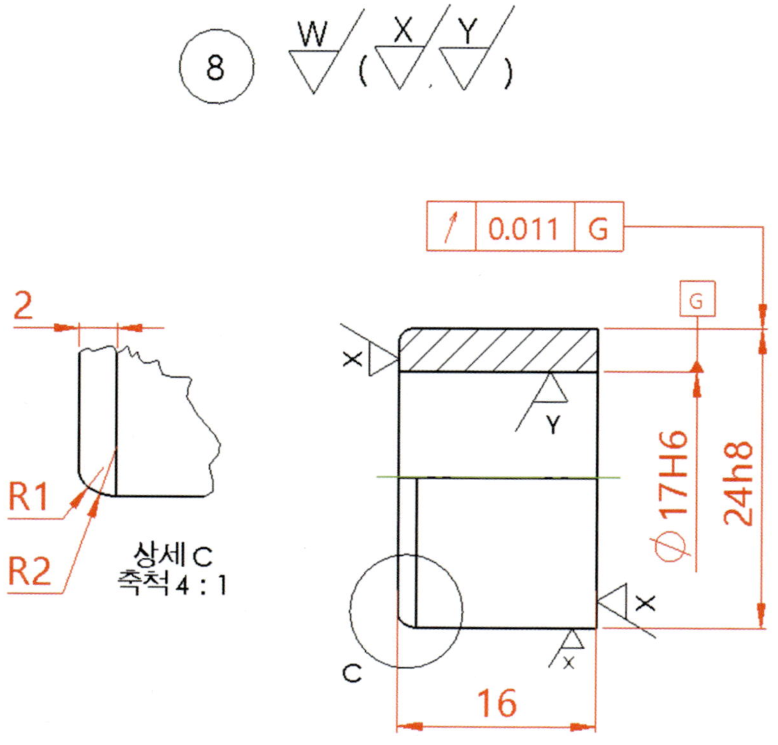

제작 공정

선반	→	연삭
내외경 절삭 및 모따기 작업		부품간 치수공차가 요구되는 조립면 가공

4 2D 제작도

1_본체, V-벨트 풀리 및 스퍼기어 제작도

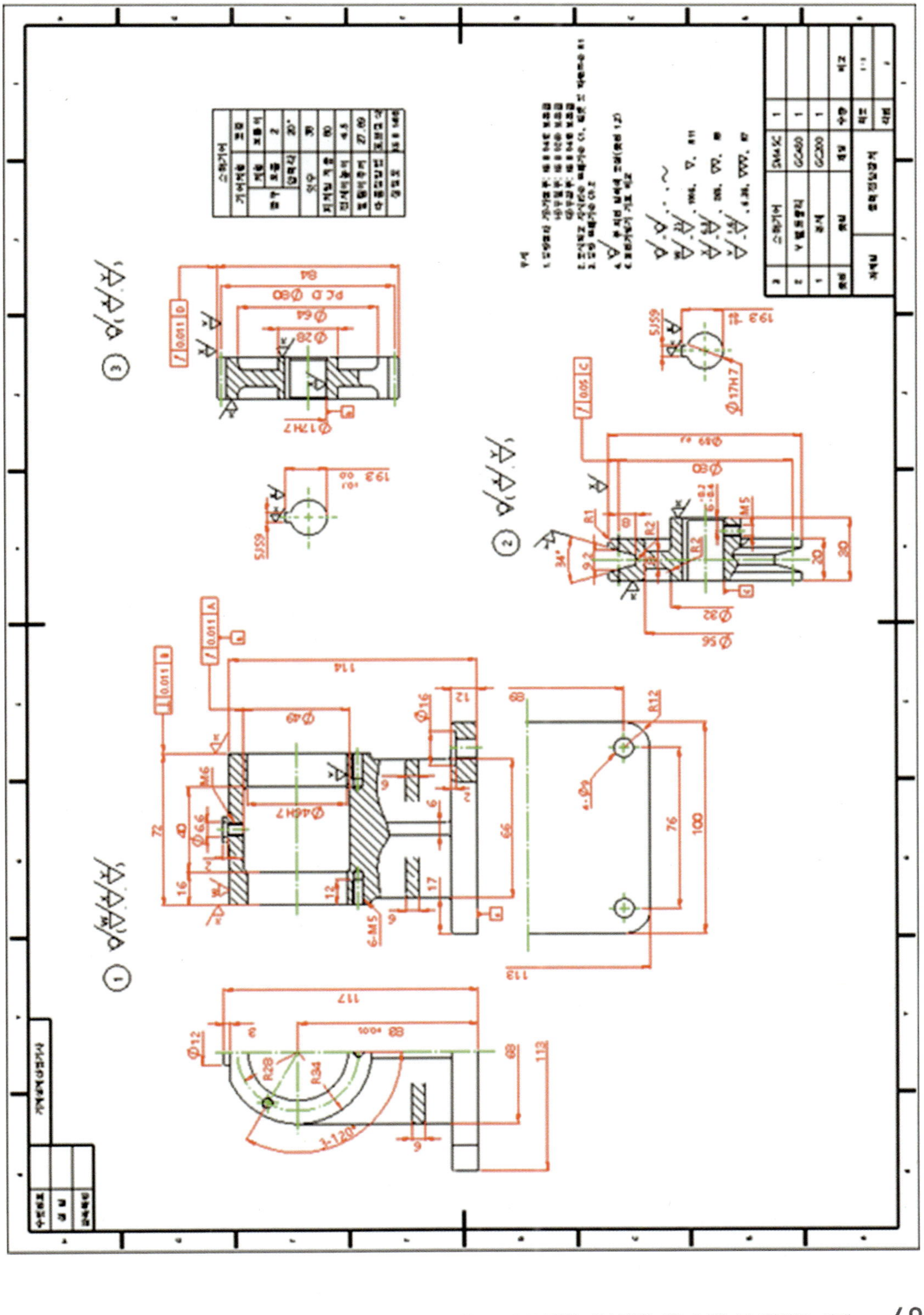

2_슬리브, 축, 베어링 커버 및 칼라 제작도

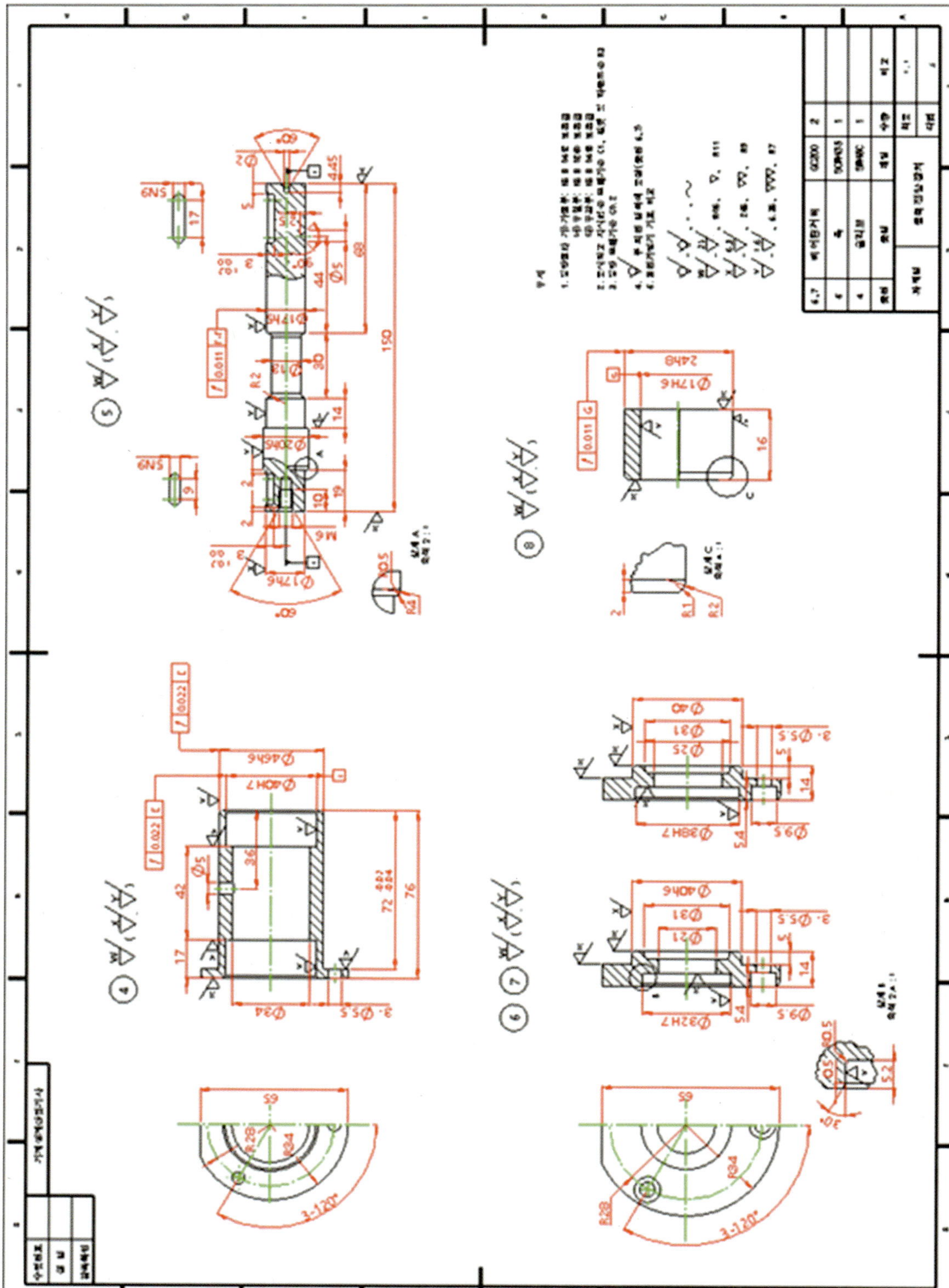

⑤ 시제품 제작

본체

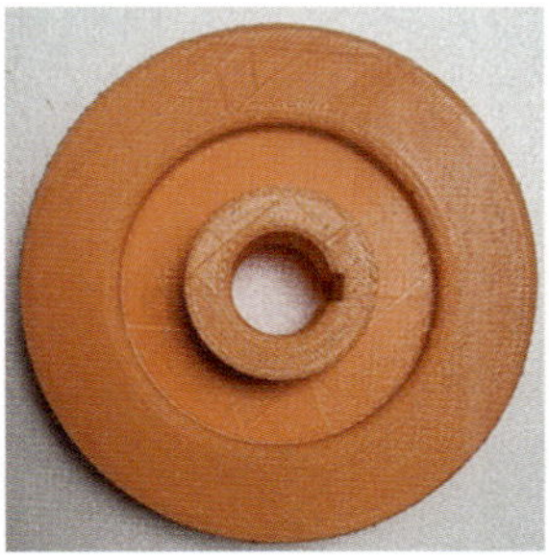

V-벨트 풀리

스퍼 기어

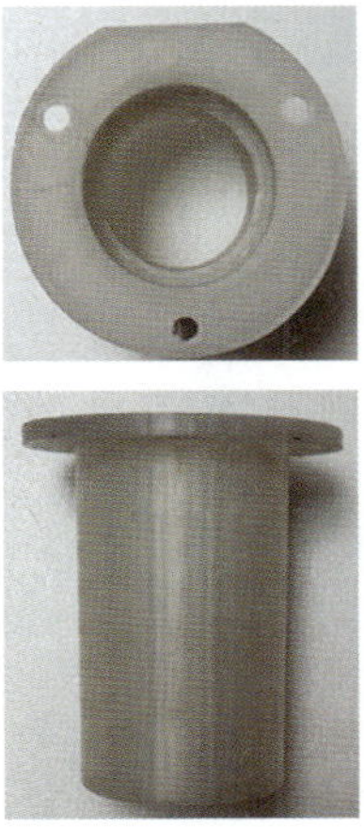

슬리브

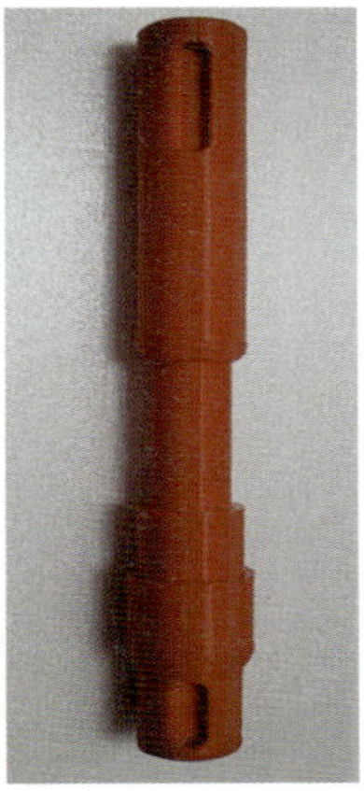

축

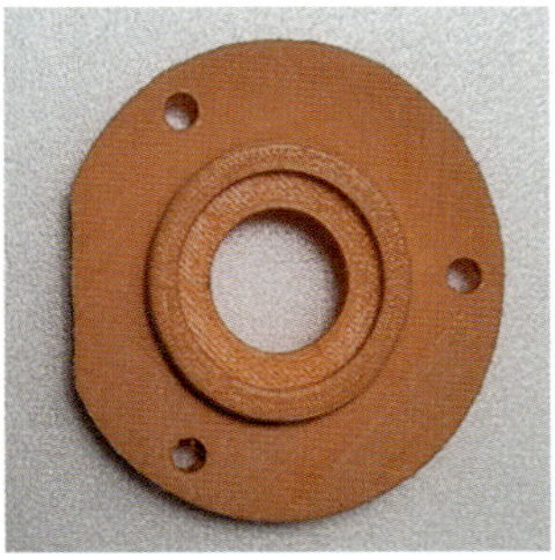

베어링 커버

동력전달장치

02 V-벨트 풀리를 이용한 동력전달장치

① 개요

본 과제는 V-벨트를 이용하여 약 35% 정도의 속도를 감속시키는 감속장치를 설계하는 것이다. 전동기와 직결되는 원동축은 M형, 종동축은 A형을 사용한다. 이때, 축은 본체에 결합된 부시에 의해 지지되며 부시 상단에는 축의 회전 저항을 줄이기 위하여 오일 그루브를 둔다. 또한, 본체 상부에는 윤활유 공급을 위하여 볼트 체결용 탭 구멍을 설치한다.

② 규격품 관련자료

1_베어링 규격

깊은 홈 볼 베어링

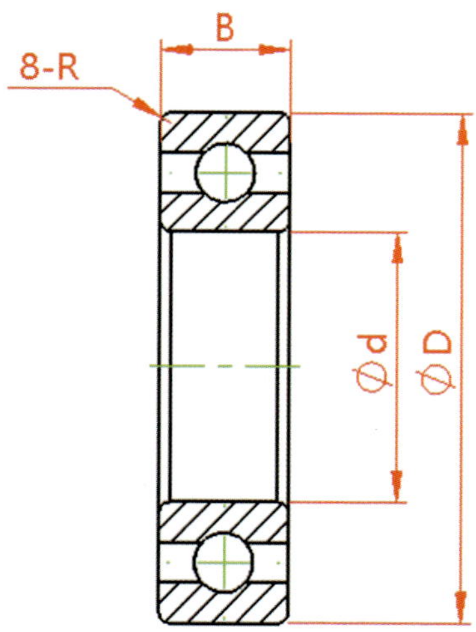

호칭번호 (60 계열)	치수			
	d	D	B	r
6000	10	26		
6001	12	28	8	0.3
6002	15	32	9	
6003	17	35	10	
6004	20	42	12	0.6
6005	25	47		
6006	30	55	13	
6007	35	62	14	
6008	40	68	15	1
6009	45	68	16	
6010	50	75	16	

호칭번호 (62 계열)	치수			
	d	D	B	r
6200	10	30	9	0.6
6201	12	32	10	
6202	15	35	11	
6203	17	40	12	
6204	20	47	14	1
6205	25	52	15	
6206	30	62	16	
6207	35	72	17	1.1
6208	40	80	18	
6209	45	85	19	
6210	50	90	20	

호칭번호 (64 계열)	치수			
	d	D	B	r
6403	17	62	17	1.1
6404	20	72	19	
6405	25	80	21	1.5
6406	30	90	23	
6407	35	100	25	
6408	40	110	27	2
6409	45	120	29	
6410	50	130	31	2.1
6411	55	140	33	
6412	60	150	35	
6413	65	160	37	

베어링의 기본 호칭 번호 : 베어링의 안지름 번호는 00은 10mm, 01은 12mm, 0.2는 15mm, 03은 17mm이고, 04부터는 5를 곱한 숫자가 베어링 안지름을 나타내며, 상세한 내용은 다음과 같다.

① 첫 번째 숫자 : 형식기호

- 1 - 복렬 자동 조심형 볼 베어링
- 2,3 - 복렬 자동 조심형 볼 베어링(큰 폭용)
- 6 - 단열 깊은홈 볼 베어링
- 7 - 단열 앵귤러 콘택트형 베어링

② 두 번째 숫자 : 적용 하중

- 0,1 - 특별 경하중
- 2 - 경하중
- 3 - 중하중
- 4 - 고하중

③ 세 번째, 네 번째 숫자 : 안지름 번호 또는 저널부 지름번호

- 안지름 0 ~ 9 : 그대로 사용한다.

- 00 : 10mm
- 01 : 12mm
- 02 : 15mm
- 03 : 17mm

- 04 : 20mm
- 05 : 25mm
- 06 : 30mm
- 07 : 35mm
- 99 : 495mm

베어링의 지름 = 번호*5

- 500mm 이상 : 그대로 사용한다.

베어링 구석 홈 부 둥글기

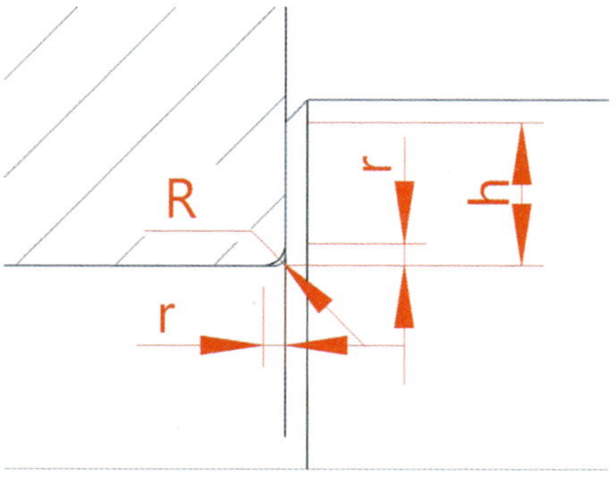

베어링과 축의 조립 관계

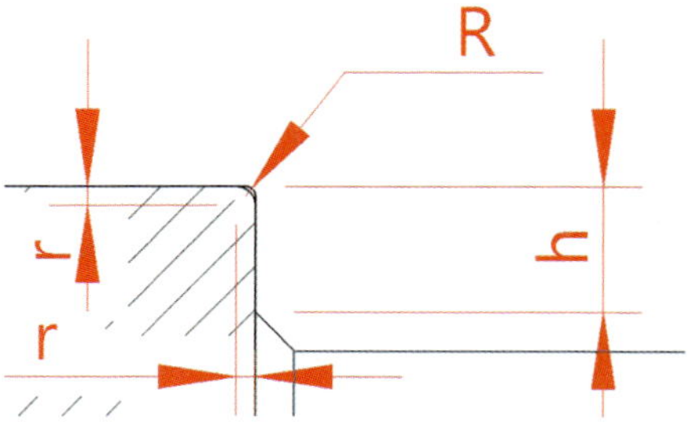

베어링과 하우징의 조립 관계

r 또는 r1 (min)	축 또는 하우징		
	R(max)	레이디얼 베어링의 경우 어깨 높이	
		일반	특수
0.1	0.1	0.4	
0.15	0.15	0.6	
0.2	0.2	0.8	
0.3	0.3	1.25	1
0.6	0.6	2.25	2
1.0	1.0	2.75	2.5

2_V-벨트 풀리 규격

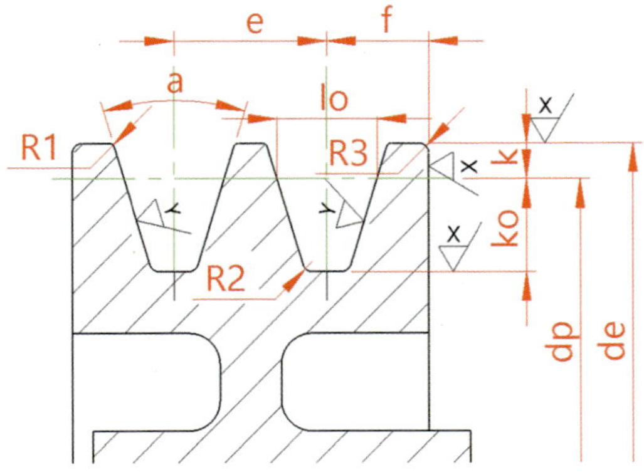

V벨트 형별	α의 허용차(°)	k의 허용차	e의 허용차	f의 허용차
M	±0.5	+0.2 0	-	±1.0
A			±0.4	
B				

호칭지름 (mm)	바깥지름 de 허용차	바깥둘레 흔들림 허용값	림 측면 흔들림 허용값
75 이상 118 이하	±0.6	0.3	0.3
125 이상 300 이하	±0.8	0.4	0.4

V벨트 형별	호칭 지름	a(°)	ℓ_0	k	k_0	e	f	r_1	r_2	r_3	비고
M	50 이상 ~ 71 이하 71 초과 ~ 90 이하 90 초과	34 36 38	8.0	2.7	6.3	-	9.5				M형은 원칙적으로 한 줄만 걸친다.(e)
A	71 이상 ~ 100 이하 100 초과 ~ 125 이하 125 초과	34 36 38	9.2	4.5	8.0	15	10	0.2 ~ 0.5	0.5 ~ 1.0	1 ~ 2	
B	125 이상 ~ 165 이하 165 초과 ~ 200 이하 200 초과	34 36 38	12.5	5.5	9.5	15	12.5				

3_뾰쪽끝 홈붙이 멈춤 스크류

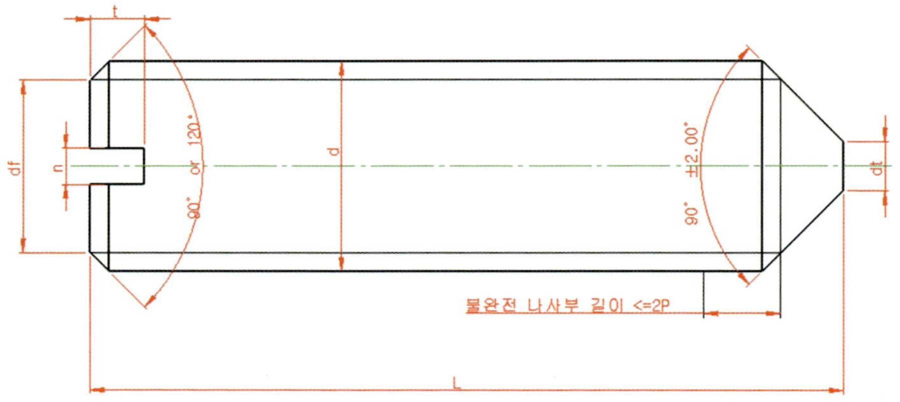

나사의 호칭 d			M1.2	M1.6	M2	M2.5	M3	M3.5	M4	M5	M6	M8	M10	M12
p			0.25	0.35	0.4	0.45	0.5	0.6	0.7	0.8	1	1.25	1.5	1.75
df			나사의 골지름											
L														
기준치수	최소	최대												
2	1.8	2.2												
2.5	2.3	2.7												
3	2.5	3.2												
4	3.7	4.3												
5	4.7	5.3												
6	5.7	6.3												
8	7.7	8.3												
10	9.7	10.3												
12	11.6	12.4					상용							
14	13.6	14.4						길이						
16	15.6	16.4							의					
20	19.6	20.4								범위				
25	24.6	25.4												
30	29.8	30.4												

③ 동력전달장치 설계

1_조립도

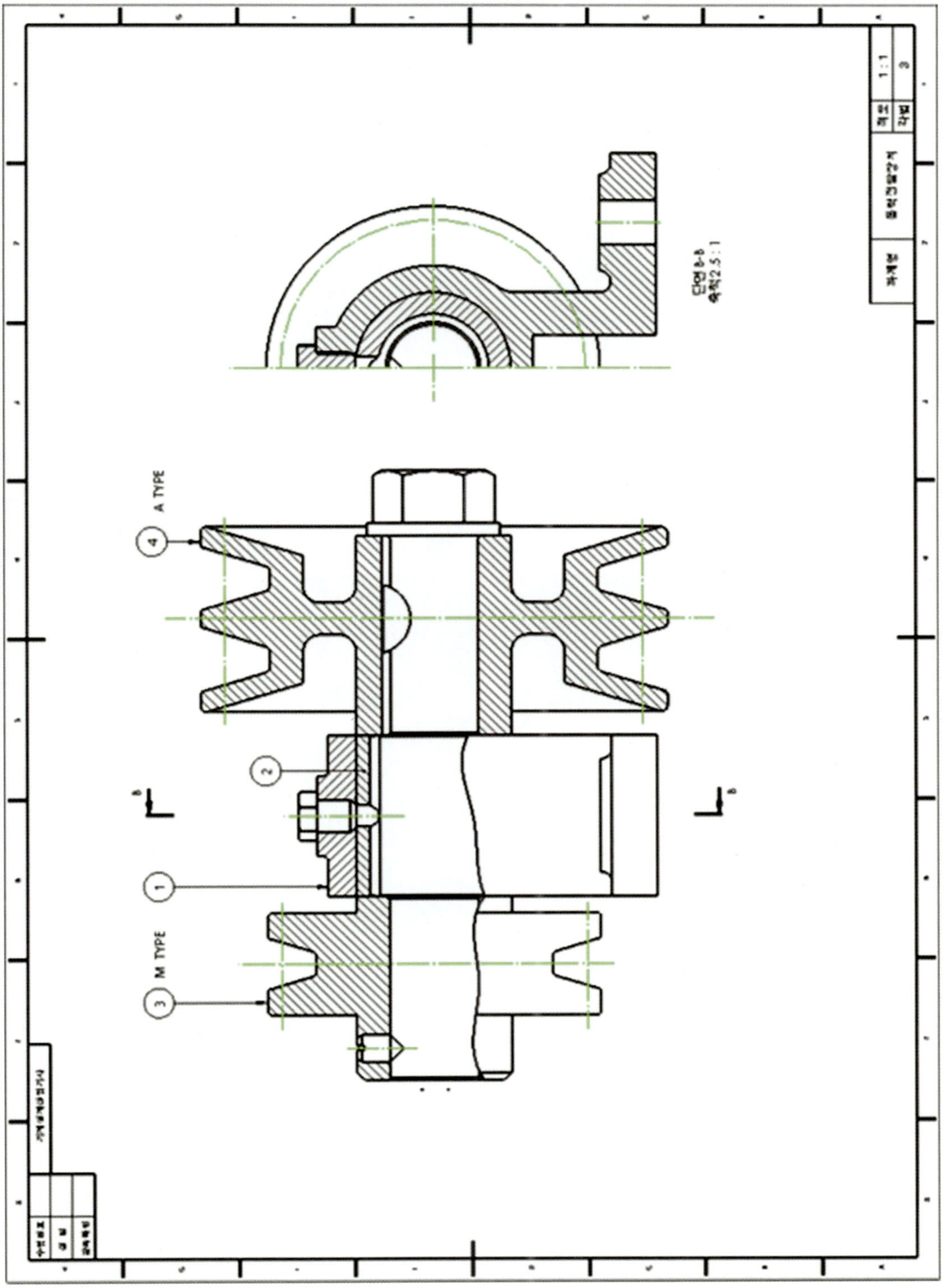

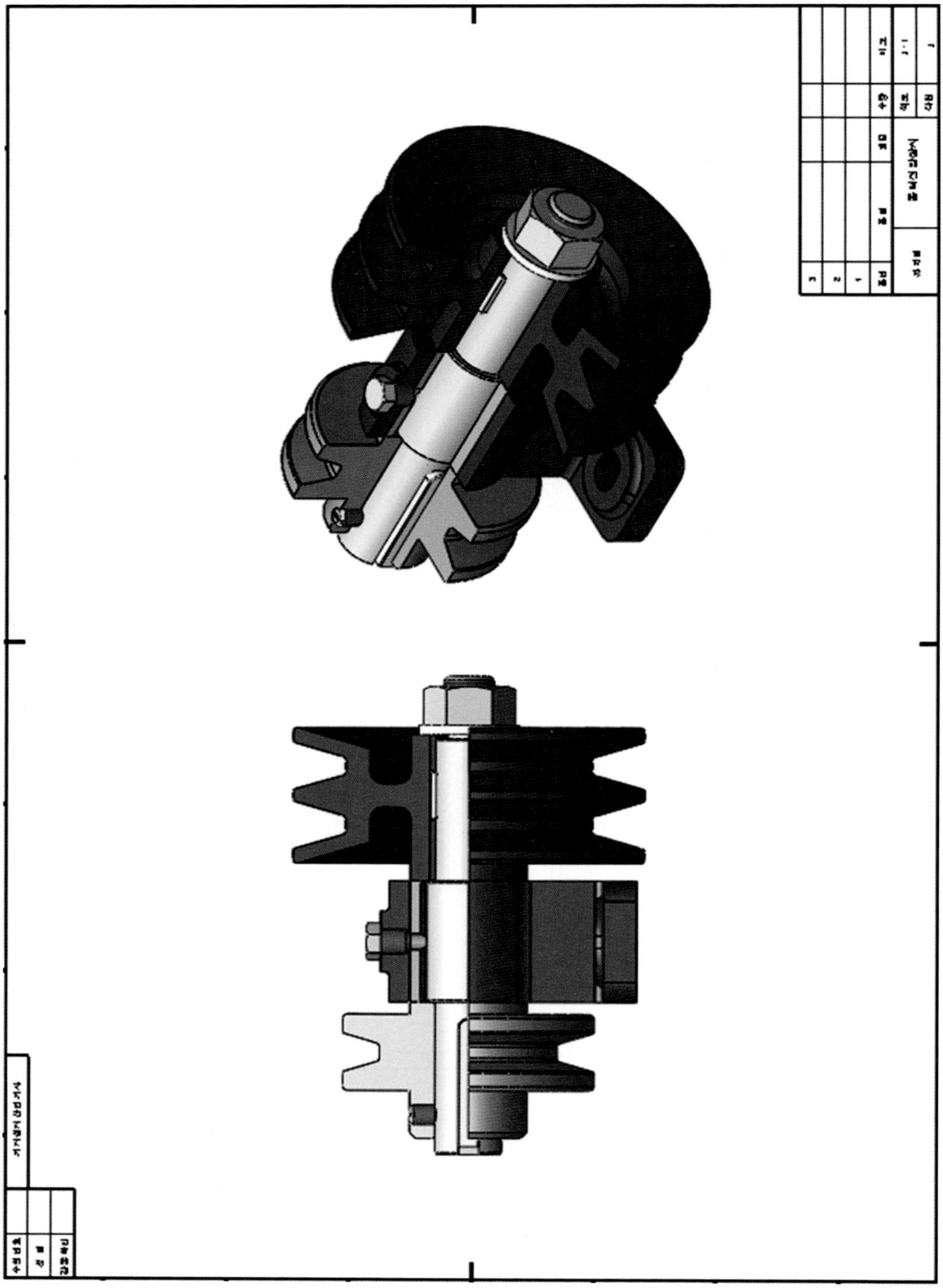

2_분해도

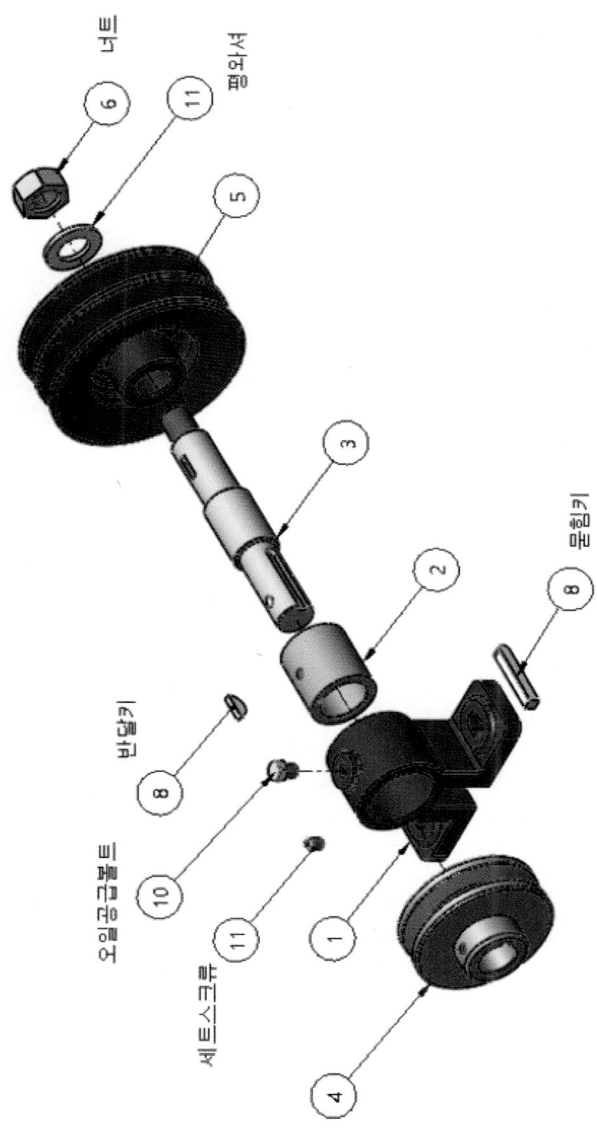

품번	품명	설계자	확인자	Material	Weight	설계일자	비고	수량
1	하우징	수과대	홍길동	회주철(SN)	283.64	2023-05-27		1
2	부시							1
3	축	수과대	홍길동	Cast Alloy Steel	185.68	2023-05-27		1
4	V벨트풀리2	수과대	홍길동	1023 탄소 강판(SS)	358.01	2023-05-27		1
5	V벨트풀리1	수과대	홍길동	회주철	644.09	2023-05-27		1

수험번호		기계설계산업기사
성명		
감독확인		

과제명	동력전달장치	척도	NS
		각법	3각법

3_2D 도면해독을 통한 3D 단품 설계

본체

① 본체 재질은 회주철(GC250)을 사용하며 제조된 주조품을 기계 가공을 하여 제작한다.

② 정면도는 전단면도 또는 반단면도로 도시한다.

③ 본체 고정용으로 본체 하단부에 볼트 결합용 탭구멍을 부분 단면도로 도시한다.

④ 평면도는 부분도 또는 전체 평면도로 도시해도 해도 좋으며 본체 구멍과 부시의 결합부의 표면거칠기는 상다듬질 $\overset{x}{\nabla}$(▽▽), 치수공차는 억지끼워맞춤으로 한다.

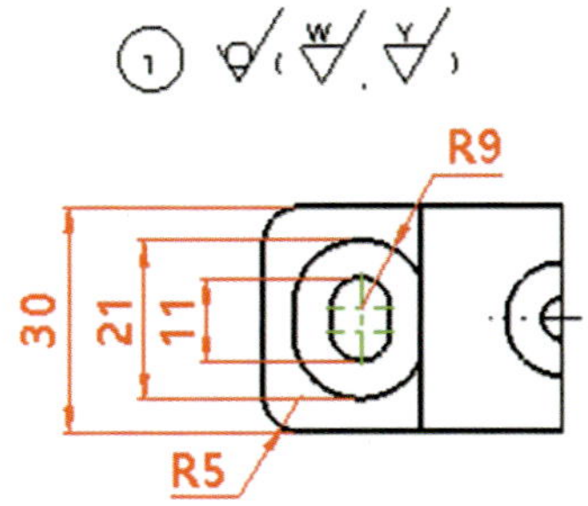

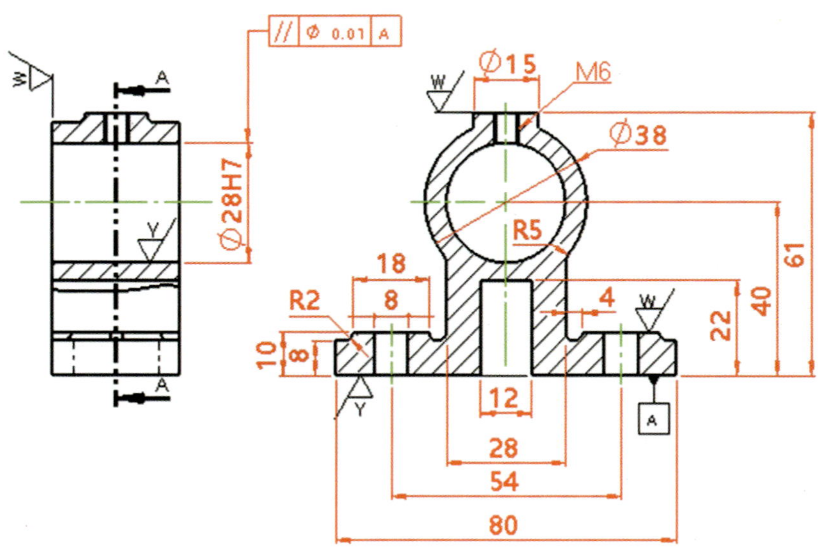

단면 A-A

V-벨트 풀리

① V-벨트 풀리의 재질은 KS D 4301의 3종인 회주철(GC200)를 사용하며 주로 정면도 즉, 1면도로 표시한다.

② 키홈 부분이 표시되도록 반 단면도 또는 전 단면도로 도시한다.

③ V-벨트 풀리 홈 부분은 상세도로 도시한다.

④ 동력전달용 축과의 결합부 표면거칠기는 상다듬질 $\overset{x}{\nabla}$(▽▽), 치수공차는 중간 끼워맞춤으로 한다.

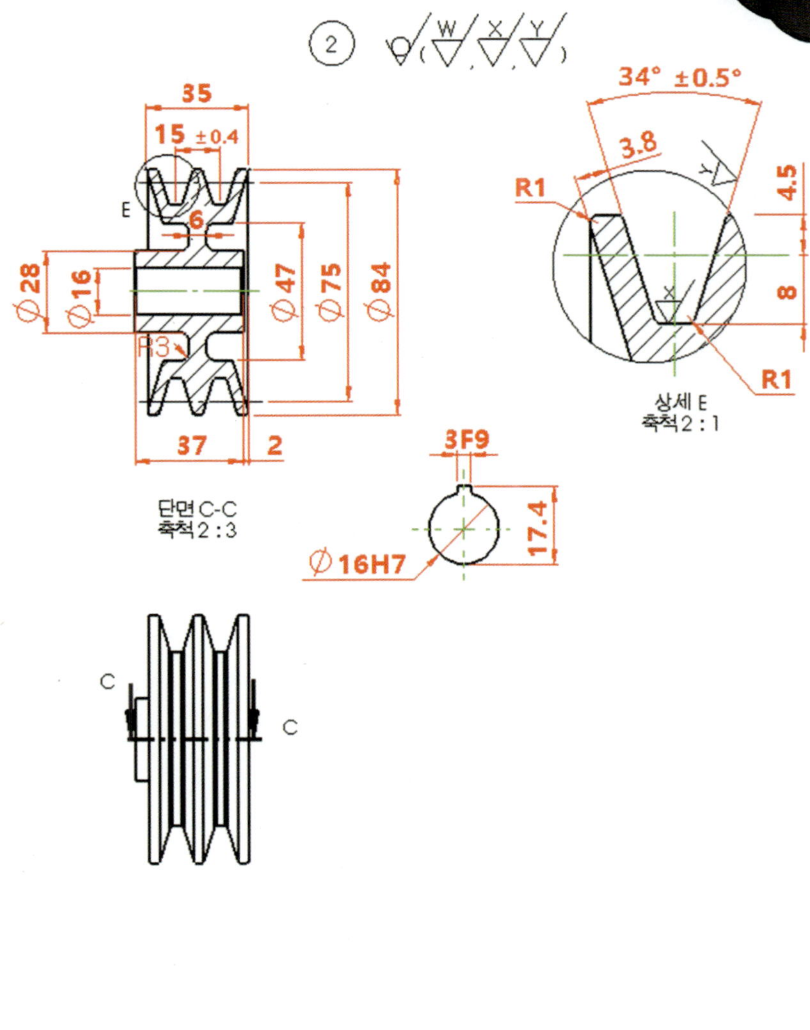

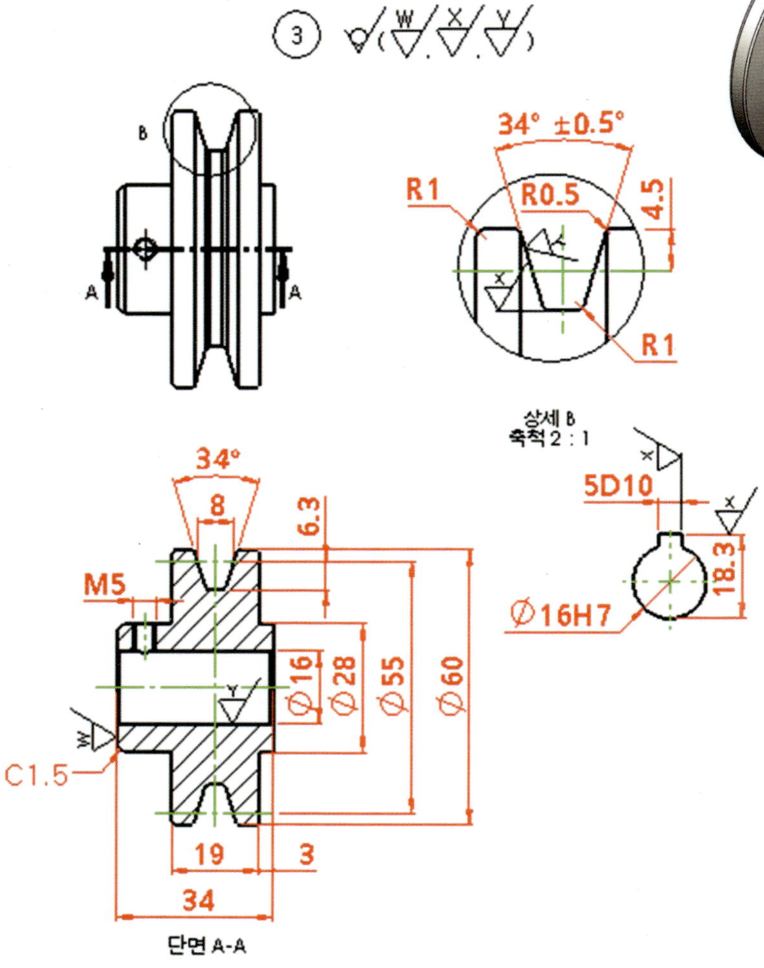
③
W
X
Y
B
A
A
34° ±0.5°
R1
R0.5
4.5
R1
상세 B
축척 2 : 1
34°
8
6.3
M5
Ø16
Ø28
Ø55
Ø60
C1.5
19
3
34
단면 A-A
5D10
18.3
Ø16H7

축

① 축의 재질은 SM45C로 하며, 세트 스크류와 반달키의 홈 부분은 국부 단면도로 도시한다.

② 세트 스크류 부분은 절단하여 회전 단면도로 도시한다.

③ 반달키 부분의 평면 형상은 부분 투상도로 나타내고 평행키와 반달키는 서로 90°가 되도록 가공한다.

④ 축 양단에는 센터 구멍을 설치하여 치수를 기입한다.

⑤ 부시 내면과 결합부의 표면거칠기는 상다듬질 $\overset{y}{\nabla}$(▽▽▽), 치수공차는 중간 끼워맞춤으로 한다.

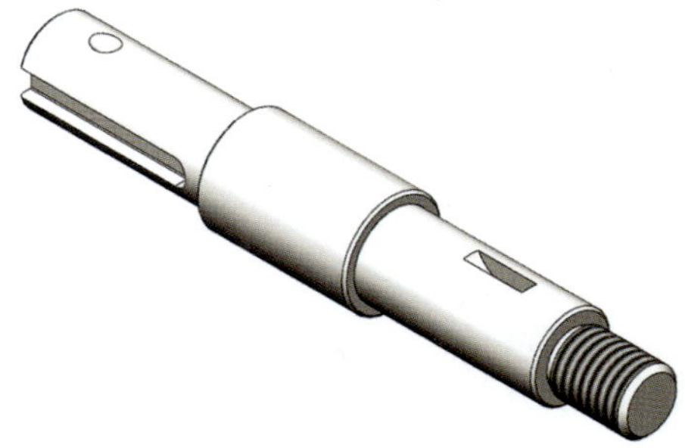

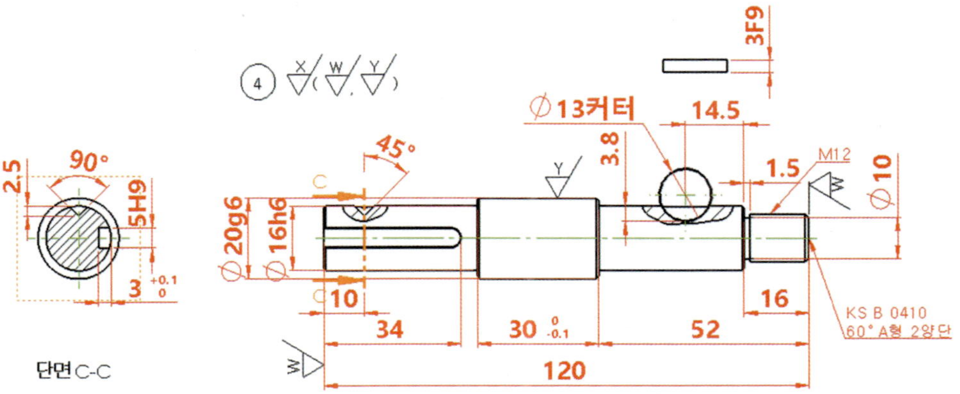

부시

① 부시 재질은 크롬-몰리덴강(SCM415)을 사용하며 단면도 또는 반 단면도로 도시한다.

② 부시는 주로 정면도, 오일 그루브 표시를 위한 우측면도 즉, 2면도로 도시하고 오일 그루브 부분은 상세도로 도시한다.

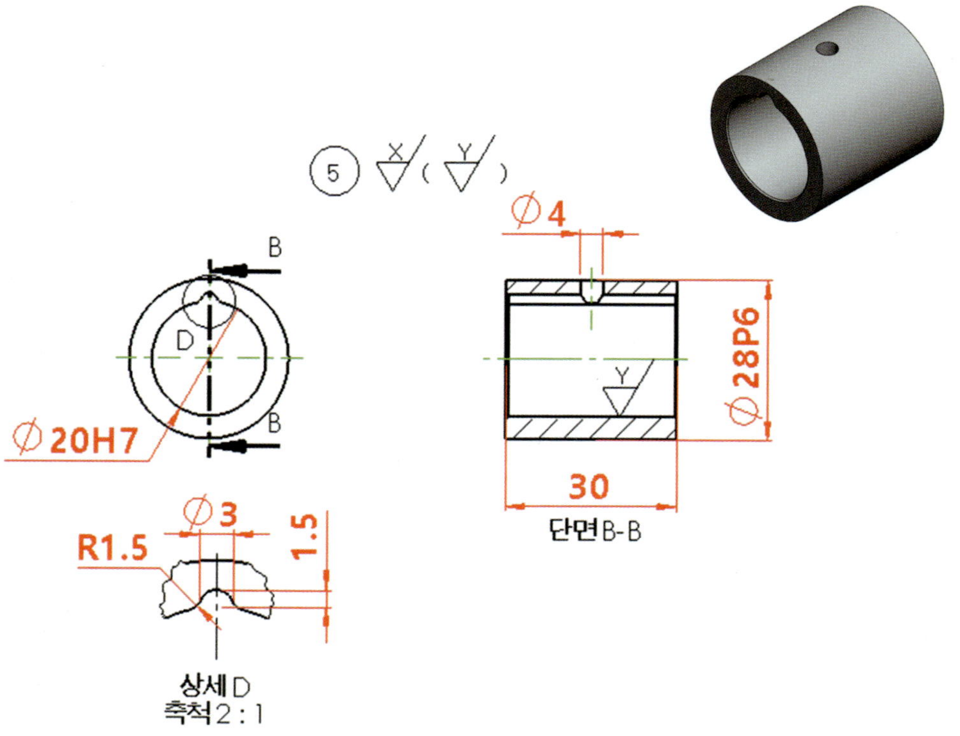

4_2D 제작도 설계

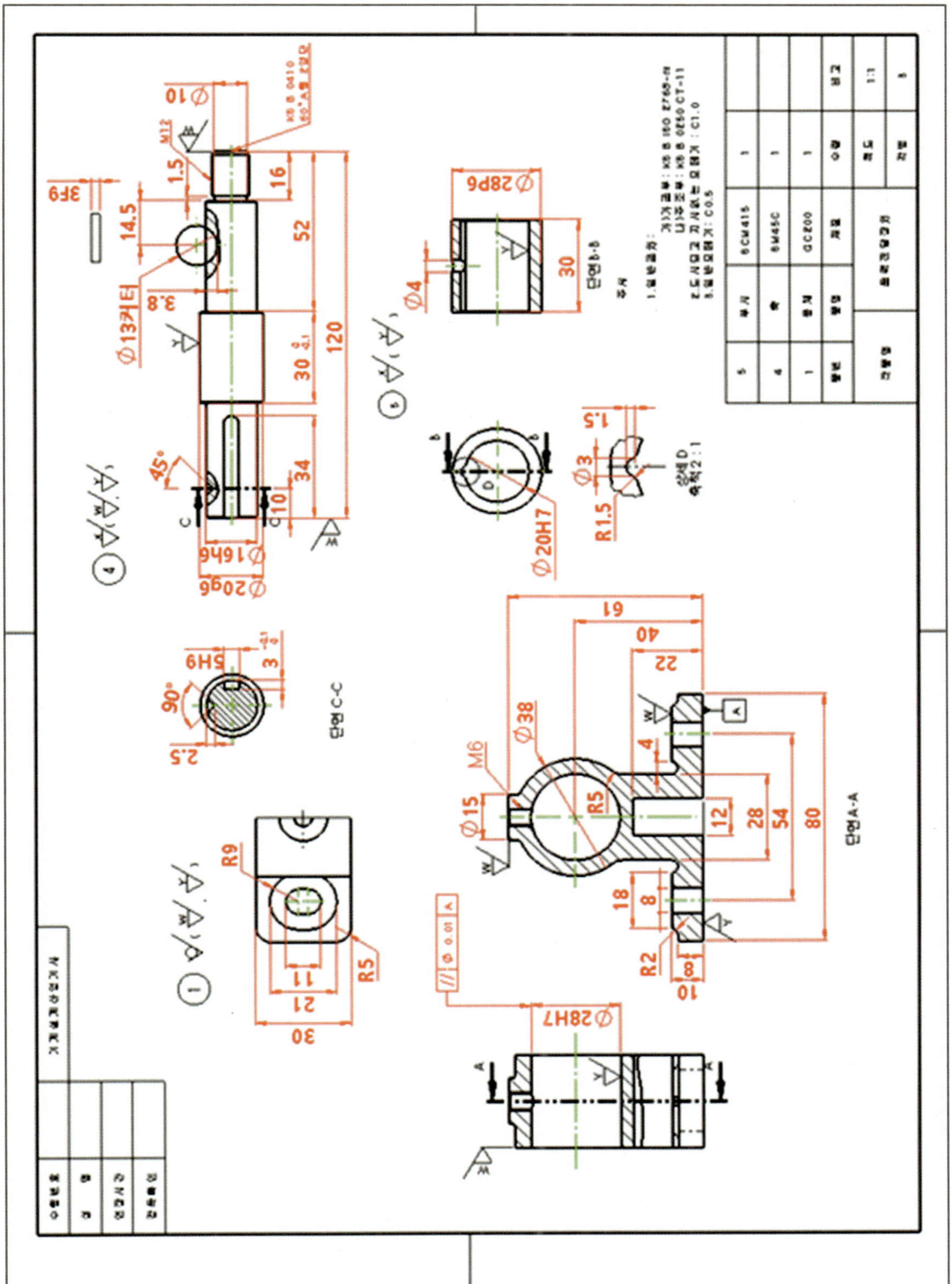

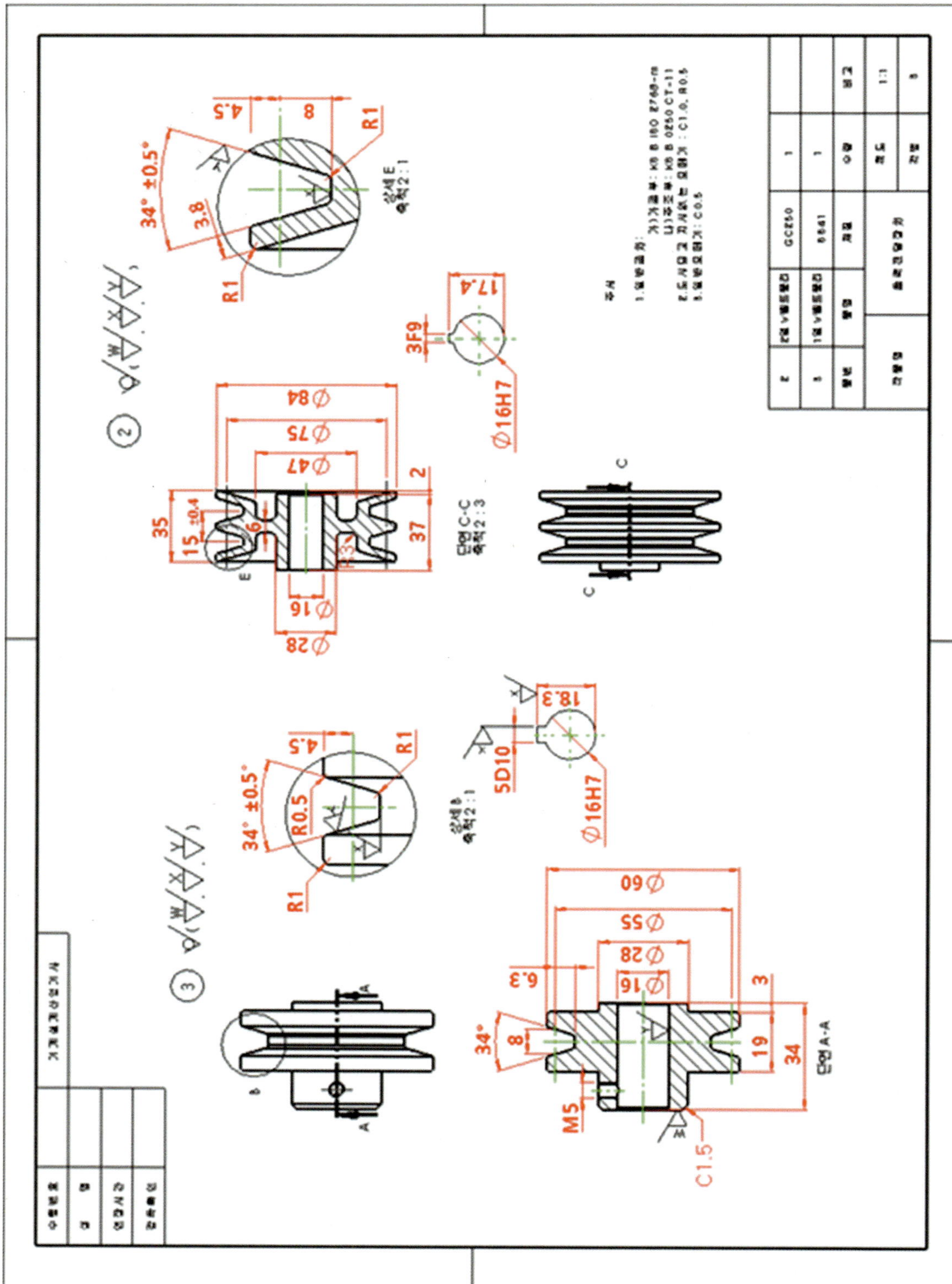
Ø84
Ø75
Ø47
Ø16
Ø28
35
37
Ø16H7
3F9
17.4
34° ±0.5°
4.5
8
R1
3.8
18.3
5D10
R0.5
Ø60
Ø55
Ø28
Ø16
6.3
34°
8
3
19
34
M5
C1.5

03 기어박스

① 개요

본 과제는 기어의 치차 간 기어비로 감속시킨 후 체인바퀴(스프라켓)를 통하여 동력을 전달시키는 장치이다. 체인은 벨트보다 회전속도는 느리지만 미끄럼이 일어나지 않기 때문에 회전비를 일정하게 유지할 수 있다. 일반적으로 기어박스 내에는 오일이 들어 있고 밀봉장치가 되어 있어 누설을 방지한다.

② 규격품 관련자료

1_평행 키(키 홈)

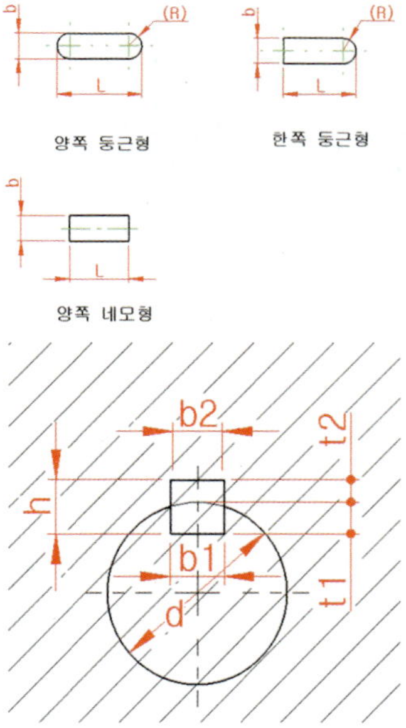

<table>
<tr><th colspan="8">키 홈의 치수</th><th rowspan="3">적용하는 축지름 d (초과 ~ 이하)</th></tr>
<tr><th rowspan="2">b_1 및 b_2의 기준 치수</th><th colspan="2">활동형</th><th colspan="2">보통형</th><th rowspan="2">t_1의 기준 치수</th><th rowspan="2">t_2의 기준 치수</th><th rowspan="2">t_1 및 t_2의 허용치</th></tr>
<tr><th>b_1 허용차</th><th>b_2 허용차</th><th>b_1 허용차</th><th>b_2 허용차</th></tr>
<tr><td>2</td><td rowspan="8">H9</td><td rowspan="8">A10</td><td rowspan="8">N9</td><td rowspan="8">JS9</td><td>1.2</td><td>1.0</td><td rowspan="5">+0.1
0</td><td>6 ~ 8</td></tr>
<tr><td>3</td><td>1.8</td><td>1.4</td><td>8 ~ 10</td></tr>
<tr><td>4</td><td>2.5</td><td>1.8</td><td>10 ~ 12</td></tr>
<tr><td>5</td><td>3.0</td><td>2.3</td><td>12 ~ 17</td></tr>
<tr><td>6</td><td>3.5</td><td>2.8</td><td>17 ~ 22</td></tr>
<tr><td>7</td><td>4.0</td><td>3.3</td><td rowspan="3">+0.2
0</td><td>20 ~ 25</td></tr>
<tr><td>8</td><td>4.0</td><td>3.3</td><td>22 ~ 30</td></tr>
<tr><td>10</td><td>5.0</td><td>3.3</td><td>30 ~ 38</td></tr>
</table>

시제품 제작

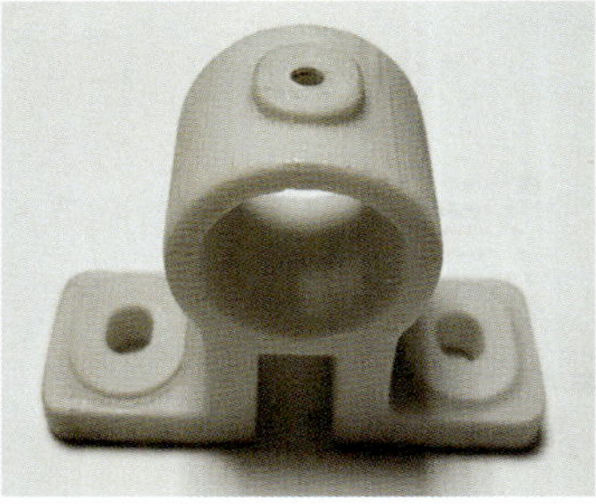

본체

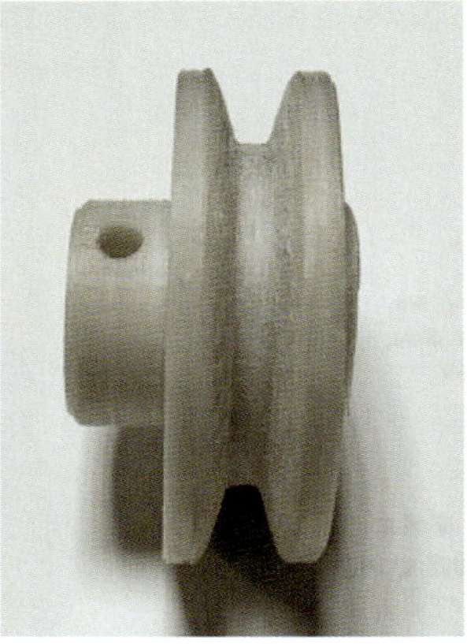

V-벨트 풀리(1열)

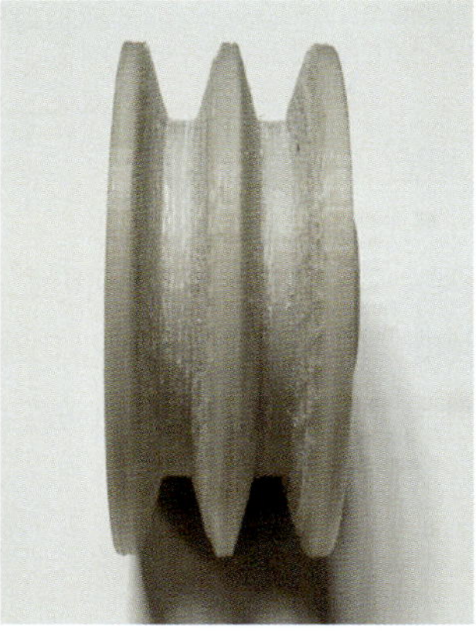

V-벨트 풀리(2열)

부시

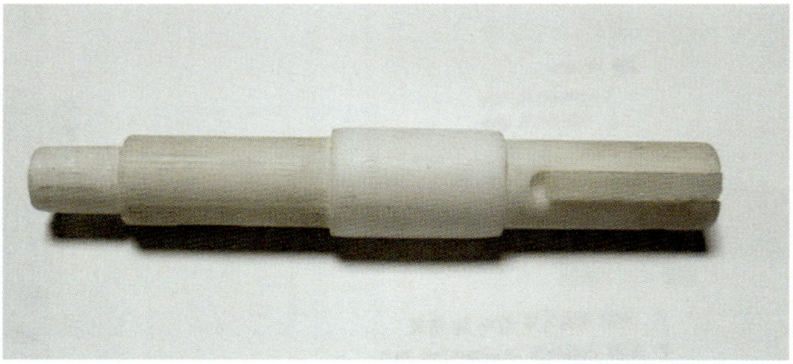

축

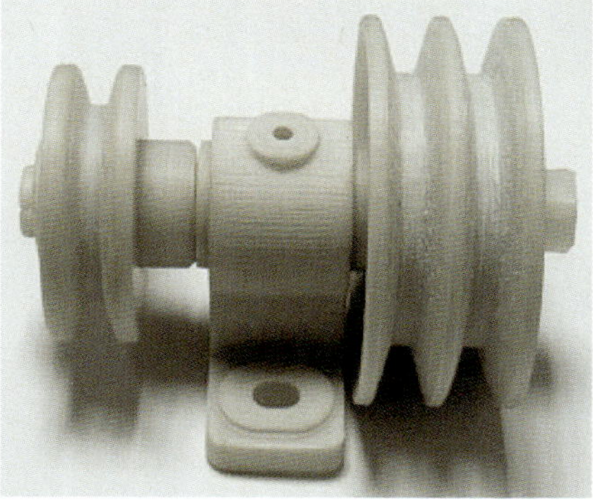

동력전달장치

2_반달 키(키 홈)

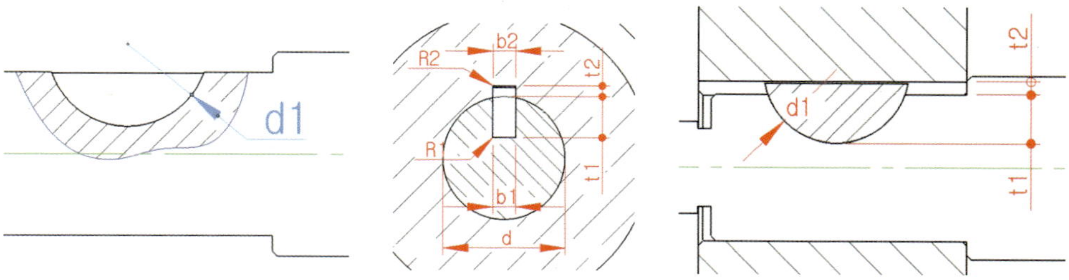

(단위 : mm)

키의 호칭 치수 $b \times d_0$	b_1 및 b_2의 기준치수	보통형 b_1 허용차 (N_9)	보통형 b_2 허용차 (Js_9)	조립형 b_1 및 b_2의 허용차 (P_9)	t_1 기준 치수	t_1 허용차	t_2 기준 치수	t_2 허용차	r_1 및 r_2	d_1 기준치수	d_1 허용차
1×4	1	-0.004 -0.029	±0.012	-0.006 -0.031	1.0	+0.1 0	0.6	+0.1 0	0.08 ~ 0.16	4	+0.1 0
1.5×7	1.5				2.0		0.8			7	
2×7	2				1.8		1.0			7	
2×10					2.9					10	+0.2 0
2.5×10	2.5				2.7		1.2			10	
3×10	3				2.5		1.4			10	
3×13					3.8	+0.2 0				13	
3×16					5.3					16	
4×13	4	0 -0.030	±0.015	-0.012 -0.042	3.5	+0.1 0	1.7			13	
4×16					5.0	+0.2 0	1.8		0.16 ~ 0.25	16	
4×19					6.0					19	+0.3 0
5×16	5				4.5		2.3			16	+0.2 0
5×19					5.5					19	+0.3 0
5×22					7.0	+0.3 0				22	
6×22	6				6.5		2.8	+0.2 0		22	
6×25					7.5					25	
6×28					8.6	+0.1 0	2.6	+0.1 0		28	
6×32	7				10.6					32	
7×22		0 -0.036	0.018	-0.015 -0.051	6.4		2.8			22	
7×25					7.4					25	
7×28					8.4					28	
7×32					10.4					32	
7×38					12.4					38	
7×45					13.4					45	
8×25	8				7.2		3.0			25	
8×28					8.0	+0.3 0	3.3	+0.2 0	0.25 ~ 0.4	28	
8×32					10.2	+0.1 0	3.0	+0.1 0	0.16 ~ 0.25	32	

반달키에 적용하는 축 지름

키의 호칭 치수	계열 1	계열 2	계열 3	계열 4
1×4	3 ~ 4	3 ~ 4	-	-
1.5×7	4 ~ 5	4 ~ 6	-	-
2×7	5 ~ 6	6 ~ 8	-	-
2×10	6 ~ 7	8 ~ 10	-	-
2.5×10	7 ~ 8	10 ~ 12	7 ~ 12	21
3×10	-	-	8 ~ 14	26
3×13	8 ~ 10	12 ~ 15	9 ~ 16	35
3×16	10 ~ 12	15 ~ 18	11 ~ 18	46
4×13	-	-	11 ~ 18	57
4×16	12 ~ 14	18 ~ 20	12 ~ 20	70
4×19	14 ~ 16	20 ~ 22	14 ~ 22	72
5×16	16 ~ 18	22 ~ 25	14 ~ 22	86
5×19	18 ~ 20	25 ~ 28	15 ~ 24	102
5×22	20 ~ 22	28 ~ 32	17 ~ 26	121
6×22	22 ~ 25	32 ~ 36	19 ~ 28	141
6×25	25 ~ 28	36 ~ 40	20 ~ 30	155
6×28	-	-	22 ~ 32	180
6×32	-	-	24 ~ 34	139
7×22	-	-	20 ~ 29	159
7×25	-	-	22 ~ 32	179
7×28	-	-	24 ~ 34	209
7×32	-	-	26 ~ 37	249
7×38	-	-	29 ~ 41	288
7×45	-	-	31 ~ 45	181
8×25	-	-	24 ~ 34	203
8×28	28 ~ 32	40 ~	26 ~ 37	239
8×32	-	-	28 ~ 40	283
8×38	-	30 ~ 44	30 ~ 44	283
10×32	32 ~ 38	-	31 ~ 46	295

3_베어링의 끼워맞춤

<table>
<tr><th colspan="4">내륜 회전 하중 또는 방향 부정 하중(보통 하중)</th></tr>
<tr><th>볼 베어링</th><th>원통, 테이퍼 롤러 베어링</th><th>자동조심 롤러 베어링</th><th rowspan="2">허용차 등급</th></tr>
<tr><th colspan="3">축 지름</th></tr>
<tr><td>18 이하</td><td>–</td><td>–</td><td>js5</td></tr>
<tr><td>18 초과
100 이하</td><td>40 이하</td><td>40 이하</td><td>k5</td></tr>
<tr><td>100 초과
200 이하</td><td>40 초과
100 이하</td><td>40 초과
65 이하</td><td>m5</td></tr>
</table>

<table>
<tr><th colspan="4">내륜 정지 하중</th></tr>
<tr><th>볼 베어링</th><th>원통, 테이퍼 롤러 베어링</th><th>자동조심 롤러 베어링</th><th rowspan="2">허용차 등급</th></tr>
<tr><th colspan="3">축 지름</th></tr>
<tr><td>내륜이 축 위를 쉽게
움직일 필요가 있다.</td><td colspan="2">전체 축 지름</td><td>g5</td></tr>
<tr><td>내륜이 축 위를 쉽게
움직일 필요가 있다.</td><td colspan="2">전체 축 지름</td><td>h5</td></tr>
</table>

<table>
<tr><th colspan="3">하우징 구멍 공차</th></tr>
<tr><td>외륜 정지 하중</td><td>모든 종류의 하중</td><td>H7</td></tr>
<tr><td>외륜 회전 하중</td><td>보통 하중 또는 정하중</td><td>N7</td></tr>
</table>

<table>
<tr><th colspan="4">스러스트 베어링</th></tr>
<tr><th colspan="4">축 지름</th></tr>
<tr><td colspan="2">중심 축 하중</td><td>전체 축 지름</td><td></td></tr>
<tr><td rowspan="2">합성 하중
(스러스트 자동 조심롤러 베어링)</td><td>내륜 정지 하중</td><td>전체 축 지름</td><td>js6</td></tr>
<tr><td>내륜 회전 하중 또는 방향 부정 하중</td><td>200 이하</td><td>k6</td></tr>
</table>

<table>
<tr><th colspan="3">스러스트 베어링</th></tr>
<tr><td colspan="2">중심 축 하중</td><td>H8</td></tr>
<tr><td rowspan="2">합성 하중
(스러스트 자동 조심롤러 베어링)</td><td>내륜 정지 하중</td><td>H7</td></tr>
<tr><td>내륜 회전 하중 또는 방향 부정 하중</td><td>K7</td></tr>
</table>

4_롤러체인, 스프라켓

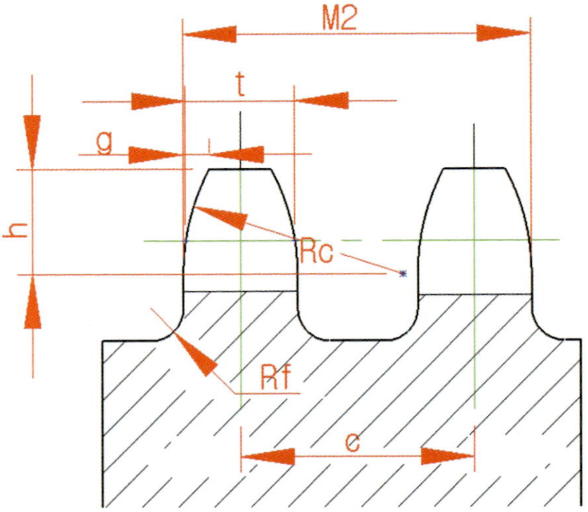

호칭 번호	가로치형							가로 피치 C	적용 롤러 체인(참고)		
	모떼기 폭 g (약)	모떼기 깊이 h (약)	모떼기 반지름 R_c (최소)	둥글기 rf	이나비 t(최대) 단열	2열 3열	4열 이상		피치 P	롤러 바깥지름 d_1	안쪽 링크 안쪽 나비 b_1(최소)
25	0.8	3.2	6.8	0.3	2.8	2.7	2.4	6.4	6.35	3.30	3.10
35	1.2	4.8	10.1	0.4	4.3	4.1	3.8	10.1	9.525	5.08	4.68
41	1.6	6.4	13.5	0.5	5.8				12.70	7.77	6.25
40	1.6	6.4	13.5	0.5	7.2	7.0	6.5	14.4	12.70	7.95	7.85
50	2.0	7.9	16.9	0.6	8.7	8.4	7.9	18.1	15.875	10.16	9.40
60	2.4	9.5	20.3	0.8	11.7	11.3	10.6	22.8	19.05	11.91	12.57
80	3.2	12.7	27.0	1.0	14.6	14.1	13.3	29.3	25.40	15.88	15.75
100	4.0	15.9	33.8	1.3	17.6	17.0	16.1	35.8	31.75	19.05	18.90
120	4.8	19.0	40.5	1.5	23.5	22.7	21.5	45.4	38.10	22.23	25.22
140	5.6	22.2	47.3	1.8	23.5	22.7	21.5	48.9	44.45	25.40	25.22
160	6.4	25.4	54.0	2.0	29.4	28.4	27.0	58.5	50.80	28.58	31.55
200	7.9	31.8	67.5	2.5	35.3	34.1	32.5	71.6	63.50	39.68	37.85
240	9.5	38.1	81.0	3.0	44.1	42.7	40.7	87.8	76.20	47.63	47.35

스프로킷 기준 치수

항목	계산식
피치원 지름(D_p)	$D_p = \dfrac{p}{\sin\dfrac{180°}{N}}$
바깥 지름(D_o)	$D_o = p[0.6 + \cot\dfrac{180°}{N}]$
이뿌리원 지름(D_B)	$D_B = D_p - d_1$
이뿌리 거리(D_C)	$D_C = D_B$, 짝수 톱니 $D_C = D_p \cos\dfrac{90°}{N} - d_1 = p \cdot \dfrac{1}{2\sin\dfrac{180°}{2N}} - d_1$, 홀수 톱니
최대 보스 지름 및 최대 홈지름(D_H)	$D_H = p[\cot\dfrac{180°}{N} - 1] - 0.76$

여기에서, P : 롤러 체인의 피치
d_1 : 롤러 체인의 롤러 바깥지름
N : 잇 수

호칭번호 25

잇수 (N)	피치원 지름 (D_p)	바깥 지름 (D_o)	이뿌리원 지름 (D_B)	이뿌리 거리 (D_C)	최대 보스 지름 (D_H)
25	50.66	54	47.36	47.27	43
26	52.68	56	49.38	49.38	45
27	54.70	58	51.40	51.30	47
28	56.71	60	53.41	53.41	49
29	58.73	62	55.43	55.35	51
30	60.75	64	57.45	57.45	53
31	62.77	66	59.47	59.39	55
32	64.78	68	61.48	61.48	57
33	66.80	70	63.50	63.43	59
34	68.82	72	65.52	65.62	61
35	70.84	74	67.54	67.47	63
36	72.86	76	69.56	69.56	65
37	74.88	78	71.58	71.51	67
38	76.90	80	73.60	73.60	70
39	78.91	82	75.61	75.55	72
40	80.93	84	77.63	77.63	74
41	82.95	87	79.65	79.59	76
42	84.97	89	81.67	81.67	78
43	86.99	91	83.69	83.63	80
44	89.01	93	85.71	85.71	82
45	91.03	95	87.73	87.68	84
46	93.05	97	89.75	89.75	86
47	95.07	99	91.77	91.72	88
48	97.09	101	93.79	93.79	90
49	99.11	103	95.81	95.76	92
50	101.13	105	97.83	97.83	94

호칭번호 35

잇수 (N)	피치원 지름 (D_p)	바깥 지름 (D_o)	이뿌리원 지름 (D_B)	이뿌리 거리 (D_C)	최대 보스 지름 (D_H)
21	63.91	69	58.83	58.65	53
22	66.93	72	61.85	61.85	56
23	69.95	75	64.87	64.71	59
24	72.97	78	67.89	67.89	62
25	76.00	81	70.92	70.77	65
26	79.02	84	73.94	73.94	68
27	82.05	87	76.97	76.83	71
28	85.07	90	79.99	79.99	74
29	88.10	93	83.02	82.89	77
30	91.12	96	86.04	86.04	80
31	94.15	99	89.07	88.95	83
32	97.18	102	92.10	92.10	86
33	100.20	105	95.12	95.01	89
34	103.23	109	98.15	98.15	93
35	106.26	112	101.18	101.07	96
36	109.29	115	104.21	104.21	99
37	112.31	118	107.23	107.13	102
38	115.34	121	110.26	110.26	105
39	118.37	124	113.29	113.20	108
40	121.40	127	116.32	116.32	111
41	124.43	130	119.35	119.26	114
42	127.46	133	122.38	122.38	117
43	130.49	136	125.41	125.32	120
44	133.52	139	128.44	128.44	123
45	136.55	142	131.47	131.38	126
46	139.58	145	134.50	134.50	129
47	142.61	148	137.53	137.45	132
48	145.64	151	140.56	140.56	135
49	148.67	154	143.59	143.51	138
50	151.70	157	146.62	146.62	141

호칭번호 40

잇수 (N)	피치원 지름 (D_p)	바깥 지름 (D_o)	이뿌리원 지름 (D_B)	이뿌리 거리 (D_C)	최대 보스 지름 (D_H)
16	65.10	71	57.15	57.15	50
17	69.12	76	61.17	60.87	54
18	73.14	80	65.19	65.19	59
19	77.16	84	69.21	68.95	63
20	81.18	88	73.23	73.23	67
21	85.21	92	77.26	77.02	71
22	89.24	96	81.29	81.29	75
23	93.27	100	85.32	85.10	79
24	97.30	104	89.35	89.35	83
25	101.33	108	93.38	93.18	87
26	105.36	112	97.41	97.41	91
27	109.40	116	101.45	101.26	95
28	113.43	120	105.48	105.48	99
29	117.46	124	109.51	109.33	103
30	121.50	128	113.55	113.55	107
31	125.53	133	117.58	117.42	111
32	129.57	137	121.62	121.62	115
33	133.61	141	125.66	125.50	120
34	137.64	145	129.69	129.69	124
35	141.68	149	133.73	133.59	128
36	145.72	153	137.77	137.77	132
37	149.75	157	141.80	141.67	136
38	153.79	161	145.84	145.84	140
39	157.83	165	149.88	149.75	144
40	161.87	169	153.92	153.92	148

3 기어박스 설계

1_조립도

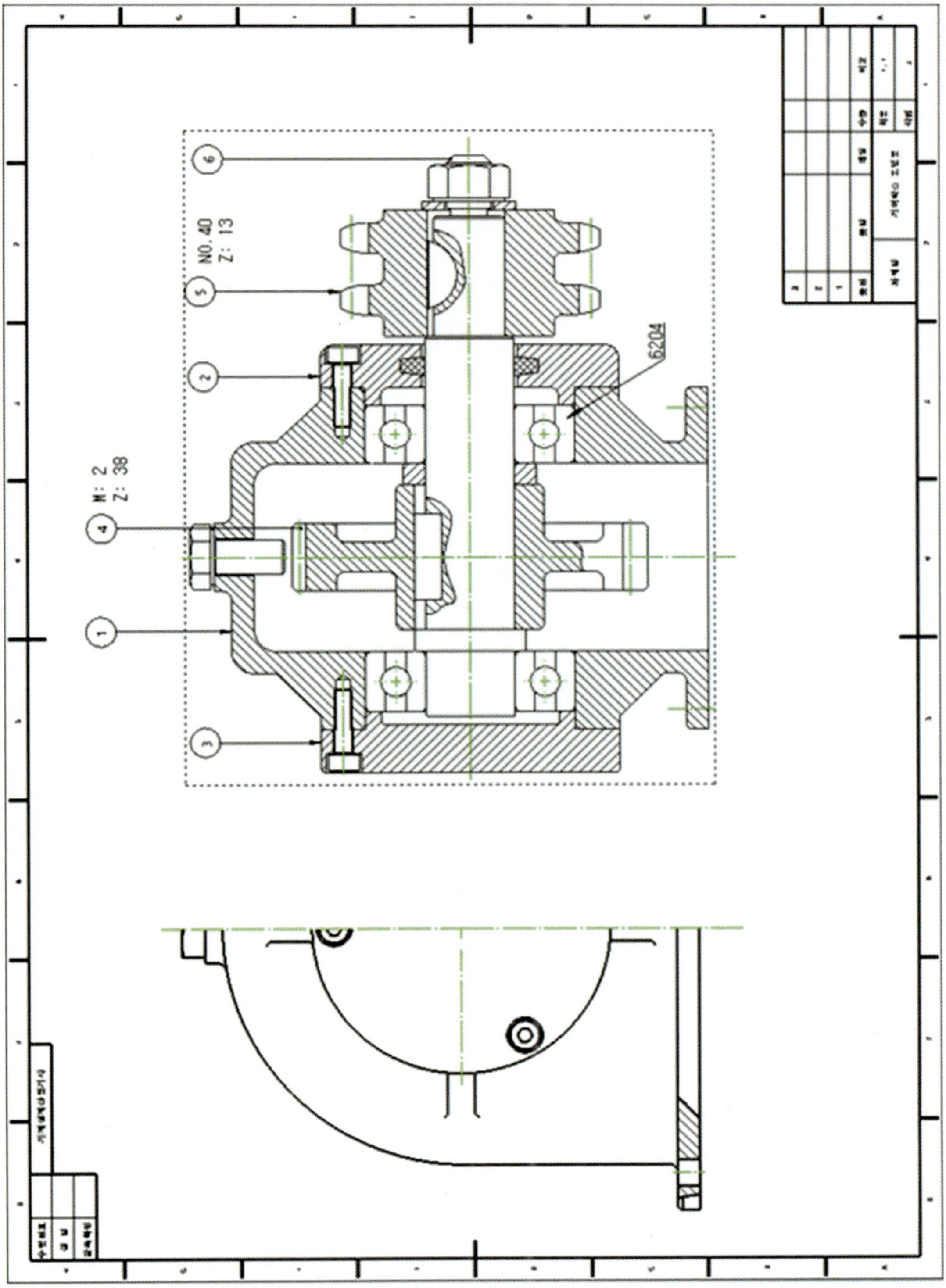

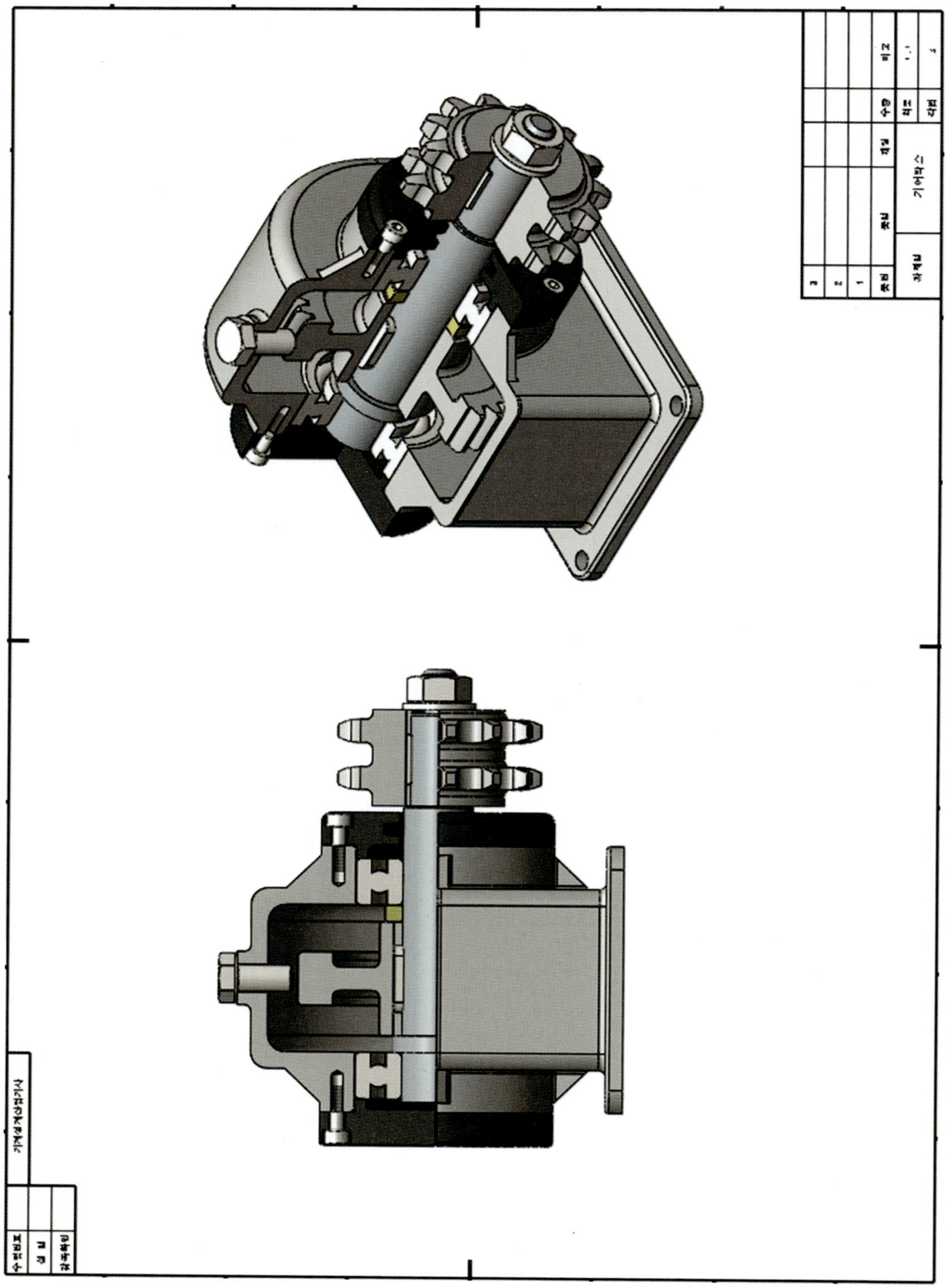
품번
품명
재질
수량
비고
척도
각법
과제명
기어박스
기계설계산업기사

2_분해도

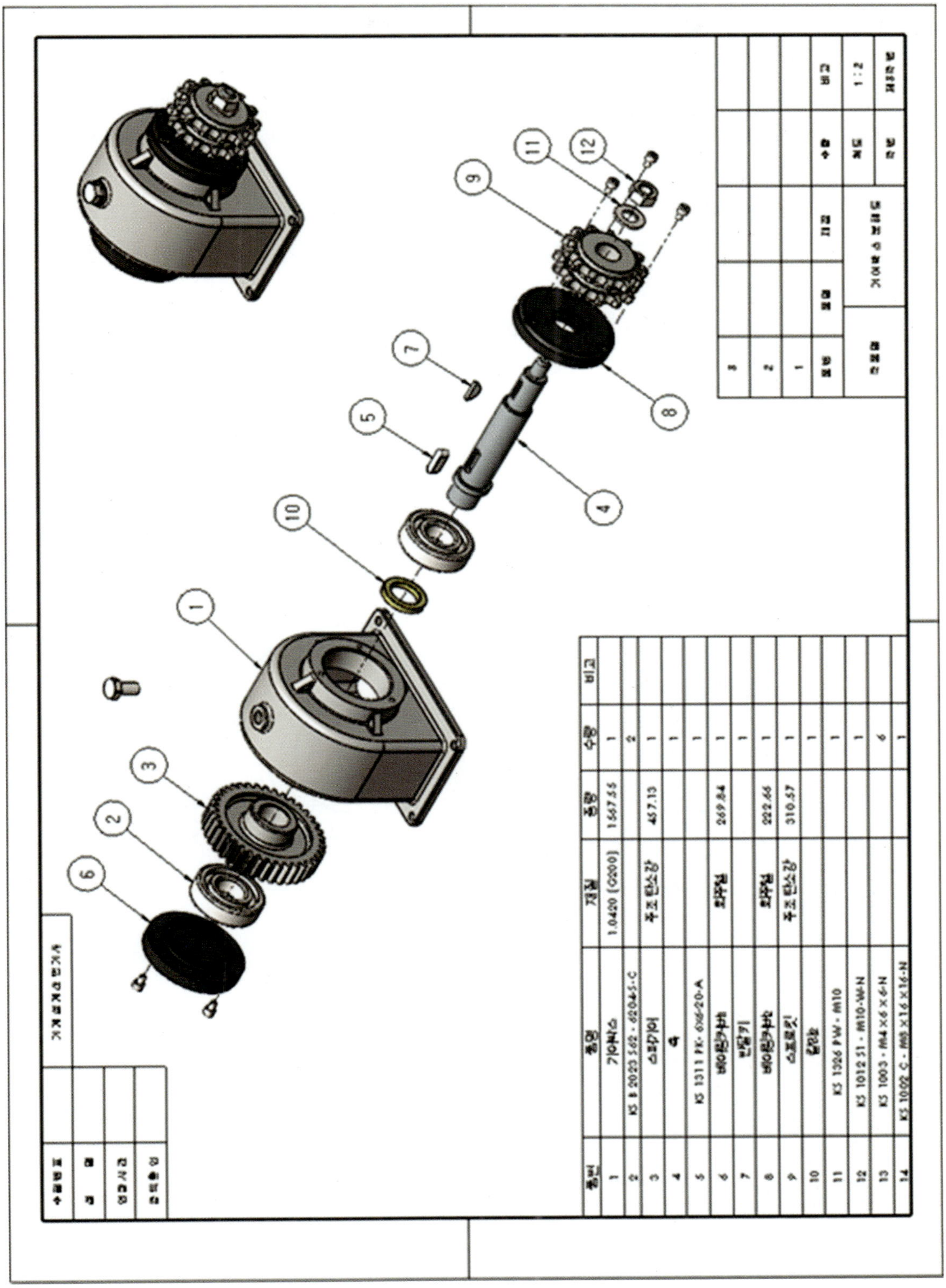

품번 품명 재질 중량 수량 비고
1 기어박스 1.0420 (G200) 1567.55 1
2 KS B 2023 562 - 6204S-C 2
3 스퍼기어 주조 탄소강 457.13 1
4 축 1
5 KS 1311 PK- 6X6-20-A 1
6 베어링커버 회주철 269.84 1
7 반달키 1
8 베어링커버 회주철 222.66 1
9 스프로킷 주조 탄소강 310.57 1
10 오일실 1
11 KS 1326 PW - M10 1
12 KS 1012 S1 - M10-W-N 1
13 KS 1003 - M4×6×6-N 6
14 KS 1002 C - M8×16×16-N 1
척도 1:2

3 _ 2D 도면해독을 통한 3D 단품 설계

본체

① 본체의 전체 길이, 전체 폭, 베어링 끼워맞춤 치수, 중심거리 등은 반드시 기입한다.

② 재질은 회주철(GC200)을 사용하며 제조된 주조품을 기계 가공을 하여 제작한다.

③ 정면도는 전 단면도 또는 반 단면도로 도시한다. 우측면도는 좌우 대칭으로 반쪽만 도시한다. 또한, 부품 형상을 고려할 때 평면도보다는 저면도를 도시하는 것이 좋다.

④ 본체와 같이 크고 복잡한 부품은 주로 주물로 제작한다. 이때, 특정 부위인 베어링 외륜과 결합되는 부분은 상다듬질 y/(▽▽▽), 베어링 커버와 결합되는 부위와 본체 바닥은 중다듬질 x/(▽▽)이고, 나머지 부분은 ∀/(~)로 기입한다.

⑤ 치수공차는 베어링 외륜과 접촉하는 부위는 주로 H7급 또는 H8급으로 기입한다.

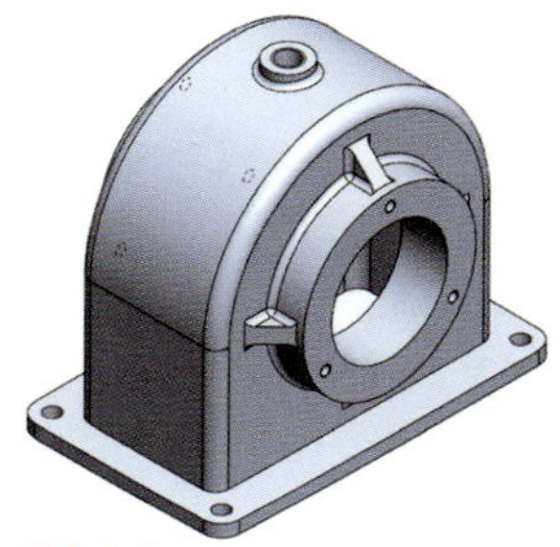

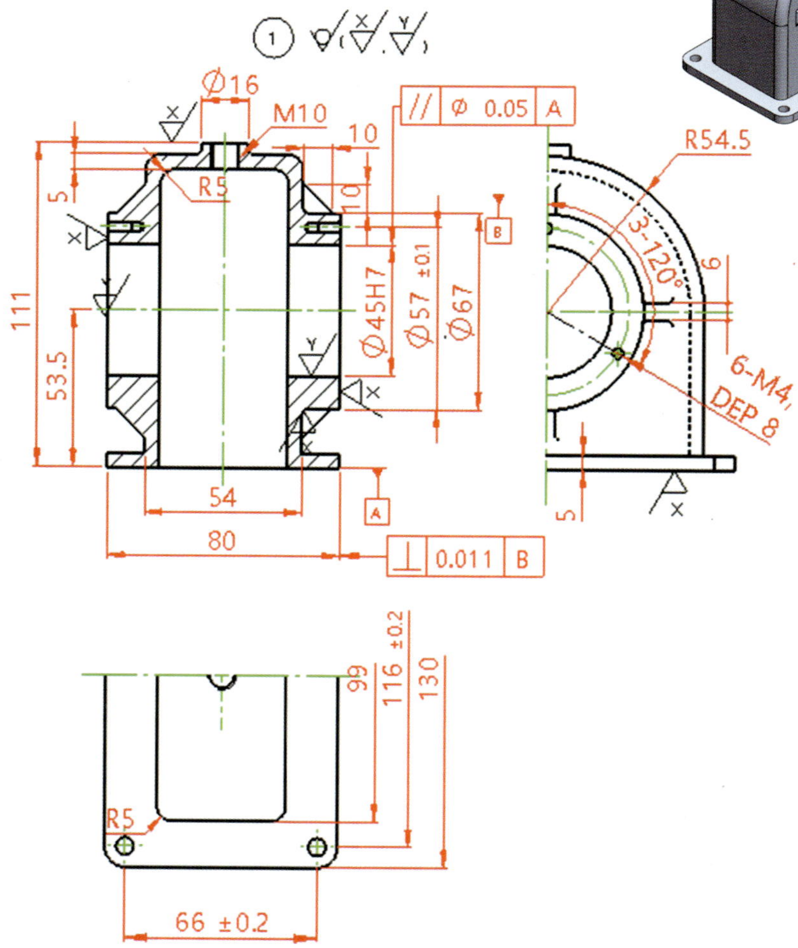

베어링 커버

① 베어링 커버는 베어링의 외륜 누름이나 방진방수 용도로 사용하고 재질은 탄소강(S45C, SM45C)을 사용한다.

② 정면도는 전 단면도 또는 반 단면도로 도시하고 플러머 블록 조립부는 참고자료를 확인하여 치수를 기입한다.

③ 본체 내면과 베어링 외륜에 접촉하는 부분은 상다듬질 $\overset{y}{\nabla}$(▽▽▽), 본체 외측 부분과 접촉하는 부분은 중다듬질 $\overset{x}{\nabla}$(▽▽)로 기입한다.

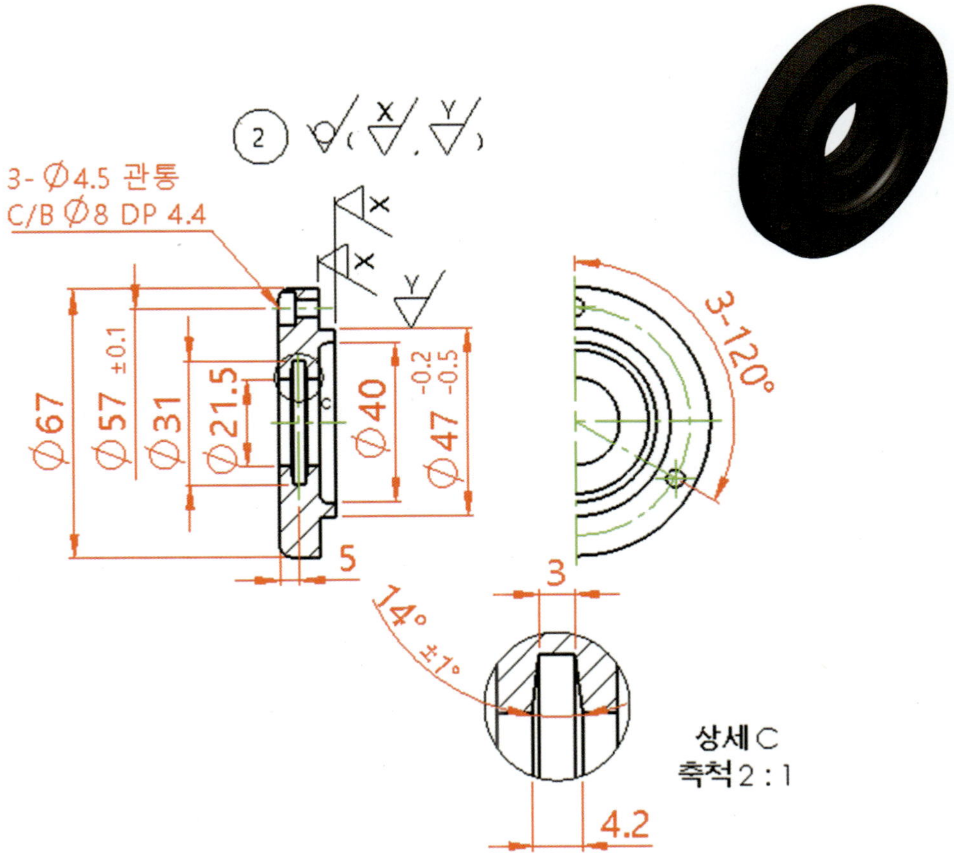

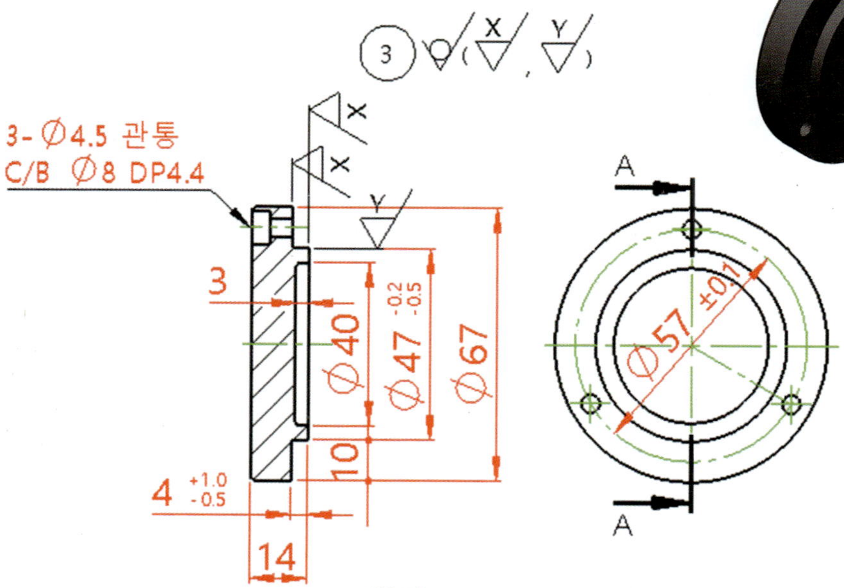
3 (X, Y)
3- Ø4.5 관통
C/B Ø8 DP4.4
X
X
Y
3
Ø40
Ø47 -0.2 -0.5
Ø67
10
4 +1.0 -0.5
14
A
A
Ø57 ±0.1

단면 A-A
축척 1 : 1.5

스퍼기어

① 조립도에 주어진 모듈과 잇수를 이용하여 피치원 지름, 바깥 지름을 계산하여 적용한다.

② 기어를 단면도로 도시할 때 이 부분은 단면표시를 표시하지 않으며, 치수 기입 시 투상도에는 기어제작에 필요한 것만 기입하고 기어절삭, 조립, 검사 등에 필요한 사항은 요목표에 기입한다.

③ 스퍼기어 재질은 탄소강 주강품인 SC480, 기계구조용 특수강의 대표적인 중탄소강 계열인 SM45C 등을 사용한다.

④ 기어 요목표를 작성한다.

스퍼기어		
기어치형		표준
공구	치형	보통이
	모듈	2
	압력각	20°
잇수		38
피치원		76
이끝원		80

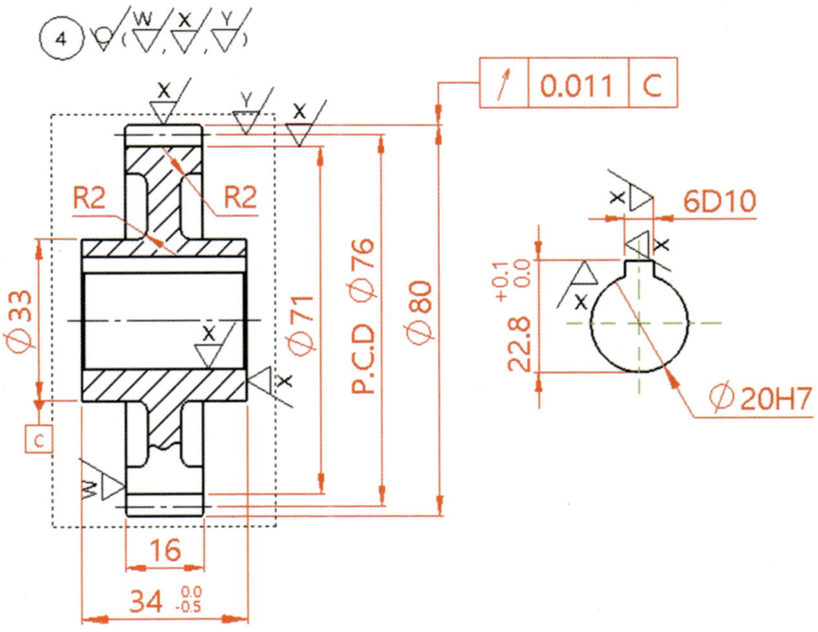

체인바퀴

① 조립도에 주어진 호칭번호와 잇수를 이용하여 피치원 지름, 바깥 지름을 계산하여 적용한다.

② 체인바퀴 이 부분의 치수는 참고자료를 이용하고 기어를 단면도로 도시할 때 이 부분은 단면표시를 표시하지 않는다.

③ 스퍼기어 재질은 탄소강 주강품인 SC480, 기계구조용 특수강의 대표적인 중탄소강 계열인 SM45C 등을 사용한다.

④ 체인, 체인바퀴 요목표를 작성한다.

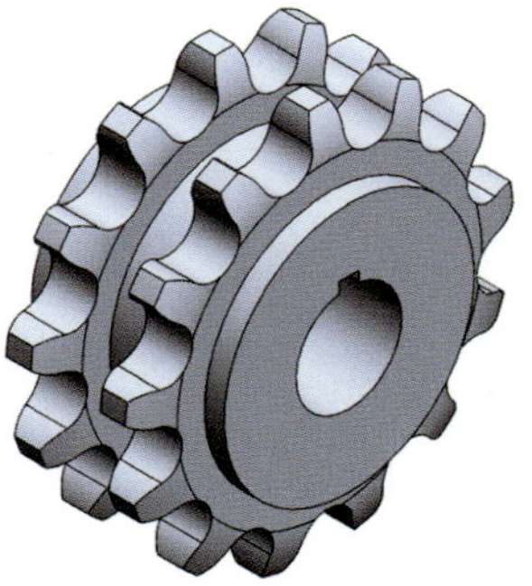

체인,스프라켓 요목표		
체인	호칭	40
	원주피치	12.7
	롤러 바깥지름	7.94
스프라켓	잇수	13
	치형	U type
	피치원지름	53.07

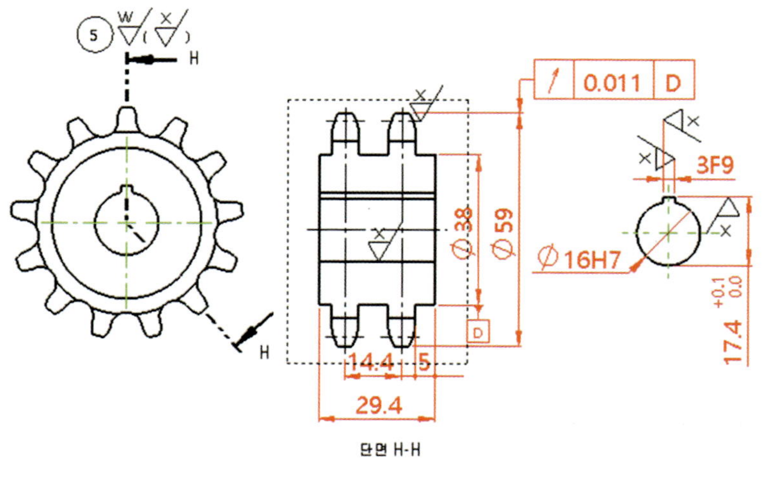

축

① 축의 재질은 SM45C로 하며, 세트 스크류와 반달키의 홈 부분은 국부 단면도로 도시한다.

② 세트 스크류 부분은 절단하여 회전 단면도로 도시한다.

③ 반달키 부분의 평면 형상은 부분 투상도로 나타내고 평행키와 반달키는 서로 90°가 되도록 가공한다.

④ 축 양단에는 센터 구멍을 설치하여 치수를 기입한다.

⑤ 부시 내면과 결합부의 표면거칠기는 상다듬질 Y(▽▽▽), 치수공차는 중간 끼워맞춤으로 한다.

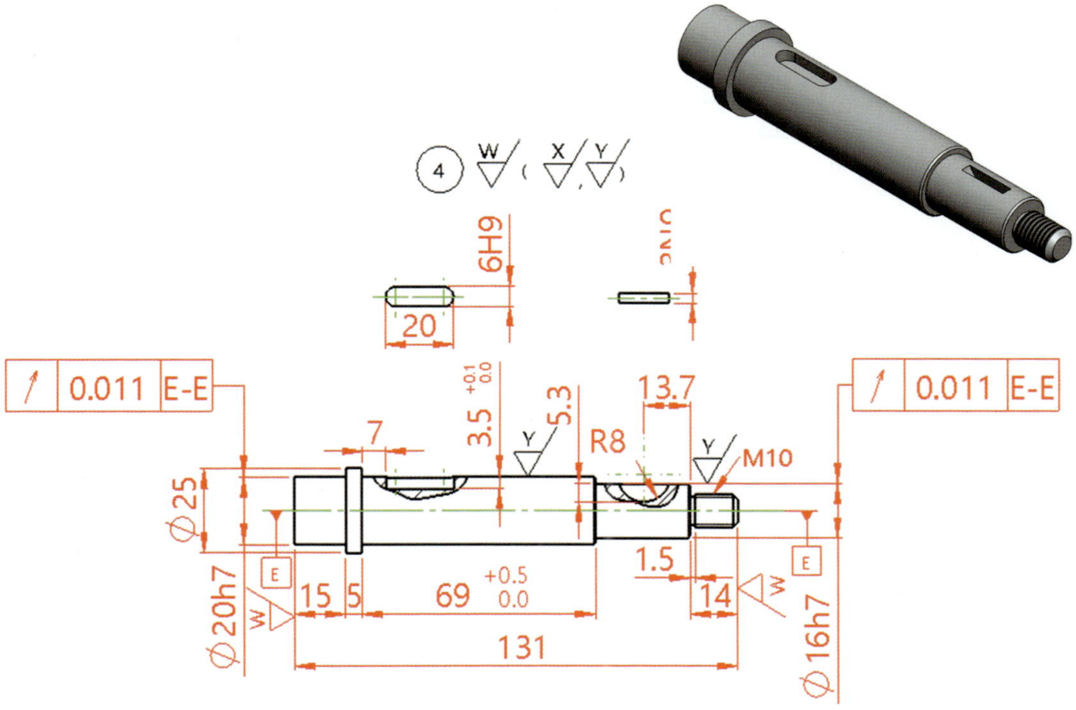

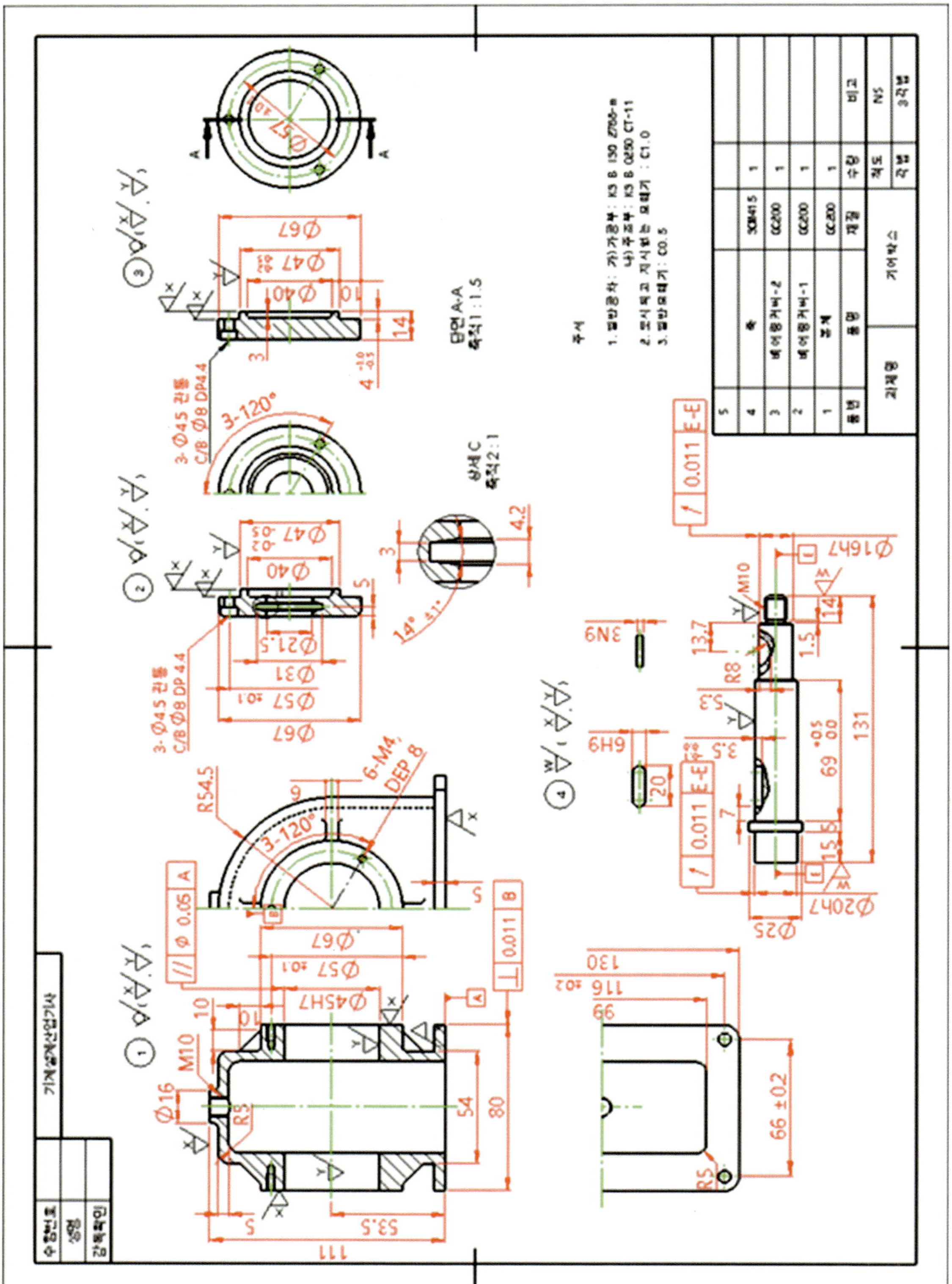

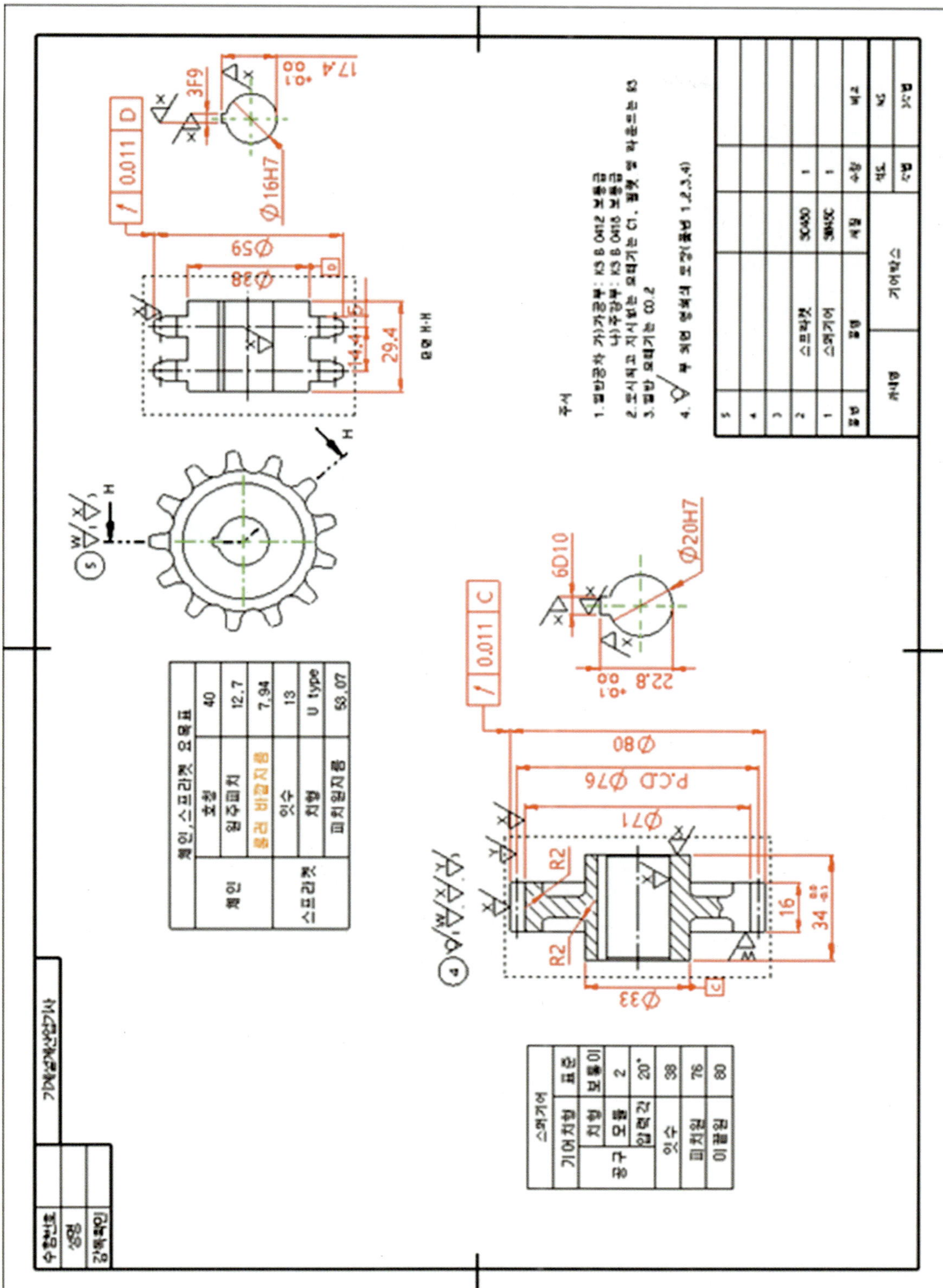

4 시제품 제작

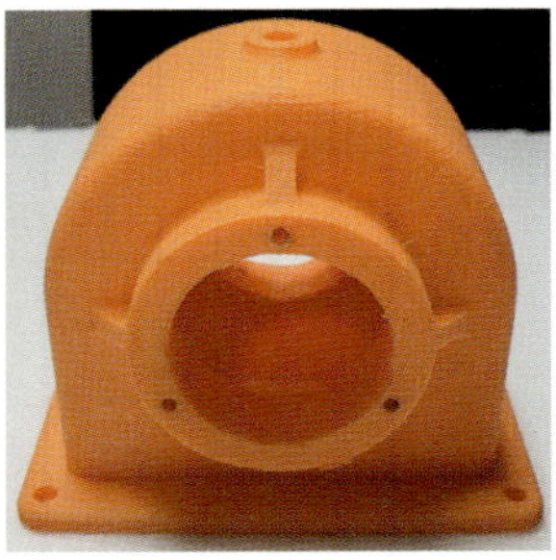

본체

베어링 커버

스퍼 기어

체인 바퀴

축

기어 박스

04 동력변환전동장치

① 개요

본 과제는 전동기의 동력으로 회전하는 구동축의 풀리에 연결된 V-벨트로부터 동력을 전달받아서 슬라이드 링크 기구절을 통하여 약 50° 각도 범위에서 요동 운동을 하는 동력변환장치이다. 이때, 축은 두 개의 구름 베어링(6204)으로 지지되고 링크장치는 헬리컬 기어의 암에 고정 설치된 핀에 의하여 요동 운동을 한다.

② 규격품 관련자료

1_미터 보통 나사

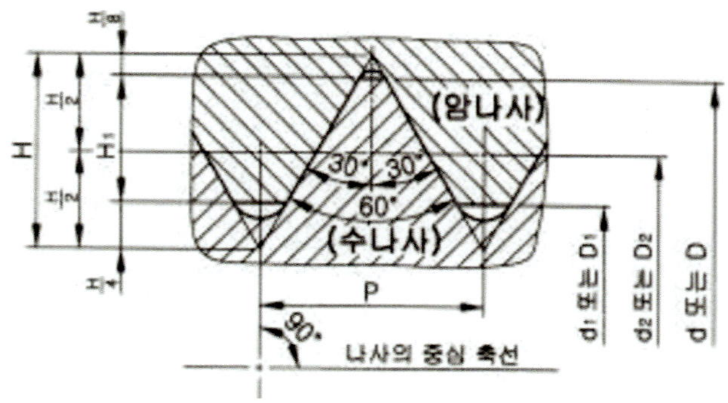

나사의 호칭	피치(P)	접촉 높이(H_1)	암나사		
			골지름 D	유효지름 D_2	안 지름 D_1
			수나사		
			바깥지름 d	유효지름 d_2	골지름 d_1
M3	0.5	0.271	3	2.675	2.459
M4	0.7	0.379	4	3.545	3.242
M5	0.8	0.433	5	4.480	4.134
M6	1	0.541	6	5.350	4.917
M8	1.25	0.677	8	7.188	6.647
M10	1.5	0.812	10	9.026	8.376
M12	1.75	0.947	12	10.863	10.106
M16	2	1.083	16	14.701	13.835

2_미터 가는 나사

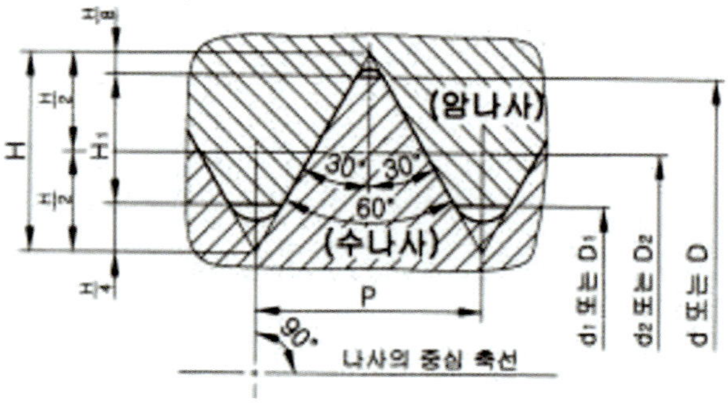

나사의 호칭	접촉 높이 (H_1)	암나사: 골지름 D / 수나사: 바깥지름 d	암나사: 유효지름 D_2 / 수나사: 유효지름 d_2	암나사: 안 지름 D_1 / 수나사: 골지름 d_1
M 1×0.2		1.000	0.870	0.783
M 1.1×0.2		1.100	0.970	0.883
M 1.2×0.2		1.200	1.070	0.983
M 1.4×0.2	0.18	1.400	1.270	1.183
M 1.6×0.2		1.600	1.470	1.383
M 1.8×0.2		1.800	1.670	1.583
M 2×0.25	0.135	2.000	1.838	1.279
M 2.2×0.25		2.200	2.038	1.929
M 2.5×0.35	0.189	2.500	2.273	2.121
M 3×0.35		3.000	2.773	2.621
M 3.5×0.35		3.500	3.273	3.121
M 4×0.5	0.271	4.000	3.675	3.459
M 4.5×0.5		4.500	4.175	3.959
M 5×0.5		5.000	4.675	4.459
M 5.5×0.5		5.500	5.175	4.959
M 6×0.75	0.406	6.000	5.513	5.188
M 7×0.75		7.000	6.513	6.188
M 8×1	0.541	8.000	7.350	6.917
M 8×0.75	0.406		7.513	7.188
M 9×1	0.541	9.000	8.350	7.917
M 9×0.75	0.406		8.513	8.188
M10×1.25	0.677	10.000	9.188	8.647
M10×1	0.541		9.350	8.917
M10×0.75	0.406		9.513	9.188
M11×1	0.541	11.000	10.350	9.917
M11×0.75	0.406		10.513	10.188
M12×1.5	,0.812	12.000	11.026	10.376
M12×1.25	0.677		11.188	10.647
M12×1	0.541		11.350	10.917

3_미터 사다리꼴 나사

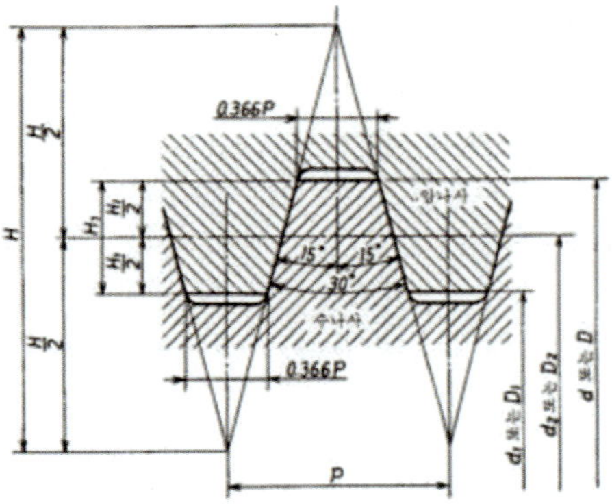

기준공식

$H = 1.866P$ $d_2 = d - 0.5P$

$H_1 = 0.5P$ $d_1 = d - P$

$D = d,\ D_2 = d_2,\ D_1 = d_1$

나사의 호칭	피치(P)	접촉 높이(H_1)	암나사		
			골지름 D	유효지름 D_2	안 지름 D_1
			수나사		
			바깥지름 d	유효지름 d_2	골지름 d_1
Tr 10×2	2	1	10.000	9.000	8.000
Tr 10×1.5	1.5	0.75	10.000	9.250	8.5000
Tr 11×3	3	1.5	11.000	9.500	8.000
Tr 11×2	2	1	11.000	10.000	9.000
Tr 12×3	3	1.5	12.000	10.500	9.000
Tr 12×2	2	1	12.000	11.000	10.000
Tr 14×3	3	1.5	14.000	12.500	11.000
Tr 14×2	2	1	14.000	13.000	12.000
Tr 16×4	4	2	16.000	14.000	12.000
Tr 16×2	2	1	16.000	15.000	14.000
Tr 18×4	4	2	18.000	16.000	14.000
Tr 18×2	2	1	18.000	17.000	16.000
Tr 20×4	4	2	20.000	18.000	16.000
Tr 20×2	2	1	20.000	19.000	18.000

4_앵귤러 볼 베어링

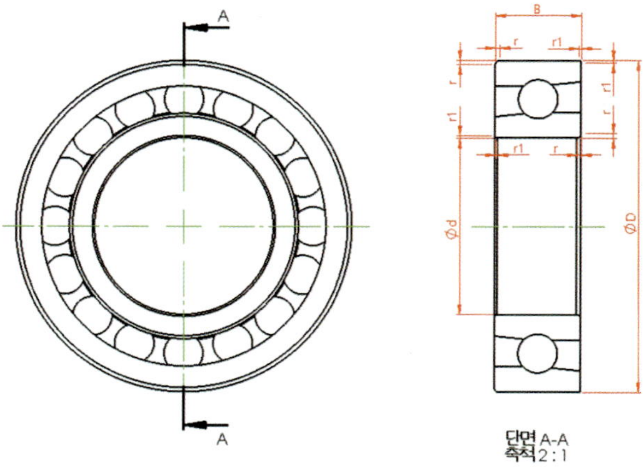

호칭번호 (70계열)	치수				
	d	D	B	r	r1
7000A	10	26	8	0.3	0.15
7001A	12	28	8	0.3	0.15
7002A	15	32	9	0.3	0.15
7003A	17	35	10	0.3	0.15
7004A	20	42	12	0.6	0.3
7005A	25	47	12	0.6	0.3
7006A	30	55	13	1	0.6
7007A	35	62	14	1	0.6
7008A	40	68	15	1	0.6
7009A	45	75	16	1	0.6

호칭번호 (72계열)	치수				
	d	D	B	r	r1
7200A	10	30	9	0.6	0.3
7201A	12	32	10	0.6	0.3
7202A	15	35	11	0.6	0.3
7203A	17	40	12	0.6	0.3
7204A	20	47	14	1	0.6
7205A	25	52	15	1	0.6
7206A	30	62	16	1	0.6

호칭번호 (73계열)	치수				
	d	D	B	r	r1
7300A	10	35	11	0.6	0.3
7301A	12	37	12	1	0.6
7302A	15	42	13	1	0.6
7303A	17	47	14	1	0.6
7304A	20	52	15	1.1	0.6
7305A	25	62	17	1.1	0.6
7306A	30	72	19	1.1	0.6

5_자동 조심 볼 베어링

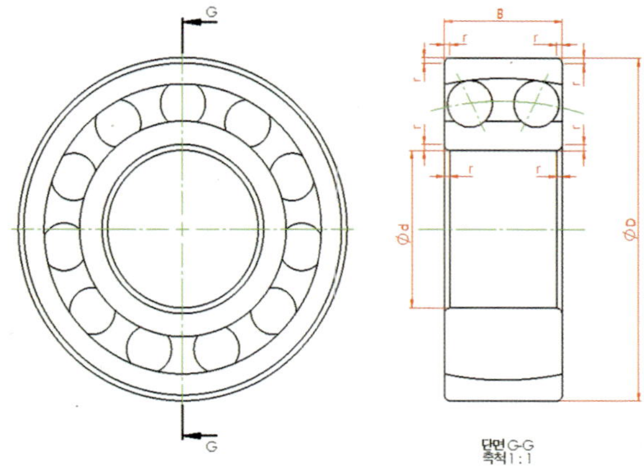

호칭번호 (12계열)	치수			
	d	D	B	r
1200	10	30	9	0.6
1201	12	32	10	0.6
1202	15	35	11	0.6
1203	17	40	12	0.6
1204	20	47	14	1
1205	25	52	15	1
1206	30	62	16	1

호칭번호 (13계열)	치수			
	d	D	B	r
1300	10	35	11	0.6
1301	12	37	12	1
1302	15	42	13	1
1303	17	47	14	1
1304	20	52	15	1.1
1305	25	62	17	1.1

호칭번호 (22계열)	치수			
	d	D	B	r
2200	10	30	14	0.6
2201	12	32	14	0.6
2202	15	35	14	0.6
2203	17	40	16	0.6
2204	20	47	18	1
2205	25	52	18	1
2206	30	62	20	1

호칭번호 (23계열)	치수			
	d	D	B	r
2300	10	35	17	0.6
2301	12	37	17	1
2302	15	42	17	1
2303	17	47	19	1
2304	20	52	21	1.1
2305	25	62	24	1.1

6_기어 요목표

스퍼 기어 요목표

기어 치형		표준
공구	모듈	□
	치형	보통이
	압력각	20°
전체 이높이		□
피치원 지름		□
잇수		□
다듬질 방법		호브절삭
정밀도		KS B ISO 1328-1,4급

베벨 기어 요목표

기어 치형	글리슨 식
모듈	□
치형	보통이
압력각	20°
축 각	90°
전체 이높이	□
피치원 지름	□
피치원 추각	□
잇수	□
다듬질 방법	절삭
정밀도	KS B 1412,4급

헬리컬 기어 요목표

기어 치형		표준
공구	모듈	□
	치형	보통이
	압력각	20°
전체 이높이		□
치형 기준면		치직각
잇수		□
리드		□
방향		□
비틀림각		□
다듬질 방법		호브절삭
정밀도		KS B ISO 1328-1,4급

웜과 웜휠 요목표

구분 \ 품번	① (웜)	② (웜휠)
원주피치	-	□
리드	□	-
피치 원경	□	
잇수	-	
치형 기준 단면	축 직각	
줄수, 방향	□	
압력각	20°	
진행각	□	
모 듈	□	
다듬질 방법	호브절삭	연삭

체인, 스프라켓 요목표

종류	구분 \ 품번	□
체인	호칭	□
	원주피치	□
	롤러외경	□
스프라켓	잇수	□
	치형	□
	피치원경	□

래크와 피니언 요목표

구분 \ 품번		① (래크)	② (피니언)
기어 치형		표준	
공구	모듈	□	
	치형	보통이	
	압력각	20°	
피치 이높이		□	□
피치원 지름		-	□
잇수		□	□
다듬질 방법		호브 절삭	
정밀도		KS B ISO 1328-1,4급	

3 동력변환전동장치 설계

1 _ 조립도

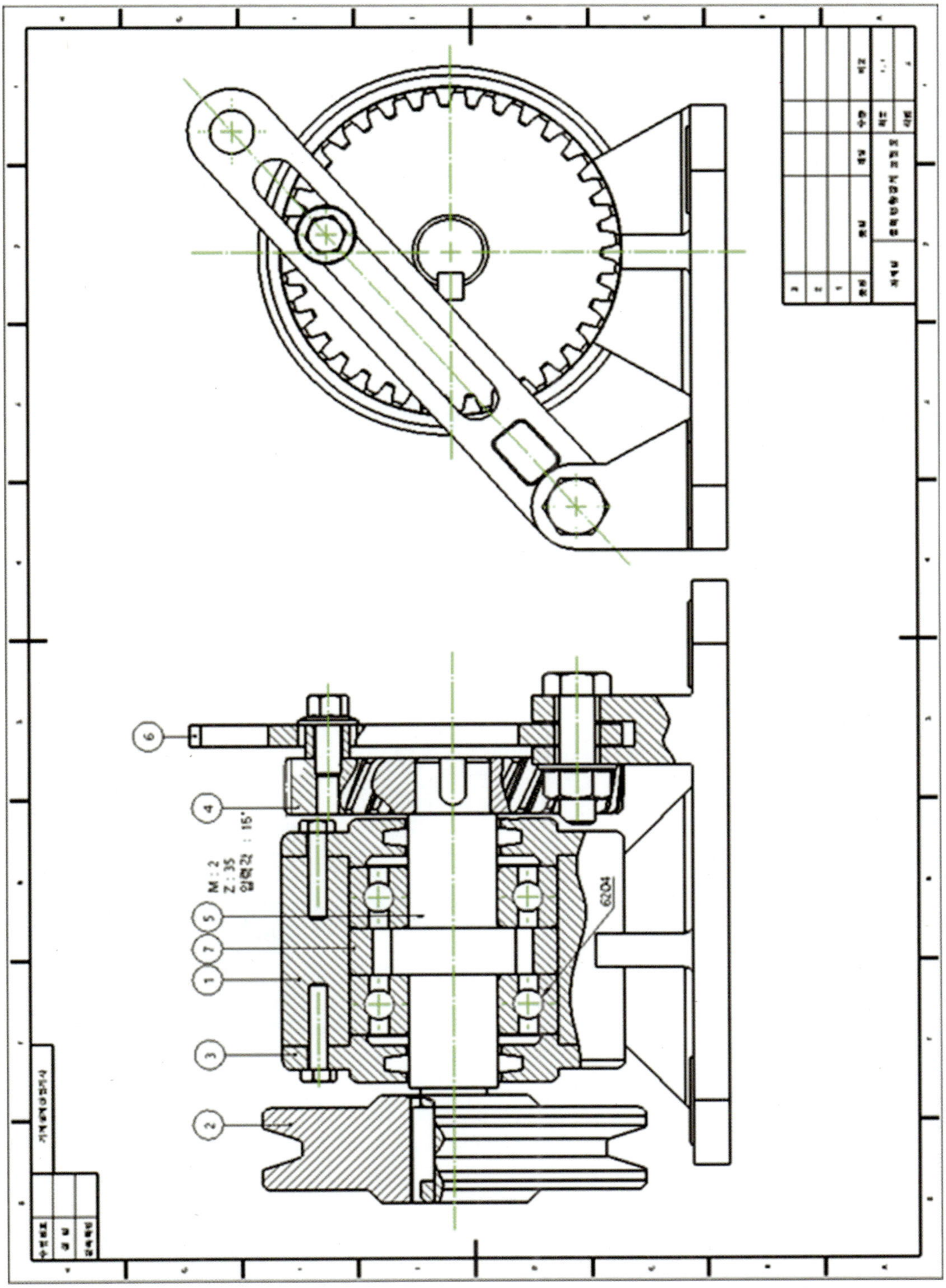

2_분해도

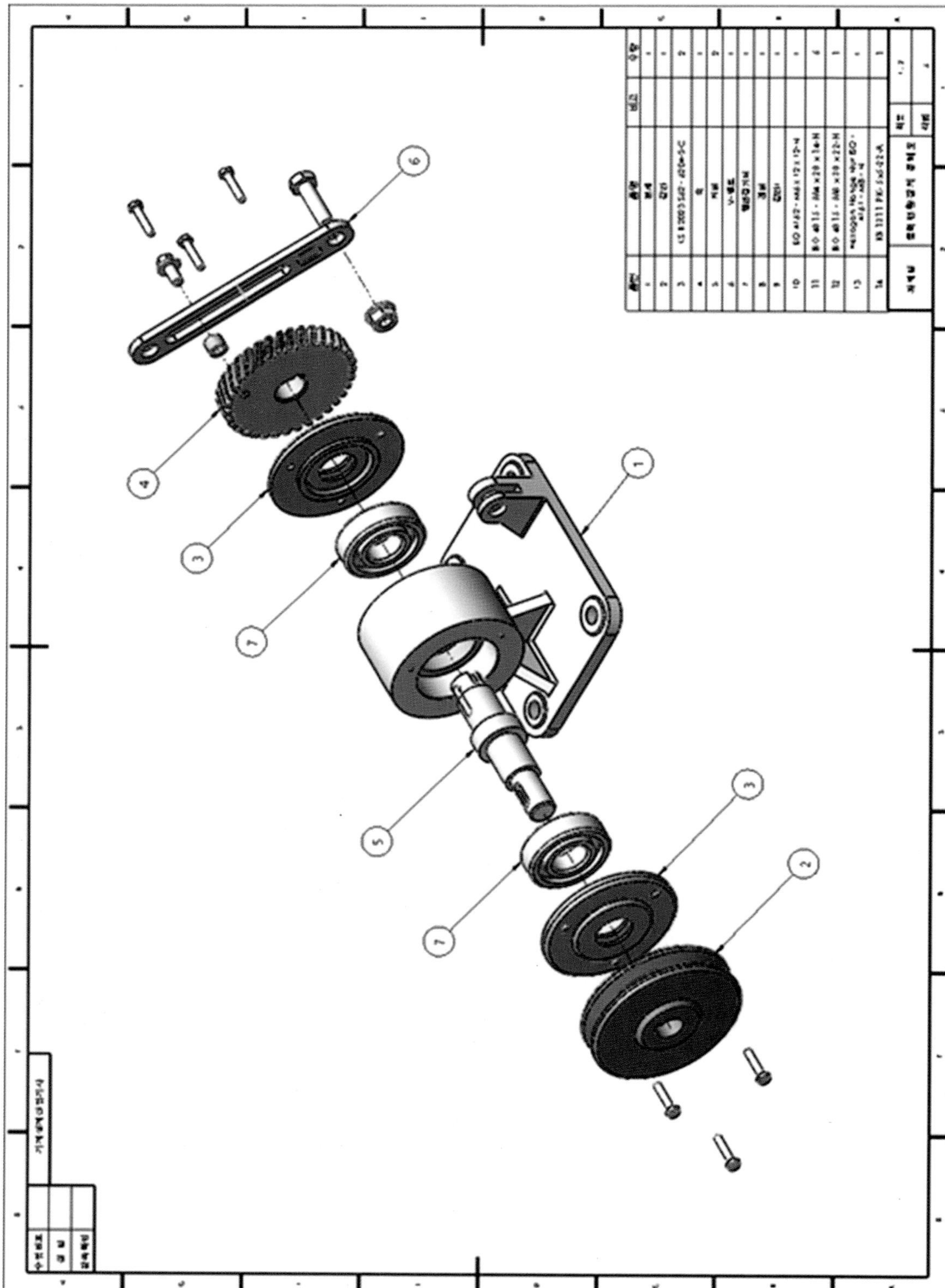

3_2D 도면해독을 통한 3D 단품 설계

본체

① 본체의 전체 길이, 전체 폭, 베어링 끼워맞춤 치수, 중심거리 등은 반드시 기입한다.

② 재질은 회주철(GC200)을 사용하며 제조된 주조품을 기계 가공을 하여 제작한다.

③ 정면도는 국부 단면도로 나타내고 본체 고정용 볼트 구멍부의 평면형상은 부분 투상도로 도시한다. 또한, 리브는 회전 단면도로 도시하고 두께를 기입한다.

④ 본체와 같이 크고 복잡한 부품은 주로 주물로 제작한다. 이때, 특정 부위인 베어링 외륜과 결합되는 부분은 상다듬질 $\overset{y}{\nabla}$(▽▽▽), 베어링 커버와 결합되는 부위와 본체 바닥은 중다듬질 $\overset{x}{\nabla}$(▽▽)이고, 나머지 부분은 $\overset{}{\nabla}$(~)로 기입한다.

⑤ 치수공차는 베어링 외륜과 접촉하는 부위는 주로 H7급 또는 H8급으로 기입한다.

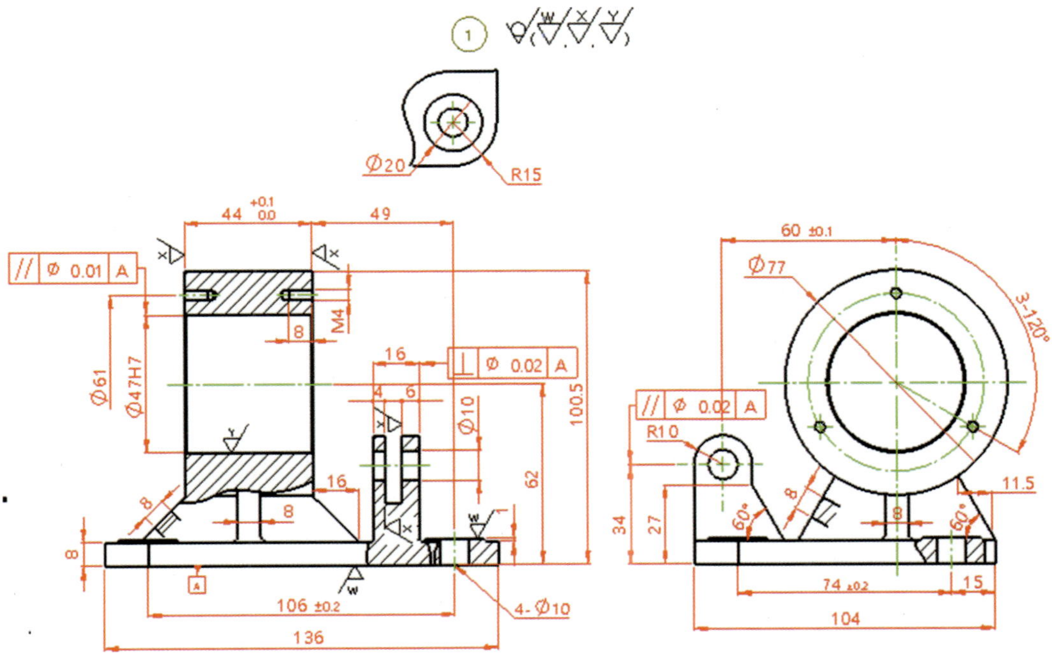

V-벨트 풀리

① V-벨트 풀리의 재질은 KS D 4301의 3종인 회주철(GC200)를 사용하며 주로 정면도 측, 1면도로 표시한다.

② 키홈 부분이 표시되도록 반단면도 또는 전단면도로 도시한다.

③ V-벨트 풀리 홈 부분은 상세도로 도시하며, V 벨트와 접촉하는 부분은 상다듬질 y/(▽▽▽)을 적용한다.

④ 동력전달용 축과의 결합부 표면거칠기는 중다듬질 x/(▽▽), 치수공차는 중간 끼워맞춤으로 한다.

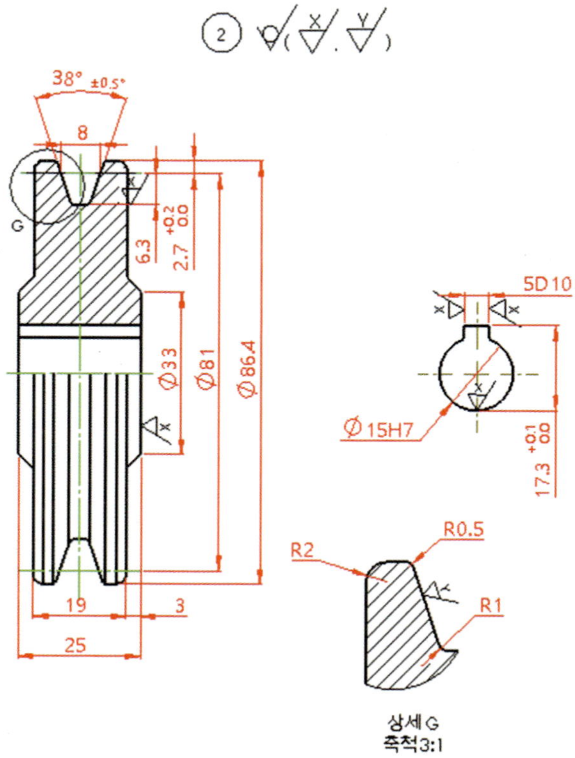

축

① 축의 재질은 SM45C로 하며, 세트 스크류와 반달키의 홈 부분은 국부 단면도로 도시한다.

② 세트 스크류 부분은 절단하여 회전단면도로 도시한다.

③ 반달키 부분의 평면 형상은 부분 투상도로 나타내고 평행키와 반달키는 서로 90°가 되도록 가공한다.

④ 축 양단에는 센터 구멍을 설치하여 치수를 기입한다.

⑤ 부시 내면과 결합부의 표면거칠기는 상다듬질 Y(▽▽▽), 치수공차는 중간 끼워맞춤으로 한다.

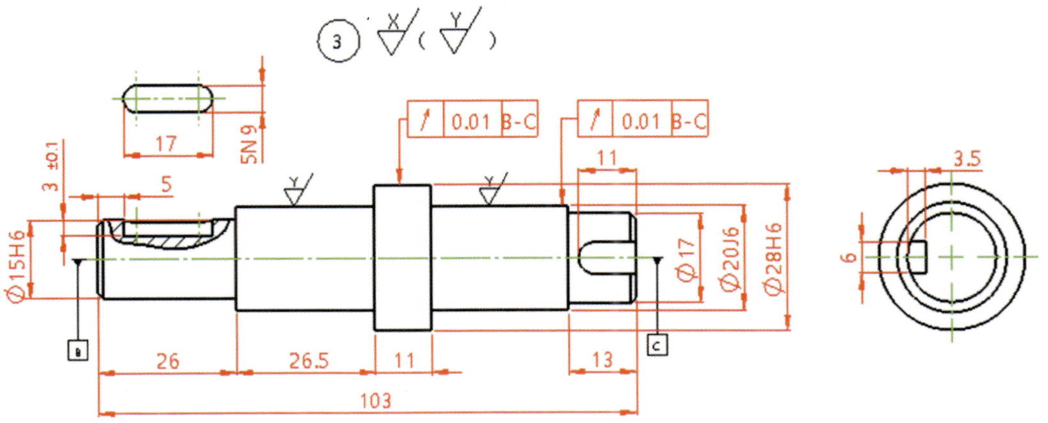

베어링 커버

① 베어링 커버는 베어링의 외륜 누름이나 방진방수 용도로 사용하고 재질은 탄소강(S45C, SM45C)을 사용한다.

② 정면도는 전단면도 또는 반단면도로 도시하고 플러머 블록 조립부는 참고자료를 확인하여 치수를 기입한다.

③ 본체 내면과 베어링 외륜에 접촉하는 부분은 상다듬질 $\overset{y}{\nabla}$(▽▽▽), 본체 외측 부분과 접촉하는 부분은 중다듬질 $\overset{x}{\nabla}$(▽▽)로 기입한다.

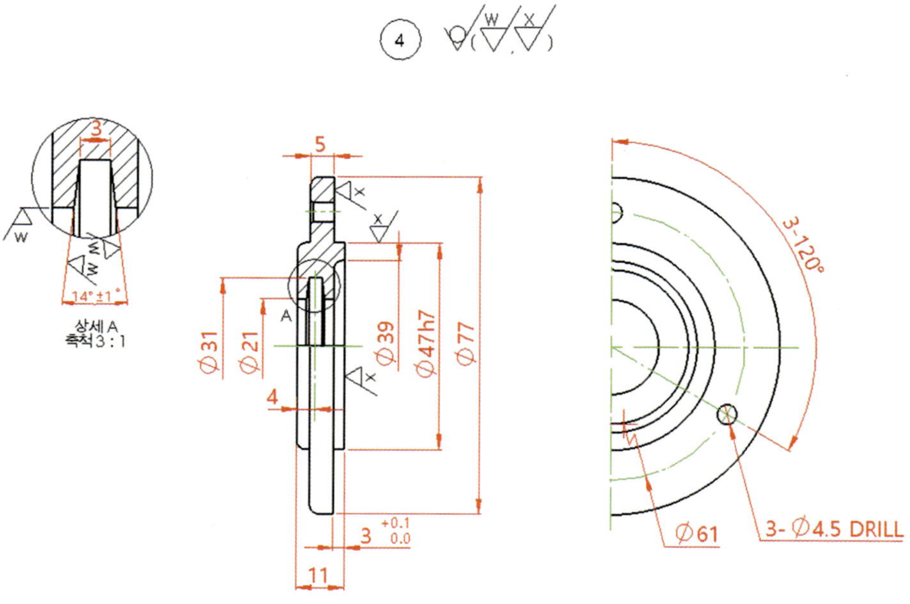

헬리컬 기어

① 조립도에 주어진 호칭번호와 잇수를 이용하여 피치원 지름, 바깥 지름을 계산하여 적용한다.

② 체인바퀴 이 부분의 치수는 참고자료를 이용하고 기어를 단면도로 도시할 때 이 부분은 단면표시를 표시하지 않는다.

③ 스퍼기어 재질은 탄소강 주강품인 SC480, 기계구조용 특수강의 대표적인 중탄소강 계열인 SM45C 등을 사용한다.

④ 체인, 체인바퀴 요목표를 작성한다.

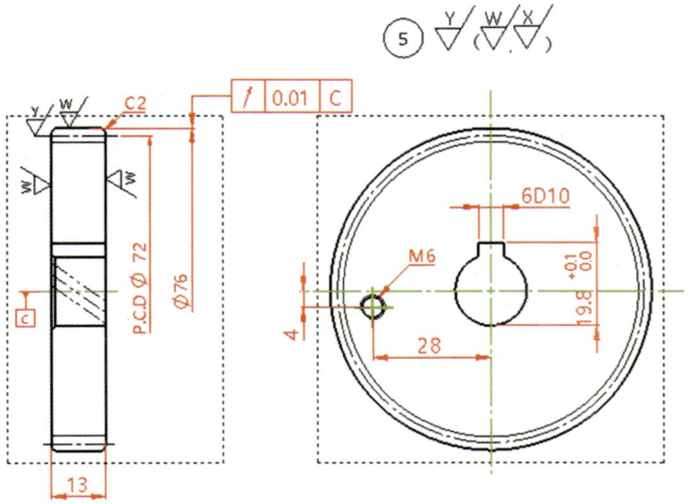

헬리컬 기어		
치형기준단면		치직각
공구	치형	표준
	모듈	2
	압력각	20°
피치원		72.5
이끝원		76.6
잇수		35
비틀림각		15°
방향		우
완성가공		호브

레버

① 헬리컬 기어와 볼트로 연결되어 주축의 회전 운동에 따라 슬라이딩 부분의 접촉 변위가 일어나기 때문에 강도와 경도가 요구괴는 SCM435를 사용한다.

② 도면은 1면도로 하고, 슬라이딩 부분은 상다듬질 $\overset{Y}{\bigtriangledown}$(▽▽▽)을 한다.

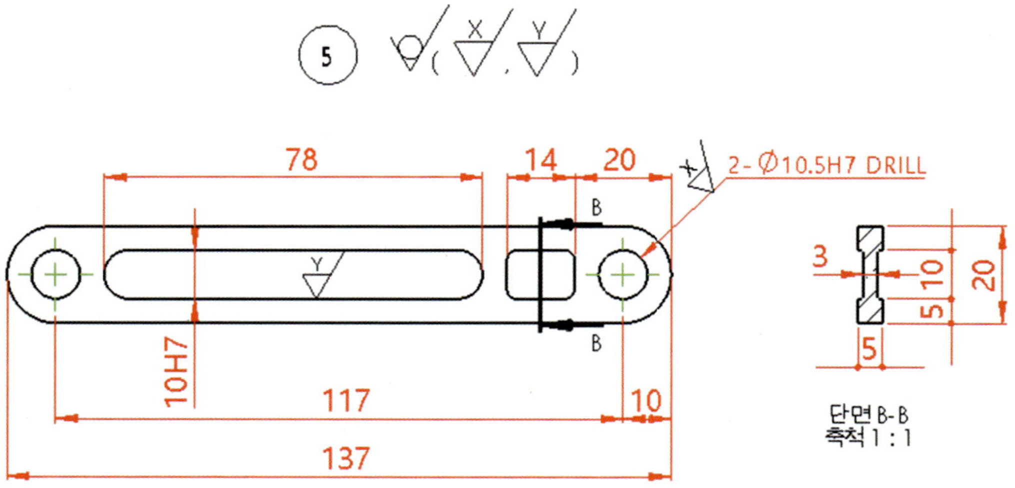

4_제작도 설계

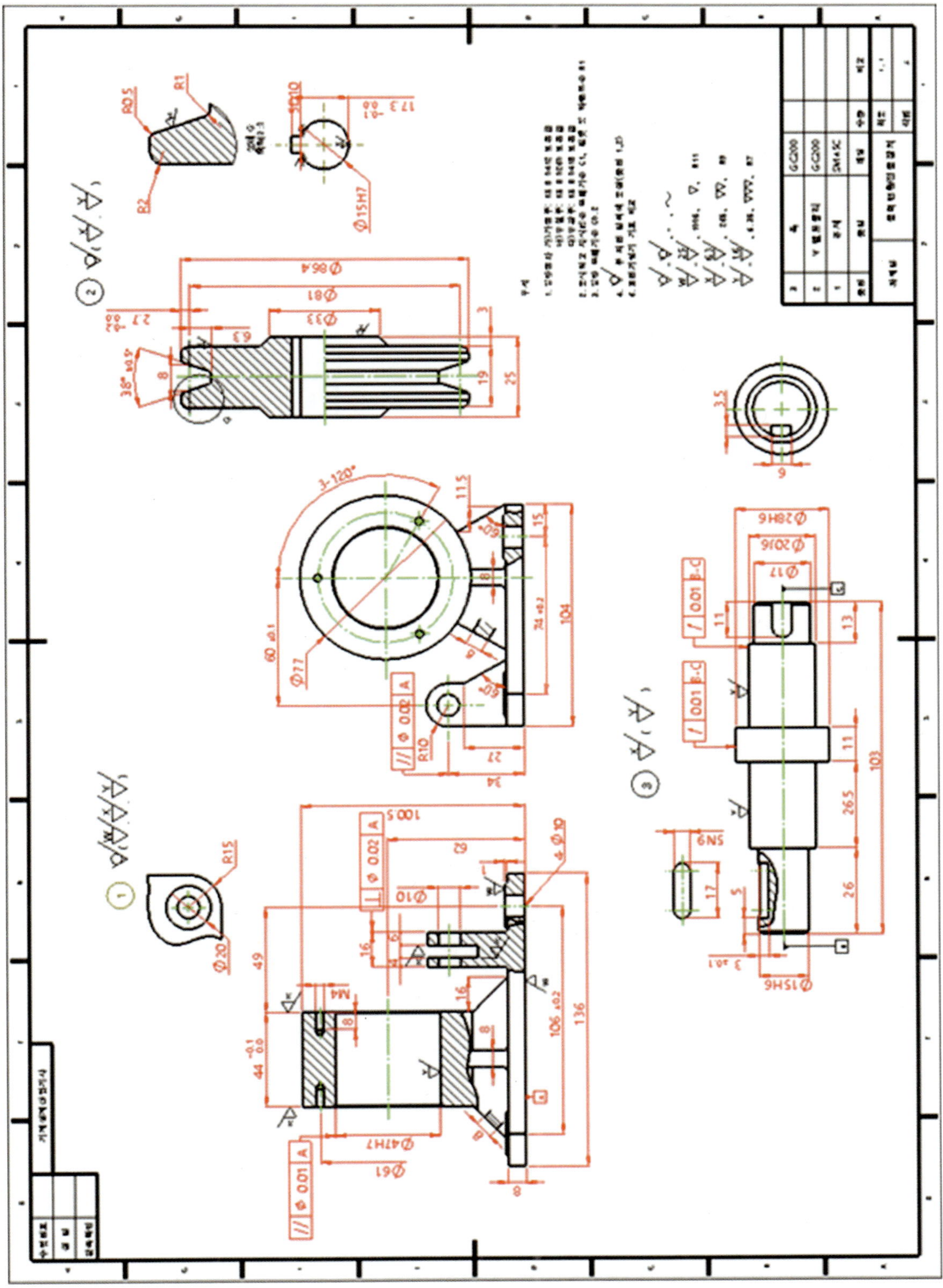

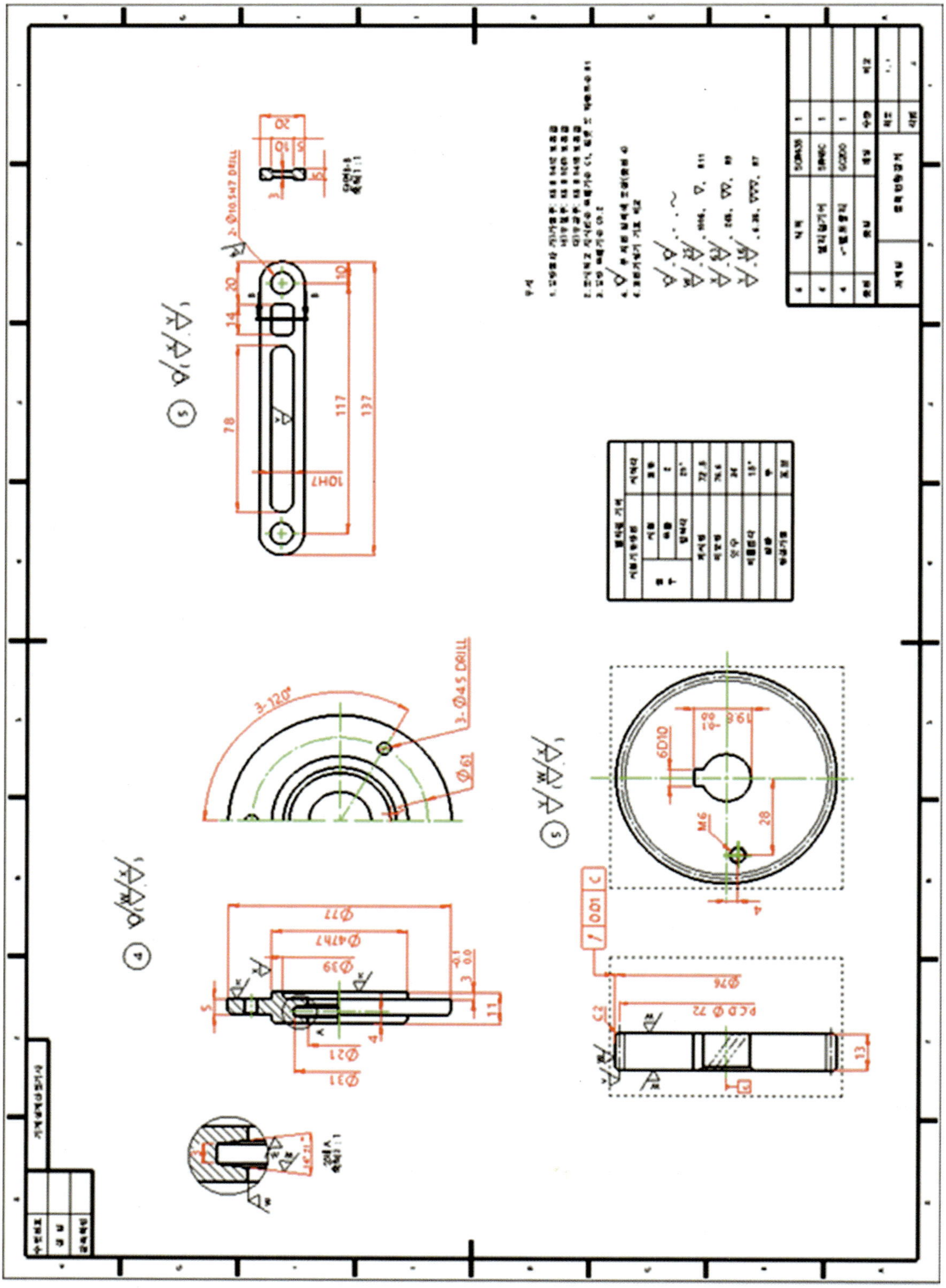

2-Ø10.5 H7 DRILL
10H7
78
117
137
3-120°
3-Ø4.5 DRILL
Ø61
Ø77
Ø47h7
Ø39
Ø21
Ø31
6D10
M6
28
Ø76
PCD Ø72
C2
0.01 C

④ 시제품 제작

본체

V-벨트 풀리

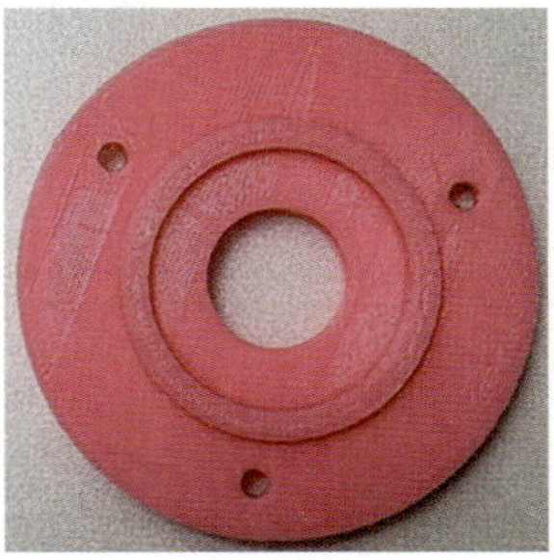

베어링 커버

헬리컬 기어

축

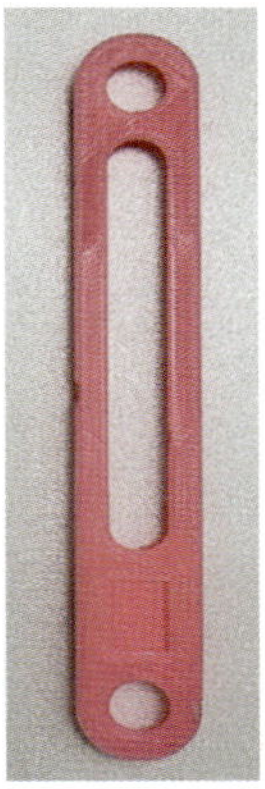

레버

동력변환장치

05 설계 도면과 소요자재 명세서(BOM)

① 설계 도면과 파트 리스트

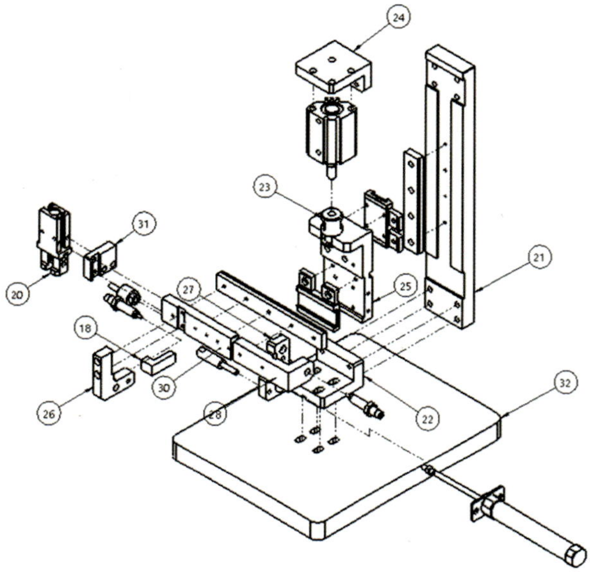

품번	품명	비고	수량
1	CDQ2A20-20DMZ-A93_CQ2Tube(20D)		1
2	CDQ2A20-20DMZ-A93_CQ22031Rods(20M)		1
3	CDQ2A20-20DMZ-A93_CQ2 SnapRing(20)		1
4	RSR9WN9Slide-LM 블록		2
5	RSR9WN-110-LM 가이드	LM GUIDE	1
6	LLTG4	LOCK NUT	4
7	RSR9WN-140L-LM 가이드	LM GUIDE	1
14	M5X0.8		1
15	JA15-5-080_JA-Body(JA15-5-080)	FLOTING JOINT	1
16	RB0806S	SHOCKABSORBER	2
17	STEHN8	STOPPER	1
18	Work-BIOPAD		1
19	MHZ-10DN-Y59A		1
20	BPD-02-10_bracket		2
21	BPD-02-02_vertical frame		1
22	BPD-02-03_horizontal frame		1
23	BPD-02-12_holder		1
24	BPD-02-07_bracket		1
25	BPD-02-04_vertical table		1
26	BPD-02-08_bracket		1
27	SH1421-04-10		1
28	BPD-02-06_horizontal table		1
29	BPD-02-10_stop block		1
30	BPD-02-05_horizontal table		1
31	BPD-02-09_bracket		1
32	BPD-02-01_base plate		1

품번	품명	재질	수량	비고
3				
2				
1				

과제명	2축왕복운동기구	척도	
		각법	

조립도

1_조립도 및 부품도

조립도

제품을 구성하는 부품들의 조립 상태와 조립치수 등을 나타낸 도면을 말하며 제품을 구성하는 모든 부품 뿐만 아니라 조립 상태를 보여준다. 또한, 부품을 조립하기 전의 상태와 조립 순서를 보여주는 도면을 작성하기도 하는데, 이를 분해도라고 한다. 최근에는 3D CAD가 많이 보급되면서 앞의 그림과 같이 직관적인 이해가 가능한 3D 도면이 많아지고 있다.

부품도

제품을 구성하는 부품들을 나타낸 도면으로 대부분의 기업들은 기본적으로 하나의 도면에 하나의 부품이 나타나게 하는 일품일도의 형식을 취하고 있다. 부품도면은 부품 제작에 있어 가장 중요한 데이터이므로 모든 치수가 기재되어 치수 누락이 없어야 한다.

2_파트 리스트

조립도는 보통 개별 부품에 일련 번호를 매겨서 표현한 벌룬 번호가 있다. 벌룬 번호는 부품 수량을 체크하고 파트 리스트를 작성하는 기본 정보가 된다. 파트 리스트는 제품을 구성하는 모든 부품의 리스트를 말한다. 보통 조립 도면에 있는 벌룬을 보면서 작성을 하는데 부품 수가 많지 않으면 조립 도면에 표를 만들어 넣어서 작성하고 부품 수가 많으면 별도로 엑셀을 이용하여 작성한다. 파트 리스트는 제품 제작을 위한 부품의 외주 제작 또는 구매를 위한 체크리스트가 되기 때문에 누락 여부를 체크하는 것이 매우 중요한 일이다.

[표 7.1] 파트 리스트

	품 명	규 격	수 량	제 조 사
1	서포트유닛	C-BUN12	6	MISUMI
2	볼 스크류	C-BSS1505-490	1	MISUMI
3	LM가이드	C-BSS1505-270	1	MISUMI
4	Z축 모터	Eiz-SERVO-56S-A	1	Ezi motor
5	X축 모터	Eiz-SERVO-56M-A	1	Ezi motor
6	Y축 모터	Eiz-SERVO-56L-A	1	Ezi motor
7	Z축 모터드라이버	EzS-PD-56S-A	1	Ezi motor
8	X축 모터드라이버	EzS-PD-56M-A	1	Ezi motor
9	Y축 모터드라이버	EzS-PD-56L-A	1	Ezi motor
10	아두이노 보드	5V	1	공급처(JK전자)
11	릴레이 모듈	5V	1	공급처(JK전자)

② 소요 자재 명세서

1_BOM

BOM은 Bill of Material의 약어로서 소요 자재 명세서를 말한다. 일반적으로 특정 제품이 어떠한 부품과 중간 조립품으로 구성되는지에 대한 제품 구조에 대한 정보를 담고 있다. 즉, BOM은 조립품이나 제품 등을 만드는데 필요한 조립품, 반조립품, 부분품, 원자재 등의 목록으로 구성된 것으로 제품 구조 이상의 의미를 지닐 뿐만 아니라 생산활동에 필요한 제품의 모든 정보를 체계화, 데이터베이스화를 한 것이다.

우리가 접하는 의자, 전화기, 자동차, 컴퓨터, 청소기뿐만 아니라 각종 지그장치, 자동화장치 및 산업 기계 등은 모두 많은 부품의 조립을 통하여 만들어진다. 다음 그림은 아주 단순한 제품일지라도 여러 개의 부품으로 구성되어 있다.

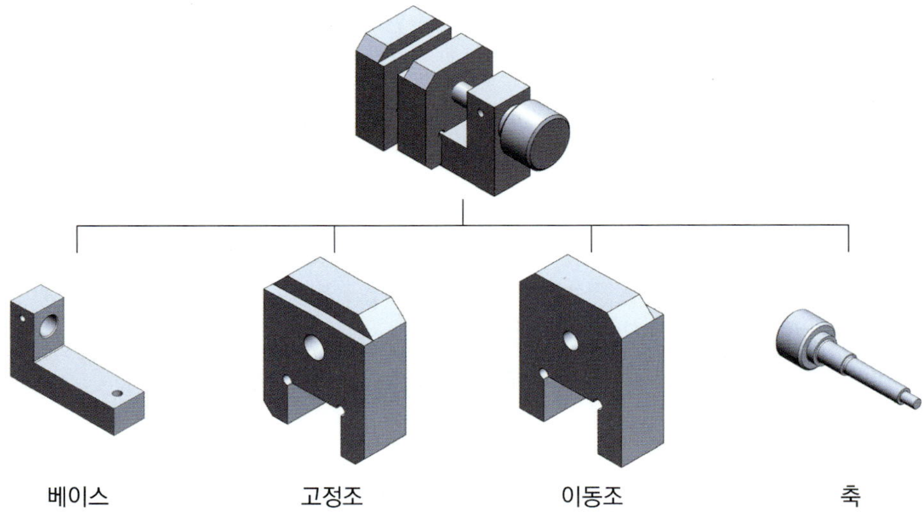

BOM과 관련된 정보는 제품에 대한 마스터 파일과 연계되어 도면 관리, 설계 작업의 용이성, 제품의 표준화 및 설계 변경에 대한 검토 등에 사용된다.

2_설계용 BOM과 제조용 BOM의 차이

설계용 BOM

① 설계용 BOM은 설계 부문의 관점에서 바라본 제품 구성도를 문서화한 것이다. 즉, 설계 목적으로 구성된 제품 구성도이다.

② 예를 들면, 자동차 설계를 담당하는 부서는 보통, 엔진, 변속기, 조향장치, 제동장치, 현가장치 등으로 분류하여 각각 파트에 대한 설계를 담당한다.

③ 이러한 분업은 각 파트에 대한 제조 관점의 분업이 아니고 기능과 공학적 설계 관점의 분류이고 분업이라 할 수 있다.

④ 이렇게 분류된 파트가 설계 BOM에서는 하나의 중간 조립품이 되고, 이들이 모인 BOM 트리를 설계용 BOM이라 한다.

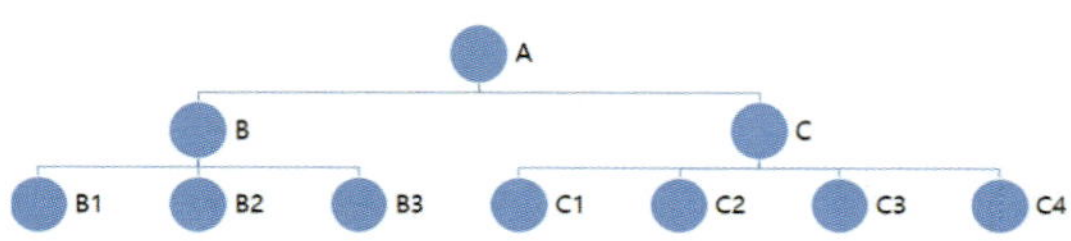

Engineering BOM

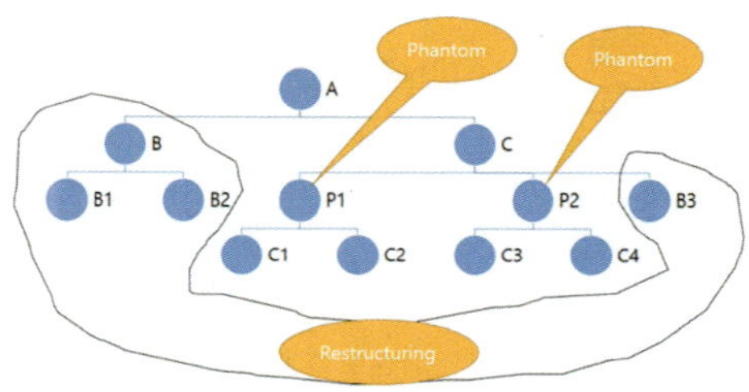

Manufacturing BOM

제조용 BOM

원자재가 입고된 후 가공, 조립하여 최종 제품에 사용되기까지의 물자의 이동 과정을 반영하거나 최종 제품의 생산계획에 따라 입고되어야 할 부품의 양과 시점 또는 최종 제품의 제조 지시에 따라 출고되어야 할 부품의 양과 시점을 계층적 제조 단계로 나타내는데 사용되는 것을 말한다.

① 제조용 BOM은 조립과 제조 관점에서 구성된 BOM 트리를 말한다.

② 조립 및 제조 관점에서 자동차를 바라보면 자동차의 중간 조립품은 설계 BOM에서 만들어진 트리와는 다소 다른 것을 알 수 있다.

③ 물론, 제품에 따라서는 설계용 BOM과 비슷하고 거의 같은 구성을 가진 중간 조립품도 있지만 대부분의 제품에 있어 제조 BOM은 설계 BOM과 많이 다르다.

④ 제조용 BOM은 생산 및 외주 관리에 있어서 매우 중요한 역할을 하는데, 이러한 구성으로 외주 제작과 구매의 단위가 결정되고 생산 계획과 자재 소요량 계획이 진행되기 때문이다.

06 기계 시스템 설계

① 기계요소

기계는 여러 종류의 기계 부품들의 조합으로 구성되고 이러한 기계 부품들을 기계요소라 하며 다음과 같이 분류한다.

기계요소 군	기계요소	용 도
체결(결합)용 기계요소	• 나사, 볼트, 너트	• 임시적 체결
	• 리벳, 용접	• 반영구적 체결
	• 키, 핀, 코터	• 축과 보스(회전체) 연결
축용 기계요소	• 축	• 회전 및 동력 전달
	• 축이음	• 축과 축의 연결
	• 베어링	• 축 지지
전동용 기계요소	• 접촉식 전동요소 : 마찰차, 기어, 캠	• 동력 전달
	• 비접촉식 전동요소 : 벨트, 체인, 로프	
운동조정용 기계요소	• 제동요소 : 브레이크	• 속도 조절
	• 완충요소 : 스프링	• 충격완화
관용 기계요소	• 관	• 기체 또는 액체 운반
	• 밸브, 콕	• 유량 및 압력 제어, 개폐
	• 관이음	• 관 연결 및 수송방향 전환

② 기계설계

기계설계는 기계를 제작하기 위하여 사전 지식과 경험을 바탕으로 기계, 기구 및 시스템을 고안해 내는 일련의 행위를 말한다.

기구란 무엇인가?

① 몇 개의 강체로 구성되어 원하는 운동형태로 변환이 가능하나 동력전달이 없는 경우를 말한다.

기계란 무엇인가?

① 저항력 있는 물체의 조합일 것
② 외력에 대하여 변형(파괴)되지 않는 강도를 가질 것
③ 구성부품은 일정한 상호운동을 할 것
④ 외부로부터 받은 에너지를 변환하여 기계적인 일을 할 것
⑤ 단, 모든 기구를 포함하며 동력전달을 할 것

기계설계 시 유의사항

① 가능한 단순한 기구물로 구성하면서 원하는 운동을 할 수 있으며, 동력 손실이 적어야 한다.
② 외력에 의해 파손되거나 변형이 없도록 충분한 강도와 강성을 가져야 한다.
③ 성능에 크게 영향을 미치는 주요 부품을 제외하고는 가능하면 원가 저감을 위한 적정 재료비를 선택해야 한다.

③ 설계 프로세스 및 성능 사양서

1_설계 프로세스

기계 시스템 설계에서 가장 중요한 것으로 목적에 합당한 기구를 선택하여 기계 작동 시각 부분에 가해지는 힘에 충분히 견딜 수 있도록 충분한 강도를 갖도록 한다. 즉, 초기 설계를 할 때 기구설계를 먼저 생각하고 기계를 구성하는 각부 규격품과 가공품 등의 레이아웃 설계를 한 후 부품의 재료, 치수 등의 결정을 통한 제작 공정을 위한 상세 설계를 해야만 한다.
따라서 좋은 설계를 하려면 기계의 구조, 기능 등에 대한 충분한 지식을 가지고 있어야 각 부분의 구조, 형상 및 크기를 적절하게 결정할 수 있다. 또한, KS 규격, 관련 법규 및 카탈로그 등 많은 설계 자료를 유용하게 활용해야 한다.

요구사항

기계의 기능을 구체적으로 정하는 것

자료조사

① 개발하고자 하는 기계의 형상, 재료, 성능, 공차 등에 관한 선행 기술자료
② 원천기술 현황 등의 관련 특허

성능 사양서

① 소요동력, 회전수, 출력 등의 기계 성능을 정량적으로 정하는 것

창의적 설계

① 개념설계, 기구설계, 규격품(구매품)과 비규격품(비구매품, 가공품)을 고려한 레이아웃 설계
② 브레인스토밍 기법을 이용하여 아이디어 도출

세부설계(상세설계)

① 최종 설계안을 따른 기계 구조와 형상을 구체적으로 정하는 것

원형(프로토 타입) 제작 및 시험평가

① 필드 테스트를 통한 설계 변경 여부 파악

생산설계

① 대량 생산을 위한 구체적 공정을 결정하는 것으로 가장 생산성이 높고 불량률이 낮은 공정을 선택하는 단계

2_성능 사양서(시방서, performance specification)

성능 사양서는 기계의 사용목적, 성능, 크기, 생산수량 등을 표시한 것으로 작성시 주의 사항은 다음과 같다.

① 사용목적에 적합한 구조일 것
② 외력에 충분한 강도를 갖도록 재료선정, 모양 및 치수 고려할 것
③ 규격에 의거한 설계 단순화 구현할 것
④ 설계부품은 표준화, 규격화로 생산단가 저렴화 유도할 것
⑤ 인체공학적 설계로 사용 편리성 추구할 것
⑥ 제작, 조립, 운반, 수리 및 성능개선이 용이하도록 구조설계할 것

④ 설계 표준화

1_표준화의 필요성

① 기계설계는 다양한 형상과 치수를 고려해야 한다. 특히 대량생산인 경우에는 경제성과 생산성을 충분히 고려해야 함

② 유사기능을 가진 부품은 가능한 표준화를 통하여 부품의 종류와 수를 줄여야 함

③ 표준화, 규격화된 부품을 활용하면,

- 설계시간 단축
- 제조시간 단축 및 생산단가 저감 가능

④ 기계를 구성하는 부품의 모양, 치수 및 검사 등에 일정한 표준을 정하여 조립 시 부품 상호간의 호환성을 향상시킴으로써 생산성 향상 및 생산의 합리성을 얻기 위한 것

2_표준화의 장단점

장점

① 규정된 설계, 생산, 시험방법 등으로 자동화의 용이성 및 작업 능률 극대화

② 시장조사를 통한 예측생산 및 재고관리의 용이성

③ 자동화 등으로 창고를 비롯한 전체 공장 규모의 축소 가능

④ 제품원가의 절감

단점

① 규격품 이외의 부품은 주문 생산으로 생산단가 증가

② 규격을 심의하고 제정하는 과정에서 제조사 상호간의 이해관계 발생

③ 규격의 개정 때마다 생산설비 개정 필요

3_표준규격

한국공업규격(Korean industrial Standard, KS), 1962년 제정

① 기계요소, 기계재료

② 범용 및 각종 기계의 성능, 시험방법 등의 표준화

제조자와 사용자의 이점

① 제조자 : 대량생산, 규격화를 통한 호환성 구현

② 사용자 : 제품의 품질 신뢰, 저가격 확보

⑤ 단위계

1_공학 계산에 사용되고 있는 단위계 분류

절대 단위계

① CGS 단위계 : 길이(cm), 질량(g_m), 시간(s)
뉴턴 제2법칙으로부터, 힘(F) = ma, 1dyne = $1g_m \times 1cm/sec^2$

② MKS 단위계 : 길이(m), 질량(kg_m), 시간(s)
힘(F) = ma, 1N = $1kg_m \times m/sec^2$

③ SI 단위계 : 절대 단위의 MKS 단위계가 국제적으로 통일 단위로 사용한다.

공학 단위계 : 길이(m), 중량(kg_f), 시간(s)

① 물체의 무게는 그 물체에 작용하는 중력의 크기로 정의한 것이다. 즉, 질량 $1kg_m$가 중력 가속도(g)로 작용할 때의 무게를 $1kg_f$로 정의한다.
$1kg_f = 1kg_m \times 9.8m/sec^2 = 9.9N$

2_SI 기본단위

계측량(기본명)	명칭	기호	계측량(기본명)	명칭	기호
길이	미터	m	온도	켈빈	K
질량	킬로그램	kg_m	물질의 양	몰	mol
시간	초	s	빛의 세기	칸델라	cd
전류	암페어	A			

3_SI 유도단위

유도량	명칭	기호	SI 기본단위로 표기
힘, 무게	뉴턴	N	$1N = 1kg \cdot m/sec^2$
압력, 응력	파스칼	Pa	$1Pa = 1N/m^2$
	표준 대기압	atm	$1atm = 102{,}325N/m^2 = 1.01325$
에너지, 일, 열	줄	J	$1J = 1N \cdot m^2/sec^2$
동력	와트	W	$1W = 1J/sec = 1kg \cdot m^2/sec^3$
	바	bar	$1' = 1kg_f/cm^2 = 10^5N/m^2$

4_SI 단위와 공학단위 기호

유도량	SI 단위	공학단위
넓이	m^2	m^2
부피	m^3	m^3
속력, 속도	m/sec	m/sec
가속도	m/sec^2	m/sec^2
주파수	m^{-1}	m^{-1}
밀도	kg/m^3	$kg_f \cdot sec^2/m^4$
비체적	m^3/kg_m	m^3/kg
질량	kg_m	$kg_f \cdot sec^2/m$
힘	$N(1N = 1kg \cdot m/sec^2)$	kg_f
비중량	N/m^3	kg_f/m^3
압력, 응력	$Pa(1Pa = 1N/m^2)$	kg_f/m^2
일, 에너지	$J(1J = 1N \cdot m)$	$kg_f \cdot m$
동력, 일률	W(1W = 1J/sec)	$kg_f \cdot m/sec$
열량	J	kcal
비열	$J/(kg \cdot K)$	$kcal/(kg_f \cdot ℃)$

5_라디안(rad)

평면 각도를 표시하는 방법(무차원)

$$\text{라디안}(\theta) = \frac{\text{원호}(l)}{\text{반지름}(r)} = \frac{2\pi r}{r} = 2\pi$$

6 일과 동력(일률)

1_일

① 어떤 물체에 힘 F를 가하여 거리 l만큼 움직였을 때 "일을 했다"라고 한다. 이때 정의식은 다음과 같다.

② $W = F \times l$

단, l : 힘이 작용하는 방향의 거리

2_동력

① 단위시간당 일의 양을 나타내며, 같은 일을 누가 더 빠르게 하는가에 대한 정도를 나타낸 것으로 일률 또는 동력이라 한다.

② $\text{HP} = \dfrac{W}{t}\left(\dfrac{\text{N}\cdot\text{m}}{\text{sec}}\right) = \dfrac{F \cdot l}{t} = F \cdot v = T \cdot \omega = P \cdot \dot{Q}$

7 단위 환산

1_일에 대한 환산

① $1\text{J} = 1\text{N} \cdot 1\text{m}$

② $1\text{kg}_f \cdot \text{m} = (1\text{kg}_m \cdot 9.8\text{m/sec}^2) \cdot \text{m} = 9.8\text{N} \cdot \text{m} = 9.8\text{J}$

2_동력에 대한 환산

① $\text{HP} = \dfrac{\text{N}\cdot\text{m}}{\text{sec}} = \text{J/sec} = \text{Watt}$

② $1\text{ps} = 75\text{kg}_f \cdot \text{m/sec}$, $1\text{kW} = 102\text{kg}_f \cdot \text{m/sec}$

③ $1\text{kcal} = 427\text{kg}_f \cdot \text{m}$

④ $1\text{ps} = 632.3\text{kcal/h}$, $1\text{kW} = 860\text{kcal/h}$

3_압력에 대한 환산

① $1\text{atm} = 1.0332\text{kg}_f/\text{cm}^2 = 760\text{mmHg}$

② $1\text{ata} = 1\text{kg}_f/\text{cm}^2 = \dfrac{9.8\text{N}}{\left(\dfrac{1}{100}\text{m}\right)^2} = 9.8 \cdot 10^4(\text{N/m}^2) = 9.8 \cdot 10^4\text{Pa} = 10^5\text{Pa}$

[참고문헌]

1. 국가기술자격 실기시험용 KS 기계제도 규격.
2. 요소 공차 검토, LM 1501020104_19v3, 한국산업인력공단.
3. 동력 전달 요소 설계, LM 1501020107_14v2, 한국산업인력공단.